KB219939

자유, 희망, 진보를 향한
교육민주화

자유, 희망, 진보를 향한
교육민주화

교육민주화운동의 평가와 쟁점(1979년-2002년)

민주화운동정신계승연대 교육민주화운동편찬위원회 기획
이영재 지음

동연

참교육을 위해 노력하는 많은 교사들의 지침서가 되기를

민주주의는 계속되고 있습니다. 울산에서, 인천에서, 서울에서 비정규직 노동자의 싸움이 계속되고 있으며, 학교현장에서는 무한 경쟁에 내몰리는 학생들의 안타까운 삶을 개선하고자 하는 전교조 조합원을 비롯한 선생님들의 고군분투가 이어지고 있습니다. 체벌이 전면 금지되고, 학생인권이 화두로 떠오르고 있는데, 체벌 없이는 교육을 못하겠다고 버티는 관료와 보수집단이 아직도 거대한 집단으로 자리 잡고 있습니다. 다수의 진보적 성향 교육감 당선은 이런 교육현장의 국민적 문제의식과 교육민주화에 대한 국민의 갈망을 드러낸 결과입니다.

현 정권은 김대중 정부, 노무현 정부를 잃어버린 10년이라 떠들면서 집권하였습니다. 잃어버린 10년이 아니라 20년쯤 뒤로 돌아간 상황입니다. 남북 대결 국면은 더욱 격화되고, 피와 땀으로 이루어온 민주주의 보루를 무참히 허물고 있습니다. 민주주의 성과로 쟁취한 '인권위원회'는 반인권 인사들로 그득 차고, 과거청산운동의 결과로 설립된 '민주화운동보상심의원회'는 보수·수구 반민주 인사들이 들이치고, '진실·화해를위한과거사정리위원회' 위원장은 대통령까지 사과한 4·3민중항쟁을 폭동이라고 운운하는 현실입니다. 차라리 '반인권위원회' '반민주화운동보상심위' '진실외면과 거사왜곡위원회'라고 명칭을 바꾸는 것이 어떨까요?

이번에 발간되는 '자유, 희망, 진보를 향한 교육민주화'는 1970년대부터 1990년대 중반을 전후한 교사들의 사회민주화, 교육민주화, 전국교직원노동조합 결성 및 활동, 사립학교 민주화투쟁, 임용제외 교사들의 교사임용투쟁의 기록들입니다. 교사들의 사회민주화, 교육민주화운동은 이 땅의 민주화 없이는 올바른 교육이 실천될 수 없다는 인식의 출발이었습니다. 교사들의 노동조합 결성을 통한 교육민주화 노력은 설립초기부터 많은 시련을 겪었습니다. 보수언론들의 무차별적인 이념 공세와 흑색선전, '교사의 노동조합을 허용하는 나라는 없다'는 당시 교육부의 흑색 허위선전, 공안대책회의를 통한 반인권적 탄압 행위, 가족에 대한 협박 수법까지 동원한 각종 탈퇴공작 등 참교육 의지를 짓밟기 위해 전방위적 노동탄압이 자행되었습니다.

지금도 계속 터져 나오고 있는 사립학교 부정비리와 끊임없는 분규는 아직도 진정한 민주화가 되지 않았으며, 그 싸움은 지속되어야 함을 역설적으로 보여줍니다. 교사들의 교육민주화 노력에 찬물을 끼얹고, 전교조의 약화를 겨냥한 국립대 사범대 출신

교사들의 갑작스런 임용제한은 사범대 학생들의 반발에도 불구하고 강행되어 임용고 시로 바뀌었습니다. 제도가 바뀌어 임용이 갑작스럽게 제한된 국립대 출신 임용제외 교사들은 1999년에 이르러서야 특별법이 제정되어 학교현장에 들어올 수 있었으며, 민주화운동 과정에서 발생한 공권력의 남용이었음이 심의 과정에서 밝혀지기도 했습 니다(민주화운동 과정의 해직으로 인정).

이 책 '자유, 희망, 진보를 향한 교육민주화'는 여러 의미를 지니고 있습니다. 1970 ~80년대 학교에서 학생들은 국정교과서와 지침에 따른 일방적 주입식 교육과 군사 문화에 찌든 현장에서 자유, 인권, 희망을 상실한 채 서로의 경쟁만을 강요당했습니 다. 이러한 교육현장에 새로운 문화를 형성하고, 교육제도를 변혁하며, 꿈과 희망이 넘치는 학교를 만들기 위하여 교사들의 교육민주화운동은 계속 시도되었으며, 그 기 록들이 이 책으로 발간된 것입니다.

지금의 교육현장은 신자유주의 무한경쟁교육이라는 또 다른 억압이 학생들을 짓누 르고 있습니다. 학생들의 자유를 되찾아주고, 인권이 신장되며, 사회적 약자를 향한 교사들의 열정과 노력이 더욱 높아지길 바랍니다. 이 책을 통해 교육민주화운동의 과 정과 권위주의 정부의 억압행태가 확인·고발되고, 새로운 활력을 모색하고 있는 전 교조와 학교현장에서 묵묵히 참교육을 위해 노력하는 많은 교사들에게 지침서가 되 기 바랍니다. 사회단체 활동가, 연구자, 일반인에게도 좋은 참고 자료가 되리라 믿습 니다.

발간 과정에서 많은 어려움이 있었으나 묵묵히 소임을 다하고 있는 계승연대 사무 처 동지들과 집필자인 이영재 박사, 여러 자문을 해준 전교조 선생님들, 관심 있게 지 켜봐준 계승연대 회원들 및 임원들 그리고 연대단체 분들께 진심으로 감사의 인사를 올립니다.

지금도 학교현장에서는 학생들의 자유와 인권신장, 진보적 교육을 실천하려는 노력 은 계속되고 있습니다.

교육민주화운동편찬위원장 이병주(계승연대 집행위원장)

부당한 탄압에 맞서 싸운 역사의 거울

이 땅의 민중들은 부당한 권력에 맞서 빼앗긴 민주주의를 되찾고 짓밟힌 인권을 지켜내기까지 수많은 열사들의 희생과 더 많은 양심수가 감옥에 가야 했고 무더기 해고와 해직이란 값비싼 대가를 치러야 했습니다.

교육민주화투쟁도 예외는 아니었습니다. 권위주의 체제에 종속된 교육환경을 바로잡고 교육의 자주성, 전문성, 공공성을 지향하는 교육민주화 과정에서도 교육대학살이란 대탄압의 과정을 거쳐야 했습니다. 그러한 고통을 딛고 계속 싸워 마침내 전교조 합법화란 승리와 함께 참교육을 실현할 수 있었습니다. 그런데 역사는 되풀이되고 있는지 오늘 또다시 일제고사 반대 교사시국선언, 참정권 행사 등을 빌미로 전교조 대탄압이 자행되고 있습니다.

이 같은 이명박 정부의 전교조 말살책동이 자행되고 있는 때에 지난날 전교조 창립 시기의 교육민주화 과정의 역사적 사실들이 책으로 엮어져 나오게 되어 부당한 탄압에 맞서 싸우는 교사들의 역사의 거울이 되고 있습니다.

불행하게도 우리 민족은 일제 식민지 지배로부터 조국광복과 민족해방을 이루었음에도 불구하고 통일된 자주독립국가를 건설하지 못하고 또 다른 외세에 의해 민족과 국토의 분열·분단이란 고통을 당하게 되었습니다. 분단은 독재의 온상이기도 했습니다. 민중들은 억압당하고 착취당했습니다. 그러나 민중들은 일어섰습니다. 독재에 맞서 싸웠습니다. 4·19 혁명, 5·18 광주민중항쟁, 6월 항쟁 등을 통해 권위주의 체제를 무너뜨렸습니다.

교육민주화운동은 이러한 시대상황을 반영하고 있습니다. 그것은 교사들의 민주주의 역량 성장에 따른 것이었습니다. 1987년 6월 13일 '호남민주교육실천협의회' 창립을 시작으로 교사대토론회(7. 11), 서울지역 교사토론회(7. 14), 전국적인 교사단체 결성 결정(7. 27), 전국교사협의회 준비위원회 결성(8. 13), 민주교육추진전국교사협의회 창립(9. 27) 등 내부결속을 다지면서 교육법개정 및 교육민주화투쟁을 병행하여 조직을 급속히 확신시켜나갔습니다.

그리고 마침내 전국교직원노동조합 발기인대회(1989. 5. 14)를 거쳐 창립총회(1989. 5. 28)까지 이르게 되었습니다. 그러나 부당한 권력은 보고만 있지 않았습니다. 1, 2차 탈퇴 강요기간을 두었다가 같은 해 9월 1519명을 파면, 해임시키고 42명을 구속하는 교육대학살을 자행하였습니다.

　이번에 나온 '자유, 희망, 진보를 향한 교육민주화'는 바로 이러한 투쟁의 구체적 사실들이 실려 있습니다. 이 귀한 투쟁사를 묻혀 있지 않게 발굴하여 세상에 펴낸 것은 분명히 부당한 탄압을 받고 있는 모든 사람에게 귀감이 될 것임에 틀림없습니다. 이 귀중한 역사적 사실을 책으로 엮어 펴낸 이영재 박사와 민주화운동정신계승국민연대에 존경과 감사를 드리며 모든 탄압받는 사람들이 반드시 읽어볼 것을 권합니다.

권오헌(계승연대, 양심수후원회 고문)

민주주의를 지켜내는 시금석이 되기를 기대합니다

1989년 그해 5월은 참으로 뜨겁고 감동이 넘치는 역사적 순간이었습니다. 서슬 퍼런 독재정권 하에서 이 땅의 교사들이 전국교직원노동조합 결성을 선포한 것입니다. 이는 군사정권의 선전도구로 전락해버린 우리 교육을 반성하고, 교육개혁과 교육민주화를 향한 양심적 교육자로서의 시대적 선택이었습니다.

그러나 이후 1500여명의 교사들이 정든 교단을 떠나야 하는 아픔을 겪었습니다. 군사독재정권은 교육민주화를 위한 교사들의 피맺힌 절규를 외면하고 해직이라는 칼날로 자신들의 정권 연장에만 급급했던 것입니다.

뒤돌아보면 전교조 결성은 역사적으로 매우 중요하고 의미 있는 사건입니다. 4·19 교원노조 설립 이후 5·10 교육민주화선언, 사학민주화투쟁, 전국교사협의회 결성, 그리고 전교조 창립까지 교육민주화운동이 면면히 이어져왔기 때문입니다.

이러한 교육민주화운동사가 책자로 발간되어 진심으로 기쁘게 생각합니다. 이 책자가 한국 교육민주화운동사를 정리하는 데 있어서 소중한 자료로 활용되고, 민주주의 위기 속에서 우리 자신을 되돌아보는 뜻 깊은 계기가 되기를 기대합니다.

장휘국(광주광역시 교육감)

올바른 교육을 통해 평화와 사랑, 평등이 넘치는 사회를 만듭시다

저는 1989년 5월 그날의 눈물과 마지막 수업을 아직도 생생하게 기억합니다. 전국교사협의회에 참여했고, 전국교직원노동조합을 만들었다는 것이 해직의 이유였습니다. 그러나 성적을 비관해 스스로 목숨을 끊는 우리 아이들을 생각하면 참교육을 멈출 수 없었습니다. 학교로 다시 돌아가기까지 5년을 거리의 교사로 살았습니다.

그랬던 제가 두 차례 강원도 교육위원이 되고 첫 주민직선 초대교육감이 됐으니 시절이 많이 달라지긴 했습니다. 지난 선거에서는 강원도뿐 아니라 전국 6개 시도에서 '친환경 무상급식, 혁신학교, 학생인권 개선' 등을 공약으로 제시한 교육감이 당선되었습니다.

어쩌면 지금은 예전에 비해 교육민주화가 튼튼히 뿌리내리고 있는 듯하지만 아직 갈 길이 멉니다. 제가 해직된 지 20년이 지난 지금도 교단에서 쫓겨나는 교사는 사라지지 않고 있습니다. 일제고사를 거부했다고, 시국선언을 했다고, 특정 정당을 지지했다고, 여러 가지 이유로 아직도 많은 교사들이 억눌리고 있습니다.

하지만 역사의 변하지 않는 불변법칙이 딱 하나 있습니다. 소수가 이익 보는 사회에서 다수가 이익 보는 사회로, 불평등한 사회에서 평등한 사회로 발전해간다는 겁니다. 그러나 사회에는 소수가 지배하고 이익을 보는 사회를 유지하려는 사람들도 있습니다. 하지만 그러한 사고와 행동은 역사 속에서는 결국 패배할 수밖에 없다는 것이 역사의 진리입니다.

지금 다시 역사의 진리를 되새길 때라고 생각합니다. 진실된 교육행정을 펼쳐보고자 하는 저 같은 사람은 옛 상처를 되짚어 초심을 찾고, 교문 밖으로 내몰린 교사들 역시 과거의 명예회복 사례에서 희망을 찾아야 할 것입니다. 소걸음으로 뚜벅뚜벅 천리를 걸어간다는 '우보천리牛步千里'라는 말에서 진실의 힘을 믿어야 할 것입니다. 그리하여 좀 더 평화와 사랑, 평등이 넘치는 사회를 만들어가야 합니다.

다시 한 발 나아가는 교육운동의 길에 이번에 발간되는 '자유, 희망, 진보를 향한 교육민주화'가 그 교과서가 되어주리라 믿습니다.

민병희(강원도 교육감)

교육문제 성찰의 디딤돌이 되기를

민주화운동정신계승국민연대가 교육민주화 도서를 발간한다는 소식에 반가운 마음과 고마운 마음을 느낍니다.

우리의 교육민주화운동은 우리 사회 진보와 민주화를 위해 크게 기여한 것이 사실입니다. 그러나 이에 대한 정확한 평가가 부족한 것도 사실입니다. 따라서 교육민주화운동의 명예를 회복하고 그간의 쟁점을 객관적으로 정리하는 것은 매우 의미 있는 일이라 생각합니다.

우리나라의 교육민주화운동의 뿌리는 4·19 교원노조에서 찾을 수 있습니다. 그러나 5·16 군사쿠데타로 등장한 군사독재정권은 교육민주화의 새싹을 짓밟았습니다. 올해 대법원은 당시 한국교원노동조합의 사무국장으로 활동한 이목 선생님에게 무죄를 선고함으로써 4·19 교원노조의 역사적 정당성을 인정하였습니다.

1986년 교육민주화 선언은 제2의 교육민주화운동이었습니다. 그것은 전두환 독재의 엄혹한 시절에 권력의 시녀로 전락한 우리 교육을 더 이상 방치할 수 없다는 절박한 심정의 발로였습니다. 이후 1987년 전국교사협의회와 1989년 전국교직원노동조합으로, 교육민주화운동의 역사가 이어지고 있습니다.

그간 교육민주화운동에는 많은 분들의 희생이 뒤따랐습니다. 교사들의 대량 구속과 해직은 물론, 아직 꽃을 피우지 못하고 스러져간 어린 학생들까지. 그러나 그분들의 희생이 정당하게 평가받고 있는지도 돌아보아야 할 때입니다. 명예회복은 운동의 정통성을 확인하는 것이기 때문입니다.

이명박 정부 들어 우리 사회 전반에 민주주의와 인권이 후퇴하고, 경쟁교육과 차별교육이 강화되어 사교육비가 증가하고 교육양극화가 심화되고 있는 상황입니다. 역사는 우리에게 새로운 교육민주화운동, 새로운 사회민주화운동을 요구하고 있습니다.

우리 앞에 놓인 산적한 교육문제 해결을 위해 지혜를 모아야 할 때입니다. 이번의 교육민주화 도서 발간 작업이 교육문제를 성찰하는 계기가 되길 바랍니다. 그간의 성과를 새롭게 조명하고, 교육민주화운동의 과정에 나타난 공과를 살펴봄으로써 우리나라 교육문제 해결의 새로운 방향을 설정하는 데 도움이 될 수 있기를 기대합니다.

정진후(전국교직원노동조합 위원장)

사회적 약자를 위한 교육을 위하여

민주주의는 무엇을 먹고 살까요? 근대화 과정에서 수많은 민족·민주열사가 민주주의 꽃을 피우고 스러져갔습니다. 1970~80년대에 학생운동이 선도에서 이끌고 각 부문에서 불길처럼 타올라 민주주의 역사가 새로 쓰였습니다. 대공장 노동현장에서, 중소 공장에서. 언론·문화 분야에서, 드디어 학교현장에서도 불길같이 민주화운동이 함께 타올랐습니다.

1970년대부터 자생적으로 시작된 선생님들의 교육민주화, 사회민주화 투쟁은 1989년 전교조 결성으로 이어지고, 사학민주화의 불길로 이어집니다. 입시에 찌든 학생들의 인권문제를 먼저 제기하고, 통일교육에 앞장서온 선생님들의 투쟁에 적극적인 찬사를 보냅니다. 이번에 발간되는 '자유, 희망, 진보를 향한 교육민주화'는 이러한 선생님들의 투쟁이 민주주의를 향한 노력이었음이 증명되는 기록들입니다. 민족·민주열사 유가족을 대표하여 적극적인 지지를 보냅니다.

현 정부 들어서 민주주의가 후퇴하거나 좌절되는 소리가 여기저기에서 들리고, 사회적 약자들의 목소리가 드높습니다. 전교조 선생님들은 사회적 약자와 소수자에 대한 열정이 더욱 넘치고 있으리라 믿습니다. '자유, 희망, 진보를 향한 교육민주화'라는 이름으로 '교육민주화운동'의 기록들이 책으로 발행되는 것을 계기로 다시 자신들의 노력과 지향점을 되새겨보기 바랍니다.

학교는 민중이 자신을 깨우치는 장입니다. 이 작은 기록이 학생들이 학교에서 자유와 인권을 배우고, 미래의 희망을 품으며, 진보를 향한 민주시민으로 성장하는 데 나침반이 되는 교육운동가의 지침서가 되기를 바랍니다. 민족·민주열사가 흘린 피를 기억하고, 사회적 약자를 위해 노력하는 전교조를 항상 기대하며, 이 책의 발간을 진심으로 축하드립니다.

강민조(계승연대, 전국민주화운동유가족협의회 이사장)

좀 더 낮은 곳을 보는 전교조가 되기를 바라며

오랜만에 기쁜 소식입니다. 민주화운동정신계승국민연대(계승연대)가 교육민주화운동 책자인 '자유, 희망, 진보를 향한 교육민주화'를 내겠다고 합니다.

흔히 역사적 사건은 물론 소소한 일상까지 철저하게 기록하는 일본인과 비교하여 우리는 너무 기록을 하지 않는다고들 이야기합니다. 세상에서 가장 무서운 것은 호랑이가 아니라 망각이라는 옛이야기도 있습니다. 우리가 끝없이 착취당하면서도 기억조차 하지 않는다면 망각에게 잡아먹히는 것이겠지요. 우리가 사람답게 살아가자며 운동하였던 일을 기록하지 않는다면 일본인과 비교하는 한탄은 맞을 것입니다. 그러나 원래 우리 민족성이 그랬던 것은 아니겠지요. 유네스코 세계기록유산인 조선왕조실록은 누가 기록하였습니까. 긴 역사 중 짧은 일본제국주의 식민지, 군사독재의 병영국가에 살면서 기록한다는 것은 위험하였기 때문에 풍부한 기록이 남지 않았을 것입니다.

한나라당과 이명박 대통령은 잃어버린 십 년이라 하지만 그 십 년 동안 자칫 불길 속에서 연기로 사라질 뻔했던 기록들이 보존되기도 하였습니다. 계승연대는 그 잃어버린 십 년 동안 과거청산, 역사 바로 세우기에 헌신하였습니다. 계승연대는 의문사진상규명위원회와 민주화운동보상심의위원회를 비판, 견제하며 올바로 견인하려 노력하였습니다.

이제 과거청산, 역사 바로 세우기에 앞장섰던 계승연대가 교육민주화운동을 정리하여 책자를 발간합니다. 학교현장에서 우리 아이들과 웃고 울며 전교조를 만들려 노력하였던 수많은 해직교사들과 교육정책을 바꾸기 위하여 애썼던 많은 분들의 이야기들입니다. 잊지 않기 위하여 기록하고 기억을 후대에 넘겨주는 자랑스러운 일입니다.

어느 스님의 법문에서 이 땅에서 민주화운동을 하는 것은 '미래정토'를 위한 일이고 이민 가서 열심히 사는 것도 '타방정토'를 위한 일이라고 쓰신 것을 읽은 기억이 납니다. 4대강 죽이기와 국립공원 케이블카 공사 강행, 용산참사, 굴욕적인 한미자유무역협정과 소고기 수입개방, 천안함 사건에 이어 연평도 포격과 한반도 전쟁위기 고조……. 가까운 사람들이 이 땅에 희망은 없다고 이민 가겠다고 할 때, 이젠 정말 할 말이 없습니다. 그래도 이 땅에서 미래정토를 꿈꾸는 많은 분들이 있어 희망의 끈을 놓지 않고 있습니다. 북한 어뢰 공격으로 천안함이 침몰했다고 정부가 공식발표를 했어도 지난 지방선거에선 한나라당이 참패했습니다. 교육감 직선제에서 성과를 거두어 무상급식 등 학생인권 향상을 위하여 노력하고 자본의 노예, 소모품으로 만드는 무한 경쟁 교육에 제동을 걸기 시작하였습니다.

이 힘든 때 교육민주화운동을 정리한 책이 나온다니 정말 반갑습니다. 이 책이 소중한 기록으로 널리 활용되기 바랍니다. 아이들을 더 사랑하고 아이들의 존경을 받는 선생님, 아이들의 신뢰를 받는 전교조로 거듭나기 바랍니다. 계승연대 강민조 이사장님과 이병주, 임영순, 조광철 님 고맙습니다. 특히 저자 이영재 박사께 힘찬 박수를 보냅니다.

이덕우(변호사, 계승연대 명예회복위원장)

| 추천사 |

우리 교사들의 마음이 다시 한번 뜨거워지기를 바랍니다

"학생들과 함께 진실을 추구해야 하는 우리 교사들은 오늘의 참담한 교육현실을 지켜보며 가슴 뜯었다."

1986년 5월 10일 발표된 교육민주화선언은 이렇게 시작됩니다.

정말 그랬습니다. 우리는 견딜 수 없었습니다. 도저히 참을 수 없어 일어났습니다.

교육민주화운동은 이렇게 본격화되었습니다.

그리고 우리는 싸웠습니다. 모든 기득권을 포기하고 조금만 머리를 숙이면 얼마든지 피해갈 수 있었음에도 심지어 교사로서의 목숨까지도 스스로 내놓기도 했습니다. 그랬기에 엄청난 힘이 발생했고, 우리나라 민주화운동의 중요한 축이 되기도 했습니다. 그 과정의 아픔과 안타까움, 분노가 책으로 엮이어 나온다니 기쁜 일이 아닐 수 없습니다.

당시의 경찰이나 검찰, 혹은 판결문 등 남아 있는 공식 문건 속에서 우리 교육민주화운동을 어떻게 폄하하고 왜곡하고 날조했는가를 볼 수 있습니다. 지금도 정부나 보수기득권의 모습은 크게 달라지지 않았다는 것을 분명히 해야 할 것입니다.

지금의 학교는 어떻습니까? 여전히 '참담한 교육현실' 앞에 우리는 서 있습니다. 이 책이 우리의 가슴을 다시 한번 뛰게 하고, 과거의 교훈을 통해서 새롭게 한 걸음 앞으로 나아가는 계기를 마련해줄 것입니다.

이수호(전 민주노총 위원장)

기록은 투쟁과 희망의 소중한 밑거름

발간을 축하드립니다.

민주화운동정신계승국민연대가 교육민주화운동의 큰 흐름이었던 사회민주화운동, 전교조 결성 및 활동, 사립학교 민주화, 시국임용제외 교사 등 1800여명의 명예회복 사례를 정리하여 기록으로 남기는 일은 역사적으로 큰 의미가 있습니다.

역사란 살아 있는 삶의 기록입니다. 그 삶을 기억하며 역사를 진전시켜나갈 수 있는 소중한 자산이며 투쟁의 힘이기도 합니다. 군부독재의 폭압에 맞서 정치사회 민주화를 이루기 위한 투쟁의 과정에서 많은 사람들이 투옥되었고, 정권의 폭압과 고문으로 수많은 사람들이 희생되어 열사가 되었습니다. 교육민주화의 과정에서도 수천명의 교사가 해직되어 거리의 교사가 되었습니다. 지금도 여전히 많은 노동자와 민중들이 정권과 자본에 의해 투옥되고 해고당하고 있습니다.

또한 역사는 기억하는 자의 몫이라고 합니다. 그동안 정권은 여러 번 바뀌었으나 노동자와 민중에 대한 지배권력과 자본의 억압과 착취는 더욱 심화되었고, 교육 또한 자본의 이윤추구를 보장하는 방향으로 가고 있습니다. 특히 이명박 정권의 교육정책은 교육주체를 배제하고 경쟁과 평가를 무기로 가진 자들을 위한 방향으로 전개되고 있습니다. 학교현장은 일제고사, 교원평가, 국영수 중심의 개정교육과정, 입시로 몸살을 앓고 있습니다. 전교조에 대한 탄압은 더욱 극심해졌고, 또 다시 많은 교사들이 해고되어 거리의 교사로 내몰리고 있습니다.

기록은 지나온 역사를 기억하도록 만들고 앞으로 걸어갈 길을 알려주는 투쟁과 희망의 소중한 밑거름입니다. 다시 한번 발간을 진심으로 축하드립니다.

원영만(전 전교조 위원장)

| 추천사 |

교육노동운동 속에 꽃핀 교육민주주의

1989년, 핏빛 투쟁은 민주주의를 꽃 피우기 위한 뜨거운 전진이었습니다.

1500여명이 해직되면서 민주화운동의 주체임을 선언한 교사들은, 교육노동자로서 자신의 사회적 지위를 자부하며, 독재정권의 뭇매를 맞으면서도, 의연히 교육민주화 물결을 만들어내었습니다. 그 교사들이 선택한 전국교직원노동조합(전교조)은 교육민주화를 이끄는 조직으로서, 참교육의 깃발을 들고 억압과 굴종을 떨쳐내며 전진하였습니다.

해직과 구속으로 점철된 5년 세월, 피눈물은 복직으로 보상되었고, 다시 5년 동안 이어진 합법화 투쟁을 겪으며 존립한 전교조는, 이제 20년의 무게를 지니고, 대한민국 진보교육의 중핵으로 소임을 감당하게 되었습니다.

이 지난한 투쟁의 도정을 세심하게 모으고 쓰다듬어 '자유, 희망, 진보를 향한 교육민주화'라는 깊이 있는 서책으로 엮어주신 '민주화운동정신계승국민연대'에 더없는 존경과 감사를 드립니다.

허나 아직도 무거운 고통은 여전합니다. 신자유주의 시장화 교육이, 경쟁과 수월성 중심으로 치달으면서, 교육은 이제 전 국민이 겪는, 고통의 통과의례가 되었습니다. 교육을 통해 소수는 승자독식의 독불장군으로, 대다수는 열등한 패배자로 낙인찍히는 불행한 세대가 양산되고 있어, '도로 반민주'의 세월이 되고 말았습니다.

하여 교육노동운동은 여전히 현재진행형입니다. 아직도 온전히 이루지 못한 민주주의가 눈물을 흘리고 있으며, 진보적인 교육 의제는 허공을 떠다닙니다. 핏빛 투쟁을 지속해야 할 과제가 여전히 우리를 짓누릅니다.

부디 교사들이 더 분발할 수 있도록, 교육이 다시 새로운 꿈을 꿀 수 있도록 '민주화운동정신계승국민연대'가 더 큰 지도력으로 교육민주화운동을 이끌어나가길 기대하며 인사를 대신합니다. 고맙습니다.

장혜옥(전 전교조 위원장)

교육민주화의 역사적 이정표로 빛나기를

민주화운동정신계승국민연대의 '자유, 희망, 진보를 향한 교육민주화' 발간에 큰 박수를 보내드리면서 뜨거운 축하의 말씀을 올립니다. 이 책은 민주화운동 관점에서 본 교육민주화의 내용을 담고 있어 더욱 큰 빛을 발합니다. 주요 내용은, 민주화운동보상심의위원회에 제출된 명예회복 및 보상신청 사안 중심의 결정된 사례를 정리한 것으로 교육민주화운동의 큰 줄기를 한데 모은 큰 의미를 지닙니다.

2010년이 저물어가는 시기의 우리나라는 이명박 정부의 전방위적인 민주화 역주행 속에서 교육계도 심각한 위기에 처해 있습니다. 교육과학기술부가 발표한 '단위학교 자율역량 강화방안'은 교육자치에 역행하는 정책으로 진보성향 교육감을 겨냥한 반교육적 조치입니다. 또한 시국선언을 주도한 혐의로 기소된 전국 많은 지역 전교조 간부들에 대해 항소심에서 유죄가 선고되는 등 국민의 기본권을 짓밟는 사법적 판단이 줄을 잇고 있습니다. 집권층이 앞 다퉈 역사의 수레바퀴를 거꾸로 돌리는 짓을 일삼는 혼돈 속에서 '자유, 희망, 진보를 향한 교육민주화'가 발간된 것은 더욱 소중하고 보람찬 성과입니다.

이 소중한 책의 내용을 좀 더 자세히 살피면 전국교직원노동조합 결성 이전의 교육계 상황과 전교조 결성, 사학민주화, 시국관련 임용제외교사 문제 등이 큰 줄기를 이룹니다. 그리고 각 사건(학교)별 사례 및 쟁점, 관련자 명단(해당교사 1800여 명), 관련 자료(판결문, 각종 위원회 자료, 국가 문서 등), 사진, 언론 보도, 평가 등이 포함되어 있습니다.

'자유, 희망, 진보를 향한 교육민주화'는 이상과 같은 내용처럼 이 시대 민주화운동과 그 빛나는 위업에 대한 소중한 기록물입니다. 이 책은 교육사에 길이 남아 교육민주화의 역사적 이정표로 우뚝 솟아 찬연히 그 빛을 발할 것입니다.

고승우(80년해직언론인협의회 공동대표, 언론사회학 박사)

교육민주화와 사회민주화를 실현하는 빛과 소금이 되기를

1980년대 초 교육민주화운동이 시작된 이후 숱한 세월 동안 해직과 투옥을 거듭해 가면서 교육민주화를 통해 인간의 존엄성을 구현하셨던 수많은 선생님과 관련자 분들에게 먼저 위로와 감사의 말씀을 전합니다.

교육의 민주화는 민주사회의 실현(사회민주화)을 위한 필수적인 도구이며, 교육이 민주화된 국가에서는 교육이 교육의 주권을 가진 국민들을 위해 존재하고 또한 국민들의 교육적인 요청과 의사를 충분히 반영하는 국가입니다. 따라서 교육민주화란 교육주체의 의사를 충분히 반영한 교육활동을 의미한다고 할 수 있습니다. 이는 교육주체의 교육받을 권리를 의미하는 교육기회의 공정한 분배 그리고 교육의 내용과 수업과정에 대한 교육주체의 실질적 참여보장을 의미하는데, 이것이 바로 교육민주화운동의 캐치프레이즈로 내걸었던 '참교육'의 기본사상이 아닌가 하는 생각이 듭니다.

회고해보니 대학가의 5월 축제 때 등등 '참교육이 새겨진 손수건'을 어김없이 대량으로 구입했던 저와는 그 시절부터 지금까지 이심전심으로뿐만 아니라 실질적으로도 의미 있게 소통하고 있나 봅니다.

그때 저는 여러 선생님들로부터 참스승의 도를 발견할 수 있었고, 때문에 대한민국의 밝은 교육의 미래도 읽을 수 있었습니다. 올바른 교육을 받지 않으면 어떤 개인도 가치 있는 삶을 누릴 수 없음을 강조하고, 누구나 지적·도덕적으로 성장할 수 있도록 원조하고 아울러 누구에게나 그 기회가 동등하게 보장되도록 하며, 또한 교육제도의 조직과 운영에 국민들이 직접 참여함은 물론 그 발언권을 인정하며 교육제도 운영자의 수행능력 평가와 공적인 책임규명 절차의 제도화를 강조하셨던 선생님! 지금은 잊힌 얼굴과 이름이지만 그 당당하셨던 모습들만은 뇌리에 꽉 박혀 있습니다.

어찌 감회가 새롭지 않겠습니까? 유메濡袂를 훔치며 감상해도 앙금이 가시지 않을 소중한 자료들을 모아서 후손들이 볼 수 있는 훌륭한 민주화 교육 도서로 거듭나게 한다니 정말 축하할 일입니다. 바라옵건대 질곡의 역사 속을 헤쳐나온 잘 다듬어진 사료史料와 사례들이 요즘의 이념 대립으로 첨예해진 교육현장에 새로운 교육 이정표가 되어 교육민주화와 사회민주화를 실현하는 빛과 소금의 역할을 할 수 있기를 간절히 소망합니다.

정종열(경기대학교 법학실무과 주임교수)

교육민주화운동의 새로운 지향점을 제시해주기를

8·15해방 이후 대한민국 정부가 수립되었지만 이승만, 박정희로부터 시작된 권위주의 정권들의 민주화운동에 대한 탄압은 그칠 줄 모르고 지속되었습니다. 그럼에도 불구하고 학원, 노동 등 각 현장의 민주화세력은 엄혹한 정권의 칼날에 굴하지 않고 싸워왔고 이러한 민주화운동은 우리나라의 자랑스러운 역사가 되었습니다.

교육현장에서도 일제 식민지 시대의 군국주의 교육의 악습은 그대로 이어져 교사들은 입시위주의 교육, 반공이데올로기 교육, 성장이데올로기 교육의 도구가 될 것을 강요당하였고 교육의 주체가 아니라 교육의 한 부속품으로 위치지워져야만 했습니다. 이러한 상황에서 교사들은 1980년대 중반부터 참교육과 교육현장의 민주화를 외치기 시작했고 우리나라 민주화운동의 주도적인 역할을 하기 시작했습니다. 특히 1986년의 교육민주화선언과 1989년의 전교조 출범은 많은 사람들에게 희망을 주는 교육민주화 사건이 되었고 반면에 민주화를 추구하는 교사들의 개인적인 희생이 시작되는 사건이기도 하였습니다.

이와 같이 교육민주화운동이 시작된 이후 교육민주화운동의 핵심적인 주체였던 '전교조'는 족벌사학과 관제언론으로부터 온갖 비난과 이데올로기적 채색의 대상이 되었고 이러한 공격은 지금도 계속되고 있지만, 민주화를 지향하고 참교육을 원하는 많은 사람들에게는 가슴 설레는 희망을 불러일으키는 단어가 되었습니다.

아직 교육민주화운동은 끝나지 않았고 계속되어야 하지만 많은 교육민주화운동 사례들이 민주화운동보상심의위원회에서 다루어졌고 또 결정된 이 시점에서 교육민주화운동에 대한 사건별 역사를 정리하는 것은 꼭 필요한 일이라 생각합니다. 특히 민주화운동보상심의위원회에서 교육민주화운동 심의를 담당하였던 이영재 박사는 교육민주화운동의 역사적 의미를 누구보다 깊이 이해하신 분이라 생각합니다.

아무쪼록 이 책의 발간이 우리나라의 교육민주화운동에서 한 시대를 마감하고 새로운 지향점을 제시해주는 계기가 되기를 바랍니다.

정태상(변호사, 법무법인 한결)

교육민주화를 향한 선생님들의 노력에 경의를 표합니다

  교육은 사람을 사람답게 만드는 기초입니다. 그렇기에 교육이 잘못되면 한 인생이 망가지고 나아가 공동체가 망가지기도 합니다.

  기억납니다. 정부에서 검열한 국정교과서를 가지고 획일화된 정치·경제·사회교육을 받던 초중등학교 시절이 말입니다. 장기집권을 위한 유신독재를 '한국식 민주주의'로 찬미하고, 12·12사태를 '구국의 결단'으로 미화하던 교과내용을 진실인 양 가르치던 시절이 있었습니다. 선생님들 역시 권력의 공포 앞에 기계적 전달자 역할을 피할 수 없었던 시절이었습니다. 그로 인해 저는 고등학교를 졸업할 때까지도 그 유신독재자를 세계에서 가장 '훌륭한' 대통령으로 생각하고 있었습니다.

  그러나 1980년대 초반 서슬 퍼런 전두환 정권의 정치적 억압과 공포에도 불구하고, 광주학살의 진실을 알아버린 대학생들과 양심적 지식인들을 필두로 한 제諸민주세력의 저항은 날로 확산되었습니다. 군부독재정권에 맞선 민주화운동은 마침내 잠자고 있던 교육현장을 일깨웠고, 진리와 정의에 목말라 하던 선생님들은 각종 교육선언을 통해 정권에 의해 강요된 교육의 비민주성과 비인간성을 고발하고, 교육의 민주화와 인간화를 위한 눈물겨운 투쟁의 장정을 시작하였습니다. 교육민주화의 움직임은 참교육을 기치로 내건 전국교직원노동조합의 설립운동으로 발전하였고, 전교조가 합법화되기까지 10여 년 동안 정권의 집중적인 탄압에 맞서 장구한 투쟁을 전개하였습니다. 교육민주화와 전교조 합법화투쟁에 앞장섰던 선생님들은 구속·수배와 (1500여명에 달하는) 해직의 고초를 감수해야 했습니다.

  이 책에는 그 과정이 고스란히 담겼습니다. 교육민주화와 참교육의 장 역시 누군가에 의해 그냥 주어지는 것이 아니라 교육주체들의 눈물겨운 투쟁과 희생을 통해서 획득된다는 사실을 생생하게 깨닫게 해줍니다. 이 책에 수록된 선생님들의 교육민주화운동과 전교조 합법화 쟁취과정은 공무원들의 행정민주화운동과 전국공무원노조 합법화 쟁취과정에서 참고해야 할 훌륭한 산증인입니다. 그러나 교육민주화는 어느 순간 완성되는 작품이 아니라 언제나 완성을 목표로 끊임없이 성찰해야 하는 과제임을 잊어서는 아니 되겠습니다. 교육민주화를 향한 선생님들의 노력에 경의를 표합니다.

권영국(변호사, 민변 노동위원장)

교육민주화의 나침반

'교육은 인간과 사회발전을 위한 중요한 수단이다. 현 세대와 미래 세대의 이익을 위해 교육에서 평화, 정의, 이해, 관용, 평등을 강화해야 한다'(제27차 유네스코 총회, 1997년 11월, 미래세대에 대한 현세대의 책임에 관한 선언 중).

교육민주화의 역사는 일제의 식민지 지배, 분단, 군사독재로 이어지는 우리의 역사 속에서 군사독재, 부패사학에 대항하여 단호히 일으켜 세운 횃불이었습니다. 정치권력과 교육관료, 사학재단에 의해 일방적으로 강요되었던 입시위주의 교육정책과 부정의에 대한 항거였으며, 진리와 양심의 목소리였습니다. 특히 1980년대 이래 전교조의 결성과 사학민주화 투쟁은 학생, 학부모와 함께 교육의 주체로 우뚝 서겠다는 당당한 노동자 선언이었습니다.

"행복은 성적순이 아니잖아요"라고 외쳐대던 해맑은 아이들의 영혼을 무엇으로 위로할 수 있겠습니까. 열악한 교육환경에서도 교육민주화를 위하여 헌신해온 많은 분들의 사연이, 역사가 늦게나마 기록으로 남게 된 것은 미래의 교육민주화를 위해서도 필요하고 당연한 것입니다. 또한 오랫동안 민주화운동보상심의위원회에 재직하였던 이영재 위원의 노고로 햇빛을 보게 된 '자유, 희망, 진보를 향한 교육민주화'는 미완의 교육민주화와 이 땅의 민주주의, 그리고 평화와 통일을 갈망하는 모든 분들의 나침반이 될 것이라 믿습니다.

조영선(변호사, 민변 과거사위원회)

| 추천사 |

새로운 투쟁을 준비하는 사람들에게 소중한 자료

위선과 거짓이 상식을 짓밟던 암울했던 1970년대와 80년대의 군부독재시절!

자유와 정의가 물결치고 학생들이 행복하게 미래의 꿈을 키워야 할 학교현장은 혼란스런 시대의 아픔을 대변하듯 숨이 막히도록 권위주의의 그늘 속에 갇혀 있었습니다.

교단이 정권 연장을 위한 홍보수단으로 전락해가는 그릇되고 어긋난 사회 속에서 양심을 지키고 옳은 것을 가르치려던 교사들은 분연히 떨쳐 일어나지 않을 수 없었습니다. 아람회, 오송회, 교육민주화선언, 전교협, 전교조 결성으로 이어지는 교육민주화 투쟁 과정에서 2000여명의 교사가 구속, 해직, 구금 등 온갖 희생과 아픈 세월을 겪어야만 했습니다. 그러나 아픔은 더 큰 투쟁의 물결을 만들면서 민주주의의 초석으로 자리 잡아왔습니다.

지나간 역사를 바로 세우고자 하는 것은 새로운 역사의 진전을 이루기 위한 투쟁의 과정이기도 합니다. 그런 면에서 한국 사회 민주화운동의 가치를 올바로 세우기 위해 투쟁해온 계승연대의 활동은 높이 평가되어야 합니다. 계승연대의 활동가로서, 민주화운동 보상심의위원회 전문위원으로 교육민주화 부문을 담당했던 이영재 박사께서 그동안의 활동 결과들을 모아 '자유, 희망, 진보를 향한 교육민주화' 책을 발간하게 됨은 매우 의미 있는 일입니다.

시대를 거스르는 이명박 정권의 신자유주의 교육정책으로 인해 권위주의가 되살아나고 학교현장이 숨이 막히는 지금, 이 책은 교육공동체 모두가 행복한 학교를 만들고자 새로운 투쟁을 준비하는 사람들에게 소중한 자료가 될 것입니다.

차상철(전 전교조 수석부위원장)

현 정권은 그간의 통일운동의 성과를 송두리째 날리고 있으며, 남북 대결은 더욱 격화되고 있습니다. 국가보안법을 전가의 보도처럼 휘두르며 통일운동 세력을 탄압하고 있지만, 이것은 잠시 탄압에 흔들린 통일의 기운이 조만간 다시 활화산처럼 폭발하는 시기가 점점 가까워지고 있다는 사실의 반증입니다. 통일교육에 앞장서온 전교조의 교육민주화운동사가 편찬되었습니다. 교육민주화의 좋은 길잡이 책이 발간되는 만큼 전교조는 역사적 소명과 책임도 커졌습니다. 더욱 힘차게 통일교육에 매진하기를 기원하며 그간의 노력에 경의를 표합니다.

노수희(범민련 서울본부장)

교육민주화운동의 역사는 노동자들의 투쟁이 있었기에 가능하였습니다. 여기저기 노동자·농민의 투쟁의 불씨가 계속되고 있습니다. 공권력을 등에 업은 기득권 자본가의 반인권적 탄압에 맞선 비정규직 노동자의 투쟁이 울산, 인천, 서울에서 이어지고 있습니다. 교육민주화운동에 헌신했던 많은 교사들은 이 책을 통해 그간이 활동을 평가하고 새롭게 다잡는 계기가 되었으면 합니다. 비정규직 노동자, 장애인, 소수자를 향한 교육운동가들의 발걸음이 더욱 바빠지길 바랍니다.

조희주(해직교사, 노동전선 대표)

전교조, 이름만 들어도 마음이 따뜻해지면서도 한편으론 가슴 아픈 기억이 지워지질 않는 우리 모두의 조직입니다. 1989년 5월 전국을 뜨겁게 달구었던 민족, 민주, 인간화, 참교육의 함성은 세월이 흘러 강산이 변한다 해도 잊지 못할 것입니다. 직선제의 달을 쓴 군부독재정권은 전교조의 참교육 운동을 매도하며 온갖 탄압을 가해왔지만 관제교육이 아닌 참된 인성교육을 하겠다는 선생님들의 열망과 의지는 꺾지 못했습니다. 온갖 탄압 속에 조직을 지켜내고 유지하였던 전교조를 포함한 교육민주화의 역사를 한 권의 책으로 담았다고 합니다. 비록 한 권의 책으로 교육운동가들이 품었던 열망을 모두 표현하지는 못한다 하더라도 소중한 자료가 될 것으로 확신합니다.

신미자(롯데제과 해고자, 80년 영등포지역 해고자모임 대표)

| 추천사 |

'자유, 희망, 진보를 향한 교육민주화' 발간을 진심으로 축하합니다. 지난 독재정권 시절 교육민주화운동은 우리나라 민주화운동에 아주 중요한 역할을 수행하였습니다. 교육은 언론과 더불어 국민들의 의식을 좌우하는 주요 부문이기 때문에 교육민주화 없이 나라의 민주화는 생각할 수 없습니다. 수천명의 깨어 있는 교사가 해직, 투옥, 징계 등 일신상의 불이익을 감수하며 교육현장을 민주화하기 위해 투쟁했습니다. 그분들의 희생이 있었기에 우리는 교육민주화와 함께 사회민주화도 이룰 수 있었습니다.

이 책은 독재정권 시절 무자비한 권력의 폭압에 맞서 용기 있게 신념을 지킨 교사들의 투쟁기록으로, 교육민주화는 저절로 주어지는 것이 아니라 교육의 주체들이 쟁취하는 것임을 웅변으로 보여줍니다. '자유, 희망, 진보를 향한 교육민주화' 발간을 계기로 진정한 교육민주화가 이루어지길 기대합니다.

정동익(전 동아투위 위원장, 사월혁명회 상임의장)

평소 교육민주화운동에 헌신하시는 여러 선생님들을 존경하는 사람으로서, 교육민주화운동에 대한 역사가 발간됨을 기쁘게 생각합니다. 우리 사회가 독재 치하에 신음하고, 교육조차 그 독재의 손발처럼 움직이고 있어 희망 없고 암울하던 시대에, 등불처럼 나타나 사람들에게 희망이 되시고 모범이 되신 선생님들의 역사가, 희미하게 잊히고 흩어지지 않게, 여기 모여 뚜렷한 역사가 되었습니다. 자신을 녹여 불을 밝히는 촛불처럼, 선생님들의 희생과 노고가 정말 크셨습니다. 그리고 그 덕택에 우리나라가 이만큼이나마 민주화가 되었습니다.

미래가, 앞길이 보이지 않을 때, 역사를 되돌아본다지요. 비록 일시적으로 민주주의가 후퇴할지라도, 선생님들의 발자취를 따라가다 보면 더 큰 발걸음을 내딛을 수 있을 것 같습니다. 감히 이 책을 추천하게 됨을 영광으로 생각합니다.

배기영(정신과 의사, 인도주의실천의사협의회)

우선 교육민주화운동사 발간을 축하드립니다. 교육은 국민의 근간이며 따라서, 국민들의 진정한 민주화를 위해서도 그 근간이 되는 교육민주화가 우선되어야 함으로 그 노고에 참으로 감사립니다. 이 책의 발간이 앞으로의 민주화운동의 기본 초석이 되길 아주 깊이 바랍니다. 특히, 노동자의 투쟁에 많은 격려가 될 것입니다. 축하드립니다.

김준희(대우어패럴 해고노동자모임 대표)

책의 증언처럼, 참된 '가르침'의 의지로 험난한 자기희생을 감수한 모든 분들께 존경의 마음을 드립니다. 공평하고 공정한 교육기회가 차별 없이 보장되고, 교육시스템이 사회적 통제 속에 보다 정의롭게 혁신되기를 기대합니다.

차준원(사노맹동우회 회장)

자유, 희망, 진보를 향한 교육민주화

삶으로, 실천으로, 기록으로 교육민주화운동의 참 의미를 보여주었던 많은 분들과의 만남이 소중했기에 계승연대의 출판 제안을 흔쾌히 수락했습니다. 그러나 막상 작업을 시작해놓고는 내용의 방대함에 막혀 역량의 한계를 실감할 수밖에 없었습니다. 2009년 9월부터 시작하여 마지막 감사의 글을 정리하는 지금까지도 필자가 교육민주화운동의 의미를 제대로 해석하고 전달했는지, 행여 작은 부분이라도 잘못 정리한 부분은 없는지 여전히 마음이 놓이지 않습니다.

이 책이 그나마 형식과 내용을 갖추어 세상에 공개되기까지는 민주화운동정신계승국민연대 관계자들의 공이 컸습니다. 난제에 직면할 때마다 항상 필자의 고민을 나누어 짊어져준 이병주 집행위원장, 임영순, 조광철 국장께 감사의 인사를 드립니다. 또한 숨 가쁜 일정과 활동 속에서도 필자가 감당할 수 없는 과찬으로 추천사를 보내주신 권오헌 의장님, 장휘국 교육감님, 민병희 교육감님, 정진후 전교조 위원장님, 이덕우 변호사님, 강민조 이사장님, 이수호 전 위원장님, 원영만 전 위원장님, 장혜옥 전 위원장님, 고승우 대표님, 정종열 교수님, 정태상, 권영국, 조영선 변호사님, 차상철, 조희주 선생님, 노수희 본부장님, 정동익 의장님, 신미자 선생님, 배기영 원장님, 김준희 대표님, 차준원 회장님께 진심으로 감사드립니다. 이 책이 받아야 할 칭찬의 몫이 있다면 그것은 전적으로 교육민주화를 위해 헌신하셨던 많은 선생님들의 몫이지 필자의 몫은 아닙니다.

이 책은 수많은 해직교사들의 열정과 정당함의 결과물이자, 2001년부터 교육민주화운동 명예회복 작업에서 수고를 아끼지 않았던 민주화보상심의위원회 학원분야 전문위원들의 노력의 산물이기도 합니다. 민주화보상법에 비추어 교육민주화운동을 해석하고, 심의의 골격을 세운 것은 김철홍 박사님의 공이고, 사립학교 교육민주화운동에 대한 방대한 자료수집과 쟁점에 대한 검토는 정호기 박사님의 노력 덕분에 가능했습니다. 주요 쟁점마다 함께 고민해준 동료 송경숙 박사님에게도 감사를 전합니다. 그리고 고락을 함께 했던 손두진, 허활석, 오승용, 한종만, 이광기 전 전문위원과 지금도 위원회에서 고군분투하고 있는 송병헌, 이인숙, 유수남, 김현석 전문위원께도 감사드립니다.

또한 필자가 감사의 인사를 올릴 수 있는 영광의 자리에서 빼놓을 수 없는 분들이 있습니다. 인간에 대한 예의와 삶을 대하는 진지함을 일러주신 필자의 지도교수 백경남 교수님께 지면을 빌려 감사의 인사를 올립니다. 백 교수님은 2004년부터 2008년까지 민주화보상심의위원회 심의위원으로 활동하신 바 있어 위원회에서의 인연도 각별합니다. 필자가 연구자의 길을 가도록 끊임없이 지적 자극을 제공해주시고 격려해주시는 동국대학교 정치외교학과 황태연 교수님과 고단한 정치학자의 애환을 함께 나누는 남산박사모임에도 감사의 인사를 올립니다. 또한 이 책의 집필에 전념할 수 있도록 기꺼이 연구공간을 제공해주신 한양대학교 제3섹터연구소 주성수 소장님과 이란희 실장님, 김태수, 김성현, 하승우 박사님께도 감사드립니다.

이 책이 세상의 빛을 볼 수 있었던 것은 계속되는 필자의 수정 요구와 촉박한 일정에도 불구하고 항상 웃는 낯으로 대해주시며 거친 원고를 말끔하게 정리해주신 동연출판사의 김영호 사장님과 조영균 팀장님 덕분입니다. 제목 표제글을 써주십사는 부탁에 흔쾌히 붓을 들어주신 김봉준 화백께도 고개를 숙입니다. 또한 연표 정리와 잔손 가는 일들을 도와준 구자룡 후배와 대우자판의 변성민 선생님이 없었다면, 세세한 자료 정리는 엄두도 못 냈을 것입니다. 사진자료를 제공해주신 전교조 편집실 선생님들께도 감사드립니다. 그리고 일일이 인사를 올리지 못한 많은 선생님들의 넉넉한 웃음과 진솔한 삶의 모습이 스쳐갑니다. 필자를 믿어주고 함께해주신 교육민주화 현장의 많은 선생님들께 감사드립니다.

아빠가 학교에 관한 책을 쓴다며 좋아하던 큰딸 예은이와, 이제 한창 말을 배우는 '아빠 딸' 예진에게 같이 놀아주지 못한 미안함을 전합니다. 직장 일에 가사까지 도맡아 수고해준 아내 선혜와 자식이 하는 일이라면 언제나 믿음으로 지켜봐주시는 부모님께도 진심으로 감사의 인사를 올립니다.

2011년 새해
행당골에서 필자 이영재

차례

I. 교육민주화운동과 민주화보상법

Ⅳ. 사립학교 교육민주화

책머리에

왜, 교육민주화운동이 중요한가? 우리의 희망이자 미래이기 때문이다. 교육은 민주주의의 핵심인 자유와 평등의 원리를 꽃피우는 대지大地이다. 미래의 주역인 학생들은 자신의 꿈을 만들고 다듬어가는 데 사회적 제약을 받지 않아야 한다. 학생들에게서 꿈을 빼앗고, 아무렇지 않게 꿈을 포기하도록 강요하는 사회는 이미 희망이 없는 사회이다. 정치권력에 휘둘리지 않는 학교, 자본관계에 예속당하지 않는 학교, 미래의 꿈들이 살아 펄떡거리는 학교가 한국의 미래를 향한 희망의 깃발이다.

얼마 전 국회 교육과학기술위 소속 민노당 권영길 의원실에서 서울지역 56개 초·중·고등학교 재학생 3만 7258명의 장래희망을 분석한 보고서를 낸 바 있다. 초등학생의 꿈은 단연 의사가 1위였고, 과학자, 교수, 법조인 순이었다. 새로운 사회변화를 반영하여 프로게이머나 연예인을 희망하는 비율도 상당히 높아졌다. 그런데 중고등학생의 응답은 다소 당혹스러웠다. 중학교와 고등학교에 올라갈수록 고용시장의 불안정성, 삶의 불안정성에 대한 공포와 부담이 벌써 학생들의 어깨를 짓누르고 있었다. 이미 학교현장에서 현실적 타산이 꿈의 자리를 대신하기 시작했다.

더 곤혹스러운 사실은 이 이해타산적 현실 순응에 신분적 질서가 자리 잡고 있다는 것이다. 보고서에 따르면, 중학교, 고등학교를 올라가면서 경제적으로 열악한 학생들은 꿈을 꿀 자유를 포기하고 있다고 한다. 서울에서 평균 집값이 가장 높다는 강남 3구(강남, 서초, 송파)와 가장 낮은 축에 드는 관악, 구로, 금천구 학생들의 장래희망은 커다란 차이를 보였다. 사회적 양극화가 학생들에게 희망의 양극화를 강권하는 사회라니! 놀라운 일이다. 이 비교가 서울지역의 비교여서 그렇지 전국적 비교였다면 상황은 더 심각하게 나타날 것이다.

이 보고서를 보고 기사를 올린 한 인터넷 신문 기자는 이렇게 말한다. "회사원이 의사보다 나쁜 꿈은 아니다. PC방 사장을 꿈꾸는 금천구의 고등학생이 외교관을 꿈꾸는 강남구의 고등학생보다 행복하지 않으리라는 보장은 어디에도 없다. 청소년 하나하나의 꿈은 그 직종의 위신과 평균소득으로 환산해 우열을 나눌 것이 못 된다. 하지만 청소년의 꿈이 부모의 경제력에 연동하는 현상이 전반적으로 나타난다면, 집안 사정에 따라 꿈을 가질 가능성부터가 제약이 되는 사회라면 그 결과로 '꿈의 양극화'라 부를 만한 현상에 가속이 붙는다면, 한 명 한 명 꿈의 가치를 인정하는 '착한 태도'만으로는 해결되지 않는 구조적인 문제가 있는 게 아닐까?"(2010. 12. 21. 시사INLive)

그렇다! 우리 교육에는 '착한 태도'만으로는 해결되지 않는 사회구조적 문제가 있는 것이다. 교육운동은 바로 꿈을 꿀 자유가 제약된 사회, 자유로운 상상이 차단된 사회의 모순으로부터 출발하였다. 정치권력의 구미에 맞도록 뜯어고쳐 누더기가 된 교과내용을 가르쳐 노예적 인간을 양산하고, 국가가 어떠해야 하는가를 가르치지 못하고 무조건적인 충성만을 강요하는 교육을 바로잡고자 한 것이 교육민주화운동이다. 또, 학생들을 위해 쓰여야 할 기성회비가 악덕 교장의 판공비로 쓰이고, 공부하던 교실이 부실공사로 무너져 내리는 현실에서 교육민주화운동은 시작되었다.

박정희, 전두환 군부독재정권의 폭압 아래에서 교육의 미래, 한국 사회의 미래를 준비하고자 했던 많은 선생님들이 고초를 겪었다. 교실에서 거리로, 거리에서 농성장으로, 농성장에서 구치소로 쫓겨나도 교육민주화를 위한 노력과 희생은 계속되었다. 그 덕분에 전 국민적 민주화 열기가 정점에 달했던 1987년 6월 항쟁을 기점으로 전국 교사들의 목소리를 한데 모으는 작업이 추진될 수 있었고, 그 흐름은 전교협을 거쳐 전교조 건설로 이어졌다. 1989년 전교조 결성 선언은 교육자로서의 사회적 책임을 통감하는 반성이자 절규였다.

현재 우리 교육의 현실은 모순 그 자체이다. 일제 강점기의 민족교육이 민족의 해방과 조국의 독립일꾼을 길러내는 과업을 담당해야 했듯이 오늘 우리의 교육은 수십 년 군사독재를 청산하여 민주화를 이루고 분단된 조국의 통일을 앞당길 동량을 키우는 민족사적 성업을 수행해야만 한다. 그럼에도 우리 교직원은 교육의 자주성과 정치적 중립성을 유린한 독재정권의 폭압적인 강요로 인하여 집권세력의 선전대로 전락하여 국민의 올바른 교육적 요구에 부응하지 못하고 결과적으로 진실된 교육을 받고자 하는 학생들의 학습권을 침해하는 잘못을 저질렀다.

동지여! 함께 떨쳐 일어선 동지여! 우리의 사랑스런 제자의 해맑은 웃음을 위해 굳게 뭉쳐 싸워 나가자!

—1989. 「전교조 결성선언문」 중

1970~80년대에만 수백명의 선생님이 군부독재에 항거하는 과정에서 유죄판결, 해직의 아픔을 겪고 교단을 떠났다. 1989년 수천명의 선생님과 그 가족들이 국가의 위협에 시달렸고, 결국 1,500여명의 선생님들이 교단을 떠나야 했다. 학교로 장사를 하는 악덕 재단과의 투쟁에서 180여명의 선생님들이 거리로 쫓겨났다. 또한 대학 재학 시절 민주화를 위한 실천에 앞장섰던 국립사범대 예비교사들이 법적으로 보장된 교사의 길을 눈앞에 두고도 국가의 임용제외 조치에 의해 교단에 서보지도 못했다. 그 숫자가 250여명에 달한다.

지난 1999년 12월 「민주화운동관련자명예회복및보상등에관한법률」이 제정됨으로써 한국의 민주화 과정에서 고통을 받고, 피해를 입은 분들의 명예회복 및 보상 작업이 가능해졌다. 그 당시의 기대와 환호가 벌써 10년 전의 일이다. 10년의 기간 동안 대부분의 교육민주화 관련 심의는 종결되었으나 그 결과에 대해서 꼼꼼히 따져보고 평가해볼 시간은 부족했던 것이 사실이다. 또한 민주화보상심의위원회의 활동과 관련하여 공개된 자료가 거의 없다시피 하기 때문에 신청인 개개인이 위원회 결정의 구조나 결정의 의미, 한계 등을 정리해내기란 쉽지 않은 일이다. 이 책은 교육민주화를 위해 이렇듯 고단하고 힘들게 걸어온 선생님들에 대한 국가적 명예회복 작업을 구체적으로 평가하고, 성찰하기 위한 목적에서 출발했다. 따라서, 이 책은 교육민주화운동사 전반이 아니라 민주화보상심의위원회가 다룬 교육민주화운동을 조목조목 살펴보는 것이 주된 목적이다.

『자유, 희망, 진보를 향한 교육민주화』는 "교육민주화운동의 평가와 쟁점(1979년~2002년)"이라는 부제 하에 총 8장으로 구성되어 있다.

제Ⅰ장 교육민주화운동과 민주화보상법에서는 교육민주화운동을 민주화보상법의 구체적 적용기준과 내용을 중심으로 정의하고 있다. 이 장에서는 교육민주화운동을 '전교조 결성 이전', '전교조 결성과 활동', '사립학교 교육민주화', '국립사범대학 교원임용제외' 등 크게 4가지 단계로 나누고 그 현황 및 특징을 서술하고 있다. 또한 후술할 장들에서 쟁점이 되고 있는 교육민주화운동의 민주화보상법상 쟁점을 확인할 수 있다.

제Ⅱ장 교육민주화 주요 사건은 1979년부터 1988년 전교조 결성 이전까지 교사들의 사회민주화, 교육민주화의 주요 내용들을 정리하고 있다. 이 시기의 현황과 더불어 별도의 장을 할애하여 '민주구국교원연맹사건'(1979), '5·18 민주화운동 관련 교원해직 사건'(1980. 5.~), '부림 사건'(1981), '아람회 사건'(1981), '오송회 사건'(1981), '민중교육지 사건'(1985), '민족민주교육쟁취 투쟁위원회 사건'(1986) 등을 다루고 있다. 민주구국교원연맹사건은 그동안 '남민전' 관련 교사 연루 사건으로 알려져왔을 뿐 그 내용이 제대로 알려지지 못했다. '5·18' 관련 해직교사들의 국가를 상대로 한 권리 투쟁은 원상회복과 관련하여 주목할 필요가 있다. 부림, 아람회, 오송회, 민중교육지, 민족민주교육쟁취 투쟁위원회 사건은 기존에 일부 책자를 통해 알려진 내용에 더해 과거사 관련 위원회들의 조사결과, 특별재심의 판시 내용 등을 취합하여 새롭게 정리하였다. 그리고 이 시기 개별 사건들을 일일이 다룰 수 없는 한계가 있어 이 시기 교육민주화운동의 길에서 헌신한 교사들의 명단을 별도로 정리하였다.

제Ⅲ장 전국교직원노동조합 결성은 전교조 결성의 배경과 개요, 주요 활동을 개괄하고, 전교조 관련 주요 판례, 민주보상법상 쟁점, 전교조 탄압의 실상 등을 다루고 있다. 특히 여기에는 당시의 전교조 활동을 이해하는 데 중요한 학생들의 교육민주화 지지 활동과 전교조의 '활동일지'가 수록되어 있다. 학생들의 지지 활동은 그동안 사회운동 진영에서 제대로 정리하지 못했으나 역설적이게도 문교부 교원노조대책반이 작성한 자료에 학교별, 일자별 내용들이 소상하게 정리되어 있어 그 자료를 실었다. 전교조 탄압과 관련해서는 국정원과거사위원회의 조사결과까지 포괄하였다.

제Ⅳ장 사립학교 교육민주화에서는 사립학교 교육민주화운동의 주요 쟁점을 소개하고, 민주화보상심의위 인정사례를 제시하고 있다. 당시의 교육기본권 파행 사례는 〈초중등 사립학교 정상화를 위한 시민사회종교단체 공동대책위원회〉가 1999년 발간한 「사립학교 교육민주화운동」에서 발췌하였다. 이 장에서 소개하는 5개 학교의 사례는 당시 복잡하게 전개된 사립학교 교육민주화운동의 쟁점과 성과를 총괄적으로 보여주기에 충분하다. 경희여상은 위원회의 심의과정에서 학교 측이 당시 평교협 교사들의 교원자격을 인정하지 않아 해직교사들이 경희여상에 정교사로 재직했음을 입증하는 데 많은 노력이 필요했다. 덕원공고는 학교정상화를 이루었으나, 당시 평교협을 이끌던 교사들이 교육위의 공무집행방해 혐의로 유죄판결을 받아 이 판결 내용이 쟁점이 되었다. 혜천여중고는 평교협 교사들의 집단 사표 제출과 재단의 폐교조치가 쟁점이다. 청구상업학교는 관선이사 파견, 구재단 복귀, 대법원의 해직무효판결 등이 얽혀 있다. 명신여고는 재단의 족벌경영 문제가 발단이었으나 공권력이 동원되고, 재단이 이에 편승하며 사회적 문제로 비화되기도 하였다. 이 작업이 가능했던 것은 위 학교의 교육민주화를 주도하였던 선생님들의 도움과 협조 덕분이었다.

제Ⅴ장 교원임용제외에서는 교원임용제외의 정의, 현황, 교육부의 특별채용 조치와 위원회 심의의 비교 등을 구체적으로 진행하였다. 두 차례에 걸친 임용제외 교사들의 특별채용 현황 정리작업은 자료의 취합이나 정리에 오랜 시간을 소요하는 지난한 작업이었다. 이 장에서는 특히 교원임용제외 사안의 해직 해당성에 관한 논란을 주목할 필요가 있다. 민주화보상법상 해직의 의미와 적용 기준 등을 정리한 것은 이 책의 성과 중 하나이다.

제Ⅵ장 민주화보상법의 의미와 한계는 과거청산과 민주화보상법의 포괄적 이해를 위한 장이다. 이 장에서는 과거청산의 관점에서 민주화보상법의 의미와 한계 등을 구체적으로 평가하였다. 또한 위원회 10년의 활동사에 대한 평가와 사회운동진영의 역할에 대한 정리는 향후 과거사 정리 작업의 유사한 상황이 발생한다면 타산지석으로 활용될 수 있을 것이다. 이 장의 주요 내용은 필자가 그동안 과거사 관련 토론회 발표문이나 민주화보상위원회 관련 논문들을 준비하면서 가졌던 문제의식을 새롭게 보완하여 재구성한 것이다. 주된 맥락은 필자의 〈과거청산과 민주주의〉(2004), 〈민주화보상법 운용의 현황과 과제〉(2005), 〈민주화운동 명예회복 및 보상의 현황과 과제 : 민족민주열사, 희생자를 중심으로〉(2005), 〈정치권력의 헌정질서 유보 및 파괴에 관한 연구〉(2009), 〈과거청산의 현실과 민보상위 9년, 그 한계와 과제〉(2009), 〈광주5원칙에서 피해보상의 의미와 과제〉(2010), 〈과거사 피해보상에 대한 비판적 검토〉(2010) 등을 바탕으로 하고 있다.

제Ⅶ장 교육민주화운동의 명예회복 평가에는 교육부의 특별채용 관련 내용이 수록되어 있다. 이 자료는 당시 특별채용의 내용을 파악하는 데 필요한 자료들이다. 이와 더불어 민주화보상법상 원상회복과 관련한 쟁점을 다루고 있다. 왜 원상회복이 중요한가?라는 문제의식 하에 해당 법조항에 대한 해석, 원회추를 중심으로한 실천적 노력, 주요 경과와 의미 등을 정리하였다. 특히 원상회복과 관련하여 논란이 되었던 민주화보상법의 '인사상 불이익 금지'와 '불이익행위 금지'의 구체적 내용을 다루고 있으며, 원상회복과 관련하여 정부와 전교조 차원에서 진행되었던 흐름을 소개하고 있다.

끝으로, **제Ⅷ장 교육민주화운동 관련자 명단**에는 이 책에서 다루고 있는 교육민주화운동 관련자 명단을 총정리하였다. 그 기준은 '전국교직원노동조합' 결성 또는 활동을 구분하였고, '사립학교 교육민주화', '국립사범대학 교원임용제외'를 중심으로 하되, 민중교육지 등 사건명으로 구분할 필요가 있는 경우는 해당 사건명을 기준으로 하였다. 위원회의 2005년 백서에 제144차까지의 전체 인정자 명단이 있을 뿐 교육민주화운동과 관련하여 공식적으로 정리된 명부가 없기 때문에 이 작업은 일일이 명단을 새로 작성하였다. 이 명단은 위원회의 제300차 심의 결과까지 반영하고 있다. 다만, 명단 작업의 일률적 기준을 지키려다 보니 교사 개인들의 다양한 민주화운동 성과를 다 담아내지 못하였음을 밝혀둔다. 주요 사건명은 필자의 판단으로 정리한 것이기에 해당 교사들의 너그러운 이해를 구한다.

이제는 벌써 역사가 되어가는 교육민주화운동을 정리하는 중에도 이 역사가 오늘날의 현실에서 다시 반복되어 나타나고 있음을 발견한다. 교육민주화운동의 역사를 평가하고 기록하기에는 아직도 우리 현실이 녹록지 않다. 이 글을 정리하는 오늘도 신문 지면을 통해 다시 또 이 교육민주화의 길을 가고 있는 선생님들의 가슴 아픈 소식들을 접한다. 일제고사를 반대한 선생님, 사학비리를 고발한 선생님, 가난 때문에 공부 못 하는 학생들이 없는 사회를 꿈꾸며 후원비를 납부한 선생님들이 교단을 떠나야 하는 안타까운 뉴스들이 지금도 쉼 없이 지면을 오르내리고 있다. 신자유주의가 교육현장까지 무한경쟁을 강요하고, 부익부 빈익빈을 대물림하는 오늘날의 교육현실에서 교육운동은 우리에게 이렇듯 역사가 아닌 현재진행형이다. 모쪼록 이 책이 오늘의 교육운동이 직면한 난제들을 풀어가는 데 작은 희망의 단초라도 될 수 있다면 필자로서 더 바랄 나위가 없겠다.

Ⅰ

자유, 희망, 진보를 향한
교 육 민 주 화

교육민주화운동과
민주화보상법

1 민주화운동의 정의

1. 민주화보상법 제2조

2000년 1월 12일 제정된 「민주화운동관련자명예회복및보상등에관한법률」[1](이하, 민주화보상법)에 의해 법·제도적 차원의 민주화운동 정의가 최초로 시도되었다. 민주화보상법 제2조의1은 민주화운동을 다음과 같이 정의하고 있다.

> 민주화운동이라 함은 1964년 3월 24일 이후 자유민주적 기본질서를 문란하게 하고 헌법에 보장된 국민의 기본권을 침해한 권위주의적 통치에 항거하여 헌법이 지향하는 이념 및 가치의 실현과 민주헌정질서의 확립에 기여하고 국민의 자유와 권리를 회복·신장시킨 활동을 말한다.〈2007. 1. 26. 개정〉

한국 사회의 과거청산 작업이 '일제하 반민족행위', '이승만 정권 집권시 부정', '제주 4·3 항쟁', '5·18 광주민중항쟁', '거창양민학살' 등 일정한 시기와 대상에 한정되어 있었다면, 민주화보상법은 제2조에서 보듯이 1964년 3월 24일[2] 이후 권위주의적 통치에 항거한 학생, 노동, 교육, 재야, 언론, 농민, 빈민, 통일운동 등을 포괄하는 광범위성을 특징으로 한다.

---

[1] 제정 2000. 1. 12. 법률 제6123호, 일부개정 2004. 3. 27. 법률 제7214호, 일부개정 2007. 1. 26. 법률 제8273호.

[2] 법 개정 전에는 시기 규정이 1969년 8월 7일 이후였다. 이 당시에도 시기 규정과 관련하여 논란이 있었으나 당시 1969년 8월 7일을 기준일로 정한 것은 3선 개헌안의 국회 발의 날짜였기 때문이다. 종기에 대해서는 ① 현행 헌법개정시점(1987년 10월 29일), ② 문민정부 이전까지(1992년 2월), ③ 국민의 정부 수립 이전(1998년 2월), ④ 본 법의 제정 이전까지(2000년 1월) 등의 의견이 있었으나 종기를 별도로 규정하지 않았다. 이에 대하여 이상수 의원은 "민주화운동의 시기와 종기를 두지 않은 이유는 여러 가지 불필요한 오해 때문이었다. 시기와 종기를 두면 특정시기나 특정정부를 특별한 의미로 평가하는 의미가 되기 때문에 차라리 민주화운동이라는 개념으로 그 범위를 정하자, 이런 의도에서 시기와 종기를 뺐다"(이상수, 제206회 국회행정자치위원회 회의록, 1999. 8. 9.)고 그 의미를 밝힌 바 있다.

민주화보상법 제2조는 항거대상을 '권위주의 정권'이 아닌 '권위주의적 통치'로 규정하고 있기 때문에 군부정권으로 상징되는 '권위주의 정권'에 의한 통치뿐만 아니라 민주화 이행과정에서 나타날 수 있는 권위주의적 잔재에 의한 '통치'까지도 포함하고 있다. 실제로 문민정부 등장 이후에 해당하는 신청사건의 상당수가 민주화운동으로 인정되었다.[3]

민주화보상법은 민주화에 기여 여부를 규정함에 있어 헌법이 지향하는 이념 및 가치의 실현과 민주헌정질서의 확립에 기여하고, 국민의 기본권 확립에 대한 기여를 전제로 하기 때문에 다양한 부문의 민주화운동을 포괄한다. 우리 헌법이 국민의 기본권에 대해 인간으로서의 존엄과 가치, 행복추구권 등을 의미하는 포괄적 기본권에서부터 평등권, 자유권적 기본권, 경제적 기본권, 정치적 기본권, 청구권적 기본권, 사회적 기본권 등을 규정하고 있음을 염두에 둔다면, 민주화보상법은 협소한 의미의 민주화운동, 즉 군부독재에 항거한 학생 또는 재야인사들의 투쟁이라는 통념을 넘어서는 포괄적 함의의 개념 규정력을 갖는다.

항거의 규정에 있어서도 시행령 제2조가 '국가권력이 학교, 언론, 노동 등 사회 각 분야에서 발생한 민주화운동을 억압하는 과정에서 사용자나 기타의 자에 의하여 행하여진 폭력 등에 항거함으로써 결과적으로 국가권력의 통치에 항거한 경우'를 포함하고 있기 때문에 민주화운동을 정의하는 현행법의 규정은 실질적 차원의 민주화운동, 즉 절차적 민주주의의 관철 이후 민주화 이행과정에서 전개된 부문운동까지 포괄할 수 있는 개념적 포용력을 갖추었다.

민주화보상법에 대해 법조계 일각에서는 저항권적 함의의 법적 정립으로 해석하기도 한다. 현재도 엄존하는 국가보안법과 집시법 등을 염두에 둔다면, 자유민주적 기본질서를 문란하게 하고 국민의 기본권을 침해한 권위주의적 통치에 항거하는 과정에서 사망 또는 부상을 당하거나, 유죄판결, 해직, 학사징계의 피해를 입은 분들에 대하여 명예회복 조치를 취하고, 보상하는 작업 자체가 저항권을 용인하지 않고는 법 논리적 모순에 빠지기 때문이다. 또한 민주화보상법상 민주화운동 판단의 핵심기준을 '권위주의 통치에 항거하여 민주헌정질서 수호에

---

[3] 문민정부 시기 사건 중 민주화운동 관련성을 인정받은 사안들은 "5·18 특별법 제정 촉구", "광주민주화운동 무력진압 책임자 처벌 및 진상규명" 요구 등 권위주의적 잔재 청산을 주장했던 경우와 "제14대 대선자금 공개 및 부패정치 청산요구", "노태우 비자금 조성에 대한 항의", "한보철강 특혜대출사건"에 대한 진상규명을 요구한 행위 등이 있다.

기여한 활동'으로 규정하고, 민주화운동을 헌법수호활동으로 이해하는 견해[4]도 있다.

2. 민주화운동 구성요건

1) 개요

민주화는 권위주의적 요소를 청산하고, 민주주의적 절차 및 각종 요소들을 도입하는 과정으로 권위주의적 통치에 항거하여 민주질서를 수립하기 위한 일련의 행위를 총칭한다. 민주화운동은 권위주의에 대한 파괴적 성격과 민주주의의 건설적 성격을 동시에 갖는 다층적 개념이다. 일반적으로 단계적 차원에서는 독재 및 권위주의 정권을 퇴장시키고 민주적 절차에 따라 주권자인 국민의 자유로운 선택에 의하여 민주정부를 구성하는 이행transition 단계와 민주주의의 절차와 규범을 제도화, 내면화하는 민주주의 공고화consolidation 단계로 구분한다.

그러나 대부분의 국가에서 이행기와 공고화기가 명료하게 구분되는 것은 아니다. 특히 한국과 같이 타협에 의한 민주화 이행을 경험한 국가들에서는 민주화 이행기에 권위주의적 잔재 및 보수세력과의 정치적 갈등이 상존하게 된다. 따라서, 권위주의적 통치시기를 명료하게 단정할 수 없으며, 정치적 역관계에 따라 민주화 이행에 따른 갈등이 상존하게 된다. 민주화보상법 제2조가 권위주의 정권을 특정할 수 없었던 것도 현실 정치에서 여전히 정치적 영향력을 갖는 구舊정치 세력과의 갈등이 주요 요인이었다. 민주화보상법 제2조에서는 '권위주의적 통치'로 규정하여 정치적 논란을 피하고 있다. 민주화보상법에 근거하여 민주화운동 관련성 여부를 판단하기 위해서는 다음과 같은 구성요건을 필요로 한다.

---

[4] "생각해보면, 우리나라에는 헌법은 말로만 있었을 뿐이지(명목적 헌법), 규범적 의미는 없었다고 할 수 있다. 과거에 비하면 현재는 상대적으로 헌법의 규범성을 많이 확보한 상태이다. 이렇게 낮은 수준의 헌법을 높은 수준의 헌법으로 변모시킨 모든 노력을 우리는 '민주화운동'이라고 말할 수 있을 것이다. 이런 취지를 갖고 있는 이 보상법은 내용적으로 볼 때, 우리 헌법의 내용들을 메워 나가는 법이라는 점을 발견하게 된다. … 왜곡된 헌정사를 바로 잡기 위한 일환으로 이 기간 중에 희생된 사람들의 억울한 형편을 바로 잡기 위한 일환으로 이 기간 중에 희생된 사람들의 억울한 형편을 바로 잡아 향후 민주화 발전의 기틀을 확고히 하는 것이 이 법의 목적이자 취지로 이해된다"(강경선, 2003: 48).

그림 1_

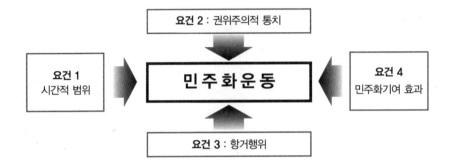

2) 시간적 범위

시기는 권위주의적 통치 시점을 중심으로 1964년 3월 24일 이후로 하고 종기에 관한 규정은 없다. 1964년 3월 24일의 의미는 '6·3 한일회담' 반대 시점일을 기준으로 한 것이다.

3) 권위주의적 통치

권위주의는 민주주의의 잔여범주로서 절차적으로 규정된 입헌민주주의 체제와 대비되는 정치체제 혹은 그러한 정치체제와 관련된 이념 및 관행을 아우르는 개념이다. 정치학에서는 과두적 정치엘리트에 의해 구성되고 지배되는 배타적이고 중앙집중적인 정치권력의 행사로서 억압, 비관용, 사적권리와 시민적 자유의 침해, 시민사회의 자율성 제약 등을 권위주의적 통치의 주요한 특징으로 본다.

권위주의 체제는 국가가 억압과 강제를 통하여 시민사회를 정치과정에서 배제함으로써 정통성 위기를 내재하고 있는 체제로 기형적 입법 과정이 특징이다. 정치권력의 정당성을 인위적으로 조작하고, 공론장을 왜곡하고, 시민사회의 행동 및 여론 조성을 억압하는 체제이다. 따라서, 정치권력의 정당성에 의해 운영되는 체제가 아니라 정치참여를 강제로 제한하는 억압적 성격을 주된 특징으로 한다.

민주화보상법 제2조가 정한 '권위주의적 통치'는 국가기관이 입법, 사법, 행정 등 모든 공권력을 행사 또는 불행사하여 자유민주적 기본질서를 문란하게 하고 헌법에 보장된 국민의 기본권을 침해한 통치작용을 말한다. '권위주의적 통치'는

'권위주의 정권'과 비교해볼 때, 권위주의 정권에 의한 통치(직접 및 간접 통치 모두를 포괄)뿐만 아니라 민주화 이행과정에서 나타날 수 있는 권위주의적 잔재에 의한 통치도 포함한다. 따라서, 민주화 이후의 정권이라고 하더라도 민주주의의 공고화 이전에는 권위주의적 잔재 및 후유증으로 인해 권위주의적 통치의 발생 가능성이 상존하는 것이다. 민주화보상법 시행령 제2조가 '직접 국가권력에 항거한' 경우뿐 아니라 "국가권력이 학교·언론·노동 등 사회 각 분야에서 발생한 민주화운동을 억압하는 과정에서 사용자나 기타의 자에 의하여 행하여진 폭력 등에 항거함으로써 결과적으로 국가권력의 통치에 항거한 경우"를 구분하고 있는 것도 이러한 맥락에서 이해할 수 있다.

4) 항거

'항거'는 국민이 저항권과 시민불복종권을 근거로 실정법규 또는 권력 행사의 타당성, 가치성을 부인하고, 그것에 복종을 거부하고 나아가서 철회 또는 폐지를 요구하는 직·간접적인 행위를 포괄하는 인권적·기본권적 차원에서 이해할 수 있다. 한국의 경우 헌법상 저항권의 명문 규정[5]은 없으나 헌법전문에 "불의에 항거한 4·19 민주이념을 계승"하도록 정하고 있는바, 이를 저항권의 근거규정으로 삼기도 한다.

민주화보상법의 항거행위는 불법적 권력을 배제하고 법질서의 유지 또는 재건의 목적을 달성하기 위해 필요한 모든 가능한 수단을 포괄한다. 즉, 권위주의적 통치의 강제에 복종하지 않는 행위, 단독 또는 집단에 의해 필요하다면 실력으로 권위주의적 통치에 항거하여 자신을 방어하거나 공격하는 행위, 지배자의 퇴진이나 제도의 변혁을 달성하려는 행위 등이 포함된다. 또한 민주화보상법에서 폭력적 항거행위를 배제하고 있지 않은바, 이는 권위주의적 통치의 강력한 물리력에 저항하는 과정에서 불가피하게 폭력적 항거를 동반할 수 있음을 전제하는 것이다. 따라서 실정법을 위반한 폭력적 항거행위의 경우 사회적 상당성에 현저하

---

[5] 미국의 1776년 독립선언은 "어떠한 정부형태이든 천부적 인권을 확보하려는 목적을 훼손할 경우에는 정부를 변경하거나 폐지하고, 안전과 행복을 확실하게 보장해줄 원리에 따라 신정부를 수립하는 것이 국민의 권리임을 확신한다"고 명문화하고 있으며, 프랑스의 1789년 인권선언 제2조는 "모든 정치적 결합의 목적은 자연적 권리와 절대적 인권을 확보하려는 데 있다. 이러한 권리라 함은 자유, 재산, 안전권과 압제에 저항하는 권리를 말한다"고 규정하고 있다.

게 반하는 경우를 제외하고는 그 목적에 비추어 민주화운동 관련성을 인정할 수 있다. 단, 민주화보상법 제2조가 정한 바에 따르면, 항거의 동기와 목적이 결여된 일방적 피해의 경우 항거행위의 범주에서 제외된다.

5) 민주화의 기여

민주화보상법은 민주화에 기여 여부를 규정함에 있어 헌법이 지향하는 이념 및 가치의 실현과 민주헌정질서의 확립에 기여하고 국민의 자유와 권리를 회복·신장시킨 활동을 말한다. 우리 헌법의 지향과 민주헌정질서는 제2조 제1호 전단의 '자유민주적 기본질서'보다는 폭이 넓은 것으로 해석하는 것이 타당하다. "민주헌정질서는 자유민주적 기본질서 외에 다른 민주질서, 즉 사회민주적 기본질서도 포함하는 헌법에 근거하는 정치질서라고 이해하여야 할 것이다. 우리 헌법에서도 자유민주적 기본질서가 아닌 민주적 기본질서가 존재할 수 있음을 명시적으로 인정하고 있음을 찾아볼 수 있다. 따라서, 이론적으로는 민주화운동에 자유민주적 기본질서의 확립을 위하여 저항한 운동뿐만 아니라 사회민주적 기본질서의 확립을 위하여 저항한 운동도 포함되어야 한다."(이희성, 2009: 19)

이 법의 민주헌정질서는 자유민주주의보다 상위의 개념인 현행헌법상 "민주적 기본질서"에 해당하는 개념으로 해석하여야 한다. 민주적 헌정질서는 헌법질서의 하나로 사회민주주의와 자유민주주의를 비롯하여 모든 민주주의를 그 내용으로 포괄하는 공통분모적 상위개념이다. 사회민주주의는 자유민주주의를 기본적 전제로 하여 실질적 평등을 지향하는 민주주의의 한 유형이기 때문에 개념상 자유민주주의보다 상대적으로 넓게 해석해야 한다. 개념 간의 관계를 도식화해보면 다음과 같다.

> 헌법질서(민주적 기본질서+사회적 시장경제질서+평화주의적 국제질서) 〉 민주적 기본질서(사회민주와+자유민주주의) 〉 사회민주주의(자유민주와+실질적 평등지향) 〉 자유민주주의

따라서, 민주헌정질서는 절차적 민주주의를 의미하는 '자유민주적 기본질서' 차원을 핵심적 내포로 하고, 실질적 평등을 지향하면서 기본권 보장에 있어 생존권적 기본권을 중시하는 사회민주적 기본질서를 포함하는 것으로 볼 수 있다. 최근 헌법의 추세는 자유민주적 기본질서보다는 실질적 평등의 추구와 부의 재분

배정책이라는 사회민주주의 관점에 접근하고 있기 때문에 자유권적 기본권, 경제적 기본권, 정치적 기본권뿐만 아니라 사회적 기본권을 중시한다.

2 교육민주화운동의 정의

1. 법률적 정의

1) 헌법과 교육기본권

> 제31조 ① 모든 국민은 능력에 따라 균등하게 교육을 받을 권리를 가진다. ② 모든 국민은 그 보호하는 자녀에게 적어도 초등교육과 법률이 정하는 교육을 받게 할 의무를 지닌다. ③ 의무교육은 무상으로 한다. ④ 교육의 자주성·전문성·정치적 중립성 및 대학의 자율성은 법률이 정하는 바에 의하여 보장된다. ⑤ 국가는 평생교육을 진흥하여야 한다. ⑥ 학교 교육및 평생교육을 포함한 교육제도와 그 운영, 교육재정 및 교원의 지위에 관한 기본적인 사항은 법률로 정한다.
>
> 제22조 ① 모든 국민은 학문과 예술의 자유를 가진다.
>
> 제33조 ① 근로자는 근로조건의 향상을 위하여 자주적인 단결권, 단체교섭권 및 단체행동권을 가진다. ② 공무원인 근로자는 법률이 정하는 자에 한하여 단결권, 단체교섭권 및 단체행동권을 가진다.

2) 교육기본권의 변천

제헌헌법~ 제2공화국 헌법	제16조 ① 모든 국민은 균등하게 교육을 받을 권리가 있다. ② 적어도 초등교육은 의무적이며 무상으로 한다. ③ 모든 교육기관은 국가의 감독을 받으며 교육제도는 법률로써 정한다.
제3공화국 헌법	제27조 ① 모든 국민은 능력에 따라 균등하게 교육을 받을 권리를 가진다. ② 모든 국민은 그 보호하는 어린이에게 초등교육을 받게 할 의무를 진다. ③ 의무교육은 무상으로 한다. ④ 교육의 자주성과 정치적 중립성은 보장되어야 한다.

	⑤ 교육제도와 그 운영에 관한 기본적인 사항은 법률로 정한다.
유신헌법	제27조 ① 모든 국민은 능력에 따라 균등하게 교육을 받을 권리를 가진다. ② 모든 국민은 그 보호하는 자녀에게 적어도 초등교육과 법률이 정하는 교육을 받게 할 의무를 진다. ③ 의무교육은 무상으로 한다. ④ 교육의 자주성과 정치적 중립성은 보장되어야 한다. ⑤ 교육제도와 그 운영에 관한 기본적인 사항은 법률로 정한다.
제5공화국 헌법	제29조 ① 모든 국민은 능력에 따라 균등하게 교육을 받을 권리를 가진다. ② 모든 국민은 그 보호하는 자녀에게 적어도 초등교육과 법률이 정하는 교육을 받게 할 의무를 진다. ③ 의무교육은 무상으로 한다. ④ 교육의 자주성·전문성 및 정치적 중립성은 법률이 정하는 바에 의하여 보장된다. ⑤ 국가는 평생교육을 진흥하여야 한다. ⑥ 학교교육 및 평생교육을 포함한 교육제도와 그 운영, 교육재정 및 교원의 지위에 관한 기본적인 사항은 법률로 정한다.

3) 민주화보상법의 정의

가. (항거시기) 1964년 3월 24일 이후

나. (항거주체) 교원[6]들이

다. (항거목적) 국민의 교육기본권[7]을 신장시킬 목적으로

라. (항거대상) 국가에 의해 직접적으로 행해지거나 국가권력과 관계한 사용자나 기타 자에 의하여 행해진 헌법에 보장된 교육기본권을 침해한 권위주의적 통치작용에,

마. (항거행위) 시위, 선언, 공동행위 등 여타의 방법으로 항거하여

바. (항거효과) 결과적으로 국민의 교육기본권을 신장시킨 활동을 말한다.

---

[6] 교원이라 함은, 각 학교에서 원아, 학생을 직접 지도·교육하는 자(교사, 교장, 교감, 원장, 교수, 부교수, 조교수, 전임강사, 조교 등)를 통칭한다.

[7] 교육기본권이라 함은 모든 인간의 인간적인 성장발달을 위해 필요한 교육에 관한 헌법상의 포괄적인 기본적 인권을 말한다. 보다 구체적인 내용에 대해서는 아래의 2를 참조.

4) 교육 관련 법률과 교육기본권

| 교육기본법 |

제5조(교육의 자주성 등) ① 국가 및 지방자치단체는 교육의 자주성 및 전문성을 보장하여야 하며, 지역의 실정에 맞는 교육의 실시를 위한 시책을 수립·실시하여야 한다. ② 학교운영의 자율성은 존중되며, 교직원·학생·학부모 및 지역주민 등은 법령이 정하는 바에 의하여 학교운영에 참여할 수 있다.

제6조(교육의 중립성) ① 교육은 교육 본래의 목적에 따라 그 기능을 다하도록 운영되어야 하며, 어떠한 정치적·파당적 또는 개인적 편견의 전파를 위한 방편으로 이용되어서는 아니된다.

제12조(학습자) ① 학생을 포함한 학습자의 기본적 인권은 학교교육 또는 사회교육의 과정에서 존중되고 보호된다. ② 교육내용·교육방법·교재 및 교육시설은 학습자의 인격을 존중하고 개성을 중시하여 학습자의 능력이 최대한으로 발휘될 수 있도록 강구되어야 한다.

| 교육공무원법 |

제43조(교권의 존중과 신분보장) ① 교권은 존중되어야 하며, 교원은 그 전문적 지위나 신분에 영향을 미치는 부당한 간섭을 받지 아니한다.

| 사립학교법 |

제1조(목적) 이 법은 사립학교의 특수성에 비추어 그 자주성을 확보하고 공공성을 앙양함으로써 사립학교의 건전한 발달을 도모함을 목적으로 한다.

5) 국제규약과 교육기본권

| ILO/UNESCO의 '교원지위에 관한 권고안' (Recommendation Concerning the Status of Teachers) |

제61항 교원은 전문직으로서의 임무를 수행하는 데 있어서, 학문의 자유를 누려야 한다. 교원은 학생을 위해서 가장 적절한 교재와 교육방법을 판단하는 최적의 자격자이므로, 소정의 프로그램 내에서 교육행정당국의 원조 하에 교재의 선택과 교과서의 선택 등에서 중추적인 역할이 이루어져야 한다.

2. 민주화운동의 요건

1) 교육기본권과 권위주의적 통치

교육분야의 권위주의적 통치란, 교육기본권 보장의 공권력 주체(입법, 사법, 행정)가 공권력의 행사 또는 불행사를 통하여 헌법에 보장된 교육기본권 내지 보호영역에 대해 가하는 제약을 말한다. 국가 및 지방자치단체의 권한은 의무교육연한, 학급규모 등 교육의 외적사항에 대한 조건정비로서의 감독권만 인정되고, 교육내용과 같은 내적 사항에 대해서는 지도조언권만 가진다. 권한을 넘어서 행정력을 관철시키려 할 때 교육분야의 권위주의적 통치가 작동하게 된다.

교육기본권은 헌법 제10조의 인간으로서의 존엄과 가치로부터 직접 도출되는 학습권(인간적 성장발달권)을 중핵으로 하고, 개별 기본권으로서의 학문의 자유(제22조)와 교육받을 권리(제31조)를 포괄하는 종합적 기본권으로 자유권성과 구체적 권리로서의 생존권성을 동시에 갖는 것으로 교육기본권이라 함은, 모든 인간의 학습의 자유와 권리뿐만 아니라 교육의 자유(권력으로부터의 교육의 자주성)과 교육평등(차별금지와 기회보장)을 포괄하는 권리라 할 수 있다.

교육주체별로 교육기본권을 살펴보면, 학생의 학습권이 교육기본권의 기본이며, 학부모·교사 간 권리 상호 충돌 시에는 학생의 이익을 우선적으로 고려하되, 연령적 성숙도에 따라 부모가 제1차적 책임, 학교의 교육전문적 사항에 대해서는 교사들이 결정권을 소유한다. 교원의 교육권은 교육의 자유로서 교원은 권력적 통제를 배제하고 국가로부터 교육을 받을 학생의 권리를 보호해야 할 의무와 교원 자신의 권리를 지켜야 할 이중적 책임이 있다. 이외에도 교원은 시민으로서 헌법상의 일반적 인권을 보장받을 권리가 있다.

표 1_ 교육주체별 교육권의 내용

구분	내용	세부 사항
학생	학습권	교육내용결정에의 참여와 선택의 권리, 학교운영에의 의견표시와 참가의 권리
	교육과정상의 권리	학생회자치권, 표현의 자유, 학생신문발행 및 결사의 자유, 정치활동의 자유, 교외활동의 자유, 학생생활기록에의 프라이버시권, 부당한 압수수색으로부터의 자유, 복장과 용모의 자유, 모욕적인 벌과 체벌의 문제, 징계에서의 변론권과 적법절차

학부모	학교선택권	가정교육의 자유, 학교선택의 자유, 학교교육 내용선택의 자유
	교육청구권	학교와 교사에 대한 전문적 판단요구권 학교참가권 : 단위학교별 학부모회 설치 운영의 제도화, 지방교육자체 단체별 학부모회 설치 운영의 제도적 보장, 전국단위의 학부모회 연합체 설치 운영의 제도화 등
교 원	교육할 권리	교육과정 결정 및 편성권, 교재의 선택 결정권 교육내용 및 방법 결정권, 성적의 평가권, 학생지도 및 징계권
	신분상의 권리	신분 및 직위보유권, 직무집행권, 재심 및 행정쟁송권 의사에 반한 신분조치를 당하지 아니할 권리 권고사직을 당하지 않을 권리, 불체포 특권 처부사유설명서 교부권 및 후임자 보충발령 유예 여교원의 동등신분 보장권
	노동기본권 등 일반인권 보장	교원단체 결성과 교섭협의권 및 노동조합결성권(교원단체의 교섭협의권, 교원의 노동조합 설립·운영권) 교원의 정치활동
	재산상 권리	보수청구권, 연금청구권, 실비변상청구권

이와 같은 교육기본권의 권위주의 통치 사례는 교사의 단결권 제약, 사립학교의 자주성 침해, 관료적 교육행정을 통한 교사의 교육권 제약, 교육내용의 통제 및 교육권의 국가독점과 학부모, 교사 배제 등을 들 수 있다.

2) 교육민주화운동의 주요 내용

(1) 학습의 자유와 권리의 신장

학습의 자유와 권리는 가르칠 권리(교육권)를 전제로 하는 배우고 익히는 권리(학습권)라는 차원을 넘어서 스스로 공부하고 알권리까지 포함하는 '인간적 성장 발달의 권리'로서 교육권은 학습권의 보장수단으로 존재한다.

(2) 교육의 자유에 대한 보장

교육의 자유는 교육내용과 교육기구가 교육자에 의하여 자주적으로 결정되고 행정권력에 의한 교육통제가 배제되어야 하는 것으로, 적극적으로는 교육이 그 전문성과 특수성에 따라 교육 본래의 목적에 따라 독자적으로 조직, 운영, 실시되어야 한다는 것이고, 소극적으로는 정치권력이나 그 밖의 세력에 의한 간섭을 배제하는 것을 의미한다. 교육의 자주성은 교육의 자유와 권력으로부터 교육의 독립을 의미한다.[8]

(3) 교육의 평등 보장

민주국가에서 교육을 받을 수 있는 기회가 사회의 구성원들에게 평등하게 분배되어야 함을 의미하는 것으로 소극적 차원에서는 교육기회의 균등한 보장을 통하여 차별을 금지하는 것이고, 적극적 차원에서는 교육기회의 보장, 생존권으로서 교육받을 권리, 즉 적극적인 교육기회의 보장을 국가에 요구할 권리를 의미한다.

3 교원 사건의 유형

1. 교원 사건의 정의

교원 관련 사건이란, 전국교직원노동조합(이하 전교조) 결성 관련 해직 사건과 전교조 활동 관련 해직 사건뿐만 아니라, 전교조 결성 이전 집시법·국가보안법 등 관련 교원 해직(및 유죄판결) 사건과 사학 정상화투쟁 관련 교원 해직(및 유죄판결) 사건, 시국사건 관련 국립사범대 교원임용제외 사건 등 교육민주화운동과 관련한 교원의 해직 및 유죄판결 사건을 총칭한다.

---

[8] 헌법재판소는 교육에 있어 자주성의 필요성에 대해 다음과 같이 판시한 바 있다. "교육이 국가의 백년대계의 기초인 만큼 국가의 안정적인 성장발전을 도모하기 위하여서는 교육이 외부세력의 부당한 간섭에 영향 받지 않도록 교육자 내지 교육전문가에 의하여 주도되고 관할되어야 할 필요가 있다."

2. 교원 사건의 구분

교육민주화운동 관련 교원 사건의 현황[9]은 다음의 〈표-2〉와 같다.

표-2_ 교육분야 사건 유형별 관련자 현황

구 분	사회·교육민주화 관련	전교조 결성 해직	전교조 활동 해직	사 학 민주화	시국사건 임용제외	기 타	계
현 황	111	1,472	171	183	255	38	

표-3_ 해직 현황

구분	파면							해임							합계		
	초등		중등		소계			초등		중등		소계			공립	사립	계
	공	사	공	사	공	사	계	공	사	공	사	공	사	계			
계	22 (-8)	(-1)	81 (-41)	13 (13)	103 (-49)	13 (-4)	116 (-53)	106 (+1)	1 (+1)	607 (+8)	257 (+2)	713 (+9)	257 (+2)	970 (+11)	816 (-25)	649 (-40)	1465 (-65)

※ ( )내 숫자는 소청과정 또는 직권면직 후 탈퇴하여 복직된 자

표-4_ 교원 관련 사건의 유형 및 해직자 현황 총괄[10]

사건 유형		사 건 내 용
사회민주화 관련 해직		권위주의적 통치시기에 시국사건과 관련되어 해직된 교원(예 : 남민전, 부림, 아람회, 오송회, 관악노동청년회 등으로 국가보안법 위반)
교육 민주화 관련 해직	기타 민주 교육실천	• 유신시대, 80년대 초 권위주의적 통치에 대한 수업 중 또는 학내외에서 최소한 의사표시와 관련 해직된 교원. 정치사회민주화와 교육민주화의 복합성격(예 : 교원의 반공법, 포고령, 긴급조치 9호 위반 건 등)
	민중교육지	• 1985. 5. 무크지 「민중교육」 창간호의 한국교육현실을 비판한 내용을 문제삼아 관련된 교원을 해직
	교육민주화 선언[11]	• 1986. 5. 10. 한국YMCA중등교육자협의회 교사의 「교육민주화선언」과 관련 해직된 교원

[9] 이 현황은 전교조 원회추 자료를 바탕으로 한 것이다. 민주화보상심의위원회의 최종심의 후에 보다 정확한 통계가 가능할 것으로 보인다.

[10] 이 자료는 2차 신청 접수 후 민주화보상심의위원회 전문위원실에서 접수 현황을 분류한 자료이다. 교원 사건의 경우 주로 1-2차 신청접수 시 접수가 집단적으로 이루어졌으나 여타의 사정으로 제3차~제5차 신청접수기간 동안 접수한 사건들도 있기 때문에 정확한 관련자 및 인정자 통계는 위원회 심의 종결 후에야 가능할 것으로 보인다.

[11] 1986년 5월 10일 교육민주화선언 참여교사 명단은 지금까지 완전하게 복원이 되지 못하고 있다. 지난 1996년 5월 15일자 전교조신문에 강원, 광주, 전남, 서울, 경기지역 참여교사 명단이 실린 바 있다. '선언' 당시의 긴박함을 소개해보면 다음과 같다. "군사독재 정권 아래에서 '교육민주화선언' 발표에 참여한 교사들의 명단이 10년 만에 발굴되었다. 교사들이 우리 교육문제를 직접 제기한 '선언'은 당시 우리 사회에 큰 반향을 불러 일으켰다. 86년 5월 10일 서울 YMCA 강당에서 서명을 받고는 이 귀중한 명단이 경찰의 불신검문에 걸려 빼앗길까 두려워

전교조 관련 해직	전교조 결성 해직	• 전교협이 조직을 노동조합 형태로 바꾸면서 전교조 결성에 참여 · 가입하여 탈퇴권유에도 불구하고 탈퇴하지 않아 해직된 교원
	전교조 활동 해직	• 1989년 전교조결성 관련자 해직 이후에 노동조합원으로 가입하여 전교조합법화투쟁, 원상회복투쟁, 시국선언 등 전교조 조합원 활동과 관련하여 해직된 교원으로 사건의 성격이 개별적으로 다양함.
사립학교 관련 해직		• 사립학교 현장의 부조리 척결, 교육환경 개선, 학교운영 민주화를 위한 활동(교사양심선언 등)과 관련하여 해직된 교원. 전교조 결성 이전 전교협 평교사회 중심 사학정상화와 전교조 결성 이후 사학정상화 구분
시국사건 관련 교원임용제외		• 국립사범대학 출신자 중 임용고사 실시 이전의 시국사건과 관련되어 임용이 제외된 자(신청인은 원천해직 주장하지만 임용거부 해당)

1) 전교조 결성 이전 사회 · 교육민주화 관련 교원 해직 사건

교육 및 사회민주화 관련 해직교원이란, 과거 군사정권 시기 교육민주화 및 사회민주화운동의 과정에서 해직된 교원을 통칭하는 말로, 유신 말기부터 '80년대 초 전두환 군사정권의 계엄조치 하에서 교육자적 양심에 입각하여 권위주의적 통치에 항거함으로써 긴급조치 9호, 국가보안법 등에 의한 유죄판결 또는 해직의 피해를 입은 교원 관련 사건을 말한다.

대표적인 교육민주화 관련 사건은 다음과 같다.

- 1975년 5월 13일   전남대학교 우리교육지표 사건
- 1985년 8월   민중교육지 사건
- 1986년 5월 10일   한국YMCA중등교육자협의회 교육민주화선언
- 1986년 5월 15일   민주교육실천협의회(민교협) 사건

대표적인 사회민주화 관련 사건은 다음과 같다.

- 1979년 10월   남민전 산하 민투 - 민주교원연맹 사건
- 1981년 7월 19일   아람회 사건
- 1981년 7월~10월 부림 사건

당시 선언을 주도한 와이교협 관계자는 한 후배에게 이 명단을 넘겨주면서 다음과 같이 말하였다. '네가 검도 2단이니 혹시 불심에 걸리더라도 빠져나갈 수 있을 것이다. 이 명단을 가지고 먼저 뒷골목으로 빠져나가라.' 그 후 당국의 탄압과 정세의 급진전으로 까마득히 잊고 있던 이 명단, 완전히 잃어버린 줄 알았던 이 명단이 10주년 기념행사를 준비하는 과정에서 극적으로 발굴되었다. 안타깝게도 강원, 광주, 전남, 서울, 경기 외의 다른 지역 명단은 입수하지 못하였다."(1996. 5. 15. 전교조신문)

• 1982년 12월 8일   오송회 사건

2) 전교조 관련 교원 해직 사건

　1989년 5월 28일 교원들이 '민족 · 민주 · 인간화'라는 참교육 실현을 위해 전교조를 결성하자 당시 문교부가 전교조 결성 및 활동에 참여한 교원 1,528명을 해직한 사건이다. 해직 교원들은 지속적인 교육민주화투쟁을 전개하였으며, 전교조 결성 관련 해직 사건 이후에도 전교조를 중심으로 교사들의 교육민주화투쟁이 지속적으로 전개되었다. 정부에서는 1994년과 1998년 2차례에 걸쳐 해직교원들 대부분을 교단으로 복귀시켰다. 그러나 정당한 민주화 요구에 대한 권위주의적 통치의 탄압으로 해직된 교원의 복직 시 호봉 및 경력 등의 불이익을 그대로 잔존시킨 '특별채용' 형식을 취하였기 때문에 해직교원들은 민주화보상심의위원회에 교육경력, 호봉인정, 해직기간 임금보상, 연금불이익 해소 등을 위한 실질적 원상회복(명예회복)을 요구하였다. 명예회복 신청자는 총 1,400여명으로 위원회 전체 해직 신청사건의 약 42%에 달한다.

3) 사학민주화 관련 교원 해직 사건

　사학 관련 해직 교원 사건은 사립학교 교원들이 '사립학교 교육현장의 부조리 척결', '교육환경 개선', '학교운영의 민주화'를 위해 개인적, 조직적으로 교육민주화운동을 전개하는 과정에서 해직된 사건을 말한다. 해직의 사유는 대부분 '집단행동', '품위손상', '학생선동', '근무태만', '전교조 후원' 등이다. 사립학교 교육민주화운동은 대부분 1987년 6월 항쟁과 더불어 사회적 민주화 요구가 분출하는 가운데 결성된 전국교사협의회 활동을 바탕으로 학교별 평교사협의회를 결성하여 교사양심선언, 촌지거부, 교육환경 개선 등의 형태로 전개되었다. 특히, 사립대학에서는 1990년 3월 사립학교법에 의거, 사립대학 재단의 지배력이 강화되면서 재단이 총학장 및 교직원 임면권을 등 지배의 전권을 가지고 교수재임용제도를 악용하여 재단의 비리 시정 등 대학의 민주적 운용을 위해 활동한 교수들을 재임용에서 탈락시키도 하였다. 사학민주화투쟁이 전개된 대학들은 덕성여대, 동의대, 상지대, 세종대, 조선대, 수원대, 호남대 등 다수 대학들이다. 중고교로는 덕원공고, 경희여상, 청구상고, 혜천여중고, 신명여상, 경기상고 등 다수의 학교가 있다.

4) 시국사건 관련 교원임용제외 사건

「시국사건관련교원임용제외자채용에관한특별법」에 의하면 '교원임용제외자'
란 국립사범대학(한국교원대학교 · 교육대학 · 공업교육대학 및 국립대학에 설치한 교
육과를 포함)을 졸업한 자로서 교사임용명부에 등재되어 임용절차를 이행하던 중
이거나 졸업지연 등의 사유로 교사임용후보자명부에 등재되지 못하고 있던 중
시국사건과 관련하여 임용에서 제외된 사건을 말한다.

시국사건이란, ① 반정부 집회 및 시위, 유인물 배포, 단체결성 및 가입, ② 노
동운동 관련 사건(위장취업, 노학연대투쟁, 인천지역노동자회, 노동현장파업, 전교조
활동 등), ③ 학원민주화운동 관련 집회 및 시위(학원안정법 반대, 졸업정원제 반대,
학내민주화운동)를 말한다.(「시국사건관련교원임용제외자채용에관한특별법」 제2조 제2
항). 임용제외자는 1999년과 2001년 2차례에 걸쳐 시국사건관련교원임용제외자
채용에관한특별법에 의거하여 특별채용되었다.

4 명예회복의 쟁점

1. 해직의 정의

해직이라 함은, 국가나 학교 · 언론 · 노동 등 사회 각 분야에서 소정의 절차에
따라 임용된 자가 근무하던 중 본인의 의사에 반하여 맡은 직무의 담당을 면제
당하는 것을 말한다.[12] 민주화보상법 제2조 민주화운동을 이유로 한 '해직'의 요
건 해당성 판단에 있어서는 공무원 · 교사 · 회사원 등의 신분을 박탈당하는 강제
성 의원면직, 직권면직자뿐만 아니라 교사와 국가공무원 및 일반 취직시험 등의
임용(채용) 과정에서 당한 불이익까지 포함할 것인지 여부, 즉 해직의 범위에 대
한 판단이 쟁점이다.

---

[12] 국가공무원법에서는 '면직', 민법에서는 '해약'(해지), 노동관계법에서는 '해고'라고 한다.

표-5_ 해직자의 범위

면직종류			범 위		현직상태	해직자범위
면직 (해고)	의원면직 (사직)		의원면직(사직)		현직 근무 중	×
			강제성 의원면직(강제사직)			○
	직권면직 (직권해고)	징계면직 (징계해고)	파면			○
			해임			○
		협의 직권면직(정리해고)				○
원천 해직	• 1사례 : 교사임용에서 불이익을 당한 자				채용과정	○
	• 2사례 : 국가공무원시험 등에서 불이익을 당한 자					○
	• 3사례 : 민간기업체 등 시험에서 불이익을 당한 자					△

2. 해직의 의미

1) 협의의 의미

협의狹義의 해석은 징계면직(징계해고) 즉, 국가공무원법상 '파면', '해임'된 경우[13]만을 포함해야 한다는 견해이다. 징계는 조직의 내부질서를 유지하기 위하여 부과된 의무를 위반한 자에 대하여 국가나 사용자의 일방적 의사에 의하여 조직원의 신분적 이익의 전부 또는 일부를 박탈하는 제도로서 귀책적 의무위반에 대한 제재의 특징을 갖는데, 그 징계의 발생원인이 교육민주화운동을 이유로 한 것인지 여부가 판별된다면 민주화보상법 제2조가 정한 요건 해당성을 충족시킨다고 본다.

협의의 해직 개념을 적용할 경우 명확한 근거와 사유에 따른 민주화보상법 적용이 가능하다는 장점이 있으나, 교육민주화운동 과정에서 발생한 다양한 형태의 '해직' 피해를 포괄하지 못함으로써 피해 현실과 괴리된 법적용이라는 한계에 직면할 수 있다. 실제, 권위주의적 통치 하에서 발생한 해직의 유형들을 보면, 직권면직, 강제적 의원면직, 임용의 원천적 봉쇄 등 다양한 형태의 피해 사례가 중

---

[13] 국가공무원법상 '파면' 처분을 받은 자는 그때부터 5년을 경과하지 아니하면 다시 공무원으로 임용될 수 없고, 퇴직급여액, 퇴직수당의 불이익을 당한다. '해임' 처분을 받은 자는 해임 처분을 받은 날부터 3년 이내에는 다시 공무원으로 임용될 수 없다.

첩되어 있다.

2) 광의의 의미

광의廣義의 해석은 징계 종류상의 파면, 해임된 경우와 더불어 '직권면직' 및 '강압에 의한 의원면직' 사례를 포함하는 견해이다. '직권면직'은 자신의 의사와는 관계없이 공무원 및 근로관계를 계속 유지할 수 없는 사유가 있어 국가 및 사용자의 일방적 의사에 의하여 공무원 및 근로관계를 소멸시키는 단독행위를 말한다. 이 경우 신분박탈이라는 법적 효과에서 징계와 동일하다고 할 수 있지만, 당사자의 귀책과 관계없이 법률로 정한 일정 요건(과원 등)에 해당하여 면직하는 경우이기 때문에 민주화운동이 직권면직의 주된 원인이었음을 입증하는 것이 관건이다. '강제성 의원면직'의 경우 형식은 의원면직이나 그 과정과 내용에 있어 민주화운동을 이유로 본인의 의사에 반한 면직을 강요당한 경우를 말한다. 이 경우 역시 민주화운동을 이유로 한 면직의 강요가 입증되어야 한다.

실제 사립학교 교육민주화운동 과정에서 재단 측은 '과원' 등의 이유로 다수의 교육민주화운동 참여교사를 직권면직한 사례가 있고, 본인의 의사와 관계없이 부모 등으로부터 사직서를 제출받아 처리(강제성 의원면직)한 경우가 다수 있다.

민주화보상법 제2조의 '해직' 피해 적용시 광의의 해직 개념을 적용해야 한다는 견해는 교육부의 특별채용 기준과 일맥상통한다. 교육부는 「해직교사특별채용추진계획」(2000. 1. 18)시 "전교조, 시국사건, 사학민주화 사건 등이 사직의 직접적인 원인이 되었다고 판단되는 의원면직도 해직교사 특별채용 계획의 취지를 감안하여 광의의 해직자로 보아 '99. 7. 30. 「해직교사특별채용추진계획」과 동일하게 처리"토록 한 바 있다.

3) 최대 광의의 의미

해직의 여러 형태, 즉 '파면', '해임', '직권면직', '의원면직' 등을 포괄하고, '원천 해직'[14](임용제외) 피해까지 포괄해야 한다는 견해이다. 원천해직자와 앞의 1), 2) 해직 개념의 가장 큰 차이점은 교단에 선 교사신분에서 해직되었는지 여부에 있다. 원천해직의 경우가 민주화보상법 제2조가 정한 해직의 요건 해당성을 갖추었는지 여부와 관련하여서는 교사로서의 임용이 없었기에 배제해야 한다는 견해와 실제 국가의 교사 육성 시책에 따라 교원임용이 확실시되는 예비교사의 국립사범대 재학은 시용試用기간에 해당하기에 법률로 보장한 임용을 원천적으로 차단한 정부의 행위는 해직에 준하는 것으로 보아야 한다는 견해가 있다.

민주화운동을 이유로 한 원천해직을 민주화보상법상 해직의 범위에 포함해야 함을 주장할 수 있는 근거는 첫째, 교육부가 「시국사건관련교원임용제외자채용에관한특별법」(2001)에 의거하여 시·도 교육위원회 별로 작성한 교사임용후보자명부에 등재되어 임용이 예정되어 있던 자로서 집회 및 시위, 교원노조운동 등 시국사건과 관련하여 임용에서 제외되었던 자를 특별채용한 전례에서 찾을 수 있다. 이는 공안당국이 임용예정자를 원천적으로 임용제외한 사실을 해직에 준하는 것으로 인정한 사례라고 할 수 있다. 둘째, 전국교직원노동조합은 "민주화운동과 관련하여 유죄판결을 받았거나 또는 성행불량자나 보안심사에 의한 부적격자로 판정되었다는 이유로 교원, 국가공무원 등의 임용에서 사실상 제외되거나 자격증을 박탈당한 자"를 원천 해직자로 간주하고 해직자에 포함해왔다. 따라서, 임용제외가 민주화운동을 이유로 한 피해임이 명백하고, 그 피해를 민주화보상법이 별도의 요건으로 규정하지 않은 이상 가장 유사한 요건에 해당하는 '해직' 요건을 광의로 해석하는 것이 민주화보상법의 제정 취지에 부합하는 것이라는 주장이 설득력 있게 제기되었다. 이 경우 민주화운동을 이유로 한 해직의 범위를 어떻게 규정할 것이며, 민주화운동이 직접적 이유가 되어 임용과정에서 어떠한 불이익을 당했는지를 입증하는 것이 관건이다.

이상의 내용을 토대로 교육민주화운동 관련 해직 사건의 요건 해당성 및 신청 현황을 도표화하면 다음과 같다.

---

14 여기서 '원천해직자'란, 교육공무원법 제11조에 의한 「국립대학교졸업자 교원우선임용제도」에 의해 국립의 사범대학(한국교원대학교, 교육대학, 공업교육대학 및 국립대학에 설치한 교육과 포함) 졸업자를 국가가 의무적으로 임용하게 되어 있으나, 시국사건 참여를 이유로 임용에서 제외한 자를 말한다.

표-6_ 민주화운동 관련자 요건 해당성

구 분		전교조 사건		사 학 민주화	사회민주화 교육민주화	미 복 직 해직교사	시국사건 임용제외	계
		결성 관련	활동 관련					
보상	사 망	○	○	○	○	○	○	
	상 이	○	○	○	○	○	○	
	행 불	×	×	×	×	×	×	
명예	유죄판결	○	○	○	○	○	○	
	해 직	○	○	○	○	○	★	
	학사징계	×	×	×	×	×	○	

※ 해당 : ○, 미해당 : ×, 원천적 해직개념 성립시 : ★

II 교육민주화 주요 사건
(1979년~1988년)

자유, 희망, 진보를 향한
교육민주화

▉ 민주화운동 관련 교원 해직 현황(1979~1988년)

1989년 전교조 결성 이전 교육민주화운동 관련 교원 해직 현황을 정리하면 다음의 〈표-7〉과 같다. 자료의 부족으로 인하여 1960~1970년대 교육민주화운동 관련 주요 사건은 다루지 못하였다. 아래의 〈표-7〉은 1979년부터 1988년까지의 주요 현황이다.

표-7_ 1988. 2. 이전 해직 현황 총괄

구분	사 건 명	해직발생시기	인원수	비고
총계			206명	
1	남민전 사건	1979. 10	11명	※ 1명 추가
2	광주민중항쟁	1980. – 1981.	4명	
3	부림 사건	1981. 6	4명	
4	아람회 사건	1981. 7	3명	
5	오송회 사건	1981. 12	9명	
6	시국관련 및 포고령 위반	1976. 9 – 1986. 10	10명	
7	민중교육지 사건	1985. 1 – 8.	16명	
8	민족민주교육쟁취투쟁위원회	1986. 9	5명	
9	ML당 사건	1986. 10	3명	
10	국보위 숙정	1980. 7	3명	
11	교육민주화운동 관련	1976. 7 – 1987. 5	24명	5.10교육민주선언 관련 18명
12	교권탄압	1980. 7 – 1986. 4	14명	사립학교 관련
13	기타 민주교육 실천활동		100명	

※ 자료 : "우리는 민주화된 교단에 함께 돌아갈 것이다", 민주화교육실천협의회, 1987. 7. 11., 『교육과 실천』 제6호, 『한국교육운동백서』, p. 210~212 참조.

2 민주구국교원연맹 사건(1979. 10.)

박정희 정권이 독재유지를 위하여 체제정비를 강화하던 1970년대 중반 이재문, 신향식, 김병권 등이 중심이 되어 유신체제 타도와 민족자주를 목표로 1976년 2월 '남조선민족해방전선준비위원회'(이하 남민전)를 결성하였다. 남민전은 인혁당 수배자, 사회안전법 수배자 등이 주축인 상황에서 박정희 정권의 폭압적 탄압을 피해 비합법 지하활동을 전개할 수밖에 없는 상황이었다. 남민전은 대중투쟁을 전개하기 위하여 1977년 1월 5일 '한국민주투쟁위원회'(민투)를 남민전 외곽에 결성하여 본격적인 반유신 투쟁을 전개한다. 1977년 1월 18일부터 1979년 8월까지 유신체제의 가장 엄혹한 시기 8차례에 걸쳐 유신체제를 비판하는 유인물 및 기관지를 배포하고, 1979년 9월까지 사회운동의 각 부문에 걸쳐 '민주구국학생연맹', '민주구국교원연맹', '민주구국농민연맹', '민주구국노동연맹' 등의 결성을 시도하던 중 1979년 10월 4일 서울 강동구 잠실4동 소재 시영아파트에서 이재문, 이문희, 차성환, 이수일, 김남주 등 남민전 관련자들이 검거되고, 민주구국교원연맹 관련 교사 11명이 구속된 사건이다.

민주구국교원연맹은 1978년 8월경부터 민투의 외연을 확장하고, 민주화운동에 헌신적이던 교사들을 포괄하기 위한 목적으로 조직화 작업을 진행하였다. 조직 체계상으로는 민투 산하에 위치하였으며, 교원지도부장에는 신향식, 차장으로 이계천이 활동하였고, 흥사단 산하 교육실천연구회 등 당시 민주화운동에 열의 있게 참여하던 교사들이 주축이었다.

민주구국교원연맹이 본격적인 활동을 전개하기 직전인 1979년 10월 남민전 및 민투 관련자, 민주구국교원연맹 교사들이 검거됨으로써 독자적 활동을 전개하지는 못하였으나, 이 사건은 교육민주화운동의 전체적 흐름과 관련하여 중요한 의미를 갖는다.

4·19 한국교원노조가 5·16 군사반란으로 군부독재정권에 의해 1,500여 교사가 구속, 해직당하며 폭력적으로 해체된 이후 1970년대까지 교육현장은 기나긴 암흑기였다. 특히 유신으로 대변되는 군사독재 아래서 정권에 대한 비판은 곧 구속과 해직으로 이어지는 정치사회적 분위기에서 교육현장의 모순은 심화되었다. 교육민주화를 열망했던 교사들은 이 시기 동안 삼삼오오 뜻을 모아 지하 소

모임으로 명맥을 유지하기도 하였다. 이 흐름에 대해서는 현재까지도 공개되거나 알려진 사실이 적다. 1975년 국어교사였던 양성우 시인의 「겨울공화국」 발표 시점을 전후하여 실천을 위한 열의들이 모여 자연발생적으로 생겨났던 소모임 그룹이 활성화된 것으로 보인다. 1970년대 교단에서 축출되었거나 교육현장에서 교육민주화운동을 준비하던 교사들이 김지하 시인의 「오적」이나 함석헌 선생의 「씨알의 소리」 등을 읽고 토론한 흔적들이 발견된다.

민주화보상위원회 명예회복 신청과정에서, 이 소모임들 중 하나의 실체가 확인되었다. 4·19 교원노조 창립교원들인 강기철(4·19교원노조대표), 박웅철(4·19 교원노조 초등위원장), 김문심(4·19교원노조 경북연합위원장), 김남식(함석헌 선생 기념사업회 이사), 계훈제(재야 운동가) 등이 소위 '응암동 모임'[1]을 통해 지속적으로 만남을 가져왔다. 1981년~1984년 교단 경험을 토대로 작성한 수기 「어린 종달새의 죽음」 저자 이치석도 1979년에 이 응암동 모임에 결합하기 시작했던 교사였다.

1970년대 중반 이후 교사들의 민주화 열기는 지하 소모임 형태를 벗어나 새로운 활로를 모색하기 시작하였고, 그 흐름은 극단 〈상황〉과 흥사단 〈교육실천연구회〉를 주축으로 전개되었다. 이 모임에 속한 교사들은 민주교육활동으로 신용협동조합과 야학 운영, 비판적 연극 활동 등을 전개하였다. 그 후 1970년대 말에 접어들면서 수년 간의 활동 경험을 통해 교사 자신들만의 개별적인 운동이 유신독재 하에서 한계점에 부딪치자 이를 극복하기 위한 길을 모색하게 된다. 이들 가운데 일부가 선택한 길이 '민투'의 가입이었고, '민주구국교원연맹'의 결성으로 이어지게 된 것이다.

당시 이들이 정치투쟁 조직에 들어가 유신독재체제를 타도하고 실현하고자 하였던 지향점은 다음과 같다. 첫째, 반공교육, 식민지적 노예교육, 반민주적 독재교육, 지배체제를 옹호하는 교육을 철폐하고 민족주체성의 회복과 민중적 교육을 실시한다. 둘째, 관료적인 주입식 교육방식을 철폐하고 민주적, 자율적 교육풍토를 조성하며 특히 이론과 실천의 통일적 교육을 실시한다. 셋째, 지배층 중심의 교육제도를 개혁하여 민중의 교육기회를 확대한다. 넷째, 일체의 식민지 문화 및 지배층의 문화를 타파하고 민족주체적, 민중적 민주문화를 건설하여 전통

---

[1] '응암동 모임'으로 불리는 것은 4·19 '교원노조'를 주도하였던 인사들이 1961. 5. 16. 군사쿠데타로 파면되고, 옥고를 치른 뒤 응암동의 한 중국집에서 비공식적으로 모임을 하면서 붙여진 이름이다.

적 민중문화를 계승·발전시킴으로써 민족문화 창달에 이바지한다. 다섯째, 식민지적·부르주아적·봉건적 관념을 타파하여 진정한 민주의식을 고무하며 지방색과 남녀 차별을 폐기하여 민족적 동질성을 확보하며 인간 평등성을 기한다(전교조,『한국교육운동백서』, 19쪽).

관련자 김 명(서울 광성고), 김정자(서울사대부중), 박광숙(서울 명성여중), 신우영(서울 우신중), 이계천(서울 남강고), 이수일(서울 정신여중), 이은숙(서울 일신여상), 이재오(서울 대성고), 임규영(교원임용제외), 임기묵(서울 명성여고), 장미경(서울 행당여중)

❸ 5·18 민주화운동 관련 교원 해직 사건(1980. 5.~)

애초 1990년 광주보상법 제정 당시 해직자는 보상 대상에 포함되지 않았다. 5·18과 관련하여 다수의 해직 피해자가 발생하였고, 실제 그 피해가 구금이나 상이에 비해 미미하다고 할 수 없음에도 불구하고 보상 대상에서 제외된 것이다.[3] 이 영향은 2000년 민주화보상법의 제정에도 영향을 미쳐 민주화운동을 이유로 해직된 경우 명예회복의 대상에 포함되었으나 생활지원금 등의 지급 대상에서는 제외되어온 배경이 되었다.[4] 민주화보상법의 제1차 개정시 유죄판결 피해에 대해서는 구금일수에 대한 생활지원금을 지급토록 개정하였으나 이때에도 해직 피해자의 경우 제외되었다. 제2차 개정시 우여곡절 끝에 유죄판결의 생활지원금 평균 지급액 기준으로 해직 피해에 대한 기준이 만들어지게 되었다. 광주보상법 제정 당시 해직으로 인한 피해에 대한 보상기준이 확립되어 있지 않아 보상 기준 산정에 어려움이 발생했던 것이다.

---

[2] 기존 자료(『교육과 실천』제6호,『한국교육운동백서』)에서는 남민전(민투) 관련 해직교사가 10명으로 되어 있으나, 임규영 교사의 경우 민주화보상심의위원회가 교원임용제외 사건에 대한 해직 해당성을 인정하였기에 추가하였다.

[3] 1990년 광주보상법 제정 당시 평민당과 5·18 관련단체의 안에는 대상자 문제와 관련하여 '유죄판결 확정자', '구속자', '구금자', '재산피해자', '기타 피해자', '면직자' 등으로 제시하여 5·18 관련 해직의 피해를 보상 대상에 포함시킬 것을 주장하였으나 법제정 과정에 반영되지 못하였다. 이 당시 면직자에 대한 피해보상 요구는 '원상회복'이었다(광주일보, 1989. 2. 17. 참조).

[4] 민주화보상법의 개정과정에서 해직자의 생활지원금 지급 주장이 2004년 법개정시 관철되지 못했던 이유는 전례가 없다는 것이었다. 해직자의 생활지원금 지급은 유죄판결자 생활지원금 지급 실시 이후인 2007년 법개정 과정에서 반영되었다.

5·18 관련 해직자들이 권리를 회복한 것은 1995년 12월 '5·18 특별법'의 제정 이후부터이다. '5·18 특별법'의 제정 이후 법원의 재심을 통하여 무죄판결을 이끌어내고 무죄판결 이후 강제해직 기간 동안의 손해에 대한 국가배상을 청구하는 노력 끝에 1997년부터 본격적으로 5·18 관련 해직자들의 권리가 회복되기 시작하였다. 광주보상법에 근거한 국가의 지원이나 보상 근거 등이 전무한 상태에서 해직 당사자들의 노력으로 권리회복이 가능했다.

5·18 관련 해직교사(수) 보상 현황을 구체적으로 살펴보면, 1997년 9월 3일부터 1998년 9월 29일 동안 5·18 민주화운동 관련 유죄판결 해직교원들이 재심을 청구하여 11명(교수 6명, 교사 5명)이 무죄판결을 받았다. 무죄판결 이후 전남대 교수 6명은 1980년부터 1984년 사이의 강제해직 기간 동안 발생한 손해에 대한 국가배상을 청구하였다.[5] 그 내용은 해직기간 동안의 보수, 연금 소급불입 및 지급 등에 대한 내용이었다.

'5·18 관련' 해직 교원들의 문제에 침묵하던 교육부가 구제방안을 수립한 것이 1998년 10월 30일이다. 교육부는 「광주사태관련 해직교수에 대한 무죄 재심 판결에 따른 손해배상 청구처리방안」에서 형의 양태, 면직형태 등의 차이로 '당연퇴직자', '강제사직자', '파면자'를 분리하여 처리하는 방안을 수립하였다. 구체적 사례를 들어보면 다음과 같다.

먼저 당연퇴직자의 경우이다. 오병문 외 5인은 유죄판결 후 국가공무원법 제69조에 의거 당연퇴직된 후 재심에서 무죄판결을 받았다. 이 경우에는 당연퇴직 무효에 따라 국가는 당연퇴직 취소인사발령과 당시 해직기간의 급여지급, 호봉 재확정에 따르는 연금산정 및 불입·지급, 당해 기간 동안의 급여에 대한 법정이자 등을 지급하여야 한다.[6] 두 번째로 강제사직자의 경우이다. 민준식 외 4인의 강제사직의 경우 강제사직 내용을 법원의 판결 등을 통하여 확인하게 되면 복직조치 및 손해배상이 가능하다. 세 번째 파면의 경우이다. '79긴급조치위반 및 광주사태 관련 파면에 해당하는 송기숙의 경우 민간인 신분이었으므로 국가공무원 신

---

[5] 권고사직 당한 민준식 교수 외 4명과 '79년 긴급조치위반 및 5·18 관련 송기숙 교수가 손해배상을 청구하였다.

[6] 공무원보수규정(대통령령) 제30조에 의하면, 공무원에게 행한 면직처분 또는 직위해제처분이 무효 또는 취소된 경우에는 복귀일 또는 발령일에 원래의 정기승급일을 기준으로 한 당시의 보수 전액 또는 차액을 지급하도록 규정하고 있다.

분에 준한 배상은 곤란하고 국가배상법에 의해 처리한다는 방침을 세웠다.

1998년 말부터 1999년의 기간 동안 5·18 관련 해직교원에 대한 일련의 주요 결정들이 이어졌다. 1998년 12월 말 재심에서 무죄판결을 받은 당연퇴직자 오병문, 명노근, 정익섭, 이방기, 이광우가 손해배상금을 지급받았다. 5·18 기념재단이 해직교사 9명에 대한 손해배상청구 민원을 교육부에 제기하자, 1999년 3월 9일 교육부는 전남대 당연퇴직 교수 처리방안과 같이 무죄판결을 받은 자에 한하여 배상이 가능하다는 회신을 하게 된다. 1999년 11월 15일에는 전 완산여상 교사로 재직하였던 이상호 교사가 국가를 상대로 낸 5·18 피해자 손해배상 청구 소송에서 승소하였다.[7] 1999년 국정감사에서 제기된 '5·18광주민주화운동관련 해직교원'의 조기배상문제에 대한 질의에 대한 김덕중 교육부장관의 긍정적 답변 후 교육부는 1999년 12월 18일 「5·18광주민주화운동관련교직원조기손해배상을위한보완지침」(이하 보완지침)을 발표하고, 종전의 법원 결정 확인 후 조치하던 입장을 전격 변경하여 종전과 달리 법원의 형 선고 취소 등 재심절차를 거치지 않더라도 강제의원면직 사실이 입증된 교원에 대해 조기배상 결정[8]을 하고, 면직형태 등의 차이에도 불구하고 당연퇴직자, 강제사직자, 파면자를 동일하게 처리하기로 결정하고 시행에 들어갔다. 이는 5·18 관련 해직교원들이 오랜 기간 노력하여 쟁취한 중요한 성과라 할 수 있다.[9] 당시 교육부가 주관한 5·18 민

---

[7] 승소확정은 2000년 3월 16일 서울고등법원에서 이루어졌다. 판결의 주요 내용은 "대한민국은 1995년 12월 21일 「5·18민주화운동등에관한특별법」(이하 특별법)을 제정, 5·18 운동의 정당성을 인정하고 원고가 특별재심(특별법 제4조)에 의한 무죄판결을 받았으므로 배상의제(특별법 제6조)에 따라 원고에게 공동불법행위자로서 손해배상 책임이 있다"는 것이었다. 손해배상의 범위는 ① 당시 관련 피해자가 정상적으로 원직에 근무하였더라면 받을 수 있었던 보수일체 지급, ② 신체 정신적 피해에 관한 위자료 지급, ③ 손익상계에서 신규채용시 받은 임금 상계, ④ 지연 손해금에 대한 지급 등이었다. 주목할 점은 이전에는 동 사건의 소멸시효(3년) 시작 일을 1992년 문민정부출범일 또는 1987년 6·29 선언일로 해석하여 모두 기각해왔으나 동 소송에서는 손해배상 소멸시효 시작일을 「5·18민주화운동등에관한특별법」 제정일(1995. 12)로부터 시작된 것으로 해석하였다는 점이다.

[8] 손해배상업무처리는 시·도교육청(각 대학) 「5·18광주민주화운동관련해직교원손해배상심의위원회」 구성 ⇒ 위원회가 강제사직의 입증과 배상수준 결정 후 교육부에 신청 ⇒ 교육부의 예산지원 ⇒ 시·도교육청(각 대학)별 집행 순으로 이루어졌고, 강제사직의 입증을 법원의 판결만이 아닌 객관적인 자료에 의해 임용권자가 적극적으로 판단하여 조치하도록 하였다.

[9] 5·18광주민주화운동 관련 해직교원조기손해배상 보완지침의 시달은 전남대, 전북대(1999. 12. 21), 조선대(2000. 1. 24), 서울대(2000. 5. 1)에 각각 이루어졌고, 대학별 해직교원 손해배상추진 후 교육부의 예산지원 시달은 2000년 5월 17일에 있었다. 2000년 8월 12일에 강제사직된 전남대 6명, 전북대 4명 등 총 10명에게 8억 6천만원의 배상지급이 있었다. 이후 2000년 9월 5일 민주화운동관련자명예회복및보상신청과 관련하여 추가지침을 서울대 등 13개 대학에 시달하고, 대학별 손해배상심의 후 5·18 광주민주화운동 관련 해직자에 해당되지 않는 자는 민주화운동 관련자 보상신청을 하도록 조치하고, 5·18 광주민주화운동 관련 강제해직 교원 손해배상 신청기한을 2000년 10월 20일로 한정하였다.

주화운동 관련 손해배상 신청 현황을 정리하면 다음과 같다.

표-8_ 5·18 민주화운동 관련 손해배상 신청 현황

구분	유형	인원	해당자
지급 (17)	중·고등학교 교사	7	박석무, 윤광장, 윤영규, 신종권, 이상호, 김준태, 박행삼
	대학교수	10	무죄판결자 : 오병문, 명노근, 정익섭, 이상식, 이방기, 이광우 강제사직자 : 김동원, 노희관, 안용섭, 민준식, 박영준, 송기숙(전남대), 김용성, 남정길, 이석영, 변홍규(전북대)
미지급 (50)	광주민주화보상 대상자	11	김수남, 임영천, 김기삼, 김제안, 박동철, 권광식, 조종현, 정철인(조선대), 이영희(한양대), 이문영(고려대), 유인호(중앙대)
	내란음모사건 실형	1	한완상(서울대)
	5·18 전후 성명서 서명, 정부비판, 학내민주화운동 주도 및 언론기고 등으로 강제해직	29	노형철, 채경석, 조학행(조선대), 김치수, 이효재, 현영학, 서광선, 백명희, 백재봉(이화여대), 이만열, 김봉호(숙명여대), 최용기, 이영일, 정재관(창원대), 강만길, 이상신, 김윤환, 조용범, 김용준(고려대), 이명현, 김진균, 변형윤(서울대), 문선재, 박판영, 유영석(강원대), 정창렬(한양대), 김찬국, 이선영(연세대), 정윤형(홍익대)
	재임용 탈락	9	김영곤, 오금곤, 김영동, 김수종, 김영관, 최영복, 정옥희, 오수열, 문병권(조선대)

※ 무죄판결일 : 1997. 9. 3(신종권), 1998. 4. 7(이상호), 5. 11(윤광장), 5. 29(명노근), 6. 24(정익섭, 이상식, 이방기, 이광우, 윤영규), 7. 29(오병문), 9. 29(박석무)

지난 2001년 6월 교육부의 손해배상처리시 지급대상에서 제외된 50여명의 교원들의 보상이 추진되었다. "교육인적자원부와 기획예산처는 17일 국민화합 차원에서 소송을 거치기 전이라도 5·18 광주민주화운동으로 해직된 교수에게 해직기간의 보수와 연금 등을 지급하기로 방침을 세웠다고 밝혔다. 보상 대상자는 한완상 부총리 겸 교육부장관, 김동길 전 연세대 부총장 등 전국 18개 대학 전·현직 교수 66명이다. 대학별로는 서울대 4명과 고려대 6명, 이화여대 6명, 숙명여대 2명, 조선대 20명, 창원대 3명, 강원대 3명, 한신대 2명, 한양대 2명, 세종대 3명, 성균관대 4명, 기타 6명이다. 이들은 1980년 5·18 광주민주화운동에 직·

간접적으로 참여했다는 이유로 신군부에 의해 해직되었다가 복직하여 현재는 소속 학교에서 교수로 근무하거나 정년퇴직으로 학교를 떠났다. 교육부는 이들의 보상금 확보를 위해 현재 기획예산처에 82억원의 예산을 신청해 놓고 있다. 이에 따라 보상금은 대상자의 해직기간과 연금 등에 따라 달라지겠지만 1인당 평균 1억 2400만원 정도가 될 것으로 보인다. 보상금은 변호사와 민주화운동 관련 인사, 시민단체 관계자, 공무원 등으로 구성될 보상심의위원회에서 보상 신청을 받아 심사, 5 · 18 광주민주화운동 관련 해직을 입증한 뒤 보상기준과 보상액을 결정해 지급된다"(세계일보, 2001. 6. 17.).

관련자 문봉길(전북 신흥고), 윤영규(광주상고), 이상호(전북 완상여상), 정충제(경남 엄궁국교), 정태옥(전북 적상중), 김준태, 박석무, 박행삼, 신종권, 윤광장,

◢ 부림 사건(1981. 7.)

일명 '부림 사건'[10]이란, 전두환 정권이 1980년과 1981년 부산대 시위사건의 배후를 색출한다는 명분으로 1979년 10월 16일 부마 민주항쟁으로 구속된 후 석방된 사람들을 이태복 씨 등이 관련된 서울의 '전국민주노동자연맹'과 '전국민주학생연맹' 관련자들의 수배자 추적과정에서 부산 양서협동조합(서점) 회원 및 그들과 친분이 있는 사람들을 대거 구속하면서 만들어진 사건으로, 총 3차례에 걸쳐 관련자들을 구속하였다. 서점명을 지칭하여 '양서협동조합 독서토론회' 사건이라고도 한다.

구체적인 사건 내용은 1981년 9월경부터 부산지역 대학생 및 졸업생들을 중심으로 '양서협동조합'이란 독서토론회를 구성하고, 회원들이 모여 『한국경제의 실상과 허상』, 『제3세계와 종속이론』 등을 읽고 토론하면서 전두환 정권의 민주헌정질서 파괴에 대해 비판한 것을 국가 전복, 사회주의 건설 등을 모의한 것으로

---

[10] '부림' 이란 사건명은 서울에서 조작된 '무림' (안개 낀 숲속 같다는 뜻으로 경찰과 언론이 붙여준 사건 이름) 사건의 부산판이라는 뜻으로 부산의 '부' (釜)자와 수풀 '림' (林)자를 붙여서 '부림' 이라고 경찰과 언론에서 붙여준 이름이다.

간주하여, 국가보안법, 집회및시위에관한법률, 반공법 위반 등으로 구속한 사건이다. 그동안 "'부림 사건'은 전두환 정권의 가혹한 탄압정책이 부산지역의 민주세력들의 자생적인 민주화 요구와 정면으로 맞부딪히면서 발생한 대규모의 정치적 탄압 사건으로 규명되어 왔다"(한겨레신문, 『한국의 정치사건』, 1988. 12. 25.).

관련자 김희욱(부산 혜화여중), 설경애(부산 감전국교), 윤연희(부산 모라여중), 하성원(부산 가야고교)

5 아람회 사건(1981. 7.)

금산고등학교 동창생들과 이들의 고교 은사 등 11명(교사 6명, 군인, 경찰, 검찰청 직원, 고등학생 등)이 1980. 말경 '전두환 광주살륙작전', '광주사태에 대한 진상'과 같은 5·18 광주민주화운동의 진상에 관한 유인물을 등사, 배포하여 광주민주화운동의 진실을 알리는 등의 활동을 전개하였다가 1981. 7.경 대전지방경찰청 소속 수사관들에게 강제 연행되었고 이후 국가보안법 위반, 반공법 위반, 집시법 위반, 계엄법 위반 등으로 구속기소된 사건이다(서울중앙지방법원 제13민사부 판결 2007가합96633).

이들은 광주민중항쟁 이후 민주화운동에 동참했던 양심인들로서 민중교육을 통한 민중의식 제고, 자주적인 통일문제 등에 관해서 연구했으며, 〈민중교육청년협의회〉라는 모임을 구상한 정도였는데 당국에 의해 좌경용공단체를 조직한 양 왜곡, 조작되었다. 아람회라는 이름도 김난수 대위의 딸 아람이의 첫돌(4월 26일)에 모여서 회식한 것이 발단이 되어 수사기관에 의해 붙여진 것이다(전교조, 『한국교육운동백서』, 19쪽).

아람회 사건에 관한 진실규명을 위한 조사를 실시한 진실·화해를위한과거사정리위원회는 2007년 7월 9일 ① 아람회 사건은 제5공화국 시절 현실비판적인 문제의식을 갖고 있던 학생, 청년, 교사들에 대하여 강제연행, 장기구금, 고문 등에 의해 자백을 받아 처벌한 사건이라고 규정하였고, ② 국가는 수사과정에서의 불법감금 및 가혹행위, 임의성 없는 자백에 의존한 기소 및 유죄판결에 대하여 피해자들과 그 유가족에게 총체적으로 사과하고 화해를 이루는 적절한 조치를 취하는 것이 필요하며, ③ 위법한 확정판결에 대하여 피해자들과 그 유가족의 피해와 명예를 회복시키기 위해 형사소송법 등이 정한 바에 따라 재심 등 상응한 조치를 취하는 것이 필요하다는 취지의 진실규명 결정을 하였다.

사법부는 재심판결에서 아람회 사건의 본질과 성격을 '12·12 군사반란과 계엄령 및 5·18 광주민주화운동의 무력진압을 통하여 집권한 내란주동자 전두환 등 이른바 신군부세력이 그들이 정권을 사실상 장악한 1979년 말경부터 자신들의 취약한 권력기반의 안정을 기할 목적 아래 우리 사회에 공포분위기를 조성함으로써 국민들의 저항의지를 꺾으려고 하던 중 교사, 대학생, 대학교 강사, 새마을 금고 직원, 경찰공무원, 검찰공무원, 주부, 고등학생 등 우리 사회에서 평범한 일상을 살아가던 무고한 시민들인 이 사건 피고인들에 의한 민족통일의 염원과 민주주의의 갈망을 내용을 하는 민족민주운동을 불법강제연행, 장기간의 구금, 고문, 협박, 회유 등의 불법적인 수단을 사용함으로서 금산고등학교 동기동창생들 끼리의 친목회를 반국가단체로 조작하고, 이 사건 피고인들은 반국가단체의 구성원으로서 반국가단체 구성원과 회합하거나 북한에 찬양·고무·동조하는 좌익용공세력으로 둔갑시킨 사건'으로 규정하였다.

또한 직권으로, 계엄법 위반의 점에 관하여 전두환 등이 1979. 12. 12. 군사반란 및 1980. 5. 18. 광주민주화항쟁을 전후하여 행한 일련의 행위는 내란죄가 되어 헌정질서파괴범죄에 해당하고(대법원 1997. 4. 17. 선고 96도3376 판결) 박해전, 황보윤식, 정해숙, 김현칠 및 망 이재권의 각 계엄법 위반의 행위는 전두환 등의 이러한 헌정질서 파괴범행을 저지하거나 반대함으로써 헌법의 존립과 헌정질서를 수호하기 위한 정당한 행위인 사실을 인정할 수 있으므로, 이들의 위 각 행위는 형법 제20조 소정의 정당행위에 해당하는 것으로 보았다.

관련자 김난수(육군 대위), 김창근(천안경찰서 경찰), 김현칠(대전지방검찰청 천안지청 검찰공무원), 박해전(서울 숭전대 4년, 용문중 강사), 망 이재권(새마을금고 직원, 1998. 10. 18. 사망), 정해숙(서울 봉천초교), 황보윤식(대전공업고등기술학교) 등

6 오송회 사건(1981. 12.)

1982년 12월 8일 전북도경은 "고교 교사 9명이 '오송회'라는 용공 이적단체를 구성하였다"고 발표하였다. 사건의 발단은 전주직행버스 주식회사 소속 버스승객 점검원인 전○○이 1982년 7월 20일 군산시 장미동 소재 시외버스터미널에 정차된 버스 안에서 승차인원을 점검하다가 『병든 서울』(작자 오장환)이란 제목의 시집 복사본 1권을 습득하여 군사경찰서에 신고하였고, 군산경찰서는 당시 용공 불온서적으로 분류되어 있던 위 시집 복사본의 출처를 수사한 결과 군산제일고등학교 국어교사인 이광웅이 위 시집 복사본을 동료 교사에게 배포한 사실을 밝혀내게 되었다. 군산경찰서는 상부기관인 전북도경 대공분실에 이를 보고하였고, 대공분실에서는 이광웅 및 박정석, 전성원, 이옥렬, 황윤태, 강상기, 채규구, 엄택수, 조성용에 대하여 이적단체의 구성 및 활동, 반국가단체인 북한이나 공산계열 국가고무, 찬양, 이적표현물 소지관계에 관한 수사에 착수하여 불법구금 및 고문 등을 통하여 반국가단체로 용공조작한 사건이다. 오송회라는 이름은 공안기구에서 붙여준 이름으로 그 발단은 이렇다. 1982년 4월 19일 이광웅, 박정석, 전성원, 황윤태, 이옥렬 교사 등이 막걸리와 오징어를 마련하여 군산제일고등학교 뒷산인 속칭 '60고지' 정상에 올라 당시 정부가 금하고 있던 4·19 행사를 가졌다. 4·19의 의의 및 불의에 굴하지 않는 삶을 살아야겠다는 자신들의 다짐을 이야기하였는데 공안기관에서는 그 장소에서 오송회를 결성한 것으로 조작하였다.

당시 오송회로 발표된 군산제일고등학교 교사들 중 이광웅 교사는 시문학에 관심을 가진 국어교사로 월북 시인 오장환의 『병든 서울』, 김지하의 『불귀』(오적 수록) 등의 시집과 『8억인과의 대화』, 『전환시대의 논리』, 『우상과 이성』, 『해방 전후사의 인식』, 『메시아 왕국』 등의 현실비판 서적과 『들어라 양키들아』, 『지식인을 위한 변명』, 『대지의 저주 받은 자들』 등의 서적을 탐독하고 8·15 해방 직후의 사회 혼란 및 이승만 정권의 부패성에 대하여 비판적이었고, 광주문제와 관련하여 당시의 전두환 정권이 군사독재정권이라는 인식을 가졌다. 위 동료 교사들도 이광웅 교사와 함께 대미종속의 문제, 광주사태의 진상, 김지하의 「오적」 등에 관한 이야기를 하는 등 현실비판적 인식을 가졌다. 당시 상황은 교육민주화 관련 조직 등이 결성되기 이전으로 민주화에 뜻을 두고 있던 교사들은 엄혹한 정세 하에서 「오적」 시의 회람, 비공개 석상에서의 토론 모임 등을 전개하는 상황이었다. 오송회 사건도 전형적인 1980년대 초반 민주화에 열망을 갖던 교사들의 모임 형태였으나 광주민주항쟁 수배자 윤한봉이 연루된 사건으로 착각한 경찰에 의해 조작된 사건으로 헛다리를 짚은 예상 밖의 결과에 상부의 문책이 두려운 나머지 터무니없이 과장 왜곡한 용공조작 사건이다. 우리는 이 사건에 나타난 제일고 교사들의 활동을 통하여 당시 교육현장에 대한 탄압상을 확인할 수 있다.

오송회 관련 교사 9명은 진실화해위원회의 결정 이후 재심을 청구하여 2008년 11월 25일 원심을 파기하는 무죄판결을 받았다. 재심을 담당한 재판부는 기존 사법부의 관례에서 벗어나 국가차원의 반성과 사과를 대신하는 자기고백을 다음과 같이 남겼다.

전통적인 판결구성 체제와 달리 이 사건에 대한 재판부의 입장을 판결문에 설시하는 것에 대하여 재판부 구성원 상호간 긴 시간의 심사숙고가 있었다. 오늘 피고인들에 대한 국가보안법, 구 반공법위반 재심사건의 무죄판결을 선고하면서, 지난날 피고인들이 국가보안법 및 구 반공법위반죄를 저지른 사실이 없음에도 불구하고 이 사건으로 유죄판결을 받아 그 판결이 확정된 후 복역하게 됨으로써 받았던 기나긴 세월의 쓰라린 고통과 인권보장의 최후 보루인 사법부에 걸었던 기대감의 상실, 그리고 수십 성상 동안 가슴속 깊이 새겨왔을 사법부에 대한 거대한 원망을 우리 재판부는 머릿속 깊이 새기게 되었다 … 경위가 어떻든 결과적으로 당시의 재판부가 이 사건 공소사실에 대한 피고인들의 수사기관에서의 자백이 갖은 폭행·협박·고문에 의하여 얻어진 허위 자백이란 사실을 밝혀내려는 의지가 부족했다는 점에 커다란 아쉬움이 있고 이러한 점이 우리 재판부로 하여금 다시 한번 새삼스럽게 '법관의 자세'를 가다듬게 하는 계기가 되었다 … 자유민주적 기본질서 내의 보편적 정의를 실현해야 할 책무가 있다는 평범한 진리를 되새기면서 우리 재판부 구성원은 '그 누구도, 그 무엇도 두려워 마라. 법대 위에서, 법관은 오로지 헌법과 법률 그리고 양심에 따라 정의를 실현하라'는 문구를 가슴에 묻었다. 마지막으로 피고인들이 무고하게 이 사건으로 유죄판결을 받고 복역하였고, 그로 인하여 피고인들과 그 가족들이 우리 사회에서 감내할 수 없는 처절한 고통을 받았던 점에 대하여 우리 재판부는 피고인들과 그 가족들에게 깊은 사과의 말씀을 드립니다"(광주고등법원 제1형사부 판결 2007재노2).

관련자 강상기, 박정석, 엄택수, 이광웅, 이옥렬, 전성원, 채규구, 황윤태(이상 군산제일고 교사), 조성용(KBS남원방송국 방송과장, 전 군산제일고 영어교사)

⑦ 민중교육지 사건(1985. 1.~)

1984년 11월경 〈자유실천문인협의회〉 소속 교사 문인 김진경(당시 양정고 교사, 한국교육연구소 연구위원)은 윤재철(성동고 교사, 1999년 9월 복직), 고광헌(선일여고 교사, 한겨레신문 편집부국장)과 함께 "학교 교육이 더 이상 정당성을 갖지 못하는 정권의 자기 유지 수단으로 이용, 왜곡되어서는 안 된다는 데 인식"을 같이 하고 "반독재와 분단극복의 광주항쟁 정신이 교육부분에도 확대되어야 한다는 취재 아래" 『민중교육』의 발간을 추진하였다.

이 계획은 1984년 12월경 'YMCA중등교육자협의회'* 회원 유상덕, 심성보, 이철국, 심임섭과 한신대 교수 김성재 등이 참여하면서 구체적으로 실천에 옮겨졌다. 같은 해 12월경 실천문학사 주간 송기원(소설가, 시인) 씨가 『민중교육』 발간에 합의하고, 1985년 5월, 『민중교육』 초판을 인쇄하여 문공부에 납본하고, 1985년 6월 4일 문공부에서 납본필증을 받아 시중 판매를 시작하였다.

＊YMCA중등교육자협의회

1970년대 말부터 1980년대 초반에 걸친 교사들의 비공개적인 소모임 활동은 고립분산적으로 진행되었고, 조금만 트집이 잡혀도 극심한 탄압을 받았다. 이러한 현실에서 교사들은 공개적이고 대중적인 운동을 전개할 필요성을 느끼기 시작하였다. 유신독재의 탄압과 정권홍보용으로 황폐해진 교육현장을 개선시키려는 젊은 교사들이 대중적·공개적·전국적 교사 조직의 필요성을 갈구하고 그 방향을 모색하기 시작했다. 하지만 과감한 공개적 교사대중운동을 즉각 전개하기에는 정세가 너무 혹독하였고 주체적인 역량도 미약하였다. 이런 모색과정에서 교사들이 만난 단체가 YMCA였다. 1981년 2월 24일~26일 서울 아카데미하우스에서 열린 YMCA연맹(총무 강문규) 주관의 〈청소년사업정책협의회〉는 학교교육과 청소년대책을 협의하는 교사들의 연구모임의 필요성을 인정하였다. 이 회의의 결과로서 1981년 8월 6일~8일에 전국에서 온 31명의 교사들이 모인 가운데 〈YMCA중등교육자연구협의회〉가 구성되었다. 이 협의회는 학교교육의 반성과 새로운 교육사상 정립을 기본과제로 설정하고 중등교육자들의 동지적 공동체 운동을 준비할 것을 선언하였다. 이 결의에 따라 당시 Y연맹 간사이던 이창식은 광주, 부산, 대구를 돌며 사전 준비작업을 폈다. 그 결과 1982년 1월 5일~7일 서울 다락원에서 〈한국YMCA중등교육자협의회〉(회장 오장은)가 창립하였다(**전교조, 『한국교육운동백서』**).

그러나, 정부는 1985년 7월 23일～8월 3일, KBS, MBC 등 언론매체를 동원하여 「민중교육, 당신의 자녀를 노린다」는 특집프로그램을 제작 방영하여 『민중교육』이 용공계급투쟁적 시각으로 교육을 분석하고 있으며, '88올림픽 개최를 비방하고 자본주의 체제를 부정한다는 악의적 여론을 조성하였다. 이 시기 정부와 집권 민정당은 '좌경용공적 학생운동을 막는다'는 명분으로 학원소요 및 집회시위 등 시국관련법 위반 학생에 대해 재판 절차 없이 검사가 선도 처분을 내릴 수 있다는 내용을 골자로 한 「학원안정법안」을 마련하여 같은 해 8월 임시국회에서 통과시키려 시도하는 등 학생운동 및 교육운동을 포함한 제반 민주화 요구에 대해 강력한 탄압으로 일관하였다.

결국, 문교부는 『민중교육』의 일부 내용을 문제 삼아 15명의 교사를 '파면' 조치하고 검찰은 같은 해 8월 17일 현직 교사 2명과 실천문학사 주간 송기원을 국가보안법 위반혐의로 구속하였다. 사건 관련 교사들의 피해는 다음과 같다. 김진경, 이순권, 윤재철, 유상덕, 이철국, 심임섭, 고광헌, 송대헌, 조재도, 홍선웅(이상 파면), 심성보, 황재학, 전무용, 전인순, 유도혁, 강병철, 민병순(이상 권고사직) 등이 파면 및 권고사직의 피해를 입었다. 또한 김진경(징역 1년 자격정지 1년), 윤재철(징역 1년 자격정지 1년), 송기원(징역 10월 자격정지 1년), 유상덕(구류 29일), 고광헌(구류 29일), 이철국(구류 15일), 조재도(구류 10일), 이순권(구류 5일), 심임섭(구류 5일), 심성보(구류 3일) 등은 유죄판결의 피해를 입었다.

당시 『민중교육』을 통하여 위 교사들은 권위주의 체제의 정당화와 유지를 위해 중앙집권적이고 하향적인 각종 교육제도 및 통제장치를 통해 교육에 대한 정치적 압력과 부당한 간섭으로 권위주의 체제를 찬양하도록 하는 등 교육을 정치적 도구로 삼음으로써 교육의 자주성·정치적 중립성 및 교사·학생·학부모의 교육권을 침해한 전두환 정권의 반민주적 권위주의 통치에 항거하고자 하였다.

1984년 무렵부터 대중적 교육민주화운동을 위한 준비작업이 진행되어 지하에 잠복해 있던 실천적 교사들의 움직임이 활발해지기 시작하였고, 교육민주화운동의 진전과 함께 민주교육을 중심으로 하는 출판운동이 제기되었다. 그 성과로 1985년 5월 학교교육에 대한 비판, 교육이론, 교육실천 경험 등을 담은 교육무크지 『교육현장』(사계절)과 『민중교육』(실천문학사)이 출판되기에 이른다.

『교육현장』은 "교사와 학생의 참 삶을 찾아서"라는 부제 하에 교육현장의 문제를 진솔하게 파헤치며 교육민주화에 기여하였고, 『민중교육』은 "교육의 민주화를 위하여"라는 부제 하에 교육문제에 대한 이론적 분석을 시도하였다. 그런데 유독 『민중교육』만 탄압을 받은 것은 '민중'이란 제호에서 비롯된 것으로 보인다. 1980년대 중반까지 '민중'이라는 용어는 독재정권의 표적이 되어 좌경용공으로 매도되는 실정이었다.

전두환 정권 하의 공안당국은 문공부 사전 검열을 거친 책자(납본필증 교부)[11]에 대해 권위주의적 교육현실을 비판했다는 내용을 게재했다는 이유를 들어 출판·표현의 자유를 억압하며 서울 가는 길에 원고를 출판사에 전달한 교사들까지 해직을 하는 등 상식을 초월한 탄압을 진행하였다. 잠시 『민중교육』에 실린 주요 내용을 발췌해보면 다음과 같다.

부마항쟁과 광주민주화운동의 정당성 주장

"70년대 말 부산, 마산에서 있었던 부마사태는 유신체제를 붕괴시켰고, 80년대 초 광주사태는 오늘날 민주화의 열기로 되살아나고 있다. 민중의 욕구와 공통감에 기초하지 않은 제도와 장치들은 갈수록 경색되어 민중을 억압하게 되는데, 그 억압이 인내의 한계를 넘어설 때 민중은 그 억압적 장치들을 깨뜨리고 스스로 법을 세우려 한다."(김진경, 『민중교육』, 「해방후 지배집단의 성격과 학교교육」, 56쪽).

교사와 학생의 기본권 보장과 시민교육의 정립을 통해 반독재민주화의 정신을 교육부문에 반영할 것을 주장

"하나의 인간, 하나의 시민이기 이전에 교사이며 학생이어야 한다고, 그래서 교육자이기 때문에, 피교육자이기 때문에 시민으로서의 인간으로서의 권리가 유보되어도 좋다는 논리를 우리는 단연코 거부한다. 이러한 논리는 대한민국의 국민이기 때문에 시민으로서의, 인간으로서의 권리가 유보되어야 한다는 독재의 논법, 개발도상국의 일하는 사람이기 때문에 인간으로서의 권리가 유보되어도 좋다는 독점의 논법에 다름 아니다. 우리는 이렇게 인간을 어떤 목적에 따라 희생되어도 좋다고 보는 도구적

---

11 『민중교육』은 1985년 5월 20일 출간됐으며 문공부 홍보조정실 심의관실의 심의를 거쳐 납본필증을 교부받았다. 이는 검열절차를 거쳐 출판관계법 절차를 합법적으로 거친 것을 의미하는 것이다(조순형 의원 발언요지, 제127회 국회 문교공보위원회 회의록 22쪽 참조, 1985년 8월 28일자).

인간관을 깨뜨리고 교사와 학생들이 인간의 질적인 측면, 주체적 측면을 회복하는 데서부터 우리의 교육이 다시 출발해야 한다."(『민중교육』 머리말, 2~3쪽).

역대 권위주의 정권의 성립배경과 권위주의 정권의 분단상황 활용 및 민주화요구 탄압, 학교교육 왜곡에 대한 분석 · 비판

"72년 10월 유신 이후 제창된 '국적 있는 교육', '안보교육' 등도 국민교육헌장 이념의 구체화로 '국적 있는 교육'이 토착 부르조와의 복고적 민족주의의 적극적 수용이라면, '안보교육'은 냉전논리의 적극적 수용이었다 … 이러한 교육에 대한 통제는 68년과 72년 10월 유신을 전후로 하여 더욱 강화되어 사회교육분야까지 군사조직화 되는 사태를 빚었다. 학교에서의 군사교육, 학도호국단, 윤리 · 반공교육의 강화, 교과서 편집과정의 개입, 향토예비군, 민방위, 새마을 교육, 주민등록 등 오늘날에도 우리가 겪는 것이 대부분이다."(김진경, 『민중교육』 「해방후 지배집단의 성격과 학교교육」, 54~55쪽).

교육현장에서의 권위주의 통치, 일제잔재에 대한 분석 및 비판

"국가독점 이데올로기는 중앙집권적이고 하향적인 각종 교육제도 및 장치에서 쉽게 파악된다. 통치체제를 강화하고 뒷받침할 수 있는 정책수행기관으로서의 교육적인 조직이나, 고위층에서 바로 코흘리개 1학년 아이까지 속달 가능한 관리통제는 교육의 자율성을 압도하고 획일적이고 비민주적인 교육풍토를 이루기에 충분한 것이다 … 윤리과목의 경우도 희생과 복종의 미덕을 강조하는 수신(修身)과 정치적 필요성에 의한 공동체의식 강화 및 반공이데올로기 강화 등으로 방법론적으로 일제의 수신에서 크게 달라진 바 없으며, 국어의 경우도 육당, 춘원 주류에 가람 편제의 골격을 유지하면서 국가독점 이데올로기를 그대로 구현하고 있다. 또한 친일문학자들의 작품은 여전히 거세되지 않고 있으며 분단이데올로기로 전단되어 있는 것이 현실이다."(윤재철, 『민중교육』 「교육현장, 그 민주적 행방」, 63~66쪽).

관련자 강병철(충남 쎈뿔여고), 고광헌(서울 선일여고), 김진경(서울 양정고), 송대헌(경북 부석고), 심성보(서울 보성고), 심임섭(서울 월계중), 유도혁(충남 쎈뿔여고), 유상덕(서울 성동고), 윤재철(서울 성동고), 이순권(서울 경기공고), 이철국(서울 여의도고), 전무용(부여 외산중), 전인순(서산 팔봉중), 조재도(충남 안면중), 홍선웅(서울 미림여고), 황재학(논산 기민중)

8 민족민주교육쟁취 투쟁위원회 사건(1986. 9.)

전두환 정권 하의 교육민주화운동은 학교가 권위주의적 통치의 최하 말단 홍보처로 되고, 교사는 각종 정부행사에 학생을 동원하는 하수인으로 전락되어 교육의 정치적 중립성이 크게 훼손되고 학생들은 입시위주의 살인적인 경쟁에 휘말려 있는 비민주적, 비인간적 학교풍토에 대한 공감으로부터 출발한다.

이 사건의 출발은 1985년으로 거슬러 올라간다. 1985년 8월 30일경 윤병선의 주선으로 노현설, 이상대 교사 등이 만나 교육민주화운동의 필요성을 공감하고 한 달에 1, 2회 만나 토론과 학습을 하기로 하고, 1985년 11월 중순부터 『일본교원노조사』 등으로 학습 및 토론활동을 전개하였다.

이들은 1986년 8월경 교육민주화운동을 위한 투쟁이 제도교육적 모순에 대한 투쟁으로만 한정되어서는 안 되고 각 지역별, 학교별 평교사들의 협의체를 구성해야 한다는 문제의식을 갖게 되었다. 이를 위해 1986년 결합한 이장원이 민주교육실천협의회가 발간하는 『교육과 실천』에 "교사운동으로서의 교육투쟁 전개를 위하여" 제하의 원고를 작성하여 투고하기로 하였다. 또한 한상훈 등과 함께 교육현장에서 교사들이 소모임을 구성하여 교육의 자주성을 회복하자는 취지의 유인물을 제작하여 1986년 4월 YMCA중등교육자협의회가 주최한 신임교사 환영회에 참석한 교사 250여명에게 배포하였다.

1986년 5월 7일 윤병선, 노현설, 송원재 등이 성동고등학교의 아시안게임 식전행사 거부사건과 관련하여 학교와 관계당국의 비교육적 처사를 폭로하는 내용의 유인물을 작성하여 YMCA중등교육자협의회가 주최하는 교사의 날 2주년 기념식 참석 교사들에게 배포하기로 하였다. "현 정권은 민중을 폭력으로 탄압하고 학교운영 전반에 걸쳐 광기 어린 지배이데올로기 주입을 강요하고 있다"는 내용의 유인물을 작성하고, "교육을 정권유지의 수단으로 이용하지 말라, 관제행사에 학생을 강제로 동원하지 말라, 억울하게 징계당한 학생들의 권리를 회복하라"고 주장하였다.

이 유인물의 제목이 '민족민주교육을 쟁취하는 그날까지'였고, 유인물의 명의를 '민족민주교육쟁취투쟁위원회'로 하여 1986년 5월 10일 서울 종로2가 소재 YMCA 2층 강당에서 개최된 기념식에 참석한 300여 명의 교사들에게 배포하였다. 유인물의 명의가 곧 사건명이 되었다. 이 사건은 당시의 교육민주화운동이 일회성 사건이 아니라 교육민주화를 지향하는 교사들의 모임이 지속적인 연계 속에서 이루어져 왔음을 보여주는 대표적 사례이다.

관련자 노현설(서울 양평중), 송원재(서울 당곡고), 윤병선(서울 관악고), 이장원(서울 봉화중), 이상대(서울 당산중)

9 이 외 교육민주화운동 관련 해직교원 명단

이상에서 소개한 사건 외에 〈표-7〉에 포함된 교사들의 명단은 다음과 같다.

김관규(부산 동여고), 이홍구(부산 거선중), 노옥희(울산 현대공고), 정익화(경북 울진 상북종고), 권재명(경남 충무 통영여중), 김순녕(대구 경일여중), 고희숙(전남 담양 창평고), 이미영(전북 아영중), 이순덕(충남 서천 서면중), 조용진(서울 신원중), 정영훈(서울 원당국교), 조호원(서울 시흥고), 김태선(서울 신도림중), 이을재(서울 신도림중), 노응희(서울 선린상고), 윤영규(광주 나주중), 주진평(전남 해남 계곡중), 김경옥(전남 해남 마산중), 김대성(경북 안동 경덕중), 박현주(서울 수유초교), 함순근(서울 경기상고), 서영석(경남 통영중), 김은경(서울 이수중), 김원규(서울 오류중), 이치석(서울 녹번초교), 주세영(서울 환일고), 최교진(충남 대천여중), 김진호(충남 계룡공고), 배춘일(전북 성산고), 손정옥(부산 부산진여상), 이석환(전북 이일여고), 서철심(전북 경암여상), 문희경(전남 목포여상), 이동훈(서울 신구로초교), 송영훈(서울 신구로초교), 이용환(서울 면북국교), 남광균(충남 예덕실고), 노옥희(경남 현대공고), 천의성(경남 대동공고), 김진호(충남 계룡공고), 김성순(부산 장평중), 김문영(서울 동일여상), 한성철(부산 데레사 여중), 정용택(부산 서하국교), 신건이(서울 상도여중), 최광호(경기 소명여고), 이필제(강원 강일여고), 서철심(전북 경암여상), 김원규(서울 오류중), 김홍수(충남 홍성 광천중), 이태영(경남 통영고), 이석천(서울 정화여상), 김기숙, 황금순, 조현석, 문기정, 김진호, 조강호, 오영환(이상 충남 공주 신풍중), 김범렬, 김영수, 정문성, 김범희, 경래현, 임병감(이상 서울 명신고), 이승곤, 진영옥,

박민선, 나춘선, 권용순, 고순옥, 이영희, 이상부(경기 복지고), 배춘일, 박윤기, 윤겸로(전북 전주상산고), 이기남, 차민악 , 류기홍, 이만근, 이득수, 김영희, 최희숙, 박인숙, 강신상, 김기엽, 이소연, 주영철, 문인원, 김영섭(이상 전남 나주 세지중), 이은진(경기 파주여종고), 한석희, 진경환(서울 정화여중), 최양렬(전북 김제서고), 임헌태(강원 묵호중), 이영희(충남 홍주고), 한우섭(서울 영등포여상), 고광배(강원 양구종고), 안석환(서울 대경상고), 김태환(서울 중대부고)

1 전교조 결성 배경

1. 노동조합 논의의 대두(1986-1988년)

1982년 'Y교협'의 창립 이후 1985년까지 한국 사회의 민주화와 더불어 교육현장의 민주화를 이루기 위한 교사들의 움직임은 소그룹 형태로 잠복해 있었다. 외부로 이 흐름이 드러나지는 않았으나 '아람회'나 '오송회' 등의 사례에서 확인되듯이 신군부의 위세 등등한 폭압적 탄압 국면에서도 교육민주화의 흐름은 지역별, 학교별로 다양한 형태의 연계를 유지하고 있었다.

1985년 '민중교육지' 사건은 이 소그룹 운동의 성장을 보여주는 실천투쟁의 사례이다. 1985년을 전후한 시기는 주체역량의 강화가 수반된 교사운동의 중요한 전환기이다. 1980년 '5월 광주'를 경험한 학생운동가들이 교육현장으로 결합하여 전두환 정권 반대투쟁의 동력으로 충원되는 시기이다. 1985년을 전후하여 소그룹 운동이 학교별, 지역별 차원에서 한 단계 고양된 형태로 확대되기 시작하고, 이러한 움직임은 1986년 5월 '교육민주화선언'(Y교협)의 배경으로 작용한다. 한 달 뒤 민중교육지 관련 해직교사들이 주축이 되어 결성하는 '민주교육실천협의회'(민교협)도 이러한 바탕 위에서 시도된 것이다.

이 흐름은 1986년 전두환 정권 반대 및 민주화 투쟁과 접목되면서 전교조 결성의 주요한 근거로 작용하는 전교협 결성으로 이어지게 된다. 전교협의 결성은 폭압적 국면의 잠복기를 돌파하는 중요한 계기로 작용하고, 교육현장의 민주화 요구가 분출하기 시작한다. 대중적 차원의 교육민주화 요구는 1987년 6월 항쟁을 기점으로 폭발하게 되고, 이 힘이 1988년까지 전국적으로 121개 시·군·구에 '교사협의회'를 결성하는 동력이 된다. 사립학교에서는 학교정상화 투쟁이 불붙듯 일어나고, 교육민주화 요구에 위기감을 느낀 노태우 정부는 국립사범대학교

1988년 교원노조 결성의 의지를 다지며

졸업예정자들의 임용을 원천봉쇄하는 등 신규교원임용에 있어 보안심사를 강화하고, 노골적인 탄압책을 펼칠 수밖에 없는 상황에 몰렸다. 당시 단위 학교차원에서는 539개 학교에서 평교사협의회(이하 평교협)가 결성되었다. 1988년 11월 20일 개최된 전국교사대회는 '교육법 개정'과 '교사의 노동3권 쟁취'를 기치로 대중투쟁을 본격화하는 신호탄이었다.

노동조합 논의는 전교협 결성과정에서 이미 거론되었다. 1988년 7월 25일부터 3일간 열린 전교협 제2차 임원연수회에서는 노동조합에 대한 본격적인 논의가 제기되었다.[1] 1987년 6월 항쟁을 거치며 1988년 전국적 차원의 교육민주화 흐름을 단위 학교별로 만들어낸 성과는 '교육법 개정'과 '노동3권 쟁취'를 중심으로 한 대중운동으로 본격화되기 시작하였다.

1988년 말 순조롭던 교육법 개정투쟁이 야 3당의 기회주의적 속성 때문에 정

---

1 전국교사협의회 제2차 임원연수회는 1988년 7월 25일부터 경기도 부천시 작은자리 회관에서 전국 시·군·구교협 이상 임원대상으로 있었다. 이 자리에서 전교협 집행부의 「전교협의 조직적 전망」과 협회 형태의 자주적 교사단체 건설을 내용으로 하는 「자교단 건설에 관한 제안」이 제출된 바 있다. 이 연수회 이후 각 시·도교협 임원연수회와 시·군·구교협 연수회에서 교사대중 조직의 전망에 대하여 대체로 교원노조 건설로 방향을 잡아가는 논의가 활발하게 진행되었다(「한국교육운동백서」, 285–286쪽).

1988년 전교협 대회

기국회에서 처리되지 못하고 유보되었다. 전교협은 국민들과 함께 거리로 나갔다. 1988년 12월 '민주교육법 쟁취대회'가 전국적으로 각 시·도에서 열렸다. 학교 현장에서는 단식, 지구당사 점거 농성 등 교육악법 개폐투쟁이 전개되었다. 이와 같은 대중적 교육법 개정투쟁의 열기는 1989년 교원노조 건설의 동력으로 이어졌다.

2. 노동조합 결성을 향하여(1989년)[2]

1988년의 민주교육법 쟁취투쟁은 전국의 30만 교사들에게 교원노조에 대한 열망을 더욱 고양시켰다. 전교협 제3차 임원연수회에서는 민주교육법 쟁취투쟁의 귀결점은 교원노조일 수밖에 없다는 사실을 확인하였다. 이와 더불어 교원노조 건설의 대중적인 토대를 마련하기 위하여 촌지거부투쟁, 인사위원회 설치투쟁 등이 학교현장에서 광범위하게 전개되어야 한다는 논의가 진행되었다. 이러한

[2] 이 부분은 『한국교육운동백서』, 301~349쪽을 기초로 하고 있다.

흐름에 대해 정부는 1988년 12월 29일 전국 시·도 교육감회의에서 노태우 대통령이 "감상에 빠진 일부 비판 성향의 젊은 교사들이 단체를 결성"했다거나 "중고생을 동원하여 체제에 도전하는 것"으로 규정하며 탄압을 예고했다. 이에 대한 전교협의 대응은 다음과 같이 이어졌다.

교사 학생의 정당한 요구가 체제 전복 기도인가
노태우 대통령의 반시대적, 반교육적 발언을 개탄한다

우리는 12월 29일 노태우 대통령이 전국 시·도 교육감에게 행한 발언을 보고 대통령의 교육에 대한 식견에 실망을 금할 수 없으며, 교육의 민주적 개혁을 위한 교사, 학생의 정당한 요구를 체제 도전으로 오도하는 것은 노대통령이 유지하고자 하는 체제가 어떠한 체제인가에 대한 의구심을 가지게 한다.

이에 전국교사협의회는 다음과 같은 입장을 밝힌다.

1. 대통령은 지금 파탄지경에 이른 교육 현실을 명확히 파악하여 이를 개선하려는 진정한 노력과 합당한 조치를 취해야 함에도 불구하고 오히려 그러한 노력을 하고 있는 전교협에 대해 "감상에 빠진 일부 비판 성향의 젊은 교사들이 단체를 결성"했다고 운운한 것은 현재 교육계에서 진행되고 있는 교육민주화의 노력을 호도하는 것이며 우리 교사의 권위를 손상하는 발언으로 심각한 우려와 함께 통탄하지 않을 수 없다.

2. 일부 악덕 사학을 상대로 학교 민주화를 요구하는 학생과 교사들의 노력을 "중고생을 동원하여 체제에 도전하는 것"이라고 발언한 것은 30만 교사의 교육민주화에 대한 의지를 왜곡하여 탄압의 구실로 삼으려는 저의가 분명하므로 당장 철회되어야 한다.

3. 대통령은 차제에 5공화국 하에서 교육계 비리의 근원이 되었던 일부 교육관료들과 일부 악덕 사학에 대한 분명한 조치를 취함과 아울러 교육민주화에 대한 강력한 의지를 가지고 교육법 개정에 즉각 나설 것을 강력히 촉구한다.

4. 대통령은 차제에 시국사건 관련 교사와 80년 당시 아무런 이유 없이 숙청되어 해직된 300여명의 교사 및 그 이후 사립학교 정상화에 관련되어 해직된 수십명의 교사를 즉각 복직시켜 교육민주화에 대한 의지를 밝힐 것을 촉구한다.

1988. 12. 30.
전국교사협의회

　　1988년의 노조 결성 논의는 1989년에 들어와 실제로 '언제, 어떻게 결성할 것인가' 하는 논의로 구체화되어 갔다. 1989년 2월 2일 회장단 기자회견에서 상반기 내 노조건설을 천명한 후 정기 대의원대회의 결정과 특위를 결성하여 실제 작업에 들어가는 과정에서 건설시기, 조직형태, 건설방식 등에 대한 논의가 계속되어갔다. 1989년 2월 19일 단국대학교 학생극장에서 개최된 제2차 정기 대의원대회에서 전교협은 '교(직)원노조 건설'을 공식적으로 의결했다. 15개 시도교협 대의원 280명 전원의 만장일치 결정이었고, 건설시기는 상반기 중에 교(직)원노조를 건설하기로 의결하였다.

　　전국대의원대회에서 교(직)원노조 건설이 만장일치로 의결된 이후 그 추진기구를 특별위원회로 결정하고 특위구성은 중앙위에 위임했다. 2월 25일 전북교협 사무실에서 열린 제7차 중앙위원회에서 〈교(직)원노조건설추진을위한특별위원회〉를 구성했다. 이 특별위원회의 발족식은 3월 14일 여의도 여성백인회관에서 〈교(직)원노조건설특별위원회 발족 및 학교교육 정상화 결의대회〉로 열렸다. 특위는 위원장 이규삼(서울 숭신국, 전교협 상임부회장), 부위원장 송영길(서울 영등포고, 전교조 정책실장), 기획, 선전, 연구, 조직, 섭외분과를 두어 노조건설에 본격 돌입하였다.

교원노조로 무엇을 하고자 하는가

전국교사협의회는 교원노조의 투쟁과 활동계획을 열 가지 항목으로 밝힌 바 있습니다.
첫째, 독재적이고 권위적인 교육 관료행정을 타파하고 교사(직원)가 존중받는 민주적인 교육행정을 이루고자 합니다. 학교교육을 우리 교사들이 주체가 되어 자주적으로 꾸려나가게 하고자 합니다.
둘째, 교사(직원)의 처우를 획기적으로 개선하고 교원 차별대우를 불식하고자 합니다. 일반 사원은 물론 여타 공무원보다 뒤쳐진 교원의 보수, 제수당을 끌어올리고 불필요한 잡무를 척결하여 교원이 교육과 연구에 안심하고 전념하게 하고자 합니다.
셋째, 열악한 교육환경을 개선하여 질 높은 교육활동을 보장하고자 합니다. 교사의 수업시수를 획기적으로 끌어내려 교원적체를 해소하는 동시에 교원의 연구시간을 늘리고자 하며, 학급인원의 획기적 감축과 교육시설 투자의 증대를 관철하여 양질의 교육을 할 수 있는 조건을 만들어 가고자 합니다.
넷째, 일체의 교권 탄압을 척결하고 교원의 민주적 제권리를 확보하여 가고자 합니다.

개인적이든 집단적이든 교원의 탄압에 공동으로 싸워 나갈 것입니다.

다섯째, 교사의 교육의 자주성, 교육의 자유를 확대하고 교육정책, 교과내용 결정에 참여권을 확대해 가고자 합니다. 교사를 배제한 채 정치권력이 일방적으로 정책과 내용을 결정함으로서 생기는 폐해를 단호히 척결해 가고자 합니다.

여섯째, 입시제도를 개혁하여 입시교육의 폐해를 없애고 민주교육, 인간화 교육을 이루고자 합니다. 입시제도에의 교원 참여폭과 결정력을 높이고 학력 간 임금격차 해소와 교육기회의 확대를 통해 입시교육의 폐해를 최소화하여 민족발전에 기여하고자 합니다.

일곱째, 유치원 교육, 중학 교육의 의무무상교육을 시급히 실시하고 고등학교 의무무상교육 실시를 앞당겨 학부모의 교육비 부담을 대폭 줄여가고자 합니다.

여덟째, 학생들의 자주적이고 민주적인 학생회활동 및 학습활동을 보장하고 촉진하며 민주시민으로서 튼튼히 성숙시키고자 합니다.

아홉째, 일체의 부정과 비리, 반교육적 제관행을 척결하여 교육을 정상화하고 떳떳한 교사상을 정립해 나가고자 합니다. 또한 일체의 잡부금 징수를 근절하여 교사의 잡무를 덜고 학부형의 부담을 해소하고자 합니다.

열째, 독재권력과 반민족적 세력의 교육 간섭과 정치적 선전을 배제하여 민족자주정신과 민주정신을 드높이는 교육을 실시함으로써 민족통일에 이바지하고자 합니다.(「전국교사신문」 제15호 중)

1989년 전교조 발기인 대회(연세대)

4월 8일 대전교협 사무실에서 열린 제9차 중앙위원회에서 조직형태를 전국 단일조직으로 하고, 5월 14일에 전국 시·도 동시 발기인대회를 열고, 5월 28일에 결성대회를 전국대회로 갖는다는 일정을 합의하였다. 결의대회를 시발로 노조 건설의 실제적인 작업에 들어간 각 시·도 교협은 발기인 모집과 노조건설기금, 상황실 설치 등 구체적인 준비를 해나갔다.

5월 14일 교원노조 건설을 위한 〈전국교직원노동조합 발기인 대회 및 준비위원회 결성대회〉가 전국 시·도 10개 지역에서 치러졌다. 각 시·도별 발기인대회 상황은 다음과 같다. 서울, 인천, 경기(연세대 노천극장) : 3,500여명, 광주, 전남(전남대 강당) : 3,000여명, 대구, 경북(경북대 야외공연장) : 1,500여명, 경남(마산 카톨릭 여성회관) : 600여명, 부산(부산교대 강당) : 450여명, 전북(전북대) : 400여명, 대전, 충남(대전 카톨릭회관) : 400여명, 강원(강원대) : 200여명, 충북(청주 푸른교회) : 200여명, 제주(제주대) : 250여명 등이다. 이에 문교부는 5월 15일 교원노조 결성은 실정법에 위배된다는 입장을 재차 확인하고, 전국 시·도 교육위에 교직원노조 발기인대회에 참석한 교사들의 인적사항을 파악해 법규에 따라 조치하라고 긴급 지시했다.

전국교직원노동조합(가칭) 발기 선언문

시련 속에서도 꺾이지 않는 이 민족의 역사가 오늘 우리에게 왜 이토록 큰 의미로 다가오는가! 교육사에 드러워진 짙은 어둠을 내몰기 위해 우리들은 모였다. 사랑하는 제자들 앞에, 메마른 교육 현실의 변화를 갈망하며, 이 땅의 민주화와 자주통일을 염원하는 온 겨레 앞에 우리는 지금 서 있다.

우리가 오늘 이 자리에 뜨거운 가슴으로 모인 것은 지난 수십 년 간 우리 교육이 걸어온 길, 그 질곡의 역사를 깨뜨리기 위함이다. 일제의 식민지 지배, 분단, 군사독재로 이어지는 우리의 역사 속에서 빼앗긴 교육의 자주성을 되찾기 위함이다.

지금 우리에겐 낡고 비좁은 교실에 앉아 진실한 삶을 배우겠다는 아이들의 해맑은 눈망울이 어린다. 그러나 입시교육에 시달려 신음하다 끝내 죽음의 길을 택한 아이들의 영혼을 무엇으로 위로할 것인가. 삶을 위한 지식과 지혜 대신 시험을 위한 암기식 교육 속에서 창조적인 사고를 잃어가는 아이들의 말없는 항변이 우리의 가슴을 때린다.

교사의 현실은 또 어떠했던가. 자신의 진정한 요구를 대변할 자주적인 조직 하나 없이, 정권과 교육관료가 일방적으로 지시하는 교육정책을 묵묵히 수행했던 일종의 굴욕적 삶이었다. 최저생계비를 밑도는 처우, 불필요한 잡무, 과중한 수업시수, 교육내용의 부당한 제한에서 시달린 것 또한 부인할 수 없다. 그리고 이에 저항하는 교사들에게 가해진 온갖 탄압을 생생히 기억한다.

이제는 더 이상 우리 교육의 숱한 모순을 말하지 말자. 진리와 양심을 따르고자 했던 교사의 수난을 말하지 말자. 열악한 교육환경을 말하지 말자. 한 사회인으로서 경제적 요구조차 당당하게 말할 수 없었던 불구가 된 교사의 삶을 말하지 말자. 우리는 이 모든 것을 우리 힘으로 극복해 나가기 위해 교직원노동조합 결성에 힘과 의지를 모은다.

교사들의 노동조합! 그것은 우리의 역사와 교육이 가야 할 귀결이다. 87년 이후 우리 사회 곳곳에서 거대한 물결이 되어 일어나는 노동조합을 보라. 연구전문직, 언론, 방송인들도 노조를 건설하여 진정한 삶의 보람과 권리를 찾으며 사회 민주화에 기여하고 있다. 우리 교직원노동조합의 결성은 이 땅의 민주화를 이루는 가장 빠른 지름길이다. 전국 1만여 학교에서 우리의 가르침을 통해 자라날 민족의 2세들이 바르게 설 때만이 비로소 제 길을 찾는다.

교육의 중대성에 비추어 볼 때 오늘 이 자리는 오히려 뒤늦은 감이 있다. 그러나 29년 전 4·19 교원노조의 교훈은 우리에게 큰 힘이 되고 있다. 또한 이 땅의 민주화와 자주통일을 열망하는 모든 민족, 민주 세력이 우리의 노동조합 결성에 보내는 뜨거운 격려와 지지는 우리들에게 더 큰 용기를 주고 있다.

교수 단체를 비롯하여 연구전문직노조, 언론노조, 병원노조 등에서의 성명이 이어지고 있다. 이는 교직원노조의 건설이야말로 민주교육이라는 역사적 과업을 담보하는 최선, 최후의 방법임을 확신하기 때문이다. 또한 교육민주화는 연구전문직의 연구 자율성 쟁취, 언론인의 공정보도 쟁취와 함께 독재 권력의 이데올로기 통제 구조를 해체하는 중대한 역사적 임무를 담당하고 있기 때문이다.

교직원노동조합! 이는 역사의 요청이며, 40만 교직원의 열망이다. 교육 현실의 숱한 모순을 해결하고, 교사의 제 권리를 확보하며, 민족·민주·인간화 교육을 향해 가는 이 대열에, 갈라진 이 땅의 맥을 이어 나가려는 우리 교사들의 순결한 의지 앞에 그 어떤 탄압도 무력할 것이다. 교사의 단결을 두려워하는 반민주적 세력의 온갖 위협과 탄압에도 우리의 강철 같은 의지는 각 지역에서 불길처럼 치솟았다. 이제 우리는 발기인 대회를 통해 이를 또다시 확인했다.

오늘 이 대회는 교직원노동조합 결성의 구체적인 진전이며, 교육사의 찬란한 지평을 여는 지금이 곧 우리 각자의 삶이 우리 겨레의 참된 역사와 만나는 순간이다. 이 민족의 참 교사로, 당당한 한 인간으로, 전국교직원노동조합의 결성 의지를 끓어오르는 감격과 함께 천명한다. 오늘 이 자리에 모인 우리들은 한 마음 한 뜻으로 전국교직원노동조합의 결성을 위해 힘차게 나아갈 것을 엄숙히 선언한다.

> 참교육, 민족·민주 교육 만세!
>
> 40만 교직원 만세!
>
> 전국교직원노동조합 만세!
>
> 1989년 5월 14일
>
> 전국교직원노동조합(가칭) 발기인 일동

　발기인대회 이후 정부는 모든 기관을 총동원하여 전교조의 결성을 막으려 하였다. 일부 교사를 구속하고, 징계를 시작하였다. 간부들에게는 사전구속영장을 발부했다. 정부의 부당하고 탄압에도 불구하고 5월 26일 구성된 범국민후원회는 거의 모든 사회단체가 망라되다시피 참여했다. 5월 28일 한양대학교에서 개최하려던 결성대회가 경찰의 원천봉쇄로 막히게 되자 교사들은 오후 1시 30분께 연세대학교 도서관 앞 민주광장에서 전교조 결성대회를 가졌다. 이날 대회에서 위원장에 윤영규(광주 전남체고), 부위원장에 이부영(서울 송곡여고), 사무처장에 이수호(서울 신일고) 교사가 뽑혔다. 전국 각지에서 모인 2천여명의 교사들은 이날 오후 2시 30분께 건국대학교에서 전교조 결성 보고대회를 가졌다. 반면, 27일, 28일 이틀 동안 경찰은 서울에서 교사 567명 등 모두 1,082명을 연행하는 만행을

전교조 결성대회(연세대)

저질렀다.

연세대에서 결성대회를 마친 지도부 24명은 서울 마포구 공덕동 민주당사에서 무기한 단식농성에 들어갔으며, 기자회견을 통해 계속 지부, 지회, 분회 결성에 박차를 가하겠다고 천명하고, △구속·연행교사 석방, △교직원의 노동3권 보장, △정원식 문교장관의 퇴진 등을 요구했다. 지도부의 단식농성에 발맞추어 전국 15개 지부·160개 지회 각 준비위는 30일 오후부터 사무실에서 일제히 농성에 들어갔다. 이후 지도부는 6월 5일까지 단식농성을 한 후 병원에 입원, 치료를 받고 경찰에 자진 출두하려 했으나 경찰은 이를 무시하고 강제 연행했다. 전교조는 6월 1일 오후 전국교직원노동조합 설립 신고서를 노동부에 제출했으나 노동부는 전교조 결성이 실정법 위반이라며 6월 3일 우편으로 신고서를 반려했다.

전국교직원노동조합 결성 선언문

겨레의 교육 성업을 수임 받은 우리 전국의 40만 교직원은 오늘 역사적인 전국교직원노동조합의 결성을 선포한다.

오늘의 이 쾌거는 학생, 학부모와 함께 우리 교직원이 교육의 주체로 우뚝 서겠다는 엄숙한 선언이며 민족·민주·인간화 교육 실천을 위한 참교육 운동을 더욱 뜨겁게 전개해 나가겠다는 굳은 의지를 민족과 역사 앞에 밝히는 것이다.

현재 우리 교육의 현실은 모순 그 자체이다. 일제 강점기의 민족교육이 민족의 해방과 조국의 독립일꾼을 길러내는 과업을 담당해야 했듯이 오늘 우리의 교육은 수십 년 군사독재를 청산하여 민주화를 이루고 분단된 조국의 통일을 앞당길 동량을 키우는 민족사적 성업을 수행해야만 한다. 그럼에도 우리 교직원은 교육의 자주성과 정치적 중립성을 유린한 독재정권의 폭압적인 강요로 인하여 집권세력의 선전대로 전락하여 국민의 올바른 교육적 요구에 부응하지 못하고 결과적으로 진실된 교육을 받고자 하는 학생들의 학습권을 침해하는 잘못을 저질러 왔다.

독재권력이 강요한 사이비 교육은 교원의 권위를 땅에 떨어뜨렸고 교단의 존경받는 스승은 더 이상 발붙일 수 없이 지식판매원, 입시기술자로 내몰렸다. 누가 우리더러 스승이라는 부르는가?

역대 독재정권은 자신을 합리화하고 유지하기 위하여 교육을 악용하여 왔다. 그 결과 우리의 교육은 학생들을 공동체적인 삶을 실천하는 주체적인 인간으로 기르는 것이 아니라 부끄럽게도 이기적이고 순응적인 인간으로 만듦으로써 민족과 역사 앞에서 제 구실을 잃어버렸다. 가혹한 입시 경쟁교육에 찌들은 학생들은 길 잃은 어린 양처럼 헤

매고 있으며, 학부모는 출세지향적인 교육으로 인해 자기 자녀만을 생각하는 편협한 가족이기주의를 강요받았다.

이러한 교육모순은 학생들의 올바른 성장을 학부모에게 위임받아 책임져야 할 우리 교직원들로 하여금 교육민주화의 대장정으로 떨쳐 일어 나서도록 만들었다. 교육민주화를 향한 대장정은 독재정권의 가혹한 탄압의 물결을 헤치고 4·19 교원노조 선배들의 목숨을 건 눈물겨운 투쟁을 시발로 5·10 교육민주화 선언, 사학민주화 투쟁 그리고 전국교사협의회의 결성으로 이어져 왔다. 작년 교원들의 교육법 개정의 뜨거웠던 열기는 올해 발기인 대회로 이어져 드디어 교직원노동조합의 결성을 보게 된 것이다.

우리의 교직원노동조합은 민주시민으로 자라야 할 학생들에게 교원 스스로 민주주의의 실천의 본을 보일 수 있는 최선의 교실이다. 이 사회의 민주화가 교육의 민주화에서 비롯됨을 아는 우리 40만 교직원은 반민주적인 교육제도와 학생과 교사의 참 삶을 파괴하는 교육 현실을 그대로 둔 채 더 이상 민주화를 말할 수 없으며 민주주의를 가르칠 수 없다. 누구보다도 우리 교직원이 교육 민주화운동의 구체적 실천인 전국교직원노동조합 건설에 앞장선 까닭이 여기에 있다.

그동안 독재정권과 문교부, 대한교련 등 교육 모리배들은 우리의 참 뜻과 순결한 의지를 폭압적으로 왜곡하고 짓밟아 왔다. 역사의 진로를 막으려는 광란의 작태가 춤을 추고 있다.

그러나 보라! 민족사의 대의에 서서 진리와 양심에 따라 강철같이 단결한 40만 교직원의 대열은 저 간악한 무리들의 기도를 무위로 돌려놓을 것이다. 우리가 두려워하는 것은 저들의 협박과 탄압이 아니라 우리를 따르려는 학생들의 해맑은 웃음과 초롱초롱한 눈빛 바로 그것이기 때문이다.

동지여! 함께 떨쳐 일어선 동지여! 우리의 사랑스런 제자의 해맑은 웃음을 위해 굳게 뭉쳐 싸워 나가자!

교육민주화와 사회민주화 그리고 통일의 그날까지 동지여, 전교조의 깃발 아래 함께 손잡고 나아가자!

민족교육 만세! 민주교육 만세! 인간화 교육 만만세! 전국교직원노동조합 만만세!

1989. 5. 28.
전국교직원노동조합

2 전교조 개요

1. 주요 연혁(1982. 1~1990. 2)

구분	주요 내용
조직태동기 (1982. 1. Y교협 ~1989. 2. 19. 전교협 대의원대회)	• 1982. 1. 한국YMCA중등교육자협의회(약칭 'Y교협') 창립 • 1986. 5. 10. 한국YMCA중등교육자협의회 주관 '교육민주화선언' • 1986. 5. 15. 민중교육지 해직교사를 중심으로 '민주교육실천협의회'(민교협) 결성 • 1987. 9. 27. '민주교육추진전국교사협의회'(전교협) 결성(1988년 말까지 시·군·구 별로 121개 교사협의회 구성) • 1988. 11. 20. 전국교사대회 개최('교육법 개정', '교사의 노동3권 쟁취' 요구)
노조건설 준비기 (1989. 2. 19. 전교협 대의원대회 ~5. 14 발기인대회)	• 1989. 1. 20. 제5차 중앙위원회 노조결성 의결 • 1989. 2. 2. 회장단 상반기 내 노조결성 기자회견 • 1989. 2. 19. 제2차 정기대의원대회 노조결성 공식적 의결 • 1989. 2. 25. 제7차 중앙위원회 '교원노조건설추진을위한특별위원회' 구성 결의 후 특별위원회 발족(3. 14) • 1989. 5. 14. '전국교직원노동조합발기인대회및준비위원회결성대회' 전국 시·도 10개 지역에서 개최
조직 건설기 (1989. 5. 14. 발기인대회~ 7. 9. 전국교사대회)	• 1989. 5. 28. 연세대에서 "전교조 깃발아래 참교육 쟁취하자" 구호 아래 "전국교직원노동조합" 결성 • 1989. 6. 7.~6. 17. 15개 시·도 지부 결성 • 1989. 6. 28. 111개 지회 결성, 495개교 분회 결성(초·중등 교사 12,610명 회원) • 1989. 5. 교과서 내용을 분석, 비판하고 독자적인 방안을 제시하는 '교과모임연합'을 구성하여 교원노조 산하에 편입 • 1989. 4. 29. 전주에서 '전국유치원교사협의회' 창립대회 • 1989. 6. 11. 전국공립유치원전임강사노동조합 결성
조직 사수투쟁기 (1989. 7. 9. 제1차 범국민대회~ 12. 10. 대의원대회)	• 1989. 6. 25. '창립대의원대회' 개최 • 1989. 7. 9. 전교조탄압저지및합법성쟁취를위한제1차범국민대회 개최 • 1989. 7. 25.~8. 25. 전교조 사수를 위한 명동성당 단식투쟁과 철야농성 • 1989. 8. 21. 파면·해임된 전교조 교원 8월 21일부터 출근투쟁, 단위학교 현장방문 전교조 홍보활동 전개

- 1989. 9. 24. '전교조 탄압 저지와 합법성 쟁취를 위한 제2차범국민대회' 개최
- 1989. 10. 8. '노동악법철폐 및 전노협 건설을 위한 전국노동자대회' 참여
- 1989. 10. 18.~19. 야3당(평민당, 민주당, 공화당)의 당사에서 전교조문제 해결과 교육·노동악법 철폐 등 요구 농성
- 1989. 10. 28. 참교육을 위한 국민걷기대회
- 1989. 11. 11.~12. '광주학살 5공비리 책임자처벌과 빈민생존권, 전교조 합법성 쟁취 국민대회' 개최
- 1990. 2. 19. '반민주야합분쇄 및 전교조 합법성쟁취 전국교사결의대회' 개최
- 1990. 2. 24.~25. '반민주3당야합분쇄및민중기본권쟁취를위한국민대회' 개최

2. 주요 활동

구분	주요 내용
교육관계법 개정운동 / 대정부 투쟁	• 1987. 6. 민주화운동 • 1987. 9. 16. 민주교육추진서울교사협의회 주최로 교육법 개정 공청회 개최와 교육법 개정 서명운동 실시(현행교육관계법 무엇이 문제인가?, 현행 교육자치제 논의의 문제점 발표) • 1987. 10. 25. 전교협, '교육관계법개정촉구대회' 개최 • 1987. 11. 20. 민주교육법 쟁취 전국교사대회 개최 • 1988. 5. 9. 전교협, '교사주간' 성명, 국정교과서제도 폐지, 교육법 개정 주장 • 1988. 7. 3. 민주교육법 쟁취와 보충·자율학습 폐지를 위한 전국교사대회 • 1988. 9. 10.~11. 6. 교육법 개정을 위한 공청회, 토론회 결의대회, 촉구대회, 가두행진 등에 1만 5천여명 교사 참여 • 1988. 11. 1. '민주교육법쟁취특별위원회' 발대식 • 1988. 11. 14. 전교협 산하 시·도 교사협의회, '민주교육법 쟁취 전국교사대회' 개최 • 1988. 11. 20. 전교협 산하 초·중·고 교사, 시간강사 1만여명 '민주교육법 쟁취 전국교사대회' 개최 후 가두행진

	• 1988. 12. 3. 전교협 등 4개 단체, 교육관계법령 개정 공청회 및 결의 대회 후 농성 • 1988. 12. 8. 전교협 교사 2,000여명, 민주교육법 쟁취 전국교사대회 • 1988. 12. 22. 전교협 등 교육단체 '민주교육법쟁취공동투쟁위원회' 결성 및 1천만 서명운동 확산 • 1989. 9. 6. 전교조, 민정당에 교원지위 향상을 위한 교육관계법 개정 촉구(51만여명의 서명을 받아 국회에 법개정 청원, 전교조 해직교사 500여명은 교육악법 개폐 국회농성) • 1990. 11. 교육법 개악 저지를 위한 '전국교육주체 결의대회', '올바른 교원임용제도 마련을 위한 공청회', '교육관계법개악저지 및 특별법쟁 취를 위한 교육주체 결의대회' 개최
사학민주화 투쟁 지원	• 1988. 1. 22. 교사 중심으로 2,000여명이 참석, 연세대에서 '교권탄압 규탄대회' 개최 • 1988. 3. 26. 전교협 '사립학교교육정상화추진위원회' 결성 • 1988. 7. 20. '사립학교교육정상화추진위원회' 사립학교법 개정 성명 발표 • 1988. 9. 10. '사립학교교육정상화추진위원회' 문교부의 사학정상화대 책수립 요구 성명 발표
현장 민주화 투쟁 (교육권 확보 투쟁)	• 1988. 교원근무환경 개선(일숙직 폐지, 근무평정제도 개선 등), 유치 원 교사 신분보장 요구투쟁 • 1989. 교육계 내 부조리 척결(육성회 찬조금, 교재 채택료, 촌지 수수, 각종 사례비 등 고질적 비리척결을 통한 신뢰회복 촉구) • 1991. 9. 전국 14,086명 서명을 받아 정부에 '초등수업시수 경감 및 교 과전담제 실시' 요구 • 1991. 학교 교육환경 개선(과밀학급, 교실 내 분진, 소음, 조명, 식수 와 급수 등 각급 학교 교육환경에 대한 정밀조사 실시 후 개선방안 제 시, 교무실 환경개선 및 교사휴게실 설치) 요구 • 1991.~1996. 6. 16차례 교육정책에 관한 공청회 · 토론회 실시 • 1992. 4. 교육대개혁안 마련 및 개혁 촉구 • 1995. 초등 19시간 기준수업시수 법제화 요구 서명 청원 • 1996. '교원처우와 교육환경 개선을 위한 10만명 교사서명운동' 전개 • 1996. 사립학교에도 공립학교와 같이 학교운영위 설치 의무화 요구

3 전교조 관련 주요 판례 요약

1. 교원 노동권 관련 대법원 판례 요약

| '노동운동' 및 '집단행위'의 정의 |

국가공무원법 제66조에서 금지한 '노동운동'은 헌법과 국가공무원법과의 관계 및 우리 헌법이 근로3권을 집회 결사의 자유와 구분하여 보장하면서도 근로3권에 한하여 공무원에 대한 헌법적 제한 규정을 두고 있는 점에 비추어 헌법 및 노동법적 개념으로서의 근로3권 즉 단결권, 단체교섭권, 단체행동권을 의미한다고 해석하여야 할 것이고, 제한되는 단결권은 종속 근로자들이 사용자에 대하여 근로조건의 유지·개선 등을 목적으로 조직한 경제적 결사인 노동조합을 결성하고 그에 가입·활동하는 권리를 말한다고 할 것이다(대판, 92. 2. 14. 90도2310).

| '공무이외의 집단적 행위'의 정의 |

국가공무원법 제66조상의 '공무이외의 일을 위한 집단적 행위'는 공무가 아닌 어떤 일을 위하여 공무원들이 하는 모든 집단적 행위를 의미하는 것이 아니고 언론, 출판, 집회, 결사의 자유를 보장하고 있는 헌법 제21조 제1항, 헌법상의 원리, 국가공무원법의 취지, 국가공무원법상의 성실의무 및 직무전념의 의무 등을 종합적으로 고려하여 '공익에 반하는 목적을 위하여 직무전념의무를 해태하는 등의 영향을 가져오는 집단적 행위'라고 축소해석 하여야 할 것이다(대판, 92. 2. 14. 90도2310).

국가공무원법 제66조의 '집단적 행위'라 함은 '어떠한 단체의 구성이나 단체적 행동이 그 목적과 행위의 내용에 비추어 공무원의 복무에 관한 질서유지에 유해하거나 그 밖에 공무원으로서의 품위를 손상하는 등 공익을 해치는 특별한 사정이 있는 경우의 집단적 행위'를 일컬어 하는 뜻이고, 동창회, 친목회, 학회, 토론회, 연설회 등 회합이나 회동 등을 통한 단체적 행위 전반을 그 목적과 내용에 관계없이 전부 포함하는 것은 아니다(서울고법, 69. 7. 8. 69구39).

| 노동조합 결성을 위한 준비행위도 노동운동에 포함 |

전국교직원노동조합의 결성을 위한 서울교사전진대회와 발기인 대회 및 준비위원회 결성대회에 주도적으로 참석하여 집단적 행위를 한 것은 노동조합의 결성을 위한 준비행위로서 국가공무원법 제66조 제1항 본문에 규정된 노동운동에 해당한다(대판, 92. 6. 26. 91누11780).

| 노동조합 가입동기와 관계없이 징계 가능 |

교육공무원이 학교장 등으로부터 수차에 걸쳐 전국교직원노동조합의 불법성과 그 조합 결성에 참여할 경우 위법처리 된다는 지도를 받고도 고의적으로 위 노동조합 분회의 결성에 참가하였고, 징계처분에 이르기까지도 자신의 잘못을 인정하지 아니하고 있으므로 비록 위 조합에 가입하게 된 동기가 교원의 생존권 보장과 심각한 교육문제의 해결을 위한 교육자적 양심에서 나온 것이라 하더라도 위와 같은 사유로 해임처분한 것은 상당하다고 보여지며, 따라서 징계처분에 재량권을 일탈하거나 남용한 위법이 없다(대판, 92. 6. 26. 91누11308).

| 공무원의 노동운동은 형사처벌의 대상 |

국가공무원의 전국교직원노동조합의 노동운동을 위하여 집단적 행위를 하였다면 그것이 비록 교육의 구조적 모순을 바로잡기 위한 데서 비롯되었다 하더라도 국가공무원법 제66조 제1항 위반의 범죄성립에는 영향이 없다(대판, 90. 9. 11. 90도1356).

| 전교조 가입만으로도 면직처분 가능 |

교원의 노동운동은 현행 법률상 금지되고 있으므로 전교조에 가입한 후 별다른 활동을 하지 아니하였다 하더라도 그와 같은 위법상태를 그대로 용인할 수 없다 할 것이고, 따라서 이 사건 처분당시까지 전교조를 탈퇴하여 그와 같은 위법상태를 해소시키지 아니한 이 사건에 있어서 원심이 들도 있는 다른 사정을 참작하더라도 이 사건 면직처분에 재량권의 범위를 일탈하였거나 남용한 위법이 있다고 볼 수 없다(대판, 97. 5. 7. 97더366).

| 노동운동을 위한 집단행위 금지규정의 위헌 여부 |

국가공무원으로 하여금 노동운동을 위한 집단행위를 하지 못하도록 규정한 국가공무원법 제66조 제1항은 헌법상의 평등권, 집회결사의 자유, 교육의 자주성·전문성·정치적 중립성 등의 보장조항에 위반되지 아니한다(대판, 90. 9. 11. 90도1356).

공무원의 집단행위를 금지한 국가공무원법 제66조 제1항이 헌법 제11조의 평등권 조항, 제21조의 언론, 출판, 집회, 결사의 자유조항, 제31조 제4항의 교육의 자주성 등의 보장조항, 제33조의 근로자의 단결권 등 조항이나 제37조 제2항의 국민의 자유와 권리의 제한조항에 위배된 규정이라 할 수 없다(대판, 90. 12. 26. 90다8916).

공무원의 집단행위를 금지한 국가공무원법 제66조 제1항은 헌법상의 평등권, 집회결사의 자유, 교육의 자주성, 전문성, 중립성 등의 보장 조항에 위반되지 아니하며 국가공무원법 제66조를 준용하는 근거가 되는 사립학교법 제55조 및 면직사유를 규정한 제58조 제1항 제4호는 근로자의 근로기본법을 규정한 헌법 제33조 제1항, 법률유보에 관한 일반규정인 헌법 제37조 제2항, 평등에 관한 규정인 헌법 제11조 제1항에 위반되지 아니한다(대판, 91. 8. 27. 90다8893).

2. 전교조 결성 관련 헌법재판소 판례(사립학교 교원)

1) 개요

교육노동자로서의 기본권익을 적극 옹호하고 민주교육의 발전에 기여할 목적으로 표방하고 설립된 전국교직원노동조합의 설립취지에 찬동하고 이에 가입하여 활동한 교사가 노동운동을 하였다는 이유로 직위해제처분과 면직처분을 당하자, 직위해체처분과 면직처분의 근거가된 사립학교법 제55조 및 제58조 제1항 제4호의 규정이 헌법 제33조 제1항에 위반되는지 위헌 여부 심판 제청에 대해서 헌법재판소는 사립학교법 제55조 및 제58조 제1항 제4호는 헌법에 위반되지 아니한다고 합헌판결(1991. 7. 22. 89헌가106)을 하였다.

2) 판례 요약

● 헌법 제31조 제6항은 국민의 교육을 받을 기본적 권리를 보다 효과적으로 보장하기 위하여 교원의 보수 및 근무조건 등을 포함하는 개념인 "교원의 지위"에 관한 기본적인 사항을 법률로써 정하도록 한 것이므로 교원의 지위에 관련된 사항에 관한 한 위 헌법 조항이 근로기본권에 관한 헌법 제33조 제1항에 우선하여 적용된다.

● 사립학교 교원에게 헌법 제33조 제1항에 정한 근로3권의 행사를 제한 또는 금지하고 있다고 하더라도 이로써 사립학교 교원이 가지는 근로기본권의 본질적 내용을 침해한 것으로 볼 수 없고, 그 제한은 입법자가 교원지위의 특수성과 우리의 역사적 현실을 종합하여 공공의 이익인 교육제도의 본질을 지키기 위하여 결정한 것으로 필요하고 적정한 범위 내의 것이다.

● 사립학교법 제55조 및 제58조 제1항 제4호는 헌법이 교원의 지위에 관한 사항을 국민적 합의를 배경으로 한 입법기관의 권한에 위임하고 있는 헌법조항에 따라 규정한 것으로서 사립학교 교원을 근로3권의 행사에 있어서 일반근로자의 경우와 달리 취급하여야 할 합리적인 이유가 있다 할 것이라도, 또한 공립학교 교원에게 적용되는 교육공무원법 및 국가공무원법의 관계규정보다 반드시 불리한 것으로도 볼 수 없으므로 헌법 제11조 제1항에 정한 평등원칙에 위반되는 것이 아니다.

● 교육에 관한 국제법상의 선언, 규약 및 권고문 등은 우리 현실에 적합한 교육제도의 실시를 제약하면서까지 교원에게 근로권이 제한 없이 보장되어야 한다든가 교원단체를 전문직으로서의 특수성을 살리는 교직단체로서 구성하는 것을 배제하고 반드시 일반 노동조합으로만 구성하여야 한다는 주장의 근거로 삼을 수 없다.

● **재판관 이시윤의 반대의견**
위 사립학교법 각 조문에서 금지하는 노동운동은 오로지 단체교섭권 및 단체행동권의 행사를 뜻하는 것으로 볼 것이고, 이를 넘어서 단결권의 행사까지 포함하여 금지하는 것이 된다면 기본권 제한의 한계를 넘어선 본질적 내용의 침해가 되는 입법이 되어 헌법 제33조 제1항, 제37조 제2항에 위배된다. 여기서 합헌이 될 단결권 행사의 노동운동은 헌법 제33조 제1항에서 규정한바 노동조건의 향상을 목적으로 하는 노동조합의 결성이나 그러한 노동조합에의 가입에 그친다고 할 것이다.

● 재판관 김양균의 반대의견

사립학교 교원 역시 근로자의 지위에서 영위하는 생활영역 일반근로자와 원칙적으로 똑같은 근로3권을 전부 부정하고 있는 사립학교법 각 조문은 헌법상의 법치주의 원리와 위 헌법 제11조 제1항, 제33조 제1항, 37조 제2항에 정면으로 위배되고 아울러 헌법 제10조, 제6조 제1항과도 조화될 수 없으므로 위헌이다.

● 재판관 변정수의 반대의견

헌법 제33조 제6항을 내세워 헌법 제33조 제1항에 의하여 사립학교 교원에게도 당연히 그 향유자격이 부여된 단결권, 단체교섭권, 단체행동권을 제한하거나 박탈해도 된다는 논리는 노동3권을 향유할 수 없는 근로자를 공무원에 한정한 헌법 제33조 제2항의 규정에 명백히 저촉되며, 헌법 제37조 제2항에 의한 제한이라 하더라도 사립학교 교원에 대하여 노동운동을 금지하고 있는 위 사립학교법 각 조문은 헌법 제33조, 제37조 제2항에 위반되어 위헌이다.

3) 쟁점 및 견해

교원노조 불인정 입장	교원노조 인정 입장
• 교원은 국·공립이건 사립이건 기본적으로 공교육을 담당하고 있는 점에서 학교·교원·법제의 동질성을 인정할 수 있을 뿐만 아니라, 교원이 제공하는 근무에는 고도의 윤리성·자주성·중립성·공공성·전문성이 있어 일반근로자의 근로관계와 본질적인 차이가 있기 때문에 일반 근로관계법 원	• 사립학교 교원은 학교법인과의 고용관계에 따른 계약상의 지위에서 제자에게 학습지도, 교과지도, 생활지도 및 학술·기예의 교수 등 노무를 제공하고 그 대가인 급료를 받아 생활하기 때문에 근로자이며, 사립학교 교원이 공교육 실천자임을 이유로 근로자 성격을 부인할 수는 없음.

리가 그래도 적용될 수 없음.

• 사립학교 교원과 교육공무원의 동질성 : 사립학교 교원도 법률에 의한 신분보장과 사회보장을 받으며 자격요건, 복무, 연수의무, 불체포특권 등에 있어서 교육공무원과 동일하게 처우하도록 되어 있고 연금에 있어서 동일한 수준의 보장을 받고 있기 때문에 공립학교 교원과 동질적임.

• 공무원 아닌 사립학교 교원을 노동3권의 향유 주체에서 배제하거나 단체행동권을 인정하지 아니하거나 헌법 제37조 제2항에 의한 일반제한이 아닌 특별제한에 의해 제한할 수 없음.

• 사립학교 교원의 신분은 근로자이지만, 근로관계에 시장경제의 원리의 지배원리가 적용되기 어려운 특수성이 있으므로 공공복리를 내세워 사립학교 교원의 단체행동권에 대해 법률로써 그 제한이 가능함.

〈참고〉 이와 관련하여 신인령은 노조결성권을 가지는 근로자의 개념은 그 종사직무가 공무냐 사무냐를 불문하며 정신노동, 육체노동 등 노동의 종류나 사기업, 공기업, 정부기관, 학교, 연구소 등 그 채용기관(사용주)의 종류도 불문하기 때문에, 교원이 제공하는 노동이 특별히 신성하다고 해서, 또는 다른 노동에 비해 성격이 독특하다고 해서, 그리고 직무내용이 공공성을 띤다고 해서 교원의 근로자성이 부인되는 것은 아니라고 밝힌 바 있다(신인령, 1989, 「교원의 노동삼권」 이화여대 사회과학논집).

| 교원근로의 특수성 |

● 교원지위법정주의(헌법 제31조 제6항)의 해석문제

피교육자의 교육을 받을 기본권과 교육자의 근로기본권이 서로 상충하는 경우 교원의 지위에 관한 기본적인 사항을 법률로서 정하도록 하는 교원지위 법정주의(헌법 제31조 제6항)에 의거 사립학교 교원에 대한 근로3권을 완전히 배제할 수 있다는 내용과 관련한 헌법 제33조 제1항(근로3권보장)에 우선한 헌법 제31조 제6항의 적용문제로 그 견해는 다음과 같다.

교원노조 불인정 입장	교원노조 인정 입장
• 교원지위 법정주의 우선 적용, 근로3권 전면부정 입장 : 우리 헌법 제31조 제6항은 교육제도와 아울러 교원의 근로기본권을 포함한 모든 지위에 관한 기본적인 사항을 입법부의 권한으로 규정하고 있기 때문에, 교원의 신분보장 · 경제적 · 사회적 지위보장 등 교원의 권리 해당사항뿐만 아니라 국민	• 헌법 제31조 제6항은 교원의 노동3권 제한에 관하여 어떠한 명시적 표현도 없고 교육제도와 교원의 기본권을 법률로써 더 강화하고 보호(형성적 법률유보)하여 국민의 교육받을 권리를 실현하려는 취지의 조항이므로, 헌법이 보장한 근로3권을 완전히 부정하는 법률이나 법 조항이 제정될 수 없음. 기

의 교육을 받을 권리를 저해할 우려 있는 행위의 금지 등 교원의 의무에 관한 사항과 교원의 기본권을 제한하는 사항까지도 규정할 수 있음.

본권 제한 규정의 헌법유보원칙에 위배됨.
- 피교육자의 교육받을 권리와 교육자의 근로기본권이 서로 상충할 경우 어느 한쪽을 배제하는 것은 법리에 맞지 않고, 교원의 헌법상의 기본권을 침해하지 않는 범위 내의 교원지위법정주의라는 뜻으로 양립조화 모색 필요.

● **교원에게 노동기본권을 불허하고 있는 것의 위헌 여부**

교원노조 불인정 입장	교원노조 인정 입장
• 노동3권 제한 합헌, 본질적 침해 없음 입장 : 노동3권(제33조 1항) 보장 조항보다 교육제도 법정주의(헌법 제31조 제6항)를 우선 적용하여 교원인 근로자의 근로기본권을 제한하고 있다고 하더라도 근로기본권에 관한 헌법 제33조 제1항의 규정을 내세워 바로 헌법에 위반된다고 단정할 수 없음. • 만일 국가가 특수한 일에 종사하는 근로자에 대하여 헌법이 허용하는 범위 안에서 입법에 의하여 특별한 제도적 장치를 강구하여, 그들의 근로조건을 유지·개선하도록 함으로써 그들의 생활을 직접 보장하고 있다면, 특정 근로자는 비록 일반근로자에게 부여된 근로기본권의 일부가 제한된다고 하더라도 실질적으로 그들에게 아무런 불이익을 입히지 아니하는 결과에 이를 수도 있을 것이므로, 사립학교 교원은 교육법과 교원지위향상을위한특별법에 의하여 근로3권에 갈음하여 교원의 신분에 걸맞은 교직단체인 교육회를 통하여 그들의 경제적·사회적 지위향상을 도모할 수 있도록 보장하고 있으므로 근로기본권의 본질적 내용이 침해된 것으로 볼 수도 없음.	• 노동3권 제한 위헌, 본질적 침해 입장 : 헌법에서 부여한 근로기본권을 하위법규인 사립학교법이 근로3권을 전혀 인정하고 있지 않다면 근로3권 내용의 본질적인 침해가 있음. 특히 단결권까지 부인한다면 사립학교 교원의 경우에 근로기본권의 완전 실권자로 만들기 때문에 근로기본권의 본질적 내용을 침해함. 노동운동을 면직사유의 하나로 규정하고 있는데 노동운동이란 법률개념의 막연성, 불명확성, 광범성 때문에 그 자체로 소위 '불명확하고 애매모호하므로 무효'인 경우에 해당 • 헌법 제37조 제2항에 의한 제한이라 하더라도 사립학교 교원의 단결권 행사는 성질상 그것에 의하여 학습권을 비롯한 교육과 관련된 공익이 침해될 여지가 없으므로 그것에 어떠한 제한을 가할 수는 없고, 다만 단체교섭권과 단체행동권만은 그것을 무제한으로 허용할 때 직무의 공익성을 침해할 우려가 있으므로 행사의 시기·방법 등에 관하여 최소한의 제한을 가할 수는 있음. 그렇다고 일체의 권리를 부정하는 것은 과잉금지원칙에 위반됨. • 교원의 경제적·사회적 지위를 향상시키기

- 교육회(교육법 제80조)는 교원 측을 대표하여 교원의 전문성 신장과 지위향상을 위하여 교육감 또는 교육부장관과 교섭·협의를 하며, 교섭·협의는 교원의 처우개선, 근로조건 및 복지후생과 전문성 신장에 관한 사항 등 교원의 지위향상을 그 대상으로 하는 것이기 때문에 단체교섭권에 갈음한 대상조치(代償措置)인 것으로 평가될 수 있음.

위한 교육회 조직(교육법 제80조)이 있다고 해도 교육회는 헌법 제33조 제1항에 의한 교원의 자주적인 단결권 행사에 의한 노동조합에 해당되는 것이 아니고 그 조직이 교원의 의사와 관계없이 법령에 의하도록 되어 있는 관제조직이므로 그것에 의하여 교원의 단결권의 보장된 것이라고는 볼 수 없고, 교원지위향상을위한특별법이 교원노동조합도 아닌 교육회에 대하여 교원의 지위향상을 위한 교섭·협의권을 주었다고 해도 이는 교원의 자주적인 단체교섭권과는 전혀 관계없기 때문에 합헌으로 될 수 없음.

> **〈참고〉** 교육공무원에게 국가공무원법상의 공무원 복무에 관한 규정을 준용하는 것은 국·공립학교 교원이 교원신분이기 때문이 아니라 [공무원신분] 때문이고, 반면 사립학교 교원에게 교육공무원법상의 국공립학교 교원의 복무에 관한 규정을 준용하는 것은 공무원 신분 때문이 아니라 [교원이라는 신분]이기 때문임. 따라서 사립학교 교원에게 공무원 신분자에게만 부여될 수 있는 특별한 [기본권 규제적] 내용은 법률로써도 준용시킬 수 없기 때문에 노동운동 금지규정의 확대적용은 무효이고 그에 의한 면직처분은 부당해고임(신인령, 1989).

● 교원의 지위에 관한 국제법규의 헌법적 의미

교원노조 불인정 입장	교원노조 인정 입장
• 법적 구속력 불인정 입장 : 국제연합(UN)의 '인권에관한세계선언'은 선언적 의미를 가지고 있을 뿐, 보편적인 법적 구속력을 가진 것은 아님. • 1960. 10. 국제연합교육과학문화기구와 국제노동기구가 채택한 '교원의지위에관한권고'는 입법적으로 고려할 만한 과제를 제시하여 주고 있지만, 직접적으로 국내법적인 효력을 가지는 것이라고 할 수 없음. • '경제적·사회적·문화적 권리에 관한 국제규약(A규약)' 중 제4조에서 일반적 법률유보조항을 두고, 제8조 제1항 a호에서 국	• 법적 구속력 인정 입장 : 헌법 제6조 제1항은 '헌법에 의하여 체결 공포된 조약과 일반적으로 승인된 국제법규는 국내법과 같은 효력을 가진다'고 규정하고 있으므로 ILO 조약의 국내법적 효력에 관하여 미가입국이라는 이유로 쉽게 국내법적 효력을 부인할 것이 아니라 일반적으로 승인된 국제법규인가를 판단하여야 할 것임. 비록 우리나라가 ILO에 가입하고 있지 않다고 하더라도 UNESCO에 가입하여 그 회원국인 만큼 UNESCO의 권고와 '인권에 관한 세계선언'의 내용을 수용하거나 준수할 의무가 있음.

가안보 또는 공공질서를 위하여 또는 타인의 권리와 자유를 보호하기 위하여 민주사회에서 필요한 범위 내에서 법률에 의하여 노동조합을 결성하고 그가 선택한 노동조합에 가입하는 권리의 행사를 제한할 수 있다는 것을 예정
• '시민적 및 정치적 권리에 관한 국제규약(B규약)' 중 제22조 제1항에서 국가안보 또는 공공의 안정, 공공질서, 공중보건 또는 도덕의 보호 또는 타인의 권리 및 자유의 보호를 위하여 민주사회에서 필요한 범위 내에서 합법적인 제한을 용인하는 유보조항을 두고 있음.

• 세계 개방추세 속에 살아가는 오늘날의 세계질서에 비추어 보거나 우리나라의 국제적 위상으로 보거나, 인권보장의 세계화 현상에 동조하고 있는 태도를 보여주어야 함.

ILO 제87호 조약 중(1948년 결사의 자유 및 단체조직의 권리보장에 관한 협약)과 ILO-UNESCO의 '교원지위에 관한 권고안'(1966) 등 국제법상 교원의 단결권 인정과 관련한 세계 각국의 교원노조의 현황은 다음과 같다

표-9 각국의 교원노조 인정 현황

구분	노조결성권	단체행동권
공·사립 불인정	대한민국	대한민국, 미얀마, 가나, 인도네시아, 나이지리아, 페루, 불가리아
공립만 인정	방글라데쉬, 볼리비아, 차드, 에콰도르, 라이베리아, 니콰라과, 파라과이, 미얀마, 칠레, 케냐	덴마크, 에콰도르, 서독, 그리이스, 아이슬랜드, 일본, 네델란드, 필리핀, 스위스, 타이, 버키, 미국(4개주만 제외)
공·사립 인정	위의 나라를 제외한 모든 나라	호주, 오스트리아, 벨기에, 캐나다, 키프러스, 다호메이, 핀란드, 프랑스, 가이아나, 인도, 에이레, 리베리아, 모리셔스, 몰타, 말레이시아, 멕시코, 파키스탄, 파나마, 싱가포르, 스리랑카, 수단, 스웨덴 등

※자료 : ILO-UNESCO합동위원회 「합동조사보고서」, 1988년판.

3. 노동3권에 대한 헌법재판소 판례(국·공립교원)

1) 개요

교육공무원인 국·공립학교의 교원이 전국교직원노동조합에 가입하여 활동함으로써 국가공무원법 제66조 제1항 본문을 위반하여 노동운동을 하였다는 이유로, 교육위원회 교육감으로부터 해임 등 처분을 받게 되자, 해임처분의 근거가 된 법률조항인 국가공무원법 제66조 제1항 본문에 대한 헌법소원심판을 청구하였다. 이에 대해 헌법재판소는 국가공무원법 제66조 제1항은 헌법에 위반되지 아니한다고 합헌판결(1992. 4. 28. 90헌바27, 34, 36내지 42, 44내지 46, 92헌바15(병합))하였다.

2) 판례요약

• 국가공무원법 제66조 제1항은 공무원의 지위의 특수성과 그 직무의 공공성에 비추어 헌법 제33조 제2항이 공무원의 근로3권을 제한하면서 법률로서 근로3권이 보장되는 공무원의 범위를 정하도록 하기 위하여 입법권자에게 부여하고 있는 형성적 재량권의 범위를 벗어난 것이 아니므로 위헌이라고 할 수 없다.

• 국가공무원법 제66조 제1항 본문은 건전한 상식과 법감정을 가진 사람에게는 그 적용대상이 누구이며 구체적으로 어떠한 행위들이 금지되고 있는가를 미리 알려주고 그들이 불이익처분을 받는 일을 하지 않도록 상당한 주의경고를 하고 있는 것으로 볼 수 있으므로 명확성의 원칙에 의한 판단기준에 위배된다고 할 수 없다.

• 국가공무원법 제66조 제1항이 사실상 노무에 종사하는 공무원 이외의 공무원들에 대하여는 근로3권의 행사를 제한함으로써 일반 근로자 또는 사실상 노무에 종사하는 공무원들의 경우와 달리 취급하는 것은 헌법 제33조 제2항에 근거를 두고 있을 뿐만 아니라, 공무원의 지위의 특수성과 담당 직무의 공공성에 적합하게 형성 발전되도록 하는 것이 보다 합리적이라고 할 것이므로 헌법 제11조 제1항에 정한 평등의 원칙에 위반하는 것이 아니다.

● 재판관 변정수의 반대의견

국가공무원법 제66조 제1항 본문은 헌법 제2항의 특별유보조항에 근거하고 있으므로 결정주문에는 찬성한다. 그러나 근로자의 노동3권은 그들의 생존권과 행복추구권 보장을 위하여 필요불가결한 조건이므로 공무원에 대하여 직무의 성격을 구별함이 없이 그 신분이 공무원이라는 이유만으로 이를 박탈하는 것은 경제적, 사회적 영역에 있어서 다른 근로자와 차별하는 것이다. 따라서 헌법 제33조 제2항은 민주주의 헌법의 기본이념인 헌법 제10조, 제11조에 위배된다.

3) 쟁점 및 견해

● 공무원의 법적 성격

공무원이란 직접 또는 간접적으로 국민에 의하여 선출 또는 임용되어 국가나 공공단체와 공법상의 근무관계를 맺고 공공적 업무를 담당하고 있는 사람들을 의미하며, 공무원도 각종 노무의 대가로 얻는 수입에 의존하여 생활하는 사람이라는 점에서 통상적 의미의 근로자로 볼 수 있다. 그러나 한국적 특수성 하에서 공무원의 근로자 성격이 일반 근로자와 다른 특수성을 가지고 있는지 여부와 더불어 공무원 지위의 특수성에 의거 노동3권을 제한할 수 있는지 여부에 대해서 다음과 같은 입장이 대립하였다.

찬 성	반 대
• 공무원 지위의 특수성 인정, 근로관계법 적용반대 입장 : 공무원은 임용주체가 궁극에는 주권자인 국민 또는 주민이기 때문에 국민전체에 대해 봉사하고 책임을 져야 하는 특별한 지위에 있고, 그가 담당한 업무가 국가 또는 공공단체의 공공적인 일이어서 특히 그 직무를 수행함에 있어서 공공성·공정성·성실성 및 중립성 등이 요구되기 때문에 일반근로자와는 달리 특별한 근로관계에 있음. 공무원의 지위의 특수성과 직무의 공정성에 따라 헌법 제7조, 제29조, 제33조, 제2항에서 공무원에 대한 특별규정을 두고서 공무원의 신분을 보장하고 있음.	• 공무원지위 특수성 인정, 근로관계법 적용찬성 입장 : 근로자로서 노동3권을 향유하여야 할 공무원에 대하여 직무의 성격을 구별함이 없이 오직 그들의 신분이 국가 또는 지방자체단체에 근무하는 공무원이라는 이유만으로 노동3권을 박탈하는 것은 경제적·사회적 영역에 있어서 다른 근로자와 차별하는 것이며, 공무원이 국민전체의 봉사자라는 점에서 다른 근로자와 다르다고는 할지라도 근로자의 노동3권은 그들의 생존권과 행복추구권의 보장을 위해서는 필요불가결한 조건이므로 공무원이 국민전체의 봉사자라는 이유로 노동3권을 박탈할 수는 없

- 공무원의 보수수준 등 근로조건의 향상은 전체국민의 복리의 증진으로 부당히 침해하지 아니하고, 그 시대의 국가 또는 사회공동체적 경제수준 내지 담세능력과 조화될 수 있는 범위 내에서 합리적으로 정해져야 함.
- 제33조 제2항의 의미는 공무원은 국민전체에 대한 봉사자이며, 담당직무의 성질이 공공성·공정성·성실성 및 중립성이 보장되어야 한다는 특수한 사정이 있으므로 이런 사정을 고려하여 전체국민의 합의를 바탕으로 입법권자의 구체적인 입법에 의하여 공적이고 객관적인 질서에 이바지하는 공무원제도를 보장·보호하려는 것임.
- 노동3권이 보장되는 공무원의 범위를 사실상 노무에 종사하는 공무원에 한정하고 있는 것은 노동3권의 향유 주체를 공무원이 일반적으로 담당하는 직무의 성질에 따른 공공성의 정도와 현실의 국가·사회적 사정 등을 아울러 고려하여 사실상의 노무에 종사하는 자와 그렇지 아니한 자를 기준으로 삼아 사실상의 노무에 종사하는 자와 그렇지 않은 자로 구분하여 그 범위를 정하고 있는 것이므로, 이는 공무원의 국민전체에 대한 봉사자로서의 지위 및 그 직무상의 공공성 등의 성질을 고려한 합리적인 공무원제도의 보장, 공무원 제도와 관련한 주권자 등 이해관계인의 권익을 공공복리의 목적아래 통합 조정하려는 의도와 어긋나는 것이라고 볼 수 있음.

- 음. 노동3권의 제한 내지 박탈은 해당 근로자의 신분을 기준으로 할 것이 아니라 그가 종사하는 직무의 성격에 따라 최소한도로 이루어져 함.
- 공무원 신분이라는 이유만으로 원칙적으로 노동3권을 박탈하고 예외적으로 법률로써 인정할 수 있도록 규정한 헌법 제33조 제2항은 그보다 상위규정이며 민주주의 헌법의 기본이념이고 헌법의 핵이라고 할 수 있는 헌법 제11조 제1항 소정의 평등원칙에 위배되는 조항이며, 인간의 존엄과 가치 및 행복추구권을 규정한 헌법 제10조에도 위배되는 조항으로서 앞으로 헌법 개정 등을 통해 재검토되어야 할 매우 부당한 위헌적인 헌법 규정임.
- 세계 어느 나라에 헌법에도 제33조 제2항과 같은 공무원의 노동3권에 관한 특별유보 조항을 둔 예는 없음. 이 규정은 제1, 2공화국 헌법에는 없었는데 5·16군사쿠데타로 탄생한 제3공화국 헌법에서 신설된 이래 약간씩 표현을 달리하면서 유신헌법과 제5공화국 헌법을 거쳐 제6공화국 헌법에까지 이어져 오고 있는 것으로서 권위주의 시대의 잔재임.
- 공무원인 근로자의 노동3권 제한이 공익상 꼭 필요하다면 기본권의 일반유보조항인 헌법 제37조 제2항에 의하여 권리의 본질적 내용을 침해하지 않는 한도에서 법률로써 제한할 수 있음. 그럼에도 불구하고 헌법이 제33조 제2항과 같은 특별유보조항을 둔 것은 헌법에 근거규정만 두면 어떠한 법률을 만들어도 괜찮다는 왜곡된 인식 아래 공무원에 대해서는 노동3권을 무한정 제한할 수 있도록 하고 그에 대한 위헌시비를 못하게 하기 위한 지극히 권위주의적 발상에서 비롯됨.

<**참고**> 공무원의 노동기본권 제한을 정당화하는 공공복리설, 특별권력관계설, 국민전체봉사설, 대상조치설 등의 견해들은 모든 공무원의 노동기본권을 박탈하는 데 충분한 법리성과 타당성을 가지지 못하는 것으로 비판하며, 현행 헌법은 구헌법(제31조 제2항)과 달리, 공무원의 노동3권 보장을 원칙적으로 긍정하는 방향에 있으므로 교원에게 원칙적으로 노동3권을 인정하는 것이 바람직하다. 특히, 오늘날 대부분의 국가에서는 노동기본권 제한 논쟁 자체가 주로 '쟁의권'을 둘러싼 것이지 '단결권'이 문제되는 곳은 거의 없는 실정이다(신인령, 1989).

● **노동운동의 개념**

헌법 제33조 제2항에 근거하여 국가공무원법 제66조 제1항은 "공무원은 노동운동 기타 공무 이외의 일을 위한 집단적 행위를 하여서는 아니된다. 다만, 사실상 노무에 종사하는 공무원은 예외로 한다"로 규정하고 있는데, 이 조항에서 등장한 노동운동의 의미와 국가공무원법 제66조 제1항에 의거 공무원의 근로3권 금지에 대한 위헌성 논의를 정리하면 다음과 같다.

합 헌	위헌적 합헌
• 노동운동의 개념은 협의의 의미에서 근로자의 근로조건 향상을 위한 단결권, 단체교섭권 및 단체행동권 등 이른바 근로3권을 기초로 하여 이에 직접 관련된 행위를 의미하는 것으로 좁게 해석함.(※ 법원도 위 법률조항을 해석, 적용함에 있어 '노동운동'의 개념을 근로자의 근로3권으로 명백히 한정 해석하고 있음. 대법원 1992. 2. 14. 90도2310판결) • 국가공무원법 제66조 제1항은 구체적으로 어떠한 행위들이 금지되고 있는가를 미리 알려주고 그들이 불이익 처분을 받는 일을 하지 않도록 상당한 주의·경고를 하고 있는 것으로, 일반적인 명확성의 원칙은 물론 적법절차나 죄형법정주의의 원칙에도 위배된다고 할 수 없음.	• 헌법 제33조 제2항에 근거하여 공무원(사실상 노무에 종사하는 자 제외)의 노동3권을 완전히 박탈한 국가공무원법 제66조 제1항과 교육공무원법 제53조 제4항의 각 규정에 의거 국·공립학교 교원에 대해서도 적용되고 있는데, 이는 공무원의 노동3권의 본질적 내용을 침해하는 것으로 헌법 제37조 제2항의 일반유보조항에 의하여 정당화될 수 없는 위헌적인 법률임. 그러나 국가공무원법 제66조 제1항이 헌법의 특별유보조항(제33조 제2항)에 근거를 두고 있기 때문에 아직은 그것에 대하여 쉽사리 위헌선언을 할 수 없을 뿐임. • 공무원에 대하여 노동3권을 보장하는 방향으로 나아가고 있는 것이 추세로서 민주주의를 표방하는 나라치고, 더구나 국제노동기구에 가입까지 하고서도 우리나라처럼 공무원인 근로자의 노동3권을 심하게 제한하고 있는 나라는 없음.(※ 지난 1988년 제

154차 임시국회에서 미흡하나마 6급 이하 전공무원(공안직, 소방직 제외)에 대하여 공무원 노동조합결성권을 허용하는 내용의 노동조합법 개정법률안이 여야합의에 의해 통과되었으나 대통령의 법률안거부권 행사로 무산됨.

3) 교원의 노동3권과 학생의 학습권과의 관계

노조 불인정 입장	노조 인정 입장
• 교원이 제공하는 근로의 중심적인 수혜자는 학생임. 학생의 학습권은 헌법상 기본권으로 보장된 교육을 받을 권리에 의해 뒷받침됨. 교육대상자가 가지는 교육을 받을 권리(학습권)가 존중되어야 함.	• 교원의 노동3권 보장으로 교육조건 정비, 교육환경 개선, 교육제도 개선, 교육내용에서의 전문성, 자중성, 정치적 중립성을 보장하게 됨으로써 오히려 학생의 학습권이 보장됨.
• 교원노조를 결성하여 활동하게 되면 일반 근로자의 파업 등의 단체행동과 같이 최종적으로 수업거부, 학교 내외에서의 시위·농성 등을 수반할 경우, 일반기업의 경우와 달리 교원의 사용자는 교육을 임의로 중단할 수 없고, 교육의 계속성 유지의 필요에 따른 제약으로 말미암아 학교시설의 폐쇄라고 하는 대응수단을 사용할 수 없기 때문에 헌법상의 국민의 교육권(학습권)을 침해하므로 교원에게 노동3권은 허용될 수 없다는 입장.	• 헌법 제31조의 교육권은 생존권성·공민권성·학습권성(협의)을 가진 국민의 교육권(광의의 학습권)을 말하며, 현대적 의미의 교육권 보장이 실현되기 위해서는 교육권이 교사를 중심으로 이해관계자(부모·학생단체·노사단체 등)의 집단적 권리와 자유의 존재를 전제로 국가의 역할은 보충적인 것에 불과함.
• 교원의 교육행위는 단순한 지식의 전달이 아니라 교사의 모든 행동을 통해서 이루어지므로 교사의 시위·농성 등이 그 행태에 따라서는 학생들의 행동양식 및 사고에 나쁜 영향을 미치게 되고 교원들 간에 분열·갈등, 학습과 태도에 부정적 영향을 미치게 됨. 또한 지역사회 단체나 학부모 집단에 미칠 부정적 영향 제시.	• 현대사회에서는 국민의 교육받을 권리는 어떤 형태로든 공교육제도의 형식을 취하고 그 교육시설과 수준에 대한 공적(국가적) 배려에 의해 존립할 수밖에 없지만, 이것이 곧 국가가 교육내용을 통제할 수 있다든가 또는 국가가 교육권(교육하는 권리)을 가진다는 의미는 아님.
	• '교육의 자유'의 소극적 측면은 바로 교육내용에 대한 국가통제를 배척하는 것을 의미하는바, 교재의 결정, 교육과정 편성, 성적평가방법 결정 등을 국가가 획일적으로 강제하는 것은 교육자유의 침해가 됨.

- 교육은 국민 모두에게 관련되기 때문에 그 내용 결정에 어떤 형태로든 국민참여의 방식이 보장되어야 하고, 교육적 배려란 특별한 전문지식과 경험의 뒷받침을 받아야 하기 때문에 전문가 집단으로서의 교사단체가 중요한 역할을 담당해야 함.
- 교사의 신분보장을 포함한 근로조건은 교사의 인간으로서의 생활조건일 뿐만 아니라 아이들이 좋은 교육을 받기 위한 '교육조건'이기도 함. 따라서 일반 근로자나 공무원근로자 이상의 특별보장이 되어야 함(※ 이것은 ILO-UNESCO의 '교원지위에관한권고'에서 교직에서의 고용안정 및 신분보장은 교원의 이익임과 동시에 교육의 이익으로서 필수적인 것(동 제5항)이고, 교원 근로조건은 효율적인 학습을 가장 잘 촉진하고 또한 교원이 그 전문적 임무에 전념할 수 있도록 한다(동 제8항)고 구체적으로 확인하고 있음).

4) 공무원의 노동기본권 특별규제에 대한 찬반의견 비교

구분	찬성의견	반대의견
1. 공공복리설 입장	공무원이 가지는 특수성으로서의 직무의 공공성 때문에 공공복리의 이념 하에 공무원의 노동기본권을 일반근로자와 달리 특별취급하는 것은 당연하다는 견해	현대 헌법이 공공복리를 대두시킨 목적은 자본주의 경제의 자유시장적 조절기구에 대한 수정·중재를 통한 생존권 보장에 있기 때문에 공공복리에 의해 제한당하는 인권의 대상은 고전적 자유권, 즉 소유권을 비롯한 경제적 기본권임. 따라서, 공공복리란 생존권적 기본권을 촉진하는 법리로 존재하는 것이어서 그 제한의 논거가 될 수 없음.
2. 특별권력관계설 입장	공무원은 그 자유의사에 의해 국가와 특별 권력관계에서 포괄적 지배를 받는 지위에 있으므로 국가와 일반 국민 간의 일반권	공무원 관계에 특수성이 있다 해서 법치주의를 배제하는 포괄적 지배권이 있다고 할 수 없으며, 이는 다만 공무원 관계를 일방적으로 국가 측으로 끌어들이는 전근대적 특권관계로 파악해온 절대주의적 관료제도와 그 법이론의 잔재에 불과, 이

	력관계에서 보장되는 기본권은 그 범위 내에서 제한이 불가피하고 공무원의 노동기본권은 바로 그러한 이유에서 제한된다는 견해	론의 발상지인 독일에서도 2차 대전 이후 특별권력관계 폐지론이 지배적임.
3. 공공역무설 입장	공무원은 공법상의 계약에 의해 국가기관에 편입되고 국가의 공권력 하에서 공적 요구를 충족시키기 위해 공공역무에 협력하는 자인바, 공공역무는 계속성과 동질성이 항상 요구되므로 공무원의 단결이나 단체교섭, 특히 쟁의행위는 용납되지 않는 개념이기 때문에 결국 공무원의 노동기본권은 제한이 당연하다는 견해	공공역무의 개념은 오늘날은 주요산업의 국유화정책 하에서 국영사업 내지 공영사업의 현격한 증가로 인해 그 개념적 내포가 확대되어 결국 직무의 '공공성'으로 대체되었으며, 이러한 '공공성'은 공무원의 경우만이 아니라 일반근로자의 경우에도 존재하기 때문에 공공역무 개념에 의한 단결권 제한론은 인정할 수 없음. 공무원이라 하더라도 근로자이며 따라서 일반근로자와 마찬가지로 조합결성 가입의 자유가 있고 더 나아가 쟁의행위에도 참가할 수 있음(프랑스의 통설적 견해).
4. 국민전체 봉사자설	공무원은 국민전체의 봉사자이며 국민에 대하여 책임을 진다는 헌법규정(제7조1항)에서 그 제한의 근거를 찾을 수 있다는 견해	국민전체와 공무원의 관계를 마치 봉건제 하의 군주와 신민의 관계처럼 전인격적 복종과 보호의 관계로 보는 오류를 범하고 있는 것으로 국민과 공무원의 관계를 대등한 권리주체간의 법률적 관계로 파악하는 민주헌법의 기본원리에 배치됨. 헌법 제7조 1항의 규정은 공무원이 군주나 집권세력 또는 특정계급 등 '일부의 이익'에만 봉사해서는 안된다는 규정이며, 공무원이 국민에 대하여는 전체의 봉사자이고, 국가에 대하여는 근로자이기 때문에 전체의 봉사자로서 행정의 민주적 능률적 운용을 도모해야 할 지위와 근로자로서 보호받아야 할 지위는 모순되지 않음.
5. 대상조치설 입장	근로자의 노동3권은 그 자체가 목적이 아니라 근로조건 유지·개선 기타 경제적·사회적 지위 향상을 위한 것이므로 다른 제도	공무원 신분보장제도가 있다 해도 공무원법이나 정원변경·예산감축 등에 의한 불이익, 때로는 징계·면직 당할 수 있다는 점에서 일반근로자에 비해 차이가 없음. 오히려, 일반근로자의 경우 근로기준법(27조)노조법(2조, 29조)과 노쟁법(8조, 9

	상의 기술, 즉 공무원법상의 각종 특별보호·배려에 의해 대상조치(substitution)가 이루어진다면 특별한 제한이 가능하다는 견해	조, 15조)상의 보호장치에 의해 두터운 보호를 받는데 비추어 대상조치의 존재만을 이유로 공무원 근로자의 단결권에 대한 전면적 금지의 충분한 근거로 삼을 수 없음.
6. 예산규정설 입장	의회에서 확정되는 정부예산에 의해 공무원의 대우, 즉 공무원의 근로조건 등이 규정된다는 이유로 공무원을 일반근로자와 달리 취급할 수밖에 없다는 견해	정부예산이란 정부 내에서의 준칙에 불과하고 행정관청 상호간에 구속력이 있을 뿐, 대외적으로 공무원이나 국민의 권리·의무를 제약하는 준칙은 결코 아니며 예산에 관계없이 공무원이나 국민은 국가에 대해 근로조건 결정을 할 때 영향력 행사를 위해서도 공무원 근로자의 단결권이 요청됨.
7. 국민생활 전체의 이익확보설 입장	종래의 '전체봉사자론'에 대한 비판을 수용하여 국민생활 전체의 이익확보라는 새로운 개념을 도입하여 노동기본권 제한은 근로자가 담당하는 직무 또는 업무의 성질이 공공성에 강하여 그 존폐가 국민생활전체의 이익을 해치고 국민생활에 중대한 장해를 가져올 염려가 있는 것에 대하여 이를 피하기 위해 불가피한 경우('필요최소한도원칙')에 고려될 수 있는바, 공무원은 그에 해당한다는 견해	국민생활 전체의 이익확보라는 개념은 여전히 추상성을 내포하고 있고 자칫하면 이것은 '공공의 이익' 혹은 '사회생활의 안정'이라는 초인권적 법익으로 오해 내지 남용될 우려가 있다. 이 설은 국민생활 전체의 이익확보를 위한 노동기본권제약을 당연한 '내재적 제약'으로서 내포한다는 전제를 가지고 있는데 과연 그것이 노동기본권에 포함되어 있는 당연한 내재적 제약이라고 할 수 있는지도 문제임.
8. 필수적 사업유지설	공공부문(public sector)의 사업은 일반 국민의 건강·안전·복지 등 필수적인 서비스를 제공하기 때문에 이에 대항하는 동맹파업은 이러한 사업의 유지를 위태롭게 하므로 금지된다는 견해	이 설은 주로 미국에서 논의되는 공공부문에서의 동맹파업 금지의 논거일 뿐임. 모든 공공사업이 꼭 같이 필수적인 것은 아님. 예컨대 공공수영장이나 공원관리인의 책임과 경찰관이나 소방관의 책임이 동등시될 수 없음.

※ 신인령, "노동기본권과 교원", 『민주법학』 제4권(1990) pp. 92~96 재구성.

4. 전교조 가입 교원 해임 무효 판결

1993년 6월 16일 부산고등법원 제2특별부 판결(89구2714 파면등처분취소)은 전교조 가입을 이유로 관련 교사를 해임한 정부의 조치와 상충되는 결정이어서 주목할 필요가 있다. 부산고법 제2특별부(재판장 김적승 부장판사)는 전교조 부산·경남지부 소속 공립학교 해직교사 76명이 부산시와 경남도 교육감을 상대로 낸 해임처분 취소청구소송 선고공판에서 윤연희(덕포여중) 교사 등 15명에게 원고 승소 판결을 내렸다.

이 판결은 교육민주화운동 과정에서 해임된 경우 소명기회가 주어지지 않는 등 징계의 절차상 하자가 발견될 경우만 해직교사들에게 승소판결을 내렸던 전례에서 벗어나 전교조 가입을 이유로 한 해직처분이 지나치게 무거운 징계라는 점을 처음 지적했다는 점에서 의미가 있다. 당시의 한겨레신문에 보도된 내용을 발췌하여 소개한다.

「전교조 가입 해임사유 안 된다」(1993. 6. 17. 한겨레신문)
"부산고법 공립교사 15명에 승소판결"

재판부는 판결문에서 "해직교사들이 실정법인 국가공무원법에 위반되는 단체인 전교조에 가입해 탈퇴를 거부하고 있기는 하지만 대부분 교사로 갓 발령받은 젊은이들로서 전교조에 가입하게 된 동기가 심각한 교육 현실의 모순을 타파하고 전체 교원들의 생존권 보장 등의 문제를 해결하기 위한 교육자적 양심에서 나온 것이라고 볼 수 있다"고 밝혔다.

재판부는 또 "원고들이 전교조에 가입해 활동한 내용이 교육계의 기존질서나 교육행정에 심각한 영향을 줄 정도에는 이르지 않았다는 점 등을 볼 때 해임처분은 재량의 범위를 벗어난 위법이 있다"고 원고승소 이유를 밝혔다.

재판부는 판결문에서 이번에 승소판결을 받은 해직교사 15명은 대부분 전교조에 가입한 뒤 주도적으로 활동하지 않고 가담정도가 경미한 경우라고 밝혔다. 교육부 관계자는 이에 대해 "이제까지 징계절차 등이 주로 문제가 돼온 관례에 비추어 이번 판결은 전례없는 일"이라며 관할 교육청 등이 큰 부담을 안게 됐다고 말했다. 이 관계자는 또 "관할 교육청이 대법원에 상고할 것으로 보이나, 이런 분위기라면 거기서도 원고승소 가능성이 높다"고 내다봤다. 이 관계자는 전교조 탈퇴를 전제로 하지 않은 경우 이러한 판결이 나온 예는 없다고 말했다.

한편 전교조는 이번 판결을 "상당히 파격적인 것으로 크게 환영한다"고 밝혔다. 조정묵 전교조 대변인은 "작년과 재작년 같은 경우로 항소한 거의 모든 재판에서 원고패소 판결이 나왔다"면서 "더욱이 징계 양형을 가지고 이러한 판결을 한 경우는 없었다"고 말했다.

전교조는 "이는 재판부가 지난 89년 당시 전교조 가입사실만으로 정부가 해직 등 지나치게 대응한 것이 잘못이라는 점을 처음으로 인정한 것"이라며 "결사의 자유에 관한 기본권리를 인정한 것이라는 차원에서 본다면 이번 판결은 앞으로 해직교사 복직문제와도 연계될 수 있는 의미 있는 일"이라고 평가했다.

승소판결을 받은 교사들의 명단과 해직 당시 재직학교는 다음과 같다. ◇ 부산 윤연희(덕포여중), 한경숙(모라중), 강혜원(신평국), 국복희(부산여중), 최미화(초량중), 이권희(장산국), 최영희(내성국), 김계영(대상국), 김선자(운봉국), 이희주(동평여중) ◇ 경남 송선희(통영광호국), 정춘식(통영 학림국), 곽정희(통영여중), 이영선(울산 온산국), 박영선(울산여중)

④ 민주화운동의 쟁점

1. 전교조의 성격

쟁점사항		적극적 견해	소극적 견해
전교조 성격	교육운동 중심 입장	• 순수 교육운동 입장이라기보다는 교육운동과 노동운동의 복합적 성격이지만 교육민주화를 위한 수단으로서 전교조 결성을 보는 입장으로서 전교조 결성의 주목적은 교육민주화에 있기 때문에 권위주의적 교육현실에 대한 교육의 자주성·전문성·정치적 중립성을 위한 실천 활동이라는 입장 • 전교조 합법화 노력이 권위주의적 교육현실을 비판하여 교육의 자주성을 신장시킨다는 입장(교육민주화와 노동조합결성 간의 상호조화론) • 전교조는 교육민주화운동을 내걸고 출범한 전교협이 임의단체로서 법의 보호를 받지 못하자 대의원대회에서 전교조 결성 추진을 의결하고 조직형태를 노동조합형태로 바꾼 것으로 전교조와 전교협의 조직관련성을 인정하는 입장	• 교육민주화를 위한 수단으로서 전교조 결성을 보는 입장이지만 참교육론은 이념투쟁을 위한 도구로 활용되는 등 자유민주질서체제를 부정하는 것으로 봄. • 그리고 노동조합 결성의 목적과 목표는 노동조합 구성원들의 경제적 지위 향상과 근로조건을 보장하기 위한 것이기 때문에 교육민주화를 노동조합 결성으로 해결하려는 것은 법적 상식과 한계를 넘어선 것으로서 교육민주화를 위해서 교원노조화가 필수적 요소가 아니라는 점.(교육민주화와 노동조합결성의 불합치론) • 전교협과 전교조의 조직적 관련성을 인정할지라도, 전교조 결성 관련자가 전교협의 각종 교육운동에 참여했다고 할 수 없다는 입장으로 각자 개인별로 전교협의 각종 교육운동에 참여한 사실 등을 파악하여 민주화운동 관련자 여부를 심의·결정하자는 입장

| 노동
운동
중심
입장 | • 해직의 직접적 사유가 노동조합 결성에 참여활동 및 가입이기 때문에 전교조 결성을 교원 노동기본권 신장을 위한 운동으로 간주하더라도 노동조합 결성은 노동자인 교원이 헌법상 보장된 노동기본권의 헌법적 실천을 이루어낸 민주화운동이라는 입장(교육자주성 및 학습권 관계성 인정 및 합헌론) | • 전교조의 목적이 교원의 노동자로서 기본 권익옹호에 초점이 맞추어져 있고, 해직의 직접적 사유가 노동조합 결성 참여활동 및 가입이기 때문에 교원의 노동기본권 신장을 위한 운동으로 보는 입장으로서 교육의 자주성 및 학습권 신장과 관련이 없을 뿐만 아니라, 교원에 대한 노동기본권 제한은 합헌적이기 때문에 민주화운동이 아니라는 입장(교육자주성 및 학습권과 관계성 부인, 위헌론). |

2. 권위주의적 통치 여부

쟁점사항	적극적 견해	소극적 견해
권위주의 적 통치 여부	• 권위주의체제의 정당화와 유지를 위해 교육에 대한 정치적 압력과 부당한 간섭으로 교육을 정치적 도구화하며 교원의 자유권 등을 침해한 권위주의적 교육현실이 엄연히 존재한 상황에서 교육의 자주성·전문성·정치적 중립성을 위해 노동조합 형태의 자주적 교원단체를 결성한 것은 권위주의적 통치에 대한 항거로 볼 수 있다는 입장 • 교육법시행령 제36조 제2항에 의거 각 시·도 및 시·군·자치구별로 각각 '하나의 교육회'를 조직하도록 하여 자주적인 교원단체 결성을 제한하고 있는 점 • 국제적으로 인정되고 있는 교원의 단결권을 인정하지 않고 박탈한 점은 헌법의 핵이라고 할 수 있는 인간존엄과 가치 및 행복추구권을 침해하고, 특히 공무원도 아닌 사립학교 교원에게 노동운동을 금지하고 면직한 점은 사립	• 교원은 특수한 근로관계에 있기 때문에 일반 노동자와 같은 근로관계법을 적용할 수 없고 공익을 위해 교원의 노동기본권은 제한된다는 입장으로 법률적 측면에서 볼 때 교원노조 결성이 우리나라 헌법과 국가공무원법, 그리고 사립학교법 등 실정법상 명백히 금지되어 있는 불법행위일 뿐만 아니라, 헌법 제33조 제2항, 제31조 제6항에 의거 위헌이기 때문에 국가의 공권력행사는 합법적이고 합헌적임. • 교원은 「교육법」, 「교원지위향상을위한특별법」에 의해 경제적·사회적 지위향상을 도모할 수 있도록 보장하고 있기 때문에 노동기본권의 본질을 침해하지 않는다는 입장 • 고등학교 이하의 보통교육기관에서는 교육이 주목적이기 때문에 교육의 자율성이나 교육의 자유는 무한히 보장되지 않고 국가목적 및 법질서 범위에서 인

• 학교 교원의 단결권을 본질적으로 침해한 것임. • 전교조 결성을 봉쇄하기 위해 청와대를 정점으로 하는 정부내 대책기구를 운영하면서 대량으로 교원의 구속, 징계 등으로 전교조 와해활동을 한 점	정되고 국가가 관여할 수 있다는 입장으로 헌법질서를 부정하고 파괴하는 교육활동은 법치질서를 위반한 것임. • 또한 교원노조 가입교사에 대한 징계는 억압적으로 행해지지 않고 가능한 모든 방법으로 불법단체에 대한 탈퇴 설득을 하였으며, 교원단체협의권을 인정하는 등 민주적이었다는 견해

3. 교육민주화 기여 여부

쟁점사항	적극적 견해	소극적 견해
교육민주화기여 여부	• 자주적인 단결권이 보장된 전교조 결성은 교육계에 누적되어온 교육체제 내부의 권위주의적이고 불합리한 관행과 실천, 학교교육 여건의 낙후, 교원의 사회 경제적 지위 하락, 교육의 정치적 독립성 상실 등 교육문제 해결로 이어져 교육의 자주성·전문성·정치적 중립성의 확보에 기여 • 교원은 당연히 노동자로서 전교조 결성은 우리 헌법상 보장된 노동3권의 헌법적 실천을 이루어내었고, 교원의 자주적 단체결성의 영향으로 그동안 학교운영 및 교육과정에서 소외되어 왔던 교육주체인 교사·학부모·학생의 교육참여 기회가 확대되면서 학교운영의 민주화 실현으로 학습권 신장에 기여 • 교육재정 GNP 5% 확보운동 등 교육환경 개선과 지역교육 당국이나 단위학교들이 보다 폭 넓은 재량권을 가지고 자신들의 교육을 구상하고 실행해 나가는 교육행정의 자율화에 기여	• 전교조 결성은 자발적 교원단체(노동조합)결성에 큰 비중을 두고 있고 이것이 피해발생의 직접원인이 되었으며 그후 전교조 합법화에 초점이 맞춰졌고, 합법성쟁취 이후 교육민주화는 부차적 목적이 되고 교원의 복직 및 권익신장 등이 주된 목적이 되었기 때문에 소속집단의 권익신장 운동으로서 교육의 자주성 등 교육민주화와 관련성이 미약하다는 견해 • 전교조 결성과 활동과정에서 교사들의 농성이나 가두시위 등의 집단행동과 이에 영향을 받은 학생들의 수업거부, 집단시위로 수업결손이나 교육과정 운영의 파행으로 학생의 학습권을 침해하였고, • 학교교육을 지배계층의 기득권 유지를 위한 수단으로 간주하고 학교사회에 존재해야 할 정당한 교육적 권위를 무시하면서 교육과정에 명시된 학습목표와 내용을 무시하고 편향된 이념이나 시각이 강조되는 등 학교교육에 부정적 영향을 미쳤다는 견해

4. 이중보상 문제

쟁점사항	적극적 견해	소극적 견해
민주화보상법 제18조 1항[3]의 적용	• 전교조 결성관련 해직자들이 복직되었지만 신규채용의 특별채용 형태로 복직되었기 때문에 해직기간에 대한 교육경력, 임금, 연금 등의 불이익 해소 등 요구 • 특별채용이 특별법 등 입법적 조치가 아니라 행정적 조치로 이루어졌기 때문에 본 법 제18조 제1항의 적용대상이 아니라고 봄.	• 전교조 결성관련 해직자들이 신규채용이지만 1994년 특별채용되었고, 특별채용 때 해직기간 중 유사경력 종사자에 한에서 경력이 인정되었고, • 특히 1991년 1월 「교원의노동조합설립및운영등에관한법률」 제정으로 교원의 단결권이 인정되었기 때문에 명예회복이 이루어졌다는 입장으로 본 법 제18조 제1항 적용대상으로 봄.

5 교육민주화 탄압

1. 전교조 결성 저지를 위한 국가개입

• 1989.2.10~3.18 대통령, 지방순시 시 고교생 의식화교육 예방지도 철저 지시

• 1989.4.25. 대통령, 업무보고시 중고교생 의식화활동 대책 강구 지시

• 1989.5. 1. 문교부, 의식화 및 노조 결성 교사를 엄중 처리한다는 담화문 발표, 시·도 교육위원회 및 각급 학교에 '노동조합결성예방지도' 지시

• 1989.5.16. 문교부는 검찰에 교직원 노조 핵심교사 형사처벌 요청. 문교부, 문공부, 내무부, 안기부, 청와대, 대검 등 관계부처 차관 및 차장 등이 참여한 「교직원관계대책회의」를 갖고 노조결성 주동자 형사처벌, 주동자 전국 100여명 파면, 해임 결정.

• 1989.5.17. 문교부, 긴급 시·도 학무국장회의에서 대회 적극가담자 60여명

---

[3] 이 쟁점은 교육부가 특별채용 형식으로 교단으로 복귀시킨 조치와 관련하여 해직의 피해가 유지되고 있느냐 여부에 있었다. 민주화보상법 제18조 ①은 다음과 같다. "이 법은 민주화운동과 관련하여 국가유공자등예우및지원에관한법률 또는 광주민주화운동관련자보상등에관한법률 등 다른 법률에 의한 예우 또는 보상을 받을 수 있는 자에 대하여는 적용하지 아니한다."

(국·공립교사 40여명, 사립교사 20여명) 징계방침 발표.

- 1989. 5. 21. 문교부, 신문광고를 통해 교직원 노조 결성의 부당성 홍보
- 1989. 5. 22. 문교부, 교직원노조 결성 주동자 54명 처벌 징계 지시(파면, 형사고발 37명, 면직 17명, 3~4명 구속 예정)함. 검찰은 국가공무원법 제66조(공무원집단행위금지) 위반혐의로 사법처리하도록 전국 검찰에 지시.
- 1989. 5. 26. 검찰, 노조 결성대회 참여자 전원 연행하고 소환조사 불응 19명 사전영장 및 구인장 발부
- 1989. 6. 22. 문교부, 분회장급은 중징계, 조합원 전체를 가담 정도에 따라 처벌할 방침임을 단위학교에 하달.
- 1989. 6. 30. 문교부, 전국교육(구청)장, 학무과장 연석회의에서 전교조 참여교사 8월 1일까지 주동자 파면, 해임 및 형사고발 조치하고, 단순가담자 감봉, 탈퇴 시 처벌완화 지시.
- 1989. 7. 1. 문교부, 전교조 조합원 전원 파면 및 해임방침 발표.
- 1989. 7. 5. 문교부, 전교조 가입교수 노조탈퇴 거부할 경우 교사와 마찬가지로 파면, 해임 등을 대학에 요구키로 함(그러나 교수는 징계하지 않음).
- 1989. 7. 17. 문교부, 중징계 대상 4,900명(공립 1,500명, 사립 3,400명) 발표.
- 1989. 7. 26. 문교부, 직위해제 1,500여명 발표. 서울지역 교사 다수에게 8월 1일자 직위해제 통보
- 1989. 7. 31. 시·도 교육감회의에서 「학기말 교원노조 관련대책」 수립(전교조 관련 징계정차를 8.5까지 완료 요구).

| 교원노조 관련 정부의 지침 사례 |

- '진해시교육청' 명의로 발송된 「학무 01100-3292(1989. 11. 1.)」 "교원노동조합 재가입 및 활동에 대한 예비지도": 교원노조 관련 교사에 대한 중징계조치(파면, 해임)를 권고하고 있으며, 학교장이 교원노조의 설립 및 가입, 활동현황 등을 보고토록 지시하고 있음.
- 「학무 25320-3657(1989. 12. 4.)」 "교원노조 향후대책": 교사협의회 활동까지 징계토록 하고 있으며, 교원노조의 탈퇴 불응시 징계면직을 권고하고 있음(관련기록에 사본 수록).

2. 탄압의 실체

여소야대 국회 하에 국민들의 기본권투쟁이 확산되고 민주적 법과 제도에 대한 요구가 커지자 노태우 정부는 계속하여 수세에 몰리게 되었다. 그러나 1989년 봄 임수경, 문익환, 서경원 등의 방북사건이 발생하자 이를 계기로 정부는 사회운동에 대한 대대적인 탄압을 가하며 국면 전환을 꾀하였다. 평민당 국회의원이었던 서경원의 방북으로 정국은 더욱 경색되었다. 상당기간 동안 안기부, 검찰 등 공안기구가 주도하는 '공안정국'이 지속되었다.

1989년 출근투쟁 후 교문을 사이에 두고 제자와 함께하는 점심식사(오류여중)

1989년 성동경찰서에 연행된 교사들이 연 결성대회

이러한 대치국면에서 정부는 교사들의 전교조 관련 단체행동을 교사들의 권리 문제가 아닌 안보적인 관점에서 다루었으며 전교조 조직 와해에 초점을 맞추었다.[4] 청와대 대책회의 자료에서 안기부의 역할은 사실상 전면적이라고 볼 수 있

---

4 국정원 보존 자료 「전교협 교원노조결성 관련대책 추진실태와 전망」"제하 문건 내용 중 2. 대책 추진상황과 관련 동향 3. 평가와 대책부분" 참조. 국정원 과거사위 2007, 「과거와의 대화, 미래의 성찰」중 전교조 관련 부분(366쪽)에서 재인용.

다. '관련정보의 수시제공'이란 역할은 안기부 내부 정보보고 자료에서 드러나듯이 사실정보를 제공하는 차원에만 그치는 것이 아니라 현안에 대한 대책을 제시하는 것을 말한다. 또한 안기부는 공안차원에서 교직원노조의 내사를 하면서 전교조 결성을 전후로 핵심 교사들을 국가보안법위반이라는 빌미로 구속하며 대국민 홍보심리전도 병행하였다. 안기부는 또 소위 '교육정상화 지역대책협의회'의 구성을 직접 지휘해왔으며 실제로 각 지역대책협의회의 인적구성에는 1~2명의 안기부 직원이 빠짐없이 배치되었던 것으로 파악되었다.

1989년 전교조 교사들의 출근투쟁을 지지하는 학부모들

　　1989년 정기국정감사를 통해 드러난 「전교조 대책」(청와대 비공개 문서)[5]에 의하면 정부는 청와대를 정점으로 전 행정기관을 동원, 전교조 조직을 와해시키기 위한 총체적인 계획을 수립하고 이를 추진하였다. 청와대를 주축으로 하여 행정기관이 조직적으로 비방왜곡 유인물 · 영상물 살포 등 가능한 조직과 자금을 총동원한 전방위적인 대책이었다.

　　다음의 〈표－10〉에서 확인되는 바와 같이 청와대는 전교조 대책 예산을 위해 전경련을 통해 18억 원을 갹출하도록 하고 내각과 비서관들을 동원하여 전국적

---

[5] 다음의 〈표-10〉에 내용을 요약하였다. 1989년 이철 의원의 폭로로 전교조 관련 대책이 담긴 청와대 비밀문서가 공개될 수 있었다.

인 홍보순회강연을 추진하였다. 청와대는 안기부와 검찰을 포함한 차관급을 실무자로 하는 관계기관대책회의를 정례적으로 운영해왔으며 당정회의를 통해서 민정당의 전 조직을 동원하여 탈퇴공작도 직접적으로 벌여왔음(1989. 10. 11. 전교조신문)이 확인되었다.

표-10_ 1989년 정기국회에서 이철 의원(무소속) 폭로 내용

기 관	실행 내용	실행 사실
청와대	• 민정당의 각종 조직의 활용, 지역구 활동 통한 교사, 학부모 설득 홍보 • 정치적 타협에 의한 해결 의지 • 경제계 협조 • 관련부처 협조사항 독려 • 부처별 조직사항 정례보고(주관 : 행정수석) • 실무대책 협의회 정례 운영 • 공보순회 강연(사회보좌역)	• 대통령 KBS 라디오 주례방송서 교원노조 비난 대국민 홍보 • 당, 정협의에서 하달 • 전경령 18억원 갹출, 문제 학생 해외 연수(5공 때의 준조세 부활) • 관계기관 대책회의(차관급) • 청와대 사회보좌역 김학준(전 민정당 의원) 지방 순회 강연
안기부	• 교원 신규임용자 정밀 신원조사 • 교원노조 배후노력, 지원단체의 내사, 재야세력과의 연계 차단 • 관련 정보의 수시 제공 • 〈교원정상화 지역대책협의회〉 적극 지원	• 보안심사에서 서울 35명, 전남 6명, 전북 9명, 부산 17명, 제주 1명, 충북 4명 임용탈락(사유 : 과대표 시위전력, 사범대 부학생회장 서클 활동, 여학생 간부 등) • 마산, 울산 재야단체 4곳 피습, 전교조 지회, 마창노련 간부 12명 중상 • 공안차원서 교원노조 내사
감사원	• 교원인사 관련한 임용권자의 재량 최대 인정(형식적 인사원칙 감사 지장) • 홍보비 집행 관련 감사의 융통성 인정	• 노조 지지 발언 미임용 교사, 면접에서 임용 탈락 묵인 • 교원노조 탄압 위한 회계 무원칙성(예산 전용 등) 묵인
총무처	• 해직교원 소청 엄격 처리 • 전 공무원의 홍보, 설득 참여 추진 • 교원보수 인상 실현	• 소청시 엄격 기각 처리 • 공무원 동원, 설득, 협박 추진 • 수당 인상 등 검토
경제 기획원	• 교육환경 개선 특별회계, 교원 처우 개선 예산 확보 • 89년 홍보 예비비(19억원) 조속 지원 • 90년 홍보예산 확보(26억원)	• 교육환경 개선비 '3천 7백억원' 과장 보도(1,520억원은 문교 소관 일반회계에 계상되어 있어 순증은 2천억원임) • 교원노조 반대 성명 등에 문교부 13억

	• 경제계 협조 → 노조 공동 대처	원 지출 → 예산상 어려움 해소 • 경제인들 사주, 노조 강경대처 협조 → 사안별로 금융세제 혜택
내무부	• 〈교육정상화 지역대책협의회〉 적극 주도 • 일반 행정기관 공무원의 교육, 학부모 설득 참여 • 교원노조 관련 홍보물의 배포 등 지원 (반상회 활용 등) • 지역 경제계 협조(예산으로 부적합한 사업 지원) • 개별, 순화, 탈퇴, 설득 담당자 지정 관리(시장, 군수, 경찰서장)	• 안기부 지원으로 반교원노조 집단 구성, 수시보고, 정보수집 • 친인척 학부모, 교원에 반교조 활동 • 반상회에 「참교육은 위장된 민중교육」 유인물 800만부 배포 • 어용단체 집회 지원, 보호 • 교원노조 탈퇴 강요 협박
치안본부	• 학생소요, 교사 집단소요 농성 사태 차단 및 해산 • 행정관련, 학교 업무 방해행위 예방 및 엄단 • 불법 노동활동 주동자 검거, 사무실 검색 • 교원노조 측의 배후 자금원 수사, 차단 • 교원임용 예정자 신원조사 철저 → 자료 제공 협조 • 고교생 단체 배후 및 노조 지원단체의 철저 조사 • 문교부와 관련정보 주기적 교환 활용 • 가두 서명활동 차단	• 학교 내 공권력 투입 강제 해산 • 출근 투쟁 교사 업무 방해 혐의로 구속 • 교원노조 성금 지원자 수사 • 보안심사 통해 미임용 교사 임용에서 제외 • 학부모, 학생 집 찾아가 "불행 생긴다" 협박 • 시장 정보과, 군장 정보과와 교육위원회 담당 • 도로교통법 적용
법무부 (대검)	• 노조 주동자 강력한 사법 조치 • 이념적 배후 수사 및 공표, 노동 핵심 이론가 등 좌경세력 수사, 검거 발표 • 노조 배후 지원 및 지원단체와의 관련 수사 • 노조 관련 헌법소원에 대한 정부 의견 정리 조정(법리적 검계)	• 공안 차원서 교원 노조원 대량 구속 • 노조 지원금 등 수사 • 일반 기업체 노동운동 탄압 빌미 제공, 노동조합법 등 사측 입장 강화 내용 검토
문공부	• 정부 차원의 홍보물 제작 배포 • 홍보물 제작 기술 지원	• VTR제작, 교원노조를 "좌경폭력 혁명"으로 매도, 유선방송 업체에 방송 강요

	• 언론 관련 협조(언론노협 교원노조 지원 차단 및 TV 보도 관리) • 전교조 발행 간행물 제재	• 조작된 앙케이트 보도 조성, TV보도 편집에 편향 보도 강요 • 전교조 간행물 배포 교사 도로교통법 위반으로 처벌
전국 시·도	• 시·도 공무원의 교원·학부모 설득 • 시·도청 전 조직을 통한 홍보 • 육성회 단체의 지원 • 반상회를 통한 대민 홍보	• 연고 공무원 동원 탈퇴 종용(구청·동 직원 대거 동원) • 관제 궐기대회 사주, 교장 협의 후 지명한 학부모 출입증 배부 → 궐기대회 개최 • 전교조 비방 홍보물 8백만장 배포, 반상회 정치 선전장화

위 청와대 대책문서와 당시 안기부 내부 보고자료에 의하면 안기부는 전교협에 대한 정보 분석을 바탕으로 교원노조에 대한 정부차원의 정책대응방안과 시기별 대책방안을 제시하는 등 교원노조대책에서 핵심적인 역할을 하였다. 안기부는 전교조 출범 전후에 관계기관대책회의를 통해 대책방안을 제시하고 전교조에 대한 이념공세와 지역대책협의회를 주도하였다. 또한 안기부의 대책은 전교조 조직 와해를 목적으로 가입교사에 대한 탈퇴공작·참여교사 징계심사·복직교사나 신규임용 교사에 대한 보안심사를 통해[6] 단순시위 경력자들조차 교원선발과정에서 탈락시키는 것 등이었다. 대량해직 이후 정부정책으로 제시된 '교원양성과 임용에 관한 종합대책안' 마련에도 안기부의 조정력이 행사된 것으로 파악되었다.[7]

국정원 과거사위원회의 『과거와의 대화, 미래의 성찰』에 의하면 당시 안기부는 1988년 11월에 이미 전교협의 조직세가 확장되어 "조직와해나 도외시가 사실상 불가하다"고 진단하면서 집단 활동을 자제토록 하는 데 초점을 맞춘 대책방안을 제시하였다. 그 방안 중 하나가 대한교련의 영향력을 강화하여 '전교협'과 대응할

---

[6] 국정원과거사위, 2007, 『과거와의 대화, 미래의 성찰』에 따르면 당시 문교부 내 소위 교원정보부로 불린 전교협·전교조 대책기구 실무담당자인 박찬봉(당시 교원연구관)도 "당시 안기부가 보안심사 결과를 통보하면 문교부에서는 이를 신규채용 인사나 징계에 반영할 수밖에 없었다"고 술회하였다.

[7] 국정원 과거사위, 2007, 『과거와의 대화, 미래의 성찰』, 369쪽.

교원소청심사위 접수

수 있도록 '대한교련'의 조직개혁 과제를 제시하는 것이었다. '대한교련을 통한 교원처우개선 방안'의 시도가 이러한 배경 하에서 추진되기도 하였다.

이와 같은 국가적 탄압의 결과 전교조 결성 당시 12,610명의 가입 교사 중 11,145명(88.4%)이 탈퇴각서를 제출하였다. 탈퇴각서를 제출하지 않은 1,465명 (11.6%)의 교사는 교단을 떠나야 하는 피해를 당했다.

표-11_ 전교조 결성 관련 피해 현황

계	해 직 형 태			학 교 형 태	
	파면	해임	직권면직	공립	사립
1,465 (11.6%)	116	970	379	816	649

※ 해직자 중 65명은 소청과정 또는 직권면직 후 탈퇴하여 복직되었고, 그리고 9명은 사망으로 보상 신청.
〈자료 : 문교부, 「교원노조관련자료집」, 1990. 12. p. 765〉

6 학생들의 교육민주화 지지[8](1989. 6.~11.)

전교조 학생 지지 "선생님 힘내세요"

전교조 해직교사 출근투쟁 지지 시위

[8] 이 자료는 당시 문교부 교원노조 대책반이 1989년 6월 12일부터 11월 9일까지 '학생소요현황'을 정리한 것이다. 기존 교육민주화운동 일지가 대부분 교사들의 투쟁을 중심으로 정리되어 있어 학생들의 참여 현황을 파악하기 어려웠다. 문교부가 정리한 자료여서 다소 축소된 측면이 있으나 참여 학교 및 현황을 보여주는 자료여서 원자료를 그대로 수록하였다.

전교조 학생 지지 시위 "선생님
을 돌려다오"

전교조 학생 지지 시위 "선생님
을 태우고"

전교조 학생 지지 시위 "동문들
이 앞장 서자"

4.6.7. 교원노조관련 학생소요 현황

일자	학교명 (공·사립)	소요인원	요구사항 및 경과
6.12 *	충남 천안중앙고교 (공)	1,600	김지철 석방요구, 전교생 참가
6.12	경북 예천여고 (공)	950	김창환 고발철회, 교사학생 130명 철야농성
6.13	서울 구로고교 (공)	300	양달섭 징계철회, 학생 2명 투신 부상
6.14	서울 구로고교 (공)	300	가정학습반대, 정상수업요구
6.14	대구 대명여중교 (공)	300	노조교사 고발취소
6.13	경북 예천여고교 (공)	100	김창환 징계철회
6.14	대구 산격여중교 (공)	300	고발철회, 교사지도로 귀가
6.14	대구 대명여중교 (공)	200	고발철회, 교사지도로 귀가
6.14	경북 예천여고교 (공)	100	김창환고발철회, 6.15 06:00 해산
6.15	대구 산격여중교 (공)	200	직위해제·고발취소, 19:30 귀가
6.16	대구 산격여중교 (공)	200	직위해제·고발취소, 13:00 정상수업
6.16	충북 제천농고교 (공)	763	김병태 직위해제철회
6.15	경북 예천여고교 (공)	100	김창환 고발철회
6.17	서울연합집회	50	구속교사 석방요구 (연세대)
6.16	경북 예천여고교 (공)	100	김창환고발 및 직위해제철회
6.17	강원 춘천고교 (공)	140	이준연 징계철회요구, 11:00 자진해산
6.17	대구 동촌중교 (공)	300	신판석 징계철회요구
6.17	경북 점곡중교 (공)	130	홍운기 석방요구
6.19	경북 예천여고교 (공)	10	김창환 석방요구

* 학생소요현황은 문교부 교원노조 대책반이 활동을 시작한 6월 12일부터 정리하였음.

일자	학교명 (공·사립)	소요인원	요 구 사 항 및 경 과
6.20	서울 영 등 포 고 교 (공)	800	김수환 징계철회
6.21	경기 전 곡 고 교 (공)	400	이종천 처벌완화요구
6.22	경기 전 곡 고 교 (공)	30	이종천 처벌완화요구
6.22	충남 대 천 고 교 (공)	5	신현수 직위해제철회
6.23	서울 경 동 고 교 (공)	1,500	정진문 징계철회, 교장설득해산
6.22	대구 대 구 농 고 교 (공)	300	황영진 고발·직위해제철회
6.23	경기 전 곡 고 교 (공)	150	이종천 징계철회요구
6.23	전북 고 산 고 교 (공)	100	정동회해임, 차상철 구속항의
6.24	경기 전 곡 고 교 (공)	20	이종천 징계철회요구
6.23	충남 대 천 고 교 (공)	420	신현수 징계철회요구
6.26	강원 강 릉 여 고 교 (공)	1,000	교사고발철회서명운동
6.26	경북 상주여상고교 (사)	254	이상훈 징계철회, 학교장훈화정상수업
6.26	충남 논 산 여 고 교 (공)	703	이영래 직위해제철회(리본패용)
6.29	경남 거 창 종 고 교 (공)	340	윤진구 징계철회, 20분만에 해산
7.04	경북 상주여상고교 (사)	380	이상훈 징계철회, 15:00 해산
7.05	경남 통영상고교 (사)	1,000	장병공, 최도열 징계철회
7.06	대구 배 영 고 교 (사)	1,000	교조교사징계철회, 12:30 해산
7.06	경북 안동중앙고교 (사)	1,200	교사징계철회, 11:30 정상수업
7.06	경북 경 일 고 교 (사)	1,500	교사징계철회, 11:30 정상수업

일자	학교명 (공·사립)	소요인원	요 구 사 항 및 경 과
7.06	경북 내 남 고 교 (사)	320	교사징계철회, 12:30 수업진행
7.06	전남 강 진 고 교 (공)	289	교조미가입교원 수업거부
7.07	전남 효 천 고 교 (사)	2,008	교조교사 탄압규탄
7.07	전남 보성문덕중교 (공)	264	교조교사 탄압규탄
7.07	전남 목포영흥고교 (사)	1,921	교조교사 탄압규탄
7.07	대구 배 영 고 교 (사)	800	교조교사 징계철회 및 일반학군편입요구, 12:00 해산
7.07	대구 경 화 여 고 교 (사)	900	교사징계철회
7.05	전남 정 명 여 고 교 (사)	500	징계철회요구, 백지답안지제출
7.08	전남 해남황산고교 (공)	590	징계철회요구, 시험거부
7.08	대구 경 화 여 고 교 (사)	800	백국련징계철회, 기말고사거부
7.10	광주 대 동 고 교 (사)	44	서울집회연행교사 석방요구, 상경하다 저지됨.
7.10	광주 고 려 고 교 (사)	1,500	연행교사 석방요구
7.10	전남 강 진 고 교 (공)	804	교원노조 탄압규탄
7.10	전남 매 산 고 교 (사)	927	교원노조 탄압규탄
7.10	전남 구 례 농 고 교 (공)	517	교원노조 탄압규탄, 기말시험 거부
7.10	전남 영 흥 고 교 (사)	800	교원노조 탄압규탄
7.10	전남 목포여상고교 (사)	1,200	교원노조 탄압항의, 기말고사 거부
7.10	경남 거 창 종 고 교 (공)	31	윤진구교사 파면철회
7.10	경남 남 창 고 교 (공)	525	성충호교사 석방요구

일자	학교명(공·사립)	소요인원	요 구 사 항 및 경 과
7.11	대구 배 영 고 교 ㈜	600	강한석교사 징계철회
7.11	전남 구 례 농 고 교 ㈜	600	참교육주장, 기말고사거부
7.11	전남 광 양 고 교 ㈜	816	박두규교사 환영대회 개최하려고 하므로 14:00 하교조치
7.11	경북 상 주 여 고 교 ㈜	500	이상훈 징계요구철회
7.11	강원 원 주 여 고 교 ㈜	57	한명신교사 연행항의
7.11	전남 북 평 종 고 교 ㈜	44	교조교사동조, 기말고사 거부
7.11	전남 구 례 고 교 ㈜	680	교조교사 동조농성
7.12	전남 구 례 농 고 교 ㈜	600	교조동조농성
7.11	대구 신 명 여 고 교 ㈜	550	교원노조교사 징계철회
7.12	대구 배 영 고 교 ㈜	500	교사징계철회, 조기방학반대
7.12	대구 경 희 여 고 교 ㈜	1,000	교원노조교사 징계철회
7.11	경북 동 국 고 교 ㈜	1,000	정희철·조기철 징계철회토론회
7.12	경북 경 주 종 고 교 ㈜	1,200	교사징계철회, 7.13일부터 여름방학실시
7.12	전남 해 남 여 고 교 ㈜	1,200	교조동조농성
7.12	서울 차 영 고 교 ㈜	300	박영신 징계철회요구
7.12	부산 구 덕 고 교 ㈜	1,650	신용길 징계철회요구
7.13	서울 자 양 고 교 ㈜	400	교사징계철회요구
7.13	대구 신 명 여 고 교 ㈜	550	교조탈퇴권유를 위한 집회
7.13	경기 청 담 종 고 교 ㈜	200	교사징계철회, 학내민주화 요구

일자	학교명 (공·사립)	소요인원	요 구 사 항 및 경 과
7.13	전남 여수상고교 (사)	1,000	교조탄압중지
7.13	대구 경상고교 (사)	520	이춘성 징계철회
7.14	전남 여수상고교 (사)	300	조기방학철회, 교원노조 탄압중지
7.14	전남 무안고교 (공)	520	교조교사 동조, 수업 거부
7.14	전남 장흥고교 (공)	150	교원노조 탄압중지
7.13	전남 강남여고교 (사)	1,000	교조탄압중지, 철야농성 12:00 귀가
7.13	전남 군남종고교 (공)	742	교직원노조 당위성을 주장
7.14	서울 성동고교 (공)	400	교사징계철회
7.14	서울 자양고교 (공)	350	교사징계철회
7.14	서울 구로고교 (공)	350	교사징계철회
7.14	서울 인헌고교 (공)	800	교사징계철회
7.13	경북 하양여고교 (사)	900	박현수교사 징계철회요구
7.13	경북 경주종고교 (사)	400	노조가입교사 징계철회요구
7.13	경북 포항중앙고교 (사)	700	교사징계철회요구
7.14	광주 금호여고교 (사)	274	교사징계철회요구 수업거부
7.14	광주 금호고교 (사)	800	교조교사 처벌반대
7.13	전남 법성상고교 (공)	1,074	교조탄압중지
7.13	전남 해룡중고교 (사)	1,644	교조탄압중지
7.14	전남 곡성종고교 (공)	619	교조탄압철회, 머리띠를 두르고 운동장선회

일자	학교명 (공·사립)	소요인원	요 구 사 항 및 경 과
7.14	전남 무안고교 (공)	520	교조교사동조 수업거부
7.13	충남 온양여고교 (공)	1,500	단식농성교사 (4명) 동조
7.14	경북 의성공고교 (공)	550	교조탄압중지
7.12-7.13	경남 삼현여고교 (사)	1,831	조창래 해임철회
7.14	대구 덕원고교 (사)	1,300	조기방학반대
7.14	대구 협성고교 (사)	400	교사징계철회
7.14	대구 남산여고교 (사)	100	교사징계철회
7.15	서울 인헌고교 (공)	300	교사징계철회
7.15	서울 구로고교 (공)	100	교사징계철회
7.15	서울 동북고교 (사)	500	교원노조 탄압항의
7.15	서울 대진고교 (사)	2,500	교조교사 파면항의
7.15	광주 광덕고교 (사)	1,200	교사징계철회
7.15	광주 서강고교 (사)	1,100	교사징계철회
7.15	광주 광주상고교 (사)	1,200	교사징계철회
7.15	광주 광주여상고교 (사)	1,200	교사징계철회
7.15	광주 석산고교 (사)	400	교사징계철회
7.15	광주 고려고교 (사)	900	교사징계철회
7.15	광주 외국어학교 (사)	300	교사징계철회
7.15	광주 전남여상고교 (사)	1,100	교사징계철회

일자	학교명 (공·사립)	소요인원	요 구 사 항 및 경 과
7.15	광주 금 호 고 교 (사)	1,200	교사징계철회
7.15	광주 중 앙 여 고 교 (사)	1,100	교사징계철회
7.15	광주 송 원 고 교 (사)	1,200	교사징계철회
7.15	광주 송 원 여 고 교 (사)	1,100	교사징계철회
7.15	광주 송원여상고교 (사)	1,200	교사징계철회
7.15	광주 서 석 고 교 (사)	1,000	교사징계철회
7.15	광주 동 아 여 고 교 (사)	1,100	교사징계철회
7.15	광주 대 성 여 고 교 (사)	1,100	교사징계철회, 시험거부
7.15	전남 김 제 상 고 교 (사)	996	교사징계철회, 조기방학반대
7.15	전남 만경여종고교 (사)	200	교사징계철회, 조기방학반대
7.15	전남 김 제 북 고 교 (사)	250	교사징계철회, 조기방학반대
7.15	전남 영 암 고 교 (공)	530	교원노조 탄압중지
7.15	전남 무안청계중교 (공)	700	교원노조 탄압중지
7.15	전남 무 안 고 교 (공)	385	교원노조 탄압중지
7.15	전남 광 남 고 교 (사)	1,400	교원노조 탄압중지
7.15	전남 영산포상고교 (사)	1,500	교원노조 탄압중지
7.15	전남 나주금성고교 (사)	700	교원노조 탄압중지
7.15	충남 온 양 여 고 교 (공)	600	단식철야농성 교사동조
7.18	서울 대 림 여 중 교 (공)	150	한상훈징계항의, 자진해산

일자	학교명 (공·사립)	소요인원	요 구 사 항 및 경 과
7.17	서울 동 북 고 교 (사)	200	교사징계철회
7.18	서울 장 훈 고 교 (사)	600	교사징계철회
7.18	전북 배 영 고 교 (사)	1,200	교조가입교사 징계철회
7.18	전북 우 석 여 고 교 (사)	300	교사징계철회, 조기방학철회
7.18	전남 해 룡 고 교 (사)	300	교원노조 탄압중지
7.18	전남 영 주 고 교 (공)	300	교원노조 탄압중지
7.18	전남 보 성 농 고 교 (공)	400	교원노조 탄압중지
7.18	서울 동 북 고 교 (사)	200	교사징계 철회요구
7.18	서울 장 훈 고 교 (사)	600	교사징계 철회요구
7.19	서울 남서울상고교 (공)	150	교사징계 철회요구
7.18	광주 송 원 고 교 (사)	1,000	교사징계 철회 (송원여고·여상합세)
7.19	전남 한 남 여 고 교 (사)	900	교사징계 철회요구
7.18	경북 동 국 고 교 (사)	1,000	교사징계 철회요구
7.19	충남 조 치 원 여 중 교 (공)	110	교사징계항의
7.20	전남 나 주 고 교 (공)	300	노조탄압 항의농성
7.20	전남 정 명 여 고 교 (사)	800	노조탄압 항의농성
7.20	광주 동 아 여 고 교 (사)	500	교원노조지지, 징계철회
7.20	광주 서 석 고 교 (사)	200	교원노조지지, 징계철회
7.20	광주 경 신 여 고 교 (사)	1,700	교원노조지지, 징계철회

일자	학교명 (공·사립)	소요인원	요 구 사 항 및 경 과
7.20	광주 금 호 고 교 (사)	1,700	교원노조지지, 징계철회
7.20	광주 중 앙 여 고 교 (사)	300	교원노조지지, 징계철회
7.20	광주 숭 일 고 교 (사)	1,600	교원노조지지, 징계철회
7.20	광주 광 주 농 고 교 (공)	1,100	교원노조지지, 징계철회
7.20	광주 광 주 여 고 교 (사)	1,500	교원노조지지, 징계철회
7.20	광주 대 동 고 교 (사)	1,000	교원노조지지, 징계철회
7.20	광주 사 레 지 오 고 교 (사)	1,500	교원노조지지, 징계철회
7.20	광주 석 산 고 교 (사)	50	교원노조지지, 징계철회
7.20	광주 진 흥 고 교 (사)	1,500	교원노조지지, 징계철회
7.20	광주 문 성 고 교 (사)	60	교원노조지지, 징계철회
7.20	광주 송 원 여 고 교 (사)	800	교원노조지지, 징계철회
7.20	광주 서 강 고 교 (사)	500	교원노조지지, 징계철회
7.20	광주 외 국 어 고 교 (사)	200	교원노조지지, 징계철회
7.20	서울 오 류 여 중 교 (공)	300	교원징계 철회요구
7.21	광주 지 역 연 합 집 회	400	교조지지 징계철회, 경찰투석전 (전대후문)
7.21	전북 전주우석여고교(사)	50	교조가입교사 징계철회
7.21	전남 순천강남여고교(사)	400	교원노조 탄압항의
7.21	전남 정 명 여 고 교 (사)	100	교원노조 탄압항의
7.21	전남 목포여상고교 (사)	60	교원노조 탄압항의

일자	학교명 (공·사립)	소요인원	요 구 사 항 및 경 과
7.21	부산 금 사 중 교 (공)	120	이성광 징계철회 요구
7.22	광주 지 역 연 합 집 회	150	교사징계 철회주장 (전남대)
7.22	전북 김 제 서 중 교 (사)	36	교사징계 철회요구
7.21	전남 옥 과 고 교 (사)	500	교원노조 탄압중지
7.25	부산 동 인 고 교 (사)	80	노영민, 심영철 징계철회요구
7.26	광주 송원고교외 2 (사)	100	교조교사 징계철회 (재단사무실)
7.26	전남 북평중고교 (공)	140	교사징계 철회요구
7.26	인천 세 일 고 교 (사)	70	교조가입 징계철회
7.27	광주 숭일고교외 1 (사)	200	교사 징계철회, 교조지지 (경신여고)
7.26	전남 영 암 여 고 교 (사)	50	교원노조 징계중지
7.27	서울 잠 실 여 고 교 (사)	400	교사징계반대, 철회요구
7.29	광주 광 주 연 합 집 회	500	교사징계반대, 철회요구 (전남대)
7.28	경북 청송여중교외 1(사)	40	교사징계 철회요구
7.31	광주 금호고교외 2 (사)	100	교원노조교사 징계철회요구 (법인실)
7.31	전남 영 홍 고 교 (사)	50	교원노조교사 징계철회요구 (삼호광장)
7.24	광주 송원고교외 2 (사)	300	교원노조교사 징계철회요구
7.24	광주 대 동 고 교 (사)	40	교원노조교사 징계보류요구
7.24	광주 서 석 고 교 (사)	60	학생등교요구, 학생회비인출요구
7.24	전북 전주우석여고교(사)	40	교사징계항의 (전주우석빌딩)

일자	학교명 (공·사립)	소요인원	요구사항 및 경과
7.24	부산 학산여고교 (사)	150	민병창 징계철회요구
7.25	광주 숭일고교 (사)	800	징계철회, 교조탄압중지
7.25	전남 해남북평종고교(공)	190	교원노조 탄압중지
7.25	전남 정명여고교 (사)	100	교원노조 탄압중지
7.31	부산 계성여중교 (사)	30	교사 징계철회
7.31	광주 동아여중고교 (사)	50	교사 징계철회요구
8.1	광주 진흥고교 (사)	300	교사 징계철회요구
8.1	광주 중앙여고교 (사)	50	교사 징계철회요구
8.2	광주 마산여상고교 (사)	60	김용택 징계철회
8.2	광주 동아여고교 (사)	150	교사 징계철회요구
8.2	광주 동아여중교 (사)	20	담임직권 면직철회
8.3	광주 석산고교 (사)	30	징계위개최저지
8.3	부산 해운대고교 (사)	400	박종기 징계철회
8.4	광주 송원고교외 2 (사)	500	노조탄압중지, 징계철회
8.3	충남 강경여고교 (공)	150	현종감 징계철회요구
8.5	서울 명지고교 (사)	120	교사 징계철회요구
8.5	광주 금호고교 (사)	400	교사 징계철회요구
8.5	전남 창평고교 (사)	70	교원노조 탄압중지
8.7	서울 성심여고교 (사)	480	교사 징계철회요구

일자	학교명 (공·사립)	소요인원	요 구 사 항 및 경 과
8. 7	서울 미림여고교 (사)	25	교사 징계철회, 경찰연행
8. 9	광주 금 호 고 교 (사)	40	교사 징계철회
8. 9	광주 중 앙 여 고 교 (사)	60	교사 징계철회
8.10	광주 대 성 여 고 교 (사)	200	교사 징계철회
8.17	서울 오 류 여 중 교 (공)	70	교사 징계철회
8.21	서울 동 명 여 고 교 (사)	40	교사 징계철회
8.21	서울 중 대 부 고 교 (사)	120	조남영 징계철회
8.21	전남 창 평 고 교 (사)	400	교사 징계철회
8.21	전남 무 안 고 교 (공)	300	교사 징계철회
8.23	서울 개 봉 중 교 (공)	60	교사징계철회, 교장학부모설득
8.23	경기 풍 생 고 교 (사)	30	교사징계철회, 해임경위규명
8.23	광주 동 아 여 중 고 교 (사)	2,000	신규교사철회 채용반대
8.23	광주 송 원 고 교 (사)	200	신규교사 면접저지
8.23	광주 광 덕 고 교 (사)	646	신규교사 면접저지
8.23	경북 신 라 고 교 (사)	350	교사징계 항의농성
8.23~8.24	광주 서 석 고 교 (사)	44	교사 징계철회, 철야농성
8.24	광주 송원여상고교 (사)	56	교사 징계철회, 수업거부
8.23~8.24	광주 송 원 고 교 (사)	14	교사 징계철회, 교장실 점거농성
8.24	전남 창 평 고 교 (사)	200	교원노조 탄압중지

일자	학교명 (공·사립)	소요인원	요 구 사 항 및 경 과
8.22	서울 신 목 고 교 (공)	700	교사 징계철회요구
8.22	서울 수 도 여 고 교 (공)	50	교사 징계철회요구
8.22	광주 서 강 고 교 (사)	150	교사 징계철회요구
8.22	전남 창 평 고 교 (사)	100	교사 징계철회요구
8.26	전남 옥 과 고 교 (사)	350	교조 탄압중지
8.24	전남 청 계 중 교 (공)	200	교원노조 탄압중지, 목포대 구내
8.24	전남 영 주 고 교 (공)	500	교원노조 지지
8.25	서울 면 목 고 교 (공)	100	교사 징계철회, 학부모 20명이 설득
8.25	서울 성 보 고 교 (사)	500	징계교사 이임인사 요구
8.25	서울 동 명 여 고 교 (사)	300	교사 징계철회
8.25	서울 석 관 고 교 (공)	600	교사 징계철회
8.25	서울 명 지 고 교 (사)	200	교사 징계철회
8.25	인천 세 일 고 교 (사)	1,500	교사 징계철회
8.25	광주 송 원 고 교 (사)	14	교사 징계취소
8.25	광주 송원여상고교 (사)	400	교원노조교사 탈퇴철회요구
8.25	전남 창 평 고 교 (사)	150	교원노조 탄압중지
8.26	인천 세 일 고 교 (사)	1,000	교사 징계철회
8.26	광주 송 원 고 교 (사)	14	징계교사 복직
8.26	광주 대 성 여 고 교 (사)	400	징계교사 복직

일자	학교명 (공·사립)	소요인원	요 구 사 항 및 경 과
8.26	광주 대 동 고 교 (사)	100	신규교사 출근저지
8.26	광주 광 덕 고 교 (사)	53	고사시 정답란 동일기재
8.28	서울 당 곡 고 교 (공)	300	징계교사 인사기회 요구
8.28	인천 세 일 고 교 (사)	500	교원노조 교사 징계철회
8.28	광주 송 원 고 교 (사)	2,000	징계교사 복직요구
8.28	광주 서 석 고 교 (사)	1,000	교원노조 교사 징계철회
8.28	광주 대 성 여 고 교 (사)	1,000	교원노조 교사 징계철회
8.28	광주 사레지오여고교(사)	2,075	교사 징계철회
8.28	경기 송 림 고 교 (사)	200	교원노조 교사 징계 철회요구
8.28	경기 일 산 종 고 교 (공)	60	교원노조 교사 징계 철회요구
8.28	전남 정 명 여 고 교 (사)	200	교조 탄압중지
8.28	전남 효 천 고 교 (사)	150	교조 탄압중지
8.28	전남 혜 인 여 고 교 (사)	400	해직교사동조
8.28	경북 청송여중종고교 (사)	340	교사징계철회
8.29	서울 풍 문 여 고 교 (사)	500	김홍식교사 징계철회
8.29	인천 세 일 고 교 (사)	300	교원노조 교사 징계철회
8.29	인천 외 국 어 학 교 (사)	400	교원노조 교사 징계철회
8.29	광주 대 성 여 고 교 (사)	1,000	교원노조 교사 징계철회
8.29	광주 서 석 고 교 (사)	800	교원노조 교사 징계철회

일자	학교명 (공·사립)	소요인원	요 구 사 항 및 경 과
8.29	광주 광덕고교 (사)	400	교원노조 교사 징계철회
8.29	광주 사레지오교 (사)	300	교원노조 교사 징계철회
8.29	광주 문성고교 (사)	500	교원노조 교사 징계철회
8.29	광주 송원고교 (사)	400	교원노조 교사 징계철키
8.29	광주 송원여고교 (사)	600	교원노조 교사 징계철회
8.29	경기 일산종고교 (공)	100	임경철·조관행 징계철회
8.28	강원 황지여상교 (공)	700	전연심교사 징계처분 반대
8.29	전남 효천고교 (사)	100	교원노조 교사 징계철회
8.28	전남 매산고교 (사)	300	노조 탄압중지
8.30	인천 세일고교 (사)	300	교원노조 교사 징계철회요구
8.30	광주 대성여고교 (사)	1,000	교사 징계철회
8.30	광주 송원고교 (사)	500	면직교사 복직요구
8.30	광주 송원여고교 (사)	500	면직교사 복직요구
8.30	광주 송원여상고교 (사)	600	면직교사 복직요구
8.30	경기 일산종고교 (공)	60	임경철·조관행 징계철회 요구
8.30	전남 혜인여고교 (사)	400	교원노조 교사 징계철회 요구
8.30	전남 효천고교 (사)	200	교원노조 교사 징계철회 요구
8.31	서울 인헌고교 (공)	50	교원노조 교사 징계철회
8.30	부산 부산진고교 (공)	70	손정옥교사 징계철회

일자	학교명 (공·사립)	소요인원	요 구 사 항 및 경 과
8.31	인천 세 일 고 교 (사)	250	교사 징계철회
8.31	광주 송 원 중 교 (사)	1,500	교원노조 교사 징계철회
8.31	광주 송원여중고교 (사)	1,500	교원노조 교사 징계철회
8.31	광주 송원여상고교 (사)	1,500	교원노조 교사 징계철회
8.31	광주 대 동 고 교 (사)	800	교원노조 교사 징계철회
8.31	광주 대 성 여 고 교 (사)	300	교원노조 교사 징계철회
8.31	광주 사 레 지 오 고 교 (사)	500	교원노조 교사 징계철회
8.31	광주 진 흥 고 교 (사)	300	교원노조 교사 징계철회
8.31	경기 일 산 종 고 교 (공)	60	임경철·조관행교사 징계철회
8.31	충남 중 앙 고 교 (공)	600	교원노조 교사 징계철회
8.31	충남 목 천 고 교 (공)	2,000	김창태 수업시도 저지
9.1	전남 백제여상고교 (사)	300	교원노조 사수
9.1	광주 동 아 여 고 교 (사)	50	교원노조 교사 징계철회
9.1	서울 공 항 고 교 (공)	200	교원노조 교사 징계철회
9.1	광주 송 원 고 교 (사)	50	교원노조 교사 징계철회
9.1	광주 대 동 고 교 (사)	500	교장실 기물 전체 파손
9.1	광주 동 아 여 중 교 (사)	50	김영희·나승렬교사 자택방문, 인사후 등교
9.1	광주 옥 천 여 상 고 교 (사)	400	교원노조 교사 징계철회
9.1	광주 사 레 지 오 고 교 (사)	450	교원노조 교사 징계철회

일자	학교명 (공·사립)	소요인원	요 구 사 항 및 경 과
9. 1	광주 대성여고교 (사)	800	교원노조 교사 징계철회
9. 1	전북 장계고교 (공)	80	파면교사 김주현 복직요구
9. 1	전북 옥구고교 (공)	80	해임교사 복직요구
9. 1	전남 광남고교 (사)	80	징계 선별처리 불만, 출근저지
9. 2	서울 봉천여중교 (공)	400	교원노조 교사 징계철회
9. 1	부산 학산여고교 (사)	1,000	학생회장 처벌취소
9. 2	광주 대성여고교 (사)	1,800	교원노조 교사 징계철회요구
9. 2	광주 송원여고교 (사)	1,500	징계교사 고발취소
9. 2	광주 서식고교 (사)	300	교원노조 징계철회요구
9. 2	전남 나주고교 (공)	600	해직교사 복직요구
9. 2	전남 옥과고교 (사)	500	해직교사 징계철회
9. 2	경남 거창종고교 (공)	120	윤진구교사 징계철회
9. 4	부산 동인고교 (사)	800	교사징계철회, 교복착용
9. 4	광주 송원고교 (사)	350	법인사무실에서 50명 농성
9. 4	광주 송원여고교 (사)	350	교원노조 교사징계철회
9. 4	광주 대동고교 (사)	1,000	학교정상화추진위 구성
9. 4	광주 서석고교 (사)	850	교원노조 교사징계철회
9. 4	광주 고려고교 (사)	300	안종욱 면직교사 징계철회
9. 4	광주 옥천여상고교 (사)	300	교원노조 교사징계철회

일자	학교명 (공·사립)	소요인원	요 구 사 항 및 경 과
9. 4	광주 사레지오고교 (사)	600	교원노조 교사 징계철회
9. 4	광주 정 광 고 교 (사)	240	교사·학생 징계철회
9. 4	전북 임 실 서 고 교 (공)	460	파면교사 이미영의 복직요구
9. 4	전북 배 영 종 고 교 (사)	650	김관옥교감·직위해제철회
9. 4	전남 금 당 고 교 (사)	500	해직교사 복직요구
9. 4	전남 청 명 고 교 (사)	100	신임교사 수업반대
9. 4	전남 정 명 여 고 교 (사)	52	교원노조 교사 징계철회
9. 4	전남 홍 일 고 교 (사)	300	교원노조 교사 징계철회
9. 4	전남 광 남 고 교 (사)	30	교장·교감 출근방해
9. 4	전남 옥 과 고 교 (사)	26	학생집회 저지항의
9. 4	경남 거 창 종 고 교 (공)	190	파면교사 윤진구의 징계철회
9. 5	서울 정희여상고교 (사)	200	신규강사 수업거부
9. 5	광주 연·합 집 회 (사)	600	교원노조 지지
9. 5	광주 대 동 고 교 (사)	660	체력장거부
9. 5	광주 전남여상고교 (사)	1.000	교원노조 지지운동
9. 5	광주 송 원 고 교 (사)	40	교원노조 교사 징계철회
9. 5	광주 고 려 고 교 (사)	550	교원노조 지지
9. 5	광주 사레지오고교 (사)	600	교원노조 교사 징계철회
9. 5	전북 배 영 종 고 교 (사)	650	해임교감 복직요구
9. 5	전남 광 남 고 교 (사)	25	교원노조 교사 징계철회
9. 4	전남 옥 과 고 교 (사)	25	교조탄압중지

일자	학교명(공·사립)	소요인원	요 구 사 항 및 경 과
9. 5	서울 장 훈 고 교 (사)	300	교원노조 교사 징계 철회요구
9. 6	인천 세 일 고 교 (사)	200	교조가입교사 징계에 항의
9. 6	광주 광 덕 고 교 (사)	150	학생회장선출에 불만
9. 5	전남 옥 과 고 교 (사)	25	교원노조 교사 징계 철회요구
9. 6	전북 배 영 중 고 교 (사)	650	해임된 교감 복직요구
9. 7	전남 옥 과 고 교 (사)	500	교원노조 교사 징계철회
9. 8	광주 송 원 고 교 (사)	15	면직교사 징계 철회요구
9. 8	전북 배 영 중 고 교 (사)	880	김관옥교사 복직요구
9. 9	부산 용 인 고 교 (사)	1,895	교사 징계조치에 대한 불만
9. 9	광주 송 원 고 교 (사)	15	교원노조 교사 징계 철회요구
9. 9	광주 금 호 고 교 (사)	500	수업거부
9. 9	광주 광주여상고교 (사)	150	교원노조 교사 징계 철회요구
9. 9	전북 배 영 중 고 교 (사)	150	교감 직위해제에 대한 해명과 부당성 주장
9.11	전북 배 영 중 고 교 (사)	800	직위해제된 교감 복직요구
9.18	경기 일 산 종 고 교 (공)	100	학생 징계에 항의
9.19	광주 대 동 고 교 (사)	120	징계항의 및 학생회장연행
9.19	경기 일 산 종 고 교 (공)	43	학생소요선동자 처벌
9.21	광주 사례지오고교 (사)	300	교원노조 교사 징계철회
9.21	광주 사례지오고교 (사)	300	교원노조 교사 징계 철회요구
9.25	전남 옥 과 고 교 (사)	350	교조탄압 중지항의
9.26	전남 옥 과 고 교 (사)	500	교원노조 교사 징계철회
9.27	광주 옥천여상고교 (사)	530	면직교사 복직, 사학비리 척결

일자	학교명 (공 · 사립)	소요인원	요 구 사 항 및 경 과
9.29	전남 옥 과 고 교 (사)	500	교사 징계철회, 신규교사 퇴진요구
9.30	전남 옥 과 고 교 (사)	30	소요 주동자 제적처리에 대한 항의
10. 5	전남 옥 과 고 교 (사)	1,260	교사 징계철회
10.16	광주 대 동 고 교 (사)	170	교사 징계철회
11. 3	전남 삼 광 여 고 교 (사)	200	교원노조 관련교사 복귀
11. 9	전남 옥 과 고 교 (사)	300	해직교사 징계철회요구, 등교거부

7 교육민주화 일지

1. 교육민주화운동의 주요 흐름[2]

- 1960. 5. 22. : 한국교원노조연합회 결성, 전국적으로 20여 개 교원노조 결성되어 활동(전국 교원 8만명 중 4만여명이 대한교련을 탈퇴하여 가입)
- 1961. 5. 16. : 한국교원노조연합회 해체
- 1979. 10. : 남조선민족해방전선및민주구국교원연맹과 관련된 교사 파면 구속

〈공개적인 소모임 형성〉
- 1982. 1. : 한국YMCA중등교육자협의회(일명 상록회 창립)
- 1984. 1. : 흥사단 교육문화연구회(흥사단 교육실천연구회가 1984년 1월 개칭)
- 1983. 6. : 한국YWCA사우회 창립
- 1983. 8. : 한국 글쓰기 연구회 창립
  - 운동방법 : 연수회, 연구와 연구발표회, 회보와 신문 발간, 공청회 개회, 민속교실운영
  - 운동이슈 : 교육여건 개선, 교사의 권리옹호, 교육문제에 대한 교사들의 의식고양

〈교육민주화운동 세력화〉
- 1983. 11. : 상록회 사건
  - 서울 YMCA중등교육자협의회인 상록회 회원 교사들이 중심이 되어 통일문제에 대한 기존의 학교교육 내용을 비판적으로 분석하는 연구활동의 방향이 정부의 반공정책과 마찰을 일으켜, 관련 교사와 교수들이 인사상의 조치를 받은 사건
  - 의의 : 국가통제 하의 교육과정과 교과서제도에 대한 교사들의 교육과정 참여권 주장
- 1985. 8. : 무크지 『민중교육』지가 6월 발간(일선교사 15명이 중심되어 출간)
  - 『민중교육』에 글을 실은 교사들을 징계한 것과 관련하여 일어났던 일련의 사건

[2] 이 자료는 전교조 『한국교육운동백서』를 중심으로 정리한 것이다.

을 총칭

- 교육이 수행하는 이념적 통제기능과 대중지배의 수단으로 이용되어온 학교교육
에 대해 교육민주화의 의도에서 이데올로기적 비판을 시도한 글
  · 문교부 입장 : 기존의 교육제도와 학설은 물론 자유민주주의 체제의 가치관을 전
    면 부정하고, 민중을 계급투쟁의 주체로 내세워 혁명적 방법으로 현존체제를
    파괴시키려는 급진좌경주의자들의 투쟁이념인 민중교육론을 대변
- 윤재철, 김진경 등 3명 국가보안법 위반 구속 / 10명 징계 파면, 7명 의원면직, 2
명 감봉, 1명 경고조치
- 의의 : 교육문제를 정치적 차원에서 온 국민의 문제로 인식시키는 계기 마련 →
교사운동을 교육 내 운동으로부터 사회운동으로 급속히 확대시킴

• 1986. 5. 10. : 한국YMCA중등교육자협의회 교사들의 「5.10 교육민주화 선언」

주장내용 :

1. 헌법에 명시된 교육의 정치적 중립성은 실질적으로 보장되어야 한다. 교육은 정
치에 엄정한 중립을 지켜 파당적 이해에 악용되어서는 안 된다.

1. 교사의 교육권과 제반 시민적 권리는 침해되어서는 안 되며 학생과 학부모의 교
육권도 최대한 보장되어야 한다.

1. 교육행정의 비민주성, 관료성이 배제되고 교육의 자율성이 확립되기 위해 교육
자치제는 조속히 실현되어야 한다.

1. 자주적인 교원단체의 설립과 활동의 자유는 전면 보장되어야 하며, 이에 대한
당국의 부당한 간섭과 탄압은 배제되어야 한다.

1. 정상적 교육활동을 저해하는 온갖 비교육적 잡무는 제거되어야 하며, 교육의 파
행성을 심화시키는 강요된 보충수업과 비인간화를 조장하는 심야학습은 철폐되
어야 한다.

• 1986. 5. 15. : 민주교육실천협의회(약칭 민교협) 구성(민중교육지 해직교사, 현장
교사, 재야인사)

- 운동방법 : 「교육과 실천」 간행물 발간, 성명서 발표, 세미나, 서명운동, 집회(정
치적 성격이 강해짐)

- 주장내용 : ① 자주적인 교육, ② 교육현장의 민주화, ③ 교육주체의 제권리 쟁취
  1. 자주교육은 교사 학생 학부모가 교육의 주체가 되는 교육을 말한다. '교사의

단결권'과 '학생의 자치활동권', '학부모의 학교운영에의 참여권'을 보장하라.

1. 자주교육은 우리나라 민중의 이익과 우리 민족의 자주성을 보장하는 교육을 말한다. '교사의 연구 및 교수활동의 자유'와 '교육내용 결정에의 참여권을 보장'하라.

1. 교사 학생 학부모 등 교육주체의 참여를 배제한 상태에서 진행되는 교육자치제나 교육개혁심의회 등의 기만적인 교육선전 조치 등을 즉각 중단하라.

1. 정치의 민주화 없이는 교육의 민주화 없다. 군사독재정권의 호헌책동을 분쇄하고 민주교육 이룩하자.

– 구속과 징계 등의 법적 조치 / 체제 부정세력이라는 이데올로기적 공세

• 1987. 5. 15. : '87자주교육선언'에서 교사의 단결권 주장

민주교육실천협의회(공동대표 : 성래운, 문병란) 창립 1주년 집회시 동선언문 발표

• 1987. 9. 16. 서교협 주최 「교육관계법 개정을 위한 공청회」 개최 및 서명운동 실시

– 교육이념, 교사의 단결권 보장, 초중등 차별조항 철폐, 사립학교 관련법, RNTC법 개정안, 교육자치제 관련법 등

– 87년 정기국회의 상임위에 이를 정식으로 제출하여 국회의원들이 발의하는 의원입법 형식을 취함.

• 1987. 9. 27. : 민주교육추진전국교사협의회(약칭 전교협, 회장 윤영규) 결성

– 단위학교 수준의 「평교사회」, 그리고 교과담당교사들의 모임인 「교과교사협의회」의 조직

– 주장내용(교육제도개혁, 학교내 민주화, 사립학교의 비리척결, 교육전반에 대한 교사들의 참정권 확보)

1. 전교협과 시도 교협, 시군구 교협, 학교단위 평교협의 정당성은 마땅히 인정되어야 한다.

1. 교사의 단결권, 단체교섭권, 단체행동권은 보장되어야 한다.

1. 교사의 정치적 권리와 사회 경제적 지위는 납득할 수 있게 보장되어야 한다.

1. 교사 학생 및 지역주민이 주체가 되는 진정한 교육자치제는 시급히 이룩되어야 한다.

1. 입시과열경쟁교육을 지양하고 학교교육을 정상화시켜야 한다.

1. 학생 학부모의 교육권을 회복시켜야 한다.

1. 민주교육을 위해 싸우다 해직된 교사들은 즉각 전원 복직시켜야 한다.

1. 교장 교감 임기제를 시행하고 학교민주화는 보장되어야 한다.

1. 교육세를 전용하지 말고 교육투자를 확대하여 교육환경을 개선해야 한다.

1. 민주적인 교사단체의 결성을 비방, 방해하는 악질 교육관료와 폭력경찰은 30만 교육동지와 국민 앞에 사과해야 한다.

1. 사립학교 교원의 신분은 즉각 보장되어야 한다.

1. 문교당국은 어용 대한교련에 대한 일방적 지지를 철회하고 교육민주화실천에 동참해야 한다.

- 운동방법 : 출판활동, 성명서발표, 농성 및 결의대회 등 집회, 공청회, 세미나 개최, 기자회견, 교육법개정을 위한 청원

• 1988. 3. 8. : 교육자치제에 대한 개정이 야3당 국회의원들이 모두 퇴장한 가운데 민정당 안이 수정 없이 국회 통과

• 1988. 8. 13. : 〈제2차대의원대회〉에서 88년 하반기를 「교육법개정투쟁기」로 결의하고, 노동3권 쟁취를 위해 전력투구

• 9.10.~11.6. : 교육법 개정을 위한 공청회, 토론회 결의대회, 촉구대회, 가두행진 실시

• 1988. 10. 7. : 한국노총회관에서 전국공무원노조협의회 주최 '공무원노동기본권을 주제로 토론회' (400명 참가)

• 10. 13 : 대전에서 열린 제1차 중앙위원회에서 향후 교육법 개정투쟁을 이끌어갈 특별위원회 구성 결의

• 10. 22. : 광주전남교협은 대학강사노조, 교수협의회 등 10여개 단체와 공동으로 「교육법쟁취결의대회」를 주최(2,000명 참석)

• 10. 30. : 대구경북교협 결의대회(1,500명 참석)

• 11. 1. : 전교협 사무실에서 「민주교육법쟁취특별위원회」(위원장 이규삼, 상임부회장) 발대식

• 11. 5. : 서강대에서 서교협 결의대회, 국회의사당까지 평화행진(1,500명)

2. 전교조 활동일지[10]

1989

2월 2일   전교협 회장단 연두 기자회견에서 최초로 상반기 내 노조 건설 천명

2월 19일   전교협 대의원대회에서 노조건설 의결, 교원노조 건설 특별위원회 구성

2월 21일   노동관계법 개정에서 공무원의 단결권 허용 방향으로 개정검토

3월 9일   국회에서 6급 이하 공무원의 노조 조직과 단체교섭을 인정하는 노동조합법 개정안 통과, 대통령이 거부권 행사

3월 14일   전교협 교직원노조건설특별위원회(위원장 : 이규삼 전교협부회장) 구성

3월 18-19일   중앙위원회에서 교원노조 결성 관련 대책협의

     – 지역특위를 4월 말 또는 5월 초순에 준비위로 전환

     – 5~6월 중 교원노조 결성과 동시에 전교협의 발전적 해체

3월 24일   〈마산지역 참교육 실천을 위한 학부모회〉 결성

4월 9일   중앙위원회에서 전국적 대중집회를 통한 교원노조 발족 결의

     – 발족일시 : 5. 28.~6월 초

     – 조합원 자격 : 초중고교사, 가입희망 서무직원, 유치원교사, 대학교수

     – 교원노조 결성 투쟁기금 설립 : 찬동자로부터 기금공개모집

4월 12일   "최근 교육민주화운동 탄압에 대한 우리의 입장" 발표

     – 이 땅의 노동형제들과 굳게 연대하여 교직원노동조합건설의 길로 매진할 것

4월 27일   충북 : 청주 · 중원지역 교원노조 발기인대회

4월 28일   전국교직원노조 광주지부 결성 준비위, 〈노조 결성을 위한 광주 교사 전진대회〉에서 발기인 모집과 모금운동 결의(1,500명 참가)

     – 충북 : 제천 · 제원지역, 음성지역 교원노조 발기인대회

     – 대구 : 교원노조추진위원회 개최

4월 29일   전국유치원교사협의회 창립대회 겸 노조 결성 결의대회(진주)

---

[10] 전교조 활동일지는 정부의 탄압이 극심하던 1989년 전교조 상황실이 하루 단위로 일정을 정리하면서 시작되었다. 이 일지는 전교조의 격동기인 1989년 상황실장 이성대 교사, 1990년 상황실장 정지문 교사 등의 노력에 힘입은 바 크다. 여기에 실린 일지는 당시 기록을 중심으로, 일부 추가 확인된 사항을 포함한 것이다.

4월 30일	전남 : 교원노조결성을 위한 준비위원회 개최
	경북 : 교원노조결성추진위원회 발대식 개최
5월 1일	문교부, 의식화 및 노조 결성 교사를 엄중 처리한다는 담화문 발표(문교부 장관, 5월 2일)
5월 3일	전교협, 문교부의 징계방침과 관련하여 반교육적 발상이라고 반박성명
	서교협, 동국대에서 〈교직원 노조 건설을 위한 서울교사 전진대회〉 개최, 1,500여 교사 참석
	― 유인물 : 전국 교원노조 발기취지문, 노조건설투쟁 승리를 위한 우리의 결의 등
	〔서울시 초·중·고 교감 1,000여명, 장학진 81명 등 1,081명 현장지도〕
	강원 : 태백지역 '참교육을 위한 당면과제와 자주적 교원대책'에 대한 강연 회 개최
	〔강원교위 : 교육장 주관 장학회의 개최하여 철저대비〕
5월 8일	서울 : '교원노조와 여교사의 자세'에 대한 강연회 개최
	〔서울교위 : 남부교육구청 전문직 5명 현장지도〕
5월 10일	전국적으로 교장단 회의 개최, 각급 학교 교무회의시 문교부장관 담화문 낭 독, 위협 발언 등이 일제히 이루어짐
5월 11일	〈교과교육을 위한 교사모임연합〉 창립대회(의장 : 김진경, 250여명 참석)
	문교부, 교직원노조 결성을 위한 발기인대회를 국가공무원법 위반으로 의 법 조치하라고 각 시·도 교육감에게 긴급 지시
5월 13일	전북민주교수협의회, 전국노동운동단체협의회, 전국병원노동조합연맹 등 에서 교원노조 결성 지지성명
	'참교육실현을 위한 교사·학생·학부모 실천대회' 개최
	― 전교협, 서교협, 전사협, 서사협 공동개최(성대 금잔디 광장)
	〔교육부 장관 담화발표 : 탈퇴 유도〕
	― 대학로에서 "대동제" 개최
5월 14일	〈전국교직원노조 발기인대회 및 준비위원회 결성대회〉(1만여명 참석, 28일 노조 결성 결의, 발기인 서명 18,000여명, 참여 2만 예상, 기금 2억원 이 상)(전국 10개 지역)

MBC 9시뉴스, 최종순 교사 의식화 교육 관련 왜곡보도

5월 16일 문교부, 검찰에 교직원노조 핵심교사 형사처벌 요청

문교, 문공, 내무, 안기부, 청와대, 대검 등 관계부처 차관 및 차장 회의, 노조결성 주동자 형사처벌, 주동자 전국 100여명 파면, 해임키로

한국노총, 「교직원노조 결성을 보장하라」는 성명서 발표

전국 대학강사협의회, 지지성명

인천 대경여상(사립) 학생 2명(학생장, 부학생장) 구속, 퇴학, 교사 2명 파면

5월 17일 문교부, 긴급 시·도 학무국장회의에서 대회 적극 가담자 60여명 징계방침 발표

– 교원노조결성저지 대책협의

교직원노조 준비위, 수업거부 없는 단체행동권 요구

민주화를 위한 전국교수협, 전국국립대학교수협, 사립대학교수협 등에서 교수 478명 이름으로 교조건설 지지성명

5월 18일 전교협 상임위원 고은수, 교직원노조결성 위법규정 근거 법령 위헌 여부 헌법소원 세기

5월 19일 평민당, 교직원노조 결성 연기 요청과 전교협 합법성 보장을 정부에 촉구

전교협주관 기자회견 : '교원노조합법화 및 각 노조단체 협조'

〔서울교위 : 교원노조결성관련 대책회의 : 노조결성 추진위원 이수호, 이부영 교사에게 자제촉구〕

전북 이리·익산 교사토론회 개최(주제 : 한국교육의 실태와 교원노조)

〔전북교위 : 학교장 책임 하에 사전예방지도〕

5월 20일 충남 발기인대회 참석 교사들에게 경고장 내려옴

제주 발기인대회 참석 교사들에 계고장 내려옴. 참가경위서, 서명자료 제출 요구받음

인덕공고 조태훈 교사, 수업시 북침설 주장 관련 서울시경 형사과에 연행됨

서울 구정중학교, 의식화교육에 관한 가정통신문 배포

전북 노조준비위원회 선봉대 비상총회(전북교위 : 관할교육청에 지도당부)

5월 21일 문교부, 신문 광고를 통해 교원노조 결성의 부당성 홍보

민주화를 위한 전국교수협의회 소속 교수, 개별적 노조 가입키로 결정

5월 22일	문교부, 교직원노조 결성 추진과 관련, 처벌 대상자 54명 징계토록 지시(파면, 형사고발 37명, 면직 17명, 3~4명 구속예정). 경남 문교부의 징계방침에 항의농성 시작
5월 23일	시ㆍ도 교위 고발에 따라 주도교사 구속방침
	서울 신천국, 좌경의식화교육 성행하고 있다는 내용의 가정통신문 배포. 의식화교육 관련 왜곡 비방 가정통신문 각 학교에서 배포. 전남 징계 거부, 징계표면화 될 때 농성계획, 징계위 출두 거부
	전국 교직원노조 결성을 위한 교사ㆍ학생ㆍ시민 초청공연, 교원노조 탄압 규탄대회 병행
	(연세대, 23일 500여명, 24일 450명, 25일 500명 참석)
5월 24일	노조 준비위, 노조 결성 탄압 항의농성 및 구인장 없이 소환 불응하고 징계위 출석 불응 등의 행동지침 결정
	전남 : 교원노조 결성을 위한 다짐대회 방해 항의농성(해남군 교육청 청사, 50명)
	경북 : 5. 28 노조결성대회 참가 독려를 위한 교사협의회 7개 지역 개최
	(5. 23 : 점촌, 달성, 의성, 영주, 5.24 : 구미, 5.25 : 경주, 상주지역)
	인천 : 인교협 소속교사 '교원노조 주동교사에 대한 징계조치에 반발' 농성
	광주교협 : '교육민주화 운동 탄압규탄 농성에 돌입하면서' 신문사 및 방송국에 배부
	– 교원노조 결성 준비위 간부 징계철회 요구
5월 25일	교직원노조 결성과 관련하여 국ㆍ공립교사 37명 직위해제
	노조 준비위, 〈교직원노조 탄압 규탄대회〉(1,500여명 참가) 갖고 전국적으로 지역교협 사무실에서 징계항의 농성
5월 26일	검찰, 노조 결성대회 참여자 전원 연행하고 소환 불응조사 19명 사전영장 및 구인장 발부
	서울 북부지역 15개 운동단체와 〈교직원노조 탄압 광주ㆍ전남 대책위원회〉〈민주사회를 위한 변호사 모임〉〈한국여성민우회〉〈대구ㆍ경북 민주교수협의회〉 등에서 교직원노조 결성 지지성명 발표
	서울 북부 교육구청 및 부산 서부 교육구청 관내 학부모, 노조결성 반대 궐

기대회 및 시가행진

충남 서대전국교에서 학부형 등 전교조 규탄대회, 따이한 참전용사, 자유총연맹 동원

5월 27일 민주사회를 위한 전국교수협의회 교수 145명 노조 가입

노조 준비위, 결성대회 강행과 더불어 노조 발기인 수 2만 3천여명, 노조기금 액수가 2억 8천만원에 이른 것으로 집계 발표

검찰, 대회 참여자 연행조사 및 경찰 원천봉쇄 예정 발표

5월 28일 전국교직원노조 결성대회, 한양대 원천봉쇄, 연세대에서 200여명 참석 결성대회

건국대에서 1천여명 참석하에 결성 보고대회

경찰, 대회 관련으로 1,082교사, 사범대생 연행. 집행부, 민주당사에서 무기한 단식농성 돌입

5월 29일 광주 광덕고 학생 2천여명 김택중 교사의 석방과 직위해제 철회를 요구하며 농성

서울 신일고 학생 1천 2백어명, 이수호 교사 영장 발부에 항의 농성

인천, 5 · 28 전교조 결성 보고대회

울산 용일국교 학부모 50여명, 노조 반대하며 국교생 등교 방해

경기지역 교사 10여명, 교장에 의해 고발당함

5월 30일 전국 최초 2개교 분회 결성(강원 홍천 명덕국교, 광주 대성여고)

광주지역 교사 50여명, 교협 사무실에서 전교조 탄압 중지 외치며 농성

5월 31일 민주당사에서 단식 농성중인 전교조 집행부, 문교장관 면담 및 공개토론회 제의

경남, 충남, 5 · 28 전교조 결성 보고대회

교직원노조 지지 낙서를 한 남서울중학교 학생 2명 연행

나주 무안지역 교사들, 교육청에서 징계 철회 및 구속교사 석방 요구

인천 명신고 교사들, 재단 비리 척결 요구 농성 1일째. 학생 2천여명 농성. 교장이 교사 4명 고발

서울 남부지역, 〈원로교사 바른교육 실천대회〉에 초 · 중등교사 각 학교에서 10명씩 차출

6월 1일	전교조, 노조 설립신고서 제출
	서울의 〈교직원노조 결성보고 및 노조 지회, 분회 결성 결의대회〉가 경찰 원천봉쇄로 무산
	평민당, 문교부와 내무부에 항의단 파견
	〈민주화를 위한 대전·충남교수협의회〉의 교직원 노조대책위원회는 공화당 충남도당 방문하여 귀가조치
	여수 진남여중생 교사 탄압 항의 농성
	충북 제원고 2~3학년생, 강성호 교사에 대한 국보법 적용 규탄시위
	문교부, 시·도 교육감회에서 지회, 분회 결성 강력 저지 및 관련교사 처벌 등 결의
6월 2일	전국최초 지회결성(경기 구리·남양주 지회, 경북 안동지회)
	광주 6개교 노조 분회 결성
	부산, 전교조 결성 보고대회 및 탄압 규탄대회. 교사, 학생 1천여명 참석
	서울 유성전공 교사 10명 분회 결성. 의식화 관련으로 교장에 의해 고발당함
	충남, 5월 31일부터 6월 2일까지 3일째 지부 사무실에서 철야농성
	강원 춘천민주연합과 춘천대학생연합, 지지성명 발표
	충남대 보문고 총동문회 교직원노조 탄압중지, 징계철회 촉구 성명서 발표
6월 3일	경남, 15개 지회 동시다발 결성(전국 총 17개 지회)
	서울 구로고, 서울 공립 최초로 분회 결성, 학생 1천여명 운동장에 모여 기자 출입 가능케 함
	충북, 전교조 결성보고 및 탄압 규탄대회
	대전 명석고, 윤석원 교사 징계철회 요구하며 철야농성. 대전 보문고 학생들 교내농성 및 가두 진출
	충남 김치철 교사 구속에 항의, 천안서 앞 155명 항의 농성
	부산 동아대 교수 48명 지지성명
	노동부, 전교조 설립 신고서 우편으로 반려
	강원 명덕국 학부형들 전교조 참여교사 인사조치 요구하며 교문봉쇄로 임시휴업
	울주 농성 중 육성회 이사가 전교조 관련교사 폭행

6월 4일	대전 명석고 교장·교감을 제외한 전 교직원, 전교생, 학부형 500여명 윤석원 교사 부당징계 철회요구 진정서 제출
6월 5일	전교조 집행부 28명 민주당사 단식농성 해제
	민주당사 앞, 전교조 탄압 규탄대회
	광주지역 학부모 9백여명, 〈교직원노조 지지 학부모 결의대회〉
	목포 신명여상 교사, 학생, 학부모 70여명 학내비리 척결 요구하며 평민당사로 올라와 농성 중
6월 6일	전교조 결성 10일째, 전국 지회 17개, 분회 8개 결성
6월 7일	전교조 광주지부 결성대회, 3천여명 참석(지부 결성 최초), 윤영규 위원장 구속. 인천, 〈교직원노조 지지 인천 학부모대회〉 250명 철야농성 시작
6월 8일	분회 결성 급증, 당일 39개교, 연 62개교
	경남 울산 용연국 사태로 교육청에서 32명 철야농성 시작
6월 9일	일일 분회 결성 최대 47개교, 연 109개교
	일일 지회 결성 최다 15개 지회, 연 44개 지회
	서울 구로고 분회장 양덜섭 교사 직위해제, 분회원 25명 철야농성 돌입
6월 10일	부산, 인천, 전남, 경남, 충북 지부 결성(전국 총 6개 지부)
	분회 결성 10개교(총 119개) 지회 총 44개
	전북 무주, 진안, 장수, 천안 중앙고생, 대구 산격여중, 서울 신일고, 구로고 학생과 학부모, 노조교사 구속과 직위해제 항의 농성
	대구 산격여중 공동 분회장 3명을 경찰이 교내 진입하여 연행시도, 노조원과 학생이 보호, 교장으로부터 고발 철회 받아냄
	전국택시노련 경북지부 「교직원노조 결성을 적극 지지하며」 성명서 발표
	국공사립 국교 교장단 〈자유민주주의 수호를 위한 결의대회〉
6월 11일	충남, 제주, 대구, 경북, 강원지부 결성대회(전국 총 11개 지부)
	전국 공립유치원 전임강사 노동조합 결성(수원, 시·군대표 1백여명 참석)
6월 12일	분회 결성 41개(총 160개), 지회 결성 3개(총 47개)
	전교조 기자회견에서 임시집행부 구성과 노조 탄압 중지 요구하며 항의 농성
	대구 7개 학교 교장의 형사고발, 직위해제 항의하며 교사, 학생 농성 계속
	목포 신명학원 학부모와 교사, 재단 퇴진 요구하며 도교위에서 농성

광주 옥천여상 평교사회, 재단비리 폭로하며 무기한 밤샘농성 돌입

수원지역 교사, 수대협 학생 등 교직원노조 가두홍보시 백골단이 덮침

문교부, 전국 시·도교위 학무국장회의에서 주도교사 중징계 및 형사고발

지시하고 학부모, 주민 동원하여 반대 여론 조사하며 교원연수 강화 방침

시달

6월 13일 분회 결성 41개(총 201개), 지회결성 9개(총 56개)

광주지부 교사 500여명, 검찰청 앞마당에서 규탄 집회

대구 6개교 학생 5천여명 항의시위와 농성, 서울 구로고생 시위 도중 2명 투신

문공위 교육관계법 개정 협상에서 합의 결렬

6월 14일 경기지부 결성. 총 12개 지부, 52개 지회, 212개 분회 결성

분회 결성 관련 회유, 협박, 지위해제, 고발, 구속 등 심각

교조탄압 규탄 및 구속교사 석방을 위한 제4차 광주 교사집회

서울난곡중 분회 결성

6월 15일 서울지부 결성대회(교사 1천여명 참석, 경찰에 의해 교사 13명 부상, 대학

생 등 364명 연행)

전북지부 결성대회(전국 총 14개 시·도 지부)

분회 결성 37개(총 277개), 지회 결성 6개(총 66개)

광주교사 300여명 시교위 앞에서 구속교사 석방 요구하며 연좌농성

서울 당중국교 일부 학부모, 교직원노조 결성 항의하며 학생 등교 방해

충북 괴산군 농민회, 칠성국 자모회 항의방문단이 교육청 방문. 강력 항의

하며 칠성국 백우정 교사에 대한 직위해제 위협 철회시킴

경북 예천여고 4일째 철야농성, 학생 3백명 교사 40명(3명 단식수업)

제주지부, 제주경찰서에서 1시간 농성

경북 의성 점곡중 교장 이덕환, 홍운기 교사 구속 항의 방문한 의성지회 조

합원 40여명을 만취상태의 지역주민 100여명 동원하여 끌어냄

평민당, 확대간부회의에서 중재단 구성과 대화개시 촉구 등 당 중재안 마련

6월 16일 마산 창신고 분회 결성 장소에 창신고 전교생 참석, 학생회장이 노조 지지

성명 발표

서울 구로고, 대구 산격여중 학생들 집회, 수업거부 농성

충북 단양지회, 제천지회, 지회장 직위해제에 항의 농성

서울지부 결성대회와 관련하여 서울 관악서장 고발

검찰, 서울지부 결성대회와 관련하여 지부장 등 3명 구속수사 방침 발표

전남 분회장 전원이 교장에 의하여 고발당함

전북 민주교수협 교수 6명 전교조 가입

대전, 충남 교수 75명과 논산 6개 단체, 구속교사 석방 촉구 성명서 발표 및 항의농성

충남 교위, 노조 관련 유치원교사에게 사직서 강요

6월 17일 분회 결성 17개(총 331개), 지회 결성 5개(총 75개)

대전지부 결성(전국 15개 시·도 지부 결성 완료)

전국민주교수협의회 중앙위원 34명 전교조 가입 결정

전북지부 결성 보고대회에서 전북대생과 교장, 도교위 직원이 충돌

전국 22개 단체 모여 〈전교조 탄압 저지와 참교육 실현을 위한 범국민 공동 대책위원회〉 구성

평민당, 교식원노조 대신에 교원조합안 마련

정부, 민정당 당정협의회에서 노조 설립 불허와 각급 교원단체 설립 허용 및 교원처우 개선과 교육환경 개선 등 확정키로 함

경남 교사 160여명, 도교위 항의방문, 규탄집회

6월 18일 분회 결성 4개(총 335개), 지회 결성 4개(총 79개)

6월 19일 분회 결성 15개(총 350개)

광주 24개 분회 농성 돌입

서울 청담중, 천호중, 둔촌중, 잠실고 등 직위해제 항의농성, 리본 패용, 성명서 발표

대구 협성중(사립) 안출호 교사, 전교조 유인물 배포건으로 징계위에서 해임

충남도교위, 각 국 지회장 7명 고발

경북도교위, 교사 감독 소홀 책임을 물어 예천여고 교장 직위해제

6월 20일 분회 결성 24개(총 374개), 지회 결성 6개(총 85개)

경주 내남종고 분회결성식에 육성회, 어머니회 3명 참석 지지 표명

서울 영등포고 학생 1,000여명 징계 철회 요구 집회

충북 단양 지회장 김수열 교사 직위해제 철회 요구하며 전교생, 항의집회

서울 천호중 학부모, 교장에 항의방문, 분회교사 격려방문, 졸업생 지지방문(이병주 교사 농성 중)

강원, 문교부 제작 전교조 반대 유인물 각 학교에 배포

전교조 관련 교사 27명, 총무처에 직위해제 무효 소청심사 청구

서울 관악동작지역 교장단회의에서 분회장 징계방침을 분회원 전체 고발방침으로 변경

서울 당중국, 학부형들이 전교조 가입교사 축출 결의 서명지 돌리고 조합원 징계 요청

서울 도림국, 학부형들이 전교조 가입교사 징계 요구 서명작업 진행

6월21일　분회 결성 13개(총 387개), 지회 결성 6개(총 91개)

의정부지역 민주학부모회 결성

서울시교위, 전교조 교사 3명(이규삼, 김남선, 김석근) 파면

전교조, 5·28 결성대회와 관련하여 문교부장관, 치안본부장을 고소

전교조 위원장, 사무처장, 서울 형사지법에 구속적부심 청구

부천북국교 학부모 20여명, 담임교사 징계 철회 요구 학교 측에 전달

서울 오남중 교장, 전교조 분회 철회 요구하며 8일째 단식농성

경남지부 마산지회 교사 50여명 김상애 교사 고발 및 불법 가택 수사 규탄하며 진해교육장실에서 농성

6월22일　분회 결성 36개(총 423개), 지회 결성 8개(총 99개)

문교부, 분회장급 징계방침에서 조합원 전체를 가담 정도에 따라 처벌할 방침으로 단위학교에 하달

서울 청담중, 직위해제 항의농성 하는 교사 14명에 대해 장학사 출두하여 문답서 강요

서울 강남동지회 결성 직후 지회 사무실에 전결 난입, 조합원 37명 연행, 사무실 수색

서울 강남여중 김남선 교사 파면 항의 철야농성

경북지역 5개 대학 교수 70명 전교조 가입

경기 연천 전곡고 학생 250여명, 6월 21일부터 계속 농성

단위학교 조합원에 대한 문답서 강요 사례 빈발

대구 복현중에서 학부모 명의의 노조 교사 좌익매도 유인물 2천여 장 발견

서울 천호중 이병주 교사 직위해제에 항의하여 학부모 15명, 교위 항의방문

했으나 교육감 만나지 못하고 교장에 항의 의사 전달

6월 23일 분회 결성 25개(총 448개), 지회 결성 6개(총 105개)

교사 농성 2개교, 학생 농성 2개교

서울 영등포고 교사 20여명 철야농성 재개

충남 논산지회 교사 25명 철야농성

광주지부 조합원, 시교육감 면담. 탄압 규탄대회, 800여명 시위

경북지역 교수 70명 노조 가입

경북 예천고 1,2,3학년 1,500명 리본 패용, 농성

서울 대림여중 교장이 교사보호 위해 교육구청 등에 탄원서, 진정서 제출로

경고 받음

문교부, 대구, 경북지부 교사 70명 징계 지시

6월 24일 분회 결성 6개, 시회 결싱 3개

강원 횡성군 민주학부모회 결성

서울 구로고 2차 무기한 철야농성 돌입

서울 강남여중 농성 중 새벽 1시 30분경 경찰투입, 교사 6명 학교 밖으로 끌

려나옴

광주, 전남교위, 주동교사 121명 징계대상자로 확정, 중징계 방침

전교조 관련 교사 이날까지 27명 구속, 63명 직위해제, 22명 파면

문교부, 전교조 가입 교수에 대해서도 징계방침(현 135명 참여)

6월 25일 전교조 창립 대의원대회, 광주에서 15개 지부, 102개 지회, 446개 분회, 대

의원 672명 참석하여 집행부 인준, 단체협약안 확정 일부 중앙위에 위임.

탄압 규탄대회 개최 등 강력 대응키로 결정. 대회 끝난 후 해산과정에서 57

명 연행, 이영희 경북지부장 외 4명 구속

공주사대 학생회와 충청민교협 주최로 〈통일 말하기 대회〉 개최

6월 26일 전교조 활동으로 교장에 의해 구타, 좌경 매도된 것에 격분한 부산 이성림

교사 아버지 자살

조합원 가족에 대한 협박, 회유 심각

서울 6개 분회에서 징계 철회 요구하는 연합 성명서 발표

전북 김제 조합원, 대의원대회에서 연행자 가족 10여명 서울시경 항의방문

전북 전주 조합원, 대의원대회 연행자 가족 30여명 서울시경 항의방문

6·25 대의원대회 연행자 중 34명 서명으로 연행 항의 성명서 발표

충북지부 교사 등 70여명, 도교위 항의방문 농성. 이 중 대학생들 도교위 직원에게 구타당하고 전원 연행됨

경찰, 고교생 조직 내사 착수

6월 27일 분회 결성 12개(총 480개), 지회 결성 2개(총 110개)

경북 이영희 지부장 구속

6·25 대의원대회 연행자 석방, 5명 구속, 3명 구속 영장 기각

경기 전곡고 학부형과 신원미상자 80여명 관제데모, 교무주임 강요로 학생 시위 중지, 조합원 8명 교무실서 농성

강원 동해중 조상희 교사 부모님이 교장의 협박편지에 졸도

부산 교사 4백여명 이성림 교사 아버지 자살사건에 항의농성. 〈전교조 탄압 저지 및 참교육 실현을 위한 전국공동대책위〉에서 자살사건 진상조사활동 전개키로 함

평민당, 민주당, 전교조 확산에 대응하여 교원법 제정 방침을 철회하고 교원지위 및 교육환경 개선을 위한 특별법 등을 제정키로 함

6월 28일 이성림 교사 부친 고 이상효 씨 장례식 〈전국교직원노조 탄압 저지 및 참교육 실현을 위한 공동대책위원회장〉

분회 결성 15개(총 495개), 지회 결성 1개(총 111개)

서울 구로고 조합원 18명 징계방침 보도. 2명 단식농성 중

안기부가 민정당의원 세미나에 제출한 좌경단체명단에 전교조 포함됨

6월 29일 분회 결성 32개(총 527개), 지회 결성 1개(총 112개)

전교조 관련 학생시위 34개교, 1만 3천여명 참가(문교부 발표)

인천지역 의사 9명, 변호사 3명, 신부 11명, 목사 13명, 기타 3명 지지 성명 발표

서울지부 조합원 21명, 가족 12명 등 징계교사, 가족 공화당사 농성

서울지부 조합원 200명, 사교위 앞에서 탄압 규탄 연좌농성

서울 구로고 조합원 4명, 무기한 단식농성

대구 혜화여고(조합원 50명) 분회 해산 내용이 조선일보에 보도됨

충남 서산, 서천지역 조합원의 부모 소환, 각서요구

충남 천원 목천고에서 면사무소 직원, 학부모, 비학부모 60여명 관제데모, 학생 500여명의 농성으로 육성회장 공개사과

충남 홍성 광천중 대하분교 육성회 임원 30명, 항의농성, 학생 등교 방해

경상대 교수 24명, 전교조 가입

인하대 교수 17명, 전교조 지지 및 탄압 규탄 성명 발표

부산 교수 64명, 전교조에 가입하고 교직원노조 사업 특위 구성

전북지역 7개 대학교수 45명, 전교조 가입

문교부, 전국 시·도교위 생활지도 담당 장학관회의에서 전교조 관련 집회, 시위가 선도 안 되면 고교생 제적 등 중징계토록 시달

6월 30일 분회 결성 3개(총 530개) 지회 결성 3개(총 115개)

징계교사와 가족, 문교부 항의방문, 공화당사에서 농성

경남지역 3개 대학교수 53명, 전교조 가입(총 257명의 교수 가입)

문교부, 전국 교육(구청)장, 학무과장 연석회의에서 전교조 참여교사 8월 1일까지 주동자는 파면, 해임, 형사고발하고 단순가담자는 감봉, 탈퇴 땐 처벌 완화토록 지시

7월 1일 대구 심인중 교사, 공금횡령 혐의로 교장 고발

분회 결성 4개(총 534개), 지회 결성 1개(총 116개)

〈전교조 교사 가족회 창립대회〉 원천봉쇄, 경찰 측 무차별 폭력행사

전교조 사립교원 첫 파면(부산지부장)

문교부, 전교조 조합원 전원 파면·해임 방침 발표

징계교사 가족, 공화당사 농성 해제, 민주당사, 평민당사 방문

충남도교위, 〈통일 말하기대회〉 참가 교사, 학생 조사 보고 지시

7월 2일 서울지부 〈전교조 탄압 규탄 및 합법성 쟁취 서울지부 결의대회〉 개최, 1차 장소 원천봉쇄로 홍익대에서 개최, 홍익대 내에 경찰병력 투입 30여명 연행

7월 3일 분회 결성 4개(총 538개)

전교조 기자회견, 7월 9일 〈전교조 탄압 저지 및 합법성 쟁취를 위한 제1차

범국민대회〉 개최 발표

7월 2일의 〈전교조 탄압 규탄 및 합법성 쟁취 서울지부 결의대회〉 연행교사
및 가족, 마포서 앞에서 항의농성

전북, 〈전교조지지 학부모 간담회〉(50여명 참석)에서 구속교사 석방 및 징
계 철회 촉구

서울, 〈참교육 실천을 위한 서울지역 학부모회〉 결성, 250명 참석

서울, 목동중 김맹규 교사 5일째 철야단식농성

서울 면북국 교사 전원에게 각서 요구

서울 대림여중, 당산중 조합원 전원에게 장학사가 문답서, 자술서, 탈퇴서,
확인서 등 요구했으나 전원 거부함

강원지부, 교육감 신재경 고발

서울 망우국, 노조 반대 관제데모

7월 4일   서울 시교위, 서울 121개 분회, 1,379명의 노조 가입 교사 여름방학 중 파
면ㆍ해임하고 결손인원을 미발령 교사로 채우며, 징계절차는 7월 20일까지
마무리 짓겠다고 발표

서울 시교위 관계자, 노조 가입 교사 중 1/3은 탈퇴할 것으로 보이니 500여
명만 징계하면 될 듯하다고 함

경남 울산대 교수 9명, 전교조 가입(총 266명)

경기 여주, 〈참교육을 소망하는 학부모회〉 결성

경기 여주 이천지회 조합원 70여명 김강수 여주지회장 해임 철회와 전교조
탄압 중지를 요구하는 철야농성 2일째

전북지부 30개 분회 전체 동시 농성

서울지역 6개 분회 농성 돌입

광주 전남에서 교장이 일선교사에게 교조 탈퇴서와 각서 제출 요구

전국적으로 조합원에게 탈퇴각서 요구 진행됨

경남 울사지회 조합원 전원, 지회장에게 일괄사표 제출

해남지역 학부모 150여명 〈전교조 지지 결의대회〉 개최

전교조 관련 해직교사 형사처리 상황. 구속 32명, 불구속 입건 96명

7월 5일   서울지역 교장단 회의 후 결과 발표 "탈퇴서는 교장에게 제출해야 효력. 서

울지역 노조 가입 교사 1,369명 중 110명 탈퇴, 116명 탈퇴의사 표명, 징계위 회부자 67명, 67명 중 17명 파면, 2명 보류, 48명 계류 중, 7월 15일까지 징계서류 종료. 서울 분회 122개, 서울 농성학교 12개교 파악됨."

서울 당중국 교사, 학부모들의 징계 철회요구 서명, 시교위에 제출

경북 의성지회 〈홍운기 교사 석방과 전교조 탄압 규탄대회〉

경북 경주 내남종고 교사 16명, 7월 3일부터 단식 수업 철야농성으로 징계위 일자 연기

서울 징계위 회부교사 4명, 교육감실 앞 농성

서울시 40개교 교사 500여명, 3일간 시한부 단식농성 돌입

경남 통영상고 전교생 1,500여명이 교사 처벌에 항의하여 전원 시험거부

부산 성도고(권경복 지부장 재직교) 학생회장 서정일군, 학교 안 밀실에 감금당함. 학생주임 김의웅(49, 생물) 교사에 의해 폭행당해 부상 실신, 김의웅 교사는 서정일 군을 옷으로 덮어놓고 달아남

서울·인천·경기지역 14개 대학교수 90명 전교조 가입

노태우, '교육환경 개선 특별회계' 및 〈교원소청심사위〉 설치 제시

충북 교장과 교육공무원 600여명, 「자유민주수호 결의문」 채택하고 전교조 비난

대구지역 조합원과 전 교사를 대상으로 확인서 강요

〈육성회 지역협의회〉 결성, 서울 남부지역 초·중·고 육성회장 60명 노조 결성에 집단적 대응키로 함

문교부, 전교조 가입 교수 노조 탈퇴 거부할 경우 교사와 마찬가지로 파면·해임 등을 대학에 요구키로 함

전교조 문화공간 〈다리〉에 괴한 침입, 후원회 명단 탈취

7월 6일 분회 결성 9개(총 547개)

인천 공립지회 결성

대구, 경북지역 교수와 교사 1,000여명, 징계방침 철회와 구속교사 석방을 요구하며 3일부터 4일째 농성 전개

대구 배영, 안동, 중앙고교생 3,000여명, 징계방침 철회 요구하며 수업거부

광주, 전남북지역 3개 국립대 교수 72명, 전교조 가입

	〈민주화를 위한 전국교수협의회〉, '교육관계법 헌법소원' 제출
7월 7일	전교조 노조 교사 계속 징계시 조합원 명단 공개와 일괄사표 제출 등 강경 대응 방침 검토
	경찰, 전교조 사무실 16곳 심야에 기습수색하고 교사 55명 연행 후 석방. 유인물, 플래카드 등 무더기 압수
	서울 신도림국 밤샘농성 돌입
	울산 남창고 조합원 전원 교무실 철야농성 및 단식수업, 전교생 10시부터 연좌농성 수업거부
	울산지회 조합원 지회사무실에서 철야농성
	대구 경화여고 교사 철야농성 7일째. 학생 전원 복도에서 동조농성
	인천지부 사무실 농성계획 알고 전경 30여명 사무실 봉쇄
	서울 신서중 15명 농성 중. 소식지 통해 명단 공개 39명
	서울 당산중 20여명 철야농성 돌입 등 3개 지회 46개교 농성 중
	서울 1정연수 대상자 중 조합원들의 연수등록이 거부당함
	부산 교장단회의, 조합원 185명을 7월 10일까지 전원 징계위 회부하고 7월 말까지 파면 또는 중징계하기로 결의
7월 8일	충북지부 사무실 수색과정에서 국감자료 빼앗김, 배후세력 철저히 밝힌다고 도청에서 압력
	충남지부, 사무실 수색 항의, 경찰서 찾아가 강력 항의
	서울 당산중 교감, 학생이 단 리본을 빼앗는 데 항의한 여교사 발로 차 상처 냄
	부모에게 노조 탈퇴를 종용 협박한 교장을 흉기로 위협한 김해여중 교사 구속
	신부 259명, 전교조 지지성명 발표
	강원 정선지역, 행정공무원까지 동원하여 7·9대회 참가 위해 조합원 상경하는 것 저지
7월 9일	〈전교조 합법성 쟁취를 위한 범국민대회〉 여의도, 종로, 명동, 서울역 등지에서 거리시위, 1,800여명 연행(4명 구속, 47명 불구속 입건, 6명 즉심)
	분회별 노조 가입 교사 단식수업 및 교내 농성 계획
	성균관대에서 교사, 교수, 학생 등 40여명 〈국민대토론회〉 약식집회로 치름
	서울 북부서에 연행된 교사 60여명 경찰 폭언과 폭력을 규탄하는 성명서를

	채택하고 서장의 사과 요구
	문교부, 연행교사가 노조 탈퇴하지 않을 시에는 '전원 파면 · 해임' 방침 발표
7월 10일	7 · 9대회 연행자들 경찰서 내 단신농성, 일부 훈방. 대다수 계속 수감으로
	전국 200여개교에서 수업 결손
	광주 전남, 300여명 교사 연행으로 30여개 학교에서 정상수업이 안 되고 학
	생들의 수업거부, 시험거부 운동 전개
	목포 영흥고, 목포여상, 장흥여고, 강진여고, 영산포상고, 강남여고, 구례농
	고, 구례고, 매산고 학생, 전교조 지지 농성 및 시험거부, 조기방학 검토
	서울 공항고 학생 50여명, 노량진서 방문. 대표 2명 분회장 면회
	광주 대동고 3학년 12반 학생 43명이 담임교사가 성동서에 있다는 말을 듣
	고 버스 빌려 타고 상경하다가 경찰에 전원 연행됨
	서울 염창중, 행당국, 신상도국, 신원중 단식농성 돌입
	분회 결성 1개(총 548개)
	〈전북 학부모협의회〉 발대식
	노태우, 교직원노조 불용 거듭 주장
7월 11일	서울 46, 전남 15, 광주 27, 대구 8, 경북 25, 경남 33, 부산 2, 인천 1, 충남
	12개교 등 농성 및 단식수업
	경기 15개 지회별 단식농성 돌입
	서울 양강중 분회장 최우암 교사, 단식 7일째 쓰러짐
	충남지부장 김지철 교사, 천안경찰서에서 단식 돌입
	전교조 집회와 관련 4명 구속, 6명 영장, 47명 불구속 입건, 66명 즉심, 655
	명 문교부에 징계 의뢰, 나머지 훈방, 연행교사 일부 단식농성
	7 · 9대회 마포서 연행 교사 25명 〈불법연행 규탄대회〉, 성명서 발표
	순천 매산고, 교사연행에 항의하는 학생농성으로 전국 첫 조기 방학. 목포
	영흥고, 목포여상, 나주 영산포상고생 등 구속교사 석방 요구 농성 및 시험
	거부
	장흥여고, 당진고, 광양고, 구례고, 조기방학 실시
	강원 원주여중 한명신 교사, 7 · 9대회 연행 후 훈방되었는데 영장 없이 원
	주경찰서에서 강제 연행

7월 13일	이부영 부위원장, 명동성당 가톨릭회관 내 〈가톨릭대학생연합회〉 사무실에서 강제연행됨
	현재 단식수업 진행 531개교 4,050명 교사 참여, 탈진 110명
	대구시내 8개 고교생 〈교직원노조 탄압 규탄대회〉 열려다 원천봉쇄당하여 97명 연행됨
	〈전국미발령교사협의회〉 기자회견에서 충원거부 및 발령 즉시 전교조 가입 발표
	학생상황 발행 29개교
	경기 성남 풍생고 분회 결성, 조기방학
	서울지부 사무실에서 6명 서대문서로 연행되고 국감자료 압수당함
	강원 원주여중 한명신 교사, 「국가공무원법」 위반으로 구속
	충남 대천여중 단식농성하는 하용희, 이해옥 교사의 수업내용 조사, 교장 측근 학생과 소속교사 이규영이 담임반 학생 협박하여 좌경용공 조작
	서울 시교위 징계위 10분 간격으로 1명씩 회부
	광주시교위 학생회장 자모회, 육성회, 어머니회원 170여명 소집. 결의문 채택하려다 학부모 반대로 채택 안 됨
7월 14일	전교조 광주지부 조합원 2,118명 명단 공개. 대전 신일여상 등 4개 분회 결성(총 553개)
	전국 단식수업 590개교 4,930명 참가. 탈진 34명 파악됨
	전남 완도지회, 〈탈퇴무효와 양심선언식〉 17명
	조기방학 8개교(총 18개교), 학생동요 47개교(총 100개교)
	경남 마산공대위, 〈교직원노조 탄압 저지 및 구속자 석방을 위한 범시민 결의대회〉
	서울 대림여중 학부모, 교사들 한상훈 교사에 대한 징계철회 탄원서 제출
	광주 전남교위, 교조 가입 교사 3,274명 (광주 1,870, 전남 1,404)이며 이 중 1,653명 탈퇴했다고 발표
	진주 삼현여고, 제일여고생 전교조 교사 징계철회를 촉구하며 단식수업
	충남 서산 대철중 서무과 직원 4명, 전교조 교사탄압에 항의 단식농성
7월 15일	단식수업 및 농성학교 590개교 4,950명, 12시로 단식농성 해제. 탈진교사

총 40명

조기방학 금일 26일교 등 총 44개교

학생농성·시위, 금일 50개교, 총 150개교

국감자료 유출 건으로 교사 6명 수배

서울지부 조합원 1차 명단공개(2,621명)

현재 1차 명단공개, 4개 지부 8,363명(전남 2931, 서울 2621, 광주 2100, 경북 711)

지회결성 1개(총 118개)

전교조, 정부에 실체 인정과 대화 요구하며 단식수업, 농성, 집단사표, 잠정 중지하고 명동성당에서 집행부 단식농성을 확대

〈전남 나주 교사 가족회〉 창립

서울 신림중 학부모, 징계철회 탄원 서명

문교부, 대화 거부 및 8월 5일까지 징계완료 지시

전남, 광주 20여개 중고생 2만 5천여명, 교사 징계 반대 농성 및 조기방학 철회 요구 농성. 징계위 장소 점거 항의농성

서울대 사대교수 99명 전원, 법적대응보다 대화 촉구하는 교육정상화 호소문 발표

노태우, 국감자료 유출 철저조사 지시

경남 거창종고에서 교사 징계철회 요구하며 거리시위에 나선 고교생을 교사가 다리 아래로 던져 중태에 빠짐

〈전국국립사범대학학생회연합〉, 전교조 교사 탄압, 해임하면 발령 거부하거나 임용되면 노조 가입하겠다는 성명 발표

서울시 4개교 중고교생 5천 5백여명, 충남 온양여고생 800여명, 충북 백운중학생 400여명, 경남 창신고생 1,500여명, 전교조 탄압에 항의시위. 구로고 학생 300여명은 경찰 폭력진압 규탄

문교부, 전교조 저지 위해 안기부, 보안대까지 교위와 정보 교환하여 반대여론을 조성하고 반대집회 개최

7월 16일 명동성당에서 집행부 단식 농성

현재 분회 총 565개, 지회 총 117개, 전남지부 7월 12일 명단공개 후 63명

신규가입, 탈퇴각서 제출자 중 양심선언자 다수

7월 15일 서울지역 조합원 명단공개자에 대한 탈퇴 종용, 협박 극심

7월 15일 탈퇴시한 넘기고도 7월 15일, 7월 16일 양일간 탈퇴 강요. 가족 통한 탈퇴압력 극심

7월 17일 부산 구덕고 졸업생 180여명, 노조 교사 징계철회 서명 탄원서를 부산시교위에 제출

문교부, 중징계 대상이 4,900명(공립 1,500여명, 사립 3,400여명)이라고 발표

전교조, 문교부에 18일까지 대화 제의하고 「단체행동권」 유보 검토

국회 국정감사자료 유출 관련 당시 전교협 간부 6명 검거령

전교조, 국감자료 유출사건과 관련한 교조 간부 수배령 해제 요구

서울에서 성적비관 여고생 투신자살

7월 18일 평민당, 민주당 – 정부와 전교조의 무조건 대화를 촉구

인천 숭덕여중·고 분회 결성

〈대구지부 공대위〉 결성

서울 청담중 조기방학 실시

서울 대림여중 조기방학 반대 연좌농성

경남 거창종고, 서울 오류여중, 양정고 등 학생 농성, 시위

광주 20개교 학생 35,000여명 전교조 지지 농성

광주 대동고, 무안 청계중 학생, 전교조 탈퇴·미가입 교사의 수업거부 결의

광주 문성고, 홍복학원, 교사·학생에 이어 학부모까지 가세하여 징계 철회 농성

광주, 전남지역 연수자격 박탈당한 교사 400명 및 대학생 등 자격 박탈규탄 농성 돌입

〈경남 거창 공대위〉, 거창종고 학생 폭행사건 진상조사 활동, 거창경찰서 항의방문

서울 대림여중 한상훈 교사에 대한 징계철회 탄원서에 서명한 학부형들에게 교장, 육성회 임원, 장학사 등이 서명철회 종용, 협박

미발령자, 8개 시·도 대표회의에서 지지 서명운동 전개, 임용 후 전교조 집단 가입, 전교조 사수 등 협의

7월 19일	범국민 중재단(평민당, 민주당, 종교계, 학계) 구성, 문교부에 대화 촉구
	전교조, 기자회견서 25일까지 대화에 응하지 않으면 재야단체와의 연대투쟁, 범국민 서명운동 등 학교 밖 투쟁을 본격화하기로 발표
	정부와 민정당, 「교원지위향상을위한특별법」 시안 발표
	광주, 전남지역 연수교사, 전교조 교사 탄압 항의성명 발표, 교사 1천여명 연수 거부
	〈전국 국립대학 교수협의회〉, 전교조 교사 징계철회 촉구
	경북 의성공고, 신라고, 산동종고 학생들 조기방학 거부, 징계철회 농성
	부산 학산여고, 동인고 학생들 시위, 농성
	충남 조치원여중, 조치원고, 조치원중 학생들 시위, 농성
	광주 진흥중·고생 농성, 중학생 4명 뛰어내리다가 1명 부상
	광주 대광여고 학부모, 학생, 졸업생들이 징계위 무산시킴. 학생 농성
	광주 대광여고 학부모총회에 120명이 모여 "민주교사 끝까지 지키자" 결의, 징계위 무산
	광주 초등지회 결성(지회 총 119개)
7월 20일	전교조, 일간지에 "이제는 국민이 일어설 때입니다." 광고 게재
	문교부 발표 – 파면 70, 해임 48, 경고처분 34
	서울, 〈교사가족회 서울지부〉 결성
	광주 홍복학원 1,000여명 학부모총회, 징계철회 안 될 시 납부금 거부 결의
	광주지부 사립학교 징계위, 학생·학부모·교사의 항의로 계속 무산
	광주 사학재단, 전교조 가입 사립교사 직권면직 방침 발표
	서울지역 일반 분회원에게 7월 21일~8월 30일자 1차 출두요구서 대량 발부됨
	서울 영등포여고, 전북 상산고, 영생고, 군산여상, 군상동고, 성은여고, 김제 덕암여고 학생들, 조기방학 거부 및 징계철회 요구 농성, 시위
	〈교직원노조 지지 및 징계철회 요구 연합집회〉에서 광주 210개 학교, 2만 5천여명 학생이 각 학교 운동장에서 전교조 탄압 항의하며 집회, 거리 진출, 투석전으로 경찰과 충돌
	정부와 민정당, 「교원소청심사위」 신설과 '교육채권' 발행 추진
7월 21일	전교조 충남, 충북, 대전, 강원, 경남지부 조합원 명단 공개

경상대 교수 3명 전교조 가입

경북 구룡포지회, 공립 연합분회 결성, 공동분회장 1명은 서무직원

광주 송원학원 학생 3,000여명 운동장 집회, 가두 진출 봉쇄되자 송원여고생 10여명 혈서 씀

광주 대동고 등 10여개 학교 학생 1,000여명 전남대에서 〈전교조지지 및 징계철회 촉구대회〉 개최

경남 마산여상, 진주 제일여고 학생 농성

광주 홍복학원 20일에 이어 100여명의 학부모 모임, 징계철회 안 하면 2학기 등록금 납부 거부 결의

광주 경신여중고 학부모 200여명, 학부모회 조직

광주 광남고 학부모 200여명 〈징계철회를 위한 학부모대회〉 개최

경북 포항지회, 〈참교육 실현을 위한 포항·영일지역 교사·학부모 간담회〉 개최

전남 1정연수 교사 600여명, 연수 거부, 1정연수 자주화투쟁

강원 1정연수 교사 265명 중 245명, 연수 프로그램 중 '교원노조의 부당성', '편향된 의식화 교육의 비교육성' 취소 요구 서명

정원식 문교부장관, 구로고 방문 등 문교당국자 서울지역 일선학교 방문

7월 22일 전국임금투쟁인상본부에서 〈전교조 탄압 분쇄 및 구속자 석방 촉구대회〉 개최, 교사·학부모·노동자 등 1,500여명 참가

광주, 〈전교조 지지 가족회〉 결성, 학부모 및 가족 1,000여명 참석

광주, 홍복학원 학부모 500여명, 시교위 앞 농성 및 교육감 면담

광주, 문성중 학부모 총회

광주, 전남 〈참교육 학부모회〉 결성 7백여명 참석

전교조 문제 해결을 위한 〈범국민 중재단〉(평민당, 민주당, 종교계, 학계인사 12명) 구성하여 문교당국에 대화 촉구

〈전국 국·공립, 사립사범대학 학생회 협의회〉, '파면자리 메우는 발령 거부' 표명

개신교 목사 1,538명 「전교조 교사 탄압 중지를 촉구하는 선언」에 서명(명동성당)

문교부, 징계위 회부자 전원을 징계처리하기 전 직위해제시키기로 발표 및 각급 학교 탈퇴 압력 극심

서울시교위, 단순가담자 367명을 27일까지 직위 해제키로 함

서울 기계공고 김명근 교사의 동료 교사 78명이 탄원서 제출

7월 23일 〈전교조 부산지역 공동대책위〉 결성

7월 24일 집행부 명동성당에서 농성

서울 관악·동작지회 교사 50여명, 명동성당에서 전교조 탄압 규탄 농성

광주 13개 분회 철야농성 중

광주 5개 학원, 〈참교육 학부모회〉 결성

서울 배명고 교사·학부모 70여명, 징계위 무산시킴

정읍 배영종고 학생 88명, 박병훈 교사의 징계방침 철회 및 참교육 학습권 쟁취 주장하며 22일부터 삭발 단식농성, 25일까지 예정

광주시내 고교생 연합집회가 경찰 원천봉쇄로 무산

광주·전남 고교생 8천여명 방학 중 등교하여 교사 징계철회 요구 농성

〈참민주교육을 위한 고등학생 대책위〉 주최 〈서울지역고등학생대표자협의회 결성식 및 제 2차 결의대회〉가 경찰의 원천봉쇄로 무산

광주 전교조 지지 고교생, 특수공무집행방해와 집시법 위반 혐의로 불구속 입건

경남 마창노련 주최, 〈전교조 탄압 규탄대회〉 원천봉쇄로 시내에서 산발적 시위, 사무실 근처에서 교사들 무차별 구타당함

충북 「교직원노조 부당 탄압에 대한 기자회견 및 양심선언」에서 탈퇴 교사 31명이 무효화 선언

광주 사립교사 45명, 징계위 회부되었으나 징계위 무산되자 징계위 출석 철회 통보가 옴

부산교위, 노조 관련 교사 3명을 '출석요구서' 전달 않고 파면

전주 구속교사 30만원 보석 결정됨

제주언론 4사 노조 성명에서 교직원노조 인정 등을 촉구

7월 25일 〈전교조 문제 해결을 위한 범국민 중재위원회〉 예비모임서 문교부와 노조에 자제 요청

서울지부 징계 지연투쟁 전개 중

서울 양정고 9일째 철야농성 중

서울 잠실여고 교사 17명이 교무실에서 철야농성 돌입,

서울 서문여고 교사·학부모 20여명, 항의농성 중 대표 경찰에 연행

서울 중대부고 징계 저지 투쟁 중 항의농성 중인 동문들을 전경이 구타, 해산시킴

부산 성모여고 이상석 교사 징계위에서 학생 100여명이 전경과 대치하며 저지하려 하였으나 해임 결정됨

서울 청룡국 이상길 교사 학부모 50명, 탄원서 제출

7월 26일 전교조 조합원 583명, 명동단식농성 돌입

명동단식농성장에서 경기 여주상고 분회 결성식

서울지부, 시교위 앞 150여명 항의 농성

충남 공주사대 1정연수장에서 전교조 조합원 농성

서울 현대고 조희수 교사 3일째 철야농성 중, 졸업생 30~40명 항의방문. 재학생 리본 패용, 보충·자율학습 무기 연기

문교부, 직위해제 1,500여명 발표, 서울지역 교사 다수에게 8월 1일자 직위해제 통보

전교조, 무더기 징계에 강력 대응하여 '기피신청서' 집단 제출

서울교위, 교사 485명 직위해제와 사립학교에 직권면직 지시

서울 우신고 동문, 모교 방문하여 교사 징계철회 요구하며 연좌농성

〈광주지역고등학생대표자협의회 준비위〉 결성 – 광주지역 24개 고교생 대표 30여명 참여하여 당분간 〈전교조 탄압 저지 고교생 대책위〉 활동 결의

7월 27일 명동단식농성 1일째, 결단식 가짐

경남지부 철야 단식농성

전북, 대전지부 농성

〈민주화를위한전국교수협의회〉 소속 전교조 가입교수 14명, 명동단식농성 합류

전교조 기자회견, 대화촉구, 무기한 단식농성과 탈퇴자 재가입 86명 발표

한신대, 대학 최초로 전교조 분회 결성

충북지역 교수 85명 기자회견, 전교조 지지, 부당징계 철회 요구

제주지역 교수 39명 기자회견, '전교조 탄압 규탄 성명' 발표

대구지역 교수 70여명, 계명대에서 무기한 철야농성 돌입

경북 청송여종고 분회원 17명 농성 돌입

광주지부 산하 15개 분회 농성 돌입

서울 서문여고 3일째 철야농성

대전, 충남, 〈부당징계 철회 촉구와 전교조 탄압 규탄대회〉 개최

인천, 〈전교조 지지 및 교사 징계 반대 학부모대회〉 70여명 참석

〈광주 사례지오고 민주학부모회〉 준비모임

인천 세일고 26일부터 무기한 철야농성 중, 학생 200여명 연좌농성

인천 외국어고 징계 저지

서울, 〈전교조 탄압 저지 및 노조 가입 교사 부당 연수제외 규탄을 위한 서울교사대회〉 개최

수원, 수대협 주최 〈전교조 탄압분쇄 및 민중생존권을 위한 수원지역 5만 학도 결의대회〉 250명 참가

7월 28일   안기부 좌경세력 1만명이라고 발표 – 전교조 각 지부 포함

명동단식농성 2일째, 지지성금, 격려방문 쇄도

명동농성장 주변 원천봉쇄되고 참가하려던 교사 중부서로 50여명 연행됨

윤영규 위원장 옥중 단식농성, 울주·울산 지회장, 부지회장도 단식농성

전교조 교사 '구속적부심' 석방

경기 오산여종고, 성남 풍생고 징계저지 및 징계철회 요구 교사·학생 농성

서울 잠실여고 학생, 철야농성 후 300여명 연좌집회, 1차 징계위 무산

부산진여고 부당징계 철회 요구, 12명 무기한 철야농성 돌입

인천 인하대에서 인천시내 고교생 300여명, 대학생 200여명의 모여 문화행사 가지려다 백골단에 200여명 연행됨

광주 동아연합분회 학부모 200여명 운동장 농성

인하대 교수 3명 전교조 가입

충북·충주 공대위 〈참교육 실현을 위한 강연회〉

경북 공대위 주최 공청회

	서울 〈교육정상화 촉구를 위한 학부모대회〉(육성회장, 임원참가)
7월 29일	명동단식농성 3일째, 탈진 16명
	명동단식농성장에 학생·학부모·시민 등 400여명 지지 격려 방문
	경남지부 이원영 교사 29일부터 옥중단식 시작
	명동단식농성 중 〈전교조 탄압 저지와 참교육 실현을 위한 범국민 서명운동 발대식〉 – 교사·학부모·학생·노점상 2,000여명 참가
	명동성당, 〈전교조 지지를 위한 정태춘 노래공연〉
	경기 구리·남양주 지역 공대위 발대식
	인천, 〈참교육과 교직원노조〉 공청회, 100여명 참석
	전북 공대위 주최 가두서명 및 선전 작업
	광주 동아여중고 394명, 전교조 징계 항의 집단자퇴원 제출
	〈광고협〉 출범식에 고교생 3천명 참석
	광주 금호고에서 〈광고협〉 출범식에 맞춰 같은 내용의 집회 개최, 1,000여명 참석
	서울 동명여고 교사·동문·재학생 200여명, 징계 항의 농성
7월 30일	명동단식농성 4일째, 탈진 30명, 지지방문-언노련, 지하철노조, 철거민협회 등 560명, 성금 쇄도
	명동성당 전교조 단식조합원 임시총회
	서울지역 직위해제자, 파면, 해임자 총회
	경남, 전북지부 명동단식농성 지지, 지부 농성 중
	진주 경상대 조합원 교수 27명, 명동단식농성 동조 철야농성
	광주 홍복학원 연합분회 농성 60일째
	광주 대동고, 단식농성 3일, 철야농성 9일째, 서석고 농성 3일째, 석산고 7일째 철야농성, 송원학원 연합분회 단식농성 6일째, 동아여중고 분회원 80명 전원 농성, 5명은 단식농성 2일째, 죽호 연합분회원 전원 150명 직원 면직 감수 농성 중
	경기 여주동중, 여주상고 13명 직권면직, 7월 29일부터 무기한 단식농성 돌입
	전남 53명 기자회견 갖고 탈퇴무효화 선언
7월 31일	전교조 징계교사 1천명 육박, 재가입 147명

전북지역 민교협 교수 70여명 전북대에서 전교조 지지농성 시작

부산지역 경남대, 창원대 교수 20명 경남대에서 전교조 지지농성 시작

경기 북부 공대위 발족

대구지부 명동단식농성 동조농성

민교협 소속 전북대 교수 50여명, 명동단식농성 동조농성

문교부장관, KBS · MBC 뉴스에서 8월 5일까지 탈퇴하지 않는 교사들 직권
면직시킬 것을 이사장들에게 강력히 촉구키로 결의

명동단식농성 이후 탈퇴무효화 선언 교사, 31일 현재 235명으로 증가

8월 1일 민정당 「교원지위향상을위한특별회계법안」과 「교육환경개선특별법안」 국
회에 제출

명동단식농성장, 〈조선일보 규탄 및 결사항전 결의대회〉

경기, 〈경기 교사가족회〉 창립

충남, 〈충남 · 대전 공대위〉 발족, 〈충남 교사가족회〉 결성

전북, 〈천주교 탄압 저지와 전교조 지원 연대 공동대책위〉 결성

전북 상산고 동문회 산하 〈전교조 탄압 대책위〉 결성

서울 지하철공사노동조합, 〈전국교직원노동조합 탄압 저지 공동대책위원
회〉 결성 및 성명서 발표

경기, 〈동두천시 공대위〉 발족

8월 2일 명동단식농성자 중 탈진자 급증, 격려방문 급증

명동단식농성장 〈참교육을 위한 민족문화의 밤〉 개최

서울지역 4개 지회, 명동단식농성 지지 철야농성

전남 강진대회 면단위 〈학부모회〉 구성

〈충북 교사가족회〉 창립대회

〈전북 교사가족회〉 발대식

전남 목포 영흥고 학생 · 학부모 · 교사 500명, 〈전교조 탄압 규탄대회〉

전교조 단체교섭단, 민정당사 방문(민정당 정책기조실장 면담) 및 기자회견

문교부, 전교조 가입교수 9월 재임용에서 탈락시킬 방침 발표

8,600명 탈퇴, 3,253명 잔류 발표

강원 영월지회 결성

	서울지역 사립학교 40개 분회 조합원 254명, 사립학교 직권면직에 대한 일제 항의 농성 돌입
8월 3일	부산대 교수 698명(전원), 전교조 교수 징계 강요방침 철회와 전교조 측과 문교부 대화할 것 요구
	부산, 경남지역 11개 대 노조 교수 30여명, 〈문교부의 노조 교수 재임용 탈락지시에 대한 부당성과 교원노조 탄압 저지 촉구대회〉
	한겨레신문에 조합원 2차명단 공개(초·국공립 352명) 후 지부농성, 12개 분회 농성
	경기, 〈안양 공대위〉 결성
	전북, 〈전주시 학부모대표 교원노조 반대 결의 및 자진 탈퇴 촉구대회〉
	진주 MBC노조, 전교조 지지성명 발표
	제주교대 교수 5명, 전교조 지지성명 발표 및 기자회견
	부산, 부고협 결성 600여명 참석
	명동, 〈전교조 탄압 규탄 및 탈퇴 무효 결의대회〉(탈퇴무효선언 352명), 교사가족회에서 「똘이네 가정의 행복을 위하여」 격려공연, 탈진자 39명, 총 228명
	공대위, 전교조 각 지부, 범국민 서명운동 점점 확산
8월 4일	명동 단식농성장, 복식 시작
	고교생 100여명 집회
	대학위원회 결성, 명동성당, 교수 50명 참석
	〈전교조 탄압 저지를 위한 서울지역 동문대책위 연합준비위〉 결성 및 기자회견
	〈전교조 합법성 쟁취 결의대회〉
	〈전교조 실현을 위한 결의대회〉
	〈민족문학의 밤〉 열림
	전교조 단체교섭단 평민당 방문. 방문 후 돌아오던 김민곤 대변인 연행
	서울 창문여고, 서울학원, 명지고, 대전고 800여명 시위, 농성
	광주 송원학원 학생·교사·학부모 대동제 1,000여명 참가
	광주·전남 공대위 주최 〈범국민 궐기대회〉 시민·교사·학생·학부모 2,500여명 참가

8월 5일	제주 〈제주대 사대, 교대 미발령 대책위, 제주지부연합〉 주최, 〈전교조 지지 및 부당징계 철회를 위한 시민, 학생 결의대회〉
	부산, 〈부산 공대위 범국민 서명운동 발대식〉
	민교협 성명서 발표
	명동단식농성 해제
	명동성당 결사투쟁 평가 총회
	서울대 교수 47명 "교육민주화에 대한 우리의 입장" 성명 발표, 교조 탄압 중지 등 촉구
	명동단식농성 교사 연인원 1,000여명, 교수 70여명, 탈진자 250여명 병원 후송 15명, 지지성금 총 1,500만원, 격려 · 지지 방문 총 200여 단체 1만여명, 서명 2만여명
	징계 현황 : 구속 44, 파면 113, 해임 214, 직위해제 540, 직권면직 59, 징계회보 400여명, 탈퇴무효화선언자 411, 신규가입 89명
	〈서울 경남 공대위 결성대회〉(진주 경상대), 14단체 500여명 참석
8월 6일	대전 〈참교육을 위한 초청강연회〉
	대구 〈전교조 탄압 저지 및 구속자 석방을 위한 범시민대회〉 시민 · 학생 · 교사 1,200여명 참석
	정부, 서명운동자를 도로교통법 위반 등으로 연행, 처벌키로 발표
8월 7일	〈전교조 대책 기독교 공동위원회〉 발족
8월 8일	서울 관악 · 동작지회, 〈전교조 사수 결의대회〉 86명 참가
	〈초등위원회 발대식〉, 연세대 무악극장, 위원장 정해직 교사 선출
	서울 보라매공원, 평민당 집회에서 서명작업, 4만여명 서명
	광주 대광여고 학부모회장 조봉현 씨, 폭행, 업무방해죄로 구속
	경남 마산여상 교사 86명(비조합원), 「교육정상화를 바라는 우리의 입장」 결의문 채택
8월 9일	충남지역 탈퇴교사 11명에게 전보 내신 강요
	〈전교조 초등위원회 결성식〉(연세대), 60명 참석
	경기 안양지회 가두성명 중 교사 · 공대위 10여명 연행됨
	서울여상 〈전교조 지지 졸업생 대책위〉 회원 중 삼성데이터시스템 직원, 회

8월 10일	원명단 빼앗기고 사직서 강요에 의해 사직서 제출
	전교조, 대한교련 사무직 노조의 전교조 교사 징계 반대성명 발표로 인한
	대한교련노조 위원장 등 4명의 파면, 권고사직에 대한 성명서 발표
	충남, 〈전교조 사수 결의대회〉, 공주사대 총학생회 주최 150명 참석
	대구, 〈교사 가족회 및 교사 단합대회〉 50명 참석
	경북, 조합원 총회
	인천, 〈학부모대회〉 100명 참석
	충북, 〈참교육 지지를 위한 청주시민 문화잔치 – 도종환 문학의 밤〉
	전북, 〈전교조 탄압 분쇄 및 명동단식 투쟁 보고대회〉 전북지부 · 공대위 공
	동주최, 학부모 · 교사 · 학생 공대위 600여명 참석
	강원, 〈강원 교사가족회〉 창립, 〈전교조 탄압 저지와 참교육 실현을 위한 춘
	천 시민 공대위〉 결성식
	제주, 〈제주지역 공대위〉 결성식
	인천, 최근식 교사 및 '미추홀 축제' 관련 고교생 3명 경찰 수사
	구리 · 남양주 지회장 등 2명 서명받던 중 경찰에 연행되어 즉심에서 3만원
	씩 벌금형
8월 11일	경북, 구룡포여종고 서무직원(연합분회 공동분회장) 해임
	충북, 〈참교육 지지를 위한 청주시민 문화잔치〉(강해숙 교수 춤공연) 400여
	명 참석
	경북, 〈김천 · 금릉지역 공대위〉 발족식
	대전, 조합원 임시총회
	대구, 〈교사가족회 단합대회 및 대구지부 총회〉 8월 9일~11일
	강원, 8월 10일 공대위 결성 탄압 규탄 기자회견
	서울지부 연수
	양정고 조합원 25일째 교무실 철야농성 해제
	정희여상, 30여명 직원면직 통보
	광주 금호고, 전교조 지지집회 주도 학생회장을 생활지도위원회에서 제적 결정
	서울 일대 "참 스승의 길"이라는 전교조 흑색선전 유인물(문교부 제작) 배포
	경기, 수원역 앞에서 가두서명 받던 교사, 공대위 회원을 경찰이 연행

8월 12일	전교조 선전의 날– 범국민 서명운동, 전교조 공대위에서 대대적으로 전개
	경북, 〈김천·금릉 공대위〉 결성
	강원, 〈전교조 탄압 저지와 합법성 쟁취를 위한 단식농성〉 돌입. 51명 카톨릭 회관 6층 회의실
	부산시교위 산하, 서부교육청 관내 〈교육정상화협의회〉 구성
	부산 경영대 교수 246명, 전교조 가입 교사 징계철회 등 요구
8월 13일	서울 관악·동작지회 교사, 영등포 을구 선거유세장에서 서명운동 진행하려다 경찰폭행으로 다수 부상, 김성화 교수 척추 부상 입원
8월 14일	광주, 〈공대위·가족회·학부모회 서명 운동 출정식〉
	죽호학원 학생 50여명, 이사장실 점거농성, 가톨릭 센터 단식농성 3일째
	서울 동북고 11명 직권면직, 8명 담임 교체 개학 연기(8월 12일에서 8월 21일로), 4일째 철야농성 중
	부산대 강사협의회, 직원노조, 대학원 총학생회, 학부 총학생회 등 4개 단체, 〈전교조 지지 공동대책위〉 발족
	영등포 을구 유세장 서명운동 교사 폭행사건 관련 전민련, 탄압규탄 성명 발표
	서울지부, 부당징계에 대한 집단 소청
8월 15일	영등포 을구 유세장 서명운동 교사 폭행사건 관련 본조 대표단 서울시경 항의 방문
	전국 각 지부 〈범민족 통일축전〉 행사에서 전교조 교육·선전, 서명운동 진행
	서울 목동중 김맹규 교사 의식화 관련 구속
8월 16일	영호남 교수 245명, 전교조 인정 등 촉구
8월 17일	예천지회장 김창환 교사 선고유예
	징계현황 : 구속 40, 파면 348, 직권면직 231, 직위해제 773
8월 19일	〈전교조 제1차 임시 대의원대회〉 건대에서 진행 중에 경찰 진입으로 해산 당함
8월 21일	전교조 출근투쟁 시작
8월 22일	광주 광덕고 찬반투표 후 전면적 수업거부
	〈서울시 초·중·고 육성회 임시총회〉 열고 전국규모의 〈대한 초·중·고 육성회 연합회〉 결성키로 결의

8월 28~29일	문화공보부가 제작한 전교조 매도 VTR 각 시도에 유선방송으로 방영
9월 1일	울산·울주 지회 테러 피습당함. 부지회장 장인권 교사(학성중) 중상당함
9월 2일	출근투쟁 정리
9월 5일	서울지부 '사립학교법 위헌제청'을 법원이 받아들여 헌법재판소에 제청
9월 7일	서울 동명여고 주명일 교사 등 7명이 전국 사립 최초로 '직권면직 무효소송' 제기
	전국 120번째로 전북 임실·순창지회 결성되어 지회장에는 순창고 이재권 교사 선출
9월 8일	〈9월 1일 테러만행 규탄 울산시민 결의대회〉
	전교조 미탈퇴교사 15명 처음으로 정직처분
9월 9일	윤영규 위원장, 이수호 사무처장 첫 공판
	제1차 중앙위원회(15개 지부 75명 참가)가 열림
	임원개편 △수석부위원장 이효영(광주상고) △부위원장 박현서(한양대), 김용택(마산상고), 김현준(반포고), 김지철(천안 중앙고), △사무처장 직무대리 이동진(잠실고) △정책실장 김진경(양정고) △편집실장 박성규(연신중)
	향후 사업방향으로 조직복원사업과 연대사업을 주축으로 하기로 결정
9월 16일	광주 서북서에서 광고협 의장 강위원(서석고, 3년)과 광고협 기획부장 김일수(대동고, 2년) 군 구속
9월 17일	경기북부 공대위 주최 〈참교육 실현을 위한 문화공연〉을 관람하기 위해 온 시민·학생·교사 70명을 신흥전문대 정문에서 경찰 600여명이 폭행해 김승원(노동자, 장파열)등 다수 부상당함
9월 19일	교실에서 시험 중인 일산종고 유민수(부학생회장)군을 고양경찰서 형사가 수갑을 채워 연행함
9월 20일	윤영규 위원장, 정원식 문교부장관을 '명예훼손죄'로 고발함
9월 21일	87년 4월 23일 직권면직된 순천상고 이상부 교사 무효소송 2심에서 승소함
	경북지부, 〈제2차 탈퇴무효화 선언 결의대회〉(283명 명단 공개)
9월 22일	천안여중 체육교사 김태형 씨가 전교조 신문기사에 불만, 교무실에서 조합원 여교사에게 공기총 4발 난사
	〈참교육을 위한 전국 학부모회〉가 서울 향린교회에서 전국 대표들 200여명

이 모인 가운데 창립

9월 24일 〈전교조 탄압 저지와 노동악법 · 교육악법 철폐를 위한 제2차 국민대회〉가 전국 21개 지역, 4만여명이 참가하여 집회 및 가두투쟁 벌임

9월 30일 경남대에서 고교생 200여명 참가한 가운데 〈마산 · 창원지역 고교생대표자 협의회〉 결성식을 가짐

10월 2일 미국노동총연맹 산업별의회 산하, 교원노조 단체인 〈미국교원연맹(AFT)〉 에서 전교조에 대한 한국정부의 탄압을 비난하는 결의문 발표

10월 6일 〈참교육을 위한 전국 학부모회〉 제 1회 중앙집행위원회에서 '육성회비 반환 청구소송'을 위한 4인 특별위 구성

〈서울교대 민주동문회〉가 교사 200여명 참가하여 재학생의 축하 속에 창립

10월 8일 〈노동악법 철폐 및 전노협 건설을 위한 전국 노동자 등반대회〉 열림. 이 대회에 조합원 천여명 조직적으로 참여

10월 10일 전교조 관련 학생징계 구속 5, 제적 27, 퇴학 3, 권고자퇴 1, 근신 12 등 총 48명(스승복직 요구에 대한 처벌임)

10월 13일 사립학교법 55조, 58조 1항(노동운동 금지조항) 서울지법에서 헌법재판소에 위헌 제청

10월 16일 〈학생탄압 대책위〉 발족. 전교조 · 공대위 · 학부모회 · 민주동문회 참가함

10월 18일 〈파리 유네스코 총회〉에서 정원식 문교부장관이 30명의 부회장 중의 하나로 피선된 것에 대하여 유네스코에 항의서한 발송함

10월 18~19일 야 3당 당사 농성. 1,000여명 참가하여 "전교조 합법화 및 교육 · 노동악법 철폐", "해직교사 및 징계학생 원상회복" 요구

10월 19일 탈퇴각서 무효선언자와 징계대상자 23명, 서울시교위 교육감 면담 요구하며 농성. 징계위 무산시킴

10월 21일 〈경북지부 초등위원회〉 결성(지부단위 전국최초), 위원장 송명숙(고아국)

10월 24일 'RNTC제도 개선 서명운동' 개시

10월 25일 인천 세일고생 3명, 노동자대학으로부터 포스터를 장당 50원씩 받기로 하고 시내에 부착작업 중 사복형사에 끌려가서 심한 구타와 조사받음

10월 25~26일 충남 홍성 · 논산지회 벼베기 활동

전남, 경남 등에서도 벼베기 활동을 통해 농촌 일손을 돕고 농민들과 교육

	문제 공유하는 등 지역주민을 대상으로 한 활동 계속 중
10월 28~29일	〈참교육을 위한 국민걷기(등반)대회〉, 18개 시·도 45지역 시민·교사 등 3만여명 참가(중고생도 다수 참가)
10월30일~11월5일	학생주간 행사, 14개 지부에서 〈학생의 날 기념식〉, 공연 「구속학생에게 주는 시」 낭송, 대동놀이 등 진행
	서울 고려대에서 예정된 행사가 경찰에 원천봉쇄되는 등 대대적인 탄압을 받음
11월1일	서울지부 해직교사 100여명, 2차 탈퇴무효 선언자와 신규가입자의 징계에 항의하여 시교위 방문, 전경차에 실려 격리, 해산됨
	서울 고려대에서 학생의 날 기념 〈우리노래 경연대회〉에 참가하려다 경찰에 연행되었던 고척고 학생 11명을 학교에서 과학실에 감금, 수업 불참케 하고 구타하며 심문함
11월5일	강서부지회 소속 조합원 60명, 학생징계에 항의, 고척고 방문하여 교장면담, 부당징계 철회 요구함
	〈서울 중서부지회 총회〉 연대에서 열려다 경찰봉쇄로 감신대로 이동하여 개최 광주지부 〈학생의 날 대동 한마당, 구속 학생 석방을 위한 민중가요 부르기 대회〉에 학생 600여명이 참가
11월6일	전교조와 마창노련이 '제2회 전태일 노동상 수상자'로 결정됨
11월8일	고척고 민주동문회 30여명이 학교에 항의 방문함
11월10일	〈광주학살 5공비리 책임자 처벌과 빈민생존권, 전교조 합법성 쟁취 국민대회〉 전야제가 열렸고 서울지부 교사 160여명이 참가함
	곡성 옥과고 학생 1,000여명이 등교거부. 전남지부 집행부 10여명과 옥과고 해직교사 5명이 학교방문, 교장과 면담하여 무조건 징계철회 요구
	부산지부 11월 1~10일 사이 초등 21개교, 중등 19개교, 고등 24개교 방문
	광주 초등지회 "초등교사 인사 개선을 위한 서명" 집계가 68개교 2,210명이며 계속 실시 중
11월11일	고려대에서 열린 〈국민대회〉를 경찰의 침탈 속에도 사수함. 교사 250여명 참가
	전교조와 마창노련 성문밖교회에서 "전태일 노동상" 수상함. 교사 250여명

참석

이수호 사무처장 석방

11월 12일 전국 노동자대회에서 후원단체로 참가

서울대(5,000여명), 명동일대(3,000여명), 부산(1,200여명), 대구·경북(500여명), 마산(500여명), 제주(400여명), 광주(600여명)에서 열림. 전국적으로 교사 1,000여명 참가

11월 13일 〈국민대회〉에서 연행된 서울지부 쟁의부장 양달섭 교사 구속영장 발부됨

광주지부 '초등교사 근평 배제한 전보 인사위 원칙'을 기자회견을 통해 발표(서명은 광주 초등교사의 81.6%인 2천 3백명)

11월 14일 전남 옥과고 동문대표와 해직교사가 참가하여 정상화를 위한 대책 논의 후 학생징계 철회 합의. 학생 1,400명 중 800명은 등교거부

11월 15일 김제, 고창, 남원지회에서 각 지역 〈농민대회〉에 참가

서울 고척고 1, 2학년 1천명, 점심시간 후 하교시간까지 농성하며 〈학생의 날 문화행사〉에 참여한 11명에 대한 징계철회 요구

11월 16일 김제지회 15명 교사, 교육청 방문하여 시·군 학력고사 폐지 건의하여 폐지 약속받음

〈민주화를 위한 교수협의회〉 제1회 공개강좌가 부산대 효원회관에서 열림. 허명길(부산대), 정영채(부산 공립지회장), 노무현 의원 강의

대한교련 주최 〈교원지위법 제정, 교과지도비 부활 촉구 수도권 결의대회〉가 서울 윤중국교에서 열림. 학교당 8~10명 동원

광주사립지회 결성이 조선대에서 동, 서, 남, 북부지회 소속 현장 140명, 해직 100명 참가해 열림

11월 17일 전남 옥과고 학생징계 철회를 위해 해직교사와 동문대표가 협상해 옥과고 학생징계 완전철회시킴

진해여상 10명의 교사, 재단비리 엄격조사 요구하며 교무실에서 농성

민족문학작가회의가 주최하고 전교조가 후원한 〈참교육을 위한 민족문학의 밤〉 행사가 성신여대 운정관에서 열림. 1,700여명 참가

11월 19일 부산지부에서 돈 봉투 안주고 안받기 운동 가두선전의 날 행사 치룸

전남, 광주 대학지회 결성식이 전남, 광주지부 교수 63명과 해직교사 150명

이 참가해 열림

광주에서 극단 〈신명〉 주최로 YMCA 무직장 회관에서 교육극 「학교야, 학교야」 2차례 공연, 1,500여명 참가

서천지역 〈전교조 탄압 저지와 참교육 실현을 위한 서천지역 공동대책위원회〉 결성

임시중앙위 개최되어 중앙위원 68명 참가해 대의원대회 이후 해직자 투쟁과 대의원대회에서 조직체계 정비하기로 결정

11월 20일 경남 진해여상 1, 2학년, 부당징계 철회 요구, 700여명 수업거부하며 농성

충남지부, 학생의 날 행사 관련 학생징계 항의 위해 대천여상, 대천고 방문

고척고 항의방문에 강서남부지회 교사 100여명 참가

11월 21일 대천, 학생의 날 행사에 참여한 대천여고 12명에게 징계 내려짐. 학생 900여명, 징계철회요구 서명

옥천여상 1, 2학년 학생 '공군부대 김치 담그는 곳'에 동원됨

광주대 성래운 총장외 교직원 일동, 후원금 1백 20만원 광주지부에 전달

11월 22일 평민당사에서 광고협의장 이형준(광덕고 3년), 부고협의장 황순주(용인고 3년)이 〈구속학우 석방 및 부당징계 철회를 위한 무기한 단식농성〉에 돌입

진해여상 학생 900여명, 심영일 교사 부당해임 철회 요구하며 운동장에서 농성

학생의 날 행사 참가로 징계 내려진 대천여상 학생 징계철회됨

대구지부 국·공립중등지회 결성 및 1차 총회가 150여 조합원 참가해 열림. 이도걸(죽전중) 교사 지회장에 선출됨

11월 23일 〈전교조 사수와 교원임용에 관한 종합대책안 철폐를 위한 영남지역 교육동지 결의대회〉가 서울지부장 이부영 교사 참가한 가운데 경북대에서 열림, 500여명 참가

강원지역, 도교육위원회의 지시공문에 후원회 실태 파악에 대한 지시 내려감

전북교대에서 〈강제징집 저지 전교조·학생 공동대책위원회〉 발대식 열림

고창지회, 현장교사 후원회비 납부상황을 조사하라는 교육구청의 지시 내려옴

충북지부 "교원노조 모금 활동 불응"이란 제목의 전언 통신문 접수

11월 24일 진해여상 1, 2학년 500여명 학생 수업거부

울산지회, 경우회 반공서적 강매에 대한 교육청 항의방문

11월 25일	23∼24일 강릉에서 통일교 관장인 "전국교사 원리연구회" 연수가 있었고, 도교위에서 공문을 통해 연수참가 종용
	진해여상 300여명 등교거부 결정
11월 26일	〈'89 민중대회〉가 서울 연세대(1,500명), 청량리(3,000명), 전북(2,000명). 충남·대전(400명), 부산(700명), 대구·경북(2,000명), 마산(300명), 진주(400명), 청주(50명)에서 열림. 교사 800여명 참가함
	부산 금정고 학생 1명 사대 희망했으나 추천서 써주지 않자 가출
11월 27일	광주 국공립지회 결성식이 교사 140여명 참가해 열림
	〈구속학생 석방 및 학생탄압 저지를 위한 규탄대회〉가 광고협 주최로 전남대 5·18광장에서 15개교 500여명 참가해 열림
	진해여상 등교거부에 따라 각반 10여명만 등교
11월 28일	경기 부천 성심여대 주최 「불량제품이 부르는 희망의 노래」 연극 공연이 1,000여명 참가해 열림
	광주, 전남지부 학생탄압 분쇄를 위한 철야농성 진행
	부산지부 학생탄압 분쇄 철야농성, 황순주 부고협 의장 제적당함
	진해여상 심영일 교사 구속적부심으로 석방
12월 1일	광주지부, 서석고 학생탄압에 대한 항의 방문함
	정주 배영종고 박병훈 교사, 출근투쟁하러 학교 갔다가 교장실 앞에서 수위에게 맞아 머리 5바늘 꿰맴
12월 2일	고양·파주지회 박석균, 김난희, 이현덕 교사가 11월 15일 제기한 위헌신청이 받아들여짐
12월 4일	광고협 강위원 군 제적철회
12얼 5일	전북지부, 후원회 교사탄압에 대한 항의로 전북도교위 교육감실에서 항의농성
	〈학생탄압, 후원회 교사탄압 중단 및 노동, 교육악법 철폐를 위한 전교조 중앙위 전원 철야농성〉이 본조 대회의실에서 진행
	진해여상 학생과 교사, 중앙성당에서 농성
	부산 동아여고 김미향 교사, 중앙성당에서 농성
12월 6일	광주지부, 현장방문 활발히 진행

	일산종고 학생회장 유민수 군, 「공무집행방해죄」 적용하여 징역 1년 집행유예 2년 선고받음
	경북 김천지회 구자숙 교사의 위헌제청이 김천지원에서 받아들여짐
12월 7일	〈종합대책안 철폐와 전교조 사수를 위한 교육주체 결의대회〉가 서울대 문화관에서 600여 교수, 교사, 예비교사 참가해 열림
12월 8일	광주지부 후원회 탄압과 학생 탄압규탄 시교위 농성함
	경북지부 해고조합원 70명이 해고자 복직과 전교조 인정, 후원회 탄압 중지 요구하며 도교위 농성
12월 9일	부천 소명여고 전교조 가입교사 6명이 탈퇴각서 제출치 않자 문교부에서 특별감사 실시
	거창지회 윤태웅, 배은미 교사 민사소송 4차 공판이 열림
12월 10일	인천 제일 감리교회에서 대의원 334명 참가해 〈제2차 임시 대의원대회〉 열림, 90년 투쟁방향 논의, 이부영 교사, 수석부위원장으로 복귀, 규약과 규정 검토함
12월 11일	명동성당에서 〈해직교사 결의대회〉 개최, 1,000여 교사 참가, 이후 문교부 항의 방문함, 621명 연행, 마포서, 태능서, 청량리서 등 12개 경찰서에서 1박 2일, 2박 3일 지냄, 경찰서 등에서 규탄 및 결의대회
12월 12일	서울지부 대학위원회 결성식이 연대 장기원 기념관에서 열림
	해고자 단결투쟁 과정에서 〈성북서 전교조 임시지회〉(지회장, 이재호)를 결성하고 규탄대회 및 기자회견함. 연행된 호정진 교사 구타당해 전치 6주 부상 각 지회별로 항의농성 돌입
12월 13일	성동여실 고창연 교사 구속됨
	해고자 단결투쟁 과정에서 연행된 조합원 석방됨
	인천 대의원대회 관계로 인천 남부경찰서 간부 9명이 징계위 회부됨
12월 14일	각 지부별로 대학 수험생에게 음료와 유인물 돌림
	수원지역 교장단, "도학력고사 폐지 서명작업"에 참여한 교사에게 경위서와 각서 요구
12월 16일	온양, 아산지회 「사랑으로 매긴 성적표」를 관람하면 퇴학시키겠다고 교장단 회의에서 협박

12월 18일	〈전북지부 초등위원회 결성식〉이 전주교대에서 열림
	부산지부 「더불어 사는 삶」전에 12~18일 동안 80여명 관람
	각 지부, 지회 활발한 현장 방문
	경남 창녕여종고 침묵시위
	염광여고, 학생징계에 항의하며 시위
12월 19일	관악, 동작지회 「송년의 밤」 행사가 지회교사 150여명이 참가해 열림
	제주지부에서 교원노조 활동 대응공문 입수, 내용은 「우리교육」 지지와 「전교조신문」 교내반입 금지와 현장교사 파악
12월 20일	전국 최초로 지역 고교협 주최의 문화 한마당인 전남 곡성지역 고교생협의회 주관 〈고교협의 밤〉이 개최됨
	전국 유일의 서무과 해고자인 박택호 조합원 초청하여 전남지부에서 학교 회계에 관한 실무연수 실시함
12월 21일	〈자살학생 추모제〉가 성문밖교회에서 200여 교사, 학생, 학부모 참가해 열림
12월 22일	거창지회 윤태웅, 배은미 교사 해임무효소송 승소
	광주지부 20여명의 교사 광덕고 광고협 의장인 이형준 군 퇴학처분에 대해 항의방문하고 강력 규탄함
12월 23일	〈진해여상 학원민주화 및 징계철회를 위한 결단식〉 열림
	창녕여종고 6일째 학원민주화 농성을 16명의 교사가 교무실에서 진행
	부산에서 「또 하나의 시작을 위하여」란 문화 프로그램에 70여명의 교사, 학생 참석
12월 24일	광주대 성래운 교수 별세
12월 26일	거창지회 윤태웅, 배은미 교사 출근하였으나 학교 측 아무런 대응 없음
	서산지회 이우경 교사 검찰 출두하여 3차 조사 받던 중 구속
	경남 도교위 상대로 해임처분 취소 청구소송 낸 울산지회 옥봉분교 손수원 교사, 소청과 절차상 하자를 들어 징계무효 결정
12월 27일	〈인천지역 학부모회〉 시교위 교육감에게 '육성회비에 관한 질의서' 발송
	대구지부 이도걸, 김정오 교사 외 4명의 조합원 전국최초 국공립 행정소송 열림
12월 29일	대전지부 송년회에 현장교사 110명 등 150여 조합원 참가

1월 4일   본조 상근자 50여명 참가해 시무식

평민당 박석무 의원 등 평민당 당직자 '전교조 후원금 4백만원' 전교조에 전달

거창지원에서 승소한 윤태웅, 배은미 교사가 소속한 학교재단에서 마산지역에 12월 30일 항소함

서울지부 시무식과 연날리기 대회를 관악산에서 개최하려 했으나 경찰의 원천봉쇄로 안양으로 옮겨 진행함

CBS 뉴스와의 인터뷰에서 정원식 문교부장관은 "1천 5백 해직교사 대폭 구제하겠고, 방법은 총무처 심사과정에서 징계 절차상의 문제의 경우는 탈퇴각서를 전제로 대량 구제하겠다"고 발표

1월 5일   12월 30일 인천 박문재단(천주교), 박문여고 조용명, 박문국교 김정심 교사에게 정직 1개월 내림

전북지부 〈임시대의원대회〉 열어 중앙위원 3명 선출

경기지부 박창규, 정진후 교사 수원지법에서 위헌신청 받아들여짐

1월 6일   창녕여종고 1차 징계위 무산, 학생 300여명이 징계위 장소 검거

1월 8일   전남지부, 학생·교사를 위한 문화강습이 열림(8~14일)

강원지부, 1차 조합원 학교가 속초에서 열림

1월 9일   전남지부, 조합원 연수가 4일부터 보성지회를 필두로 시작됨

대구지부, 보충수업 실시 학교를 중심으로 현장방문 실시(8~20일까지)

창녕여종고 학부모 대상으로 300여명 서명받음

울산 옥봉국교 조합원 1명, 가정환경으로 지회와 협의하여 탈퇴각서 쓰기로 결정

경북지부, 〈임시대의원대회〉 열어 중앙위원 3명 선출

부산지부, 국공립지회 연수 및 총회가 8, 9일 양일간 열려 현장 81명, 해고 21명이 참석해 지회장 고재명 교사 선출

1월 10일   강원지부, 해직교사 선별, 조건부 복직방침 규탄 성명서 발표

대구지부, 청소년 「열린학교」 입학식에 190여명 참가

1월 11일   경북 예천지회 소속 30명의 조합원, 5·18 유적지 방문

대구지부 이만호 지부장, 부산 진입 경부선 톨게이트에서 불심검문으로 연행됨

	강성호 교사 항소심 2차 공판 열림
1월 12일	통일교 산하 〈남북통일 국민연합〉 주최로 경기도 내 교사를 중심으로 수안보 호텔에서 전교조를 비방하는 교육실시
1월 13일	〈한국자유총연맹 인천시지회〉에서 각급 학교에 북한사회 개방 촉구 지지서명 협조 의뢰함
1월 15일	경기지부 연수가 70명의 조합원 참가해 열림
	전남 「청소년 겨울학교(하나되는 나눔터)」 개교되어 15~21일간 전남대 사대에서 실시됨
	광주 송원민주연합 학생회 주최 전교조 후원하기 위한 「참 우리 바른 세상」 공연이 전남대 강당에서 600여명이 참가해 열림
1월 17일	마산 창신고 농성에 교사 53명 참가
	창신고 학생 천여명 징계위 저지시킴
1월 18일	통일교 주최 '교사 승공 연수'가 이천군에서 열렸고 교육청에서 학교당 2명씩 차출
	부산지부 2차 정기총회가 250명이 참가해 영도 청학성당에서 열려 박순보 지부장 선출함
	천주교재단인 부천 소명여고 소속 조합원 6명 직원 면직됨
1월 20일	충북지부 연수, 조합원 220명 참가해 완료
	부천 소명여고 교사 66명과 부천지회 및 인근 교사 25명이 부천지회 사무실에서 철야농성
	마산 창신고 학생 600여명 학생총회 도중 동창대표에게 집행부 학생 구타당함
2월 2일	부산 1정연수 초등교사 200여명에 홍보물 배포
2월 3일	전북 통일교 산하 단체인 〈전국대학원리연구회 전북교구〉 주최의 전기대 합격자를 대상으로 하는 교육연수 저지함
2월 7일	소명여고 전교생 130여명 농성
2월 9일	창녕여종고 학생 450명 부당징계 철회 요구하며 농성
2월 10일	〈마산 창녕여종고, 창신고, 진해여상 부당징계 및 복직 촉구대회〉가 경남대에서 3개교 30여명이 참가해 열림
	서석고 김승수 학생 졸업식에서 구타당함

2월 11일	서석고 김승수 아버지가 폭행교사 7명을 광주지검에 고소
2월 12일	〈서석고 김승수 군 구타사건 특위〉가 구성됨
	울산, 울주지회에서 3당 합당의 정당성 홍보하는 교육이 있음을 알아냄
	서석고 김군 폭행에 항의 학부모단, 학교 방문
	서울 동북고 졸업식에서 3학년 이주형, 정기훈 학생이 동창회장상과 어머니회상 거부함
2월 15일	전교조 지지 집회와 관련해 구속되었던 강위원(광고협 의장), 임회용, 김일수 학생 징역 1년, 집행유예 2년 선고받고 석방
	각 지부 및 지회 선거 시작됨
2월 18일	각 지부장 선거결과 서울 고은수, 강원 민병희, 경기 전현철, 인천 신맹순, 충북 정태옥, 대전 김우성, 전북 한병길, 전남 고진형, 광주 오종렬, 대구 이도걸, 경북 김윤근, 경남 이영주, 부산 박순보, 제주 이영길 지부당 당선
2월 19일	경북 청송지회 배주영 교사 자취방에서 연탄가스로 순직
2월 20일	해직자 총단결투쟁으로 전국 800여명의 교사, 국회 앞에서 원상회복과 3당 야합 분쇄 외치며 농성. 이후 홍익대에서 1,000여명 교사 결의대회
2월 22일	윤영규 위원장 항소심 1차 공판 열림
2월 23일	배주영 교사 '전교조장'으로 안동에서 장례식 진행
2월 24일	〈반민주 3당야합 분쇄 및 민중기본권 쟁취를 위한 국민대회〉에 공동주최로 참가
2월 26일	〈제2차 정기대의원대회〉 개최(서울 왕십리 성당)
3월 1일	경남대 한마당에서 「마지막 수업」(극단 〈한강〉) 공연, 1,400여명 관람
3월 7일	경기, 부천 소명여고 소속 6명의 직권면직 교사들에게 재심결정서 전달됨. 재심에서 당시 직권면직의 절차상 하자를 인정하여 직권면직을 취소하고 3월 14일 징계위원회를 다시 열겠다고 함
3월 8일	전북, 반민자당 규탄집회 중 실명한 전북대 신동문 군의 부상 규탄대회 참석
	인천, 외국어고 해직교사 출근투쟁, 사복경찰에 연행
3월 9일	강원, 산전휴가 부당 처리에 관하여 조사 후 기자에게 발송
	대전, 〈초등 신임 발령교사 환영회〉, 신임 4명, 조합원 15명 참가
3월 13~14일	교육법 개악 저지투쟁, 570여명의 교사가 전국에서 문공위원 사무실 방문,

	학교현장 3월, 15개 방문, 철야농성, 가두홍보 등의 다양한 방법으로 진행
3월 15일	서울지부 사립위원회, 경희대 도서관, 시청각실에서 〈사립학교법 위헌판결 촉구대회〉 개최
	경북, 징계절차상의 하자로 김천 금근호 교사 소청에서 해임 무효
3월 19일	대구, 〈경상고사건 범시민 대책위 발족식〉
	인천, 명신여고 학생 농성 4일째
3월 20일	충북, 신금식, 김병우 교사 「국가공무원법」 위반으로 1년 구형
3월 21일	전북, 순창교육원에서 철야농성, 교사 43명, 학부모 20명 참가. 3월 15일 민방위 소집시 (교육청 마당) 교총 선전, 전교조 비방에 항의
	현장 방문 87개교
	경남 · 울주 · 마산 · 충무지회 교육청 방문
3월 22일	인천 해직교사 4명, 명신고 관련 유인물 배포 중 연행
	전남지부, 〈해남 기독교교회연합회〉로부터 '인권상' 수상
3월 23일	서울 중서부지회 은지숙 등 4명, 연합출근투쟁 중 연행
	경기, 부천 소명여고 건으로 3월 13일부터 명동성당 앞에서 연좌시위
	제주, 공립유치원 전임강사 봉급 12만원 삭제(3월 1~12일 도교위 농성 관련)
	인천, 명신여고 교장이 학부모에게 공권력 투입과 휴업령에 동의해줄 것을 요청, 교사, 학부모 농성
3월 24일	명신여고 교내에서 교사 6명, 학생 5명 연행
	제주, 유치원 정식교사 공개채용 시험장(신제주국교) 앞에서 농성, 29명 연행
	충남, 태안지회 결성
3월 26일	경남지부 해직교사 51명 도교위 방문 중 46명 연행
	명신여고 휴업령(3월 26일~31일)
	서울, 특수분회 결성(분회원 13명)
	경상고 해직교사 6명 교문 앞에서 무기한 단식농성 돌입
3월 27일	윤영규, 이수호 항소심 기각
	경남지부, 지부장 이영주 등 4명 구속

경상고 학생징계 전면 백지화

명신여고 철야농성 중(3월 24일부터)

3월 28일   대천 혜천여중교 폐교

3월 29일   전교조 위원장단 경남사태에 대한 기자회견

3월 30일   본조, 기자회견

평민당 국회 진상조사단 경남 파견(손주항 부총재 등 3명)

3월 31일   경남 지회장단 단식 4일째

〈참교육 실현을 위한 온나라 걷기 발대식 및 전교조탄압 분쇄투쟁 수도권 결의대회〉, 서울 성문밖교회에서 개최. 150여명 참가

4월 1일   경남, 〈불법 구속 선생님 석방 촉구와 학교 민주화 말살 음모 분쇄 결의대회〉, 마산시내 평화진행

온나라 걷기 출발(서울 → 제주도)

4월 2일   온나라 걷기 제주 기사행진, 출정식

명신여고 다시 휴업령(4월 2~6일)

4월 3일   온나라 걷기 중 서귀포시에서 23명 연행

대구 국공립지회장 권영주(중미여중) 출근 중 연행

대전, 동아대 산하 서대전고등학교에서 재단비리 폭로 유인물 배포 중이던 김경식 교수를 서대전고 교장, 교감, 학생과장 등 4명이 집단폭행

4월 4일   마산에서 개최된 〈구속교사 석방 쟁취 및 전교조 탄압음모 분쇄 결의대회〉에 전국에서 600여명 참가. 마산시외버스터미널 앞에서 연좌농성 중 연행이 시작되자 성안백화점 앞에 재집결. 연행 과정에서 황점순(경남 삼광국교) 등 5명 부상

서울 민사지법 합의 42부(재판장 : 박용상 부장판사), 사립학교법 위헌제청 신청 기각

목포, 〈온나라 걷기 대원 환영식〉 무산, 대의원 17명 연행됨

4월 5일   경남, 연행교사 석방, 정리집회로 〈구속교사 석방쟁취 및 전교조 탄압음모 분쇄를 위한 전국 교사대회〉(500여명 참석)를 가진 후 지부별 귀가

목포, 온나라 걷기에 100여명 참가, 51명 연행

4월 6일   나주, 온나라 걷기 중 8명 연행. 나주 금성고 학생 1,000여명 격려방문

	경남, 김용택, 이인식 동지 구속적부심으로 석방
	명신여고, 평민당 중앙당사로 장소 옮겨 농성
4월 7일	광주, 온나라 걷기 중 6명 연행하여 물구덩이에 처박음(광주동부서)
	명신여고 교사 고흥덕 등 8명, 사직서와 각서 제출을 강요하며 감금 폭행당함. 주안5동 성당에서 명신여고 〈교육정상화를 위한 결의대회〉 개최(학생, 학부모 등 230여명 참석)
	경기, 〈천주교재단 해직교사 복직을 위한 기도회〉
4월 8일	〈수도권 13개 업종별 노동조합, 관악산 등반대회〉 노동자 500여명 참석(전교조 64명)
4월 9일	보성, 온나라 걷기 중 18명 연행당함
4월 10일	순천, 온나라 걷기 중 10명 연행당함
	명신여고, 운동장 농성(1,300여명) 후 교무실 점거농성(100여명)
	윤영규 위원장 원주로 이감
4월 11일	본조, 선교교육원에서 정책토론회 개최(주제 : 보수대연합의 본질과 민민권의 대응)
	서울 동북부지회, 4 · 19 시범수업(역사과, 미술과, 초등)
	여수, 온나라 걷기 중 5명 연행당함
4월 12일	명신여고 김방식, 고흥덕 교사 업무방해죄로 구속. 비상 학생총회를 열어 "교장퇴진" 등 11개항 요구
	경기도교위, 학교 불시침입자 저지 공문 하달
	강원, 원영만 교사 대법원 상고심 기각. 「국가공무원법 66조」의 위헌성을 이유 없다고 판결
4월 14일	소명여고 철야농성 20일째
	위원장단 KBS 농성장 격려방문, 지지성명서 발표
	서울, 3개 지회 총회 및 전진대회
	온나라 걷기, 대구 경상대에서 환영대회(500여명 참가)
	참교육 학부모회, 기독교회관에서 「돈봉투 문제 어디까지 왔나」 공청회 개최(120여명 참가)
	서울 중서부지회 전진대회

4월 16일	헌법재판소, 사립학교법 위헌제청 공개심리. 소송 당사자 변론에 전교조의 소송 대리인 김성수 변호사와 문교부의 정원식 장관이 나옴
	전국 본조 및 지부, 사립학교법 위헌판결 쟁취를 위한 농성돌입
	온나라 걷기, 속도위반으로 교통경찰에 연행
	명신여고, 〈교사 · 학생 탄압 진상보고 및 규탄대회〉 개최(800여명 참가)
4월 17일	서울 강서 · 남부지회, 교사 전진대회
	평민당사에서 농성 중이던 명신여고 강신오 교사 구속, 김승민 학생 고발당함
4월 18일	전남지부, 각 지회 동시다발 농성돌입
	부산, 온나라 걷기 집회 허가서 받고 성대한 환영회 개최
4월 19일	4 · 19 혁명 30주년
	본조, 4 · 19 묘지 참배
	대구, 4 · 19 교원노조 계승 및 집행부 출범식
	지부별 기념행사 개최
	부산, 온나라 걷기 중 17명 연행당함
	전북, 〈참교육을 위한 시와 노래의 밤〉 개최. 교육 문예창작회, 전북 민족문학 작가회의, 노래패 〈소리모둠〉, 놀이패 〈덩더쿵〉 참여
	명신여고, 교육감 퇴진 서명운동 전개
	사립학교법 위헌결정 쟁취 농성 4일째
4월 20일	서울지부, 건국대에서 〈4 · 19 노조 계승 전진대회〉 개최(750명)
	울산, 온나라 걷기 중 17명 연행당함
	대전실업전문대 김경식 교수, 폭행 피의자 서대전고 교장 채재원 등 4명 불구속 기소
4월 21일	한양대에서 〈민자당 일당독재 분쇄와 민중기본권 쟁취를 위한 국민연합〉 결성. 수석부위원장 등 참석. 6,000여명 참석
	광주 · 대구, 광주교대엣 4월 혁명 30돌 학생 기념식 개최(고교생 120명 참가)
	광주 · 전남, 조선대에서 〈4 · 19 교원노조 계승과 살비학교법 개악 규탄 및 위헌판결 결의대회〉 개최(300여명 참가)
4월 23일	경상대에서 〈사립학교법 위헌판결 쟁취를 위한 토론회 및 결의대회〉 개회(60여명 참가)

	부산, 태종대 순환도로에서 〈4·19 정신계승 및 민주교육 실현을 위한 부산시민 걷기대회〉 개최(500여명 참가)
4월 24일	온나라 걷기, 대구 도착
	광주 초등지회 성명운동 전개, 4월 31일부터 실행. 51개교 1,700여명 서명
4월 25일	온나라 걷기, 대구 시가행진(경북대 북문~대구교대)
	충북 사립교장단, 합헌판결 촉구서명 전개
4월 26일	온나라 걷기 남원 시가행진, 시민, 교사, 학생 150여명 참가
	경남지여 도교위 방문, 면담(내용 : 진해여상 담임 박탈문제, 육성회 예결산 공개 등)
4월 27일	온나라 걷기, 남원 → 부안
	전남지부와 시교위 공식면담(합의내용 : 도학력고사 폐해 방지, 찬조금 징수문제 시정, 전남지부와 시교위의 대화통로 마련)
	사립학교법 합헌 서명, 부산 등 전국적으로 확산
	울산·울주지회, 현대중공업 파업농성 격려방문
4월 28일	〈전국민주교육추진협의회〉 창립대회(성문밖교회, 100여명 참여, 참가단체 : 전교조, 민교협, 참교육학부모회, 전사련, 서사협, 한국교육연구소)
	〈전국대학강사노동조합〉 결성대회(서울대, 200여명 참석)
	명신여고, 〈교사·학생탄압 분쇄를 위한 인천시민 결의대회〉 개최(인천대, 교사·시민 150여명 참석, 경찰 원천봉쇄)
	온나라 걷기, 전주 도착
	대구지부 최연호 교사 구속(11·26대회 관련)
	경기, 충남 초등위원회 결성대회
	현대중공업, 폭력경찰 무력진입
	인간교육실현학부모연대 결성
	– 이 학부모회는 "비교육적인 사회를 개혁하고 우리 자녀들이 질높은 교육을 받을 수 있고 건강한 인간적 성장을 할 수 있도록 학부모운동을 함께 하자"라는 취지로 창립되었다
4월 29일	제5차 중앙위원회 개최(성문밖교회, 96명 중 63명 참석)
	〈현대중공업 경찰 폭력진입 규탄과 세계노동절 쟁취 수도권 노동자 결의대

회〉에 연대세력으로 참가

온나라 걷기, 이리 도보행진

4월 30일 인천 세일고, 명신고 앞에서 1,500명 농성(명신고 앞에서 유인물 배포 중 경찰 연행, 항의)

제주, 소년체전에 학생 1만명 동원

5월 1일 세계 노동절 101주년. 전국적 기념식 및 가두투쟁 전개

세일고 전교생, 명신여고 지지농성, 교사들의 농성장에 합류

온나라 걷기, 공주출발 천안 도착

함평 학다리고 교장, 사립학교법 합헌판결 요구 서명 강요. 인장 도용. 함평 지회장, 항의방문하자 사과하고 서명용지 원본 찢음

5월 3일 온나라 걷기, 온양 출발, 당진·서산 도착

(주)통일 노조 대의원 이영일 동지 분신 후 투신, 사망. 16시 추모대회에서 백골단, 200여명 학생이 지키는 시신 탈취

역사과 참교육 시범수업. 동국대 동국관. 120여명 참가

서울 3개 지회(강서남부, 중서부, 관악동작) 분회장 결의대회

「교과서 속의 농촌관」 공청회. 대전 가톨릭회관, 교사, 농민회 등 80여명 참여

5월 4일 기자간담회(교총 강제가입, 교육주간 행사계획, 사립학교법 합헌 촉구 강제 서명 등)

〈KBS, 현중 탄압 분쇄 국민회의〉 구성 기자회견, 전교조, 국민연합, 전노협 등 참가

온나라 걷기, 서산 출발, 해미, 구황 거쳐 홍성 도착

〈해직교사 원상복직 추진위원회〉 결성식(서울 갈릴리 교회, 추진위원 계성 여고 심충보 외 4명)

5월 5일 온나라 걷기, 대전에서 출정식 환영대회

5월 7일 〈5·27교사대회 쟁취와 민자당 분쇄를 위한 전교조 투쟁본부〉 발족(109명 참석, 투쟁본부장 – 이부영 수석부위원장, 부본부장 – 고은수 서울지부장, 집행위원장 – 김민곤 사무처장)

온나라 걷기 대전 출발 조치원 도착

인천 명신여고 학생 11명 서울 인권선교회(KNCC)에서 무기한 철야농성 돌입

5월 8일	서울 원상회복 서명 상황 : 잠실고 등 6개교 245명 서명. 서울시교위, 서명자에 대한 강경대응 방침 밝힘. 서명활동도 전교조 활동이니 강력히 저지할 것 지시 원상회복 추진위, 성명서 발표, 시교위 항의방문, 공문 발송, 탄압 계속시 고소 고발 방침 〈KBS, 현대중공업 노조탄압 분쇄를 위한 업종노련(협) 가맹 노조 대표자 합동 결의대회〉 열림(500명 참석, 경희대 크라운관, 이부영 수석부위원장 등 교사 50명 참석) 이만호 전 위원장 직무대행 선고공판. 징역 1년 집행유예 2년. 본조 사무실에서 석방 환영대회 온나라 걷기, 조치원에서 환영행사. 교원대 주최 〈전교조 온나라 걷기 대행진 및 민자당 일당독재 분쇄를 위한 2천학우 결의대회〉(1,000여명 교문 밖 1.5km 진출 영접) 서울 원상회복 촉구 서명 활발히 진행 중(시작 3일째. 현재 22개교 712명) 거의 모든 학교에서 서명철회 종용. 공공연한 위협 광주 〈심락회(퇴직교장모임)〉, 전교조 타격 기도, 문교부 지시로 14일 12시 전교조 전남, 광주지부 사무실 점거계획(퇴직교장의 제보) 그간의 울산·울주지회의 현대중공업 파업지원 활동상황 – 4월 27일 지회장 등 7명 농성장 격려방문, 파업을 올바르게 교육·전달하기로 결의. 5월 1일 〈현중 공권력투입 규탄 및 민자당 해체를 위한 범시민 결의대회〉 적극 홍보 및 적극 참여, 대자보 시내에 부착
5월 9일	유인물 가두배포, 의료활동, 집회선동 주도, 타지역 파견 지원과 민박 주선 등 〈민자당 해체 노태우 정권 퇴진 촉구 국민 궐기대회〉 전국에서 개최. 전교조 핵심부분으로 적극 참여. 전국 17개 도시에서 10만여명(국민연합 집계)의 학생, 시민, 노동자, 교사 참여, 밤늦게까지 시위, 국민연합 '계속투쟁' 선포 서울 미문화원 1층 전소 온나라 걷기 청주 도착, 환영행사. 장용수 대원과 학생 7명 연행 후에 풀려남 해직교사 원상복직 촉구 서명(87개교 1,916명) 신문 광고자 및 서명자 탄압. 서울지부 임원 교위 항의 방문

	경기지부 부지부장(박정근, 수성고) 수배 중 연행
5월 10일	제 5회 교사의 날 기념식. 교육민주화 선언 4돌. 홍익대 학생회관 1층. 450여명 참가. 참교육상 시상(양동식 – 풍문여고, 배주영 – 사망, 진보종고, 전영부 – 전 대동공고) 시국선언문 채택
5월 10~16일	제5회 참교육 주간 선포. 지부별 행사
	해직교사 원상복직 서명(125개교, 2722명), 한겨레신문 광고, 추진위 2회. 48개교
	온나라 걷기, 충북지부 출정식. 증평 도착
	반민자당 투쟁 2일째. 정부, 이수호·박현서 등 국민연합 간부 7명, 송갑석 등 학생 13명에 대한 구속 수사 방침 발표. 전국에서 2만여명 시위. 택시노련 2~3천 차량시위. 언론노련 12일 제작거부 결의
5월 11일	사립학교법 재개정안 및 위헌성에 대한 설명회(동국대, 100여명)
	온나라 걷기, 증평 출발 충주 도착, 환영식, 가두행진
	해직교사 원상복직 촉구서명(162개교, 3670명), 신문광고(대학지회 1회, 69개)
	5월 공동수업안 시범수업(공주)
	각 지부·지회별 참교육 주간행사 활발
5월 12일	온나라 걷기, 충주 출발, 봉양 거쳐 제천 도착
	경기교사 큰잔치(교육민주화선언 4주년 기념)
	원복추 서명 상황(33개교, 581명)
	국민회의 주최 걷기대회
	울산지회 사무실 강제 압수·수색
5월 13일	온나라 걷기, 제천 출발, 원주 도착
	5·18 공동수업(경남지부 사무실)
5월 14일	서울 해직교사 문교부 항의방문. 정부종합청사 앞 연좌 150여명, 연행 분쇄되자 명동성당 재집결, 정리집회
	원복추 서명(372개교, 6,275명). 광고 96개교
	온나라 걷기 대원들 위원장 면회 시도. 15일 하기로 약속
	전국 시도 10개 지역에서 「전국교직원노동조합 발기인대회 및 준비위원회

결성대회」강행

5월 15일 전국 각 지부, 지회 사무실, 스승의 날 학생방문 쇄도

온나라 걷기, 위원장 면회, 원주 출정식. 정선, 사북 도착 환영행사 후 태백, 동해, 묵호 도착

윤형섭 한교총 회장 망언(스승의 날 기념식장, 세종문화회관에서)

원복추 서명(385개교, 6,511명)

대구지부, 교육현안 해결을 위한 시교위와의 면담. 학무국장, 중등과장과 대표단 4명 면담

문교부 교직원 노조결성이 실정법에 위배된다고 발기인대회에 참석한 교사들을 법규에 따라 조치하도록 전국 시도 교위에 긴급 지시

5월 16일 원복추 서명. 400개교 6726명

온나라 걷기, 묵호역 출정식. 안인

합헌서명에 항의, 단식농성 돌입

해남 북평종합고교 학생 600여명 농성, 학생회 신문에 전교조 관련 글이 실렸다는 이유로 발간 저지한 데 항의

명신여고, 학생 50여명 강신오, 고흥덕, 김방식 교사 수감된 인천교도소 앞 항의집회, 면회요구

전북 혜성고 전교생 2일째 수업거부(경찰의 폭행으로 학생회장 이가 부러지고 중상)

방학책 강매 사례(충남 서산중, 홍성중, 서산여중, 경북의 모 중학교 교장 등이 실적경쟁)

5월 17일 전국에서 5·18 기념행사 가짐

명신여고 정상화와 참교육 실현을 위한 목요기도회(NCC, 전교조, 200여명)

사법연수에서 「전교조 운동의 당위성, 사립학교의 현실」에 대해 강연(이철국, 김경욱)

온나라 걷기, 강릉 출정식. 양양, 속초, 홍천 거침

태백교육청, 걷기대회 참가교사에게 서면 경고장 발부

원복추 서명 (41개교, 6,926명) 135개 광고

서울 육성회 찬조금 비정상적 반환(반환하지 않거나 형식적 반환)

경기 이천농고 · 이천고 · 양정예고 등에서 〈자유총연맹〉이 북한개방 요구 서명을 교사들에게 의뢰, 교실에서 서명받음

서울 구로고 학부모 농성. 4 · 19 정신계승 유인물 배포로 무기정학반은 학생회 부모 4명 교문 앞 연좌농성

5월 18일 5 · 18 광주민중항쟁 10주년

〈5 · 18 광주민중학생 계승 및 민자당 일당독재 분쇄를 위한 제2차 국민궐기대회〉 서울 종로, 을지로, 청량리 등 가두시위

광주 5월항쟁 10주년 기념식, 광주 금남로 20만 인파

온나라 걷기, 춘천 도착. 가두행진

경기도 이천군 내 모든 학교 교총행사로 휴교

5월 19일 〈5월항쟁 계승 및 민자당 일당독재 분쇄 민중기본권 쟁취를 위한 제2차 결의대회〉 원천봉쇄로 광주 금남로 중심으로 산발적 시위

전대협 출범식, 전남대 20,000여명 참가

〈전국노동자대회〉 전야제, 전노협 주최, 조선대 2,000여명 참가

5월 20일 〈5월정신 계승과 전교조 합법성 쟁취를 위한 교사대회〉 광주 동신전문대, 전국 1,000여명 교사 참가

〈전국노동자대회〉 11시 예정이었으나 경찰의 침탈로 약식으로 치름

〈2차 국민대회〉 14시부터 금남로 등 시내 곳곳에서 산발적 시위. 국민대회 약식으로 치름

온나라 걷기, 성남 도착

5월 21일 온나라 걷기 또다시 연행(18명), 수원경찰서

서울지부, 구로고교 학생징계(4 · 19관련 유인물 배포 이유) 항의방문

순천 효천고교 22명 무더기 무기정학(5 · 18 광주민중항쟁 10주기 추모집회 계획)

5월 22일 온나라 걷기대회 전원 강제연행(14명), 폭행. 안양지회와 서울에서 온 교사 20여명 경찰서 항의방문, 24시 수원 등지에 강제해산

〈5 · 27대회 출범식〉 충남, 대구지부, 지회별 결의대회 진행 중

서울 〈원상복직추진위원회〉 성명서 발표

5월 23일 온나라 걷기 14명 불법연행(부천서), 구타

	결성 1주년 기자회견(5 · 27 전국교사대회 알림, 정부와 문교 당국에 대화 제의 등)
	전교조 결성 1주년 기념공연, 집체극 「참교육의 그날까지」한양대, 1,500여명
5월 24일	경찰당국 5 · 27 교사대회 돌연 봉쇄방침 발표(20일 허가통보 번복. 주거침입, 업무방해, 집단행위 금지가 이유)
	온나라 걷기, 인천도착
	서울 잠실여고, 잠실고 학생들 5 · 28관련 유인물 배포 : 「전교조 결성 1주년에 즈음하여」, 「5 · 28을 기억하자」
5월 25일	온나라 걷기, 임진각 거쳐 원당 시가행진 서울 입성
	전교조 1주년 기념 광고(한겨레신문) 확산
5월 26일	5 · 27대회 방해 책동 노골화, 광주, 전화로 상경 여부 확인. 부산, 중징계 협박
5월 27일	〈전교조 탄압 분쇄와 합법성 쟁취를 위한 창립 1주년 전국교사대회〉예정 장소인 한양대 원천봉쇄, 경희대로 장소변경. 교사, 학생, 학부모, 노동자 등 전국 총 5,300여명 참가, 13시 45분, 15시 20분 최루탄 발사하며 2차례 경찰 침탈, 학교 내 완전 장악, 교사들 대회 사수. 16시 5분 경희대 크라운관에서 다시 대회 진행. 1차 침탈시 외국어대로 탈출한 교사 1,000여명은 수석부위 원장 주도로 약식 집회
	송형호(전 동북고교) 등 25명 부상, 경상자 다수
5월 28일	전국교직원노동조합 창립 1주년
	전교조 결성 1주년 기념식 전국적 거행(지부, 지회별)
	• 5.28 전국교직원노조 결성, 3천여명 참가
	– 참교육(민족, 민주, 인간화 교육) 표방
	– 6 · 7 광주지부를 시작으로 17일 대전지부 마지막으로 시도지부 결성 완료
	– 6 · 2~28 : 시군구 지회 111개 결성 / 495개 학교별 분회 결성
	• 8. 21 : 문교부, 8.21까지 전교조 관련 교사 1,777명 징계
	– 구속 41명, 파면 150명, 해임 533명, 직권면직 351명, 총 1,034명 해직 하였고, 기 직위해제 교사 743명 포함하면, 총징계자 1,777명

| 7월 10일 | 해직교사원상복직추진위원회, 「해직교원복직ㆍ보상에 관한 특별조치법」제정 청원(현직교사 4만명 서명) |

1991

1월 1일	제3대 윤영규 위원장, 이영희 수석부위원장 취임
3월 27일	기초의회 의원출마 해직교사 7명 전원 당선
5월 8일	'강경대 사건' 등으로 경북지역 현직교사 시국선언 발표 이후 전국적으로 약 4,700여명 시국선언에 참여(관련자 7명 해임)
9월 17일	초등 수업시수 경감 서명(전국 9,119명 참가)

1992

1월 1일	제4대 이영희 위원장, 최교진 수석부위원장 취임
1월 16일	노동부 남부사무소 전교조 본부간판 강제철거
2월 10일	서울시 경찰청, 「해직교사 서울후원회」 통장 압수수색 영장 발부받아 조사
4월 23일	교육대개혁 공청회 〈6공화국의 교육현실과 개혁과제〉 개최
4월 28일	공무원의 노동운동 금지한 국가공무원 제66조에 대한 위헌 심판에 대한 합헌 판결
5월 31일	〈창립 3주년 전국교사대회〉 1만 5천여명 참가, 경찰이 최초로 허용한 집회임
6월 15일	「국제자유교원노조연맹」 교육부장관에게 전교조 탄압중기 촉구서한 발송
6월 21일	「교육대개혁과 해직교사원상복직을 위한 전국추진위원회」(전추위, 전교추) 결성, 30명 징계(해임 5, 정직 8, 감봉 7, 견책 10)
8월 21일	교육대개혁과 해직교사 복직을 바라는 종교인 1,341명 선언
9월 18일	「국제자유노조총연맹」(ICFTU) 조사단, 전교조 공식방문
11월 10일	「당면 교육현안에 대한 교사 선언」 발표, 10,375명 참가. 교육개혁을 위한 정부의 노력촉구, 해직교사 원상회복, 대선후보자에게 교육대개혁 정책제시 요구. 4명(해임 1, 정직 2, 감봉 2)징계

1993

1월 26일 「국제교원노조총연맹」(IFFTU) 총회에서 전교조 인정과 해직교사 복직촉구 긴급 결의안 채택, 세계교원단체 통합하여 「국제자유노조총연맹」(EI) 창립

2월 1일 한국노총, 전교조 인정과 복직촉구 성명 발표

2월 17일 정해숙 - 유상덕 후보 제5대 위원장 - 수석부위원장에 당선

3월 4일 ILO에서 전교조 인정과 해직교사 복직을 촉구하는 권고문 채택

4월 8일 오병문 교육부장관과 첫 공식회동

- 오병문 장관 : 대화를 통해 문제해결 희망, 해직교사 문제해결 노력 천명
- 정해숙 위원장 : 교원노조 인정은 국제적 추세이므로 전교조 인정 촉구

5월 13일 교육주체 10개 단체 「교육개혁연대회의」 결성

6월 16일 전교조 해직교사 고등법원에서 해임무효소송 승소판결

6월 24일 오병문 교육부장관, 선탈퇴 후선별 복직방침 발표

7월 24일 교육부장관, 교원노동조합 관련 해직교사 복귀조치에 즈음한 특별담화문 발표

- 전교조 탈퇴한 해직교사를 임용권자가 개별심사하여 '94 신학기에 "신규 임용의 특별채용방식"으로 복직조치

8월 1~6일 교육개혁과 참교육실현을 위한 교사연구실천대회 개최(43개 분과 2천여명)

8월 30일 전교조, 국제교원노조총연명(EI) 집행위에서 가입결정

9월 30일 복직신청 마감일까지 88명만이 복직신청

- 전교조 해직교사 1,490명(전교조 결성관련 1,465명, 91년 시국선언 서명 7명, 전교추 18명) 중 88명만이 복직신청. 10월28일까지 추가신청 허용

10월 15일 정해숙 위원장, 탈퇴 조건부 복직방침 수용 특별담화 발표

10월 28일 해직교사 1,490명 중 1,419명 임용신청(71명 미신청)

1994

3월 초 해직교사 1,524명 중 1,294명 복직

3월 8일 EI 대표단 3명, 한국의 인권실태와 교원단체 현황파악차 내한, 전교조 방문 교육부장관, 해직교사 복직에 즈음한 담화 발표

3월 10일 교육부, 전교조 관련 해직교사 1,287명 임용

－ 전교조 관련 해직교사 1,490명 중 1,419명이 채용 신청하였는데, 이 중 1,329명을 임용예정자로 확정(면접 불응자, 전교조 시·도지부장 등 90명 제외)하고 1,287명 임용

3월 17일	상문고 사태에 즈음한 기자회견. 「전교조 사학비리비상대책위」 결성
3월 24일	교육개혁연대회의 주최, 〈사학비리의 구조적 원인과 대책〉 공청회 개최
4월 15일	4월혁명연구소 주관 4월 혁명상 수상
5월 10일	교육민주화선언 8주년 기념식
	〈국가경쟁력 강화논리와 교육개혁〉 공청회
5월 11일	교사 500명 대상 '교육개혁에 대한 교사여론조사' 발표

1995

1월 1일	제6대 정해숙 위원장, 이부영 수석부위원장 취임
3월 14일	위원장 기자회견 통해 〈학교현장 변화를 위한 교육개혁안〉 발표
3월 17일	「고교입시부활반대 범국민연대회의」 출범식(12개 단체 참여)
	〈고교입시, 무엇이 문제인가〉 공청회 개최
	「올바른 교육개혁을 위한 범국민연대회의」 발족(전교조, 민주노총(준) 등 16개 단체 중심으로 발족식 갖고 교육개혁안 발표)
5월 19일	UN 경제·사회·문화적 권리에 관한 위원회, 교원노조 허용 권고
6월 27일	지자제 선거 전교조 후보 기초의회 3명·광역의회 2명 등 5명 당선, 교육위원 선거 서울 2명·광주 1명·전남 1명 등 4명의 전교조 후보 당선
10월 31일	범국민 연대회의 주최 〈교육관계법 어떻게 개정해야 하나〉 공청회 개최
11월 12일	〈민주노총 결성기념 전국노동자대회〉 전국 500여명 교사 참여
11월 14일	교육법 개정 청원(교사 6,032명의 서명 참여, 국회 청원)

1996

2월	전교조 초등위원회 19시간 법제화 투쟁(95년 9월부터 전국 16,162명 초등교사 참여)
2월 중순	학교운영위 사업 선전물 제작 배포와 지회별 홍보활동
2월 23일	유아교사 담임수당 쟁취를 위한 서명운동, 퇴직금 쟁취투쟁

4월 27~28일	〈2000년대의 교육전망과 전교조〉 워크숍
5월 5~15일	교육주간행사. 어린이날 행사 전국 63개 지역 개최
5월~7월	학교운영위원회 전국 순회교육(17개 지역, 1,483명 참여)
8월 21일	정해숙 위원장 기자회견, 「교원 노동기본권 확보 투쟁본부」 결성
9월 4일	〈전교조 합법화를 촉구하는 전국 정치계·학계 등 각계인사 서명〉 기자회견(2,771명 서명 발표)
9월 11일	시민·사회·종교단체 공대위, '민주적인 노사관계 확립을 위한 교원의 노동기본권 인정'에 대한 국민여론조사 실시(국민 71.3% 지지표명)
12월 3일	노사관계개혁추진위원회, 노동법 개정안 발표
	– 교원단체 복수화 허용, 99년부터 시행
	– 전교조, 교총개정안 반대성명 발표
12월 4일	사학법인연합회 "교원노동권 부여 반대" 결의 발표
	– 교원노동권 허용 조치로 정리해고제, 계약제 도입 주장
12월 11일	전교조 합법화 총력투쟁 발대식 및 위원장 기자회견, 97년 2월까지 조합원 3,000여명 명단공개

1997

3월 25~27일	OECD 및 ILO에서 전교조 인정 촉구
3월 29일	제7대 위원장 – 수석부위원장에 김귀식 – 이수호 교사 당선. 당선 후 기자회견을 통해 교육부장관 대회 제의. 서울 등 7개 지부 현직교사 지부장 당선
4월 4일	전교조, 「북녘어린이돕기운동본부」 결성, 모금운동 전개
4월 7일	「유아교육공교육체제 실현을 위한 범국민 연대회의」 유아교육 개혁안 발표
4월 25일	EI, 김영삼 대통령과 진념 노동부장관에게 '전교조 인정' 촉구서한 전달
4월 28일	전교조 사립위원회, 〈사립학교 학교운영위 설치 의무화〉 헌법소원 청구
5월 7일	전교조에 가입한 교사에 대한 면직처분은 정당하다는 취지의 대법원 판결
5월 9일	경기여상 정상화와 사립학교 개혁을 위한 시민사회단체 공동대책위원회(김귀식 외 5명 공동대표) 구성, 경기여상 관선이사 파견 촉구
6월 2일	김귀식 위원장 정직 2개월, 유수용 서울지부장 정직 2개월 등 현직교사 지도부 12명 징계받음

6월 9일	김귀식 위원장 ILO 총회 참석(~15일)
	김성장(옥천 청산중) 교사, 보충수업 거부 관련 교육청으로부터 문답서 제출 요구받음
6월 13일	민주노총 · 전교조 · EI · ICFTU 등 ILO에 한국정부 제소
6월 22일	ILO 이사회, 전교조 인정 등 권고안 채택
9월 26일	〈학교폭력 진단과 대책〉 공청회 개최
10월 27일	교육개혁연대회의, 〈올바른 교육공약마련을 위한 공청회〉 개최
11월 22일	대통령후보에게 올바른 교육공약을 촉구하는 거리선전
12월 20일	대안교육 정책워크숍

1998

2월 4일	EI, 김대중 대통령 당선자에게 전교조 합법화 촉구
2월 6일	노사정위원회, 교원노조 99년 7월부터 합법화(법제화는 98년 정기국회) 합의
	노사정위 참여 당사자인 민주노총 합법화의 장애요인 해소 차원에서 노사정위가 교원노조 합법화를 우선 추진 과제로 합의
2월 10일	ILO 조사단, 전교조 방문조사, 전교조 합법화 지원약속
2월 19일	IMF시대 사교육비 경감을 위한 학교교육정상화 방안 토론회 개최
2월 22일	전교조 대의원대회, 교육부에 IMF 실직자 자녀에 대한 학비감면 등 지원 대책 촉구
4월 15일	교육 · 시민단체, 교육부장관 면담(교육비리 척결, 학교운영위 정상화 등 촉구)
4월 17일	서울지부, 새물결운동 공청회 개최
5월 5일	어린이날 행사 지역별로 일제히 개최
5월 13일	본부와 지부에 '교육상담센터' 개설
5월 14일	김귀식 위원장, 이해찬 교육부장관과 공식면담(교육행정체계 개편 등 교육개혁 촉구)
5월 21일	교육개혁시민운동연대(공동의장 : 김귀식, 손봉호, 오성숙) 창립 및 기념세미나
5월 28일	전교조 9주년 창립기념식

5월 30~31일	전교조 9주년 창립기념 지역별 교사 결의대회 개최
6월 5일	전남지부, 도교육감과 첫 공식 면담
6월 25일	전교조 교육행정 개선 교원 설문조사, 86.4% 교육청의 학교 교육지원센터 전환 찬성
6월 30일	교육연대, 보충수업 폐지 촉구 기자회견
7월 25일	영어연수를 시작으로 교과별 여름연수 실시
7월 29일	EI총회, 이동진 부위원장 EI 집행위원 피선, 전교조 합법화 지지 결의안 채택
8월 16일	전국임원연수
8월 17일	제3기 시·도 교육위원 선거에 7명 당선(22명 조직후보 출마)
8월 30일	제21차 임시대의원대회, 법제화 총력투쟁 결의
8월 31일	해직교사 복직 기자회견(대상자 125명 중 1차 54명 교단 복귀)
9월 10일	교육개혁과 교원정책수립을 위한 전국교사서명 돌입
9월 19일	노동관계법에 의한 전교조 합법화 촉구 수도권 교사 결의대회(노사정 앞), 400여명 참석
10월 1일	올바른 입시제도와 교육과정 개혁을 위한 토론회 개최(흥사단 강당)
10월 10일	현장중심의 교육개혁과 교원정책 토론회 개최(흥사단 강당)
10월 31일	노사정위 본회의에서 교원노조보장 방안 합의 도출 - 노동법 체계에서 '노조'를 인정하고, 노동3권 중 2권(쟁의권 제외)만 인정하는 노동법안의 주요골자에 대해 합의
11월 8일	전국교사대회·'98민중대회 개최, 3,000여 교사 참여
11월 9일	사립정상화공동대책위 발족(공동대표 김귀식, 박인주, 오성숙)
11월 17일	교원노조설립및운영등에관한법률안 국무회의 의결
11월 23일	정부는 노사정 합의에 따라 「교원의노동조합설립및운영등에관한법률안」을 국무회의에서 의결, '98 정기국회에 제출(12.1)
11월 24일	전교조 지지 각계인사 서명 1,765명(12월 말 총 2,915명 참여)
12월 14일	법제화 촉구 위원장단 단식농성 및 조합원 철야농성 전국교사서명 국회청원, 8만 4,424명 참여
12월 22일	지회장 상경투쟁과 수도권 조합원 한나라당 규탄대회

1999

1월 6일	교원노조법 국회 본회의 통과, 합법화 쟁취
2월 23일	학교에서의 집단따돌림(왕따) 실태와 그 대안 토론회
2월 28일	대의원대회 개최
3월 20일	학급운영모범사례발표회
4월 10일	단체교섭을 위한 전국교사설문조사 실시
4월 19일	제8대 위원장 – 수석부위원장에 이부영 – 김은형 교사 당선
5월 5일	어린이날 행사 전국 90여 지역에서 개최
5월 30일	10주년 기념 전국교사대회 개최.

사립학교 교육민주화

1 사립학교 교육민주화의 이해

1. 용어의 정리

사립학교법 제2조(정의)에 의하면, '사립학교'라 함은 학교법인 또는 공공단체 외의 법인 기타 사인이 설치하는 초·중등교육법 제2조 및 고등교육법 제2조에 규정된 학교를 말한다. '학교법인'이라 함은 사립학교만을 설치·경영함을 목적으로 이 법에 의하여 설립되는 법인을 말한다. '사립학교 경영자'라 함은 초·중등교육법 및 고등교육법과 이 법에 의하여 사립학교를 설치·경영하는 공공단체 외의 법인(학교법인을 제외한다) 또는 사인을 말한다.

'사립학교 교육민주화운동'은 사립학교에 재직 중인 교원이 개인 또는 조직적으로 교육관련 정책과 법률의 개선, 교육현장의 부조리 척결, 열악한 교육환경개선, 학교운영의 교육민주화, 학생자치활동의 보장, 보충·자율학습의 철폐 등 교육기본권 회복 및 신장과 교육민주화를 주장하면서 학교, 재단 및 교육당국을 상대로 전개한 제반 활동이다.

교육부의 「해직교사특별채용추진계획」(2000. 1. 28.)에서는 '사학 민주화 관련자'를 ① 재단의 재정비리, 교권 및 학습권 침해 등에 맞서 개별 또는 집단적 행동을 한 경우, ② 감사결과, 언론 보도, 기타 자료를 통하여 재단의 비리를 시정하거나 교단의 민주화 등에 기여한 사실이 입증되는 경우, ③ 재단의 권력에 맞서기 위한 일련의 행동(집단행동 포함)이 징계사유가 되고, 별도의 중대한 징계사유가 없는 경우, ④ 기타 사학민주화와 관련하여 해직된 교원으로서 특별채용함에 있어 임용 결격 사유가 없는 경우로 규정하였다.

2. 사학민주화 개요

사립학교 내의 각종 비리와 비민주적인 학교 운영 등에 대한 항의는 개인적 차원에서 진행되어왔으나 1987년 6월 항쟁을 전후로 집단화된 저항의 흐름이 분출하였다. 집단적 저항이 확산될 수 있었던 것은 6월 항쟁의 적극적 참여를 통한 교사들의 학습효과와 6월 항쟁 이후 전개된 각 부문별 민주화 요구의 흐름도 주요하게 작용하였다. 교사들은 자신이 몸담고 있는 학교현장의 민주화를 위한 구체적 내용을 만들어가기 시작하였다.

교사들은 학교현장의 민주화와 교원의 교권 수호 및 학생의 학습권 보장을 위하여 1987년 9월 27일 전국적 교사단체인 '민주교육추진전국교사협의회'(전교협)을 창립하였다. 또한 각 학교별로 학교현장의 민주화와 관련된 문제를 제기하고, 이를 토대로 교육민주화를 구체화하고 실천할 기본조직체인 '평교사협의회'(또는 교사협의회)를 결성하였다. 특히 사립학교가 국·공립학교에 비해 교육환경이 상대적으로 더 열악했기 때문에 평교사협의회는 '재단비리 척결' 운동을 중심으로 하면서 '학생자치활동 보장, 보충·자율학습의 폐지' 등을 쟁점화하였다. 또한 임용과정에서의 불법적 재단기부금 반환 및 촌지거부 운동 등도 주요한 이슈 중 하나로 부각되었다.

한편 '전교협'은 1988년 하반기부터 교육관계법(교육공무원법, 사립학교법, 교육세법, 지방교육재정교부금법) 개정운동을 전개하였다. 사립학교와 직접적으로 관련된 사립학교법이 1990년 4월 7일(법률 제4226호) 학교현장에 대한 고려 없이 사학재단과 사학당국에 학교운영과 학사행정에 관한 재량권을 이전보다 더 부여함으로써 사립학교 교육민주화운동 확산에 기폭제 역할을 하였다.

1988-1989년 사립학교 교육민주화운동의 시대적 배경

1986년 5월 10일 Y중등교협이 주최한 「제1회 교사의 날」 집회에 서울, 부산, 광주, 춘천지역 교사들이 참여하여 "교육민주화선언"을 발표하였다. 일선 교사들, 학생 및 시민단체 등의 지지 선언이 이어지고, 사회적으로 교육민주화 요구가 확산되었다. 교육민주화선언은 강릉(5월 29일)을 시작으로, 충청(6월 14일), 전북(7월 12일) 등 전국적으로 확산된다. 9월 13일까지 지역별 민주교육실천대회가 전개되는 등 본격적인 교육민주화운동이 조직적으로 전개되기 시작하였다. 당시 교사들의 핵심 주장은 ① 헌법에 명시된 교육의 정치적 중립성 보장, ② 교사의 교권 및 학생과 학부모의 교육권 보장, ③ 교육행정의 비민주성 및 관료성 배제, ④ 자주적인 교원단체의 설립과 활동의 자유 보장 ⑤ 교육의 파행성을 심화시키는 강제적 보충수업 및 심야학습 철폐 등 교육기본권을 위한 핵심적 사항이었다.

　1987년 '6월 민주화운동' 이후 전국 2만 여명의 교사들이 모여 「전국교사협의회」(전교협)를 설립하였다, 1988년부터 각 지역 및 학교별로 「평교사협의회」(평교협)를 설립하여 일선학교에서 교육민주화운동을 적극적으로 요구하였고, 1988년 7월부터 전국교직원노동조합 설립 준비에 들어갔다. 노태우 정권은 1988년부터 1989년경 교육민주화 요구를 일부 좌경용공 교사들의 불순한 의도로 매도하고, 1989년 4월 문익환 목사의 방북 이후 공안정국을 조성하여 교육민주화운동에 대한 탄압을 강화한다.

▶ 고교생 의식화교육 예방지도 철저(89. 2. 10.~3. 18.) : 요즘 고등학교에까지 좌경 의식화활동이 확산되고 있다는 사실은 심히 우려되는 바임. 교육위원회와 관계기관(주관 : 문교부, 관련 : 안기부, 국토통일원, 내무부)은 고교생을 대상으로 한 의식화 기도를 강력히 저지하는 종합적인 대책을 수립, 추진할 것(「대통령 지방순시 중 지시사항 : 12-07-49」)"

▶ "…의식화 사례를 정확히 조사, 언론에 적극 홍보하는 한편, 학부모가 연계하여 공조체제를 구축, 대응토록 하되, 우선 학부모가 단결하여 문제교사들의 의식화활동에 제재를 가하고 연속되는 경우 교단에서 물러나게 하는 등 학부모회 활성화방안을 강구, 추진하고 특히 이들 문제교사들의 의식화활동을 방임하는 교장 등 감독자들도 엄중히 문책할 것(「문교부업무보고시 대통령지시사항 : 1989. 4. 25.」)"

　사립학교 교육민주화운동에 참여한 교사들은 '집단행동, 품위손상, 학생선동, 근무태만, 명령불복종, 과원' 등의 명목으로 해직되거나 재단 측의 고소, 고발에 의해 유죄판결을 받아 해직되는 사례가 빈번하였다. 교육부는 1999년과 2000년 두 차례에 걸쳐 "교단의 안정을 도모하고 참여와 협조를 통한 새학교 문화창조 기반 조성"의 목적 하에 전교조 해직자, 시국사건 관련자, 사학민주화 관련자, 국립사대 임용제외자 등을 특별채용한 바 있다. 사학민주화 관련자들의 경우 제1차 접수(1999년 9월 1일) 73명이 접수하여 1999년 9월 1일부터 69명이 특별채용되었고, 2000년 1월 28일 제1차 특별채용 과정에서 정보부재 등으로 누락된 해직교사가 다수 발견된 것을 이유로 2000년 4월부터 추가로 61명이 특별채용되었다.

민주화보상심의위원회에 2004년 1월 기준으로 사립중·고등학교 교육민주화 운동과 관련하여 명예회복을 신청한 사례는 경기여상고(전 서울여상), 부산 경희 여상, 목포 신명여상, 서울 청구상고, 대전 혜천여중고, 경남실고, 덕원공고, 인천 명신고 등 약 30여개 학교 150여명의 해직교사들이었다.

3. 주요 쟁점

민주화운동 관련 해직을 입증하기 위한 쟁점은 사립학교의 특수성이 반영되어 다양하게 대두되었다. 가장 중요한 쟁점은 사립학교 운영주체의 성격과 교육의 공적 성격의 성격이었다. 사립학교 교육민주화운동이 민주화보상법 제2조가 정한 권위주의적 통치에 항거하여 민주헌정질서의 확립에 기여하고 국민의 자유와 권리를 신장시킨 활동이었는지에 대한 판단에 있어 시행령 제2조의 '항거대상' 문제가 쟁점이었다. 즉, 사립학교 재단을 국가권력과 관계없는 사용자로 볼 경우 해당 요건이 불비하다는 견해와 더불어 시행령 제2조가 정한 '국가권력이 학교, 언론, 노동 등 사회 각 분야에서 발생한 민주화운동을 억압하는 과정에서 사용자나 기타의 자에 의하여 행하여진 폭력 등에 항거함으로써 결과적으로 국가권력의 통치에 항거한 경우'에 해당한다는 견해가 충돌하였다. 이를 보다 구체화해보면, ① 사립학교의 불법적인 학사운영 및 행정, 부정과 비리, 교사 교육권과 학생 학습권에 대한 침해 등이 법률에 보장된 교육기본권을 침해한 것으로 보아 권위주의적 통치체제 하에서 형성된 교육체제의 구조적 모순으로 보아야 한다는 견해와 국가권력과 무관한 사용자의 폭력으로 보아야 한다는 견해의 충돌, ② 사립학교의 교육민주화운동과 관련하여 교사들의 항거행위가 단순히 사립학교 당국만을 대상으로 전개한 것인가, 아니면 사립학교에 대한 관리·감독권을 갖고 있는 교육당국, 권위주의적 통치에 대한 적극적·소극적 저항을 전개한 것인가의 여부, ③ 위 운동의 과정에서 제기된 이슈들이 교사 개인 혹은 집단의 권익 신장을 위한 것인가, 아니면 교육민주화 및 교육기본권 신장에 기여한 것인지 여부에 관한 것이다.

다른 한편으로는 재단에 의한 징계효력의 절차적 정당성 등이 문제가 되어 다수의 사안이 법정 다툼으로 연결되었다. 특히, 해직 무효소송과 관련한 재판결과가 법률적 쟁점으로 부각되었다. 해직 무효소송에서 승소한 경우 민주화보상법 제2조가 정한 해직의 효력이 상실된 것이라는 견해와 사법적으로도 부당한 해직이 확인된 사례를 제외하는 것은 본 법의 제정취지에 부합하지 않는다는 견해가 충돌하였다.

② 사립학교의 실태

1. 1990년 전후 사립학교의 교육환경

1) 교육분담 비중

1990년 전후 사립학교의 교육 담당 비중이 높았다. 교육부의 자료에 따르면, 1990년 당시 중학교가 707개, 고등학교가 843개교였다.[1] 사립학교의 재학생이 차지하는 비율은 중학교가 45.3%, 고등학교 61.7%(현원일, 1990, 79)였다. 교원의 비중을 보면, 중학교에 재직 중인 사립학교 교원이 22,064명(27.2%), 고등학교에 재직 중인 사립학교 교원이 48,091명(55.5%)였다(교육부, 1990). 국·공립학교와의 교원 비교 현황은 다음의 〈표-12〉와 같다.

표-12_ 국·공립학교와 사립학교별 중등교원 현황(1990. 1. 1. 기준)   (단위: 명, 개교)

	국·공립	사립(%)	계	비고(사립학교수)
중학교	58,950	22,064(27.2)	81,014	707
고등학교	38,592	48,091(55.5)	86,683	843
합 계	92,542	70,155(41.8)	167,697	1,627

※ 77개 사립초등학교 교원수 : 1,612명(전체의 1.2%)
※ 자료 : 교육부, 1990, 「사립학교법 제55조 및 제58조 제1항 제4호의 합헌성」, 31쪽.

2) 교육환경 비교

다음 〈표-13〉에서 보듯이 국공립학교에 비해 사립학교의 1인당 공교육비가

---

[1] 2000년을 기준으로 보면, 중학교가 689개교(25.1%), 고등학교가 952개교(61.7%)이다.

적다. 문제는 그 격차가 점차 심화되고 있으며, 사립고등학교의 경우 국공립학교와 비교하여볼 때 교육환경이 열악할 수밖에 없는 상황이었다. 1인당 공교육비와 더불어 교원 1인당 학생수 역시 사립학교의 비중이 국공립학교에 비해 현저히 높게 파악되었다. 특히 격차가 심한 것은 중학교보다 고등학교이고, 일반계 고등학교 보다 실업계 고등학교의 상황이 더 심각했다.

표-13_ 전국 중·고등학교 학생 1인당 공교육비(1986~1989년)　　　　(단위: 1,000만원)

	중 학 교			고 등 학 교		
	국·공립(A)	사립(B)	B/A(%)	국·공립(A)	사립(B)	B/A(%)
1986	340.6	327.2	96.1	494.5	411.1	83.1
1987	371.3	330.0	88.9	580.1	421.7	73.0
1988	461.3	387.6	84.0	623.0	462.8	74.3
1989	579.9	486.9	84.0	788.1	541.7	68.7

※ 자료: 문교부, 1989, 「통계연보」, 『우리교육』(제9호, 1990. 11월호), 80쪽 재인용.

표-14_ 전국 중·고등학교 교원 1인당 학생수(학급별: 1989년)　　　　(단위: 명)

	전 국				서 울			
	국·공립(A)	사립(B)	B/A(%)	B-A/A(%)	국·공립(A)	사립(B)	B/A(%)	B-A/A(%)
중학교	23.1	31.4	8.3	35.9	30.6	35.3	83.1	15.4
고등학교	22.9	29.6	6.7	29.3	24.4	33.4	73.0	36.9
일반계고	24.4	29.7	5.3	21.7	25.6	33.2	74.3	29.7
실업계고	20.8	29.5	8.7	41.8	20.8	33.7	68.7	62.0

※ 자료: 문교부, 1989, 「통계연보」, 『우리교육』(제9호, 1990. 11월호), 81쪽 재인용.

　　이외에 교사들의 근무시간의 차이 또한 큰 것으로 나타났다. 서울시 교육위원회가 발행한 『서울교육 통계연보』(1989)에 의하면, 교사 1인당 주당 수업시간은 국·공립학교 교사의 53.7%가 16~18시간을 근무하는 데 비해, 사립고등학교 교원의 71.6%가 주당 19~24시간을, 사립중학교 교원의 54%가 22~24시간을 근무하는 것으로 파악되었다.

2. 교육기본권 파행 사례

사립학교 및 재단의 교육기본권 파행사례는 교사들의 교권 침해, 학생들의 학습권 침해 등 다양하게 나타났다. 대표적으로 사학재단의 설립자들이 학교를 자신들의 개인소유물로 여기면서 발생한 폐쇄를 들 수 있다. 이들은 소유와 경영을 동시에 하게 되고 자신의 가족, 친인척, 측근 등을 동원하여 족벌체제를 형성해오면서 각종 교육현장의 비리와 파행을 초래하였다. 문성중고, 인천 명신고, 동광상고, 경기여상, 경주 내남 중고, 금성초등학교, 서울 정화여상 이외에 〈초·중등 사립학교 정상화를 위한 시민·사회·종교단체 공동대책위원회[2]〉가 1999년 발간한 「사립학교 교육민주화운동」에는 구체적인 교육현장의 비리와 교육기본권 침해 사례가 제시되어 있다. 이를 일부 소개하면 다음과 같다[3].

1) 서울 경기여상

- 1998년 한 해 동안 정상적인 학교환경, 교육내용을 요구한 양심선언교사 26명을 재단비리 폭로를 이유로 무더기 파면.
- 학교 주변 땅의 저가 매입을 위하여 교사를 동원하여 공사를 저지하는 과정에서 14명의 교사가 벌금형과 기소유예 처분을 받음(학생 4명도 업주로부터 고소되어 기소유예 처분).
- 1997년 학내 사태 발발시 교장이 명예훼손 및 업무 방해로 양심선언교사 37명 전원을 고소하고, 학생회 간부 2명, 동창회장을 학교장과 설립자가 고소.
- 1997년 2학기부터 3개월 이상의 급여 상습적 체불(1998년 12월 현재, 파면교사 13명에게 최고 6개월분 급여 미지급, 현직교사 전원에게 8월분까지만 지급, 총 5억여원 미지급).
- 문제제기 교사에게 인신공격 및 잦은 시말서 강요, 직원회의시 교사들에게 폭언.

---

[2] 공동대책위의 공동대표는 김귀식, 오성숙, 박인주이다. 흥사단, 참교육을 위한 전국학부모회, 인간교육실현 학부모연대, 정의로운 사회를 위한 교육운동협의회, 참교육 시민모임, 기독교 윤리실천운동, 천주교인권위, 목회자정의평화실천협의회, 인권운동사랑방, 전국사립학교 해직교사모임, 전국교직원노동조합 등이 공동대책위원회에 참여하였다.

[3] 초·중등 사립학교 정상화를 위한 시민·사회·종교단체 공동대책위원회, 1999, 「사립학교 교육민주화운동」, 29~65쪽.

- 설립자(한나라당 의원 김일윤) 라이온스클럽 회장 선거시 교사 강제동원 (1994).
- 여교사는 산휴시 의무적으로 1년을 무급 휴직(~1995년).
- 정원초과로 모집한 학생들을 4월까지 강제퇴학(145명).
- 교장이 학생회 간부에 대한 폭행과 협박(학부모 고소로 교장이 기소유예 처분 1998).
- 학생회 간부학생 5명을 강제전학 조치하고 학생회의실을 폐쇄함.

2) 서울 금성초등학교

- 1997년 10월 23일 학교 현실과 교사의 양심 사이에서 갈등하던 황춘근 교사가 학교에서 투신자살.
- 1998년 3월, 10월에 걸쳐 정상적인 학교운영을 요구하던 김상윤 등 9명의 교사 파면, 해임.
- 학교 직원을 통해 교사들을 감시하고 보고토록 함.

3) 포항 세화여고

- 외출교사 미행.
- 이사장의 교사 협박 및 폭행사건.

4) 서울 영신여실고

- 1998년 7월 민주적 학사운영을 요구한 김 모 교사에게 건전가요 '상록수'를 지도했다는 것과 전교조 관련 교사서명과 교사대회 참석 등을 이유로 파면 조치.
- 담임배정, 업무분장, 교과배정 등에 교사들의 의견을 전혀 반영하지 않음.
- 강제적이고 일률적인 보충수업 실시.
- 재단 내 사무국장이 교직원 위에 군림하여 비상식적 횡포 자행.
- 건강한 교사를 폐결핵 환자로 몰아 휴직 강요.
- 파면 취소 결정이 난 교사에게 다시 징계.
- 재단의 비상식적인 경고장 남발(최근 3개월간 11명의 교사에게 37장 발부).

5) 의정부 영석고등학교

- 매주 토요일 퇴근 시간 이후인 오후 2시 종례를 하면서 한 사람씩 자아반성 및 반성문 제출을 강요.
- 교사들을 수업 이외에 불교 연수원 채란안사의 풀 뽑기, 나무 자르기, 농약 치기, 잔디 깎기 등의 작업에 동원.
- 교감과 주임 교사들은 주말을 포함하여 매일 퇴근 후 교장 집에 전화로 안부를 묻도록 강요.
- 교장의 강요에 의한 부당한 사유서나 각서, 시말서 등을 하루 두 장 또는 세 장씩 제출하기도 함.

6) 서울 상문고

- 학생들이 보는 앞에서 교장이 교사에게 욕설을 하고 교장이 교무실에 들어올 때는 전원 기립하여 부동자세를 취하도록 함.
- 학교 측의 비리를 적은 유인물을 배포했다는 이유로 학생 4명을 제적하고 검정고시, 편입시험에 필요한 제적증명서, 생활기록부 등을 발급하지 않음.

7) 서울 동광상고

- 당시 콩나물 공장에서 생산되는 콩나물을 외부식당에 팔고, 나머지 대부분을 학생들에게 강매.
- 1992년 12월 대통령 선거에 교사와 학생을 동원하여 선거업무 강요.

8) 포항 세화여고

- 이사장이 학생과 교사에게 술심부름을 시킴.

9) 서울 한서고

- 1992년 6월 18일 5교시와 19일 1교시 수업시간에 학생회 간부들을 동원하여 공사장에서 시위 및 농성을 하게 하고, 17~20일 동안에도 학생들을 동원하여 공사를 중단케 하는 등 학생들의 학습권을 침해함.
- 1992년 7월 11일 보충수업 시간을 채우기 위하여 토요일 정규 수업을 보충

수업으로 대체하여 학생들의 학습권과 교사의 교수권을 침해함.

10) 목포 신명여상

- 학생들에게 주산, 부기, 타자, 컴퓨터 학원을 강제로 수강토록 하고 졸업비, 교복, 체육복, 명찰, 배지, 부교재 등 각종 잡부금을 비싼 가격으로 구입토록 하고, 취업을 위하여 별도의 돈을 준비토록 함.
- 줄자가 없어 신체검사를 못하고, 공, 그릇 등 각종 교구를 준비하지 않아 학생들이 실습조차 할 수 없게 함.
- 1992년 학생회 간부 11명을 퇴학 조치함.

3 사학 민주화의 배경 및 쟁점

1. 교육정책의 변화와 교육기본권의 무력화

12·12 군사반란과 광주민주화운동을 무력으로 진압하고 불법적으로 집권한 신군부는 1980년 7월 30일 '국가보위비상대책위원회'를 통해 '박정희 정권 하에서 악화되고 심화된 교육기본권을 신장시키고, 교육의 제반 모순들을 완화 및 해결을 목적으로 한다'며 「교육대개혁조치」를 발표하였다.[4] 그러나 이 조치는 '교육 쿠데타', '교육테러'로 평가될 정도로 불법적으로 장악한 권력의 안정화와 정당화를 위한 반공이념을 최우선시하고, 교사와 학생들에 대한 권위주의적 통치의 결과물로 평가되며 교육현장의 저항을 불러오게 된다. 결국 이 조치들의 다수 내용은 10년 안에 소멸되거나 수정되었다.

전두환 정권은 1981년 중학생 수가 정점에 도달하고, 이들 가운데 95%가 고등학교에 진학하는 상황에서 '중학교 의무교육 확충에 투자의 우선순위'를 두고 고등학생의 급격한 증가에 대한 대책을 공적으로 수립하지 않아 새로 요구되는 교

---

[4] 「7·30교육대개혁조치」의 주요 내용은 ① 대학입시개혁(본고사 폐지와 고교 내신성적 반영), ② 졸업정원제 실시, ③ 대학 입학정원 확대, ④ 전일 수업 대학 운영, ⑤ 교육대학 4년제 개편, ⑥ 교육방송 실시, ⑦ 방송통신대학 확충, ⑧ 초·중등 교육과정 축소, ⑨ 과열 과외 추방 등이다.

육시설의 절반을 사립학교 설립으로 충당하고자 하였다. 이 과정에서 교육자로서의 자질과 교육환경을 제대로 확보하지 못한 사립학교의 난립 가능성을 열어놓았다. 실제, 1981년 497,000명인 고등학교 졸업자가 1986년에는 667,779명으로 5년 사이에 무려 17만 명이나 증가(1977년과 비교하면 30만명 증가)했다(한국교육문제연구회, 1989, 355). 1980년에서 1990년까지 총 349개의 고등학교가 설립되었는데 그 중 절반인 170개 학교가 사립학교였다. 그 결과 총 1,702개의 고등학교 가운데 국·공립은 842개교, 사립은 860개교로 사립학교의 비중이 훨씬 더 높았다. 학생 수도 앞선 〈표–14〉에서 보듯이 국·공립에 비해 사립이 분담하는 학생 비율이 훨씬 많았다.

부실한 사립학교들이 유지될 수 있었던 것은 국가가 재정을 보조해주고, 폐교시킬 경우 대체 교육시설의 마련이 쉽지 않았기 때문이다. 국가 역시 사립학교의 독자성과 자율성을 존중한 것이 아니라 국가의 통제 하에 있는 공교육체제의 구성요소로 간주하였으며, 저예산을 통한 교육기능 유지에 그 목적이 있었다. 국가의 재정보조 집행[5]에 대한 충실한 관리, 감독이 이루어지지 못함으로써 사학 재단의 족벌식 운영과 전횡, 각종 비리가 횡행하며 교육기본권의 사각지대로 남는 부작용이 속출하였다.

학교 현장에서는 「7·30교육대개혁조치」에 따른 각종 부작용이 심각하게 나타났다. 전두환 정권은 입시를 통한 위계화된 학생 선발 기제는 그대로 둔 채 대다수 고등학교에서 과외의 변형이라 할 수 있는 변칙적 형태로 '자율학습'과 '보충수업'을 실시토록 하였다. 그 결과 대학생은 물론 중·고등학생의 정치, 사회민주화와 비판적 활동을 차단하는 효과를 가져왔고, 전인교육보다는 입시위주의 파행적 학사운영 및 교사들의 극심한 수업 부담을 초래했다. 또한 보충수업비 관리와 사용 등에 있어서 각종 비리가 발생하게 되었다. 이러한 부작용은 사립학교의 경우 더 심각하게 대두되었다. 소위 "명문학교 육성" 등을 이유로 취업을 주요 목적으로 하는 실업계 고등학교 학생들에게까지 자율학습과 보충수업이 강제적으로 시행되었다.

[5] 신군부는 1980년부터 사립고등학교에 대한 종전의 인건비 및 운영비 일부에 대한 보조방법을 종합보조방법으로 바꾸고, 보조 기준을 공립학교와 동일하게 하여 재정적자 학교를 완전히 해소하였다고 하는데, 여기에는 재정결함 보조 외에 학비보조수당, 기관운영 판공비, 실험실습비, 실과 교원 특별수당 등이 포함되었다(교육부, 「교육50년사」).

공립학교보다는 사립학교, 인문계보다는 실업계 고등학교에서 교육기본권 침해가 심각하게 나타났다. 또한 1980년대 노동자들에게 산업체 학교를 다니도록 유도[6]하면서 교육기회의 확대라는 긍정적 측면에도 불구하고 사회정책적 차원의 뒷받침이 이루어지지 못함으로써 교육기회의 확대라는 소기의 목적 또한 실종되고 말았다. 노동현장에는 저임금과 장시간 노동 등 근로기준법을 무시한 노동환경이 유지되고 있었고, 산업체 학교의 교육이 사회적으로 인정받지 못한 채 부실과 부패가 만연한 학사운영을 초래(한국교육문제연구회, 1989, 335)함으로써 1980년대 말부터 1990년대 사립학교의 교육민주화운동을 추동하는 한 축이 되었다.

제6공화국은 전교조 출범에 대한 대책차원에서 서둘러 1989년 12월 21일 「교육환경개선특별회계법(법률 제4140호)」, 1991년 5월 31일 「교원지위향상을위한특별법(법률 제4376호)」을 제정, 공포하여 국·공립학교 및 사립학교 교원의 지위를 향상하고 교육환경을 개선하고자 하는 정부의 의지를 보임으로써 교사들의 교육민주화운동 참여를 차단하고자 하였다. 1990년 4월 7일에는 「사립학교법(법률 제4226호)」 제16차 개정을 통하여 "사립학교에 대한 행정감독권 축소 및 사립학교의 자율성 향상, 그리고 사립학교 교원의 신분보장 강화" 등을 추진하고자 하였다.

그러나, 이 개정안은 1990년 3월 3당 합당 이전부터 정부안, 평민당안, 민주당안, 공화당안 등 4개 법률안을 놓고 1년 이상 심의해오던 것을 3당 합당 이후 민자당이 '정부안'을 중심으로 강행처리한 것으로 ① 사학법인과 설립자에게 예산·인사 등 학사운영 및 학교경영 전반에 관한 권한 인정, ② 학교법인이 친족체제를 구축할 수 있도록 허용하고, ③ 사학법인의 전횡을 견제할 장치가 모두 제거되는 결과를 초래(허종렬, 1998, 47 – 48)하였다. 결국 이러한 제반조치들은 오히려 사립학교 재단과 교사들 간의 갈등을 증폭시키는 계기가 되었으며 사립학교 재단 및 당국의 자율성 보장으로 교육의 공공성과 책임성이 위협받는 상황을 만들었다. 인사와 학사 및 재정 등에 전권행사와 비리를 방치함으로써 교육주체들의 교육기본권 확립을 위한 투쟁을 불가피하게 만들었다.

---

[6] 1981년부터 종래의 2부제(야간제) 학급 운영의 문제점을 개선한다는 명목으로 실시된 '산업체 부설학교와 산업체 부설 특별학급제도 및 특수교육진흥정책'은 제6공화국에서 절정을 이루었다.

제16차 사립학교법 개정의 주요 내용(1990. 4. 7.)

① 종전에는 학교법인의 이사장은 다른 학교법인의 이사장을 겸할 수 없도록 하였으나, 앞으로는 이를 겸할 수 있도록 함.

② 대학교육기관에 교육에 관한 중요한 사항을 심의하게 하기 위해서 대학평의원회를 둘 수 있도록 함.

③ 종전에는 학교법인이 그 재산을 임대하고자 할 때 관할청의 허가를 받도록 하였으나, 앞으로는 동 허가를 받지 않도록 함.

④ 학교에 속하는 회계의 예산과 결산에 대하여는 10인 이상의 교직원으로 구성되는 예산·결산자문위원회의 자문을 거치도록 함.

⑤ 종전에는 학교법인 또는 사립학교 경영자가 학교장을 임명하고자 할 때에는 관할청의 승인을 받도록 하였으나, 앞으로는 관할청의 승인 없이 임명하도록 하지만, 임명된 날로부터 7일 이내에 관할청에 보고하도록 함.

⑥ 종전에는 대학교육기관의 교원은 당해 학교장이 임면하도록 하였으나, 앞으로는 당해 학교장의 제청으로 학교법인이 임면하도록 하지만, 당해 학교법인의 정관에 의해 임면권을 학교장에게 위임할 수 있도록 함.

⑦ 종전에는 대학교육기관에서 학교장이 당해 학교 교원을 임명함에 있어서 10년 안에 학교법인의 정관으로 기관을 정해 임명하게 하던 것을 앞으로는 정관이 정하는 바에 의해 임명하도록 함.

⑧ 종전에는 대학교육기관에서 두도록 한 교육인사위원회를 중학교·고등학교에도 두도록 하여 교원의 인사에 관한 중요 사항을 심의하도록 함.

⑨ 각급 학교장이 이 법에 의한 면직사유에 해당되거나 법령 위반·회계부정 등에 관여한 때에는 관할청이 그 임명승인을 직접 취소할 수 있도록 하던 것을 앞으로는 임면권자에게 해임을 요구할 수 있도록 함.

⑩ 학교법인의 이사장과 그 배우자 또는 직계존속·직계비속 및 그 배우자의 관계에 있는 자는 당해 학교법인이 설치·경영하는 대학교육기관의 장에 임명될 수 없도록 한 제한규정을 삭제함.

⑪ 교원이 직무를 이탈하여 후임자의 보충이 불가피한 때에는 그 후임자가 보충될 때까지 임시교원을 임용할 수 있도록 함.

⑫ 국가공무원과 마찬가지로 사립학교 교원의 명예퇴직제도를 도입함.

⑬ 징계의결은 교원징계위원회의 출석위원 과반수 찬성으로 하던 것을 재적위원 과반수 찬성으로 함으로써 의결정족수를 강화함.

⑭ 징계사유가 발생한 날로부터 2년이 경과된 때에는 징계를 하지 못하도록 하여 사립학교 교원의 징계에 대해서도 시효제도를 도입함.

⑮ 종전에는 교원의 징계처분 기타 의사에 반하는 불리한 처분에 대한 재심기관인 재심위원회를 당해 사학기관에 두었으나, 앞으로는 관할청별로 하나의 위원회를 두도록 함.

2. 사학 민주화의 주요 이슈

앞서 살펴본 바와 같이 사립학교의 교육환경과 교육기본권은 국 · 공립학교에 비해 훨씬 열악한 수준이다. '한국사립학교연합회'도 "교원 또는 교수채용과 관련하여 학교법인의 임원이 금품수수를 한 사례, 무능한 교원 또는 교수임에도 친재단이라는 이유만으로 그 지위를 보전하거나 학교행정에서 영향력을 행사하는 사례, 학교법인의 학교운영에서의 독선, 독주 사례 등"이 있다고 밝혔다(한국사립학교연합회, 2000: 2).

사립학교 교육민주화운동의 표면화된 쟁점들을 정리하면, ① 사학 설립자와 재단 이사장의 학교운영에 관한 전횡, ② 재단의 학교예산 유용, ③ 학생의 자치권 및 학습권 침해, ④ 교원 채용 관련 비리, ⑤ 부정입학 및 사례비 수수 등이다. 이는 교육분야의 대표적인 권위주의 통치 사례라고 할 수 있는 '교사의 단결권 제약, 사립학교의 자주성 침해, 관료적 교육행정을 통한 교사의 교육권 제약, 교육내용의 통제 및 교육권의 국가독점과 학부모 · 교사 배제' 등이 단일 혹은 중첩되어 나타난 표면적 쟁점이다.

사립학교 교육민주화운동은 이와 같은 모순을 타파하기 위하여 '학습의 자유와 권리의 신장, 교육의 자유에 대한 보장, 교육의 평등 보장' 등을 요구하였으며, 교육의 각 주체에게 부여되어야 하는 기본권의 확보와 교육의 각 주체들이 확보한 교육권이 민주적 방식으로 상호조정 및 통합되어 교육이 운영될 수 있도록 하는 방향을 취하게 된다. 사립학교의 교육기본권 침해 현실은 이미 1970년대부터 내재되어 있었고, 1986년과 1987년 정치사회적 민주화 흐름과 함께 교육 분야의 주요 민주화운동으로 본격화되었다.

표-15_ 1970~1990년대 사립학교 교육민주화운동의 주요 쟁점

1970~1980년대	1990년대
• 법인 수익재산 운영비리	• 사립학교 교직원 채용 관련 금품 수수
• 빈번한 교사 교체(결혼, 출산여교사, 법인 측에 비우호적 교사, 호봉이 높은 교사 등에 대한 사직 강요)	• 사립학교 예산의 불법전용 및 유용
	• 사립학교 교원에 대한 부당 전보 및 부당 징계
• 강사를 과다 채용하여 정식교사와 같은 업무를 수행하게 하다가 사직 강요	• 학사운영에 대한 이사장의 무리한 간섭과 관여

- 교사, 학부모로부터 각종 성금, 기부금, 잡 부금을 징수하여 일부 사용 혹은 착복
- 시설관리비, 운영비 지출을 최대한 억제하 여 운용 및 전용
- 변칙회계(이중 장부 또는 서류 조작)
- 학생자치활동의 민주적 구성과 운영
- 보충수업 강제 금지 및 보충수업비의 정당 한 지급
- 학교 시설 및 주변공사에 노력 동원
- 교사들에게 폭언, 폭행, 협박
- 부정학급 운영 및 학생 전 · 입학시 사례금 수수
- 교사 법정 수당 미지급
- 매점 운영, 물품 단체구입 부정
- 설립자 또는 그 후계자에게 충성심 강요

- 이사장 친인척의 학교 운영 독점
- 교육부, 교육청의 사학 감독과 관련 비리 및 비호
- 시설건축, 기자재, 물품과 관련한 금품 수수
- 사학국고보조금 전용 및 유용
- 사학의 개인소유 인식
- 유령교사 채용을 통한 인건비 착복
- 교사에게 각종 수당 미지급
- 매점 운영, 물품 단체구입 부정
- 체육복, 교복, 부교재, 앨범 등 구입과정 금 품 수수
- 이사장, 학교장에 의한 교직원 상호간의 보 증대출 요구 및 원금 미상환
- 학생, 학부모로부터 각종 성금, 기부금, 잡 부금을 징수하여 일부만 사용하거나 착복
- 학생 전 · 입학시 금품 수수
- 급식비 과대 징수 및 금품 수수
- 무적격자에게 교육청의 사립학교 설립허가

※ 이성진, 2000, 266~268쪽 참고하여 재구성.

사립학교 교육민주화운동은 전교조 결성의 밑바탕이 된 1980년대 중반 이후 전교협(평교협) 등의 조직 및 활동과 밀접한 연관을 갖는다. 전교조가 결성되자 사립학교 교사들도 이에 가입하여 활동하였으나 탈퇴 및 해직 압력이 거세지자 일부 사립학교 평교협에서는 사학민주화운동을 위하여 조직적 탈퇴를 한 경우도 있었다.

주요 피해 유형은 사립학교 교육민주화운동 과정에서 재단에 의해 해직되거나 고소고발되어 유죄판결을 받은 경우이다. 관련 교사들은 사학재단을 상대로 해직무효소송 등 법정투쟁을 전개하는 한편, 교육부와 교육청에 민원제기나 건의서 혹은 탄원서 등을 접수하여 관리 · 감독권 행사를 요구하거나 교육부 교원징계재심위원회에 재심을 청구하기도 하고, 지역주민, 학부모, 학생 등에게 진상홍보활동 등을 전개하였다. 그 결과 대부분의 교사들은 해직무효소송 승소, 교육부의 특별채용 조치 등에 의해 복직되었으나 여전히 교단으로 복귀하지 못한 일부

교사들의 문제는 교육계의 오랜 숙원으로 남아 있는 상황이다.

4 사학민주화 학교별 현황

다음 〈표-16〉, 〈표-17〉의 학교별 교육민주화 관련 활동 내용은 1998년 전교조 사립위원회가 작성한 자료를 발췌한 것이다. 현재 상황과는 다소 차이가 있으나 당시 사립학교 교육민주화운동을 이해하는 데 도움이 될 수 있어 이를 발췌하였다.

표-16_ 학교별 교육민주화 관련 활동 내용【 해직교 】

학교	해직교사수	활동/해직시기	학교민주화 주요 활동	징계사유

서울
경기여상
	36명
	(26명 파면
	10명 권고
	사직)
	
	권복남
	김도영
	김상희
	김영미
	박영우
	박희원
	배승섭
	신수영
	양철원
	염미숙
	이명자
	이영옥
	장선언
	장혜옥
	조경주
	조현주
	전국완
	황희찬
	안영배
	이윤정
	박정숙
	이명선
	하영선
	한경은
	김은영
	심인보
		95.3.
		–
		98.12.
			1) 95.3~97.2
			• 95. 3. 19 교사 44명 양심선언(SBS)
			→ 교육청 감사 및 검찰조사로 학교장 등 비리 관련
			  자 8명 사법처리
			• 평교사회(삼일구회) 구성, 활동
			 – 각종 비교육적 행태 개선
			 : 신입생 부정초과 입학, 강제퇴학 중단, 각종 불
			법잡부금, 찬조금 징수 중단, 비공인 교내 기능 검
			정 중단
			 – 학교장 및 재단의 독단적 학사운영 및 부조리
			시정
			• 학생자치 활동 강화
			 ① 학생회 활동 활성화(회장 직선제 선출, 학생회
			  비 직접 집행) – 합창대회 · 체육대회 실시, 교
			  지 · 신문 발행
			 ② 방송반 활동 활성화(교내방송 학생자율운영)
			• 열악한 환경 개선 요구
			2) 97.2~현재(1998)
			• 교육청 감사요청(공금유용의혹 제보)
			 → 환특자금 3억 2백만원 유용 확인, 재단 고발
			• 학부모, 학생들 학교 측에 대해 항의, 정상화 대책
			  요구(철야 침묵시위 – 일과 시간 제외 10일간)
				학교비리 폭로
				집단행동
				명령 불복종
				품위 손상

학교	해직교사수	활동/해직시기	학교민주화 주요 활동	징계사유
			• 서울시 교육위원회에 진정 제보 → 교육위원회 행정사무조사 실시(97.4.16~97.5.15) ① 불법적인 조건부 인가 및 조건사항인 17억원 재단전입금 미이행 적발 ② 93년부터 자행된 회계부정만 989건 적발 ③ 학교장의 비교육적 행태, 무능 인정 • 관선이사 파견 •「경기여상 정상화를 위한 시민, 사회, 종교단체 공동대책위」 결성(97.5.9) → 대외적으로 학교사태 알리고 해결 호소 • 장학금 지급 – 회원들의 성과급 등 회비로 〈한마음 장학회〉 설립 : '98학년도에 16명에게 등록금 전액 지급	
서울 금성초등 학교	9명 김상윤 이진숙 오석균 황미선 이귀옥 이영규 박정식 이영현 진정호	97.10. 23. – 98.10. 12.	• 학교의 수익사업(교복, 급식, 매점 등)에 대하여 투명성을 요구 • 학교장(윤옥영 안기부 기조실장)의 독선적, 비민주적 학교운영의 시정을 계속적으로 촉구 • 개선되지 않는 학교운영에 대항하여 황춘근 교사 교내 투신자살(97.10.23) • 전교사 교장과 재단 이사장의 퇴진 요구(침묵 시위, 철야 단식) • 등교거부 및 퇴진요구 서명에 621명의 학부모 동참 • 관할 교육청에 특별감사 요구 및 감사결과에 따른 시정 조치 요구 • 북부지청 및 감사원에 특별감사를 요구하는 진정서 제출 • 해임 7명, 감봉 4명, 경고 2명 징계 • 교육부 재심 위원회로부터 징계 취소 결정 • 재단 98.10.12일부로 재징계(파면 4명, 해임 5명) • 재단 이사장 구속(공금횡령 98.10.5) • 교육부 교원징계재심위원회 계류 중	성실의무 위반 복종의무 위반 품위유지 위반 집단행위금지 위반 학부모 선동, 종용 근무지 이탈

학교	해직교사수	활동/해직시기	학교민주화 주요 활동	징계사유
서울 영등포 여자상업 고등학교	5명 정혜순, 김외순, 김영미, 우희자, 박경희	97.8 – 97.12	• 교권 침해 독선적 학교운영 등의 파행적 학사운영의 문제점을 시정하기 위해 교육청 등에 탄원서 제출 • 폐과, 교과 단위수 축소를 빌미로 한 사직 강요에 반발(수업 박탈, 모멸감, 인위적 학급수 감축 조작으로 강압적 사표 제출) • 학급 감축(인위적)으로 인한 교사의 신분 위협 요소 산재 – 학교 운영의 문제점을 제기할 수 없는 분위기 속에서 교장의 전횡 방치('97학년도 시간표 4회 변경, 담당교사 수시 교체). 이 와중에 학생 소요가 일어나고(3회) 이 책임을 교사에게 물음	학생 선동 수업에 막대한 지장 직무태만
서울여자 상업학교 (경기여상 전신)	7명 6명 사직 98현재 1명 박익환	88 – 92.3	• 민주화 활동 및 개선점 '88년 평교사회를 구성하였으나 학교 측의 집요한 탄압으로 소속 교사들의 절반이 강제 사직당하고 남은 교사들이 교무회의에서 문제 제기 • 각종 부조리 시정 요구 ① 꽃값, 연탄값 등 각종 잡부금 징수, 각종 부교재 강매, 제적생 장학금 미환불, 특정업자 선정 교복 고액 강매 ② 육성회 찬조금 집행 내역 공개 요구 ③ 교사 봉급 횡령 시정 ④ 예·결산 투명 공개 요구 • 민주적 학사운영 요구 ① 평교사회 탄압 중지 ② 지시·하달식의 직원회의 개선 ③ 교원 인사의 합리화 요구 ④ 출근부 폐지 및 근무시간의 합리적 운영 ⑤ 보강수당 지급 및 출산휴가 보장 • 당시 학교장이 합의문까지 작성하였으나 이행되지 않음 • 교복 고액 강매 사건은 당시 TV에 특집 보고되어 교복 부조리를 사회적으로 인식시키는 계기가 됨	전교조 활동 학생 선동 직무태만 명예 훼손 및 상해(구속)

학교	해직교사수	활동/해직시기	학교민주화 주요 활동	징계사유
서울 영신여자 실업 고등학교	1명 김용섭	98.12.4	• 학생의 날 행사 – 노래지도 등 • 인사위원회 설치 등 요구, 인사(재단 내 전보 등)의 투명성, 합리성 요구 • 보충수업관련 합리적 보충수업 및 보충수업비 운영 요구 • 학교 운영의 투명성, 합리성 요구하는 유인물 배포 • 부당한 경고장(11명에게 37장) 철회 요구 및 교육위원회 진정 • 인근 아파트 관리소와 문제 발발(학생 통학 지도 관련)	근무지 무단이탈 성실의 의무 위반 명령 불복종 집단행위 금지위반 품위유지 위반 비밀엄수 의무 위반
서울 청구상업 학교	6명 양미경 강애란 유제두 오희진 이영선 최경희	88.11 – 92.2.29	• 87.3.1 국어 전임강사로 발령 • 88.11 인사비리 및 학교운영상의 비리 개선 요구 • 학교 측 조기방학 실시, 재단 친인척 교사 제외한 40여명의 교사들이 평교사회 결성 • 12월 중하순 전임강사 12명 면직 • 교무실 농성 시교위 측과의 계속적 면담으로 임시 특별감사 실시 요구 관철 • 감사결과 재단 측 비리로 퇴진하고 관선이사 파견 • 89.5 복직과 동시에 정식 교사가 됨	91.2 과원 면직
서울 정화여자 상업 고등학교	4명 (당시 해직 5명) 이석천 이영생 한석희 진경환	87.11 – 90.10	• 87.11.3 「정화여상 교육민주화 및 비리척결」을 위해 교사 13명이 서명 농성 시작 • 각종 부조리 제기 ① 학교매점의 폭리 ② 수재의연금 착복 ③ 재단수익금의 전용 ④ 학교장의 공금 유용 ⑤ 미발행 교지의 대금 착복 ⑥ 방송국 행사의 학생동원 출연료 450만원 착복 ⑦ 교실공사를 빙자한 공사대금 유용 ⑧ 유령교사로 인한 수업 결손 ⑨ 족벌체제 해체 요구 ⑩ 여교사 출산휴가 보장 및 결혼시 사직 강요 중지	폭력행위 등 처벌에 관한 법률(학교장 교장실 감금)로 구속기소하여 1명은 사직시키고 1명은 당연퇴직함, 나머지 2명에 대해서도 구속위협으로 강제사직 공소장에 기재된 특수감금 및 업무방해, 집시법

학교	해직교사수	활동/해직시기	학교민주화 주요 활동	징계사유
서울 상문고등학교	1명 이범석	89.2.28	• 86 육성회 부당 찬조금 • 89.2.28 보복 강제사직(의원면직) 위계와 강요에 의한 권고사직 • 89.3 재단비리, 교권탄압, 학생탄압에 맞서 싸움 • 89.7 교육위원회 상문고 감사(경고처분) • 90~93 상문고 계속해서 부당 찬조금 모금 • 94.3 상문고 현직교사 8명 양심선언	위계에 의한 강제사직(권고사직) 실제는 육성회 부당 찬조금 거부건
서울 대원외고	1명 홍형식	87.6 - 90.2	• 대원학원 강사 협의회(18명) 조직 　- 부당 강사제도 철폐 및 정규교원 임용요구 활동 전개 　→ 강사제도의 문제점을 널리 알리면서 남용을 막는 데 기여 • 대원학원(대원외고, 대원고, 대원여고, 대원중, 대원여상, 대원야간고)의 비리 폭로 ① 육성회 불법 모금(학급당 300~500만원 징수) ② 입시 비리 : 부정입 · 전입학(상당액의 금품 수수) 김윤환 전 민정당 대표(90년졸) 딸을 비롯해 개교 이래 수백명에게 불법적으로 금품 수수 ③ 대원외고 교장의 상습적인 상납 강요 ④ 회화 교육비 등 보충수업비 불법 징수 ⑤ 내신성적 조작 ⑥ 열악한 환경 : 도서관, 강당, 상담실, 휴게실, 수위실 전무	화장실, 세면대 부족, 400평 남짓한 운동장은 주차장으로 이용
서울 명천 (양천) 고등학교	1명 김범렬	88.1.21	• 87.6.19 교직원회의 정상화와 교직원 총회 정례화 등 학교 정상화에 필요한 여건 조성 요구 성명 발표(전교사 서명, 본인 낭독) • 87.8~「명신고 교육 정상화 추진회」 구성 37개 교육정상화에 필요한 요구 사항 건의 · 추진(참여 교사 37명) ① 강제보충수업, 자율학습 폐지 ② 육성회비 할당 징수 등 불법 잡부금 ③ 찬조금 징수행위 금지 ④ 학생회 민주적 자율적 운영 보장 ⑤ 교사들에 대한 부당대우 시정 및 교육 공무원법에 준한 정상 대우 요구 ⑥ 교무회의 정상화, 인사위 및 징계위 설치 등	교육공무원법 위반 교장명령 불복 품위손상 집단행위 주도 학내소요 야기 대외 명예손상 근무태만(성적 채점 오류)

학교	해직교사수	활동/해직시기	학교민주화 주요 활동	징계사유
경기 의정부 영석 고등학교	2명 손병수 이승호	90.11 - 92.7	• 90.11.16일자 경인일보에 학교 내 소요 관련 보도 (학생들의 건의문, 학생 퇴학 및 정학, 교사 해임)와 관련 학교의 명예를 훼손하였다는 이유로 전체 교사에게 정정보도를 요구하는 서명에 응하지 않았다는 이유로, ① 숙직에서 제외 ② 학습지도안 결재 거부 ③ 수업몰수 ④ 시험감독 및 채첨교사에서 제외 ⑤ 학생들의 평가시험 원안지의 미결재 ⑥ 개인의 사생활 사찰 등 부당한 처우와 서명을 강요하고 사유서(시말서) 제출을 강요하는 등 억압하여 오다 92.7.27일 해임 징계 • 90.10 학생 소요사건 적발로 학생 무더기 중징계, 관련 교사는 배후 선동으로 해임되었으나 승소하여 공립으로 전출	교장 명령 불복종 업 무소홀, 교장 지도에 반성하지 않음 교무회의 교감 발언 무단 기록, 진정서 등 개인행동으로(2명 파면, 해임) 나머지 사직
경기 양평 양동종고	1명 함영기	91.6.9	• 학내 비민주적인 관료주의 개선 요구 • 친일잔재 척결, 민족정기 수립 등과 관련한 수업	교내합창경연대회 때 학생들이 전교조와 참교육지지 내용의 유인물 배포
인천 명신여고	1명 최미희	90.1.5	• 학원민주화운동 ① 84.4 평교사회 결성 : 교사 60여명 중 36명 참여, 학교민주화 요구 농성투쟁 ② 84.6 학교 측과 20개항 합의서 작성(친인척 학사 운영 배제, 교무회의 의결기구화, 학생자치활동 보장, 교사징계시 교육 과반수 동의 등 합의), 학교매점의 협동조합화, 육성회 찬조금 및 각종 기부금 공개, 교사정원 확보와 강사제도 철폐, 여교사 산휴법정 보장, 우열반 폐지 및 교육여건 개선 ③ 교사협의회 해체	90.1 생활기록부 문제로 징계위 회부 (생활기록부 변조) 징계철회 요구 리본 달기 등 집단행위 90 교사 협의회 임원 4명 직위해제 3.12 직권면직 직원면직, 항의 학생 수업 거부, 교사 농성
인천 대경여자 상업학교 (사회교육 시설)	2명 김상훈 차상훈	89.5	• 89.5.3 전체 학생 시위 발생 - 학생의 인권 보장, 폭력 중지 및 폭력교사 퇴진, 취업자유 보장, 노조활동 탄압 중지 - 학생회비 내역 공개 및 자율적 운영 - 교육활동 개선 - 잦은 교사 교체 중지 등 • 교사 2명 학생들 앞에서 양심선언함	학생 앞에서 양심 선언한 것이 학생 시위와 농성을 선동하고 배후조종 하였다 하여 학교 측이 '폭력행위 및 업무방해'로 형사고발, 구속영장이 떨어지자 일방적으로 해직시

학교	해직교사수	활동/해직시기	학교민주화 주요 활동	징계사유
			– 파행적인 학교운영에 침묵해온 부끄러운 과거 토로하고 부조리 척결에 함께 할 것을 다짐 – 족벌체제 해체와 운영의 합리화 요구 – 교원수 확보와 교사신분 보장(일방 해고로 1년을 넘기는 교사가 극소수) – 학생인권 및 학생회 자율운영 보장 – 열악한 교육환경의 개선 • 교육청 특별감사 결과 회계비리와 학사운영의 파행성이 적발되어 설립자인 학교장 퇴진	킴 당시 동의대 사태로 형성된 공안정국 아래 전격 구속되어 징역 10월에 집행유예 2년 받고 90년 1월 석방
충청 대전 동아공고	1명 윤성중	90.3.15	• 학내민주화 활동 ① 교무회의 민주적인 운영 요구 ② 매점 운영 공개 ③ 교사 사택 교대 입주를 요구하는 활동 전개 ④ 풍물기구 직접 구입하여 학생 지도 ⑤ 전교조신문 배포 등의 전교조 활동	명령 불복종(풍물 지도) 품위손상(교장과의 마찰) 근무 불성실(교과의 내용 지도)
충청 예덕실고 (예덕 여고)	1명 남광균	88.2.10	• 교육활동 개선요구 ① 취약한 기숙사 시설 및 수돗물 개선 요구 • 교권 옹호 활동 ① 동료 교사의 부당해고 반대운동 및 정당한 보수 요구 • 학생의 권리 옹호 활동 ① 부당 징계시정 활동 및 학생 이전에 노동자로서의 올바른 노동관 및 권리의식 고취 교육	대학시절 시위전력으로 재단에서 사직 요구, 학생들의 복직 요구와 작업장 근무조건 개선을 내세우며 농성(88.3.21) 3자 개입으로 구속 해임
충북 양백여상 (산업체 부설)	1명 이향주	88 – 89.5	• 평교사 협의회 구성(초대 회장) ① 회사(대농) 측의 부당한 학사간섭 시정 요구 ② 각종 불합리한 학교운영 시정 요구(교권보호, 학생회 자율성 보장) ③ 설립자인 (주)대농의 부당노동행위 및 장학금 유용 사실 폭로 → 국정감사 실시(임신 출산시 여교사에게 사직 강요하던 관행 타파) • 88.9 전교협에 가입, 충북청원지구협의회 부회장 역임 – 교육법 개정 운동에 주도적 역할 수행 • 89.4 전국교직원노동조합운동에 참가, 전교조 발기 서명운동 전개	교원직무 배치 및 품위손상

학교	해직교사수	활동/해직시기	학교민주화 주요 활동	징계사유
전라 목포 신명여상	19명 강경미 김철수 나미경 정영남 나지예 정춘순 박미옥 최귀술 손병진 최선희 심재철 한귀석 이범수 홍광표 장은옥 홍양선 전태상 황영옥 정 숙	88.5 - 93.11	• 88.5 평교사회를 조직하여 각종 비리 척결 및 학원정상화를 위한 활동 전개 　① 예결산 공개(교비, 육성회비, 학생회비), 미지급된 교사 임금 지급(급량비, 가족수당) 　② 부교재, 타자기, 교복 등 단체구입 부조리 　③ 각종 잡부금 근절(졸업복, 취업알선비) 　④ 교무실 전화기 설치, 칠판지우개 지급, 채용기부금 반환 및 공개채용 실시 　⑤ 학원 강제 수강 중단, 신체검사 및 실습 정상 실시 • 88.10 도교육청 특별감사 실시 　① 7억원의 회계비리 및 학사비리, 각종 이권 개입, 적발 　② 재단 측 시정 지시 미이행으로 임시 이사 선임 이후 정상 운영 조건으로 원재단이 복귀하였으나 불이행으로 3차까지 임시 이사가 파견됨 • 교육부 재심 위원회에서 1, 2차에 걸쳐 징계절차 상의 하자와 징계사유의 부당함을 이유로 면직 취소됨 • 93.11 재단 측 3차 징계 18명 파면, 2명 해임	복종의무 위반 성실의무 위반 집단행위 금지 위반-사무분장 불응, 집회, 일과 중 동료 교사 재판방청, 교무회의 불참, 유인물 배포, 교장에 폭언 등
전라 목포 예술고	3명 마경오 이승철 박종순	93.2.28	• 교무회의에서 학교운영의 정상화 촉구 　① 교무회의의 활성화와 합리적 업무 분장 　② 학생자치활동 활성화 요구 　③ 각종 수당의 현실화 및 월급 미지급분에 대한 해명과 전액 지급 요구 　④ 미술실, 무용실 확충과 불량 기숙사 시설개선 요구 • 93.5.27 재심과 민사1심에서 승소	사립학교법 제56조 1항(학급 학과의 개폐에 의한 폐직이나 과원시…)
전라 전주상산 고등학교	1명 배춘일	87.4.16	• 교무회의 이사장, 학교장 면담 등을 통해 각종 비민주적이고 독선적 학교경영 시정 요구 　① 우열반 학급 편성 폐지 　② 이사장, 교장 측근의 교사 감시 중단 　③ 학교장의 학생인권 모독 행위 근절 및 이사장의 교사인권 모독 중지 　④ 민주적 학교경영 건의 및 교사에 대한 사직 강요 철회	품위손상

학교	해직교사수	활동/해직시기	학교민주화 주요 활동	징계사유
부산 덕원공고	3명 정순동 오현대 김종대	88.10 ~ 91.8	• 평교사협의회 결성하여 활동 ① 재단의 학사운영 관여 배제 및 학교장의 독선적인 학사운영 개선 ② 교육환경 개선 및 학생의 학습권 보장 ③ 부정입학 중지 ④ 국고지원 실험실습비 사용내역 공개 ⑤ 부당 과원면직 교사 복직 ⑥ 교무회의 활성화 및 교원인사 민주화 • 개선 내용 ① 시교위 감사로 이사장 임명 취소, 교장 교감 해임 ② 교원 40명 충원 및 교원 공개채용 및 교사 의견 수렴 ③ 교육환경 개선 및 과원 면직된 교사 복직 ④ 교장 교감 이사 합의 선임 및 교무회의 민주적 운영	시교위 농성을 이유로 특수공무집행방해, 기물 훼손, 특수 감금 등의 혐의로 형사고발되어 선고유예로 당연퇴직 처리
부산 성도고등 학교	1명 최성복	88 ~ 89.12	• 교사협의회 자생적 생김 – 학교 측의 탄압으로 무산되고 동료 교사와 개인적 활동 ① 잦은 강제사직 및 임사교사제 철폐 ② 가족수당 등 급여 정상 지급 ③ 서무과장의 월권 중지(인사 학사 관여) ④ 교육환경 개선(노후 불량 교실, 화장실) ⑤ 학생식당 등 복지시설 개선(학생들 식당불매운동) • 개선 내용 · 가족수당 정상 지급	집단행위 실정법 위반 (전교조 결성 추진 대회 참석) 품위손상
경상 경남실업 고	5명 박영철 이정희 이은옥 제민경 조능제	88.10 ~ 89.9	• 평교사회('88), 참교육실천협의회('89) 구성 교육 환경 개선, 부조리 시정 촉구 ① 재단비리 시정 감사 요구(부정입학) ② 감사촉구 농성(예산공개) ③ 교원 처우개선 및 신분보장 요구 ④ 학교시설 보완 요구 및 열악한 교육환경 개선 요구	집단행동 품위손상 업무방해

학교	해직교사수	활동/해직시기	학교민주화 주요 활동	징계사유
부산 경희여상	1명 (당시 해직 13명) 배영규	88.11 - 89.5	• 평교사회를 구성하여 학교 측에 각종 부조리 시정 및 교육정상화 촉구 ① 학력인정학교로 승격 노력 ② 채용기부금 수수 중지 ③ 교원 확보 및 상치과목 담당 개선 ④ 교원 봉급의 정상 지급 ⑤ 부정편입학 중지 ⑥ 부교재 및 교복 등 단체구입 및 판매가 과다 책정 시정 ⑦ 학생회비 불법 전용 시정 ⑧ 학교 측의 시교육청 특별감사 실시 촉구 • 개선 내용 ① 감사결과 공금유용 및 횡령사례가 드러나 시정 조치 ② 교원 봉급이 정상에 가깝게 지급되어 개선됨	특수공무집행방해 업무방해 폭력행위 명예훼손
대구 효성여자 중학교	1명 유승영	90 - 91.9	• 개인적으로 교무회의 등을 통하여 학교매점 및 식당운영의 협동조합화, 부교재 채택료 시정, 수학여행 부조리 시정 등을 촉구, 받아들여지지 않을 뿐 아니라 오히려 탄압을 가하자 교육당국에 진정서 접수 등 활동 전개 • 진정에 대한 교육청 조치사항 ① 매점 및 식당운영 결산내용 ② 학생 상대 커피 자판기 시정 ③ 수학여행 계약사항 불이행과 수학여행비 부당 집행 책임자 경고 조치함, 미집행액 학생복지에 사용토록 조치함	복종의무 위반(교장호출 불응) 성실의무 위반(시험시간 종료 후 답안 작성 허용) 품위유지의 의무 위반(폭언 및 행패, 근무상부 무단 복사)
경상 창녕여자 종합고등 학교	14명 김경숙 김병구 김종두 김진국 박근호 서수경 서홍수 성갑식 송미혜 양태인	88.9 - 90.1	• 평교사회를 구성하여 부조리 시정 촉구 ① 교원정원 확보, 신분보장 요구(여교사 결혼 임신시 사직강요 중단, 시말서 남발 중지) ② 교육환경 개선(노후 책걸상, 형광등 교체, 화장실 및 수도시설 개선) ③ 재단비리 시정(채용 기부금 수수, 매점 임대료 착복, 부당 찬조금 징수, 유령 동창회비·졸업비 착복 등) ④ 학생 강제노역 중지	집단행동(수업후 농성) 학생선동(의식화, 농성 선동) 품위손상(집단행동, 음주) 전교조 지원(후원금 납부, 물품 판매, 신문 배포)

학교	해직교사수	활동/해직시기	학교민주화 주요 활동	징계사유
	이화재 장형선 최귀엽 허정일		• 반환기부금 6천만원으로 장학회 설립 • 매분기별 중고 18명에 납입금 전액 지급(90년 하반기부터 학교 측 거부로 중단) • 개선 내용 ① 교육청 특별감사 실시 결과 교비, 육성회비, 학생회비 중 불법사용 2억 2천만원 중 1억 2천만원 환수 지시 ② 교원 정원 13명 충원 ③ 전입학기부금 시정, 설립자인 교장 파면 및 이사 취임 승인 취소	
경상 김천중학교	1명 이일우	87 - 89.8	• 평교사회 활동을 통하여 육성회 문제 등 각종 부조리 척결 운동 지시함 • 육성회와 관련한 서무과장의 금전비리를 폭로하여 서무과장이 사직하고 교장이 공개 사과함(88.5)	품위손상 전교조 탄압 국면을 이용한 보복징계
경상 협성중학교	1명 안출호	88 - 89.6	• 협성중학교 평교사회 위원장으로 활동하며 전교조 분회로의 전환 모색함 • 전교조 신문을 교무실 전체에 배포한 것이 직접적 원인 • 학내 부조리 개선에 앞장섬	전교조 신문 배포 품위 손상
서울 복원여자학교	2명 노혜경 박승순	91 - 92.3	• 교육부 학력인정 사회교육시설 학교로 교육환경 열악('86.11.24 설립) • 교육환경 개선(수업결손, 학교시설 문제개선)을 위해 노력함 • 박승순, 노혜경 외 9명의 교사 감선복 이사장 교비 12,000,000원 유용 횡령 혐의로 고소('91.12) • 자격이 미비한 교장 사퇴 요구 • 학교가 폐교될 것을 막기 위해 여러 차례 시교육위와 면담을 해왔으나 이사장이 폐교조치함 • 폐교 직전까지 보수도 못 받는 상태에서 교사로서 학교를 지키기 위해 끝까지 노력	

표-17_ 학교별 교육민주화 관련 활동 내용【비해직교】

학교	사건발단	활동시기	주요 활동 및 개선 내용	근거자료	비고
서울 한서 고등학교			• 교권탄압 • 불법적인 학사운영 개입 • 변칙적인 학사운영 • 공금횡령 및 유용 → 모두 해결되어서 정상적으로 운영되고 있음	고발장, 학교법인 회계 보고서	학교정상화
서울 동광상고	'85 학교 측의 비교육적 행태에 대해 학생들이 교사들을 교무실에 가두고 시위		• 족벌체제로 운영, 독선적 학교경영(교장, 교감이 부부. 서무과장이 아들, 수위가 처남) • 각종 부교재 강매 및 유령 교사에 봉급 지급 • 새마을금고, 콩나물 공장, 가축 사육 등 교사와 학생에게 강제적인 저축 및 강매 • 93.10 교육청 감사가 실시되었으나 신입생 초과 입학, 장학금 유용, 건물 단면도 허위보고 등만 적발 • 1985년 학교 측의 비교육적 행태에 견디다 못해 학생들이 교사들을 교무실에 가두고 유리창을 모두 부수며 저축 강요, 콩나물 강매 등을 중단하라며 시위 → 시위 주동학생 퇴학, 담임교사 사직		서서울정보산업학교로 전환
경기 보영여중 종합고등 학교	30명 서명 된 질의서를 경기도 교육청 교육감에 제출	94. 10.14	• 30명의 서명이 된 질의서를 경기도 교육청 교육감에 제출 • 질의 내용 ① 학생권리 회복 및 신장(학생회, 학생을 위한 제반설치, 폐품 수입금…) ② 교사권리 회복 ③ 재정문제(예·결산 공개, 금전적 불이익 금지, 수입 보장…) ④ 종교문제(학생의 교회 선택권, 사복 허용…) • 질의서에 교장 이종효 답변 및 서명		
전라 남원여자 상업고등 학교			• 학교 비리 의혹 ① 테니스 특기자 내신성적 조작 ② 특정 서점과 교장, 교감 밀착 의혹 ③ 마케팅실습 명목으로 물건 사도록 강요 ④ 방송실 사업비 유용 ⑤ 학생들 돈으로 학교 공사 ⑥ 신입생 부정 추가 모집 ⑦ 불우 학생 돕기 쌀 교장 착복		미확인

학교	사건발단	활동시기	주요 활동 및 개선 내용	근거자료	비고
광주 문성 중·고등 학교	오완섭 전 서무과장 교육청에 진정서 및 8명 고발	94.7.7	• 비리 내용 ① 교사 채용시 기부금 수수 및 근무하지 않고 봉급지급(2명) ② 육성회 임원회비 지출 ③ 시교육청 지원비 횡령 및 교복·체육복 교련복 비리 ④ 잡부금 징수 및 기숙사비 횡령 ⑤ 교육청 관계자와 결탁 무리한 학급수 배당 및 교사 정원 태부족 ⑥ 공금 유용(매점 수익금) • 결과 ① 이재욱 이사장 퇴진 및 부정비리 관련자 전원 퇴진(94.7.7) ② 교직원 회의 공식 기구화 ③ 예·결산위원회, 인사위원회 구성 및 활동보장 ④ 징계위원회 교사참여 보장 및 교사 협의회 활동 보장 ⑤ 사태관련 교사 신분 보장		학교 정상화
경상 포항세화 여자고등 학교	1996.11.18 포항세화여 고 교사일 동 양심선 언	96.11.18	• 교사일동 양심선언 및 요구사항 ① 재단 이사장 그동안 잘못에 대해 학생, 교사, 학부모에 사과할 것 ② 재단 이사장과 이사진 퇴진 ③ 교육당국은 학교경영을 올바른 교육자에 맡겨라 ④ 검찰은 재단 이사장의 비리사실을 즉각 조사하라 • 학교 비리 내용 ① 장학금 횡령(1억), 교사 기부금(1억 7천만원) 횡령 및 시험지 유출 ② 매점, 식당 수익금 횡령 및 육성회비 전용 8억 ③ 매점, 식당 신축시 1억 5천만원 회계 부정 ④ 전교사에 시말서, 사표 강요, 교사와 학생에게 폭행, 폭언		전 현 직 이 사장 4 명 구 속 97.1 관선이 사 파 견 학교 정상화

학교	사건발단	활동시기	주요 활동 및 개선 내용	근거자료	비고
마산 제일 여자중고 등학교	경남, 마산, 창원, 진해, 학생복 맞춤 친목회 회원 11명 전교조에 진정		• 마산 제일여자중·고등학교 법인으로 신용협동조합 설립 교복 비리 ① 신용협동조합 구성으로 학생복, 체육복을 맞춤 일괄 단체 주문하여 이익금을 장학금으로 지급한다고 하나 의혹이 많음 ② 단체 주문임에도 시중가보다 비싼 경우가 있음		미확인
경상 내남중· 고등학교	김윤근 교사(전교조 경주지회 소속) 학원 정상화 노력		• 학원 정상화 노력 ① 학사행정 정상화 – 교무회의 의결기구화, 수업시수 준수, 교육민주화를 위한 제반활동 인정 ② 교육환경 개선 – 인쇄, 복사기 이용, 교실환경 개선, 도서실 기능 정상화, 양호실, 화장실, 양어장 개선 촉구 ③ 교원복지 – 교무실 환경 개선, 여교사 결혼, 출산으로 인한 불이익 금지, 교사 채용시 기부금 반환 촉구 ④ 평교사 협의회 활동 보장 • 개선 내용 ① 교장 퇴진 – 감사결과 시정 조치 사항 계속적 이행 ② 교사 기부금 학교 정상화 기금으로 적립 ③ 교내 평교사 협의회를 전교조로 발전시킴 ④ 지역주민과 계속적으로 참교육 실천을 위한 협의 ⑤ 학부모, 지역주민 대표, 교사로 구성된 학원 정상화 추진위원회 조직활동		학교 정상화
부산 선화여상	본부 교권국으로 3. 26 제보		• 부정입학에 관한 사진 필름을 동봉하여 전교조 교권국으로 제보 • 부정입학 7명 확인(부정 입학생으로부터 수백만 원씩 받음)		
부산 테레사 여중	한성철 교사 진정		• 반공법 위반, 대통령 긴급조치 9호 위반으로 징역 2년 자격정지 2년 구형 • 부산 사학민주화 및 시국관련 해직교사 명단에서 제외 포함시켜줄 것을 진정		

학교	사건발단	활동시기	주요 활동 및 개선 내용	근거자료	비고

강원
유봉여고
	이사 중 채권자 진정		• 이사 중 채권자가 진정, 도교육청 서 이사장을 경찰에 고소, 형사사건으로 비화
			• 채권자들이 2차 진정에 따라 93.8.17~21 특감 실시
			• 사후조치
			  ① 이사장에게 '경고'조치 및 임원취임 승인취소
			  ② 서 이사장 구속(93.10.13), 김위봉 전 이사장 (94.7.13), 홍 전 교장 구속		

5 사학민주화운동의 쟁점

1. 권위주의적 통치 여부

사립학교 교육민주화운동의 경우도 앞서 살펴본 전교조 교육민주화운동 탄압 양상과 동일한 맥락을 유지하고 있다. 다만, 그 형태상 국가가 전면에 드러나지 않고 재단과 교사들의 분쟁으로 간주되는 경우가 많아 민주화보상법상 권위주의적 통치에 대한 항거성 여부를 검토함에 있어 신중을 요하는 경우가 많다. 개별 학교 사례에 있어서는 교육행정당국이 재단의 교육기본권 침해를 눈감아주고 오히려 평교협을 탄압한 사례부터 교육기본권 실현을 위한 국가의 의무를 소홀히 한 부작위까지 다양하다. 이에 대해서는 다음의 2~7의 사례 소개에서 다루도록 하고 여기서는 개괄적 특징을 살펴보고자 한다.

한국의 중등교육은 학교의 운영과 학사행정 및 교육내용 등에 있어서 국·공립학교와 사립학교를 막론하고 사실상 국가의 통제 하에 있으며, 국·공립학교에 비해 사립학교의 교육환경이 열악한 관계로 교육기본권 또한 상대적으로 취약한 상황에 있다. 앞서 살펴본 바와 같이, 전두환 정권은 1980년 "7·30교육개혁조치"를 통해 신군부의 정당성을 확보할 목적으로(한준상, 1992, 21) 모든 국·공립 및 사립 교육기관에 9가지의 정책을 일방적으로 관철시켜 사립학교의 자주성을 침해하고, 교사의 단결권을 제약하고, 관료적 교육행정, 교육내용 및 교육권의 국가독점을 자행하였다. 노태우 정권은 전교조 결성과 사립학교 교원들의 교육 관련법 개정 요구를 수용하여 제16차 사립학교법 개정을 단행하는 외양을 취했으나 그 실상은 사학재단과 사립학교 당국의 운영 및 학사행정 권한을 강화하는 것으로 귀결되고 말았다.

　사립학교 정상화 투쟁의 평가에 있어 핵심적 쟁점은 교육과 국가의 관계, 즉 교육에 대한 국가의 헌법적 의무에 있다. 교육법에서 '사립학교와 국 · 공립학교는 학교의 설립 및 관리주체에 따른 구별일 뿐, 국민의 교육을 받을 권리를 실현시키기 위한 공교육 담당기관인 점에서는 동일하고(교육법 제7조), 학생의 교육을 받을 권리의 균등한 보장을 위한 국가의 지도 · 감독권은 공 · 사립의 구별 없이 행사되지 않을 수 없는 것(교육법 제6조)'이라고 정하고 있다(교육부, 1990, 55).

　국민의 교육기본권 실현을 위한 국가의 의무는 헌법상의 규정이고, 교육의 영역은 국 · 공립, 사립의 구별 없이 공적 영역에 속하는 문제이다. 따라서, 비정상적, 파행적으로 운영되는 사립학교의 교육을 정상화하고자 하는 사립학교 정상화투쟁은 사립학교 재단이라는 사인私人과의 분쟁이 아니라 바로 국가의 헌법적 의무를 상대로 한 투쟁으로 인식해야 하는 것이다. 사립학교 정상화투쟁은 「헌법」 제31조 4항,[7] 「교육기본법」 제5조(교육의 자주성 등),[8] 제6조(교육의 중립성),[9] 제12조(학습자)[10] 등과 「교육공무원법」 제43조(교권의 존중과 신분보장),[11] 「사립학교법」 제1조(목적)[12] 등이 준수되지 못한 교육현실을 바로잡기 위한 공적 투쟁이다.

　헌법 및 관련 법률에 의거하여 보장되어야 할 교육기본권이 정부 당국의 무관심과 사립학교 운용자, 교육 관료의 친분이나 유착 등에 의해 제대로 지도, 감독

---

[7]　교육의 자주성 · 전문성 · 정치적 중립성 및 대학의 자율성은 법률이 정하는 바에 의하여 보장된다.

[8]　① 국가 및 지방자치단체는 교육의 자주성 및 전문성을 보장하여야 하며, 지역의 실정에 맞는 교육의 실시를 위한 시책을 수립 · 실시하여야 한다. ② 학교운영의 자율성은 존중되며, 교직원 · 학생 · 학부모 및 지역주민 등은 법령이 정하는 바에 의하여 학교운영에 참여할 수 있다.

[9]　① 교육은 교육 본래의 목적에 따라 그 기능을 다하도록 운영되어야 하며, 어떠한 정치적 · 파당적 또는 개인적 편견의 전파를 위한 방편으로 이용되어서는 아니된다.

[10]　① 학생을 포함한 학습자의 기본적 인권은 학교교육 또는 사회교육의 과정에서 존중되고 보호된다. ② 교육내용 · 교육방법 · 교재 및 교육시설은 학습자의 인격을 존중하고 개성을 중시하여 학습자의 능력이 최대한 발휘될 수 있도록 강구되어야 한다.

[11]　① 교권은 존중되어야 하며, 교원은 그 전문적 지위나 신분에 영향을 미치는 부당한 간섭을 받지 아니한다.

[12]　이 법은 사립학교의 특수성에 비추어 그 자주성을 확보하고 공공성을 앙양함으로써 사립학교의 건전한 발달을 도모함을 목적으로 한다.

되지 못한 채 심각한 위기에 직면하였다. 사학정상화운동이 일어난 대다수의 사립학교는 사학법인이 비록 특정한 사업인 또는 사인이 출자하여 설립한 것이라고 할지라도 개인이 사유화 할 수 없는 공공교육기관의 성격을 갖는다는 점을 망각하고, 개인 또는 일부 집단의 사유물로 간주하는 경향이 강했다.

노태우 정권 하에서 교육당국은 사립학교 교원의 교육기본권 확립 요청에 대해 사립학교와 국·공립학교가 다른 법률에 근거하여 운영된다는 취지로 교육기본권 침해를 방치하고, 교육민주화운동을 탄압하는 과정에서는 국·공립학교 교원과 동일한 대우와 복무규정 및 업무에 종사한다는 것을 이유로 면직처분 등을 자행하였다. 또한 사립학교 재단은 평교협운동 등을 통한 사학정상화 및 교육기본권 확립투쟁이 곧 재단을 향한 것이었기에 자발적으로 정부정책에 편승하여 교육민주화운동 탄압에 앞장섰다. 이는 정부 당국이 헌법이 정하고 있는 공교육에 대한 국가의 의무를 포기한 것임과 동시에 사립학교 교원의 단결권을 본질적으로 침해한 권위주의적 통치라 할 수 있기에 민주화보상법 제2조가 정한 권위주의적 통치에 해당한다. 사인 간의 다툼에 불과한 것으로 항변하는 사립학교 재단의 행위 역시 이러한 교육의 공적 성격에 비추어보건대 민주화보상법 시행령 제2조에 나오듯이 타당성없는 주장이라고 할 수 있다.[13]

2. 주요 쟁점

이와 같은 권위주의적 통치에 대한 요건 해당성에도 불구하고 사립학교 교육민주화운동 사건은 민주화보상심의위원회 내에서 신중하게 다루어졌다. 그 이유는 사학법인과 사립학교는 「사립학교법」에 의해 설립된 것으로 어디까지나 사법상의 권리주체인 사법인 또는 사인에 의해 설치·운영되는 법제상의 특수성을 가지고 있다는 사실 때문이었다. 이러한 사립학교의 특수성을 강조하는 입장으로 국가로부터 교육시설의 운영과 학사행정에 관한 권한을 양도 혹은 승인받은 사학법인 자체에 어느 정도의 자율성과 의사결정권을 인정해야 한다는 견해가 제

---

[13] 민주화보상법 시행령 제2조는 민주화보상법 제2조 제1호의 규정에 의한 "항거"를 정의함에 있어 '직접 국가권력에 항거한 경우뿐 아니라 국가권력이 학교·언론·노동 등 사회 각 분야에서 발생한 민주화운동을 억압하는 과정에서 사용자나 기타의 자에 의하여 행하여진 폭력 등에 항거함으로써 결과적으로 국가권력의 통치에 항거한 경우를 포함한다. 다만, 국가권력과 관계없는 사용자 등의 폭력 등에 항거한 경우는 제외한다'고 규정하고 있다.

기되었다. 또한 사립학교는 국가가 직접 관할하는 국·공립학교와 다르므로, 사립학교 교원들의 교육민주화운동이 권위주의적 국가권력을 항거대상으로 한 행위라고 볼 수 없다는 주장도 제기되었다.

6 위원회 인정 사례[14]

1. 명예회복 신청 현황[15]

지역	사립학교명	발생시기	사 건 개 요
서울	서울 청구상업학교	1986~ 1988/ 1992, 1994	1978년 재단비리로 이사장이 구속되어 관선이사체제로 운영되다, 1985년부터 새로운 재단 이사장이 임명되었는데, 학사비리 및 교권침해 사례와 관련된 13개 항목의 시정을 요구하다 해임. 1988년 평교사협의회 결성, 1989년 전교조 분회 결성 및 활동 등과 관련하여 과원을 이유로 해임. 관선 이사진에 의한 면직, 법원의 복직판결에 학교 불응
	서울 상문고	1989	재단의 비민주적 학교운영의 문제점 및 비리척결 요구 등으로 해직
	서울 정화여상고	1988, 1990	학생 및 교사들과 족벌재단, 반교육적·반육영적 사학비리와 관련하여 농성한 것과 관련하여 해직
	서울 동일여상고	1994	교복구입과 수학여행 관련 비리 등에 항의한 것과 관련하여 파면
	서울 예일여고	1991	학내 부조리 척결, 학생 및 교사복직, 인사원칙 공개, 교육환경 개선 등을 내용으로 하는 평교사협의회 활동과 관련하여 해직
	서울 금성초등학교	1988	동료교사 자살사건과 관련 교사 및 학부모 등과 함께 사학비리 척결과 학교운영 민주화 요구 활동으로 해임
	사회교육시설 서울복원학교	1992	열악한 교육환경 개선, 비교육적인 재단 운영, 국고보조금 회령 등에 항의한 것과 관련하여 해임
부산	부산 경희여상고	1989~ 1989	학내비리 척결, 민주적 학교운영 등을 목적으로 1988년 결성된 평교사협의회 활동으로 파면 및 강제해직 등을 반복함
	부산 동아고	1997	평교사협의회, 전교조 활동 등으로 재단이 다른 학교로 전출시키자, 다음 해(1998년)에 의원면직

---

[14] 주요 인정사례에 소개된 학교는 전체 사립학교 교육민주화운동의 일부에 불과하다. 지면의 제약과 자료의 부족 등으로 인하여 주요 학교 중 부득이하게 누락된 학교가 다수 있다. 추후 개정작업이 이루어진다면 보다 많은 학교 사례를 정리하고자 계획 중이다.

[15] 이 신청 현황은 위원회의 제2차 신청접수까지의 현황이다.

지역	사립학교명	발생시기	사 건 개 요
인천경기	부산 덕원고	1988~1989	평교사협의회 결성, 국고유용에 대한 해명, 해직교사 복직 등 9개항을 요구하며 서무과 및 부산시 교육위 농성
	인천 명신고	1988	교무회의 민주적 운영, 학교운영위원회 설치 등을 요구하는 민주화 선언문 작성 및 낭독과 관련하여 파면
	인천 대경여자상고	1989	행정 비리 및 신분보장 등을 내용으로 하는 학내 농성 주도 혐의로 해임
	수원 계명고교	1997	파행적 학교운영 및 재정비리(장학금 착복, 교사 채용시 금품수수, 졸업비 부당징수) 등을 언론에 폭로한 것과 관련하여 직권면직
	파주 종합고등학교	1987	여학생 추행 및 폭행교사 퇴진, 부당 노동동원, 예산 편법 운영 등에 항거한 학내분규로 해임
대전혜천여중·고	대전충남	1990	교사협의회 결성 및 활동, 폐교선언 항의 농성, 전교조 창립대회 참석 등과 관련하여 해임
	대전 동아공고	1989	전교조 및 학교운영에 관한 사항들을 학생들에게 강의한 것과 관련하여 해직
	충남 신풍중학교	1987	학교 시설 등에 대한 강제 노동, 시설물 공사비 명목의 금품 징수 등을 공개하고 문교부에 진정한 것 등과 관련하여 파면
	충남 연무여중교	1990	결혼 여교사 강제 사직 규정에 항의하기 위해 개나리회 가입 활동한 것과 관련하여 해직
광주전남	목포 신명여상고	1992	1988년 평교사협의회를 결성 후 특별감사 실시, 재단 퇴진 및 관선이사 파견 등을 요구한 것과 관련되어 직권면직, 파면, 해임 등을 반복함
	목포 예술학교	1993	전교조 활동, 사학민주화운동 등과 관련하여 강제 사직
	광주 옥천여상고	1991	교육청 허가없이 음악과를 신설하고, 교사자격증이 없는 사람을 채용한 것 등과 관련하여 언론과 교육청에 공개한 혐의로 직권면직
	목포여상고	1986	결혼 여교사 강제 사직 규정에 항의한 운동을 전개한 것과 관련하여 해직
	나주세지중학교	1984, 1987	사생활이 복잡하고, 실력이 없다 등 지역여론이 안좋다는 이유로 면직, 교육환경 개선 및 재단비리 척결 등을 주장한 이유로 해임
전북	전주상산고	1987	입시 위주의 특수반 편성에 항의한 2명의 동료교사가 강제 사직되자, 이에 항의하다가 동료교사 폭행, 상사의 지시 불복종 등을 이유로 해임
대구	대구 효성여중교	1991	구내매점 운영 부정, 수학여행 비리 척결, 행정 민주화 등을 주장한 것과 관련하여 해임
	대구 협성중학교	1989	전교조신문 및 소식지 배포 등과 관련하여 해임
경남	경남 창녕중종고	1990	평교사협의회 결성하여 재단비리 시정과 교육환경 개선 등을 요구하며 교장실 점거농성

지역	사립학교명	발생시기	사 건 개 요
	경남실업고	1989	참교육실천협의회를 구성하여 재단 학교비리 척결 및 열악한 교육환경개선을 요구하며 재단 퇴진 농성

2. 경희여자상업학교

1) 개요

경희여자상업학교(이하 경희여상)는 산업체에서 근로하는 청소년을 대상으로 하는 문교부 학력인정 사회교육시설 학교로써 당시 약 4,300여명의 학생들이 재학 중이었다. 1980년대 경희여상은 학생들에게 부당한 기부금을 요구하고, 학생들의 수업 교재 등 각종 이권에 개입하여 영리를 추구하고 1987년까지 매년 말 교사들의 사직서를 관례적으로 받는 등 사립학교의 고질적 병폐가 심각한 상황이었다. 약 30여명의 교사들이 1988년 11월 21일 「평교사협의회」를 설립하여 학교 측에 '부당한 기부금 반환' 및 '족벌체제 척결', '학내 금전 및 인사관련 비리 시정', '학생의 자치활동 보장' 등을 요구하게 된다. 학교는 1989년 1월 12일 '징계위원회'를 열어 교육민주화운동 전개하던 '평교협' 공동대표 배영규 등 5명의 교사를 파면시켰다. 관련 교사들의 파면 이후 「한겨레신문」, 「부산일보」 등에 경희여상의 파행적 학교운영의 심각성이 공개되고 사회적으로 이슈화되자 학교 측은 뒤늦게 평교협의 13개 요구사항을 수용하는 「합의서」에 서명하게 된다. 그러나, 학교 측이 「합의서」 이행을 번복하자 평교협 소속 교사들은 합의서 이행을 촉구하였고, 학교 측은 9명의 교사를 파면하기에 이른다. 이에 학생 1,500여명과 평교협 교사들은 1989년 3월 2일 '교권탄압분쇄 및 학교정상화를 위한 농성'에 돌입한다. 학교 측은 휴교령을 발동하고 단전 및 단수 조치를 취한 후 구교대를 동원하여 농성 중이던 교사 및 학생들을 폭력적으로 해산시키게 된다. 이에 교사 및 학생들이 부산시교육위원회로 장소를 옮겨 농성과 시위를 지속하고, 부산의 제반 시민단체 및 대학들이 결합하여 공동대책위원회가 결성된다. 정부는 1989년 3월 31일 농성 중이던 시교위로 공권력을 투입하여 농성을 강제해산시켰다. 이와 같은 과정을 거치며 1989년 4월 30일 평교협 관련 교사 13명이 사직처리되고 같은 해 5월 3일 평교협 대표 배영규 교사가 실형을 선고받고 파면된 사건이다.

2) 주요 활동

경희여상 배영규 등 교사들은 1988년 11월 21일 학교 측의 금전 및 인사관련 비리, 족벌체제 척결, 부당한 기부금 반환 요구, 학생자치활동 보장 등 산적한 문제를 해결하기 위하여 문교부 학력인정 사회교육시설학교로는 최초로 평교사협의회를 창립하고, 평교협 이름으로 제반 비리 공개서 및 13개 건의사항을 학교 측에 제출하였다. 1988년 12월 10일 학교 측은 학생자치활동 보장, 부당하게 징수한 자치회비 내역 공개, 교복 및 수예대금의 공개입찰, 교재대금 및 검정료 징수 폐지, 부교재 임의선정 및 강매 시정, 교권탄압 시정 등을 내용으로 하는 합의서[16]에 서명함으로써 경희여상의 교육정상화가 순탄하게 진행되는 듯했다.

그러나, 1989년 1월 12일 학교 측은 합의사안을 이행하지 않고 오히려 징계위원회를 열고 배영규, 박경숙 교사 등 5명의 평교협 주도 교사들을 학원소요사태의 책임 등을 물어 파면시켰다. 교사들의 파면 이후 각종 언론을 통해 경희여상의 문제가 공론화되었고 재단과의 본격적인 투쟁이 시작되었다.

1989년 1월 25일 교육감 및 부산교사협의회의 중재로 해직되었던 경의여상 평교협의 5명의 교사가 복직되었다. 그러나 학교 측이 합의사실을 번복하고 이행하지 않자 1989년 2월 16일 평교협 교사들은 합의안 시행을 재차 촉구하게 된다. 재단은 평교협 공동대표 9명의 교사를 징계위원회에 회부하여 징계처분하였다. 1989년 3월 2일 합의각서 이행 및 부당징계 철회를 촉구하는 농성이 약 1,500여 명의 교사들과 학생들이 참여한 가운데 진행되었다.

1989년 3월 9일 학교 측은 학내민주화를 위한 점거 농성을 탄압하기 위하여 단전, 단수 조치를 취하고, 학내민주화 요구 시위 학교 중 최초로 휴교령을 내렸다. 이와 같은 극단적 대치 상황에서 평교협 교사들은 학내비리 척결 및 학교정상화를 위한 감사요청서를 청와대, 감사원, 문교부, 부산시 교육위 등에 제출하였다.

---

[16] 1988년 12월 10일 경희여자상업학교 평교협과 학교 측의 합의안 주요 내용은 다음과 같다. 학교 당국과 교사 측은 진정한 학교발전과 학생들의 참교육을 실현하기 위하여 다음과 같이 합의한다. 1. 학교당국(이하 학교)과 교사는 교육자적 양심에 따라 학생들의 참교육과 학교발전을 위하여 최선을 다하기로 한다. 2. 교사가 학교에 건의한 사항에 대하여 원만한 대화절차를 거쳐 합리적으로 이행한다. 3. 학생자치활동의 자율성을 최대한 보장하며 학교운영에 학생들의 의견을 최대한 수용한다. 4. 교사의 신분을 보장하며 개인의 인격과 자율성을 최대한 존중한다. 또한 본교 교사협의회에 가입된 교사라 하여 어떠한 불이익도 돌아가게 하는 일이 없이 신분을 보장한다. 5. 학교와 교사 쌍방은 상호신뢰를 바탕으로 학생들의 참교육과 학교발전을 위하여 위 합의사항을 성실히 이행할 것을 학생과 학부모 앞에 교육자적 양심으로 선언한다.

같은 해 3월 17일 새벽 2시 학교 측은 구교대를 동원하여 교내에서 농성 중이던 교사 및 학생들을 폭력적으로 강제 해산시켰다. 강제 해산된 교사와 학생들은 부산시 교육위로 자리를 옮겨 농성투쟁을 지속하였다.

1989년 3월 20일 부산시 교육위 교육감과의 대화요청이 계속 거부되자 학생 및 교사들이 교육감실로 진입을 시도하는 과정에서 교육위 직원들과 충돌해 다수가 부상하는 사태가 일어났다. 1989년 3월 22일 「경희 사태 해결 및 사회교육법 개정을 위한 공동대책위원회」가 부산교사협의회, 부산민족민주연합, 기독교인권위원회, 부산여성노동자의 집, 부산사범대학총동창회 등의 주도하에 결성되었다. 반면, 같은 날 부산시 교육위는 경희여자상업학교에 대한 감사를 시작하였다. 학교 측은 같은 해 3월 27일 휴교령을 철회하였다. 1989년 3월 28일 부산 동아대학교에서 동아대 총학생회가 주관하는 경희 학내비리 척결을 위한 제1차 규탄대회가 열렸다.

1989년 3월 31일 부산시 교육위에서 농성 중이던 교사, 학생들이 부산시 교육위 및 학교 측의 고발로 전경 및 백골단에 의해 강제 해산되는 사태가 벌어졌다. 일부 교사는 서부경찰서로 연행되었다. 1989년 4월 4일 배영규 등 2명의 교사가 '공무집행방해', '특수업무방해', '폭력행위' 등의 혐의로 구속, 수감되고, 4월 28일 백귀복, 박경숙, 박명숙, 민현주 등 8명의 평교협 소속 교사들이 검찰에서 '기소유예' 처분을 받고, 같은 날 부산교육대학에서 제2차 규탄대회가 진행되었다.

이러한 사태의 여파로 1989년 4월 30일 평교협 소속 교사 13명이 학교 측에 의해 일방적으로 사직 처리되고, 같은 해 5월 3일 배영규 교사가 실형선고를 이유로 파면되었다. 해직된 교사들은 이후 전교조 결성과정에 참여하고, 적극적으로 교육민주화운동에 동참하여 활동하였다.[17]

3) 민주화보상법상 쟁점

사립학교 교육민주화운동 심의에서 종종 쟁점화되는 부분이 '해직'의 원인이

---

[17] 이상의 내용은 「부산일보」(1989. 1. 18), 「항도일보」(1989. 3. 28., 5. 2.), 「한겨레신문」(1989. 4. 30) 등 각종 일간지 및 당시의 성명서, 감사요청서, 「경희여상 교육민주화관련 소명자료 모음」 등을 중심으로 구성한 것이며, 「사립학교민주화운동 해직교사 원상회복 자료집」, '전교조 사학민주화 관련교사 명단'(전교조 명의의 「원상회복」 자료집, 기록, 42쪽)에 의해 관련 기록을 확인할 수 있다.

된 징계 사유이다. 경희여상도 예외가 아니었다. 게다가 민주화보상심의위원회의 사건 조사과정에서 해당 교사들은 경희여자상업학교 측이 자신들의 교원자격을 부인하고 있다는 사실을 확인하였다.[18] 당연히 학교 측은 교사들의 해직 사실도 부인했다. 해당 교사들이 확인한 사실에 따르면, 학교 측은 해직교사들과 '임시교사'로 고용계약을 맺었고, 교육민주화운동을 이유로 해직한 것이 아니라 계약만료일에 재계약을 하지 않아 자동으로 고용계약이 끝나게 되어 퇴직처리했을 뿐이라는 것이다.[19] 학교 측 주장대로라면 경희여자상업학교 사건은 교육민주화운동을 이유로 한 '해직'의 피해가 성립하기 어렵다.[20]

그러나 사실관계는 학교 측 주장과 다르다. 경희여상의 교사들은 대부분 정식교사로 채용되었다. 또한 학교 측 주장과 달리 사회교육시설에서 전면 학력 인정기관으로 전환한 1989년 2월 28일 이후에도 해직교사들 상당수가 재직하고 있었다. 해당 교사들은 교육민주화운동 과정 중 발생한 재단과의 앙금으로 학교 측이 「교육부 특별채용」 당시에도 관련 교사들 전부를 '임시교사'로 채용한 것으로 교육부에 경력 증명을 발행해주고, 실제 해직일이 1989년 5월 초순이었음에도 1989년 2월 계약기간이 종료된 것으로 조작하였다고 주장한다.[21]

경희여상 해직교사들은 학교 측의 이와 같은 부당한 조치를 바로잡기 위하여 「국민연금관리공단의 사용관계 종료」 관련 서류 및 국정감사시 「1989년 국회의원요구자료」, 「교육부의 특별채용」 당시의 서류 등 관련 자료를 수집하여 민주화보상심의위원회에 제출하였다. 이 자료들에 따르면, 학교 측의 주장과 달리 신청

---

[18] 경희여상 해직교사인 박명숙 교사는 위원회의 조사과정에서 다음과 같은 사실을 처음 확인하였다고 한다. 학교 측의 주장은 "사회교육시설 경희여자상업학교는 초·중등교육법 제2조(구 교육법 제81조)의 학교 종류에 포함되지 않으며, 사회교육법에 의한 학교형태의 사회교육시설로서 초·중등교육법 제19조 1항의 '교원'에 포함되지 않습니다"라고 하며 교원으로 인정하지 않는 내용이었다.

[19] 경희여상 해직교사 박명숙 교사가 위원회 조사과정에서 확인한 내용은 다음과 같다. "귀청에서 자료확인을 요청한 신청접수자(박명숙, 백귀복, 박경숙)는 당시 1년 단위로 고용된 임시교사로서 사직서를 받지 않아도 되나 당시 단체행동으로 물의를 일으킨 당사자들이라 후일 분쟁의 소지를 없애기 위해 사직서를 제출받았습니다. 사직서 제출일자는 다음과 같이 각각 다르나 1989년 2월 28일로 고용계약이 끝났으며…."

[20] 민주화보상심의위원회는 정식교사 발령을 조건으로 채용한 임시교사(시간제 교사 포함)의 경우 계약기간 중 민주화운동을 이유로 본인의 의사에 반하는 해직이 발생한 경우는 민주화운동을 이유로 한 해직에 해당하는 것으로 인정하였으나, 계약기간 종료에 따른 고용관계 만료 경우나 계약기간 종료 중에 해직되었더라도 잔여 계약기간에 대한 급여를 보상받은 경우는 본 법의 해직에 해당하지 않는 것으로 결정한 바 있다. 참고로 대학시간강사의 경우는 해직에 해당하지 않는 것으로 결정하였다.

[21] 경희여상의 해직교사들은 교육부의 시국사건 관련 해직교사 특별채용시 교단에 복귀하였으나 재단 측의 이와 같은 조치로 인하여 기간제교사로 분류되어 3년의 기간을 기간제교사로 재직한 후 정식교사로 발령받아야 했다.

인들 대부분이 정식교사로 재직 중이었던 것으로 확인된다.[22]

그 근거로는 첫째, 국민연금관리공단(부산지부)의 「국민연금정보자료 통지서」
에 기재된 사용관계 변동내역이 있다. 이 자료에 따르면, 교사들의 주장과 같이
재단 측과 사용관계가 종료된 시점은 1989. 5. 1.(또는 2일)로 파악된다.[23] 둘째,
부산직할시 교육위원회 명의로 제출된 「1989년 국회의원 요구자료 : 사회교육시
설 경희여자상업학교 현황」(1989. 4. 현재)의 "3. 교사근무현황"에도 학교 측이 이
미 계약을 종결했다는 해직교사들의 명단이 1987. 1.~1989. 4.까지 재직한 것으
로 확인된다. 셋째, 1989. 4. 10. 작성된 부산서부경찰서 명의의 「사건송치」 기록
에 따르면, 윤창원과 김성년의 경우 1989. 2. 28. 교사미임용자로 '무직'으로 기
재되었으나, 배영규, 김영희, 민현주, 박형주, 이호연, 박경숙, 백귀복, 박명숙,
안진숙 등은 교사로 기재(1989. 4. 10. 현재)되어 있다. 이는 당시 1989. 2. 28. 계
약만료에 따른 계약해지라는 학교 측의 주장이 사실과 다름을 입증하는 자료이
다. 넷째, 「항도일보」(1989. 5. 2.) 기사에 따르면, 박경숙 교사가 1989. 5. 1.까지
재직한 사실이 확인된다. "경희여상이 1일 박경숙 교사 등 끝까지 농성해온 교사
5명을 포함 평교사협의회 소속 교사 13명을 무더기로 사직처리 했다. 사표를 제
출한 교사들은 학내의 비리를 개선하고 참교육을 실현하고자 정당한 요구사항을
내걸고 학교 측에 수락을 요청했으나 학교당국, 부산시교위 공권력의 부당한 횡
포에 더 이상 설 곳이 없어 사표를 제출했다고 밝히고, 퇴학처분된 학생들에 대
해서는 학교 측이 퇴학조치를 철회해주기를 바란다고 요청했다"는 기사가 실렸
다. 다섯째, 경희여상 해직교사들이 확인한 바에 따르면, 「민주화운동관련 신청
에 따른 협조요청 의뢰」에 대한 경희정보여자고등학교장 명의의 「사실확인서」
(2000. 11. 4.)가 당시(1989. 3. 23.)의 부산경희여자상업학교장(주도일) 명의의 「내

---

[22] 당시 윤창원 교사는 임시교사로 재직 중이었다. 민주화보상위원회의 인정결정 이후 윤창원 교사도 위원회의 복직
권고 조치에 따라 특별채용 대상이 되었다.

[23] "국민연금법 제12조에 의하면 사업장 가입자는 사용관계가 종료된 때 가입자 자격을 상실합니다. 그리고 같은 법
제14조는 국민연금관리공단으로 하여금 가입자 자격의 상실에 관하여 확인을 하도록 규정하고 있고, 같은 법 제
19조는 사업장 가입자의 사용자로 하여금 가입자 자격의 상실시 그 사항을 위 공단에 신고하도록 규정하고 있습
니다 … 별첨 확인서들과 국민연금자료 통지서들에 의하면 확인서의 대상자들은 사용자인 경희정보여자고등학교
의 신고에 의해 사용관계 종료의 사유로 1989. 5. 1. 자로 국민연금사업장 가입자 자격을 상실하였음을 알 수 있
는바, 이는 위 대상자들에 대해 1989. 4.까지 사용자부담금과 퇴직금전환금 및 기여금이 납부되었고, 또 위 공단
이 위 사용자의 신고내용이 사실임을 확인하였음을 증명합니다. 따라서 위 자료들은 확인서의 대상자들이 1989.
4. 30.까지 경희정보여자고등학교에서 재직하였음을 명백하게 증명하는 의심의 여지가 없는 증명자료라 할 것입
니다(법무법인 부산종합법률사무소 대표변호사 문재인의 「의견서」 중)."

용증명」과 서로 충돌하고 있다. 학교장 명의의 학교 측 주장은 오영오, 배영규 교사에 대한 고용계약 여부에 대해 다른 사실을 주장하고 있다.[24] 이는 민주화보상심의위원회에 보낸 학교 측 주장의 신뢰성을 의심케 하는 대목이다. 사립학교 정상화투쟁의 경우 재단과 해직교사들의 앙금이 남아 위원회의 명예회복 심의를 위한 조사과정에서 가끔 이러한 학교 측의 보복성 조치가 취해졌다. 여섯째, 시간제교사의 경우 학교비 봉급과목에서 봉급, 상여금 등 일정급료를 지급받는 정규교사와 달리 육성회비 강사 수당 과목에서 수업시간에 따라 시간당 강사료를 지급받도록 되어 있다. 학교 측이 1년 단위로 계약한 임시교사라고 주장하는 박경숙 교사가 보관해온 '급여봉투'(1989. 2.)에 보면 봉급, 연구보조비, 직책수당, 근무수당, 야근수당, 급량비, 국민연금적립금, 의료보험부담금, 갑근세, 재형저축 등의 과목이 책정되어 있는 것이 확인된다.[25] 일곱째, 교육부의 「해직교사 특별채용 추진계획」(교원81080-100) 〈해직교사 특별채용 대상자 명부〉에 부산경희여자상업학교 대상자 중 김영희(교육경력 2년1월)와 오영오(2년 2월) 교사의 경우만 전재직학교 직급란에 '임시교사'로 되어 있고, 다른 교사들의 경우 '교사'로 기재되었다. 여덟째, 전국교직원노동조합 부산지부에서 확인한 바에 따르면, 경희여자상업학교 해직교사들은 1989년 4월 30일까지 부산경희여상 평교사협의회 회원으로 등재되어 있으며, 1989년 5월 1일부터 특별채용(2000. 6. 30) 이전까지 부산지부 전교조 조합원으로 등재되고, 특별채용 이후 현재까지는 전교조 부산지부의 각 특별채용 학교로 경력이 확인되었다.

---

[24] 학교 측 주장은 "관련자 오영오는 당시 1년 단위로 고용된 임시교사로 1989년 2월 28일로 고용계약이 만료된 자로서 본교에서 해직하거나 파면 등 징계를 의결한 사실이 없다(2000. 11. 4.)"는 것이다. 반면, 1989년 학교는 오영오 교사의 문제에 대해 내용증명을 통해 이미 다음과 같이 사실관계를 확인한 바 있다. "본 내용 수령인 오영오 교사는 1989년 2월 28일 3월 신학기 근무인사명령을 받았으나, 1989년 3월 2일 09:00시부터 학생을 선동하여 학교의 제반업무를 방해하고 … 1989년 3월 27일 오전 8시 50분부로 정상근무를 서면으로 명하며, 위 지정된 일시에 정상근무에 임하지 않을 때에는 학교에 근무할 의사가 없는 것으로 알고 학교 당국은 행정적 법적 조치를 취할 것을 통보함(1989. 3. 23. 부산경희여자상업학교장 주도일)." 따라서, 1989. 2. 28. 계약기간이 만료되었다는 경희여자정보고등학교의 주장은 사실과 다르다. 배영규 교사는 1999. 8. 17. 학교 측이 발행한 「경력증명서」 및 「징계의결서」 따르면, 1987. 3. 1.~1989. 5. 2.까지 교사로 재직한 사실이 확인되나, 2000. 10. 21. 학교 측이 민주화보상위원회로 발송한 「확인서」에 따르면 1989. 2. 28.일자로 근무기간을 번복하고 있다. 당시 학교 측이 위원회로 보낸 자료들에 대해 교사들은 전혀 모르고 있는 상태였으나 위원회의 사실관계 조사 과정에서 이 사실을 알게 되었다고 한다.

[25] 1988. 12. 당시 학교 측에서 제시한 일반고등학교 및 사회교육시설학교 초임기준 월보수액 비교표의 경우 일반고등학교(401,000원)와 경희여자상업학교(420,000원)의 보수가 상여금, 정근수당 등에서 동일하며 다른 과목의 경우 약간의 차이만 있음을 볼 때 박경숙 교사의 급여액(425,000원)은 정규교사에 해당하는 것임을 알 수 있다.

4) 교육민주화운동에 대한 판단

경희여자상업학교 교사들은 학교 측이 관례적으로 전 교사들에게 매년 말 사표를 받고, 학생들에게 부당한 기부금을 강요하는 등 교육기본권을 침해하고, 국가의 공적 책임 권한에 속하는 교육의 영역에서 정상적 교육이 이루어질 수 없을 정도로 경희여자상업학교의 전횡과 파행이 심해지자 학교정상화 및 교육민주화를 이루고자 평교사협의회를 결성하여 수차례 시위를 개최하고 교육민주화를 요구하는 전교조 활동에 동참하는 등의 활동을 통하여 교육기본권이 문란케 됨에도 수수방관하고, 오히려 공권력을 동원하여 탄압한 노태우 정권의 권위주의적 통치 및 경희여자상업학교 당국에 항거함으로써 교육민주화에 기여하는 활동을 하였다. 또한 경희여자상업학교 평교협 등 당시 사립학교 정상화투쟁을 주도한 평교협의 요구사안들은 1997년 12월 13일 법률 제5438호로 제정된 「초·중등교육법」의 밑바탕이 되었으며, 이는 당시 교육민주화운동의 전개과정과 궤를 같이 하는 것이다.

참고자료

학교 측과 평교협의 「합의각서」의 주요 내용

1. 교사결원시의 충원은 인맥, 학연, 정실에 의하지 아니하고, 개인의 능력 및 인격을 최우선으로 결원 교과목을 고려하여, 현 재직 중인 교사들의 신분을 보장하고 일부 상치과목 교사의 단계적 상치해소가 되는 선에서 공개 채용한다.

4. 일괄사표 제출 강요의 사례는 일체 없을 것이며 뚜렷한 이유 없이 사직이 강요되는 사례나 본인의 의사와는 무관한 임시교사 발령사례도 이후로는 일체 없도록 한다.

8. 교내 매점, 문방구, 자동판매기 운영 등은 학생들의 복지를 최우선으로 하며 가격 및 제품선택에서 보통 가게 및 타교에서 받는 일반적인 가격 이상은 절대 받지 않도록 지도한다.

9. ① 교복 및 체육복 모델 선정 및 가격 책정은 반드시 공개입찰에 붙여 시행하고 교사와 학생들의 의견이 최대한 반영되는 선에서 결정하되, 단체 일괄 맞춤의 이점을 살려 학생들의 편익을 도모한다.

② 수예품목의 결정은 담당 가정과 교사가 하며 가격은 일괄구입의 이점을 살려 학생들의 편익을 도모한다.

③ 행사시 학급별 단체사진 촬영 후 사진을 찾을 때는 학생들의 희망에 따라 찾도록 하며, 가격은 적정수준으로 책정한다.

④ 졸업앨범 가격 책정도 일반 수준에 준하여 책정하도록 한다.

10. 상과 과목 교내 검정료는 이후부터는 받지 않을 것이며 현 통장 잔액은 담당교사의 협조를 얻어 기능, 선행, 장미장학금 등의 장학기금으로 활용한다.

11. 수업 중 부교재, 교재 선택은 학과 담당교사가 하고, 구입은 개별구입을 원칙으로 하되, 부득이한 경우 단체구입을 할 때는 단체구입의 이점이 학생들에게 돌아가게 한다.

12. 교지대금은 이후 학생 개인 부담이 아닌 학생자치회비에서 인출하도록 하고, '88학년도 징수금액은 빠른 시일 내에 환원한다.

13. 학생자치회비는 학기 초 각 부서에서 계획을 세워 정상적 세목으로 지출하고 '88학년도 사용내역은 학생자치회를 통하여 그 내용을 공개한다.

14. 학생자치활동의 자율성을 최대한 보장하며 학교운영에 학생들의 의견을 최대한 수용한다.

15. 본교 교사협의회에 가입된 교사라 하여 어떠한 불이익이 돌아가게 하는 일이 없이 신분보장을 꼭 한다.

17. 동창회비, 졸업비는 학생자치회에서 자율적으로 책정하고 그 내역은 공개토록 하며 동문회비는 받지 않도록 한다.

경희여자상업학교 교사협의회 창립선언문

우리 경희의 교사들은 현대산업구조의 그늘 아래서도 오직 하나 배움의 열의를 품고, 늦은 밤 교실에 않은 사랑스런 제자들은 보면서 과거 우리들의 그릇된 무사안일의 사고방식과 권위적인 학교 당국의 억압과 비리를 떨쳐내고 참된 교육을 실천하고 소외된 근로청소년들을 교육하는 막중한 책임을 지닌 교사로서 어제를 반성하고, 오늘을 직하여, 희망찬 내일을 밝혀나가기 위해 힘과 지혜와 땀을 모아 학교 발전을 위한 교사들의 협의체를 구성, 그 창립을 엄숙히 선언한다.

돌이켜 보면 우리들의 지난날은 교육이라는 미명 아래 권위적이고 반민주적인 교육풍토 속에서 자라난 각종 부당행위와 전횡적인 일들을 묵인하고 그것이 어쩔 수 없는 현실임을 정당화함으로써 교사의 양심을 외면한 우리 교사 모두의 책임임을 스스로 인정하고 더 이상의 시대착오적인 과오를 범하지 않아야 한다는 절박한 심정으로 오늘에 이르렀다.

이에 우리 교사들은 지금까지 진행된 타성과 학습을 극복하고 주경야독의 길을 걷고 있는 우리 학생들의 권익을 옹호하기 위해서는 우리들의 작은 힘을 한자리에 모으지 않고서는 그 해결책이 없다고 생각하고 이 협의회를 창립하기로 한 것이다.

우리는 학생들의 피곤한 어깨에서 소외된 근로청소년들의 아픔을 느끼고 있으며 그들이 조국의 경제를 실제로 이끌고 있는 우리의 동생, 우리의 딸들임도 알고 있다. 그러나 아직도 그들은 작업조건이나 환경이 열악한 상태이며, 그들에게 참된 교육을 시켜야 하는 학교마저도 도식적이고, 관료적인 상태에서 안주하며 안일과 침묵으로 그들을 방치하고 있다.

그 속에서 우리의 학생들은 삶의 올바른 가치를 찾지 못해 퇴폐적이고 향락적인 서구문화에 휩쓸려 자신의 꿈과 희망을 버리고 있다. 이러한 비교육적인 현실 속에서 이 상태를 더 이상 우리 교사들은 방관하고 있을 수만은 없는 것이다.

그들에게 진실과 정의, 참된 사랑을 가르치는 교사가 되기 위하여 이제 우리 경희 교협은 학생들의 복지와 권익을 옹호하며 진정한 교사의 길을 감으로써 참된 사제관계를 정립하고 교육현장에서의 많은 문제점과 학교 당국의 불편부당한 일들에 대하여 어떠한 경우에도 신중하고, 합리적인 자세로 중지를 모아 민주적인 절차에 따라 학교발전에 이바지해나갈 것이다.

이러한 과정에서 본 협의회가 겪게 될 방해와 어려움 앞에서도 결코 굴하지 않고 "경희의 참된 터전"을 일구어낼 때까지 이 나라의 민주교육을 성숙케 하는 데 그 일익을 담당했다는 자부심으로 학교의 명예를 지키고 이를 위해 헌신한 무명교사들의 노고를 경희의 역사 속에 자랑스럽게 기록하여 그 뜻을 전하고 아울러 근로청소년 교육의 새로운 전통을 확립해나갈 것을 역사와 민족 앞에 사랑하는 경희의 딸들에게 교사의 양심으로 엄숙히 선언한다.

1988. 11. 21.

부산경희여자상업학교 교사협의회

경희여자상업학교 교사협의회 회원 및 임원단

1. 회원

박명숙, 원혜영, 김흥주, 권태연, 박겸태, 박명숙, 이천수, 이호연, 정성욱, 홍종국, 김의권, 안진숙, 박경숙, 김경수, 백귀복, 장춘복, 김영희, 배영규, 박형주, 김옥희, 오영오, 민현주, 이경선, 박종학, 김기옥, 어화자, 윤미숙, 장정옥

2. 임원단 명부

- 대표위원 : 박영규, 홍종국, 정성욱, 김영희, 박형주, 김의권, 박명숙, 김경수, 장춘복
- 총무부장 : 김경수
- 섭외부장 : 홍종국
- 자료부장 : 배영규
- 여교사부장 : 백귀복

성명서: 참교육을 바라는 부산시민 여러분께 드립니다.

― 경희사태 책임지고 교육감은 사퇴하라 ―

- 교육위원회는 무엇 때문에 존재하는가?
- 교육감은 무엇 때문에 월급을 받고 있는가?

오늘 우리 교사들은 분노를 금할 수 없다. 이미 알려진 것처럼 경희여상은 학교를 개인처럼 운행해온 권성태 씨의 족벌체제하에서 온갖 부정과 비리의 온상이 되어왔다. 이러한 상황에서 굴종과 체념만을 강요당해왔던 교사들이 학교를 바로잡고자 하는 일념으로 평교사회를 만들었다. 이들이 학교민주화를 위한 몇 가지의 요구사항을 내걸자 권성태는 이들에게 해직과 온갖 불이익을 주었다. 더구나 이에 항의하는 학생과 교사들을 권성태 씨는 각목과 발길질로 내쫓았다. 폭력에 쫓긴 학생과 교사들이 교육위원회로 가서 이 문제에 대한 해결을 요구하자, 교육감은 이들을 '공무집행방해죄'로 고소 고발했다.

도대체 교육감의 공무는 무엇이란 말인가? 교사와 학생들의 어려운 처지를 외면하는 독재자, 권성태를 두둔하고 힘없고 불쌍한 학생들을 경찰의 손에 넘겨주는 것이 부산교육계의 최고 웃어른 교육감이 교육적으로 행할 처사인가? 우리는 이러한 교육감의 행위를 교육의 포기로밖에 볼 수 없다. 이러한 교육위원회는 존재할 가치가 없다. 더욱이 놀라운 것은 지난 4월 3일 몇몇 교사들이 교위로 가서 항의를 하였는데 이 자리에서 부교육감인 장○○은 학생들에 대한 형사처벌 의지를 너무도 거리낌 없고 당당하게 몇 번씩이나 확인했다는 것이다.

도대체 어찌하여 교육감이 학생을 그것도 익명으로 고발할 수 있단 말인가? 그러면서도 그들은 현장 교사들에게는 인내하며 학생을 교육, 계도하라고 말할 것인가? 이에 경희여상 교사들과 학생들, 학교민주화를 바라는 교사들은 모든 교사들과 연대하여 싸울 것이며 계속 교육감 퇴진운동을 벌여나갈 것이다. 또한 경희여상의 오늘의 사태를 야기시킨 것은 설립자 권성태의 비교육적 작태와 이를 묵인해왔던 시교위의 불성실한 태도에 모든 책임이 있음을 다시 한번 천명한다.

- 우리의 요구 -

1. 설립자 권성태는 양심적인 교사와 학생들의 요구를 즉각 수용하라.
2. 부산시 교육위원회는 공권력 개입을 통한 강제연행에 대해 공개사과하고 경희여상 사태의 근본적인 해결책을 제시하라.
3. 문교당국은 사회교육시설 학교의 문제점을 해결하기 위한 제도적 장치를 조속히 마련하라.
4. 잇단 사학분규에 대한 책임을 지고 교육감은 즉각 사퇴하라.

1989. 4. 5.
부산교사협의회

3. 덕원공업고등학교

1) 개요

부산 덕원공업고등학교(이하 덕원공고) 교육민주화운동은 1988년 10월 15일 정순동, 오현대, 김종대 교사를 포함하여 30여명의 교사들이 강압적이고 비민주적인 학교 행정을 개선하고, 교육법 개정운동 등을 전개하기 위하여 덕원공고 '평교사협의회'를 결성하며 시작된다. 평교협 교사들이 학교 측에 ① 교원충원 및 주야간 지원 수당의 현실화 ② 학생 자치회의 활성화 ③ 각종 행사와 학생부담사항(실습비, 교련복, 체육복, 수학여행, 앨범비 등)에 대한 공정한 절차 ④ 일숙직 제도에 대한 개선 ⑤ 교무회의의 내실화, 활성화 등의 5개 항을 요구한 것이 발단이었다. 학교가 평교협의 요구를 거부하자, 평교협 교사들이 '재단비리백서'를 발표하였다. 그 후 재단 측이 평교협의 요구를 수용하게 되고 '교장복수추천제', '교무회의 의결기구화' 등 9개항에 합의(1988. 11. 25. 「중앙일보」)하여 덕원공고 교육정상화 문제는 일단락되는 듯하였다. 그러나 재단 측이 곧 합의사항을 번복하였고, 이에 평교협 교사들은 '퇴근 거부', 학생들은 '기말고사 거부' 등으로 재단 측에 항의하며 충돌하였다.

1989년 3월 3학년 학생들이 사용하는 교실의 벽이 부실공사로 무너져내리자, 학생과 학부모의 항의가 이어졌고, 평교협 교사들은 이 문제에 대해 시교육위원회의 재감사를 요청하였다. 1989년 3월 17일 부산시 교육청의 감사실시를 요구하기 위하여 교육감 면담을 하였고, 교육청으로부터 같은 달 20일부터 감사를 실시하겠다는 약속을 받았다. 평교협 교사들은 '악덕재단퇴진' 제하의 황색리본을 패용하고 수차례 성명서를 발표하였다. 그러나 덕원공고에 감사단이 파견된 이후에도 제대로 감사가 진행되지 않고 감사서류가 조작되고 있다는 의혹이 제기되었다. 이에 교사, 학부모, 학생들은 1989년 3월 23일~30일 동안 시교육청에서 감사지연에 대한 항의 및 조속한 감사실시를 요청하는 시위를 3차례 전개하였다. 이러한 노력의 결과로 감사단 파견 12일 만인 1989년 3월 31일 덕원공고에 대한 감사가 진행될 수 있었다.

감사결과가 1989년 5월 6일 발표되었다. 감사결과 학교 측은 생활보호대상 학생 공납급 횡령 등을 포함, 도합 1억 8천여만원을 횡령한 사실이 발표되었다. 시교위는 이사장 및 교장, 서무과장 등을 횡령 혐의로 고발하였다. 그런데 시교위는 이와 동시에 덕원공고 평교협 간부 교사들을 시교위 농성을 트집 잡아 특수공무집행방해 등의 혐의로 고발하였다. 그 결과 정순동(평교협 주간회장), 오현대(야간회장), 김종대(대변인) 등 3명의 교사가 「선고유예」 판결을 받고, 학교로부터 당연퇴직되었다. 정순동, 오현대, 김종대 교사 등은 1989년 3월 18일 부산교사협의회가 주관한 경희여자상업학교 사태 해결을 위한 부산시 교육위원회 항의시위에 참여하기도 하였으며, 해직(1991. 8. 8)된 이후 전교조 부산지부에서 교육선전부원 등으로 활동하였다. 그 후 1999년 1월부터는 전국사립민주화해직교사복직추진위원회에서 활동하는 등 교육민주화운동 분야에서 활동을 지속하였다.

2) 민주화보상법상 쟁점

덕원공고 사안의 쟁점은 정순동, 오현대, 김종대 교사의 유죄판결 내용이었다. 세 명의 교사는 덕원공고 교육정상화를 이루어내는 주도적 역할을 했음에도 불구하고 시교위로부터 '특수공무집행방해' 및 '공용건물손상', '부교육감 감금' 등의 혐의와 학교 측으로부터 '허위사실 적시 관련 명예훼손'으로 고발되어 '선고유예' 판결을 받았다.

첫째, 공무집행방해와 관련한 판결문의 혐의내용은 "1989. 3. 23. 09 : 00∼18 : 00까지 평교사협의회 소속 교사 및 학생, 학부형 800여명과 함께 위 교육위원회에 몰려가 건물 복도를 점거하고 재감사실시 등 구호를 외치면서 북을 치는 등 농성하여 다중의 위력으로써 그곳 공무원들의 공무집행을 방해"(「89고단6859」) 하였다는 것이다. 그렇다면, 당시 덕원공고 교사들은 왜 시교위에서 이러한 시위를 전개할 수밖에 없었을까? 정순동 교사는 그 이유에 대해 다음과 같이 밝히고 있다. 학교법인 덕원학원 정기석 이사장은 1975년 7월 학생들의 공납금 국고지원금 등을 횡령하여 구속되고, 관선이사가 파견되었으나 10·26 이후 제5공화국이 들어서면서 정 이사장이 복귀하였다. 덕원공고에서 다시 비리의 복마전이 전개되었다. 학사운영은 파행이 되었고, 교권을 침해하여 교사들을 침묵하게 만들고, 학생들을 억압하여 학습권을 침해하는 등 덕원공고는 다시 제대로 가르칠 수도, 배울 수도 없는 학교가 되었다. 이에 교사들의 각성으로 평교협을 결성하여 시교위, 문교부, 감사원 등에 수차례 감사를 요청하였음에도 관계기관이 이를 무시하자 1989년 2월 23일 시교위 잔디밭에서 부산교사협의회 교사들과 공동으로 '덕원공고 정상화를 위한 규탄대회'를 개최하여 재감사를 요청하는 성명서를 발표하기에 이른다. 3월 17일 17 : 00에는 교사, 학부모, 학생들이 교육감을 면담하여 "3월 20일부터 재감사하겠다"는 약속을 받았다. 3월 20일 감사반이 도착하자 학교 측은 휴업령을 내렸고, 이에 시교위 정문 앞에서 휴업철회를 요구하는 집회를 갖고 "감사방해에 대한 조치를 촉구한다"는 성명서를 발표하였다. 3월 23일 휴업령이 철회되자 서무과 직원들과 일부 감사대상 교사들이 사직서를 제출하고 감사를 거부하는 사태가 발생하였다. 이에 이날 10 : 00경 시교위 잔디밭에서 "교육위원회는 무능한 것인가? 부패한 것인가"라는 성명을 발표하고, 조속한 감사를 촉구하자 비리 내용을 상세히 적은 수차례의 진정서를 무시하고 관리감독할 공무를 방기하던 교육위원회가 "학교를 접수할 목적으로", "금지곡을 부르며", "의식화된 교사", "돈으로 매수한 학부모를 동원하여" 등으로 매도하면서 공무집행방해로 고발하였다는 것이다.

둘째, 허위사실의 적시로 인한 명예훼손은 "피고인들은 공소외 평교사협의회 소속 성명불상자와 공모하여 전항과 같은 일시경 공소외 평교사협의회 소속 성명불상자가 위 서류들이 회계장부가 아님에도 마치 회계장부를 입수한 양 '속보, 감사연기 신청한다더니 장부 조작 중 3월 25일 아침 08 : 45경 서무과 직원이 학교 중요서류를 학교 밖에서 가지고 들어오다가 발각되었다. 감사반에 안 보여주는 장부를 학교 밖에서 누군가 조작하는 모양임'이라는 내용의 벽보를 작성하여 학교 현관 및 복도 등 3군데에 부착함으로써 공연히 피해자 김문권이 회계장부를 조작한 것처럼 허위 사실을 적시하여 그의 명예를 훼손"(「89고단6859」)하였다는 내용이다.

그러나, 교사들의 주장은 이와 다르다. 판결문에 명시된 문제의 대자보는 명예훼손당했다는 김문권의 이름이 적시되어 있지도 않았으며, 대자보 어디에도 평교협 교사가 작성했다는 점이 명시되어 있지도 않았다. 실제 검찰이나 재판부, 고소인 어느 누구도 대자보 작성자를 지목하지 못했다. 재판부도 이 점이 미심쩍었던지 검찰에 공소장 변경을 요구했고, 검찰은 1990년 6월 1일 "피고인들은 공모하여…"를 "피고인들은 공소외 평교사협의회 소속 성명불상자와 공모하여…"로 공소장까지 변경(「부산지방검찰청 : 공소장변경허가신청」)하는 등 무리한 법적용을 하여 처벌하였다는 것이다. 또한 교사들은 대자보 내용에 허위는 전혀 없었다고 말한다. 1989년 3월 25일 08 : 40경 감사대상 서류 2뭉치를 외부에서 가져 들여온 것은 사실이고, 감사결과 '공납금 수납대장, 공납금 학교보관용 영수증, 학비 감면원' 등이 조작되었다는 것이 드러났으며 이 시기에 조작하지 않으면 조작할 수도 없는 서류들이었음이 밝혀졌다. 그것도 평교협 소속 교사가 '학생보관용 공납금 영수증'을 감사반에 제시하여 서류조작으로 생활보호대상자 자녀 공납금을 횡령한 사실을 밝힌 것이다. 결과적으로 시교위는 감사결정 통보 이후 10여 일간 감사를 공전시켜 학교 측에 감사대상서류를 조작할 여유를 주었다는 것이 평교협 소속 교사들의 한결같은 주장이다. 한편, 학교 측 고소인의 한 사람인 서무과장 백이남은 이 건과 관련하여 고소를 취하하였다[26].

셋째, 공용물건손상 및 부교육감 감금과 관련한 부분이다. 재판부는 "피고인들은 학생 및 학부형 1,000여 명과 공모하여 1989년 3월 29일 13 : 40경 위 교육위원회에 몰려가 교육감과의 면담을 요구하면서 30명가량은 교육감실을 점거 농성하고, 교육감이 자신들과의 면담을 기피한다는 이유로 같은 날 14 : 00경 100여 명이 부교육감실에 난입하여 사무실 내의 책상 등을 닥치는 대로 밀쳐버려 책상 유리 등을 손괴하여 그 효용을 해하고, 성명불상 학부형은 피해자인 부교육감 장호연(남 54세)의 멱살을 잡고 억지로 의자에 앉힌 다음 "부교육감 1명 정도는 죽이고 같이 죽을 수 있다"는 등의 폭언을 하고 그로부터 다음날 10 : 00 진압경찰관이 위 피해자를 구출해낼 때까지 그를 붙잡아두어 약 20시간가량 감금하는 한편 나머지 교사, 학생, 학부형들은 복도 내에서 노래와 구호를 외치는 등으로 다중의 위력으로써 그곳 공무원들의 공무집행을 방해"(「89고단6859」)하였다고 판시하였다.

이 부분 역시 평교협 교사들의 증언과 차이가 있다. 3월 20일부터 실시키로 한 감사가 학교 측의 휴업령과 감사거부로 10일간 공전되자 학부모들이 학부모대책위를 결성하고 3월 29일 13 : 00경 시교위로 찾아가 교육감 면담을 요구하기에 이르렀고, 부교육감은 "교육감이 외근 중이니 나와 얘기하자"며 학부모 대표를 부교육감실로 들어오게 했다. 부교육감은 교육감이 17 : 00경 돌아올 것인데 그

---

[26] 참고로, 부산시 교육위원회는 신청인들과 함께 학교 측을 동시에 고발하였는데 당시 정기석 이사장과 김승추 교장은 약식 기소되어 벌금형을 받았으며, 백이남 서무과장은 기소유예 처분을 받았다.

때 면담시켜주겠다며 기다리라고 했다가, 면담시간을 19 : 00로, 19 : 00가 되자 다시 22 : 00로, 22 : 00가 되자 다음 날 10 : 00로 수정하였다. 결국 교육감과 면담이 성사되지 못한 데 화가 난 일부 학부모는 "내일 다시 올 수 없다. 기다리다 만나고 가겠다"며 그 방에서 밤을 새웠고, 대부분 학부모들은 귀가하였다. 또한 부교육감 역시 처음에는 학부형들과 대화하기 위하여 그 방에 있었고 밤늦은 시간부터 아침까지는 얼마든지 귀가할 수 있었으나, 자신이 "학부모들만 내버려두고 갈 수는 없다" 하여 자의에 의하여 그 방에 계속 머물면서 학부모들과 학교 문제 등에 대해 대화를 나누면서 밤을 새웠다. 그 방에는 시교위 직원, 학부모, 교사 등이 함께 있었고 학생들은 대부분 귀가하고 간부학생 몇 명만 로비에 있는 상황이었다. 출입도 자유로웠으며 훼손된 기물은 더더욱 없었다. 설사 위 판시내용이 사실이라 하더라도 닥치는 대로 밀어붙이고 파손한 피해가 상식적으로 판결문의 내용과 맞지 않는다. 고발장에 첨부된 견적서는 탁자유리 1개 15,000원 (유리 12,000원, 가공비 3,000원), 커튼대 1,500원뿐이었다.

만일 다음 날 아침 일찍 출입기자들을 불러 모아놓고 느닷없이 백골단과 전경을 투입하여 부교육감 구출작전이라는 소동을 벌일 정도로 위협을 느꼈다면 그 전날 강제 해산시킬 수도 있었고 아니면 교육감 면담 제의를 하지 않았어야 한다. 이 사건은 한마디로 시교육위원회가 학부모들을 유도한 것이라고밖에 볼 수 없다. 실제로 3월 30일 시교위는 덕원공고 평교협 간부들을 고발한 후 교육감실 옆 방에서 농성 중이던 경희여상 교사와 학생들마저 강제 해산시키고, 3월 31일부터 감사를 시작하였다.[27]

3) 교육민주화운동에 대한 판단

민주화보상법 제2조 제2호 라목 제1호는 민주화운동을 이유로 유죄판결 · 해직 또는 학사징계를 받은 자를 명예회복 대상으로 삼고 있다. 당시 항거행위를 이유로 현행법을 위반하여 유죄판결을 받고 해직된 이 사건의 경우 위 위법사항들의 내용과 동기, 결과가 중요하게 고려되어야 한다. 덕원공고 교육민주화운동의 항거행위는 살펴본 바와 같이 통상적인 법 감정에 비추어볼 때, 목적의 정당성을

---

[27] 이 내용은 정순동, 김종대 교사의 증언 및 부산지방법원 89고단6859 등 관련자료를 바탕으로 구성한 것이다.

훼손할 정도로 과한 수단을 사용하였다고 보기 어렵다. 이는 당시 재판부 역시 덕원공고 평교협 간부들에 대한 판결에서 형법 제59조 제1항에 의거, 범행의 동기, 경위, 초범인 교사, 피해자 백이남이 처벌불원, 반성, 개전의 정상 등을 고려하였음을 밝히고 있음을 보아도 확인된다. 이하에서는 덕원공고 사안의 민주화운동 관련성 여부를 살펴보자.

첫째, 공무집행방해의 경우는 통상적으로 시위행위를 전개하는 과정에서 발생할 수 있다. 특히 민주화보상심의위원회는 덕원공고와 함께 부산시교위에서 시위 및 농성을 전개하였던 부산 경희여상, 동평여상 교육민주화 관련 신청 사건에 대해 민주화운동 관련성을 인정한 바 있다.

둘째, 허위사실 적시로 인한 명예훼손에 대하여 살펴보면, 학교재단에 대한 불신이 증폭되어 있는 상황에서 진위 여부를 떠나 감사를 지연하려고 했던 학교 측 서무담당 직원이 학교의 회계 관련 서류들을 외부에서 반입하였다면, 이에 대한 항의는 당연하다. 항의의 일환으로 대자보에 관련 내용을 적시한 것이고, 게다가 실제 감사 과정에서 조작내용이 밝혀졌고, 직접 당사자인 서무과장 백이남이 고소를 취하한 점 등을 고려해볼 때 이 행위 역시 민주화운동의 항거행위로 보아야 한다.

셋째, 공용물건손상 및 부교육감 감금과 관련하여 일견 점거농성 중 과다한 폭력의 행사로 보일 수 있으나 실제 손상된 물품은 판결문의 기재에서 정확히 언급하지 않은 탁자유리 1장(12,000원 상당)과 커튼대(3,000원 상당)였고, 부교육감의 감금에 대한 정황도 평교협 교사들 대다수의 주장이고 문제의 발단은 교육감 면담 요구로부터 파생된 것으로 애초부터 부교육감의 감금 목적을 가졌다고 보기는 힘들다. 덕원공고 교육민주화운동과 관련하여 평교협 소속 교사들이 '감금'을 선동하거나 사주하였다는 내용은 판결문에서 찾을 수 없었고, 약 1,000명의 학부형들이 집회에 참여하였던 동기는 1989년 3월 3학년 학생들이 수업을 받는 교실의 벽이 무너지는 등 열악한 교육환경을 개선하고자 하는 취지에서 비롯되었다. 특히 신청인들에 대한 고발 조치 직후 시교위에서 교육민주화를 이유로 동장소에서 농성 중이던 경희여상 및 동평여상 교사, 학생들을 백골단을 동원하여 강제 해산시키고, 다음날인 31일 덕원공고에 대한 감사를 실시한 사실들을 볼 때 평교협 교사들의 주장과 같이 시교위 측에 의해 일부 유도된 공권력 요청이었다고 볼 수 있는 측면도 있다. 이 역시 민주화운동의 항거행위에서 배척할 이유가 없다.

당시 덕원공고 평교협의 교육민주화운동의 발단은 학내문제에서 시작되었으나 그 본질은 1987년 6월 민주화운동 과정에서 합의한 대통령 직선제에 의해 당선 되었음에도 불구하고 민주화 이행기에 국민적 민주화 요구를 외면하고, 군사정 권 당시 왜곡되었던 교육현장을 바로잡고자 하는 교사들의 교육민주화 요구를 공권력을 동원하여 탄압한 노태우 정권 및 덕원공고 당국에 그 책임이 있다. 특 히, 공안정국을 조성한 노태우 정권은 공안합수부를 설치하여 '5 · 3 동의대' 사 건을 기점으로 정권 반대 시위 등을 주도한 세력들에 대해 검거를 의뢰하였고, 치안본부는 전대협 의장, 서총련 의장, 전민련 의장 등 90명에 대한 전국 지명수 배를 지시한 바 있다. 이례적으로 부산지역에서는 덕원공고 교사인 정순동, 오현 대, 김종대 교사를 평교협 및 전교조 활동을 이유로 지명수배하는 등 대학생 10 명을 포함하여 13명을 지명수배하기도 하였다(1989. 5. 9. 「부산일보」 및 「항도일보」 기사 중). 이와 더불어 덕원공고 동료 교사 30여명이 제출한 탄원서에 대한 학교 측의 회신에 따르면, '우리 사학은 전교조 관련 해직교원을 어떠한 명분으로도 일체 복직시킬 수 없음을 분명히 천명한다'고 하여 덕원공고 학교정상화 운동과 더불어 정부 차원의 전교조 탄압 시책의 일환으로 정순동, 오현대, 김종대 교사 가 해직된 것을 확인할 수 있다.

> **참고자료**

> ### 부산 덕원공고 평교사협의회 창립선언문(전문)

> 교육민주화의 열기는 역사적 필연이며 막을 수 없는 대세다.
> 오늘 우리는 각자가 현재 처한 위치의 차이나 연륜, 인생관, 교육관의 차이를 초월하여 참교육을 지향하는 거듭 태어난 교사로서 새로운 삶을 살 것을 굳게 다짐한다.
> 이에 우리는 "책임 있는 사회인", "능력 있는 기술인", "신실한 도덕인"을 양성할 막중 한 책임을 느끼며 혼신의 노력으로 민주교육을 실천해나갈 것을 엄숙히 선언한다.

부산 덕원공고 평교사협의회 발기취지문(전문)

우리는 오랜 침묵과 망설임 끝에 교육주체로서의 권리를 되찾고 진실과 인간적 품위를 존중하는 교육을 실현하기 위해 이 글을 쓰고 있다.

그동안 우리는 창의력 없이 단순한 지식의 전달자로서 하루하루를 반복하는 무사안일의 구태의연한 자세로 일관해왔고, 비인간적인 상대적 경쟁 속에서 서로를 불신하고 경계하게 되었으며, 참교육을 지향하는 교육자적 양심은 더욱 위축되어 왔음을 부인하지 못한다.

이제 우리는 지난날의 안일함과 소극적 태도를 깊이 반성하고 스스로의 매질 없이는 떳떳이 교단에 설 수 있을까 하는 의문을 제기하지 않을 수 없다.

오늘 우리의 선언은 수동적이고 소극적인 태도를 과감히 탈피하고 슬기롭게 생각하며 용기 있게 행동하는 양심적인 교사로서 새롭게 태어날 것을 다짐하는 "거듭 태어남"의 선언이라 할 수 있다.

오늘 우리는 덕원공업고등학교 평교사협의회를 창립하면서 어떠한 이유로서도 교사의 자율성과 제반 민주적 권리가 제약되어서는 안 되고 교사의 진정한 의사가 외면되어서는 안 된다는 것을 분명히 한다. 그리고 학교 당국은 불신과 오만으로 가득찬 교무실 분위기를 쇄신하고 교육주체인 교사는 소외된 채 일방적으로 강요되는 권위적이고 독선적인 학교행정을 척결하여 밝고 명랑하게 서로 협의하는 분위기를 조성하도록 노력해야 할 것이다.

우리는 이제 서로의 손을 맞잡고 덕원의 희망찬 앞날과 무궁한 발전을 위해 기도하며 노력할 것이고 교육자적 양심과 헌신적 정열로 학생을 가르치며 배울 것을 다짐하며 덕원공업고등학교 평교사협의회를 발기코자 한다.

1988. 10. 15.

부산덕원공고 평교사협의회 회칙 중 일부

제1장 총칙 중 제3조(목적) : 교육의 자주성과 학교민주화를 위해 교육현장의 제반 문제를 민주적 절차에 의하여 연구토론하고 화합하고 이를 실천하여 본교 발전에 기여함

과 동시에 교사 상호간의 이해와 신뢰를 갖는 데 그 목적을 둔다.

덕원공업고등학교 평교사협의회 결성을 위한 서명에 참여합시다

"책임 있는 사회인", "능력 있는 기술인", "신실한 도덕인"을 위한 교육은 한갓 구호에 불과하고 우리 교사들의 꿈에 머물렀던 것이 현실이었다. 이에 인간다운 인간을 교육할 막중한 책임을 부여받은 우리 교육자는 그 어느때 보다 슬기롭게 생각하고 용기 있게 행도할 사명을 띠고 있다.

그래서 지난날의 안일함과 소극적 태도를 깊이 반성하며 교육자 자신이 교육적 주체로서의 권리를 되찾아 인간적 양심과 헌신적 학생들을 가르치고 그들과 함께 배워야 하겠기에 교사협의회 결성을 다짐한다.

교육주체의 대다수의 의사가 일부의 의사고 일부의 의사는 대다수의 의사인 양 왜곡되어온 것이 우리의 현실이며 교사의 자율성과 제반 민주적 권리는 제약되고 교사의 진정한 의사는 외면되어 교육자적 양심은 위축되고 있다. 이제 우리 교사들은 각자가 현재 처한 위치나 인생관, 교육관의 차이를 초월하여 단결된 힘으로 교육주체로서의 권리를 되찾고 인간적 품위를 존중하는 교육을 실현하기 위하여 교사협의회를 결성하자.

<u>서명란</u>

　　직위 :

　　성명 :

　　위 사람은 덕원공업고등학교 평교사협의회

　　회원으로 가입할 것을 서명합니다.

　　　　　　　　1988.　　.　　.

　　　　　　서명인　　　　(인)

교사협의회 구성하여 민주교육 앞당기자!

"우리는 정말 멋진 모교를 만들고 싶습니다"

재단의 지나친 학사간섭과 비리는 오늘의 덕원학교를 이 지경까지 몰고왔다. 이에 정의 감으로 무장된 우리 학생들은 학교가 더 이상 파행적으로 운영되어 우리의 정당한 권리가 침해되는 것을 방치할 수 없기에 의연하게 일어나 궐기한다.

특히 87년도에 2부(야간)을 오직 장삿속으로 만들어 교사채용도 제대로 하지 않더니 이제 와서 이익이 적을 것 같아서 겨우 3년 만에 폐지하겠다는 이사회의 결정은 정말로 비교육적인 것이다. 우리는 이러한 파행적인 학사운영을 절대로 반대하여 2부의 폐지는 결코 받아들일 수 없음을 알린다. 그리고 지금까지 재단의 추악한 비리를 백일하에 공개한다.

• 국고유용

어려운 처지에서 실업계 고등학교에 다니는 학생들의 기술연마를 위한 국고지원금은 귀중한 국민의 세금이며 단 한푼도 헛되이 써서는 안 된다. 그런데 덕원재단은 국고금을 마구 빼돌렸으며 그것이 발각되자 돌려주면 그만이지 하면서 뻔뻔스럽게 이야기한다. 도둑질을 하다가 붙들리면 훔친 물건을 돌려주기만 하면 되는가?

• 학생회비

학생회비는 학생자치 외에는 단 한푼도 써서는 안 됨에도 불구하고 지금까지 우리는 학생회비를 어디에 쓰는지 모르고 지내왔다. 지난번 학예전 때 우리 돈을 우리가 쓰면서도 구걸하다시피 하여 거지취급을 당한 쓰라린 경험이 있다. 더구나 학생회비 사용내역을 공개하라고 하니 도서관도 없는 학교에 도서구입비 명목으로 성경도서나 사고 수영도 없는 학교에 수영대회 출전비로 썼다고 하니 우리는 도저히 믿을 수가 없다. 우리는 85년 이후 학생자치회비의 사용내역을 공개할 것을 요구하며 재단이 즉각 퇴진할 것을 주장한다.

• 감사에 대하여

우리가 제대로 혜택을 받지 못하는 것은 그만큼 재단의 배를 불려온 것이다. 2부라 하여 정식교사를 채용하지 않고 강사를 채용하여 담임을 맡기는 것은 잘못이다. 선생님에게 겨우 30만원 봉급을 주면서 학생을 잘 가르치라고 하는 것은 학교를 장삿속으로 운영하겠다는 뜻이다.

이상의 내용을 토대로 우리 학생회는 진정한 정상화가 될 때까지 투쟁할 것이다.

- 덕원공고 학생회 -

"성 명 서"

— 잇단 사학분규 책임지고 교육감은 사퇴하라 —

우리 사회의 부도덕성의 심화는 잘못에 대해 책임질 사람이 없다는 것이다. 어린아이는 금방 자신의 잘못을 뉘우치고 새로운 삶을 살고자 하나 나이가 들수록 또 보다 책임이 큰자리에 있는 높은 사람일수록 온갖 변명과 자기변호 내지는 강변만 일삼으며 자신의 책임을 통감하지 않고 있는 것이다.

작년 말부터 문제들이 터져나온 부산의 몇몇 학교들 즉 덕원공고, 경희여상, 태화여상, 서면중의 경우만 봐도 그렇다. 교사·학생이 11일째 교내 농성을 벌이고 있는 덕원공고는 작년, 학교정상화를 위해 9개 사항에 재단 측이 이를 합의하고도 일방적으로 번복함으로써 사건이 터졌다. 이에 대한 시교위의 태도는 형식적 감사 이외에는 문자 그대로 직무유기적 방관으로 일관되었다. 보름 이상 농성이 계속되고 있는 경희나 태화, 서면중도 마찬가지다. 시교위에 수차례에 걸친 진정과 호소와 항의방문에도 불구하고 교육감은 현 교육계의 가장 핵심적인 문제인 이러한 분규들을 완전히 방치하고 있는 것이다. 교육감의 책임 있고도 적극적인 노력만 있다면 추운 교실에서 학생들이 수천명씩 수업까지 거부하여 '학교민주화'를 외치고 눈물로서 호소하는 일이 계속될 리도, 계속될 수도 없다.

이제 우리는 그 대부분이 5공 잔재세력들인 현 시교위의 책임자들, 그 중에서도 조민식 교육감은 이와 같은 사태들에 책임을 지고 빠른 시일 내 문제해결을 위해 성실히 노력한 다음 교육자적 양심으로 즉각 사퇴해야 한다는 점을 강력히 밝힌다. 그렇지 않을 시 퇴진운동을 전개해나갈 것이다. (중략)

수십 년 동안 교사, 학생, 학부모가 침묵한 것은 결코 문제가 없어서가 아니라는 것도 차제에 분명히 알아야 한다. 누적될 대로 누적된 교육현장의 병폐들을 교육관료들이 교사·학생·학부모의 목소리를 겸허히 받아들여 정책을 입안하고 행정하지 못했기 때문이다.

바로 지금이 위아래 할 것 없이 모두가 지난날의 비민주적 관료주의와 권위주의를 떨쳐버리고 책임질 자는 흔쾌히 책임을 지며, 비리는 백일하에 폭로되어 시정이 되어야 할 시점임을 부정해서는 안 되는 것이다.

이에 우리는 최근 빙상의 일각으로 터져나온 몇몇 학교의 학교정상화운동은 지극히 옳은 것임을 재천명하고 다음과 같은 요구와 결의를 밝힌다.

▷ **우리의 요구와 결의** ◁

1. 덕원공고 재단은 학교 비리에 책임을 지고 즉각 퇴진하라.

1. 경희여상 설립자 권성태 씨는 학교정상화를 위해 당학교 평교사회의 재단 설립 요구를 받아들여라.

1. 부산시 교육감은 덕원, 경희뿐 아니라 태화여상, 서명중 등 만연해 있는 사학비리에 대한 재감사를 철저히 지시하고 자신의 지금까지의 직무유기를 반성, 공개사과한 다음 스스로 퇴진하라.

1. 이상과 같은 우리의 요구가 빠른 시일 내에 받아들여지지 않을 경우 우리는 해당 학교와 학교민주화를 바라는 모든 교사들과 연대하여 싸울 것이며 교육감 퇴진운동을 벌여 나갈 것이다.

1989. 3. 18.

4. 대전 혜천여자중고등학교

1) 개요

대전 혜천여자중·고등학교(이하 혜천여중·고)[28] 교육민주화운동 사건은 1989년 2월 11일 대전 혜천여중·고(동방산업주식회사 부설 산업체학교, 대전시 서구 복수동 소재) 교사 김경동 외 17인이 학생들의 학습권 침해, 교사들의 교권 침해 등 재단에 의한 전횡과 파행이 정상적 교육을 진행할 수 없을 정도라고 판단하여 학교현장의 민주화와 교육기본권 수호를 목표로 '교사협의회'를 결성하면서 시작되었다. '6월 민주화운동' 이후 전국 2만여명의 교사들이 모여 1987년 9월 27일 「전국교사협의회」(이하 전교협)를 설립하고, 1988년부터 각 지역 및 학교별로 「평교사협의회」(이하 평교협)를 설립하여 일선학교에서 교육민주화운동을 적극적으로 요구하기 시작하였고, 전국교직원노동조합이 1988년 7월부터 설립 준비에 들어가는 시대적 배경 하에서 1988년 12월 11일 대전지역 교사협의회가 결성되었다. 혜천여자중·고등학교는 이러한 시대적 상황 하에서 1989년 2월 11일 교사협의회를 결성하였다. 학교 및 재단 측은 교사협의회 해체를 위하여 압력 및 회유 등을 행사하였다. 그럼에도 불구하고 대다수의 교사들이 평교협을 탈퇴하지 않자 학교 측은 김복희 등 2명의 교사를 이례적으로 학기 중인 1990년 4월 '과원'을 이유로 직권면직 처리하였다. 평교협 교사들은 이에 항의할 목적으로 같은 해 5월 6일 공동사직서를 제출하자 학교 측이 관련 교사들을 1990년 5월 11일 '직권면직' 조치한 사건이다.

2) 혜천여중·고의 교육기본권 탄압 상황

당시 혜천여중·고는 산업체 학교라는 특수성을 이용하여 학생들에게 잦은 연장·잔업근무 명령으로 심할 경우는 한 학급 50명 중 5~6명 정도만이 수업에 참여하였다. 대전 혜천여중·고(신성재단)는 정상적 교육이 이루어지기 힘든 파행적 상황을 초래하고, 평교협이 학교운영의 정상화 및 부당한 교육기본권 침해에 항의하여 제출한 요구사항에 '합의서'까지 작성했음에도 불구하고 관련 교사

---

[28] 대전혜천여중고는 (주)동방산업부설 산업체 학교로 1978년 설립되었다.

표-18_ 1990년 3월 6일부터 3월 28일까지 잔업현황표

반 별	중3	2-1	2-2	2-3	2-4	3-1	3-2	3-3	3-4	3-5	3-6	합계
잔업자	17명	35명	38명	38명	36명	36명	42명	27명	39명	39명	40명	387명
재적일수	(30명)	(56명)	(56명)	(56명)	(55명)	(55명)	(55명)	(54명)	(54명)	(55명)	(54명)	580명
1일	6명	10명	12명	11명	13명	13명	15명	11명	19명	13명	12명	135명
2일	7명	15명	17명	14명	16명	17명	23명	11명	12명	19명	14명	165명
3일	1명	1명	1명	4명	2명	4명	2명	2명	3명	3명	7명	30명
·	·	·	·	·	·	·	·	·	·	·	·	43명
·	·	·	·	·	·	·	·	·	·	·	·	
총일수	36일	79일	86일	93일	71일	68일	77일	57일	73일	76일	94일	810일

※ 당시 혜천여중·고 평교사 협의회가 작성한 표임.

중 일부를 재단 내 자회사로 전보발령한 후 해고조치하고, 학교장으로 하여금 평교협 활동 교사 중 제자에게 사표를 종용하여 퇴직케 하기도 하였다.

초중등교육법 제53조 2항이 산업체 부설 중·고등학교(동 법 제51조, 제52조 등에 근거하여 설립)에 대하여 '산업체의 경영자는 그가 고용하는 청소년이 제51조의 규정에 의한 특별학급 또는 산업체부설 중·고등학교에 입학하는 때에는 당해 학생의 등교 및 수업에 지장을 주는 행위를 하여서는 아니된다'고 규정하고 있음에도 불구하고 신성학원 이사장인 이병익이 회장으로 있는 동방산업주식회사는 학생들을 항상 18시까지 근로하게 하고 학생들의 의사에 반하여 연장잔업을 공공연히 실행하여 심각한 수업 결손을 야기하였다. 위의 〈표-18〉는 혜천여중고 평교사협의회가 1990년 3월 6일부터 28일까지 17일 동안 수업 일수를 무작위로 추출하여 연장잔업상황을 정리한 표이다. 이에 따르면, 총 연장잔업 시간은 3,240시간, 잔업자는 387명, 총 잔업일수는 810일, 한 학생의 경우 총 17일의 수업시간 중 최고 7일까지 수업결손이 발생하였고 한 학급에서 평균 35~40여명이 잔업으로 학교에 등교하지 못하거나 결석을 하고 있는 실정이었다.

3) 주요 활동

1989년 2월 18일 학교와 교육청의 회유로 5명의 교사가 교사협의회를 탈퇴하였으나 13명의 교사들이 탈퇴하지 않고 교육민주화운동을 지속하였다. 학교 측은 일방적으로 1990년 2월 19일 혜천여자중·고등학교 신입생 모집 중단을 발표

하고 4명의 과원교사가 예상된다고 발표하였다.[29] 학교에서는 교육민주화운동의
확산과 평교협의 항의를 차단하기 위하여 학교장 직권으로 2월 21일로 예정되어
있던 종업식을 사전 통보도 하지 않은 채 앞당겨 실시하고, 조기 봄방학을 발표
하였다. 개학을 4일 앞둔 1989년 2월 25일 학교장이 전 교직원 비상교무회의를
소집하여 혜천여자중학교에 대한 '폐교'를 전격적으로 선언하기에 이른다. 이에
항의하기 위하여 교사협의회 소속 교사들이 이사장과의 면담을 요청하였으나 이
사장은 면담을 거부하였다.

　1989. 2. 26.~3. 2. 대전 혜천여중·고 평교협은 학생의 학습권 보장 및 교사
의 교권보장, 일방적 폐교선언 철회 및 학교운영 정상화 등을 요구하며 농성을
전개하였다. 1989년 3월 2일 재단 이사장(동방산업 이병익 회장)과의 면담을 통하
여 10개 항의 합의를 도출하는 데 성공하였다. 합의내용은 ① 혜천여중학교의 폐
교 철회 ② 수업정상화를 위해 연장 잔업의 원칙상 폐지, ③ 교과과정 준수(수업
일수 확보 및 예체능합반 수업폐지), ④ 전시용 학교행사 폐지, ⑤ 학생회칙을 개정
하여 학생회 직선제와 자치운영 보장, ⑥ 채플운영의 자주성 보장, ⑦ 타산업체
학교와 비교하여 적법한 1급 정교사 연수보장, ⑧ 교사의 신분보장(폐교, 폐과, 과
원시 신성학원 교사로 임명 확약), ⑨ 차후 교사협의회 회원에 대한 어떠한 불이익
처분이나 부당한 인사조치를 절대로 받지 않는다, ⑩ 산업체 부설학교 중 보다
높은 수준의 교사법적처우 보장 등이었다. 재단 측과는 구두로 합의된 사항이었
으나 평교협은 위 합의사항을 농성을 해산하며 대외 홍보를 위한 유인물로 작성
하여 공개하였다.[30]

　그러나 곧 이어 진행된 1990년 3월 17일 동방산업 대표이사(김용구)와의 면담
에서 평교협은 회사로부터 합의서 내용은 상황에 따라 이행 여부가 결정되는 것
으로 이행하지 않겠다는 의사를 전달받았다. 1990년 3월 29일 교사협의회는 ①
(주)동방산업 회장 이병익은 폐교조치로 야기된 모든 문제에 대한 교육적 책임을
지고 즉각 정상화하는 대책을 수립하라. ② 학교법인 신성학원(대전전문대학, 동방

---

[29] 과원으로 지목된 교사 중 1인에게는 사표를 받아 수리하고, 3명의 교사를 1990년 4월 1일 재단 내 자회사로 전
　보 조치하였다. 그리고 약 40일 후인 1990년 5월 11일 면직처리하였다.

[30] 10개 항의 합의사항 중 재단 측은 비서실장을 통해 신분보장에 관한 사항만 서면으로 재차 확인해주었다. 그러나
　이 합의마저도 나중에는 파기되고 말았다.

여자중고등학교, 혜성유치원, 혜천여자중고등학교)을 책임지고 있는 이병익 사장은 89년 3월 2일자 합의 내용을 즉각 이행하라. ③ 대전시교육위원회(교육감 박경원)는 혜천여중고 문제를 방기하지 말고 감독관청으로서의 의무와 책임을 다하여 혜천여중고 정상화 대책에 만전을 기하라는 요지의 유인물을 작성하여 도처에 배포하였다.

학기 중에 수업이 진행되고 있음에도 1990년 4월 30일 학교 측은 화학과목을 담당하고 있던 혜천여중의 김복희 교사 외 1인을 과원을 이유로 면직하였고, 같은 해 5월 4일~5일 동안 부당해직에 항의하는 학생들의 농성이 진행되었다.[31] 1990년 5월 6일 평교협 소속 박영미 외 6인의 교사들이 부당한 인사조치의 취소를 요구하며 '공동사직서'를 제출하자 학교 측은 5월 11일 이 6인의 교사에 대해 '직권면직' 조치로 대응하였다.

4) 민주화보상법상 쟁점

혜천여중·고 교육민주화운동 사건의 쟁점은 민주화운동을 이유로 해직의 피해를 입었는지 여부에 있다. 해직과 관련한 첫 번째 쟁점은 대전광역시교육청 확인 결과 혜천여중은 1991년 5월 6일 폐교조치되었으며, 혜천여고는 1992년 3월 23일 폐교조치되었다. 폐교의 사유는 '지원자가 없어 학교설립 목적달성이 어려워 부득이 폐지함'이었다. 폐교에 따른 당연 해직일 경우 민주화운동을 이유로 해직의 피해를 입었다고 보기 어렵다. 두 번째 쟁점은 평교협 교사 대다수가 공동사직서를 제출하고 이를 학교장의 직권으로 면직하였기에 쟁점은 교육민주화운동을 이유로 본인의 의사에 반한 해직이었는지 여부가 쟁점이 된다.

먼저 첫 번째 쟁점인 폐교에 따른 면직인지 여부에 관하여 살펴보면, 1989년 2월 11일 교사협의회 결성시 작성한 '창립선언문'과 '결의문'(※참고자료 참조)에 따르면 교사협의회 결성시점까지 '폐교' 논의는 공식적으로 제기되지 않은 상황이었다. 학교가 종업식을 예정(2. 21)보다 앞당겨 2월 18일 실시하고, 개학을 이틀 앞둔 2월 25일 일방적으로 중학교 폐교 선언을 하고, 같은 해 3월 2일 이사장이 교사협의회와 폐교철회를 합의한 점 등을 고려해볼 때, 교사협의회 결성 이후

---

[31] 1989년 5월 1일부터 박영미 외 혜천여중·고 평교협 소속 교사들은 전국교직원노동조합 대전지부가 결성되자 이에 가입하여 활동하기 시작하였다.

학교 및 재단 측의 회유에도 불구하고 교사협의회가 유지(1989. 2. 18. 5명의 교사 탈퇴)되자 여러 정황을 고려하여 평교협에 대한 경고의 일환으로 먼저 중학교에 대한 폐교 가능성을 학교 측이 언급한 것으로 볼 수 있다.

혜천여중고 평교협 교사들의 주장은 "평교협 결성 당시 폐교에 대한 생각은 상상도 하지 못했고 평교협 결성 이후 하루하루가 회유나 협박으로 점철되는 급박한 상황이었고 지나고 보니 시점이 다소 비슷하나 폐교에 대한 인지 시점은 1989년 2월 25일 학교장의 폐교선언시점이었다"(교사 김영미의 증언).

"평교협 결성(1989. 2. 11) 이후 탄압이 심하고 회유와 협박이 많았으나 대부분의 교사가 평교협 탈퇴를 거부하자 교사들의 신분보장을 이용하여 교사들의 본래의 순수한 교육적 의지를 퇴색, 왜곡시키고자 하였으며 실제로 중학교 지원자는 줄어들고 있는 상황이므로 그것을 악용한 것으로 생각한다. 폐교에 대한 인지 시점은 1989년 2월 25일 회의시 교장의 발표시점이다"(교사 이명숙의 증언).

"평교협 결성 당시에는 폐교를 상상할 수 없는 상황이었다. 중학교는 3학급이 있었고, 잦은 연장, 잔업으로 보아 산업체 상황은 호황을 누렸던 것으로 보였다. 평교협 해체를 위한 협박의 수단으로 폐교선언을 한 것으로 생각한다"(교사 백병옥의 증언).

상황을 종합해보면, 당시 혜천여중·고는 산업체에서 근로를 해야 하는 학생들이기 때문에 대다수가 고등학생들이었으며, 중학교는 3반이 편성되어 있었던 점을 확인할 수 있다. 교사들은 중학교와 고등학교의 소속이 구분되기는 하였으나 수업은 중, 고등학교 과목을 같이 강의하고 있었다. 이러한 정황을 고려해볼 때 중학교의 입학생 수는 줄어들고 있기는 하였으나 3학급이 편성되어 있었고, 학교 측이 교사들과의 사전 협의나 공지 없이 즉각적인 폐교조치에 들어가겠다고 선언한 것은 교사들의 주장처럼 평교협에 대한 경고조치의 일환으로 작용하였다고 볼 수 있다.

첫 번째 쟁점과 연계된 문제로 두 번째 집단사표 제출에 대한 직권면직 처리 후의 상황을 살펴볼 필요가 있다. 신성재단은 혜천여중·고 외에 대전 시내에 다수의 학교를 운영하고 있었던 관계로 재단의 재량에 따라 교사들이 동방여고로 옮겨갈 수 있는 가능성이 열려 있었다. 실제 교사협의회 활동을 하지 않은 상당수 교사들은 동방여고로 옮겨갔다. 교사협 활동을 하지 않아 신성학원 내 동방여고로 옮길 수 있었던 동료 교사(김기화)는 학교 측이 교사협의회 소속 교원들을 집단으로 직권면직한 이후 임시교사 12명을 채용하여 수업을 진행하였다고 증언하고 있다. 이것은 교사협 교사들의 직권면직이 직접적으로 수업에 지장을 초래하였음을 보여주는 것이다.

학교 측의 보복성 조치임을 확인할 수 있는 또 다른 사실은 당시 신성학원의 교사 채용 현황을 통해 알 수 있다. '신성학원'은 교사 공개 채용시 동방여중·고와 혜천여중·고의 구분이 없이 공채를 하였다. 실제 신성재단[32]이 운영하는 동방여중·고, 혜천여중·고 사이의 교사 전출입이 이루어지고 있었다. 교사협의회에 참여하지 않았거나 탈퇴한 교사들의 경우 신성학원 재단 내의 동방여자중학교, 고등학교 교사로 채용되었음이 확인되고 있다. 하지만 당시 동방여중·고가 국고보조를 받게 되어 10여명의 교사를 충원해야 하는 상황에서도 혜천여중·고의 교사협의회 소속 교사들은 면직시면 상태에서 별도로 신규교사 10명을 비공개로 채용하였다. 그리고 이러한 사실은 교육부의 해직교사 특별채용 조치에서도 확인된 바 있다. 교육부의 해직교사 특별채용 조치[33]시 대전지역에서는 유일하게 혜천여중·고 교사협의회 활동 해직교사들 9명만이 사학민주화 관련 해직교사임에도 공립중학교로 특별채용되었다.

위 사실들을 고려해보면, 교사협의회를 결성하여 교육민주화를 요구하였던 교사들을 탄압하기 위한 목적으로 학교 측이 폐교조치하였다고 단정할 수 없으나,

---

[32] 혜천여중·고의 산업체였던 동방산업은 재단 이사장인 이병익 씨의 소유였다. 이 이사장은 14개 자회사를 거느린 동방그룹의 총수였고, 대전지역에 혜천대학, 유치원, 동방여중·고, 혜천여중·고를 소유한 막강한 재력의 보유자였다. 혜천여중·고에 대한 폐교논의가 진행 시점에 신성학원은 혜천대학에 혜천관(1,046평), 신성관(2,494평), 홍익관(1,575평), 양지관(1,177평)을 준공하는 등 재정상태가 열악하지 않았다. 참고로 혜천대학은 1940년 충청남도 대전의원 부설 간호원 양성소가 모태이며, 1979년 1월 대전간호전문대학으로 승격되었고, 1979년 4월 16일 신성학원이 인수하였으며, 1988년 대전전문대학으로 교명을 변경하고, 1998년 9월 4년제 종합대학인 혜천대학으로 교명을 변경하였다. 1989~1992. 당시 혜천대학, 동방여중·고, 혜천여중·고 이사장은 모두 이병익이었다. 이 이사장은 1990년대 중반 해외로 국내재산을 불법 유출하여 부동산을 취득하고 자녀에게 변칙증여한 혐의로 국세청의 조사를 받았다. 국세청이 조사에 착수하자 이병익 회장의 해외도피 이후 혜천학원(1998년 9월 1일 신성학원에서 명칭 변경)의 이사장으로 있었던 아들 이용국은 2004년 10월 재단이사장직을 사임하였다. "101평 타워팰리스에서 생활하는 이 전 이사장의 부친은 국내세금 34억 원, 이 전 이사장 본인은 4600만원의 세금을 한 푼도 내지 않고 있다"(오마이뉴스, 2004. 11. 1.).

[33] 「사학민주화 관련 교사의 특별채용」 대상은 재단의 재정비리, 교권 및 학습권 침해 등에 맞서 개별 또는 집단적인 행동을 한 경우, 감사결과, 언론보도, 기타 자료를 통하여 재단의 비리를 시정하거나 교단의 민주화 등에 기여한 사실이 입증되는 경우, 재단의 권력에 맞서기 위한 일련의 행동(집단행동 포함)이 징계사유가 되고, 별도의 중대한 징계사유가 없는 경우, 기타 사학민주화와 관련하여 해직된 교원으로써 특별채용함에 있어 임용 결격사유가 없는 경우에 해당하는 교사들이었다.

학교 측의 폐교 가능성에 대한 언급이 교사협의회 결성 이후 제기된 점, 교사협의회 소속 교사들에 대한 직권면직 조치 후 임시교사를 채용하여 수업을 진행한 점, 교사협의회에 참여하지 않은 교사들을 동일 재단 내의 학교로 전보 발령한 점, 해직교사들이 사학민주화 관련 해직교사로 교육부의 특별채용 조치시 특별채용 된 점, 해당교사들이 전교조가 파악한 해직교사명부에 등재된 점 등을 고려해본다면, 혜천여중 · 고 교사들의 해직은 교육민주화운동을 이유로 본인의 의사에 반하는 해직의 피해를 입은 것으로 보아야 한다.

또한 학교 측의 부당한 교권침해에 항의하기 위하여 집단사표라는 극단적 방법을 택한 것이기 때문에 그 동기에 비추어보건대 자의에 의한 면직이 아니라 교육민주화운동을 이유로 한 해직에 해당한다. 집단사표를 제출한 교사들의 면직사유는 '수업거부'였다(「혜천여중고 교원재심위원회 : 재심심사결정서」). 징계재심위원회는 신분상의 불이익을 감수한 공동사직서 제출(1990. 5. 6) 이후의 4일간을 수업거부기간으로 삼았다. 그런데 문제는 학교 측이 공동사직서를 제출한 교사들에게 면직통보 이전 어떠한 통보나 조치도 취하지 않았다는 것이고, 심지어는 학교정문에 각목을 든 구교대를 동원하여 집단사표를 제출하고 출근투쟁을 전개하던 교사들이 학교에 들어오지 못하도록 교문을 지키고 있었다. 따라서, 교사협의회 교사들의 집단사표 제출은 교육기본권 확립을 위한 가장 높은 수준의 실천행위로 판단하는 것이 타당할 것이다.

5) 교육민주화운동에 대한 판단

당시 신성재단의 일련의 행위는 헌법 제32조 5항(청소년의 근로는 특별한 보호를 받는다)에 위배되는 것일 뿐만 아니라 초중등교육법 제53조 2항에 위배되는 것이고, 교사협의회 소속 교사들이 신분상의 불이익을 감수하고 학생들의 학습권 보장을 요구한 일련의 활동은 국가의 책임권한에 속하는 공교육의 장에서 교육정상화를 위한 정당한 노력으로 판단해야 한다.

혜천여중 · 고 사건의 제반 상황을 종합해보건대, 대전혜천여자중고등학교 교사협의회는 재단의 이익추구를 위한 잦은 연장 · 잔업근무 명령, 전시성 행사 등으로 학생들의 학습권이 침해당하고, 부당한 합반수업 강요 및 교사의 법정 정원수 미달로 교권이 위협받는 등 공교육의 장에서 정상적 교육이 진행될 수 없자

신성학원 재단과 학교 당국에 항거하고 교육기본권 확립을 목적으로 교사협의회
를 결성하여 농성과 시위를 전개하고 교사협의회 및 전교조 활동을 이유로 한 동
료 교사의 면직 조치에 항의하기 위해 공동사직서를 제출하는 등 헌법이 보장하
는 교육기본권 확립을 위해 열악한 여건에서 최선의 노력을 하였다. 이러한 일련
의 활동은 권위주의적 통치에 항거하여 교육기본권 확립 및 교육민주화를 요구
한 행위로써 교육현장의 민주화를 위한 활동이다.

참고자료

혜천여자중 · 고등학교 교사협의회 창립선언문(전문)

교육은 우리에게 보는 눈을 길러주고, 듣는 귀를 열어주며, 생각할 줄 아는 머리를 길러
주고, 말할 줄 아는 일을 준비해주며, 느낄 줄 아는 가슴을 열어주어야 한다는 점에 우리
의 뜻을 같이 했다. 이에 우리는 학교 현장의 민주화와 올바른 교권을 확보하기 위하여
혜천여자중 · 고등학교 교사협의회 창립을 엄숙히 선언한다.
우리는 지친 몸으로 반도 채워지지 않은 교실에서 우리를 바라보는 제자들의 저 순수한
눈망울 앞에 이제 더 이상 잘못된 교육 현장을 방치해둘 수 없다는 공통된 의지를 가지
고 우리의 손으로 진실을 향해 나아갈 수 있는 참교육을 실천하려 한다. 이것이 바로 예
수님이 보여주신 스승의 길이며 잘못되어가는 교육을 바로잡는 것임을 확신한다.
우리는 사랑과 신뢰, 봉사의 정신으로 참된 인간교육을 실천하며 학생들의 진정한 배움
을 위해 노력하고자 한다. 이에 우리는 참교육을 위해 함께 어깨를 펴고 당당하게 나아
갈 것을 굳게 다짐한다.

1989. 2. 11.
혜천여자중 · 고등학교 교사협의회 회원 일동

발기인 명단: 강혜원, 김경동, 김기화, 김영미, 김정희, 김희경, 박석순, 박영미, 박인상,
백병옥, 심미순, 유동영, 윤성옥, 이덕향, 이명숙, 이희완, 정은숙, 정희창

혜천여자중 · 고등학교 교사협의회 결의문(전문)

우리들은 정상적인 교육이 제대로 주어지지 않은 산업체부설학교 학생들을 가르치면서도 안일하고 무기력한 방관자로서 근무해왔습니다. 또한 우리에게 주어진 교육환경의 그 특수성은 점차로 의미가 상실된 채 참교육이 이루어지지 못했으며 우리 교사들은 설 땅을 잃었고 학생들마저도 교사와 학교를 신뢰하지 않는 상태에까지 이르게 되었습니다. 이에 우리는 이러한 모순을 극복하고 퇴색되어왔던 산업체부설학교의 본질을 부활시키며 참된 학교를 만들기 위하여 다음과 같이 결의하고 합니다.

하나, 우리는 참교사로서 책임을 다한다.

하나, 우리는 학생들의 교육여건 개선에 힘쓴다.

하나, 우리는 학교발전을 위해 창의적이고 성실한 노력을 다한다.

하나, 우리는 교사들간의 신뢰를 회복한다.

하나, 우리는 교권확립 및 존경받는 교사상을 정립한다.

하나, 우리는 교권침해에 공동으로 대처한다.

1989. 2. 11.

〈성명서 1〉

- 농성에 들어가며 1989. 2. 26. -

우리 혜천여중 · 고 학생들은 아침 7시 30분에 출근하여 오후 6시 10분에 퇴근, 밥도 제대로 못 먹고 오로지 공부하고 싶다는 일념으로 밤 10시까지 졸린 눈을 부비며 학교를 다니고 있다. 그럼에도 불구하고 회사 일정에 맞추어 잔업, 연장근무가 잦고 조기방학으로 인하여 법정수업일수 220일 중 사실상 180여 일도 다 채우지 못하는 실정이다. 또한 교사 수급상황의 부족으로 미술과목이 없고 그 밖에도 전공이 아닌 교사가 국사를 담당, 가르친 내용이 없어 학년말 시험도 치르지 못하였다. 그리고 이사장에게 단순히 보인다는 명분하에 체육대회나 성가합창대회 준비로 한 달가량이나 수업을 전폐하여 교육과정을 무시하기가 일쑤였다.

이에 우리 혜천여자중 · 고등학교 교사협의회에서는 학생들의 자율성과 창의성을 저해하는 교육의 여러 모순들을 극복하고, 교사들의 교권을 지키기 위하여 학교 당국에 적극적인 협조를 건의해왔다. 그럼에도 불구하고 교장선생님과의 일차 건의안을 통한 교섭은 여지없이 묵살당했고 나아가 이사장님과의 면담신청도 거부당했다.

최근에는 학사일정에 2월 21일로 예정된 종업식을 교육의 주체가 되는 교사와 학생을 완전히 배제한 채 교장선생님 단독으로 18일 수업시간 30분 전에 교사들에게 선포하셨고 1년 동안 담임을 해왔던 학생들과 마지막 인사 한마디 못한 채 조기방학으로 돌입했다. 이에 울분을 참지 못한 전 교사가 교무실에서 통곡하였다. 그러다가 2월 25일 개학 4일전 교장선생님께서 전 교직원 비상소집을 하셨고 공식적인 직원회의 석상에서 혜천여중을 폐교하기로 결정하였다고 발표하셨으며, (중략)

말끝마다 기독교 정신에 입각하여 일하면서 배우자고 말씀하시던 이사장님이 배움의 터전을 없애겠다니 이것이 웬말인가? 이에 우리 교사들은 더 이상 침묵할 수 없어 학교의 존립과 현직 교사의 생존권과 참교육 실현을 위해 단체행동으로 우리의 진실을 관철시키고자 한다.

우리의 주장

1. 학생들의 배울 권리와 교사들의 가르칠 권리를 보장하라

1. 혜천여중의 폐교를 철회하라

1. 교사의 법정 정원수를 확보하라

1. 교육과정 운영을 정상화하라

1. 교사들의 신분을 보장하라

1989. 2. 26.

혜천여자중 · 고등학교 교사협의회 일동

〈성명서 2〉

– 농성 2일째 1989. 2. 27. –

(전략) 우리는 가만히 앉아서 우리의 어린 학생들을 잃을 수 없다는 한 마음으로 우리 학교정상화를 내걸고 농성에 돌입하였습니다. 저희 학교 학생들은 낮에는 산업체에서 일하고 저녁에는 7시부터 밤 10시까지 졸린 눈을 부비면서 오직 공부하겠다는 일념으로 모든 어려운 생활을 견디어내는 이 땅의 장한 청소년입니다. 그런데 그들에게 지난 학교 생활에서 주어진 교육환경은 너무나도 가슴 아픈 것이었습니다.

신행, 면학, 자립이라는 교훈 아래 중시되어야 할 성경수업이 영화, 비디오 시청과 자습으로 떼어졌을 뿐만 아니라, 국사는 배운 것이 없어 시험을 못 본 지경에 이르렀습니다. 더욱이 교사 수가 부족하여 음악, 체육은 합반 수업을 받아야 했고, 문교법전에 제시된 기본 교과인 미술은 아예 과목이 설강되지도 못했습니다.

더하여 잦은 잔업과 연장으로 수업일수 220일에 한 달도 더 모자라는 180일도 못되도록 학생들의 교육받을 권리가 빼앗겼을 뿐만 아니라 체육대회와 성가합창경연대회 때는 거의 열흘 이상을 연습에만 매달려 수업시간 결손은 부끄러워 말을 못할 지경입니다. 이러한 비정상적인 교육현실로 인해 학생들의 눈망울에서 희망의 빛이 차츰 사라져감을 보는 것은 교사로서 죽음과도 같은 아픔과 슬픔이었습니다. 죽음 같은 현실을 학생과 함께 극복하고자 우리 교사일동은 뜻을 모아 계속해서 교장선생님, 이사장님께 면담요청을 하였으나, 매번 무시된 채 묵살되었고, 이에 이르러 더 이상 방관할 수만 없었습니다.

모든 문제해결의 열쇠를 쥔 이사장님의 외면 아래 2월 26일 폐교조치에 대한 우리들의 입장을 최용범 실장님께 26일 오후 9시경부터 27일 새벽 2시까지 5시간 동안 학교 제반 문제에 대하여 간곡하게 건의하였습니다. 그러나, 학생들과 학교발전을 위한 교사들의 진실을 최대한 수렴해서 이사장님과의 면담을 알선하겠다는 최 실장의 약속은 지켜지지 않았습니다. (중략)

우리는 학생 편에서 참교육을 하겠다는 교사로서의 사명감과 아이들에 대한 우리의 사랑이 더 이상 왜곡되어서는 안 되겠다는 각오를 다졌습니다. 진리 앞에는 어떤 물리력이나 거짓도 무력한 것임을 확신하며, 우리의 주장이 관철될 때까지 한 치의 흔들림도 없이 더욱 앞서 나갈 것임을 다짐합니다. 더하여 이 땅의 민주 민족 인간교육에 열망을 가진 여러분께 약하고 선한 양떼를 위하여 우리가 진실한 목자가 되도록 끊임없는 기도와 격려를 부탁드립니다.

우리의 주장

1. 학생들의 배울 권리와 교사들의 가르칠 권리를 보장하라

1. 혜천여중의 폐교를 철회하라

1. 학생들의 정상수업을 위해 교사의 법정 정원수를 확보하라

1. 교육과정운영을 정상화하라

1. 교사들의 생존권을 보장하라

1. 학생회 자치활동을 보장하라

〈성명서 4〉
─농성을 끝내며 1989. 3. 2.─

저희 혜천여자중고등학교는 산업체 부설학교로서 낮에 현장에서 일하고 저녁에는 7시부터 10시까지 오직 공부하겠다는 일념으로 자신의 삶을 성실히 꾸려가는 학생들이 모인 학교입니다. 그러나 사회에서 소외된 학생들이 배움의 기회에서도 소외되어야 한다는 사실이 저희 교사들의 가장 큰 안타까움입니다. 그리하여 참교육을 하고자 모인 우리 혜천여자중고등학교 교사협의회 일동은 지난 2월 18일 교장선생님의 독단에 의한 조기방학 선포가 비정상적으로 이루어졌고, 25일 비상소집 교무회의에서 혜천여중의 폐교선언과 함께 1년 후의 혜천여고 폐교 가능성 암시에 대해 우리는 가만히 앉아서 우리의 어린 학생들을 잃을 수 없다는 한마음으로 우리 학교 정상화를 내걸고 농성에 돌입했습니다.

2월 26일부터 시작된 우리의 단체행동에 대해 학교장과 이사장은 성의 있는 태도를 보이지 않고 최 비서실장을 내세워 1차적인 진상파악을 시작했으나, 이사장과의 면담을 알선하겠다는 약속은 지켜지지 않았습니다. 우리 교사들은 학생 편에서 참교육을 하겠다는 교사로서 사명감과 아이들에 대한 우리의 사랑이 더 이상 왜곡되어서는 안 되겠다는 각오를 다지며 농성 이틀째를 보냈습니다.

2월 28일 오전 10:00에 예정된 이사장과의 면담은 또 다시 묵살되었습니다. 이러한 학교 사태를 언론이 적극 지원하여 참교육 실현을 위한 우리의 모습이 신문, 라디오를 통해 세상에 알려졌습니다. 우리는 이 문제가 단지 우리 학교 차원의 문제가 아닌 교육 전

체의 문제로 인식했고, 전 교사들은 우리가 하는 일이 정당하고 올바른 것임을 더욱 확신하게 되었으며 날마다 끊임없이 진실을 알고자 찾아오는 제자들을 보며 결코 외롭지 않다는 것과 꼭 우리의 주장을 관철시켜야겠다고 다짐했으며, 그러는 동안에도 이사장을 비롯한 교장단은 전 교사들의 요구에는 아랑곳없이 서무과 직원 및 회사직원들을 동원하여 교사들의 정의로운 투쟁을 탄압하였습니다. 3월 1일 오전 8 : 00 이사장 측의 일방적 통고로 예정된 협상은 장소 문제로 결렬되었고 오후 8 : 30에 재협상이 장장 3시간 동안 이루어졌습니다. 결국 우리 교사들의 4박 5일 동안 투쟁하여 얻은 결과는 다음과 같습니다.

▶ **확보한 내용**

1. 혜천여중의 폐교 철회
2. 수업정상화를 위해 연장 잔업의 원칙상 폐지
3. 교과과정 준수(수업일수 확보 및 예체능합반 수업폐지)
4. 전시용 학교행사 폐지
5. 학생회칙을 개정하여 학생회 직선제와 자치운영 보장
6. 채플운영의 자주성 보장
7. 타산업체 학교와 비교하여 적법한 1급 정교사 연수보장
8. 교사의 신분보장(폐교, 폐과, 과원시 신성학원 교사로 임명 확약)
9. 차후 교사협의회 회원에 대한 어떠한 불이익 처분이나 부당한 인사조치를 절대로 받지 않는다.
10. 산업체 부설학교 중 보다 높은 수준의 교사법적처우 보장

5. 청구상업학교

1) 개요

　청구상업학교 교육민주화운동 사건은 1986년 시작하여 10년 여에 걸쳐 법정투쟁을 지속하며 계속되었다. 청구상업학교는 1978년부터 재단의 운영 부실로 인하여 1985년 2월 경까지 관선이사에 의해 운영된 학교이다. 관선이사에 의한 학교운영이 종료된 후 1985년 3월 청구상업학교의 신종식 이사장이 재단을 인수하면서 교육기본권 침해가 불거졌다. 1년 동안 학교장을 포함하여 교사 9명, 서무과장을 포함하여 직원 11명 등이 권고사직되었고, 7명의 교사가 사직을 종용받는 등 재단의 전횡 및 교육기본권 침해가 문제되기 시작하였다(1985. 7. 31. 「동아일보」).

　1988년 12월 위 사건으로 교사들이 반발하자 재단 측이 집단행동을 이유로 약 17명의 교원을 해임하였다. 교사들은 이에 항의하고자 약 41명의 교사가 평교사협의회를 결성하고 청구상업학교 정상화를 위한 100여 일간의 농성을 시작하였다(「청구상업학교 교육민주화운동」 자료집). 1989년 2월 14일 청구상업학교에 대한 특별감사 이후 관선이사가 파견되고, 집단행동을 이유로 해임되었던 교사들이 재임용되었다. 같은 해 6월 21일 전교조 청구상업학교 분회를 결성하고 청구상업학교 정상화운동 및 교육민주화운동 등을 전개하였다.

　일단락되는 듯이 보였던 청구상업학교의 교육민주화운동은 전교조에 대한 정부 측의 탄압과 연계되면서 본격화된다. 1992년 관선이사진에 의해 전교조 관련 교원이 과원이 아님에도 불구하고 과원면직으로 부당 해임되는 사건이 발생하였다. 교육부 교원징계심의위는 이에 대해 과원면직 무효결정을 내리고, 이에 따라 해당 교사가 다시 교단으로 복귀하였지만, 1994년 3월 청구상업학교 재단의 복귀 직전 및 복귀 후 1996년까지 평교사협의회 및 전교조 활동 교원들이 '과원에 의한 면직', 또는 '의원면직'의 형태로 교단을 떠나게 된다. 이 과정에서 다수의 교사들의 법정다툼을 통하여 해직무효소송에서 승소하지만 재단의 복직거부로 교단으로 복귀하지 못하고, 1999년 9월 1일 2000년 4월 1일 2차례에 걸친 교육부의 "해직교사특별채용 추진계획"에 따라 특별채용되는 것으로 마무리된 사건이다. 오랜 기간에 걸쳐 관선이사에서 새로운 재단으로 재편되고, 다시 관선이사가 파견되고 구재단이 복귀하는 과정에서 청구상업학교 교육민주화운동은 시기별, 쟁점별, 면직사유별로 복잡하게 전개된다.

2) 주요활동

(1) 평교협 이전 시기(1986. 9.~1987. 6.)

관선이사 파견 기간이 종료되고 1985년 새로운 청구상업학교 재단과 교사들의 마찰이 시작되었다. 새로운 재단이 들어온 이후 교사들과 최초의 갈등은 고호봉 교사를 해임시키기 위한 재단 측의 교권 침해에서 비롯되었다. 문제의 발단은 교사의 퇴직금 산정과 관련한 것이었다. 당시의 관행대로 일부 교원들이 연금관리공단에 경력을 소급적용하고 재단 측으로부터 다시 경력분의 퇴직금을 수령한 것이 문제가 되었다. 재단 측은 해당 교사들을 형사고발한 후 사표를 제출하도록 강제하였다. 이 과정에서 교육위원회도 재단 편에서 의원면직을 종용하였다.[34] 해당 교사들은 재단 측의 사퇴 종용 및 교권, 학습권 침해에 항의하기 위하여 1986년 8월 31일 서울시교육위원회 및 청와대, 감사원, 문교부 등 6개 기관에 13개 항목으로 구성된 「진정서」[35]를 제출하여 청구상업학교 및 관련 재단에 대한 특별감사를 실시토록 하여 청구상업학교 재단의 부당한 학사운영, 교권 및 교육 기본권 침해 등을 공론화하였다. 「진정서」 제출 이후 1986년 9월 5일~9일 동안

---

[34] 직접 당사자인 신훈철 교사의 주장에 따르면, 당시 서울시 교육위원회의 장학사가 재단의 부당한 면직 강요에 개입하여 재단 측의 강제 면직 압력을 두둔하며 사직을 간접적으로 종용하였다고 한다. "당시 교육위원회의 담당 장학사 양우섭이 1986. 9. 26. 이사회 회의록을 보여주면서 9월 21일 이사회 의결로 이미 파면처리되었다고 통보하고 다만 소급해서 9월 20일자로 사표를 내면 파면을 취소하고 의원면직으로 처리하여 퇴직금을 수령할 수 있도록 해주겠다고 최종 통첩하면서 사학의 인사권은 재단에 있으므로 해임된 후 민사재판에 의존할 수밖에 없으며 민사는 무제한의 시일이 필요하고 … 그 결과를 예측할 수 없으며, 공인이기에 감독관청의 입장에선 재단의 입장에 설 수밖에 없다고 노골적으로 사직을 강요"하였다는 것이다. 이 합의각서의 주요 요지는 퇴직금의 이중수령분에 대하여 1986. 9. 20.까지 반환하고, 관련 교사들은 자유로운 의사에 따라 새로운 진로선택을 위해 의원사직서를 제출하고, 진정서에 대해서는 관련 기관에 유감의 뜻을 표하라는 등의 내용이었다.

[35] 「진정서」는 전·현직 교사 39명의 명의로 작성되었으며 주요 내용은 다음과 같다. 현 이사장 부임(1985. 3.) 이후 교직원 20명이 권고사직되었으며, 현재 현직교사 7명이 권고사직을 종용받고 있다. '사학은 어쩔 수 없다' 라는 보편화된 인식이 학교재단과 감독관청에서 인지, 내지는 같이 묵인하고 있는 사항으로 별 대책을 마련해주고 있지 못한 실정이며, 이는 '교사의 신분은 법률로 보장한다' 는 법규마저 오히려 무색할 지경이다. 권고사직의 압력 수단으로 현직 교사 중 고호봉자를 선별하여 연금관리공단에 경력을 소급 신청하였다고 사기 및 공갈 혐의로 형사고발하여 놓고 현직 교직원 7명이 집단사표를 제출하면 형사고발(이 사안은 1986. 7. 31. 무혐의로 불기소처분 되었음)을 면하여주겠다고 협박하고, 전공과목에 관계없이 한 교사당 6-7과목(일어, 타자, 미술, 음악, 경영관리, 일반사회 등)을 배정하여 도저히 수업을 진행할 수 없도록 만들고, 야간부 교사임에도 주간 1교시부터 수업을 배정하고 교직원에 대한 비합리적 징계를 취하고, 교사의 호봉을 임의로 감봉하는 등의 탄압을 하였다.

진행된 특별감사 결과 서울시교육위원회는 부당직위 해제 외 14건에 관한 위법 부당 사항[36]을 적출하여 처분지시 하였다. 당시 퇴직금 이중 수령과 관련한 문제는 타 학교의 관행과 고의성 없음을 참작하여 무혐의 처리되었다. 하지만 신임재단과 교사들의 갈등은 전교협이나 전교조의 결성으로 공론화되는 대중적 교육민주화 투쟁으로 이어지기 전에 종결되었고, 해직교사들이 이후 교육민주화운동과 단절되면서 일단락되었다.

(2) 평교협, 전교조 시기(1988. 12.~1995. 7.)

이 시기의 주요 활동은 사립학교 재단정상화 투쟁의 전형적 특징이 드러난다. 재단의 전횡과 교육기본권 침해에 교사들이 항거하고, 재단의 퇴출 이후 관선이사가 파견된다. 그 후 재단의 복귀가 진행되는 과정에서 부당한 해임이 자행되고, 대법원의 해직무효확인 소송 승소에도 불구하고 청구상업학교재단은 해직교사들을 교단으로 복귀시키지 않았다.

발단은 1987년에 임용되었으나 1년여 동안 임용보고가 되지 않은 미임용 교사들 문제였다. 미임용 교사 9명은 1988년 11월 27일 1년이 넘도록 임용보고가 되지 않자 이 문제와 관련하여 이사장과 면담하였으나 명쾌한 답을 듣지 못하였다. 같은 해, 12월 7일 미임용 교사 17명은 재단 및 시교위에 질의서를 발송하고, "교사는 참교육 할 권리를, 학생은 참교육 받을 권리를" 제하의 리본을 패용하며 시위하였다.

재단은 교사들의 집단행동이 시작되자 12월 20일로 예정되었던 동계방학을 12월 12일로 앞당겨 조기 실시하고, 12월 13일부터 교문을 폐쇄하여 교사 및 학생의 출입을 막았다. 게다가 12월 14일에는 "집단행동"을 이유로 이협우, 김극미 등 7명의 교사에게 해임을 통보하였다. 재단 측의 동계방학 조기실시 조치가 내려지자 교사들은 '평교사협의회 준비위원회'를 결성하고, 12월 14일 해임통보가 있자 "교사해임 철회 및 정상화 촉구" 철야농성을 시작하였다. 1988년 12월 16일 평교협 준비위는 "우리는 왜 철야 농성에 돌입했는가?" 제하의 성명서를 발표

---

[36] 당시 서울시 교육위원회의 특별감사(1986. 9. 5.~9.) 결과 청구상업학교 재단은 교직원 부당 임용 및 학교운영에 직·간접 간여로 학교장 권한 침해, 퇴직 반납금 유용, 학교비 일부 불법사용, 교권침해 등을 지적 받았다(「서울특별시교육위원회 : 계고장」).

청구상업학교 교육민주화를 위한 시위

하고, 12월 20에는 청구상업학교 내 약 41명의 교사가 주축이 되어 '교사양심선언', '춘지거부', '교육환경 개선' 등 '재단 및 학교개혁운동'을 목적으로 평교사협의회를 결성하기에 이른다. 교사들의 평교협 결성 등 본격적인 교육민주화운동이 전개되자 재단 측은 오희진, 김현숙 등 관련교사 10명에게 추가로 해임을 통보하였다.

청구상업학교 평교협은 학교의 정상화를 위하여 1988년 12월 27일 학생 및 학부모, 교사 등 300여명이 참석한 가운데 청구상업학교 교육정상화 1차 궐기대회를 가졌다. 이 궐기대회가 12월 28일 방송사 등 각종 언론에 보도되기 시작하면서 청구상업학교 문제가 공론화되기 시작하였다. 1989년 1월 4일 학생 및 학부모, 교사 400여명이 참석하여 청구상업학교 교육정상화 2차 궐기대회를 개최하고 침묵 가두시위를 전개하였다.

1989년 1월 6일에는 "제5차 서울시교위 촉구 규탄대회"를 개최하고 계속하여 면담이 거부되자 서울시 교육청의 방관자적이고 무성의한 태도에 항의하기 위해 "참교육"이라는 혈서를 쓰는 등 격렬한 시위를 전개하게 된다. 이 과정에서 전경과 대치 중이던 학생들이 종로경찰서 소속 전경들에게 구타당하는 사건이 일어나기도 하였다.

1989년 1월 9일 농성 27일째에야 서울시교육청의 특별감사가 진행되었다. 교육청의 감사결과 15개항의 위법사실이 드러났다.[37] 이후 청구상업학교 평교협 교사들은 3월 14일 "교직원 노조 건설 특위 발족 및 학교 교육정상화 결의대회"에 참가하고, 4월 18일 "교육민주화운동 탄압 분쇄 및 4·19 교원노조계승 실천대회"에 참여하는 등 교육민주화운동에 적극적으로 참여하였다. 이 무렵 5월 1일 관선이사진에 의해 1988년 12월 이사장과의 면담과정에서 해임된 교사들이 신규 임용 형식으로 임용되었다.

이후 평교사협의회 교사들은 5월 3일 "교육여건 개선과 전교조 건설을 위한 전진대회", 5월 14일 "전국교직원노조 준비위원회 결성대회", 5월 28일 "전국교직원노조 결성대회", 6월 19일 전국교직원노조 청구상업학교 분회 결성결의, 같은 해, 6월 21일 전국교직원노조 청구상업학교 분회 결성대회, 7월 9일 전교조와 전교조 공대위 주최로 서울 여의도에서 개최된 "전교조 탄압저지 및 합법성 쟁취를 위한 제1차 범국민대회", 7월 15일 서울지부 전교조 조합원 2,621명 명단 공개(한겨레신문)에 참여[38]하는 등 전교조 결성과 관련해서도 적극적인 활동을 전개하였다.

그러나 이러한 평교협의 활동은 이후 전교조 활동을 탄압하고자 했던 관선이사진과의 갈등을 초래하게 된다. 1992년 2월 29일 관선이사진은 전교조 활동 교사들 중 이협우, 강애라, 양미경 등을 "과원"의 이유로 해임한다. 이에 평교협 교사들은 법정 정원에 미달인 상태에서 과원은 부당하다며 항의하고 관련기관에 「공개질의서」를 제출하였다. 또한 교육부 '교원징계재심위원회'에 재심을 청구하였다. '교원징계재심위원회'는 관선이사진에 의해 내려진 1992년 2월 29일 해임처분에 대해 청구상업학교의 법정 정원이 52명이고, 현원이 43명이므로 "과원"이

---

[37] 학교법인 재명학원 및 청구상업학교에 대하여 1989년 1월 9일부터 동년 1월 19일까지 감사를 실시한 결과 학교비 및 육성회비에서 금 245,000,000원을 차용증 1매로 불법인출하여 법인명의 수익용 기본재산인 아파트를 구입하였고, 의정부에 인문계 고등학교를 설립하기 위하여 625,713,120원을 직접 지출하는 등 학교회계에서 타회계 전출 또는 대여한 사실 및 법인 운영비 임의 차입 등 사립학교법 및 동법 시행령을 위반하였을 뿐만 아니라 소송 공탁금 유용, 퇴직반납금 유용, 학교비 일부 불법 사용 등 회계부정이 있었고, 학교회계 자금 직접 관리 및 유용, 교원부당 임용 및 부족, 학교운영에 직·간접 간여로 학교장의 권한을 침해하는 등 15개항의 위법 부당 사실이 적출되었다.

[38] 당시 전교조 명단공개에 참여한 청구상업학교 평교협 교사들은 이협우, 변종석, 강애라, 정시옥, 유제두, 김극미, 유서영, 양미경, 박상옥, 이영선, 김현숙, 이길동, 오승환, 김범동, 이홍우, 오희진, 이희욱, 강주리, 정희경, 김인영, 박재윤, 안문숙, 정미경, 이은주, 백인순, 김교임, 박 진, 김정숙, 유 현, 서숙이, 김미향, 채규문, 박일경, 김우홍 등 총 34명이다.

성립하지 않기 때문에 무효라고 결정하였다.

　여기서 또 한번의 심각한 상황이 초래되는데, 그 발단은 1994년 3월에 관선 이사진이 청구상업학교의 구재단을 다시 복귀시킨 것이다. 관선이사진은 구재단의 복귀 직전인 1994년 2월 28일 교육민주화운동에 열심인 교사들을 1992년과 같은 "과원"의 이유로 재차 면직시켰다. 전교조 소속 조합원들은 구재단의 복귀 직전 또 한차례의 보복성 징계를 당하게 된 것이다. 이협우 등 관련 교사들은 법원에 해직무효확인 소송을 제기하였고, 1996년 9월 20일 대법원은 1994년 이협우 등 관련 교사들의 해직에 대하여 "과원에 의한 면직처분 무효판결"을 하였다. 그러나 복귀한 재단은 대법원의 판결에도 불구하고 해당 교사들의 복직을 허용하지 않아 관련 교사들은 교단으로 돌아가진 못한 채 1999년 4월 1일~ 2001년 4월 1일 사이에 교육부의 "해직교사특별채용조치"에 의거하여 특별채용된다.

3) 민주화보상법상 쟁점

(1) 평교협 이전 시기(1986. 9.~1987. 6.)

　쟁점은 크게 두 가지 측면으로 나뉜다. 신임 재단 측에 교사들이 항의하기 시작한 발단이 사적 이익과 결부된 퇴직금 이중수령 문제였다. 재판부가 이 문제에 대해 당시 교사들의 관행과 고의성 없음으로 무혐의 처리하기는 하였으나, 교사들의 재단에 대한 항의투쟁이 퇴직금 이중수령 문제로 촉발되어 형사고발되고, 사퇴 압력을 받게 되자 이에 대한 반대급부로 시교육위원회 및 관련 기관에 진정서를 제출한 것으로 본 사안을 한정하여 볼 경우 민주화운동 관련성을 인정하기 어렵다. 그 이유는 항거의 동기 자체가 사적 이익의 옹호로부터 출발한 것이고, 목적 자체도 권위주의적 통치에 대한 항거로 보기 어렵기 때문이다.

　반면, 사립학교의 특수성이라는 문제에서 출발하여 볼 때 신임재단이 고호봉 교사들에 대한 길들이기 차원이나, 신임교원의 충원을 통하여 소위 '충성파'를 양성하기 위한 조치의 일환으로 볼 수 있는 측면도 중요하게 고려되어야 한다. 실제 당시 퇴직금 이중수령 문제와 관련하여 해당 교사들에 대한 형사고발 및 해임 압력뿐만 아니라 신임 재단이 학교를 인수한 이후 각종 교권 침해가 상식적으로 납득하기 어려운 수준이었다. 신임 재단 인수 후 채 1년이 지나지 않아 20여명의 교사가 권고사직 하였고, 약 7명의 교사가 해임압력을 받고 있었다는 점이 이를 반증한다. 교사들의 진정서 제출 등으로 재단에 대한 감사가 진행되었고, 주요한 시정조치들이 제출되었다는 점에서 교육민주화운동의 일환으로 볼 수 있는 측면이 있다.

민주화보상심의위원회의 심의에서는 조사권한의 한계 등으로 인하여 두 번째 쟁점에 대한 면밀한 검토가 이루어지지 못했다. 위원회는 이 사안에 대해 신임재단과 교사들의 분쟁이라는 측면에 더 비중을 두었고 일반적으로 교육민주화 관련 해직교사들의 활동 내용을 볼 때 해직 직후 평교협 결성 및 전교조 활동이 이어지는 시기인데 이와 연계된 활동이나 복직투쟁이 거의 없었던 점, 그리고 실제 재단 측 주장과 같이 연금을 이중으로 수령한 사실이 있었다는 점, 재단 측의 '파면'조치에 '의원면직'으로 전환하여 줄 것을 요청하여 서울시 교육위원회 장학사의 중재 하에 의원면직으로 처리키로 합의한 사실 등을 주요한 판단의 근거로 삼아 불인정 결정을 하였다.[39]

(2) 평교협, 전교조 시기(1988. 12.~1995. 7.)

이 시기 청구상업학교 교육민주화운동 관련 해직 사건의 쟁점은 교육민주화운동의 내용보다는 민주화보상법 제2조의 형식요건 즉, '해직'의 피해에 대한 해석에 있다. 1988년 12월 해임된 교사들이 1989년 5월 1일 관선이사진에 의해 신규임용 형식으로 임용된 후 1992년 2월 29일에는 관선이사진에 의해 전교조 활동교사들인 이협우, 강애라, 양미경 등이 '과원'을 이유로 해임되었다. 그러나 교육부징계재심위원회의 결정[40]에 따라 교단으로 복귀하였으나 관선이사진은 1994년 3월 구재단을 복귀시켜 교육민주화운동 관련 교사들의 보복성 해임 조치를 사실상 방임하였다. 구재단은 복귀한 이후 평교협 활동 및 전교조 활동을 했던 교사들에 대해 집단행동, 품위손상, 학생선동, 근무태만, 과원, 전교조 후원 등의 이유로 파면조치하였다. 관련 교사들은 법원에 소송을 제기하여 1996년 9월 20일 대법원이 이협우 등 관련 교사들의 파면에 대해 '과원에 의한 면직처분 무효판결'

---

[39] 신성학원은 초기에 교육위원회의 의원면직 중재안을 받아들였으나 이후 이를 번복하고 해당 교사들을 '해임' 처분하였다.

[40] 법정 정원이 52명인 상태에서 현원이 43명이므로 과원이 성립하지 않는다.

을 하였으나 재단이 끝내 교단의 복귀를 허용하지 않아 1999년 4월 1일부터 2001년 4월 1일 사이에 교육부의 '해직교사특별채용'에 의거 특별채용되었다. 민주화보상법 제2조와 관련하여 볼 때 해직무효확인 소송의 승소를 어떻게 해석할 것인가가 쟁점이다.

대법원의 '면직처분 무효판결'시 이미 해직기간에 해당하는 경력산정 및 호봉산입, 급여지급 등이 있었던바 해직으로 인한 피해가 종결되었다는 견해가 있을 수 있다. 이와 다른 관점으로는 재단 측의 부당한 조치에 항거하기 위하여 소송을 제기하여 승소한 경우 법적으로 확인된 전형적인 교육민주화운동의 사례임에도 불구하고 해직의 요건 해당성을 상실한다면 소송에 패소하거나 아예 법률적 다툼을 회피한 경우와 형평성의 문제가 대두되며, 더욱이 민주화보상법은 해직의 피해만을 열거해놓고 있지 해직 이후의 상황에 대해 여타의 조치를 명시하고 있지 않기 때문에 민주화운동 관련자 요건에 해당한다는 견해가 있을 수 있다.

청구상업학교의 경우 대법원의 승소에도 불구하고 교단 복귀를 허용하지 않았던 재단의 보복성 조치에 의해 이미 해직의 효력이 다시 유지되고 있는 상황이었고, 특별채용의 경우 대법원의 승소판결 시점부터 특별채용 시까지 호봉 및 경력인정이 되지 않아 실질적인 해직의 피해가 누적되고 있음을 중요하게 고려해야 한다.

위원회는 청구상업학교의 사안에 대해 이러한 현실적 문제와 해직의 실질적 피해가 유지되고 있었던 점을 감안하여 민주화운동 관련성을 인정하였다. 이는 사회적 법감정이나 국민정서에 비추어볼 때 위원회의 설립 취지에 부합하는 결정이라고 할 수 있다.[41]

---

[41] 그러나, 위원회는 청구상업학교 결정과 달리 대법원의 해직무효결정을 이끌어낸 상당수의 신청사건에 대해 해직의 피해가 소멸된 것으로 보아 민주화운동 관련성을 인정하지 않았다. 특히 노동사건의 경우가 대표적이다. 유사한 사례 중 위원회가 인정한 사례를 보면 다음과 같다. 본 위원회는 제88차 회의(2003. 11. 18)에서 서울고등법원에 '해임청구소송' 제기 중 복직을 조건으로 소송을 취하한 정영훈 교사를 민주화운동 관련자로 인정한 바 있으며, 재단 이사장의 학사운영 개입에 항의하고, 전교조 협찬기금 100,000원을 납부하고, 동료 교사의 징계철회를 주장하였던 김관옥 교사가 대법원 해임처분취소 판결에도 불구하고 재단의 거부로 교단에 복직하지 못했던 사안에 대하여 실질적 해직상태를 인정하여 민주화운동 관련자로 인정(2003. 7. 20)한 바 있다. 청구상업학교 교육민주화운동에 대한 해직 해당성을 인정하는 심의에서 이문옥 감사관의 해직 신청 사건도 민주화운동 관련성을 인정받았다. 이문옥 감사관 사건의 경우는 양심선언에 따른 피해가 대법원의 해직무효확인 결정으로 소멸했다고 볼 수 있으나 이후 감사원 복귀 후 승진, 보직 등의 실질적 피해가 누적되고 있음에 주목한 것이다.

4) 교육민주화운동에 대한 판단

이협우, 강애라, 양미경 교사에 대한 민주화보상심의위원회의 인정주문결정은 다음과 같다.[42]

신청인은 1988. 3. 2. 청구상업학교 교사로 채용되었으나 재단 측의 임용보고 고의지 연으로 1989. 5. 1. 관선이사진에 의해 신규형식으로 임용된 자로서, 1985년부터 교원의 부당임용 및 해임, 학사행정 전횡 등으로 교권을 침해하고, 교비 및 육성회비 등을 전용하여 아파트를 구입하는 등 헌법이 보장하는 교육기본권을 문란케 한 재단과 국민의 기본권 신장을 위한 국가의 공적 의무에 속하는 교육의 장에서 정상적 교육이 이루어질 수 없을 정도로 재단의 전횡과 파행이 심해지자 교육정상화를 위해 수차례 시정을 요구하였던 청구상업학교 교사들의 면담을 거부하고 특별감사 이후 관선이사진에 의해 학교를 운영하면서 교육민주화를 요구하였던 평교협 및 전교조 관련 교사들을 부당 해임하는 등 교육기본권을 침해한 권위주의 통치에 항거하여,

1. 1988. 3. 2. 서울 성동구 소재 청구상업학교에 임용되었음에도 불구하고 관할청 임용보고를 지연하는 재단 측에 항의하기 위하여 1988. 11. 27. 미임용교사 9명과 함께 이사장을 면담하여 재단의 교육기본권 침해에 항의하고, 같은 해 12. 7. 미임용교사 17명과 함께 서울시교육위원회와 재단에 질의서를 발송하고, 같은 달 10.경부터 구조적으로 이어져온 청구상업학교 재단의 전횡에 항거하였으며 "교사는 참교육할 권리를, 학생은 참교육 받을 권리를" 제하의 리본을 패용하고, 직원회의에서 '왜 우리는 리본을 달아야만 하는가' 제하의 학교정상화와 교육민주화를 요구하는 성명서를 낭독한 사실로 인하여,

같은 달 12. 재단비리 척결과 교육민주화를 요구하는 교사들을 탄압할 목적으로 조기 방학 실시, 교문 폐쇄, 교사와 학생의 출입 금지를 단행한 학교 측에 항거한 신청인 등 관련교사 7명이 1988. 12. 13. 해임된 사실은,

정상적인 임용절차를 거쳤음에도 관할청에 임용보고를 하지 않고, 1년간 정원의 1.6배인 83명의 교사를 해임하는 등 재단의 비리에 항거할 경우 손쉽게 해임하는 청구

---

[42] 동 사건의 인정주문이유를 게재한 이유는 민주화보상심의위원회의 해직 사건 결정과 관련하여 중요한 기준을 제시한 사건 중 하나이기 때문이다. 〈인정주문·이유〉 내용은 해당교사들이 위원회로부터 통보받은 내용을 그대로 게재한 것이다.

상업학교 재단의 구조적 비리에 항거한 것으로, 개인의 이익추구를 위한 활동이 아닌 교사의 교권과 학생의 학습권 등 교육기본권 확립을 위한 활동으로 볼 수 있으며, 특히 해임 이후에도 교육기본권 확립을 위하여 평교협 결성을 주도하고, 100여 일간의 농성에 참여하여 교육민주화를 요구한 사실을 고려하여,

민주화운동관련자명예회복및보상등에관한법률 제2조 제2호 라목, 제1호의 규정에 따라 민주화운동을 이유로 해직된 것으로 인정함.

2. 1989. 3. 1. 서울시교육위원회의 특별감사 후 파견된 관선이사진에 의하여 신규형식으로 임용되어 같은 해 5. 3. '교육여건 개선과 전교조 결성을 위한 전진대회' 참여, 같은 해 5. 14. '전교조준비위원회 결성대회' 참여, 5. 28. '전교조 청구상업학교 분회결성대회' 주도, 같은 해 7. 9. '전교조 탄압저지 및 합법성 쟁취를 위한 제1차 범국민대회' 참여, 7. 15. 전교조 서울시지부 명단공개 참여 등 교육민주화운동을 위해 전교조 활동을 전개하여 관선이사진에 의해 1992. 2. 29. '과원'을 이유로 해임됨. 해직된 이후 교원징계재심위원회의 '과원무효결정'에도 불구하고 관선이사진의 '복직거부'로 교단에 서지 못하자 신청인은 소송을 제기하여 1994. 1. 11. 대법원에서 '과원면직처분무효확정판결'을 받고 복직했으나 개학 이전인 1994. 2. 28. 재차 과원면직으로 해직되고, 재차 제소, 1996. 9. 20. 대법원에서 승소하여 '과원면직처분무효확정판결'을 받았지만 재단 측의 거부로 복직하지 못한 사실은,

재단의 전횡이 자유민주적 기본질서를 보장하는 헌법상의 교육기본권을 침해하였고, 특별감사 이후 관선이사진에 의한 관리기간 중 평교협 및 전교조 활동을 주도하였던 교사들을 법정정원수에 미달함에도 불구하고 '과원'으로 해임한 점 등을 고려해 볼 때, 권위주의적 통치에 의한 교육기본권 침해에 항거하고 교육민주화를 위해 활동한 이유로 해임된 것으로 판단되고, 대법원의 '과원면직처분무효확정판결'에도 불구하고 재단 측이 관할청에 경력보고를 하지 않고 복직조치를 취하지 않아 교단에 복귀하지 못한 채 실질적 해직상태가 지속된 사실을,

민주화운동관련자명예회복및보상등에관한법률 제2조 제2호 라목, 제1호의 규정에 따라 민주화운동을 이유로 해직된 것으로 인정함.

참고자료

〈성명서 "왜 우리는 리본을 달아야만 하는가?"〉

화장하지 않아도 빛나는 이마를 가진 학생들.

그 눈동자를 날마다 시간마다 마주하는 우리들은 교직에 대한 한없는 자부심과 사명감을 갖고 오늘도 교단에 섭니다. 하지만 오늘도 우리의 교육 현실은, 우리에게 거짓으로 말하기를 강요하고 그 거짓을 어쩔 수 없는 학교의 여건이라 포장하기를 계속합니다.

이제 우리 교사들은 내일의 주인이 될 학생들이 그 거짓으로 인하여 그른 미래로 인도되는 왜곡된 교육에 더 이상 동의할 수 없습니다. 우리 교사는 일방적인 지시에 의하여 암암리에 빼앗아온 학생들의 정당한 권리를 찾아주어야 합니다. 그리고 알려주어야 합니다. 그들이 바로 학교의 주체라는 것을….

이제 우리는 지난날 우리의 안일한 생활에 젖어 일방적 지시에 순응 아닌 순응을 했던 것을 뼈아프게 뉘우치며 학생들에게는 참교육을 받을 권리를 알려주고, 우리 스스로 참교육을 할 권리를 찾아갈 것입니다. 이 리본은 이러한 우리의 뜻을 나타내는 것입니다.

우리 전교사들의 이러한 소원은 소수인원이 잠시 억압할 수 있을지는 몰라도 끝끝내 억누를 수는 절대로 없습니다. 이제부터 우리 모두는 이 리본을 달고 교단에 당당하게 설 것입니다. 리본을 끝까지 가지고 계시다가 함께 느끼게 되신다면, 선생님들께서도 저희 모두와 함께 리본을 달아주시기 바랍니다.

1988. 12. 10.

〈성명서 "청구상업학교 무엇이 문제인가"〉

많은 청소년들이 사학에서 커가고 있습니다. 따라서 사학 내의 잘못된 것은 반드시 고쳐지고 세워져야 합니다. 그동안 자신의 개인 사업체로 학교를 전락시킨 재단 이사장의 비교육적 횡포로 교사는 생존권마저 위협당한 채 재단의 공범이나 하수인이 되어버렸고, 이에 학생들은 부도덕과 비리를 배우고 강요당해 마음에 깊은 상처를 입어 왔습니다.

너무나 가슴 저미는 이 현실에 우리 청구인들은 학생, 학부모, 교사가 힘을 하나로 모아 청구상업학교 교육정상화를 위해 일어섰습니다. 청구상업학교의 교육정상화는 모든 사학의 비리 척결과 민주교육의 주춧돌이 될 수 있음을 굳게 확신하며 승리하는 그 날까지 최선을 다해 싸울 것입니다.

국민 여러분, 저희 학교의 사정을 들어보시고 이 나라의 교육이 바로 설 수 있기를 원하신다면 함께 통감하시고 응원해주십시오.

1. 왜 우리는 싸워야 하는가?

임용보고 요구 한마디에 교사 17명 무더기 해임, 그럼 우리 담임선생님은…

이유는 첫째, 교사의 인건비를 줄이기 위해, 둘째, 이사장 말씀 왈 "개도 밥 주는 주인은 안 무는데 교사라는 것들은 신분보장을 해주면 권리를 찾는다고 시끄럽게 굴더라." 이에 정식으로 임용에 관한 공개 질의서를 내자 이를 단체행동으로 매도, 학생들의 성적 처리와 생활기록부 작성도 되지 않은 상태에서 17명을 해임시켰다. 과연 학생을 조금이라도 생각한다면 이런 처사가 있을 수 있을까?

학교의 모든 행정뿐 아니라 교사 좌석까지 배치해주시는 자애로운(?) 이사장님의 배려…

원래가 자애로우신 이사장님은 직접 36학급의 담임 배치, 학과목 배치, 교사 좌석까지 신경 써 주시고 지적해주신다. 그럴 수밖에 없는 것이 교장은 75세의 고령이시고, 교감은 유령교사로 취임예정인데 이사장의 셋째 동생으로 밝혀졌다. 또한 교무실 내의 이사장 따님에게 잘못 보이면 그 다음날로 담당 반 아이들과 이별하고, 수업시간 배정이 바뀌고, 야간으로 가야 한다.

유능한 수학교사 부전공이 7개. "수학 · 한문 · 생물 · 화학 · 음악 · 기술 · 서예 모두 가르쳤어요…"

이곳이 국민학교인가 고등학교인가. 국어교사가 지리, 생물, 윤리, 상업영어, 서예를, 미술교사가 교련을, 국사교사가 음악, 사회, 영어를, 가정교사가 타자과목을 가르치고 있으니, 이는 학생들이 정당하게 교육받을 권리를 박탈하고 있는 게 아닌가!(이하 생략)

1989. 1. 6.

청구상업학교 교육정상화 학생 · 학부모 · 교사 연합투쟁위원회

〈시교위의 특별감사 계고장 내용〉

학교법인 재명학원 및 청구상업학교에 대하여 1989. 1. 9.부터 동년 1. 19.까지 감사를 실시한 결과 학교비 및 육성회비에서 금 245,000,000원을 차용증 1매로 불법인출하여 법인명의 수익용 기본재산인 아파트를 구입하였고, 의정부에 인문계 고등학교를 설립하기 위하여 625,713,120원을 직접 지출하는 등 학교회계에서 타회계전출 또는 대여한 사실 및 법인 운영비 임의 차입 등 사립학교법 및 동법 시행령을 위반하였을 뿐만 아니라 소송공탁금 유용, 퇴직반납금 유용, 학교비 일부 불법 사용 등 회계부정이 있었고, 학교회계 자금 직접 관리 및 유용, 교원부당 임용 및 부족, 학교운영에 직, 간접 간여로 학교장의 권한을 침해하는 등 15개항의 위법 부당 사실이 적출되었는바 1989. 2. 11.까지 시정을 요구하니 처리하고 결과보고 하시기 바랍니다.

1989. 1.

서울특별시교육위원회 교육감

〈적출사항〉

- 설립자 인수조건 미이행
- 예산의 목적의 사용
- 소송공탁금 유용
- 퇴직반납금 유용
- 법인운영비 임의 차입
- 사무직원 부족 및 고용직 부당 근무
- 각종 회계자금 과다 이월
- 학교물품 부당보관 및 관리 불철저
- 지출증빙서류 장부 및 통장 불부합
- 세입결산액과 실제 세입액 불부합 및 공납금 과다 징수
- 학교회계자금 부당관리 및 유용
- 학교비 일부 불법 사용
- 학교시설설비 및 학교 교구 기준 미달
- 학생의 보건관리 소홀
- 교실임대료 징수
- 수학여행시 숙박업소로부터 사례금 3,000,000원 수수의혹
- 교련복, 체육복 공동구매 의혹
- 모의고사용지대금 징수
- 잡부금 약 4,324,000원 부당징수
- 교표판매 차입금 착복 의혹

- 납품업자로부터 사례금 약 6,780,000원 받았음

- 각종 성금 및 사례금 수수의혹

- 85. 3.부터 교직원 퇴직인원 80여명

- 교원 부당임용 및 부족

- 재단이사장 학위논문 강요

- 교사임용구비서류 중 사전 사직서 첨부 강요

- 교사에 대한 이사장의 폭언 및 학교운영에 직, 간접 강요

- 친인척의 인사특혜 부여   - 전출교사의 전출동의서 발부 지연

- 연간 수업시간표 수차 변경   - 각종 수당 미지급

- 비전공과목 지도   - 개인 고용인이 교사에게 위압감 조성

〈전교조 청구상업학교 분회운영 규정(시안) 발췌〉

제1조(명칭) 본 분회는 전교조 청구상업학교 분회라 칭한다.

제2조(사무소) 본 분회의 사무소는 청구상업학교 내에 둔다.

제3조(목적) 본 분회는 전교조 강령 정신에 입각하여 전교조의 목적 달성을 위하여 노력
하며, 청구상업학교의 교육민주화와 교권수호, 학생활동 신장, 교육내용 자율성 확보
를 그 목적으로 한다.

제4조(사업)

  1. 전교조의 사업

  2. 청구상업학교의 교육민주화에 관련된 사업

  3. 청구상업학교의 교권옹호 및 부당한 교권탄압 저지 사업

  4. 자율적 교육내용 확보를 위한 연구 실천 사업

  5. 조합원에 대한 교양, 교육, 친목 사업

  6. 조직확대 강화 사업

  7. 교육환경 개선을 위한 문화, 교육 사업

  8. 기타 목적 달성에 필요한 사업

제5조(총회) (이하 생략)

〈전국교직원노동조합 청구상업학교 분회 결성선언문〉

우리 청구상업학교는 지난 1988년 12월 20일 극도로 황폐화된 교육환경 속에서 학교
운영 정상화와 사학비리 척결을 요구하며, 평교사회를 조직하였고, 악덕 재단과 100일
이상 동안의 교육정상화 투쟁을 통해 학생과 교사의 단결된 힘으로 재단 퇴진을 이룩하
였다. 그러나 학교 운영이 관선 이사체제임에도 불구하고 그간 우리가 요구해왔던, 11
억 전재단 교비 유용액 환수, 정규고등학교 승격 방안 제시, 학생회 자율적 운영 보장,
교내 복지시설 확충, 장학제도 확대 등의 모든 사항들이 아직까지 뚜렷하게 이루어진
것이 없다.

또한 그동안 우리와 같은 각종 학교인 정희여상과 유성전자공업학교의 비리사학 척결과
교육민주화를 위한 투쟁을 같이 경험한 우리는 현재와 같은 교육환경 하에서 교육환경
개선과 교육정상화 투쟁이 얼마나 힘겨운지를 겪어왔기에 교직원 노동조합의 필요성을
그 어느 학교보다도 절실하게 느껴왔다.

전국 교직원 노동조합 결성!

이제 우리는 교직원 노조만이 현재의 열악한 교육환경을 개선하고 우리의 교육현장을
살아 숨쉬는 참된 교육의 장으로 펼칠 수 있도록 하는 힘이 되리라는 것을 확신한다.

이에 우리는 지금까지 우리의 제자들을 위한 참되고 진실된 교육에 소극적이고 나약했
던 그간의 행동을 깊이 반성하며, 우리가 가르쳐야 할 제자들과 학부모 앞에 떳떳하고
용기 있는 선생님으로 서기 위해, 사랑하는 제자에게 바람직한 교육 여건을 만들고 학교
교육의 민주화를 이루기 위해, 보다 노력하고 연구하며 참교육 실천을 위해 희생하는 교
사가 되어 우리 학교가 사랑과 우애가 넘치는 인간교육의 현장으로 만들고자 교직원노
조 청구상업학교 분회를 결성하고자 한다.

앞으로 우리는 교직원 노조 앞에 부딪히는 어떠한 위협과 탄압도 우리의 단결된 힘으로
이겨나갈 것이며, 학생과 학부모와 함께 우리 교사가 교육의 주체임을 직시하고 이들과
함께 시대와 역사의 소명에 따라 민족, 민주, 인간화 교육을 위한 숭고한 길로 총 매진할
것을 거듭 다짐하며, 전국 교직원 노동조합 청구상업학교 분회 결성을 선언한다.

민족 · 민주 · 인간화 교육 만세!

전국교직원노동조합 만세!

전국교직원노동조합 청구상업학교 분회 만세!

1989. 6. 21.

전국교직원노동조합 청구상업학교 분회

〈결의문〉

1989년 6월 21일 오늘 우리는 전국교직원노동조합 청구상업학교 분회를 결성하였다.

이는 민족, 민주, 인간화 교육을 향한 역사적 사명감의 발로이다.

우리 교직원노동조합은 민주시민으로 자라야 할 학생들에게 교원 스스로 민주주의의 실천의 모습을 보일 수 있는 최선의 길이다.

오늘 전교조 청구상업학교 분회 결성대회를 갖게 된 이 감격은 영원히 우리 가슴속에 살아 있을 것이다.

교육관료와 비리로 얼룩진 재단의 횡포로 억눌려 열악한 교육환경 속에서 참교육을 받지 못하는 학생들을 외면할 수밖에 없었던 과거의 행동을 부끄럽게 생각하며, 이제 더 이상 나약한 교사일 수만은 없다는 자각에서 떨쳐 일어선 것이다.

교원노조의 뭉쳐진 단결로 참교육의 길로 나서자. 그리하여 청구의 교사로 당당하게 서자.

그 누구도 교육민주화를 위한 우리의 힘찬 전진을 막을 수 없을 것이다.

우리 모두 교육환경 개선과 민족, 민주, 인간화 교육을 위해 힘차게 전진하자.

1989. 6. 21.

전국교직원노동조합 청구상업학교 분회

6. 인천 명신여자고등학교

1) 개요

인천 명신여고 교육민주화운동은 재단의 족벌경영 문제로부터 시작되었다. 1989년 당시 명신여고는 교무실, 행정실, 학교법인사무실, 매점까지 전부 재단의 친인척을 중심으로 운영되고 있었다.[43] 재단 친인척의 사학지배와 인사전횡 및 각종 고질적인 비리에 맞서 교사의 신분보장과 학생들에 대한 올바른 교육, 재단과 학교의 인사비리 시정, 학생회 및 교무회의의 민주적 운영 등을 위하여 1989년 4월 25일 명신여고의 교사 36명이 교사협의회를 결성[44]하여 학내민주화와 참교육 실현을 위한 활동을 시작하였다.[45]

1989년 5월 24일 당시 학교장은 학부모를 상대로 교사협의회 활동의 불순성을 경고하고 학부모의 주의를 촉구하는 내용의 가정통신문을 발송하였다. 이에 대해 학생들은 5월 27일 "학생들이 재단 측에 전합니다"라는 제목 하에 교사협의회의 입장을 옹호하는 내용의 유인물과 "학생 제군이여"라는 제목 하에 모든 학생의 동참을 촉구하는 유인물을 배포하였고, 교사협의회 소속 교사들은 학교 측의 성실한 답변과 성의 있는 조치를 요구하면서 농성에 돌입하였다.

6월 15일 재단은 학부모 대표와 교감의 입회 아래 법인의 한 이사를 내세워 교사협의회 대표자와 '재단 친인척의 학사관여를 중지시키고, 문제의 강○○ 주임을 퇴진시키고, 교사에 대한 징계 및 파면은 징계위원회에서 결정하되 재직교사 2분의 1 이상의 동의가 있을 때에 한하여 징계위원회에 회부하고, 법정 수업시수의 보장, 학생회운영의 자율화 등의 조치를 취하되 교사들은 교사협의회를 같은

---

[43] 일례로 당시 교사였던 이사장의 친딸(강○○)은 주당 2시간만 수업을 맡았고 교장·교감의 결재도 없이 출퇴근시간을 지키지 않았으며, 교도주임을 맡아 학생들을 교도하는 것이 아니라 상담실로 학생들을 호출하여 교사들의 수업시간 중의 발언내용을 캐물어 교사감시의 수단으로 삼았고, 학기 초 담임배정과 수업배정 및 교무실 자리배치까지 일방적으로 결정·지시하고 각 행정주임과 학년주임의 인선까지 마음대로 행하는 등 독단을 자행하였다고 한다.

[44] 명신여고 교사협의회는 재단과 학교 측에 대해 재단 친인척의 학사관여 중지, 법정 수업시수의 보장, 여교사의 산후휴가 및 교사휴직제도의 보장, 학생회의 자율적 운영, 인사위원회의 구성 등 20개의 개선요구사항을 제시하였다.

[45] 이 시기는 전국적으로 전교조 결성을 준비하는 시기였고, 명신여고 교사협의회도 교사협의회 조직을 전교조로 전환하기 위한 준비 및 교육활동을 펼쳤고, 전교조 결성을 위한 발기인대회 등에 참여하던 중이었다. 명신여고의 교육민주화운동도 1987년 6월 항쟁 이후 사회적 민주화의 열기가 고양되는 시대적 상황에서 비롯된 것이다.

날짜로 해체하기로' 합의하였다.

그러나 재단은 7월 26일에 6월 15일자의 합의가 적법한 대표권 없는 자에 의해 재단의 의사에 반하여 이루어졌다는 이유로 무효임을 선언하였다. 이에 교사협의회는 9월 20일부터 11월 22일까지 '학생회장단 직선제선출 추진소위원회'를 만들어 학생회장의 민주적 선출과 학생회활동의 자율성 확보를 위하여 학생회칙의 개정을 요구하였다. 1989년 12월 23일 재단은 교사협의회 회원으로 적극적이었던 최미희 교사 등 2인의 교사에 대하여 생활기록부를 변조[46]하였다는 이유로 징계위원회를 개최하였다.

당시 명신여고 교사협의회가 재단의 부조리에 대하여 시정을 요구하고, 학부모, 교사, 재단 3자가 합의한 학교정상화 방안 20개항을 재단에서 이행하지 않고 있는 상태에서 이행을 촉구하는 등 교사협의회가 재단과 대립적인 상태였고, 최 교사는 교사협의회 회원으로서 여교사 대표의 역할을 담당하고 있었다. 재단은 최 교사의 해임을 본보기로 하여 교사협의회의 주장을 묵살하고 합의내용을 이행하지 않을 목적으로 과중한 징계처분을 한 것이다. 교사협의회 교사들은 6월 15일 합의대로 '교사 징계시 재직교사 2분의 1의 동의를 받을 것'을 요구하면서 '합의서 준수, 부당징계철회'를 주장하였고 여기에 학생들까지 가세하는 상황이 되자 재단은 1990년 3월 12일 교사협의회 집행부 교사 4인(강신오, 안경수, 연제열, 임병구)을 직권면직하였다.

2) 주요 활동

1989년 12월 23일 재단이 최미희 등 교사에 대하여 생활기록부 변조사유로 징계위원회를 개최하자 명신여고 교사협의회 교사들은 이에 항의하면서 징계위원회 회의장 주변에서 '6월 15일의 합의서 준수, 부당징계 철회'를 주장하면서 농성

---

[46] 소위 생활기록부 변조 사건의 전모는 다음과 같다. 1989년 11월 당시 최 교사가 고3 담임을 맡아 대학진로 상담을 하던 중 한 학생이 당시 대학진학의 합격 여부에 전혀 영향을 미치지 않는 행동발달상황 기록이 최하급인 "다"로 되어 있는 것에 대해 지나치게 심리적 압박을 받고 있었고 최 교사가 누차 설득했음에도 불안해하였던 까닭에, 교사로서 학생의 비관을 방치할 수 없었으며 학교생활을 정상적으로 할 수 있도록 도와주어야 하는 입장이었고 또한 행동발달상황의 평가기준이 상대평가로 당시 반인원의 5%가 무조건 해당되어야 하는 불합리한 기준이었기 때문에, 고민하던 끝에 당시 교무부장과 의논하여 결국 교감의 결재를 얻어 생활기록부를 정정한 사건을 말한다. 그런데 이 일이 있은 후 재단에서 정정 경위서 제출을 요구하여 최 교사는 재단 이사에게 경위서를 제출하였는데, 당시 재단이사는 아무 걱정 말고 열심히 근무하라고 말했고 아무 일 없다가 최 교사는 1개월 후 징계위원회에 회부되어 1990년 1월 13일 생활기록부 변조사유로 해임 처분되었다.

하였다. 재단이 1990년 1월 13일 위 2명의 교사를 해임하자 교사협의회 교사들은 1990년 2월 3일 황색 리본을 패용한 채 학생들에게 '징계경위서'라는 전단을 배포하였다. 또한 교사들은 2월 3일부터 2월 21일 사이에 '부당해임 철회하라'고 적힌 리본을 패용한 채 교실에서 수업을 하거나 졸업식에 참석하였다. 그러자 재단은 2월 26일 항의행위를 한 교사들에게 근무성적 불량 등의 이유로 직위해제를 하기에 이른다.

그러자 교사들은 3월 2일과 3월 3일에 학생들에게 직위해제의 부당성을 주장하는 내용의 유인물을 배포하고 교장실 앞 복도에 '우리들은 학생들이 기다리는 교실에 다시 설 것입니다'라는 표지물을 붙여놓고 연좌농성을 시작하였다. 3월 7일 연좌농성을 하는 학생 300여명과 함께 '우리는 왜 차가운 시멘트 바닥에 앉았는가'라고 적힌 표지물을 게시하고 교장실 앞 복도에서 연좌농성을 계속했으며, 이후에도 같은 달 여러 날 벽보판에 대자보를 게시하거나 학생들과 함께 운동장에서 시위를 전개하였다.[47]

이에 재단은 1990년 3월 12일 위 직위해제된 교사들에 대하여, 1990년 2월 이후 불온내용(최 교사의 해임 관련 '부당해임 철회하라'는 내용)의 흉장을 패용하고 직위해제에도 불구하고 학생들에게 선동적인 유인물을 배포하거나 게시하면서 연좌농성을 계속하는 등 학생 선동을 유발하였다는 이유로 면직처분을 내리게 된다. 재단 측의 이와 같은 조치에 교사와 학생들의 저항이 거세지고 명신여고 사태가 심각한 충돌 상황으로 접어든다.

직위해제된 교사 4인이 직권면직 통지서를 받은 다음날인 1990년 3월 14일부터 명신여고 3학년의 9개반 학생들이 선생님들에 대한 '부당징계 철회'를 요구하면서 수업을 거부하고 오전 8시부터 연좌농성에 돌입하였다. 1990년 3월 15일 전교생 2,000여명이 수업을 거부하고 항의농성을 전개하자, 재단 측의 요청으로 전경차 4대, 최루가스차 1대가 교문 앞에 출동했고, 정복의 전경들이 가스총을 들고 경비를 시작하였다.

1990년 3월 19일 학생들은 학교 측이 시교육위원회와 경찰 등을 앞세워 학생들과 교사들을 회유하고 협박하는 상황 속에서 오전 7시 40분경부터 농성을 계

---

[47] 당시 명신여고 학생들은 '부당징계 철회, 교사들과 학생들의 신분보장, 자율적 학생회 운영보장' 등을 요구하며 농성하였다.

인천 명신-세일 폭력탄압 항의 시위 현장

속하였다. 이날, 명신여고 서무과장은 1990년 1월 해임된 최미희, 이원주 교사와 1990년 3월 12일 직권면직된 교사 4명(강신오, 안경수, 연제열, 임병구 교사)을 업무 방해('부당해임 철회'라는 리본을 패용, 학생들을 선동함으로써 학교업무를 마비시켰다는 이유로)혐의로 경찰에 고발조치하였다.

　1990년 3월 20일 현직 동료 교사들이 부당징계에 항의하는 성명서를 발표하였고, 교사·학생 50여명이 고발과 부당징계에 항의하며 교무실에서 철야농성에 돌입하였다. 1990년 3월 21일 성직자를 중심으로 구성된 명신여고 정상화를 위한 시민대책위원회 진상조사단이 학교를 방문하였다. 1990년 3월 22일 학교 측은 급기야 공권력 투입과 휴업령을 요청하게 된다. 1990년 3월 23일 평민당 인천시지부는 성명서를 내고 "명신여고에서 자행되는 교사의 부당한 면직조치와 이에 항의하는 학생들의 수업거부에 대한 학교 측과 경찰의 탄압에 대해 엄중 항의"하고 "시교위와 문교부의 각성, 경찰의 학내사찰 및 교사·학생탄압을 즉각 중지하고 민생치안으로 돌아갈 것"을 촉구하였다. 명신여고 사태가 재단과 교사의 갈등을 넘어서서 학생, 시민단체, 교육기관, 공권력이 결합되는 상황으로 확대된 것이다.

1990년 3월 24일 인천지방법원은 공권력 개입을 위해 6명의 징계교사에 대한 구인장을 발부하였다.[48] 이날 경찰은 철조망을 끊고 50여명의 사복경찰을 투입하여 임병구, 강신오 두 교사와 학생 5명을 연행하였다. 1990년 3월 25일 학교 측은 휴업공고(26.부터~28.까지)를 하고, 경찰은 이에 대비하여 교문 앞에 여러 겹의 바리케이드를 치고 수십명의 정사복 경찰을 동원하여, 교문을 막았다. 1990년 3월 26일 학생들은 시교육위원회에 대하여, 경찰이 3월 24일 학내로 진입하여 어린 여학생들을 연행하도록 하였고, 경찰이 취조할 수 있도록 북구교육청을 빌려주고[49] 휴업령, 공권력 투입을 허용한 것을 규탄하는 농성을 가졌다. 학생들은 휴업령과 공권력 개입을 방조한 책임을 지고 교육감이 즉각 퇴진할 것을 주장하였다.[50]

재단은 1990년 4월 2일부터 4월 6일까지 5일간 또다시 휴업령(2차 휴업령)을 내렸다. 1990년 4월 7일 2차 휴업령이 해제된 당일 명신여고 현직교사 8명이 시교육위원회의 장학관과 장학사 등에 의해 고3 진학실에 4시간여 동안 감금당한 채 폭행과 사직을 강요당하는 사건이 발생하였다. 이들 교사 8명은 60여명 가량의 장학사와 재단 측 수습대책위 학부모[51]들로부터 "개××", "죽여버리겠다", "빨갱이" 등의 폭언과 함께 여교사가 머리채를 잡히고, 우산으로 찔리고, 벽에 밀침을 당하는 등의 폭행을 당했으며 수업거부와 학생선동을 시인하고 수업을 열심히 하겠다는 각서 또는 사직서를 쓰도록 강요당하였다. 1990년 4월 10일에는 3명의 학생들에 대한 징계(퇴학 1, 무기정학 2)조치가 내려졌다.

1990년 4월 12일 학교 측은 3월 19일에 이어 또 다시 김방식, 고흠덕 교사를

---

[48] 관련 교사들은 시교육위원회 학무국장이 이미 1990년 3월 23일 문교부차관과 이 문제에 관해 면담을 통해 방침을 정한 것이라고 말한다.

[49] 경찰은 여기에서 학생 한 명씩을 각각 분리하여 새벽 4시까지 심문했다.

[50] 당시 시교육위원회는 최미희, 이원주 두 교사의 해임 건에 대해서 진상조사를 벌인 결과 재단의 직권남용에 의한 과잉 부당징계임을 인정(3. 30. 당시 교육감도 두 교사의 징계는 과다한 부당징계였음을 인정했음)하면서도 중재를 하는 것이 아니라 편파적 개입으로 사태를 악화시켰다. 수업이 장기간 중지되는 상황이 계속됨에도 불구하고 계고장 한번 보내지 않고 오히려 장학사들을 동원하여 학교 측의 유인물을 학부모들에게 배포하고 학부모총회에서 재단의 의도를 설명하면서 여론을 재단의 의도대로 조작하는 등 재단을 두둔·비호하였다.

[51] 당시 학부모 대책위는 학부모와 상관없는 사람도 많았으며, 그자들이 학생들을 때리고 욕설도 마구했으며 장학사도 학부모도 아닌 30대 젊은 남자들도 눈에 띄며 분위기를 잡아갔다는 등의 당시의 증언에 비추어볼 때 그 정체가 매우 의심스러운 성격을 띠고 있었다.

업무방해혐의로 경찰에 고발하여 두 교사가 구속되었다. 1990년 4월 27일 위 김방식, 고흠덕 교사가 명신여고 사학민주화투쟁 주도와 전교조 가입 및 활동을 이유로 직권면직 처리되었다. 1990년 7월 11일 강신오, 김방식, 고흠덕 교사가 인천지방법원에서 업무방해 등의 이유로 각각 징역 및 벌금형을 선고받았다. 1991년 5월 30일 안경수, 임병구, 최미희 교사가 인천지방법원에서 업무방해 등의 이유로 각각 징역 6월을 선고받았다. 1992년 6월 24일 연제열 교사가 업무방해 등의 이유로 인천지방법원에서 벌금형을 선고받았다.

3) 민주화보상법상 판단

인천 명신여고 사안은 교육기본권을 침해한 사학재단 및 권위주의적 통치에 항거한 전형적 교육민주화운동 사건이다. 친인척의 재단 지배와 인사전횡, 각종 고질적인 비리에 항거하는 교사들의 정당한 요구에 재단은 해임조치와 더불어 고소, 고발까지 하였고, 교육당국과 정부는 공권력을 동원하여 탄압하였다.

사학비리에 대한 학교정상화 투쟁은 사인私人 간의 분쟁이 아니라 그 자체로 공적 성격을 갖는다. 위와 같이 교권을 탄압하고, 교육비리의 온상이 된 악성 사학재단의 성격 규명은 권위주의적 통치와의 관련성 속에서 보다 명확하게 파악될 수 있다. 당시 일부 사학재단의 경우 권위주의 정부가 요구하는 지배이데올로기를 교육현장에 관철하는 역할을 충실히 수행함으로써 반대급부적으로 갖가지 재정, 인사권한을 남용하여 비리를 자행하는 데 교육 당국의 비호를 받았다.

당시 명신여고 재단이 교사협의회 활동을 한 교사들을 표적으로 삼아 연속적으로 해임 및 직권면직의 중징계를 자행할 수 있었던 것은 재단의 독자적 판단이라고 보기 어렵다. 재단의 상식 이하의 탄압은 교사협의회의 재단 민주화 요구를 사실상 전교조 활동의 일환으로 판단했기 때문에 가능했다. 당시 전교조 봉쇄 및 와해를 위해 교육현장에 공권력을 대거 투입했던 권위주의 정권의 의지에 사학재단이 편승한 측면이 있는 것이다.[52]

---

[52] 명신여고 사건 당시 해임 및 직권면직 등 계속되는 중징계를 야기한 것은 표면상으로는 사학비리투쟁이었지만, 그 본질적인 배경은 학교 안에서 전교조 활동이 계속되고 있으므로 이를 차단하기 위해 핵심교사들을 해직시켜야 한다는 필요성 때문이었다. 교사협의회 집행부 교사들의 면직처분무효확인청구소송에 대한 서울고등법원의 판결문(93나42827)에 명시된 바에 의하면, 위 교사들은 89. 7. 21. "학원민주화를 내세워 명신여고 교직원노조의 결성을 결의하는 등 교사협의회의 활동을 계속"함으로써 "법적으로 금지되어 있는 교직원노조의 결성을 시도하면서 노동운동이나 정치운동까지" 하였다고 판시하고 있다. 즉 당시의 교사협의회 활동은 사실상 '전국교원노조 결성

교육현장에서 공립학교는 물론이고 사학재단의 교육적 자율성 역시 정치적 외압에 의해 발현될 수 없는 구조였다. 실례로, 인천시교육위원회는 각급 학교가 교사들에게 3당 야합의 당위성을 지지하는 홍보를 시키라는 명령을 각급 학교에 보낸 바 있다. 이처럼 교육현장의 정치적 중립성 및 자율성은 정부 당국의 정치적 개입에 의해 철저히 차단되는 상황이었다. 이러한 측면에서 볼 때 권위주의 통치 시기 문제가 된 사학재단의 성격은 권위주의적 국가권력이 교육권을 독점하여 정치적 압력 등 부당한 간섭과 지나친 국가주도 교육체제를 운영하기 위한 이념을 일정부분 대변하고 실행했다는 점에서 권위주의 통치권력과 분리할 수 없다. 그러므로 당시 투쟁의 대상이었던 사학재단의 비민주성과 비리는 단순히 학내문제 차원이 아닌 권위주의 통치권력과 맥을 같이 한다. 따라서, 교사협의회 소속 교사들이 사학재단과 학교 당국에 저항한 것은 단순한 학내문제에 불과한 것이 아니라 권위주의 통치에 대한 항거성을 갖는다.

또한 사건의 발단이 된 최 교사의 해임철회투쟁도 교육민주화운동의 연장선상에서 살펴볼 필요가 있다. 명신여고 교사협의회 소속 교사들이 연속적으로 해직되는 발단은 1989년 12월 이후 있었던 최 교사 등의 부당해임에 대한 항의였는데, 당시 최 교사는 교사협의회 간부로서 여교사 대표 역할을 담당하였기 때문에 재단은 최 교사의 해임을 본보기로 하여 교사협의회의 주장을 묵살하고 합의내용을 이행하지 않기 위하여 과중한 징계처분을 하였다고 볼 수 있다. 1990년 1월 교사협의회 교사들이 '부당징계 철회'를 주장하며 상황이 심각해지자 1990년 3월 12일 교사협의회 집행부 교사 4인(강신오, 안경수, 연제열, 임병구 교사)을 직권면직시킨 것도 같은 맥락에서 이해될 수 있다.

명신여고 교사협의회 교사들의 '해임철회'투쟁은 전교조 말살과 관련하여 당시의 정부정책을 충실히 집행하려는 일부 사학재단의 교육민주화 탄압에 대한 항거의 성격을 내포하고 있었다. 따라서 명신여고 교육민주화운동은 전교조 봉쇄 및 와해를 위해 교사의 구속·징계, 경찰연행, 탈퇴강요 등을 강행한 권위주의 정권에 대한 항거의 성격도 갖는다. 위 해임철회투쟁은 권위주의적 교육현실에 항거함으로써 교원의 신분보장 및 교육의 자주성·전문성·정치적 중립성 등을

활동'이었던바, 면직의 주된 이유는 전교조 말살과 관련된 정부의 탄압책과 맥을 같이 한다.

요구한 것이다. 교사들의 교육민주화투쟁의 정당성은 4인의 교사가 추가로 직권 면직된 다음 날부터 명신여고 학생들이 "부당징계 철회"를 요구하면서 수업을 거부하고 연좌농성에 들어간 것이 그 반증이 될 수 있다. 정부는 공권력을 동원하여 전경차, 최루가스차를 교문 앞에 배치했고, 정복 전경들이 가스총을 들고 경비함으로써 학생들의 항의에 대해 공권력을 동원하여 탄압하였다. 일부 교사와 학생을 연행한 후 휴교령 하에서 교육청은 연행된 학생들을 취조하도록 경찰에 장소까지 제공하였다. 1990년 4월 7일 2차 휴업령이 해제된 당일 명신여고 현직교사 8명이 시교육위원회의 장학관, 장학사 및 정체불명의 사람들에 의해 교실에 4시간여 동안 감금당한 채 폭행과 사직을 강요당하기도 하였다.

사학에서 자행되는 부당한 면직조치와 이에 대한 교사 및 학생들의 거센 저항에 직면하여, 당시 정부는 문교부 등 국가기관을 통해 사학의 부조리 척결이나 교육환경 개선, 학교운영의 민주화를 도모했어야 함에도 불구하고 미온적 태도로 사학비리와 비민주적 학교운영을 묵인 방조하는 것을 넘어 계고장 한번 보내지 않고 오히려 장학사들을 동원하여 재단을 직접 두둔·비호하는 행위를 하였다. 뿐만 아니라 공권력은 경찰력까지 동원하여 물리적으로 어린 학생과 교사들을 진압하고 연행하는 등 학원에 대한 탄압을 자행하였던바, 이에 명신여고 교사들과 학생들은 시교위와 문교부의 각성, 경찰의 학내사찰 및 교사·학생탄압을 즉각 중지할 것을 요구하며 항의농성을 계속했던 것이고 이 과정에서 교사들이 연속적으로 면직당하고 형사처벌된 것이다. 그러므로 신분상의 불이익을 감수한 위 명신여고 교사들의 학교민주화투쟁은 단순한 학내투쟁에 불과한 것이 아니라, 국가가 교육여건 조성을 위한 헌법상의 의무를 방기한 채 사학비리와 비민주적 학교운영을 묵인 방조했음을 고발하고, 국가기관이 비리재단을 적극적으로 두둔·비호하고 경찰력을 동원하여 학원에 대한 물리적 탄압까지 자행한 데 항거한 것으로서, 권위주의적 교육현실에 항거하고 교육기본권의 신장에 기여한 것이다.

명신여자고등학교 교사협의회 발기문

그간 우리 교육은 현행 교육구조가 지니고 있는 제도적 모순과 사학 재단의 획일통제 및 파행적 학사운영 등으로 인해 전인교육의 참모습을 구현하기 힘들었다. 따라서 우리 명신에서도 사학의 독선적 운영으로 인하여 교사들은 교육현장의 갖가지 모순에 대하여 오로지 무비판과 침묵을 지켜왔고 관리자들은 무조건적이고 맹목적인 추종으로 일관해왔다.

이에 우리 교사는 비민주적인 교육활동을 척결하고 바른 교육을 행하기 위해 다시 태어나는 각오로 지난날을 반성한다.

더 이상 부끄러운 스승이 아니라 올바른 스승의 길을 걸어야 한다.

우리 교사는 학생들의 자주적이고 전인적인 성장을 위하여, 학생들을 사랑하고 학생들로부터 존경받는 스승이 되기 위하여, 지역사회를 위하여 뼈를 깎는 아픔을 인내해야 한다.

사학은 절대로 어느 개인의 소유물이 아니며 교육의 주체인 교사, 학생, 학부모 모두의 자산인 동시에 지역사회를 이끌어가는 거울이다.

지난날 우리가 수없이 겪었던 부당한 교권의 침해는 이제 우리 스스로 막아야 한다.

따라서 교사는 올바른 교육을 해야 할 권리, 학생은 바르게 배워야 할 권리, 학부모는 참된 교육의 장에서 자녀들의 미래를 키워나갈 권리를 보장받아야 한다.

학생들의 맑은 얼굴이 교사의 참모습이고 학생의 얼굴이 민족의 참 모습이 될 수 있다는 신념으로 모든 의사와 결정이 민주적인 절차에 의하여 이루어져야 한다.

이에 참교육을 실천하려는 교사들의 조그마한 뜻을 모아 명신에 교사협의회를 창립한다.

우리는 더 이상 무관심과 맹종의 나약한 인간이 아니며 적극적인 교육현장의 주체로서 민주교육의 실현을 위해 힘을 모아 나아갈 것을 굳게 결의한다.

〈요구사항〉

1. 교육의 질적 저하를 초래하는 현 재단의 친인척은 학사 관여를 중지하고 즉각 퇴진하라.

2. 현 교장은 과거의 파행적인 학사 행정에 책임을 지고 명신의 참 교육을 위하여 즉각

퇴진하라.

3. 학교장, 교감은 본교에 재직 중인 교원 중 교무회의 심의를 거쳐 이사장이 임명하되, 단 본교에 그 자격 요건에 해당하는 자가 없을 경우에는 외부에서 영입할 수 있으나 정년 퇴임자는 금지한다.

4. 강사제도를 폐지하고 현재의 강사는 교사로서의 결격사유가 없는 한 즉각 교사로 임명하라.

5. 교무회의를 내실화하기 위한 법적, 제도적 장치를 마련하라.

6. 법정 교원수에 준하는 법정 수업 시수를 보장하라.

7. (일반)자격연수는 법정 요건 해당자 전원에 대해 실시하라!

8. 출장비, 연수비 및 각종 수당을 현실화하라!

9. 여교사 산후 휴가의 법적 보장 및 교사 휴직제를 보장하라!

10. 인사의 공정성 보장을 위한 인사위원회를 즉각 구성하라!

V

자유, 희망, 진보를 향한
교 육 민 주 화

교원임용제외

1 개요

1. 교원임용제외의 정의

「시국사건관련교원임용제외자채용에관한특별법」에 의하면 '교원임용제외자'
란 국립사범대학(한국교원대학교·교육대학·공업교육대학 및 국립대학에 설치한 교
육과를 포함)을 졸업한 자로서 ① 1989년 7월 25일부터 1990년 10월 7일까지의
기간[1] 중 시·도 교육위원회별 교사임용후보자 명부에 등재되어 임용이 예정되
어 있던 자로서 시국사건[2]과 관련하여 임용에서 제외된 자,[3] ② 제1호의 기간 중
시국사건과 관련하여 졸업지연 등의 사유로 교사임용후보자명부에 등재되지 아
니한 자로 1986년 3월 이전 입학하였으나 시국사건과 관련되어 1990년 10월 7일
이전에 졸업할 수 없었던 사유가 증명되는 경우, ③ 1989년 7월 24일 이전에 교
사임용후보자명부에 등재되어 임용절차를 이행하던 중 시국사건과 관련하여 임
용되지 못한 자를 말한다.

2. 발생의 배경

당시 국립사범대학에 재학하는 예비교사들은 졸업과 동시에 '국립사범대학(교

---

[1] 1989년 7월 25일은 교육부 장관의 교원임용 예정자에 대한 보안 심사 강화 지시 일이고, 1990년 10월 7일은 헌
법재판소의 국공립사범대학 우선 임용에 대한 위헌판결(10. 8.) 전날의 의미가 있다.

[2] 여기서의 '시국사건'은 ① 반정부 집회 및 시위, 유인물 배포, 단체결성 및 가입, ② 노동운동 관련 사건(위장취업,
노학연대투쟁, 인천지역노동자회, 노동현장 파업, 전교조 활동 등), ③ 학원민주화운동 관련 집회 및 시위(학원안정
법반대, 졸업정원제 반대, 학내민주화운동)를 말한다(「시국사건관련교원임용제외자채용에관한특별법」 제2조 제2
항).

[3] '시국사건 관련으로 임용에서 제외'되었다 함은 보안심사위원회 또는 인사위원회에서 임용보류 또는 부결처분을
받은 경우뿐만 아니라 받을 우려가 있는 경우도 포함한다.

육대학) 졸업자 교원우선임용' 조치에 따라 자동적으로 교원으로 임용되었다. 그러나 전두환 등 군사독재정권은 대학생들의 민주화 요구가 거세지자 이를 탄압할 목적으로 국립사범대학 재학생들의 시위 참여 활동, 학생운동 활동 등을 문제삼아 교원임용에서 제외하는 극단적 조치를 취하였다. 따라서, 시국사건 관련 교원임용제외자들은 모두 박정희, 전두환, 노태우 군사독재정권 시기 권위주의적 통치에 항거한 민주화운동 참여자들이다.

박정희 정권 시기에도 정권반대투쟁 등과 관련한 교원임용제외 사례[4]가 있었으나 이 시기 임용제외의 성격은 유죄판결, 퇴학, 제명 등의 조치에 따른 학생자격 박탈로 인하여 학적을 유지하지 못해 발생하는 불가항력적 성격이 강하였다. 반면, 전두환 정권기에 들어와서는 학생운동에 참여하거나 학생회 간부로 활동하는 경우 졸업에 필요한 제반 사항을 이수한 경우에도 교사임용을 원천적으로 차단하기에 이른다. 당시 문교부에서는 민주화운동을 탄압하기 위한 목적으로 '보안심사위원회'를 구성하여 구 교육법 제77조 3호[5] "성행이 불량하다고 인정되는 자는 교원이 될 수 없다"는 규정과 교사임용후보자명부 작성 규칙 제5조에서 "이러한 대상자를 명부에서 삭제해야 한다는 규정"을 악용하여 민주화운동 관련 예비교사의 교직 진출을 봉쇄하였다.

3. 교원임용제외 현황

교원임용의 기회를 원천적으로 박탈당한 시국사건 관련 교원임용제외자들은 1989년부터 정부를 상대로 발령투쟁을 전개하였다. 그 경과는 대략 다음과 같다.

---

[4] 1971년 3월 경북대학교 사범대학 사회교육과에 입학하였던 임규영 교사의 경우 1972년 헌법개정안 반대투쟁으로 유죄판결 및 퇴학처분을 받고, 1973년 복학하였으나 1974년 민청학련 사건으로 학사제명되어 교원임용후보자명부에서 '명부삭제' 되었다. 이처럼 국립사범대학생의 경우 시위로 인한 이중의 피해를 입었다고 할 수 있다. 박정희 정권기에는 학사징계 등의 조치를 취하여 임용을 차단하였으나 전두환 정권기를 거치면서 학생운동의 주요 활동가 및 참여자를 임용에서 원천적으로 제외하기 위한 조치가 취해진다.

[5] 구 교육법 제77조의 3호. 다음 각 호에 해당하는 자는 교원이 될 수 없다. 각 호는 타법령의 규정에 의하여 공직에 취임할 수 없는 자, 자격증 박탈 처분을 받고 2년을 경과하지 아니한 자, 성행이 불량하다고 인정되는 자 등이다. 이 중에서 특히 소위 '성행불량자'는 학생운동을 탄압할 목적으로 악용되었다. 신규교원임용에 대한 문교부 지침에 따르면, 성행불량자의 범위는 다음과 같다. ① 이성관계 문란, 상습도박, 음주 추태, 폭행, 허위 사실 및 유언비어 날조 유포로 사회적 물의를 야기한 사실이 있는 자, ② 불법 학원 소요 주동자 및 적극 가담자, ③ 불순단체 가담자 또는 불법 시위 가담자, ④ 기타 학칙 위반 사실이 교원으로서 부적격하다고 인정되는 자.

- 1989년 5월 전교조 결성
- 1989년 8월 졸업자 중 서울, 부산, 전남에서 임용제외자 20여명 발생
- 1989년 하반기부터 서울지역 임용제외자들 전교조 간사로 활동
- 1989년~1990년 집회, 서명운동, 탄원서, 항의방문, 소송 등을 통하여 발령투쟁 전개
- 1990년 2월경 전교조 대의원대회에서 임용제외자에 대한 조합원자격 인정
- 1990년 2월 전교조 서울지부 관악·동작지회 산하에 '임용제외자 특수분회' 결성
- 1998년 8월 '전국교원임용제외자 발령대책위원회' 결성
- 1998년 8월~1999년 9월 '교원임용제외자채용을위한특별법' 제정을 위하여 정당, 국회, 교육부를 대상으로 입법활동 전개

군부 권위주의 통치에 항거하였다는 이유로 교원임용에서 제외된 부당함에 대한 호소는 사회적 설득력을 얻었고, 교원임용제외자들은 국회에서 특별법이 제정됨으로 해서 특별채용되기에 이른다. 여기서 잠시 교원임용제외자들의 발령투쟁이 갖는 의미를 살펴볼 필요가 있다. 그 의미는 첫째, 사회민주화의 측면에서 찾

완전발령 쟁취투쟁의 현장

을 수 있다. 사회민주화를 위하여 청춘을 바쳤던 시국사건 관련 교원임용제외자들은 10여 년에 걸친 투쟁으로 공권력의 탄압을 극복함으로써 사회민주화의 정당성을 확인하였고, 독재정권의 유산이었던 교원보안심사위원회, 구 교육법 '성행불량조항', 임용강화지침 등의 제도적 폭력을 무력화시킬 수 있었다.

둘째, 교육민주화의 측면이다. 시국사건 관련 교원임용제외자들은 특별채용과 동시에 전교조 조합원으로 가입하여 현재 각 지역에서 핵심적인 전교조 활동가들로 성장하였다.

셋째, 시국사건 관련 교원임용제외자의 교단진출에도 기여하였다. 졸업 후 10여 년간 공권력에 의하여 교단진출이 봉쇄되었던 교원임용제외자들이 교단에 진출함으로써 국가에 의하여 잃었던 정당한 권리를 회복하고, 시국사건 관련 교원임용제외자 이외의 국립사범대 졸업생들의 임용확대[6]에 기여하였다.

시국사건 관련 교원임용제외자의 특별채용은 국민대화합과 교단의 안정을 도모할 목적으로 추진되었다. 특별채용은 1999년과 2001년 2차례에 걸쳐 진행되었다.

- 1999. 9. 2. 「시국사건관련교원임용제외자채용에관한특별법」 제정 공포
- 1999. 9. 17~2000. 3. 1. 시도교육청 특별채용 추진 및 완료(106명 채용)
- 2001. 3. 28. 「시국사건관련교원임용제외자채용에관한특별법」 개정
- 2001. 4. 25~2001. 8. 31. 시도교육청 특별채용 추진 및 완료

정부 당국의 특별채용 조치와 전교조 원상회복추진위원회, 교원임용제외교사모임 등을 중심으로 현황을 정리하면 다음과 같다.

표-19_ 입학 및 졸업년도별 임용제외자 현황

구분		임용고사 실시 전																	임용고사 실시 후										
		'71	'75	'76	'77	'78	'79	'80	'81	'82	'83	'84	'85	'86	'87	'88	'89	'90	'91	'92	'93	'94	'95	'96	'97	'99	'00	'01	'02
1차임용제외자	입학년도	1	1	1	4	3	3	10	18	30	26	17	4																
	졸업년도							1				6	5	6	24	45	33												
2차임용제외자	입학년도	1			1	1	3	5	4	11	25	36	22	24															
	졸업년도												2	2	6	16	14	24	24	12	6	7	8	4	1	1	2	3	1

※ 이 현황은 1999년 교육부 특별채용 명단과 전국교직원노동조합 임용제외교사모임 명단, 전국시국관련교원미임용자원상회복추진위원회(약칭 전미추) 명단을 중심으로 정리한 것이다.

표-20_ 학교별 교원임용제외자 현황

구분		경북대	경상대	공주대	공주교대	부산대	서울대	서울교대	순천대	안동대	전남대	전북대	제주대	충북대	계
인원	1차	4	1	11	1	29	41			1	15	6	5	6	120
	2차	5	1	18		20	23	1	1		33	12	19	2	135
	계	9	2	29	1	49	64	1	1	1	48	18	24	8	255

4. 특별채용 조치

1) 제1차 특별채용

국회에서 1999년 9월 2일 「시국사건관련교원임용제외자채용에관한특별법」(법률 제6014호)의 제정에 따라 국립사범대학을 졸업하고 교원임용이 예정되어 있던 시국사건 관련 교원임용제외자들의 특별채용이 가능해졌다.

특별법의 제정에 따라 교육부는 1999년 9월 16일 시국사건 관련 교원임용제외자의 특별채용 계획을 수립하고, 다음 날인 9월 17일 채용신청 공고를 일간지 등에 게재하였다. 특별채용의 목적 및 대상은 "국민대화합의 실현"이라는 국정지표에 입각하여 교직 사회가 함께 참여하는 교육공동체로 새롭게 태어나기 위해 국립사범대학 졸업자 중 시국사건 등에 참여하였다는 이유로 임용에서 제외된 자, 임용절차를 이행하던 중 시국사건과 관련하여 임용되지 못한 자 및 시국사건과 관련하여 졸업이 늦어짐으로써 임용후보자명부에 등재되지 못한 자를 대상으로 하여 특별채용 조치를 취하였다.

1999년 9월 29일 「시국사건관련교원임용제외자채용에관한특별법시행령」이 제정되었고, 1999년 10월 2일까지 특별채용 신청접수를 받아 122명 이상의 임용제외자들이 신청접수하였다. 2000년 3월 1일까지 106명의 시국사건 관련 교원임용제외자를 특별채용하였다.[7] 그러나 특별법에서 정한 임용제외자의 범위가 지나치게 협소하여 피해 대상자 다수가 포함되지 못한다는 비판이 제기되었다.

---

[6] 국립사범대 의무임용 시기에 입학한 국립사범대생들은 교원임용정책의 실패에 따른 임용제도의 갑작스런 변경으로 기득권을 상실하였으나 시국사건 관련 교원임용제외자들의 특별채용을 전례로, 군미추(군복무기간 중 임용고시 도입), 미발추(임용고시 이전에 국립사범대 졸업자 중 시국사건 관련이 아닌 여타의 이유로 발령되지 못한 경우) 등의 조직이 결성되어 임용을 위한 각종 활동을 전개한 바 있다.

[7] 교육인적자원부의 자료에 따르면, 제1차 특별채용 결과 106명이 채용완료된 것으로 확인되고 있으나 실제 특별채용 대상에 해당되는 인원은 <표-21>의 명단과 같다. 대상자들이 오랜 기간 임용에 대한 기대가 무산되면서 학업,

특별법 제2조가 정한 임용제외자의 범위는 "국립의 사범대학을 졸업하고 1989년 7월 25일부터 1990년 10월 7일까지의 기간 중 시·도교육위원회별로 작성한 교사임용후보자명부에 등재되어 임용이 예정되어 있던 자로서 집회 및 시위·교원노조운동 등 대통령령으로 정하는 시국사건과 관련하여 임용에서 제외된 자"로 한정되어 1989년 7월 24일 이전에 교사임용후보자명부에 등재되어 임용절차를 이행하던 중 시국사건과 관련하여 임용되지 못한 자, 1989년 7월 25일부터 1990년 10월 7일까지의 기간 중 시국사건과 관련하여 졸업지연 등의 사유로 교사임용후보자명부에 등재되지 아니한 자 등 다수의 임용제외자가 포함되지 못하는 심각한 한계가 나타났다.

표-21_ 제1차(99년) 시국사건 관련 교원임용 특별채용대상자 명단

번호	이름	출신학교	학과	학번	졸업	임용제외사유
1	천창수	서울대	사회	76	81.02.	유신반대
2	홍종언	서울대	화학	77	89.08.	군사정권반대 : 긴급조치 위반
3	주태진	서울대	역사	78	89.02.	광주진상규명시위 : 폭력, 집시법
4	진영효	서울대	교육	78	89.02.	광주진상규명시위 : 집시법 위반
5	윤소영	서울대	생물	80	90.02.	군사정권반대 : 집시법 위반
6	박경희	서울대	윤리	81	90.08.	노동현장파업 : 집시법, 폭력행위
7	정규옥	서울대	화학	81	88.02.	인천노동자회 : 국보법, 문서위조,
8	정민섭	서울대	역사	81	89.02.	위장취업 : 사문서위조 및 행사
9	정현태	서울대	국어	81	90.02.	군사정권반대 : 집시법 위반
10	김명근	서울대	수학	82	90.02.	민정당연수원점거 : 특수공무, 폭력
11	백은숙	서울대	역사	82	89.08.	위장취업 : 폭력행위, 교내시위
12	유용재	서울대	독어	82	88.08.	5.3인천사태 : 국보법, 집시법, 폭력
13	이병우	서울대	영어	82	90.08.	군사정권반대 : 집시법, 면접불참
14	최광희	서울대	독어	82	86.08.	반정부유인물배포 : 집시법, 면접불참
15	강창호	서울대	불어	83	89.08.	민정당연수원점거 : 국보법 위반
16	권순선	서울대	지리	83	89.02.	위장취업 : 임금인상투쟁, 공사문서 위조

생계, 타 시도 주거이전 등의 이유로 발령포기 또는 발령연기를 요청하거나 여타의 이유로 2000년 3월 1일자 임용 시점 이후에 특별채용되기도 하였기 때문에 정확한 통계를 산출하기는 어렵다. 전미추의 「민주화운동관련교원 임용제외자에 대한 올바른 성격 규명과 원상회복을 위한 의견」(2000. 11. 2.)에서는 약 115명으로 추산되어 있다. 이 〈표-21〉은 교육부 교원정책과, 「임용제외자 특별채용자 대상자 명단」과 전국교직원노동조합 임용제외교사모임의 명단에서 관련자를 추가하여 총 120명으로 추산하였다.

번호	이름	출신학교	학과	학번	졸업	임용제외사유
17	김선숙	서울대	교육	83	89.02.	직선제개헌투쟁 : 집시법 위반
18	김재영	서울대	사회	83	89.02.	전방입소거부 : 집시법 위반
19	김종환	서울대	교육	83	89.02.	민정당연수원점거 : 특수공무, 폭력
20	박현애	서울대	불어	83	89.00.	구학련청년동맹가입 : 국보법 위반
21	신미순	서울대	생물	83	89.02.	반정부유인물배포 : 국보법 위반
22	이기정	서울대	국어	83	90.08.	민정당연수원점거 : 국보법 위반
23	이병득	서울대	교육	83	89.02.	ML당가입 : 국보법 위반
24	이태만	서울대	물리	83	90.02.	5.3인천사태 : 국보법 위반
25	권오성	서울대	지학	84	90.02.	군사정권반대 : 집시법 위반
26	김길혜	서울대	불어	84	90.08.	구학련기관지배포 : 국보법 위반
27	박희승	서울대	체육	84	90.08.	구학련가입 : 집시법, 폭력
28	엄훈	서울대	불어	84	90.02.	구학련가입 : 국보법 위반
29	정경아	서울대	역사	84	90.08.	구학련가입 : 국보법 위반
30	박형오	서울대	역사	85	90.02.	군사정권반대 : 집시법 위반
31	오진숙	서울대	국어	85	90.02.	건대사건 : 집시법, 폭력행위
32	이용철	서울대	생물	85	89.02.	면접항의 유인물 배포
33	정광서	서울대			88.	공무집행 방해
34	김수환	서울대	독어	83	89.02	군사정권반대 : 집시법 위반
35	조현주	충북대	지리	83	88.02.	학내민주화 : 학내시위(호헌반대)
36	이주형	충북대	사회	79	86.02.	학내민주화 : 집시법 위반
37	양두한	충북대	역사	82	86.02.	학내민주화 : 학내시위전력
38	유영길	충북대	지리	83	90.02.	군사정권반대 : 시위주도 복역
39	차현숙	충북대	지리	84	90.02.	학내민주화 : 학내시위전력
40	조중연	공주대	중어	84	90.02	학내민주화시위
41	이주현	공주대	윤리	82	89.02	학원안정법 : 학내시위전력(제적)
42	민형기	공주대	역사	82	89.02	학원안정법 : 학내시위전력(무기정학)
43	김선명	공주대	역사	82	89.02	학원안정법 : 학내시위전력(무기정학)
44	오갑석	공주대	역사	83	88.02	학원안정법 : 학내시위전력(무기정학)
45	김금자	공주대	가정	83	89.02	학원안정법 : 학내시위전력(제적)
46	류웅주	공주대	불어	84	88.02	학내민주화 : 학내시위전력(구속)
47	정원순	공주대	중어	85	90.08	학내민주화 : 학내시위전력(구속)
48	최선희	공주대	윤리	85	89.02	면접시 전교조지지 : 면접탈락
49	엄태현	공주대	생물	84	89.08	학내민주화 : 학내시위전력(기소유예)
50	백영현	공주대	지구	84	88.08	학내민주화 : 학내시위전력(기소유예)
51	조광희	공교대			87.02	포고령, 향군법 위반

번호	이름	출신학교	학과	학번	졸업	임용제외사유
52	손인범	전북대	체육	75	85.02.	군사정권반대 : 긴급조치 위반
53	김형근	전북대	교육	78	87.08.	광주진상규명 : 집시법 위반
54	정남희	전북대	지리	81	85.02.	군사정권반대 : 시위전력
55	양경자	전북대	윤리	84	89.08.	군사정권반대 : 집시법 위반
56	김종대	전북대	지리	81	85	전교협 활동
57	오창민	전남대	국사	82	88.02.	광주진상규명 : 국보법, 집시법 위반
58	유은숙	전남대	국사	82	88.02.	군사정권반대 : 국보법, 집시법 위반
59	김황제	전남대	지학	83	89.02.	군사정권반대 : 특수공무, 집시법
60	박계선	전남대	불어	83	88.02.	군사정권반대 : 집시법 위반
61	박연실	전남대	윤리	83	88.08.	군사정권반대 : 집시법 위반
62	염명자	전남대	국사	83	88.02.	직선제개헌 : 집시법 위반
63	이행숙	전남대	국사	83	88.02.	군사정권반대 : 집시법, 특수공무
64	윤준서	전남대	생물	84	88.02.	군사정권반대 : 국보법, 집시법 위반
65	김현옥	전남대	수학	84	89.02.	군사정권반대 : 집시법 위반
66	조기태	전남대	교육	78	88.02.	80계엄포고령 : 집시법 위반
67	유증렬	전남대	국사	79	87.02.	80계엄포고령 : 집시법 위반
68	도경진	전남대	가정	82	90.02.	위장취업 : 집시법 위반
69	김행순	전남대	독어	85	90.02.	광주진상규명 : 집시법 위반
70	정성일	전남대	윤리	85	89.02.	군사정권반대 : 집시법 위반
71	이상철	경북대	교육	81	88.08.	전교조활동 : 교협간사
72	김미희	경북대	교육	85	89.02.	전교조활동 : 교협간사
73	박영아	경북대	역사	79	85.02.	학내시위(광주항쟁 유인물배포)
74	이승미	경북대	지구	84	89.02.	학내시위(아시안게임반대시위)
75	우상숙	안동대	윤리	83	88.08.	학내시위(독재타도)
76	이종철	부산대	체육	81	88.02.	학내민주화시위 : 집시법, 면접 거부
77	이해견	부산대	영어	82	89.02.	위장취업 : 국보법 위반, 교협간사
78	김황수	부산대	미술	83	88.02.	면접시 전교조 지지 : 면접거부 주동
79	남광우	부산대	상업	83	87.02.	전교조활동 : 교협간사
80	황의완	부산대	미술	83	89.02	학내민주화시위
81	김미향	부산대	국어	84	89.02.	면접시 전교조 지지서명서회람
82	강정임	부산대	영어	84	90.02.	면접시 전교조지지 : 집시법 위반
83	윤미애	부산대	수학	84	88.02.	면접시 전교조 지지발언
84	이아숙	부산대	수학	84	90.02.	학내민주화시위
85	이선영	부산대	독어	86	90.02.	학내민주화 : 집시법 위반, 면접반대
86	엄주강	부산대	교육	82	89.02.	군사정권반대

번호	이름	출신학교	학과	학번	졸업	임용제외사유
87	성미경	부산대	화학	82	89.02.	위장취업
88	차영길	부산대	윤리	85	90.02.	군사정권반대
89	김은자	부산대	지리	80	90.02.	반정부유인물 소지 배포
90	오순희	부산대	화학	84	90.02.	군사정권반대
91	전인영	부산대	독어	85	89.02.	반정부유인물 소지 배포
92	홍혜숙	부산대	역사	85	89.02.	광주진상규명 :''전교조 간사
93	김래영	부산대	상업	84	89.02.	노학연대투쟁
94	김현실	제주대	수학	83	88.08.	학내시위전력
95	고희권	제주대	국어	85	89.02.	학내시위전력, 전교조 관련
96	현혜숙	제주대	과학	84	89.02.	학내시위전력
97	강동수	서울대	독어	80	85.08.	집시법 위반, 면접 불참
98	배진호	서울대	독어	81	86.02.	국보법 위반, 서류미제출
99	손경숙	서울대	독어	82	88.02.	국보법, 집시법 위반, 폭력행위
100	이용배	서울대	지리	84	90.08.	국보법, 집시법 위반
101	이재윤	서울대	역사	85	90.08.	폭력행위
102	조현주	서울대	화학	84	90.08.	국보법 위반
103	장관호	전남대	물리	86	90.08.	집시법 위반
104	이난숙	전북대	국어	81	85.02.	시위전력
105	송시우	제주대	상업	83	90.08.	학내시위전력
106	한연희	제주대	가정	82	86.02.	학내시위전력
107	윤선희	부산대	역사	85	89.02.	전교조 간사
108	이미현	부산대	윤리	86	90.02.	전교조 기자
109	김성미	부산대	생물	83	87.02.	위장취업
110	김영희	부산대	윤리	85	89.02.	전교조 간사
111	성 숙	부산대	국어	82	88.02.	위장취업
112	김행련	부산대	화학	83	87.02.	학내민주화시위
113	강미경	부산대	일사	84	89.02.	위장취업
114	안선미	부산대	지학	84	89.02.	학내민주화시위
115	김현숙	부산대	역사	85	89.02.	노학연대투쟁
116	김병희	부산대	불어	86	90.02.	학내민주화시위, 국보법 위반
117	김명주	부산대	국어	84	89.02	부산대 총학생회 활동
118	문종갑	경상대	생물	85	89.02.	집회 및 시위주도
119	이영진	서울대		83	89.02	집회 및 시위주도, 위장취업
120	조현주	충북대	지리	83	88.02	호헌반대 및 전두환 정권 반대시위

2) 제2차 특별채용

1999년 제정된 특별법 규정에 의하면 국립사범대학을 졸업하고 1989년 7월 25일부터 1990년 10월 7일까지의 기간 중 교사임용후보자명부에 등재되어 임용이 예정되어 있던 자로서 시국사건과 관련하여 임용에서 제외된 자의 경우에만 특별채용될 수 있었으나, 이 기준이 다수의 임용제외자를 포괄하지 못하는 비현실적 기준이라는 지적이 제기됨에 따라 국회에서는 특별법 제2조 임용제외자의 범위를 다음과 같이 확대하였다.

① 이 법에서 "임용제외자"라 함은 국립의 사범대학을 졸업한 자로서 다음 각호의 1에 해당하는 자를 말한다.

1. 1989년 7월 25일부터 1990년 10월 7일까지의 기간 중 시·도교육위원회별 교사임용후보자명부에 등재되어 임용이 예정되어 있던 자로서 시국사건과 관련하여 임용에서 제외된 자

2. 제1호의 기간 중 시국사건과 관련하여 졸업지연 등의 사유로 교사임용후보자명부에 등재되지 아니한 자

3. 1989년 7월 24일 이전에 교사임용후보자명부에 등재되어 임용절차를 이행하던 중 시국사건과 관련하여 임용되지 못한 자

② 제1항 각호에서 "시국사건"이라 함은 다음 각호의 1에 해당하는 사건을 말한다.

1. 정부정책에 반대하는 집회·시위, 유인물 배포 및 단체결성·가입 관련 사건

2. 교원노동조합 기타 노동운동 관련 사건

3. 학원민주화운동 관련 사건　　　　　　　　　　　　(전문개정 2001. 3. 28)

위 개정법으로 임용제외자의 범위를 확대한 것과 더불어 특징적인 점은 ②호에서 교원임용제외 관련 시국 사건의 종류 및 내용을 구체적으로 제시하고 있다는 점이다. 교원임용제외자의 시국사건 종류 및 내용은 다음과 같다.

▶ **정부정책에 반대하는 집회·시위, 유인물 배포 및 단체결성·가입 관련 사건**

① 유신반대 시위와 관련된 사건, ② 광주민주화운동 진상규명을 위한 집회 및 시위에 관련된 사건, ③ 80년 계엄포고령 위반 사건, ④ 구국학생연맹 기관지 제작 배포 관련 사건, ⑤ 반정부 유인물 제작·소지·배포 관련 사건, ⑥ 호헌 철폐·직선제개헌 쟁취투쟁 관련 사건, ⑦ 군사정권 반대시위 관련 사건, ⑧ 1986년 건국대 사

건, ⑨ 민정당연수원 점거농성 사건, ⑩ 전방 입소거부투쟁 관련 사건, ⑪ 5.3 인천 사태, ⑫ 구국학생연맹 결성 · 가입 사건, ⑬ 구학련 청년동맹 가입 사건, ⑭ ML당 사건

▶ **교원노동조합 기타 노동운동 관련 사건**
① 위장취업 사건, ② 노학연대투쟁 관련 사건, ③ 인천지역 민주노동자회 사건, ④ 노동현장 파업사건, ⑤ 전교조 활동 사건, ⑥ 임용면접시 전교조 지지 발언 관련사건

▶ **학원민주화운동 관련 사건**
① 학원안정법 반대 집회 및 시위, ② 졸업정원제 반대 집회 및 시위, ③ 학내민주화운동 관련 사건

제2차 특별채용의 신청기한은 2001년 6월 28일까지로 정하였고, 세부처리·방침도 1차 특별채용보다 구체적으로 마련되었다.

첫째, 임용권자는 임용제외자의 임용제외 사유 또는 미임용자의 졸업지연의 주된 이유가 사국사건 이외의 사항으로 인한 것임을 입증하였을 때에는 특별채용하지 않도록 하였다. 즉, 시국사건 관련 이외의 임용결격사유(예 : 국가공무원법 제33조의 규정에 의한 결격사유에 해당하는 경우)가 있을 경우에는 특별채용할 수 없다.

둘째 시국사건 관련으로 임용에서 제외되었다는 기준을 다음과 같이 정하였다. ① 보안심사위원회 또는 인사위원회에서 임용 보류 또는 부결 처분을 받은 경우 또는 받을 우려가 있는 경우 ② 기타 교원임용자특별채용심사위원회에서 정한 판단 기준이 근거가 된다.

셋째, "시국사건과 관련하여 졸업 지연 등의 사유로 교사임용후보자명부에 등재되지 아니한 자"는 다음의 기준을 적용하여 "교원임용제외자특별채용심의위원회"에서 심의 · 판단하도록 하였다. ① 국립사범대학 졸업자의 우선임용의 위헌결정(1990년 10월 8일)을 받기 전에 정상적으로 졸업이 가능한 1986년 3월 이전 입학생, ② 시국사건 관련으로 학사징계, 구속 등 실질적으로 학업을 계속할 수가 없어 1990년 10월 7일 이전에 졸업할 수 없었던 사유가 증명되는 경우 ③ 기타 교원임용자특별채용심사위원회에서 정한 판단 기준을 근거로 삼도록 하였다.

넷째, "1989년 7월 24일 이전에 교사임용후보자명부에 등재되어 임용절차를 이행하던 중 시국사건과 관련하여 임용되지 못한 자"는 다음의 기준을 적용하여

"교원임용제외자특별채용심의위원회"에서 심의·판단하도록 하였다. ① 임용절차를 이행하려고 하였으나, 시국사건 관련으로 구속, 수배 등의 사유로 인하여 임용대상자에게 동 의사가 전달되지 못하여 임용할 수 없었던 경우, ② 기타 교원임용자특별채용심사위원회에서 정한 판단 기준에 따르도록 하였다.

이와 같이 임용제외대상자의 범위가 '시국사건과 관련한 졸업지연 등의 사유로 교사임용후보자명부에 등재되지 않은 경우', '1989년 7월 24일 이전에 교사임용후보자명부에 등재되었으나 시국사건과 관련하여 임용되지 못한 경우'로 확대되어 시국사건 관련 교원임용제외자 대부분이 특별채용되었다.[8] 2001년 특별채용된 임용제외 교사들의 명단은 다음과 같다.

표-22_ 제2차('01년) 시국사건 관련 교원임용 특별채용대상자 명단[9]

번호	이름	출신학교	학과	학번	졸업	임용제외사유
1	임규영	경북대	사회	71	90	남민전 사건 관련 구속, 제명
2	금동현	경북대	국어	86	94	학원민주화운동, 전대협 활동, 징역 2년 6월
3	김병하	경북대	교육	83	92	노정권반대, 평축, 전교조 활동, 징역 3년, 집행유예 5년
4	임명희	경북대	상업	84	89	학원민주화운동, 민민투 활동, 노동운동
5	손호만	경북대	역사	77	01	경북대 구국선언문, 신군부 반대 시위 관련
6	이영복	공주대	사회	79	01	금강회 사건 및 호헌철폐 운동 관련
7	이동철	공주대	상업	85	91	공주대 학원 민주화운동
8	김신회	공주대	상업	79	88	학원안정법 반대 시위, 제적 구류
9	홍경희	공주대	역사	83	88	농민회 활동, 광주
10	김명수	공주대	불어	84	95	집회 및 시위관련, 학원민주화운동, 징역 1년
11	원종수	공주대	교육	84	91	학원민주화운동, 집회 및 시위관련, 징역 1년 6월
12	위양자	공주대	국어	83	95	집회 및 시위관련, 노동운동, 탁아운동, 징역 1년 6월
13	유윤식	공주대	교육	84	91	학원민주화운동, 집회 및 시위관련, 징역 1년 6월
14	정선원	공주대	역사	79	00	학원민주화운동, 금강회사건, 호헌철폐운동, 징역 4년
15	최창식	공주대	중어	85	91	학원민주화운동, 집시관련, 징역1 년 6월

[8] 그러나 당시 노동운동 등의 이유로 연락을 받을 수 없는 조건에 있던 몇몇 임용제외 교사들은 특별채용되지 못하였다. 특별채용의 기준을 보았을 때 접수시기의 문제는 충분히 구제될 수 있을 것으로 보였으나 실제 강원도의 박희숙 님의 경우 민주화보상심의위원회의 인정결정 후 위원회의 특별채용 권고조치에도 불구하고 교육청이 특별채용을 거부한 바 있다.

[9] 이 명단은 교육부 특별채용 자료와 전교조 원회추 명단, 임용제외 교사들의 임용제외자명단(2004년 정경자 교사 작성), 필자가 파악하고 있는 명단 등을 취합한 것으로 특별채용명단에 임용제외교사명단을 추가적으로 보완한 것이다.

번호	이름	출신학교	학과	학번	졸업	임용제외사유
16	양현숙	공주대	무용	81	92	학원민주화운동, 농민운동
17	이학우	공주대	독어	80	89	학원민주화운동
18	하희영	공주대	문헌정보	85	91	학원민주화운동, 노동운동
19	최영희	공주대	독어	83	87	학원민주화운동, 유기정학, 근신
20	현영임	공주대	-	85	91	공주대 학원민주화운동
21	홍제숙	공주대	불어	86	95	공주대 학원민주화운동, 위장취업
22	안광진	공주대	-	85	89	학원민주화운동, 전교조 간사
23	김덕호	공주대	-	86	90	학원민주화운동, 시위주도
24	박정아	부산대	생물	86	94	학원민주화운동, 사노맹사건, 징역 2년
25	성연옥	부산대	역사	85	95	학원민주화운동, 노동운동, 제적
26	이말선	부산대	생물	84	94	학원민주화운동, 집시관련, 노동운동, 제적
27	최선애	부산대	물리	80	86	학원민주화운동, 노동운동, 집시, 징역 1년 6월
28	임영수	부산대	역사	81	85	노동운동, 학원민주화운동
29	송준희	부산대	윤리	85	89	학원민주화운동, 총학생회 활동, 집시관련
30	고정선	부산대	지구과학	85	89	학원민주화운동
31	김희련	부산대	국민윤리	85	90	학원민주화운동
32	박선주	부산대	생물	82	90	학원민주화운동
33	이영일	부산대	윤리	86	90	학원민주화운동
34	박미영	부산대	윤리	86	90	학원민주화운동, 전교조 합법성 쟁취, 전국농민회 활동
35	육정희	부산대	역사	86	90	학원민주화운동-총여학생회장
36	성신아	부산대	수학	80	91	학원민주화운동, 노동야학
37	석옥자	부산대	교육	83	95	학원민주화운동, 노동운동
38	김경옥	부산대	국민윤리	82	89	학원민주화운동
39	허순녕	부산대	-	84	91	학원민주화운동
40	정순진	부산대	-	83	92	학원민주화운동
41	남미경	부산대	-	84	91	학원민주화운동
42	이성열	부산대	-	81	91	학원민주화운동, 노동운동
43	강은혜	부산대	수학	83	90	학원민주화운동, 민민투 활동, 노동운동
44	김만균	서울대	사회	84	93	학원민주화운동, 집시관련, 징역 10월
45	김석규	서울대	지리	85	90	학원민주화운동
46	김용서	서울대	체육	84	95	학원민주화운동, 민정당점거사건, 집시관련, 노동운동
47	서미금	서울대	불어	84	92	유인물소지, 정권반대 시위, 구류
48	손병흠	서울대	수학	80	91	민추위사건, 노동운동, 집시관련 징역 3년 6월
49	안성희	서울대	지구과학	82	91	학원민주화운동, 노동운동
50	유윤희	서울대	지구과학	82	91	학원민주화운동, 유기정학, 노동운동

번호	이름	출신학교	학과	학번	졸업	임용제외사유
51	윤현재	서울대	지리	82	91	학원민주화운동, 노동야학
52	이광석	서울대	국어	83	92	구학련사건, 인노회사건, 노동운동, 징역 3년
53	이미애	서울대	지리	82	92	노동운동, 집시관련, 징역 1년 6월
54	이보경	서울대	수학	84	96	집시관련, 노동운동, 유인물소지
55	이혜경	서울대	불어	84	92	학원민주화운동, 건대농성사건, 노동운동, 집시관련
56	전희경	서울대	지리	84	96	건대농성사건, 노동운동, 징역 1년 6월
57	정태화	서울대	사회	84	91	건대농성사건, 집시관련, 징역 2년
58	정현곤	서울대	지구과학	83	91	건대농성사건, 노동자연대 조직사건, 노동운동, 징역 6년
59	하동협	서울대	생물	82	91	학원민주화운동, 삼민투 활동, 징역 3년, 광주
60	이미라	서울대	교육	83	95	학원민주화운동, 노동운동, 무기정학, 징역 1년
61	김재순	서울대	-	84	99	집회 및 시위주도, 노동운동
62	박기식	서울대	화학	85	93	구학련 및 민청련 활동 등
63	윤우현	서울대	역사	80	95	강제징집 및 노동운동관련
64	이미경	서울대	역사	85	97	위장취업 및 노동야학관련
65	오효환	서울대	-			
66	이종우	서울대	-			
67	성기득	순천대	국어	86	92	학원민주화운동, 집시관련, 징역 1년 6월
68	박승일	전남대	국사	85	90	학원민주화운동, 노동야학, 즉심
69	김정섭	전남대	지구	85	92	학원민주화운동, 집시관련, 구류
70	김홍자	전남대	윤리	85	89	학원민주화운동, 즉심판결 벌금형
71	문현승	전남대	교육	83	94	구국학생활동, 집시관련, 징역 2년 6월
72	박관주	전남대	교육	83	96	학원민주화운동, 집시관련, 징역 1년 등, 박관현 추모
73	박재천	전남대	독어	86	91	학원민주화운동, 전사련 활동, 구류
74	장나영	전남대	가정	84	91	학원민주화운동, 노동운동, 구류
75	정우성	전남대	생물	86	93	학원민주화운동, 집시관련, 징역 1년 6월
76	김혜경	전남대	불어	83	91	학원민주화운동, 노동운동
77	안규심	전남대	국어	83	94	농민회활동, 집시관련, 징역 1년 6월
78	오숙향	전남대	교육	84	88	학원민주화운동, 사노맹, 노동운동, 징역 2년
79	오현숙	전남대	교육	83	87	학원민주화운동, 노동운동, 즉심판결
80	이운규	전남대	교육	85	96	학원민주화운동, 징역 2년 6월
81	김혜주	전남대	생물	83	92	학원민주화운동, 노동운동, 유기정학
82	정금자	전남대	교육	83	90	학원민주화운동, 노동운동
83	정경자	전남대	교육	78	91	학원민주화운동, 광주항쟁관련 지명수배, 제적
84	김혜자	전남대	교육	84	88	학원민주화운동
85	장금순	전남대	가정	85	89	학원민주화운동

번호	이름	출신학교	학과	학번	졸업	임용제외사유
86	최인화	전남대	불어	84	88	학원민주화운동, 전교조 간사
87	이승완	전남대	영어	82	91	학원민주화운동, 집시관련, 노동야학, 징역 1년 6월
88	박강의	전남대	불어	84	88	학원민주화운동, 문화운동
89	고광업	전남대	국어	84	01	전두환, 노태우 정권 반대 시위 등
90	고혜진	전남대	교육	86	90	학원민주화운동, 노태우 정권 반대시위
91	김병수	전남대	지구과학	83	90	학원민주화운동, 전두환 정권 반대시위
92	박미정	전남대	가정	84	89	학원민주화운동, 전교조 간사
93	박상복	전남대	체육	86	90	학원민주화운동, 사립에서 임용제외
94	이미휘	전남대	-	86	90	학원민주화운동, 전교조 간사
95	박화문	전남대	상업	84	89	학원민주화운동, 민중학교 간사
96	조응현	전남대	상업	85	88	학원민주화운동, 노동야학 ※ 신명여상 관련
97	신경호	전남대	수학	86	93	학원민주화운동, 직선제 요구 시위
98	박정근	전남대	국어	86	93	학원민주화운동
99	정설화	전남대	교육	86	91	학원민주화운동, 교지편집위 활동
100	손연일	전남대	교육	86	91	학원민주화운동, 자민통
101	김형철	전북대	지구과학	84	94	학원민주화운동, 집시관련, 징역 8월
102	김미숙	전북대	국어	83	94	노동운동, 민중회의 활동, 징역 1년 6월
103	강명희	전북대	독어	85	89	학원민주화운동, 농민운동
104	박은경	전북대	교육	85	00	학원민주화운동, 전대협활동, 구류
105	이선숙	전북대	윤리	84	95	학원민주화운동, 민민투활동, 노동운동
106	최은주	전북대	영어	86	92	전대협활동수배, 집시관련, 징역 1년 6월
107	오근석	전북대	생물	82	90	학원민주화운동, 강제징집, 6.10항쟁시 국민운동본부활동
108	이경이	전북대	생물	85	89	학원민주화운동, 전교조 간사
109	서경원	전북대	지구과학	82	89	학원민주화운동, 전교조 지지 성명
110	배선수	전북대	-	83	90	반독재투쟁 및 시위 관련
111	김효경	전북대	독어	83	87	반독재투쟁 및 시위 관련
112	송기옥	전북대	-	85	90	반독재투쟁 및 시위 관련
113	오미영	제주대	상업	86	90	학원민주화운동, 집시관련, 전교조결성지원과 합법화
114	홍정숙	제주대	윤리	84	88	학원민주화운동, 집시관련, 전교조 간사
115	강동수	제주대	생물	82	86	학원민주화운동, 집시관련
116	김성률	제주대	윤리	84	88	학원민주화운동, 4.3항쟁 진상규명활동
117	김순열	제주대	사회	86	90	학원민주화운동, 민주헌법쟁취활동
118	변미영	제주대	사회	83	87	학원민주화운동, 4.3항쟁 진상규명활동, 광주항쟁진상규명
119	성미정	제주대	사회	86	90	학원민주화운동, 반독재민주화운동, 호헌철폐
120	이순제	제주대	상업	84	88	학원민주화운동, 노동운동

번호	이름	출신학교	학과	학번	졸업	임용제외사유
121	임정영	제주대	윤리	84	88	학원민주화운동, 노동운동
122	현은경	제주대	사회	83	87	학원민주화운동, 4.3항쟁 진상규명활동, 광주항쟁진상규명
123	현정희	제주대	사회	84	88	학원민주화운동, 호헌철폐, 시민운동, 전교조
124	이동찬	제주대	미술	86	90	집시관련, 학원민주화운, 전교조 시위
125	현병순	제주대	사회	85	96	반독재투쟁 및 학원민주화운동
126	이영선	제주대	-	83	87	학원민주화운동
127	정여순	제주대	-	84	88	학원민주화운동
128	고미림	제주대	-	84	88	학원민주화운동
129	김명보	제주대	-	84	88	학원민주화운동
130	정지형	제주대	-	84	88	학원민주화운동
131	문정호	제주대	-	86	90	학원민주화운동
132	이상철	충북대	윤리	84	89	학원민주화운동, 지도휴학, 노동운동
133	유영주	충북대	-	83	02	집회 및 시위주도
134	여태열	경상대	윤리	86	90	통일운동 및 학원민주화운동
135	유경예	서울교대	교육	81	85	학원민주화운동, 노동운동, 무기정학, 징역 2년 8월

2 쟁점

1. 권위주의적 통치에 대한 항거성

'시국사건 관련 교원임용제외' 사안은 권위주의적 통치에 항거한 것을 이유로 발생한 피해이기에 민주화보상법 제2조가 정한 권위주의적 통치에 대한 항거 요건에 부합한다. 특히, 민주화보상법 제정(2000년) 이전인 1999년 교육당국에 의해 시국사건 관련 임용제외자들이 특별채용된 사실이 이를 반증한다. 2001년 제2차 특별채용 당시에는 시국사건의 종류와 유형이 '정부정책에 반대하는 집회·시위, 유인물 배포 및 단체결성·가입 관련 사건', '교원노동조합 기타 노동운동 관련 사건', '학원민주화운동 관련 사건' 등과 같이 총 23개 사건명이 구체적으로 제시된 바 있다.

국립사범대학 재학생들의 민주화운동 참여를 차단할 목적으로 정부가 관여하여 임용에서 제외한 사실은 당시의 문서로도 확인된다. 문서번호 01100-20 문교부 명의의 「신규 교원임용에 대한 문교부 지침」(1987. 1. 16.)의 제목이 "신규 교사임용절차 강화 및 현직 교원의 복무 감독 철저"였다. 주요 내용은 "교사를 신규로 임용할 때는 성행이 교원으로서 부적격하다고 인정되는 자는 선별하여 임용대상에서 배제할 수 있도록 교육법 제77조 제3호를 비롯한 관계법령에 규정되어 있음에도 이들 규정을 적절히 운용하지 않음으로써 교원으로서 부적절한 자가 임용되어 물의를 야기하고 전 교원의 지위를 손상할 뿐만 아니라 이들의 비교육적 활동이 학생교육에 나쁜 영향을 주게 될 것으로 판단되는 데에도 관계법령 적용을 소홀히 하여 학교 교육에 지장을 초래하는 경우가 있어 … 업무감독에 만전을 기하여 주시기 바랍니다"로 되어 있다.

각 요구사항은 교육법 제77조 제3호의 규정에 의한 성행불량의 범위에 불법학원 소요자, 불순단체 가담자, 불법시위 가담자 등을 적시하고 결격자가 교사로 임용되는 일이 없도록 할 것, 신규임용후보자 교직적격성 여부 심의시 성행이 교원으로서 부적격한 자가 교사로 임용되는 일이 없도록 할 것, 교직부적격 여부의 심의에 만전을 기할 것, 교사 임용후보자 명부에서 삭제할 수 있는 근거(동규칙 제7조 제5호)를 마련하였으니 개정취지를 충분히 살려 시행에 착오 없도록 할 것, 또한 중등교원임용에 따른 신원특이자 심사를 철저히 이행하여 교원으로서 부적격한 자가 임용되는 일이 없도록 할 것 등을 정하고 있다. 이러한 조치는 전교조 결성이 추진된 1989년 무렵에는 이전보다 강화된 형태로 재차 시행되었다.

이와 더불어 각 시도교육위원회에서는 보안심사위원회를 열어 국립사범대학 졸업예정자들에 대한 성향을 중심으로 임용제외 여부를 판단하였다. 다음의 표에서 보는 바와 같이 보안심사위원회에서 '보류' 또는 '부결' 결정을 할 경우 해당자는 임용제외의 피해를 입었다. 보안심사는 당시 경찰청, 안기부 등의 내사기록 등을 토대로 신원특이사항[10]을 점검한 것으로 알려지고 있다.

---

[10] 당시 신원특이사항의 주된 내용은 학내 집회 및 시위 주도자, 학생회 간부, 전교조 간사 활동 등 제반 (교육)민주화운동과 관련한 것들이다.

표-23_ 각 시·도 보안심사위원회 심의 의결 사항 예시

제안과	성 명	생년월일	임용예정부서		심의결과	비고
중등교육과 (인사)	김○○	64. 00. 00	불어	우리교육위원회	보류	
	강○○	63. 00. 00	독어	〃	보류	
	유○○	00. 00. 00	화학	〃	부결	
	정○○	00. 00. 00	영어	〃	부결	

2. 해직 해당성 여부

교원임용제외자의 해직 해당성 여부는 전교조 원회추 내에서도 관심의 대상이었다. 협의의 '해직' 개념을 직용할 경우 권위주의적 통치에 의한 명백한 피해가 역사적으로 평가받지 못할 수 있다는 우려가 있었다. 민주화보상법이 2000년 제정된 직후 시행령 작업 과정에서 '취업거부' 조항을 별도로 삽입하고자 하였으나 취업거부의 광범위성으로 인하여 수용되지 못하였다.[11] 실제 교원임용제외만이 아니라 권위주의 통치 시기 유죄판결 또는 공안기관에 의해 요주의 인물로 낙인 찍혔던 대다수 사람들이 공기업체뿐만 아니라 사기업체 취업시에도 신원조회를 통해 취업거부의 피해를 입었기에 그 피해 범위의 포괄성, 입증의 어려움 등으로 법안에 포함되지 못했다.

민주화보상법의 제1차 법개정 과정에서 대상자 범위를 구금, 수배, 강제징집, 취업거부를 당한 자를 추가하기 위한 시도가 있었다. 전국시국사건관련 교원임용제외자 원상회복추진위원회는 2002년 2월 25일 '취업거부를 당한 자'에 대한 용어 및 명예회복 조치의 구체화를 위한 「의견서」를 제출하였다. 주요 취지는 '취업거부를 당한 자'의 경우 ① 시국사건관련 교원임용제외자, ② 사법고시 임용제외자, ③ 일반기업체에서 취업거부를 당한 자를 포괄하여 사용한 용어이나 일반적인 해석상 그 대상자 범위 적용에 논란의 소지가 있다는 것이다. 공무원의 경우 '임용', 일반기업의 경우 '취업'이라는 용어를 구분하여 쓰고 있기 때문에 교원임용제외자와 사법고시 합격자 등은 일반기업과 노동현장에서 취업거부를 당한

---

11 참고로, 위원회 출범 후인 2001. 3. 28. 「시국사건관련교원임용제외자채용에관한특별법」 개정안이 국회에서 의결되었다.

자와 구별하여 '취업거부를 당한 자'를 '시국사건관련 임용제외자 및 취업거부를 당한 자'로 구체화하고, 이들에 대한 보상조치로 제5조의 8 ①항에 '단, 시국사건 관련 임용제외자는 해직에 준한다'를 추가하고자 하였으나[12] 최종 개정안에서는 제외되었다.

교원임용제외 사건의 해직 해당성과 관련한 쟁점은 크게 두 가지이다. 첫째, 특별채용된 경우 해직의 피해가 소멸한 것으로 볼 수 있는지 여부가 쟁점이다. 둘째, 권위주의적 통치에 의한 피해는 입증되지만 '국가에 의한 임용거부'를 '해직'의 피해로 볼 수 있는지 여부이다.

먼저, 특별채용된 경우 해직의 피해가 유지되는 것으로 보아야 하는지 여부와 관련하여 보면, 특별채용의 형태가 구체적으로 어떤 기준에 의한 것이었는지가 해명될 필요가 있다. 교육부에 의한 특별채용이 해직무효확인소송의 무효확인 결정과 같이 해당기간의 경력과 호봉, 급여에 대한 산정이 이루어져 해직으로 인한 실질적 피해가 원상회복되었는지 여부가 기준이다. 교원임용제외자의 경우 권위주의적 통치에 의한 임용제외가 아니었다면, 대부분의 해당자가 정상적으로 임용되어 최초의 특별채용 기간인 1999년까지 약 10년여 기간 동안 교사로 재직할 수 있었다. 이에 비추어본다면, 신규채용 형태로 진행된 특별채용은 임용제외 시점으로부터 특별채용 시점까지의 피해를 원상회복시켜주지 못하고 있기 때문에 해직의 피해가 유지되는 것으로 보아야 한다. 단, 여기서 임용제외를 해직으로 볼 수 있는지 여부는 별도의 쟁점이 된다.

둘째, 국가에 의한 임용제외를 해직으로 볼 수 있는지 여부이다. 이 문제는 첫 번째 쟁점과 관련하여서도 지속적으로 논란이 제기되었다. 2002년 6월 3일 제72차 관련자분과위원회에서 교원임용제외자 유형 중 '보안심사강화 지시일인 1989

---

[12] 당시 법무법인 「한결」의 박성민, 백승헌, 안식 변호사도 민주화보상법 개정안 중 '취업거부를 당한 자'의 추가에 대한 법률적 검토를 한 바 있다. "(1) 개정안은 제2조(정의) 제3호 라. 목에서 '취업의 거부를 당한 자'를 민주화 운동 관련자로 추가 규정하면서도 제17조 제2항의 경력인정의 규정이나 제19조의 보상금 규정에서 '취업의 거부를 당한 자'에 대한 경력인정이나 보상은 누락함으로써 개정안이 미완결적으로 되어 있습니다. (2) 생략, (3) 개정 안은 제2조에서 제3호 라. 목에 '해직된 자'와 '취업의 거부를 당한 자'를 함께 민주화운동 관련자로 규정하고 있습니다. 개정안이 '해직된 자'와 사실상 성격이 같은 '취업의 거부를 당한 자'를 규정하여 범위를 이와 같이 확대한 것은 지극히 당연한 일이며, 제기될 수 있는 형평성의 문제를 고려한 바람직한 개정이라 할 것입니다. (4), (5) 생략, (6) 따라서 '취업의 거부를 당한 자'는 '해직된 자'와 사실상 성격이 같은 경우라 볼 것이므로 제2조의 정의규정에서 추가 명시된 것은 지극히 당연하지만, 경력인정과 보상규정에서 빠뜨리고 있는 점은 명백히 개정안의 입법 미비라 할 것이므로 개정인 제17소 제2항이나 제19조 제1항 제4호는 '취업의 거부를 당한 자'를 삽입하여 '해직된 자'와 동일하게 경력을 인정하고 보상함을 규정하여야 할 것입니다."

년 7월 25일부터 위헌판결 하루 전인 1990년 10월 7일까지의 기간 중 교사임용후보자 명부에 등재되어 임용이 예정되어 있던 자로서 시국사건과 관련하여 임용에서 제외된 자'(제①호) 가운데 보안심사 '부결' 또는 '보류' 결정이 있었던 사안에 대하여 해직 해당성을 인정(소위 제1유형)하였다. 그러나 2003년 4월 1일 개최된 제62차 본위원회 심의에서는 교원임용제외 사안이 피해의 정도로 볼 때 해직과 동일하나 현행 민주화보상법상 해직으로 볼 수는 없으며, 이는 법의 불비이므로 관련건을 심의 보류하고 법 개정 후 심의키로 보류 결정하였다.

참고로, 위원회에서는 「시국사건관련교원임용제외자채용에관한특별법」의 대상을 준용하되, 국가에 의한 임용제외가 공무상 확인될 수 있는 기준에 의미를 두어 3가지 유형으로 구분하여 교원임용제외 신청사안을 처리하였다.

그러나 위원회의 심의기준은 「시국사건관련교원임용제외자채용에관한특별법」의 기준과 비교해볼 때 중대한 차이점을 가지고 있음이 지적될 필요가 있다. 위원회가 3가지 유형으로 나누고 있는 기준은 공통적으로 임용제외의 사유가 확인된 경우를 대상으로 한다. 그러나 교육부의 특별채용 기준은 앞선 '2) 제2차 특별채용'의 세부처리방침에서 살펴본 바와 같이 시국사건 관련으로 임용에서 제외되었다는 기준에 보안심사위원회 또는 인사위원회에서 임용 보류 또는 부결 처분을 받은 경우 또는 '받을 우려가 있는 경우'를 포함하고 있다. 교육부가 '받을 우려가 있는 경우'까지 특별채용 대상자로 확정한 것은 당시 상황이 시국사건에 관련된 경우는 거의 예외 없이 임용에서 제외되었음을 반증하는 것이다. 그러나 위원회는 '받을 우려가 있는 경우'를 대상에서 제외함으로써(후술하고 있는 위원회 심의현황에서 구체적으로 살펴보겠지만), 교원임용제외 사안과 관련한 위원회 심의의 기준 논란을 이미 내포하고 말았다. 위원회의 심의기준은 다음과 같다.

① 1유형 : 국립사범대학의 졸업자로서 우선 임용의 위헌결정(1990년 10월 8일)을 받기 전에 시·도 교육위원회별 교사임용후보자명부에 등재되어 임용이 예정되어 있던 자로서 임용절차를 이행하던 중 민주화운동을 직접적 이유로 보안심사위원회 또는 인사위원회에서 임용 보류 또는 부결 처분을 받은 경우가 확인된 자, 또는 신원조회 등에 의해 임용이 취소된 사실이 확인된 자

② 2유형 : 국립사범대학 졸업자의 우선 임용의 위헌결정(1990년 10월 8일)을 받기 전에 정상적으로 졸업이 가능한 1986년 3월 이전 국립사범대학 입학생이지만 민주화

운동 관련으로 실질적으로 학업을 계속할 수 없는 졸업지연 등의 사유(학사징계, 구속 등)로 교사임용후보자명부에 등재되지 아니한 자

③ 3유형 : 국립사범대학의 졸업자로서 우선 임용의 위헌결정(1990년 10월 8일)을 받기 전에 시·도 교육위원회별 교사임용후보자명부에 등재되어 임용이 예정되어 있던 자로서, 임용절차 이행 중 보안심사위원회 또는 인사위원회에서 임용 보류 또는 부결 처분을 받은 사실은 확인되지 않지만 민주화운동 전력과 기타의 사유가 경합되어 교원 임용이 지연된 자

3. 결정의 의미

위에서 살펴본 바와 같이 법개정에서 임용제외의 구체적 피해유형이 포함되지 못함에 따라 본위원회에서는 2004년 6월 1일 법개정 후 심의키로 하여 일괄 보류하였던 교원임용제외 신청건에 대해 본안 심의를 진행하였다. 그 결과 제107차 본위원회에서 위 1유형에 대해 교원임용제외자의 해직 해당성을 인정하였다. 쟁점이 쟁정이니만큼 심의 과정이 순탄하지는 않았다. 교원임용에서 제외된 것이 설사 민주화운동을 이유로 한 것이라 하더라도 교원임용제외를 법 소정의 해직으로 보는 것은 해직개념의 지나친 확대해석이므로 부당하다는 견해와 민주화운동에 의한 피해가 아니라면 당연히 임용되었을 것이 충분히 예견되는 상황에서 임용에서 제외된 피해이기 때문에 본 법 제2조 제2호 소정의 해직에 해당하는 것으로 볼 수 있다는 견해가 충돌하였다.

위원회에서는 "임용제외는 임용후보자 명부에 등재되어 당연히 임용되어야 함에도 불구하고 민주화운동을 이유로 권위주의 정권에 의해 그 자격을 박탈당한 피해이므로 법정신에 비추어 민주화운동을 이유로 받은 해직으로 인정"하였다.[13] 이는 헌법재판소의 국립사범대학 졸업생 우선임용조항에 대한 위헌판결 이전 국가 교원 양성기관으로서 국립사범대학의 특성을 반영한 결정이다. 1987년 이전

---

[13] 다만 위원회는 "임용후보자 서열명부상 당해년도 임용예정범위에 해당되지 않는 후순위로 확인되는 경우에는 민주화운동을 이유로 해직된 것으로 볼 수 없다"는 단서를 달았다. 이는 당시 임용제외의 현실적 측면을 고려하지 못한 결정으로 향후 임용제외 사안간 심의의 형평성을 저해하는 요인이 되었다. 위원회의 인정결정 이후 추가 사실조사 과정에서 일부 시도교육청은 권위주의 통치의 치부가 드러나는 임용제외의 구체적 증빙자료를 제출하기를 꺼려하여 아예 성적에 따른 임용후순위자로 임용제외의 사유를 제출하는 사례도 있었다. 관련 자료의 제출을 신청인의 책임에 두는 민주화보상법의 한계(신청주의)로 인하여 임용제외 교사들은 개별적으로 교육청을 상대로 자료를 확보해야 하는 어려움에 직면하기도 하였고, 일부 교육청에서는 장학사들과 언쟁이 오고가기도 하였다.

국립사범대학 입학생은 교원수급문제 등 국가의 교육정책적 오류가 없다면 졸업과 동시에 교사로 임용되었고, 재학 기간 중 받는 수업의 내용은 대기업체의 신규직원 채용과정에서의 시용試用기간에 해당하는 성격을 가진다고 볼 수 있다.

국립 사범대학교 출신자는 '국립대학교 졸업자 교원 우선 임용제도(구 교육공무원법 제11조)'에 의거 국가가 의무적으로 임용하게 되어 있었다. 국립 사범대학교 졸업자는 교원연수를 재학 중에 하고 연수 및 학업성적을 바탕으로 교원자격증을 부여하고 '교원임용명부'에 성적 순위에 따라 등재되고, '교원임용예정자' 지위를 획득하게 된다. 이들은 임용서열명부의 순번에 따라 인사위원회에서 교사로서 적격성 여부를 심의받고 적격판정을 받은 자는 임용예비교육(3일 정도)을 받고 시용試用기간 없이 곧바로 신규 교사로 발령을 받았다[14].

이를 해직으로 볼 수 있느냐 여부와 관련하여서는 민간기업체의 '시용' 기간 중의 채용거부가 그 비교 대상이 될 수 있다. 민간업체의 시용기간 중 채용거부는 유보해약권 행사라 할 수 있지만 임용기관의 해약권 행사는 객관적으로 합리적 이유가 존재하여 사회통념상 상당하다고 인정되어야 함을 전제하고 있다.[15] 즉 시국사건과 관련되어 있다는 이유로 임용에서 제외하는 것이 국가의 임용재량권의 범위를 벗어나는지 여부와 관련하여 다툼의 여지가 있는 것이다. 이 논란의 결론은 정부 당국(교육부)의 시국사건 관련 교원임용제외자 특별채용 조치에 의해 이미 내려졌다고 할 수 있다.

---

[14] 구 교육법시행령 제150조(복무의무)는 ① 교육대학(사범대학) 졸업자는 감독청의 지시하는 바에 의하여 수업연한에 해당하는 기간 교육기관, 교육연구기관 또는 교육행정기관에 종사할 의무가 있음을 명시하고 있고, 제152조(자격증박탈)는 교육대학(사범대학) 졸업자로서 제150조 제1항의 규정에 의한 복무의무기간 중 "정당한 이유 없이 복무의무를 이행치 아니한 때"라고 규정하고 이미 급여한 학비보조금을 상환케 하고 교사자격증을 박탈하도록 규정하고 있었던바, 국립사범대학에 재학한다 함은 교사로서의 임용을 전제로 입학하여 국가의 학비보조를 받으며 소정의 과정을 이수하여 교원자격증을 취득한 후 별도의 연수기간 없이 임용예비교육(2~3일) 후 신규교사로 발령받도록 되어 있었다.

[15] 이와 관련한 대법원 판례는 다음과 같다. "신입사원을 채용하는 과정에 있어서 일단 수습사원으로 발령한 후 일정한 연수기간을 거치도록 하고 그 연수기간 중의 평가에 의하여 합격기준 이상의 점수를 얻은 경우에만 신입사원으로 채용하는 방식을 채택하고 있는 경우, 연수기간 중에 있는 자의 지위는 이른바 '시용기간 중의 근로관계'에 해당하고 위와 같은 '시용기간 중의 근로관계'는 수습사원으로 발령한 후 일정기간 동안 당해 근로자가 앞으로 담당하게 될 업무를 수행할 수 있는가에 관하여 그 인품 및 능력 등을 평가하여 정식사원으로서의 본 채용 여부를 결정하는 것이므로 일종의 해약권유보부근로계약으로서 시용기간 중의 채용거부는 유보해약권의 행사라 할 것인데 위와 같은 해약권의 행사는 '시용'이라는 것 자체가 근로자의 자질, 성격, 능력 등 그 일에 대한 적격성 여부를 결정하는 단계이므로 통상의 해고보다는 광범위하게 인정될 수 있는 것이지만 그 적격성 여부의 결정은 시용기간 중에 있어서의 근무태도, 능력 등의 관찰에 의한 앞으로 맡게 될 임무에의 적격성 판단에 기초하여 행해져야 하고 그 평가가 객관적으로 공정성을 유지하여야 하며 위 해약권의 행사는 객관적으로 합리적 이유가 존재하여 사회통념상 상당하다고 인정되어야 할 것"이다(사건 92다 15710).

그러나, 이에 대한 반대 견해도 만만치 않다. 첫째, 당시 교육공무원법에 의거 국립의 사범대학을 졸업한 자는 국가가 거의 대부분을 교원으로 우선 채용해야 한다고는 하지만, 해직이라 함은 먼저 해당 직위에 있을 것을 전제로 하는데 임용되기 전의 상태인 자는 '해직된 자'에 해당하지 아니한다는 견해다. 둘째, 교육공무원법 제11조 제1항에 대한 1990년 10월 8일 헌법재판소의 위헌결정에 따른 개정법률에 의거 국가의 우선 채용의 의무가 소멸되었고, 공개전형으로 교원이 될 수 있었으므로 시국사건과 관련하여 학사징계 등을 받아 학적 변동으로 졸업이 지연됨에 따라 임용고사 실시기간(1990. 10. 8. 이후) 이후 졸업자의 경우 더욱 해직자로 볼 수 없다는 주장이 제기되었다. 셋째, 민주화운동을 이유로 입은 직접적 피해가 학사징계 및 유죄판결이고 이에 대해서는 명예회복과 보상이 가능하므로 학사징계 및 유죄판결로 인해 파생하는 2차적 피해사항은 본 법의 명예회복 대상이 될 수 없다는 주장이 제기되었다. 넷째, 교원임용제외자의 경우 「시국사건관련교원임용제외자채용에관한특별법」에 의거 국가가 특별채용을 하여 교원임용에 대한 불이익을 해소하였기 때문에 해직에 해당하지 않는다는 주장도 있다. 이와 같이 교원임용제외 사안의 해직 해당성과 관련하여 인정과 불인정의 견해가 팽팽히 맞서며 위원회 심의시 해직에 해당하는 기준, 즉 국가가 임용제외에 직접적인 영향력을 행사하였는지 여부가 중요하게 작용하게 되었다. 교원임용제외의 해직 해당성 여부에 대해 위원회는 몇 차례 심의 기준의 변화를 가져왔으며, 지속적인 논란을 하였다.

3 위원회 심의 현황

1. 인정 기준

시국사건 관련 국립사범대학 교원임용제외 사안에 대한 위원회의 해직 해당성 인정 기준은 세 차례에 걸쳐 확대되었다. 최초의 인정 기준은 ① 특별법이 정한 기간(1989. 7. 25.~1990. 10. 7. 보안심사 강화지시일부터 위헌판결 이전까지)에 임용서열명부에 등재되어 보안심사 '부결', '보류' 처분 또는 명부에서 '삭제'된 사실이 확인되는 경우이다. 제107차 위원회 심의에서 인정된 이 기준은 보안심사를 통하여 국가의 개입사실이 명백히 입증되는 경우에 해당된다. 가령, 1986년 총여학생회 여학생부장으로 군부정권 반대시위 관련 유인물 배포로 구류 7일, 무기정학을 받고 보안심사에서 '부결' 처분되어 임용제외된 경우(조현주), 1986년 2월 전두환 정권 반대시위 관련으로 기소유예 처분을 받고, 같은 해 10월 군사정권 반대, 제헌의회 소집 요구 시위로 유죄판결, 학사징계를 받고 보안심사 결과 '부결' 처분되어 임용제외된 경우(권오성) 등이 대표적 사례이다.

두 번째로 기준이 확대된 것은 ② 정상적 과정을 거쳐 졸업하였다면 위헌판결 이전 졸업이 가능하였으나(1987년 이전 입학자) 민주화운동의 피해로 인해 졸업이 지연되어 위헌판결 이후 졸업하게 됨으로써 임용에서 제외된 경우이다. 제113차 위원회 심의에서 인정된 이 기준은 졸업지연의 사유가 핵심적 관건이었다. 졸업지연 기간 중 민주화운동을 이유로 유죄판결 또는 학사징계의 피해를 입어 불가피하게 졸업이 지연될 수밖에 없었다는 사실이 확인되는 경우가 이에 해당한다. 가령, 1986년 건국대점거농성(애투련결성식)에 참여하여 유죄판결, 학사징계를 받고, 1988년 4학년에 위장취업하여 노동운동을 하던 중 유죄판결을 선고받고, 수원민주노동자회 문화부장 활동 중 제적되어 1996년 2월 졸업한 경우(전희경), 1986년 전학련-삼민투위 사건으로 유죄판결(징역 2년), 학사징계의 피해를 입고, 1991년 2월 졸업한 경우(하동협)가 대표적 사례이다.

세 번째는 ③ 1989년 7월 24일 이전 임용서열명부에 등재되어 임용절차를 이행하던 중 신원조회상 '성행불량', '신원특이' 등의 기록이 공부상 확인되거나 신청인을 제외한 동일연도 입학생이 전원 발령받은 사실, 또는 신청인보다 후순위 자가 교원임용된 사실이 확인되는 경우에 대하여도 민주화운동으로 인한 해직 해당성을 인정하였다. 이 기준은 제138차 위원회 심의부터 인정된 견해로 민주화운동이 아니라면 임용되었을 개연성이 충분하게 확인되는 경우들이다. 1986년 노동기본권 신장을 위하여 위장취업하여 노동운동을 전개한 것을 이유로 기소유예 처분을 받고, 학내민주화운동을 이유로 학사징계를 받아 1989년 2월 졸업하였다. 신청인과 동일년도 입학한 82학번들이 1989년 9월까지 전원임용된 경우(성미경), 1985년 9월 공주사범대학교 학원민주화 운동을 이유로 학사징계(제적) 처분을 받고 1989년 2. 졸업하였다. 신청인과 동일년도 입학한 82학번들이 1988

2004년 전미추 총회

년 9월까지 전원 임용된 경우(이주현), 1986년 서울대학교 구국학생연맹 활동 및 건국대(애투련) 점거농성에 참여하여 유죄판결(징역 1년 6월)을 선고받고, 1990년 8월 졸업하였으나 신청인과 동일년도 입학한 82학번들이 1988년 3월까지 전원 임용된 경우(박희승) 등이 대표적 사례이다.

제2유형의 인정결정 이후에는 민주화운동을 이유로 졸업이 지연된 사유가 관건이 되었고, 제3유형의 경우 신원조회의 특이사항과 더불어 동일년도 입학생의 전원 발령 여부, 신청인보다 후순위자의 발령 여부가 중요해졌다. 동일년도 입학생이 전원 발령되었거나 후순위자가 발령된 상황이면, 보안심사 등의 자료가 미비[16]하더라도 민주화운동을 이유로 임용제외되었다고 판단할 수 있기 때문이었다.

교원임용제외를 해직에 포함하면 보편적 해직기준을 벗어나 법적 논란의 가능성이 있다는 주장에도 불구하고 위원회가 민주화운동을 이유로 한 피해임을 인

---

[16] 시도 교육청의 보안심사 관련 자료는 '대외비' 문서여서 자료 확보가 여의치 않은 지역이 다수였다. 신청인 개인 차원에서 보안심사나 신원조회 기록을 열람한다는 것은 거의 불가능한 상황이었다. 위원회는 심의의 객관성을 유지하기 위하여 사실관계를 명확히 확인할 필요가 있었다. 사실관계 확인을 위하여 필자가 각 시·도 교육청을 출장조사하며 경험한 바에 따르면, 모 교육청에서는 보안심사 결과가 지워져 있었지만 지면에는 연필로 표시('부') 한 흔적이 일부 남아 있기도 하였다.

정한 것은 민주화보상법의 제정 취지에 부합하는 전향적 결정이었다고 할 수 있다. 그러나 임용제외 사안의 경우 이미 특별법을 제정하여 일괄적으로 정부 차원의 특별채용시 그 기준이 정해졌음에도 위원회가 별도의 기준을 정한 것은 특별법에 의거한 교육부의 특별채용 조치와 비교하여볼 때 형평성의 논란을 야기하게 되었고, 해당 교사들의 반발로 이어지기도 하였다.

2. 자료 확보를 위한 노력

위원회가 제107차 심의에서 교원임용제외 사안의 해직 해당성을 인정하면서부터 명예회복 신청 교사들이 분주해지기 시작하였다. 교육부의 특별채용시에는 민주화운동 관련 활동 여부가 중요했던 반면, 위원회가 교육부의 특별채용을 준용한 것이 아니라 위에서 살펴본 바와 같이 확정된 자료를 중심으로 별도의 심의 기준을 정했기 때문이다. 위에서 본 제1유형의 인정 결정 후에는 각 시도교육청을 중심으로 교원임용명부 자료 요청 등을 통해 보안심사결과, 신원특이 사항 등을 확인하는 작업이 진행되었다.

임용제외 교사들의 경우 교육민주화 과정에서 지역별 모임과 전국 모임을 유지하고 있었는데, 그 조직을 바탕으로 조직적인 자료 준비에 착수하였다. 재심신청시 추가로 제출한 자료들은 해당학교 총장, 학생과장 등의 사실관계 「확인서」, 각 시도 교육청의 임용서열명부 중 「후순위자 발령사실 확인」, 동일년도 입학생 전원 발령 여부에 대한 「확인서」, 관할 경찰서 정보과 형사의 「확인서」, 구류 또는 불법 구금, 유죄판결의 구금 등의 「수형기록」 등 다양하였다.

이 과정에서 위원회가 각 시도 교육청을 통해 확인한 임용제외 사유와 신청인들의 추가 자료 사이에 차이가 있는 경우가 다수 발생하였다. 모 교육청은 위원회가 의뢰한 해당 지역 신청자들의 임용제외 사유를 '성적에 의한 후순위'로 확인해주었으나, 신청인들이 제출한 자료들에는 민주화운동의 피해로 인하여 불가항력적으로 학업을 지속할 수 없었던 근거기록이 있기도 하였다. 교육청의 확인 내용을 그대로 따를 경우, 교원임용제외 사안의 다수 사건은 민주화운동 때문이 아니라 성적순위에서 밀려 임용이 되지 못한 것이 되고 만다. 위원회에서는 교육부가 특별채용할 정도였으면 관련 기록이 있을 것으로 판단하여 사실관계 확인을 요청하였으나 일부 교육청에서는 여전히 권위주의 통치의 구태를 반복하기도 하였다. 위원회의 조사권한의 미약[17]함과 신청주의[18]에 입각한 명예회복 작업의 한계가 이처럼 웃지 못할 촌극을 연출하기도 하였다.

◢ 위원회 결정의 문제점

1. 교육부 특별채용과의 비교

앞서 살펴본 바와 같이 제1차 시국 관련 교원임용제외자의 특별채용(1999년)의 한계를 보완하기 위해 2000년 11월 27일 의원발의로 제안된 특별법 개정안이 국회에서 통과됨으로써 임용제외자의 범위가 확대된 바 있다. 당시 임용제외자 범위 확대와 관련한 특별법 개정안의 제안이유는 "동 특별법은 민주주의의 발전과 국민대화합 차원에서 시국사건 등과 관련하여 교원우선임용에서 배제되었던 국립사범대학 졸업자들을 구제하기 위해 1999년 9월 2일 법률 제6014호로 제정된 바 있음. 그러나 동 특별법은 제정 당시 당초의 취지와는 달리 시국사건 관련 임용제외자의 범위를 '1989년 7월 25일부터 1990년 10월 7일까지 교사임용후보자명부에 등재된 자'로 지나치게 축소함으로써, 구속 등 기타의 사유로 졸업이 늦어져 교사임용후보자명부에 등재될 수 없었던 교원임용예정자를 구제하지 못하는 결과를 낳았"다고 지적하고 있다. "이는 동일한 시국사건관련자 중 정상적인 졸업이 가능하여 동 특별법에 의하여 구제되어 교사로 임용된 자와 동 특별법이 정한 기간을 도과하여 졸업함으로써 교사임용을 받지 못한 자와의 불평등을 야

---

[17] 민주화보상법 제20조에서 정한 사실조사의 권한은 다음과 같다. "① 위원회는 이 법에 의한 보상금 등을 위하여 관련자, 증인 또는 참고인으로부터 증언 또는 진술을 청취하거나 필요하다고 인정하는 때에는 검증 또는 필요한 조사 등을 할 수 있으며, 행정기관 기타 관계기관에 대하여 소득조회, 범죄경력 조회 또는 사실증명 등 필요한 협조를 요청할 수 있다. ② 제1항의 규정에 의하여 협조를 요청받은 행정기관 기타 관계기관은 다른 업무에 우선하여 이를 처리하고 그 결과를 지체 없이 통보하여야 한다." 그러나 이에 대한 강제력이 없음으로 해서 실효성 있는 권위주의 통치 시기 주요 자료에 대한 조사가 진행되기는 어려운 실정이다.

[18] 민주화보상법은 광주보상법을 준용하여 신청주의를 채택하고 있다. 그러나 실제 수십 년 전의 사건에 대한 기록, 그것도 권위주의 통치를 입증할 수 있는 자료를 신청인(개인)이 보관하고 있지도 못할뿐더러, 정부 차원의 전향적 지원이 없이는 새롭게 입수하기도 어려운 상황임을 감안하여보면, 사실조사 권한의 미흡함은 한국 현대사의 정리를 주요 업무로 하는 위원회의 신뢰성에 중요한 한계로 작용하게 된다.

기한 것이기 때문에 동 특별법의 입법취지와 동 특별법의 제정으로 이미 교사로 임용된 자와의 형평성 등을 고려하여 시국사건과 관련하여 구속 기타 사유에 의한 졸업지연으로 교사임용후보자명부에 등재되지 못한 자도 교원으로 특별채용될 수 있도록 특별법을 개정하고자 하는 것이다."[19]

당시 국회전문위원의 검토의견에 따르면, "특별법의 개정 과정 중 2000. 1. 12. 제정된 「민주화운동관련자명예회복및보상등에관한특별법」 및 동법 시행령의 규정에 의하여 설치된 민주화운동관련자명예회복및보상심의위원회가 시국사건 관련 미임용자들이 민주화운동에 관련되었다는 사실을 확인하고 명예회복 조치의 내용으로 특별채용을 확정하여 오면, 정부는 이들의 특별채용을 위한 방안을 마련하여야 하며 … (국회교육위원회 수석전문위원 검토보고, 3~4쪽)"와 같은 내용이 검토 보고된 바 있으나, 임용제외 관련 신청사안의 심의가 제14차 본위원회 (2001. 3. 16)에서 법제처 유권해석 등의 사유로 보류되어 있는 동안 제16대 국회는 임용제외자의 범위를 위 제안이유와 같이 확대하여 특별법을 개정(2001. 3. 28. 제정)하고, 교육부는 제2차 특별채용 조치를 취하였다.

위 특별법의 대상과 관련하여 살펴보면, 시국사건을 이유로 한 교원임용제외자의 경우 권위주의적 통치에 대한 항거를 이유로 '성행불량자'로 분류되거나, 보안심사에서 '부결', 또는 '보류' 처분되어 임용이 원천적으로 제한되었고, 최종면접시 학생운동 전력, 전교조 가입 가능성이 있다는 이유 등으로 면접탈락한 사례 등이 특별채용의 대상임을 알 수 있다. 그렇다면 임용제외 교사들은 우선임용 조항에 대한 헌법재판소의 위헌판결이 없었다 하더라도 민주화운동을 이유로 '임용제외' 상태에 있었기 때문에 민주주의 발전과 국민화합을 목적으로 하는 민주화보상법의 취지에 부합한다고 할 수 있다.

특별법이 규정하는 임용제외자의 범위에 속하는 유형들 중에서 일부 유형만을 선별적으로 인정할 경우 교육부의 특별채용 대상자인 임용제외 교사들 사이에 형평성 문제가 발생하게 된다. 특히 위원회가 중요한 근거로 간주한 보안심사 결과의 경우 전공과목별 교원수급의 편차가 있었고, 서울과 지역의 차이가 커서 보안심사 대상자 선정시 보안심사 부결, 또는 보류가 예정되어 있었음에도 불구하

---

[19] 국회교육위원회, 2000. 12. 「시국사건관련교원임용제외자채용에관한특별법중개정법률안 검토보고」, 1~2쪽.

고 보안심사가 늦어졌다는 이유로 인정범위에서 제외하는 것은 현실적 상황을 전혀 반영하지 않은 결과이다. 특히 지방 국립대의 경우 국, 영, 수 교과목을 전공하지 않은 신청인들의 경우 교원적체가 심해 주로 3유형으로 분류되고 있는 특징이 있다. 당시 보안심사는 이처럼 시도별로 시행 시점에 차이가 있었고, 교과목별로 편차가 심했기 때문에 적정한 기준이 될 수 없다. 교육부의 특별채용시 보안심사 결과가 중요한 기준으로 작용하지 않은 것도 이런 이유에서이다. 교육부는 이러한 현실적 한계를 해결하기 위해 '받을 우려가 있는 자'를 대상에 포함한 바 있다. 따라서, 교육부의 특별채용 대상인 반면, 위원회로부터 민주화운동 관련자로 인정되지 못한 사례들의 경우 형평성 차원의 논란이 불가피하다.

2. 형평성 문제

위와 같은 형평성 문제 외에 위원회 심의가 위원회의 기존 결정과 배치되는 경우도 종종 발견된다. 제161차 위원회 심의에서는 1982년 3월 입학하여 재학 중 민주화운동을 이유로 유죄판결 및 제적의 피해를 입어 동일년도에 입학하여 정상적으로 졸업한 동기생들이 1988년 9월 1일 전원 임용되었음에도 불구하고 재심의에서 불인정된 사례가 발생하였다. 이후 제166차 심의에서 양경자, 오근석, 제169차 심의에서 박경희 교사 등이 동일년도 입학생 전원 발령 여부가 확인됨에도 불구하고 불인정되었다. 반면, 제185차 위원회 심의에서는 유사한 사례인 최광희 교사 사안이 인정 결정되었다. 불인정 교사 중 정금자, 도경진 교사의 경우 위원회 결정에 불복하여 행정소송을 제기하기도 하였다. 당시 행정소송의 준비서면 내용이 당시 위원회 심의의 문제점을 잘 정리하고 있어 이를 소개한다.[20]

준비서면

사 건 2006누29746 민주화운동관련자명예회복신청기각결정취소

---

[20] 당시의 소송 관련 준비서면의 공개를 기꺼이 허락해준 정금자, 도경진 선생님께 지면을 빌려 감사드린다. 정금자 선생님은 2008년부터 '정운영'으로 개명하였다.

원 고 정금자외 1명

피 고 민주화운동관련자명예회복및보상심의위원회

위 사건에 관하여 원고들의 소송대리인은 다음과 같이 변론을 준비합니다.

다 음

1. 원심판단과 항소의 요지

가. 원심판결의 요지

원심은, 원고들이 민주화운동으로 인하여 각 유죄판결 및 학사징계 처분을 받고 그 처분으로 인한 교원임용제외에 관한 부분을 '민주화운동관련자 명예회복 및 보상 등에 관한 법률'(이하 '민주화운동보상법'이라고만 합니다) 제2조 제2호 라목의 '해직'으로 인정하여 명예회복을 해줄 것을 피고에게 각 신청하였는데, 위 신청을 기각한 피고의 각 처분(이하 '이 사건 각 처분'이라고 합니다)을 취소해달라는 원고들의 청구에 대하여, 위 법 제2조 제2호 소정의 '해직'이라 함은 종전에 보유하고 있던 직무나 신분을 박탈당한 경우를 의미한다 할 것이므로 교원으로 임용된 바 없는 원고들의 교원임용지연이 위 해직에 해당한다고 할 수 없다는 이유로, 원고들의 청구를 기각하였습니다.

나. 항소이유의 요지

그러나 피고는, 이 사건 각 처분을 하기 이전, 민주화운동보상법의 제정취지에 맞게 민주화운동을 이유로 임용이 제외된 사안들에 대하여 일정한 내부심의 기준을 마련하여 같은 법 제2조 제2호 소정의 민주화운동을 이유로 한 '해직'에 해당하는 것으로 인정해왔음에도 불구하고 ①원고 도경진의 경우에는 동일한 사안에 대하여 기존의 관행에 반하는 차별적 처분을 함으로써, ②원고 정금자의 경우에는 피고의 자의적 기준에 의하여 합리적 근거 없는 차별적 처분을 함으로써, 평등원칙 또는 신뢰보호의 원칙에 반하는 위법한 처분을 한 것인데, 원심은 이 점을 간과하고 원고들의 청구를 기각하였으니, 마땅히 취소되어야 할 위법한 판결이라 할 것입니다.

2. 이 사건 각 처분은 평등원칙에 반한 위법한 처분입니다.

가. 민주화운동보상법의 제정취지

민주화운동보상법은 민주화운동과 관련하여 희생된 자와 그 유족에 대하여 국가가 명예회복 및 보상을 행함으로써 이들의 생활안정과 복지향상을 도모하고, 민주주의의 발전과 국민화합에 기여함을 입법목적으로 하고 있습니다.

피고는 위 법의 입법목적에 따라 민주화운동 관련자의 의미를 해석하여왔고, 이 사건에 있어서 문제되는 '해직'의 의미 또한 문언의 사전적 의미에 포함되는 경우는 물론이고 권위주의적 통치에 항거한 민주화운동 관련자들에 대해 국가가 교원임용 등을 원천적으로 차단한 행위에 따른 피해와 같이 사실상 그와 같이 평가될 수 있는 경우 또한 위 법 소정의 해직으로 인정하는 처분을 해옴으로써 민주주의의 발전과 국민화합에 기여해왔던 것입니다.

나. 교원임용제외 사안에 대한 피고의 해직 해당성 인정기준

피고는 임용제외 사안 중 아래와 같은 기준에 해당하는 경우에는 해직으로 인정하는 내부심의 기준을 마련하여, 신청 사안이 위 기준 범위 내에 머무는 경우에는 해직으로 인정하여 명예회복신청을 인용하는 처분을 해옴으로써 일정한 행정관행이 이룩되게 되었다 할 것입니다.

피고가 임용제외 사안 중에서 해직임을 인정하는 경우는,

① 시국사건관련교원임용제외자채용에관한특별법(이하 '특별법'이라고만 합니다) 제2조 제1항 제1호에서 정한 기간(1989. 7. 25. ~ 1990. 10. 7.[21])에 임용서열 명부에 등재되어 보안심사 '부결', '보류' 처분 또는 위 명부에서 '삭제'된 사실이 확인되는 경우

② 정상적인 과정을 거쳐 졸업하였다면 위헌결정 이전 졸업이 가능하였으나(1987년 이전 입학자) 민주화운동의 피해로 인해 졸업이 지연되어 위헌결정 이후 졸업하게 됨으로써 임용에서 제외된 경우(이하 '기준 1'이라 합니다)

---

[21] 위 각 날짜의 의미는, 전자의 경우, 교육부 내의 보안심사위원회의 시국사건 관련자에 대한 보안심사가 강화되어 각 시도 교육청에 지시된 때를 말하고, 후자의 경우 헌법재판소가 1990. 10. 8. '국립대학교 졸업자 교원 우선임용제도'에 대한 위헌결정(이하 '위헌결정'이라 합니다)을 하기 이전까지를 의미합니다.

③ 1989. 7. 24. 이전 임용서열명부에 등재되어 임용절차를 이행하던 중 신원조회 상 '성행불량', '신원특이' 등의 기록이 공부상 확인되거나 신청인을 제외한 동일연도 입학생[22]이 위헌결정 이전 전원발령 받은 사실(이하 '기준 2'라 합니다), 또는 신청인 보다 후순위자가 교원임용된 사실이 확인되는 경우

에 대하여 민주화운동보상법 제2조 제2호 소정의 '해직'으로 인정을 해왔던 것입니다.

다. 원고 도경진의 경우

(1) 원고 도경진은 1982. 3. 전남대학교 사범대학 가정교육과에 입학하여 민주화 운동 활동으로 인하여 1986. 3. 8. 위 학교에서 제적되었고 1988. 2. 19. 재입학하 여 1990. 2.경 위 학교를 졸업하고도 교원으로 임용되지 못하다가 1999. 11. 1. 위 특별법에 의하여 교육부의 별도의 자격심사를 거쳐 교원임용의 자격을 득하여 교 사로 특별채용되었는데, 문제는 원고 도경진의 경우 동인을 제외한 동일연도 입학 생이 위헌결정 이전 전원임용(갑 제7호증 임용후보자명부 등재자 교원임용확인서 참조)된 위 '기준 2'에 해당됨에도 불구하고, 피고는 아무런 합리적 이유 없이 원고 도경진의 경우에만 해직을 인정하지 아니함으로써 행정의 자기구속의 원칙에 반하 는 위법한 처분을 한 것입니다.

(2) 피고가 원고 도경진과 동일한 사안에 대하여 인용결정을 한 예

이 름	입학년도	졸업년도	인정 이유
이주현	1982. 3.	1989. 2.	1985. 9. 공주사범대학교 학생운동과정에서 학사징계(제적)처분, 1989. 2. 졸업. '기준2'에 의하여 '해직' 인정됨.
박희승	1984. 3.	1990. 8.	1986. 서울대학교 구국학생연맹 활동 과정에서 유죄판결, 1990. 8.경 졸업. '기준 2'에 의하여 '해직' 인정됨.
김선명	1982. 3.	1989. 2.	1985. 공주사범대학교 학원민주화 시위. 학사징계, 1989. 2. 졸업. '기준 2'에 의하여 '해직' 인정됨.
오갑석	1983. 3.	1988. 2.	1985. 공주사범대학교 학원민주화 시위. 학사징계, 1989. 2.경 졸업. '기준 2'에 의하여 '해직' 인정됨.

(3) 소결

피고가 일정한 내부 심의 기준을 마련하여 위와 같이 민주화운동을 이유로 교원임

---

[22] 이때 '동일연도 입학생'이라 함은 신청인이 입학한 학교의 같은 과 동급생을 의미합니다.

용에서 제외된 사안 중에서 신청인을 제외한 동일연도 입학생 전원이 교원임용된 경우에는 '해직'으로 인정해온 행정관행이 존재함에도 불구하고, 아무런 이유 없이 평등원칙에 반하여 원고 도경진의 경우에만 '해직'으로 인정하지 않음은 위와 같은 관행에 따라 형성된 원고 도경진의 정당한 신뢰를 침해하는 위법한 처분이라 아니 할 수 없습니다.

라. 원고 정금자의 경우

(1) 쟁점

원고 정금자는 1983. 3.경 전남대학교의 사범대학 교육학과에 입학하였다가 1987. 11. 18.경 민주화운동을 하였다는 이유로 동학교에서 제적되었고, 1988. 3. 30. 재입학하여 1990. 2.경 졸업을 하여 교원임용을 기다리던 중 헌법재판소의 위헌결정으로 인하여 임용되지 못하다가 2001. 9. 1. 위 특별법에 따라 교육부의 별도의 자격 심사를 거쳐 교원임용의 자격을 득하여 교사로 특별채용된 것입니다.

동인의 경우 1983.경 대학에 입학하여 정상적인 절차를 거쳐, 즉 민주화운동에 참여하지 아니하고 1987. 2.경 학교를 졸업하였다면, 당연히 국·공립사범대학교 출신 우선임용제도에 따라 교원으로 임용되었을 것임에도 불구하고 민주화운동으로 인하여 졸업이 지연되어 임용이 제외된 사안으로 위 '기준 1'의 기준에 부합되어 '해직'으로 인정되어야 함에도 불구하고 막연히 위헌결정 이전에 졸업하였다는 이유만으로 '해직'을 인정하지 않은 것은 우리 헌법이 규정하고 있는 평등원칙 및 민주화운동보상법의 입법목적과 제정취지에 반하는 위헌·법한 처분이라 할 것입니다.

다시 말해 민주화운동을 하지 않았다면 당연히 교원으로 임용되었을 자가 민주화운동으로 인하여 정상적으로 학업을 수행할 수 없었던 사실이 중요한 것이지, 그 졸업 시점이 위헌결정 이전이냐 이후냐 하는 것은 별다른 의미를 갖지 못하는 것임에도 불구하고 위헌 결정의 시기라는 우연적 요소에 의하여 해직 여부를 가리는 것은 피고의 자의적, 주관적 기준에 의하여 신청인들을 차별하는 위헌적 기준이라 아니할 수 없는 것입니다.

(2) 소결

피고는 법의 적용에 있어서 합리적 근거 없는 차별을 해서는 아니 될 것임에도 불구하고, 민주화운동을 이유로 정상적인 학업활동을 할 수 없어 국가의 우선임용의

무에도 불구하고 임용에서 제외된 동일한 사안 중에서 위헌결정을 받기 이전에 학교를 졸업한 원고 정금자의 경우에는 해직을 부정하고, 위헌결정 이후 졸업한 사람의 경우에는 해직을 인정함으로써 위 비교대상을 차별하는 아무런 합리적 근거를 찾을 수 없음에도 불구하고 자의적 기준이라고밖에 볼 수 없는 위헌결정의 시점을 기준으로 차별적 처분을 함으로써 헌법상의 평등원칙 및 민주화운동보상법의 입법목적에 반하는 위헌·법한 처분을 한 것으로써 이는 취소되어야 마땅할 것입니다.

3. 결론

피고는, 원고 도경진의 경우, 동인의 신청 이전에 동인과 동일한 사안 다수에 대하여 해직 해당성을 인정하고 있는 행정관행이 존재함에도 불구하고 다수의 선례에 반하는 처분을 함으로써 행정의 자기구속의 원칙에 반하는 위법한 처분을 한 것이고,

원고 정금자의 경우, 민주화운동을 이유로 졸업이 지연된 사실은 인정하면서도 그 졸업시점이 위헌결정 이전인지 이후인지 여부에 따라 신청인들을 차별하면서 위헌결정 이전 졸업한 것을 이유로 동인의 신청을 기각한 피고의 처분은 합리적 근거 없는 자의적 처분으로서 평등원칙에 반하여 위법한 처분을 한 것이므로,

이 사건 각 처분은 취소되어야 할 것임에도 불구하고, 이 같은 점을 간과한 원심의 판단은 위법하기에 이건 항소에 이르게 된 것입니다.

입증방법 및 첨부서류

1. 갑 제7호증 임용후보자 명부 등재자 교원임용확인서 1통
1. 부본 1통

2007. 1.   .

원고들의 소송대리인

변호사 이 원 호

서울고등법원 제11특별부 귀중

VI | 민주화보상법의 의의와 한계

자유, 희망, 진보를 향한
교육민주화

1 과거청산의 의의

　우리 헌정질서에서 흔하게 회자되어왔던 '민주주의'에는 현대사의 비극이 새겨져 있다. 민주주의는 우리 근·현대사에서 기본권과 참정권 확립이라는 교과서적 개념만으로 설명될 수 없다. 총칼로 짓이겨진 기본권은 먼지 묻은 헌법의 조문이었을 뿐이었다. '사사오입', '체육관 선거'로 얼룩진 참정권은 부끄러운 오욕의 역사이다. 군사정권 시절 민주법치국가의 보루라고 할 수 있는 사법부의 때늦은 자기반성[1]은 청산해야 할 과거사의 단면 중 하나이다.

　국가권력을 장악한 집단이 권력정치의 일환으로 개인이나 집단의 생명, 여타 인권을 유린하는 행위를 국가범죄state crime라고 한다. 국가범죄는 의도적으로, 대량으로, 조직적으로 저질러진다. 그것은 합법과 불법의 경계를 자유롭게 넘나든다. 공적인 권력기구에 의해서도, 권력자로부터 사주를 받은 서북청년단이나 백골단과 같은 반半공식적인 폭력집단에 의해서도 저질러진다(이재승, 2003 : 16). 우리 사회에서 정치적 정당성을 결여한 군부정권의 절박한 필요에 의해 반공이데올로기를 자극하거나 정적을 제거하기 위하여, 또는 민주화운동을 탄압하기 위하여 합법을 가장하고 사법부의 판결을 방패막이 삼은 사례는 얼핏 손에 꼽아도, '진보당 조봉암 사건'(1958. 사형 선고), '인혁당 재건위 사건'(1975. 8인 사형), '김대중 내란음모 사건'(1981), '재일동포 신귀영 가족간첩단 사건'(1981), '함주명 조작간첩 사건'(1984) 등 일일이 열거하기 힘들 정도다.[2]

---

[1] 이영섭 전 대법원장(1979. 3.~1981. 4.)이 "취임 초에는 포부와 이상도 컸으나, 지금 과거를 되돌아보면 회한과 오욕으로 얼룩진 것 외에 아무것도 아닌 것이 됐다"는 퇴임사로 반성을 대신한 것이 유일했다. 5·6대 대법원장을 지낸 민복기 씨는 90년 한 언론과 인터뷰에서 "(박정희) 대통령이 사법부를 군의 법무감실 정도로밖에 여기지 않았던 것 같다"며 "(민주주의니 사법부 독립은) 제사에 대추, 밤을 놓듯이 구색을 맞춘 정도"라고 되씹었다. 최근 이용훈 대법원장 지명자는 지명되기 직전 "긴급조치 때 유신헌법에 저항하지 못한 사법부의 과거는 반성할 일"이라고 말한 바 있다(「한겨레신문」, 2005. 9. 5.일자 4면).

[2] 이에 대해서는 「한겨레신문」(사법부 과거: 이제는 말해야 한다)(2005. 9. 5.~7.일자) 참조.

국가범죄, 반인도적 · 반민주적 통치의 경험은 사회적 배경과 역사, 구조에 따라 차이는 있지만 대다수 국가들이 경험하였다. 프랑스, 독일과 같은 소위 선진 민주주의 국가라고 자처하는 국가들도 히틀러에 의한 국가범죄, 홀로코스트, 반민주적 통치의 경험을 가지고 있다. 이처럼 '과거청산'historical rectification은 몇몇 국가의 특수한 사례가 아니라 권위주의적 통치로부터 민주화로의 이행을 경험한 국가들의 보편적 문제이다.

민주화 이행론적 측면에서 보자면, 과거청산은 대부분 권위주의 체제로부터 민주정부 수립에 이르는 이행기적 과정이라기보다는 민주정부 수립에서 민주주의 공고화에 이르는 단계(O'Donnell, 1992: 18-19)에서 제기되는 과제라고 할 수 있다. 물론 협약적 이행이 아닌 혁명과 같은 급격한 이행이 진행되는 경우 과거청산은 권위주의 체제로부터의 이행기에 권위주의적 통치세력의 축출 및 책임자 처벌이라는 급격한 방식을 취하기도 한다. 우리 사회의 과거청산은 6월 민주화운동의 협약적 이행(정해구 외, 2004: 121-141)이라는 이행기적 특성에 비추어볼 때, 민주주의의 공고화에 이르는 단계에서 진행 중이라고 할 수 있다.

우리 헌법의 민주헌정질서는 정치권력을 사인화私人化하여 영구집권을 획책했던 이승만 정권기부터 제대로 구현된 적이 없다. '4 · 19 혁명'을 계기로 새로운 전환기를 맞는 듯했으나 제도 야당이었던 민주당의 한계와 불법적으로 정권을 찬탈한 군부정권에 의해 민주주의가 좌절되었다. 한국 현대사를 관통하는 헌정 이념은 '자유민주주의'가 아닌 '반공주의', '발전주의', '권위주의'였다. 우리 헌정질서가 권위주의적 통치세력에 의해 작위적으로 변형, 파괴되어온 것이다.

오랜 권위주의 시기 동안 우리 헌정질서는 고질적인 두 가지 테제에 포위되어 있었다. 하나는 정치적 식민화를 자행해온 '반공 · 안보이데올로기' 테제이다. '반공'과 '안보'의 이름으로 국민기본권과 자유민주주의를 위한 정당한 저항이 탄압받았다. 또 다른 하나는 경제적 식민화의 폐해를 만들어낸 '성장주의' 테제이다. 이 성장주의는 비정상적 방법으로 노동자들의 피땀을 소수 재벌에게 전가하도록 만들었다. 노동배제를 골자로 하는 성장주의 이데올로기는 자유민주주의의 또 다른 핵심축인 균등한 분배 요구를 피하기 위한 민주헌정질서 '유보'의 한 축이었다.[3]

한국 사회는 인종학살만 발생하지 않았을 뿐이지 식민지배에 의한 질곡, 군부정권의 반헌정적 집권과 만행, 이데올로기에 따른 학살 등 세계 각국에서 발생한 반인도적·반민주적 국가(또는 식민지배) 폭력을 모두 경험하였다.[4] 이에 대한 청산 작업은 과거 1948년부터 박정희 정권까지 시도된 바 있지만, 결국은 통치체제의 정당성 확보 수단, 또는 정권의 정치적 도구화 등으로 과거청산 작업을 전락시킴으로써 좌절되었다. 친일의 그림자가 아직까지 우리 사회 곳곳에 드리우고 있는 것이 현실이다.

한국 현대사에서 본격적인 의미를 부여할 수 있는 과거청산 작업은 5·18 광주민주화운동 무력진압에 대한 '진상규명' 및 '책임자처벌' 요구를 들 수 있다. 과거청산이 '진상규명', '책임자처벌', '명예회복', '보상'(배상), '기념사업'을 핵심으로 한다고 볼 때, 20년에 걸친 5·18 과거청산 요구는 비록 한계는 있지만 책임자에 대한 사법적 처벌, 일부의 진상 공개, 관련 희생자 및 피해자들에 대한 명예회복과 배상,[5] 기념사업 등을 가능케 하였다.[6] 5·18 광주민주화운동의 명예회복 및 보상, 책임자 처벌이 본격화된 1990년대 말부터 관련단체와 민주화운동 진영으로부터 과거청산에 대한 요구가 봇물 터지듯 쏟아졌고, 2000년대는 말 그대로 과거사 정국이라고 할 만큼 외형상 폭발적 과거청산 국면을 이루었다. '민주화운동' 및 '과거사'와 관련하여 제정된 법령[7]만 해도 15개 이상이고 국정

---

[3] 권위주의 통치세력은 반공·안보이데올로기와 성장만능주의를 바탕으로 한편으로는 자유민주적 기본질서의 관철을 유보하기도 하였고, 다른 한편으로 파괴하기도 하였다. 이승만 정권기 '일민주의'의 미명하에 '반민주의'가 득세하였다. 박정희 정권 하에서 자유민주주의는 '반공도덕'과 '국민윤리', '총력안보체제'로 도배되었고, '한국적' 민주주의로 변질되었다. 전두환 정권 하에서 '민주 토착화', '복지국가 건설', '정의사회 구현', '국민정신 개조'라는 4대 국가지표는 반공주의, 발전주의, 국가주의의 수사(rhetoric)에 다름 아니었다. 노태우 정권기 역시 예외가 아니다. 우리 헌법이 보장하고 있는 '자유민주적 기본질서'가 과거 권위주의적 정권 하에서는 국제적 체면치레를 위한 임시방편에 불과하였고, 오히려 그 내면에서는 정권을 유지하는 데 귀찮고, 번거로운 존재였다(이영재, 2009).

[4] 정병준은 한국의 과거사 유산을 '제국주의 식민통치의 유산', '분단국가 형성·분단체제 고착기의 유산', '독재정권의 유산' 등으로 구분한다(2005: 128~138).

[5] 광주민주화운동에 대한 '보상' 작업은 1990. 8. 6. 민자당이 단독처리한 광주보상법에 근거하였다. 여기서는 1995. 12. 21. 제정된 5·18특별법 제6조 '광주보상법에 의한 보상은 배상으로 본다'는 규정에 따라 배상의 의미를 강조하기 위하여 '보상'(補償)이라는 용어 대신 의도적으로 '배상'(賠償)이라는 용어를 사용하였다. '배상'을 강조한 이유는 보상이 적법한 행정작용을 전제한다면, 배상은 국가권력의 위법한 행사를 전제하는 함의를 갖기 때문이다. 이에 대해서는 (이영재, 2004: 17.) 참조. 특히, 보상과 배상의 개념적 차이에 주목한 논의는 (박원순, 2001)을 참조.

[6] 5·18 과거청산 작업이 우리 사회의 민주주의 발전에 기여한 바는 민주법치국가의 원리를 확증하였다는 점이다. "국민투표를 거쳐 헌법을 개정하고 개정된 헌법에 따라 국가를 통치하여 왔다고 하더라도 그 군사반란과 내란을 통하여 새로운 법질서를 수립한 것이라고 할 수는 없으며, 우리나라의 헌법질서 아래에서는 헌법에 정한 민주적 절차에 의하지 아니하고 폭력에 의하여 헌법기관의 권능행사를 불가능하게 하거나 정권을 장악하는 행위는 어떠한 경우에도 용인될 수 없다(「선고 96도3376」 중)."

원, 경찰청, 국방부는 자체 진상규명(또는 조사)위원회를 설치하여 과거사 정리를 진행한 바 있다.

2 민주화보상법 제정의 의미

1. 법제화의 의미

과거청산을 위한 법제화 과정은 급격한 이행과정에서 성립된 혁명정부가 아니라면 왜곡된 '사실성'*Faktizität*에 대한 교정을 필요로 하는 국민적(또는 사회적) 타당성Geltung 요청을 중심으로 이루어져야 한다. 특히 우리 사회와 같이 협약적 이행을 경험한 국가에서 정부가 과거청산 입법을 주도할 경우 자칫 과거청산 작업이 보복정치를 위한 수단으로 전락할 수 있다.

민주화운동이 엄혹한 군부(권위주의) 정권에 저항하기 위하여 반합법, 비합법 형태로 전개되어 왔음을 감안한다면, 이를 제도적 차원에서 평가하고, 기념한다는 것이 어찌보면 역설paradox일 수도 있다. '제도화'라고 하는 것이 민주화운동을 주도했던 운동가들에게는 반감 그 자체로 다가올 수 있기 때문이다. 이런 감정이 드는 이유는 법을 관장하는 사법부가 헌법 파괴 행위를 정당화하는 도구적 수단으로 전락했던 비극적 경험[8]과 정치권력의 정당성을 강권적으로 조장하였던 파행의 기억이 주요 원인일 것이다. 우리 현대사에서 제도적 정치권력은 타도의 대상이었다.

---

[7] 2000년 이후 과거청산은 민주화보상심의위원회 외에도 다각도로 추진되었다. '의문사진상규명위원회'(00. 8.28~04.6.30), '친일반민족행위진상규명위원회'(05.5.31~09.12.), '친일반민족행위자재산조사위원회'(06.7.13 ~10.7.12), '군의문사진상규명위원회'(06.1.1~09.12.31), '거창사건등관련자명예회복심의위원회'(98.2.10~), '제주4.3사건진상규명및희생자명예회복심의위원회'(00.8.28~), '노근리사건희생자명예회복심의위원회'(04.8.25~), '일제강점하강제동원피해진상규명위원회'(04.11.10~09.3.23), '태평양전쟁전후국외강제동원희생자지원위원회' (08.6.18~), '삼청교육피해자명예회복및보상심의위원회'(04.8.30~), '특수임무수행자보상심의위원회'(05.2.17~ 09.12.31), '동학농민혁명참여자명예회복심의위원회'(04.9.17~), '진실·화해를위한과거사정리위원회'(06.4.25~ 10.6.10) 등이 있다.

[8] 소위 유신시대 직전에 법을 공부하기 시작하여 유신을 거치고 제5, 6공화국 시절을 법학교수로 지낸 나는 법에 대해서는 고통 이외에 아무것도 느낀 것이 없다. 1995년 7월, 검찰이 전두환 외 34명에 대해 공소권 없음의 불기소 처분을 했을 때 그 고통은 극에 이르렀다(박홍규, 1999: 355).

그렇지만, 5·18 광주민주화운동이 '민주화운동'으로 공식화된 것도 '법'을 통해서였고, 신군부의 행위가 '헌정질서를 유린한 범죄행위'로 규정된 것도 법을 통해서였다.[9] 또한 현재 진행되는 시기별, 사안별 과거청산 작업의 진행 역시 특별법의 제정을 통해 진행 중이다. 민주주의의 공고화가 진전됨에 따라 지배권력의 도구로서의 법 기능은 반비례적으로 감소한다. 정상적 민주법치국가에서 법은 사회의 안정화에 기여하는 기능적 수단임과 동시에 사회적 타당성, 즉 정당성에 기반하는 이중적 특성을 갖는다. 이렇게 본다면, 이제 우리 사회에서 '법'은 사회와 유리된 채 법실무가들에 의해 고안되는 일종의 발명품이거나 지배도구로 규정될 수 없다. 법은 사회적 연관 속에서 그 정당성을 확증한다. 민주법치국가에서 법은 국가영역과 (시민)사회를 매개하는 기능을 수행한다(Parsons 1971, Cohen&Arato, 1992., Habermas, 1996). 민주화의 공고화 정도에 따라 법은 시민적, 정치적, 사회적 권리의 확립투쟁과 나란히 지배와 피지배의 사회구조적 동학을 반영하게 된다.

법학에서는 '규범성', 정치학적으로는 '정당성'으로 표현되기도 하는 '타당성'은 비제도적 영역, 즉 시민사회(또는 생활세계)에 정박해 있으면서 사실성에 대한 승인과 저항의 준거를 형성한다. 이는 법학적 견지에서 '합법성'과 '정당성'의 원리로 설명되기도 한다. 타당성은 '헌법제정권력'pouvoir constituant[10]의 다른 표현인 국민주권에 근거한다. 우리가 타당성을 염두에 둘 경우 단순히 집권 중인 정치권력의 사실적 승인을 넘어서 그 정당성을 문제 삼을 수 있게 되며, 모든 '폭력적', '자의적' 지배를 '정당한' 지배 일반과 구분할 수 있게 된다. 국민은 법의 '수신자'임과 동시에 '저자'(Habermas)이다.[11]

이러한 전제를 바탕으로 여기서는 '법제화'를 과정적 의미에 중심을 두어 뒤틀

---

[9] 대법원은 12·12를 '군형법상의 반란'으로, 5·18 학살자들에 대해서는 '내란 및 내란목적 살인'으로 단죄하였다 (1997년 4월 17일, 「선고 96도3376」).

[10] 헌법제정권력의 유일한 담당자로서 등장하는 것은 인민 자신뿐이다(시에예스, 2003). 헌법은 그 어떠한 구성부분에서도 '헌법에 의해 제정된 권력'(강조-인용자)의 산물이 아니라 헌법제정권력의 산물이다. E. Sieyés, *Qu'est-ce que le Tiers état?*, Neudruck Genéve 1970, S. 180-181. 여기서는 Pasquino, 1988, p. 128 재인용. 헌법을 수호하기 위한 저항권의 행사가 정당화되는 것도 헌법제정권력으로부터 기인한다.

[11] 우리 헌법은 국민(인간)의 존엄과 가치 존중을 규율함으로써 법의 수신자로서의 국민을 보호한다. 헌법에서 말하는 '인간의 존엄과 가치 존중'에 관한 규정은 행정부에서는 행정행위를 함에 있어서 인간의 존엄과 가치를 침해할 수 없고, 입법부에서는 헌법에서 규정한 인간의 존엄과 가치 존중을 침해하는 법률을 제정할 수 없으며, 사법부에서는 국가권력이 부당하게 인간의 존엄과 가치를 침해하지 않도록 법률과 양심에 따라 공정하게 재판을 하도

린 진실(사실성)을 바로 잡기 위한 저항,[12] 군부독재정권에 대한 민주화투쟁과 같은 비제도적 영역에서의 타당성 요청과 이에 대한 제도적 입법과정을 포괄하는 의미로 사용한다. 따라서 법제화는 제도적 입법과정(의회)을 의미하는 좁은 의미 규정을 넘어, 실정법의 법적 구속력에 대한 사회적 타당성의 문제제기와 수용의 과정 즉, '반성'의 계기를 포괄하는 확장적 의미도 쓰일 수 있다. 이렇게 볼 때, 민주화운동에 대한 명예회복 및 보상의 요구는 사회적 타당성 요청의 제도화, 즉 법제화 과정임과 동시에 타당성에 근거한 사실성의 재확정을 겨냥한다.

2. 법 제 화 과 정

1997년 3월 6일 성공회 성당에서 '민족민주열사희생자추모단체연대회의'(이하 추모연대) 주최로 '민주화운동과 민족민주열사 희생자 명예회복에 대한 1차 학술세미나'가 개최되었다. 과거청산 과제로서 민주화운동 관련 명예회복과 의문사 진상규명을 위한 학술세미나가 6월과 9월에 걸쳐 열렸다. 진보적 지식인들의 학술활동을 통한 사회 공론화 작업과 함께 제반 사회단체들의 노력에 힘입어 추모단체연대회의(이하 추모연대)는 97년 송년모임에서 98년 차기 사업의 중심으로 의문사 진상규명 활동을 위한 법제정을 결의하였다.

1998년 4월부터 서울역에서 시작된 '민족민주열사 명예회복과 의문의 죽음 진상규명을 위한 대국민 캠페인'이 시작되었다. 일요일만을 제외하고 약 7개월 동안 광주, 대구, 부산, 제주 등지에서 동시다발적으로 진행되었다. 이신범 의원 외 27명의 공동발의로 1972년 10월 17일부터 1987년 6월 29일까지의 민주화운동 피해자들에 대한 명예회복 및 생활지원을 위한 '민주화운동관련자의명예회복및예우등에관한법률안'이 7월 30일 발의되었다. 같은 해, 8월 향린교회에서는 '민족민주열사명예회복 의문사 진상규명 특별법 제정을 위한 범국민추진위원회'가 결성되었다. 9월 1일 2차 학술회의를 통해 '민주화운동관련유공자명예회복및예

록 강제하는 국가권력을 구속하는 직접적 효력규정이다(최용기, 1999: 115-116).

[12] 법과 정치는 끊임없는 적응과 수정(반성-인용자) 속에서 파악되는 만큼, 당장은 불복종으로 보이는 것이 조만간 시정과 쇄신을 위한 선도차가 되기도 하는 까닭이다. 이 점은 우리의 최근 헌정사의 체험을 통해서 수없이 증명되었다(박은정, 1995: 19).

우등에관한법률', '의문사진상규명을위한특별법' 등 두 가지 법률 시안이 발표되었다. 보름 뒤인 9월 15일에는 특별법 제정을 위한 국회청원이 있었다. 그 후 법제정의 진척이 없자 유가협과 추모연대는 11월 4일부터 여의도에서 '민족민주열사 명예회복과 의문의 죽음 진상규명 특별법 제정을 위한 국회 앞 천막농성'을 무려 422일간 진행하였다.

1999년 들어 유가협과 추모연대는 특별법 제정 중간 보고대회 및 범국민추모사업회 설명회를 개최하고, 민족민주 진영의 연대를 호소하였다. 다른 한편으로는 지속적으로 대국회 투쟁을 벌여나갔다. 그러던 중 5월 '민주화운동관련유공자명예회복및예우에관한법안'이 국가보훈처의 반대로 국회에 계류 중인 상황에서 국민회의 측의 수정안(정부부처의 반대로 법안제정이 현실적으로 어려움으로 유공자 부분을 제외한 5·18 특별법 수준의 법안으로 재추진)이 제시되었고, 유가협은 회의를 소집하여 이를 조건부로 받아들이기로 결정하였다. 이후 7월 8일 '민주화운동관련자명예회복및보상등에관한법률안'이 유선호 의원 외 91명의 국민회의 소속 국회의원들 명의로 국회에 제출되었다. 두 법안은 1999년의 막바지인 12월 28일 국회 본회의에서 의결되었고, 12월 30일 유가협은 천막농성 해단식을 가졌다(이영재, 2005: 375~378).

2000년 1월 12일 민주화보상법이 공포되었다. 2000년 3월 2일 민주화보상법과 의문사특별법의 올바른 시행을 위한 제 단체 대표 및 집행책임자회의를 유가협, 추모연대, 민주노총, 전국연합 등 9개 단체가 한우리교회에 모여 가졌다. 이 자리에서 '(가칭)민주열사명예회복 의문사진상규명 민간위원회' 건설에 합의하고, 구체적인 준비를 위한 소위원회를 구성하였다. 2000년 3월 21일 제 단체 집행책임자회의를 갖고 '(가칭)민주화운동정신계승국민연대'(이하 계승연대) 결성에 합의하고, 4월 6일 발족하기로 하였다. 2000년 3월 30일 기독교회관 2층 강당에서 유가협, 추모연대, 민주노총, 전국연합 등 16개 단체가 참석한 가운데 1차 대표자회의가 열렸고, 조직 구성안과 사업계획, 시행령 안 등에 대해서 논의하였다. 이회의 이후 계승연대와 민주화보상지원단이 민주화보상법 시행령 안에 대한 공청회를 개최하여 의견 수렴 작업을 진행하였다.

이후 민주화보상법 시행령 작업에 계승연대가 주도적으로 참여하였다. 당시 계승연대 상임공동집행위원장에는 박원순 변호사, 민주노총의 이수호 사무총장,

전국연합의 한충목 목사가 참여하였다. 핵심적인 실무 역할은 최민 대표가 하였다. 이 외에 시행령 개정작업에는 계승연대 결성과정에서 실무역으로 활동한 박래군 전 유가협 사무국장과 성공회대의 정해구 교수, 이덕우 변호사, 정태상 변호사, 전교조 조호원, 이병주 교사, 관계자 원회추 등이 도움을 주었고, 지원단에서는 조명우 지원과장이 참여하였다. 2000년 4월 11일 시행령안이 입법 예고되었고, 4월 19일 초대 지원단장 김광준 단장이 임명되었다. 2000년 7월 10일 민주화보상법 시행령이 공포되고, 2000년 7월 28일 지원단이 인력을 보강하여 1단장 2과 6계, 6개 분야 전문위원 체제를 갖추고 본격적인 활동을 시작하였다. 제1차 본위원회의 심의는 2000년 8월 9일부터 시작되었다. 초대 위원장은 이우정 위원장이었다.

3. 민주화보상법의 적극적 해석

한국 사회의 기존 과거청산 작업이 '일제하 반민족행위', '이승만 정권 집권시 부정', '제주 4 · 3', '5 · 18 광주', '거창' 등 일정한 시기와 대상에 한정되어 있었던 반면, 민주화보상법은 제2조에서 보듯이 1964년 3월 24일[13] 이후 권위주의적 통치에 항거한 학생, 노동, 교육, 재야, 언론, 농민, 빈민, 통일운동 등을 포괄하는 광범위성을 특징으로 한다.

시기와 대상의 포괄성은 당연히 민주화보상법에서 정의하는 '민주화운동' 등 핵심개념의 광범위한 함축으로 이어진다. 민주화보상법 제2조는 항거대상을 '권위주의 정권'이 아닌 '권위주의적 통치'로 규정하고 있기 때문에 군부정권으로 상징되는 '권위주의 정권'에 의한 통치뿐만 아니라 민주화 이행과정에서 나타날 수

---

[13] 제2차 법개정(2007년 1월 26일) 전까지는 1969년 8월 7일 이후로 시기 규정을 두었다. 당시는 논란 끝에 제6차 헌법개정인 3선 개헌안을 국회에서 발의한 날짜를 시기로 잡았다. 종기에 대해서는 ① 현행 헌법개정시점(1987년 10월 29일), ② 문민정부 이전까지(1992년 2월) ③ 국민의 정부 수립 이전(1998년 2월), ④ 본 법의 제정 이전까지(2000년 1월) 등의 의견이 있었으나 현행법에서 종기는 규정하지 않았다. 이에 대하여 이상수 의원은 "민주화운동의 시기와 종기를 두지 않은 이유는 여러 가지 불필요한 오해 때문이었다. 시기와 종기를 두면 특정시기나 특정정부를 특별한 의미로 평가하는 의미가 되기 때문에 차라리 민주화운동이라는 개념으로 그 범위를 정하자, 이런 의도에서 시기와 종기를 뺐다"(이상수, 제206회 국회행정자치위원회 회의록, 1999. 8. 9.)고 그 의미를 밝힌 바 있다. 제2차 법개정 과정에서 1964년 3월 24일로 시기를 개정한 것은 '6 · 3 사건'을 기준으로 한 것이다. 당시 계승연대는 1961년 5월 16일 '군사쿠데타'를 시기로 삼을 것을 주장했으나 정치권의 합의과정에서 1964년으로 결정되었다. 권위주의적 통치시기를 산정하는 데 있어 상식적으로 권위주의 통치의 개시일을 기준으로 삼는 것이 타당하다는 여론이 지배적이었으나 1964년으로 결정된 것은 여 · 야의 정치적 타협에 따른 결과였다.

있는 권위주의적 잔재에 의한 '통치'까지도 포함하고 있다. 실제로 문민정부 등장 이후에 해당하는 신청사건의 상당수가 민주화운동으로 인정되었다.[14]

민주화보상법은 민주화에 기여 여부를 규정함에 있어 민주헌정질서와 국민의 기본권 확립에 대한 기여를 전제로 하기 때문에 다양한 부문에서 전개된 민주화 운동을 포괄할 수 있는 근거 또한 규정하고 있다. 우리 헌법이 국민의 기본권에 대해 인간으로서의 존엄과 가치, 행복추구권 등을 의미하는 포괄적 기본권에서 부터 평등권, 자유권적 기본권, 경제적 기본권, 정치적 기본권, 청구권적 기본권, 사회적 기본권 등을 규정하고 있음을 염두에 둔다면, 민주화보상법은 협소한 의미의 민주화운동, 즉 군부독재에 항거한 학생 또는 재야인사들의 투쟁이라는 통념을 넘어서는 포괄적 함의의 개념 규정력을 갖는다.

최근 20세기 이후의 기본권 관련 보장의 중심축은 자유권 중심에서 사회권으로 옮겨 가고 있다. 사회권으로 기본권의 비중이 높아지는 것에 상응하는 국가, 즉 국민의 자유뿐만 아니라 모든 계층, 특히 물질적으로 혜택을 받지 못하는 자에게도 인간다운 생활을 하게 하는 것을 사명으로 하는 것이 현대 국가의 흐름이다(정연철, 2004, 65~69쪽). 권리 내용의 측면에서 자유권적 기본권은 자유의 보장을 목적으로 하고, 사회권적 기본권은 생존을 보장을 목적으로 하는 차이가 있으나 자유와 생존은 서로 분리되어 상충되는 별개의 개념으로만 파악할 수 있는 것이 아니다. 자유가 목적이라면, 생존은 수단의 관계로 상보적 관계를 맺는다고 할 수 있다.

따라서, "자유와 생존은 서로 분리되어 상충되는 별개의 개념이 아니라 전자는 목적이 되고, 후자는 수단인 관계로 파악하는 것이 현대사회 국가의 헌법체계와 부합할 것이다. 따라서, 오늘날 사회적 약자에 대한 생존권 보장 또는 사회보장 없이 그들의 자유는 최대한 보장되지 않는다는 점, 사회보장을 받을 권리는 인간다운 생활을 할 권리를 구체화시키는 헌법적 권리이고, 이는 다시 헌법 제10조의 인간의 존엄성과 행복추구권의 보장을 위한 수단적 기본권임을 상기해본다면, 생존권의 보장이 종국적으로 자유권의 확보를 위해 필요하다"(윤석진,

---

[14] 문민정부 시기 사건 중 민주화운동 관련성을 인정받은 사안들은 "5·18 특별법 제정 촉구", "광주민주화운동 무력진압 책임자 처벌 및 진상규명" 요구 등 권위주의적 잔재 청산을 주장했던 경우와 "제14대 대선자금 공개 및 부패정치 청산요구", "노태우 비자금 조성에 대한 항의", "한보철강 특혜대출사건"에 대한 진상규명을 요구한 행위 등이 있다.

2006, 73쪽).

비록 생존권 요구라 하더라도 그 목적이 사회권의 사회적 공고화에 기여하고자 하는 것이 아니라 이익추구를 위한 경우 자유권과 충돌이 불가피하게 발생하며, 이 경우 공익적 기여보다는 사적 권리 다툼이 주를 이루게 되는 바 민주화운동 해당성을 인정하기 어렵다 할 수 있다. 그러나 신청인 등의 행위가 권위주의적 통치에 대한 항거 또는 헌법이 보장하는 사회권의 구체적 구현에 기여한 행위일 경우 이익추구 행위와 달리 자유권과 상보적 관계로 파악될 수 있으며, 이럴 경우 민주화보상법 제2조의 적용 여부를 검토할 수 있게 된다.

이에 더해 항거의 규정에 있어서도 시행령 제2조가 '국가권력이 학교, 언론, 노동 등 사회 각 분야에서 발생한 민주화운동을 억압하는 과정에서 사용자나 기타의 자에 의하여 행하여진 폭력 등에 항거함으로써 결과적으로 국가권력의 통치에 항거한 경우'[15]를 포함하고 있기 때문에 민주화운동을 정의하는 현행법의 규정은 실질적 차원의 민주화운동, 즉 절차적 민주주의의 관철 이후 민주화 이행과정에서 전개된 부문운동까지 포괄할 수 있는 개념적 포용력을 갖는다고 볼 수 있다.

민주화보상법에 대해 법조계 일각에서는 저항권적 함의의 법적 정립으로 해석하기도 한다. 현재도 엄존하는 국가보안법과 집시법 등을 염두에 둔다면, 자유민주적 기본질서를 문란하게 하고 국민의 기본권을 침해한 권위주의적 통치에 항거하는 과정에서 사망 또는 부상을 당하거나, 유죄판결, 해직, 학사징계의 피해를 입은 분들에 대하여 명예회복 조치를 취하고, 보상하는 작업 자체가 저항권을 용인하지 않고는 법 논리적 모순에 빠지기 때문이다. 또한 민주화보상법상 민주화운동 판단의 핵심기준을 '권위주의 통치에 항거하여 민주헌정질서 수호에 기여한 활동'으로 규정하고, 민주화운동을 헌법수호활동으로 이해하는 견해[16]도 있다.

---

[15] 시행령 제22조의 내용과 관련하여 시민단체와 공무원들의 이견이 있었다. 당시 공무원들은 '학교', '언론', '노동' 등 구체적 분야를 나열하는 것에 반대했다. 이 분야를 나열하는 조건으로 '사용자나 기타의 자에 의하여'가 추가되었다.

[16] "생각해보면, 우리나라에는 헌법은 말로만 있었을 뿐이지(명목적 헌법), 규범적 의미는 없었다고 할 수 있다. 과거에 비하면 현재는 상대적으로 헌법의 규범성을 많이 확보한 상태이다. 이렇게 낮은 수준의 헌법을 높은 수준의 헌법으로 변모시킨 모든 노력을 우리는 '민주화운동'이라고 말할 수 있을 것이다. 이런 취지를 갖고 있는 이 보상법은 내용적으로 볼 때, 우리 헌법의 내용들을 메워 나가는 법이라는 점을 발견하게 된다 … 왜곡된 헌정사를 바로잡기 위한 일환으로 이 기간 중에 희생된 사람들의 억울한 형편을 바로 잡기 위한 일환으로 이 기간 중에 희생된 사람들의 억울한 형편을 바로 잡아 향후의 민주화발전의 기틀을 확고히 하는 것이 이 법의 목적이자 취지로 이해

3 민주화보상심의위원회 주요 현황

1. 위원회 심의 현황

민주화보상심의위원회는 「민주화운동관련자명예회복및보상등에관한법률」 제정(2000. 1. 12. 법률 제6123호)에 따라 설치되어 2004년,[17] 2007년[18] 두 차례의 법률 개정을 통하여 현재에 이르고 있다. 위원회 초기에 해당하는 제1차 및 제2차 신청접수 건은 총 10,807건(보상 1,295건, 명예회복 9,512건)이었으며, 2004년 법 개정 후 추가 접수된 제3차(2004. 7. 1.~8. 31.) 및 제4차(2004. 10. 1.~12. 31.) 신청접수 건은 1,183건(보상 244건, 명예회복 939건), 제5차 신청접수 건은 1,366건으로 2010. 9. 14. 현재 총 13,360건이 위원회에 신청접수 되어, 약 92%(12,311건)가 심의완료되었다(〈표 - 24〉 참조).

된다"(강경선, 2003: 48).

[17] 2004. 3. 27. 개정된 민주화보상법의 주요 내용은 다음과 같다. 가. 민주화운동관련자명예회복및보상심의위원회는 민주화운동과 관련하여 유죄판결을 받은 자와 이로 인하여 자격이 상실 또는 정지된 자에 대해서 특별사면과 복권을 건의하거나 민주화운동과 관련하여 작성·관리되고 있는 관련자의 전과기록을 삭제 또는 폐기할 것을 요청할 수 있도록 함(법 제5조의3). 나. 민주화운동관련자명예회복및보상심의위원회는 국가, 지방자치단체 또는 사용자에게 해직된 민주화운동 관련자의 복직을 권고하거나 해당 학교에 관련자의 민주화운동과 관련된 학사징계기록 말소 등을 권고할 수 있도록 하고, 민주화운동 관련자에 대한 차별대우 및 불이익행위를 금지하도록 함(법 제5조의4 내지 제5조의6 신설). 다. 민주화운동 관련자의 사망·상이 당시의 월급액 등과 보상결정 당시의 월급액 등 사이에 현격한 차이가 있을 때에는 보상금을 조정·지급할 수 있도록 함(법 제7조의2 신설). 라. 민주화운동을 이유로 30일 이상 구금된 자와 민주화운동과 관련하여 상이를 입은 자로서 상이보상금을 받지 못한 자에 대하여 생활지원금을 지급할 수 있도록 함(법 제9조제1항). 마. 보상금 등의 지급신청 기한을 종전 2001년 12월 31일에서 2004년 12월 31일로 연장함(법 제10조제2항).

[18] 2007. 1. 26. 개정된 민주화보상법의 주요 내용은 다음과 같다. 가. 민주화운동의 시기를 1964년 3월 24일부터로 확대하고, 민주화운동의 정의와 관련하여 '헌법이 지향하는 이념과 가치의 실현' 부분을 삽입함(법 제2조 개정). 나. 위원회 업무를 보좌하기 위하여 상임조사위원 1인을 두기로 함(법 제5조의 3-4. 신설). 다. 명예회복 후속조치의 실효성 제고를 위하여 복직의 권고(법 제5조의4)와 관련하여 권고를 받은 기관의 장은 그 권고사항을 존중하고 이행하기 위하여 노력하여야 하고, 그 권고내용의 이행 여부를 3개월 이내에 위원회에 문서로 설명하여야 하고, 권고내용을 이행하지 아니한 때에는 그 이유를 기재하여야 함(법 제5조의4. ②, ③). 라. 위원회 결정의 일관된 기준 적용 등을 위하여 1회에 한하여 '직권재심'을 함(법 제5조의7. 신설). 마. 보상의 실효성 제고를 위하여 '기치료비'를 지급함(법 제8조의③. 신설). 바. 해직자 생활지원금 지급 및 해당 유족까지 생활지원금을 지급함(법 9조 관련 조항 신설).

표-24_ 민주화보상위원회 심의현황(2010년 9월 17일 기준)

청구내역 / 심사결과	계	보 상			명 예 회 복			
		소계	사망	상이	소계	유죄판결	해직	학사징계
신청건수	13,360	1,761	350	1,411	11,599	7,679	3,314	606
심의건수(92.1%)	12,311	1,571	288	1,283	10,740	7,065	3,100	575
인 용(76.9%)	9,472	767	117	650	8,705	6,137	2,256	312
기 각(23.1%)	2,839	804	171	633	2,035	928	844	263

참고적으로, 현재까지 위원회에서 심의 의결한 주요 사건은 다음과 같다. 단, 아래의 예시는 개별사안(사망건 포함)은 생략한 것이며, 인정 여부 또는 사건발생 시점으로 정리한 것이 아니라 심의된 주요사건을 나열한 것이며, 편의상 2인 이상의 사건을 중심으로 예시한 것이다.

- **정치분야** : 한일회담반대, 한일국교정상화반대, 3선개헌반대, 반유신투쟁, 반전두환·반노태우투쟁, 3당 합당반대, 5·18특별법제정촉구, 광주학살책임자처벌요구, 부마항쟁, 87년 6월 투쟁, YWCA위장결혼식사건, 민주회복국민회의사건, 김대중내란음모사건, 구로구청부정투표항의, 14대 대선자금공개요구시위 등

- **학원분야** : 교련·전방입소반대, 녹화사업거부, 민주교육지표사건, 민중교육지사건, 전국교직원노동조합결성관련해직사건, 학원민주화시위, 부산동의대사건, 교수협의회 사건, 유치원강사노조, 교육민주화선언, 국립사범대학교교원임용제외사건, 들불야학사건, 부산고교협사건, 학원안정법반대시위, 민족민주교육투쟁위원회 사건, YMCA중등교육자협의회사건, 부산구덕고교육민주화시위, 미문화원방화(광주, 부산, 서울)사건, 민정당연수원점거사건, 6·3외대사건, 주한미상공회의소점거사건, 사학민주화(청구상업, 부산경희여상, 창녕여중고, 경남실고, 덕원공고, 대전혜천여중고, 경기상고 등), 전주교대총학생회사건 등

- **언론분야** : 동아일보·조선일보기자해직사건, 자유언론실천운동사건, 언론검열거부운동, 80년 정화조치에 따른 해직사건 등

- **노동분야** : 위장취업, 80년노동계정화사건, 80년공무원정화조치사건, 근로복지공단, 국민연금관리공단, 청계피복, 동일방직, 반도상사, YH, 원풍모방, 해태제과, 콘트롤데이타, 대우어패럴, 아폴로제화, 영창악기, 동원탄좌, 삼척탄좌, 서통, 한미

은행, 전국자동차노조, 현대중공업, 부흥사, 원진레이온, 세일중공업, 통일, 우성택시, 택시노련, 구로노동자파업, 서울지하철, 임금가이드라인 반대시위, 마창노련, 전국금융노조, 삼익악기, 한국TC전자, 한창, 대우정밀, 대우자동차, 효성물산, 태창메리아스, 남화전자, 무궁화메리아스, 금호타이어, 현대자동차, 대우조선, 대일화학, 롯데제과, 풍산금속 등

- **사회분야** : 음반및인권영화제작 · 상영, 민미협, 카톨릭농민회, 수세폐지시위, 농축산물수입개방반대, 우루과이라운드반대, 병영민주화, 부천성고문규탄시위 등
- **국보법 조직사건** : 이적표현물제작및소지, 부림사건, 검은10월단사건, 전남대함성지사건, 김정사사건, 서울의대사회의학연구회, 문인간첩단사건, 한울회사건, 횃불회사건, 수주방사건, 오송회사건, 민청학련사건, 크리스챤아카데미사건, 인천5 · 3사건, 의병회사건, 전민노련, 전민학련사건, 전학련, 민학련, 삼민투위사건, 애국군인사건, 민족해방운동사그림사건, 일터사건, 서울대자민투사건, 연대반미구국학생동맹사건, 강원대자민투사건, 고대민우지사건, 애국학생회사건, 애학투련사건, 참세상청년회, 구학련사건, 민민투사건, 전대협, 동국대민족민주전선, 전북노동현장활동가사건, 제헌의회사건, 전정신사건, 혁노맹사건, 불꽃그룹사건, 청주대임혁정사건, 민학투련(한남대, 계명대, 단국대), 공주대금강회사건, 국민대북악사건, 안양민주노동자그룹사건, 북한바로알기, 인혁당사건, 남민전사건, 사노맹사건 등

민주화보상심의위원회의 운영구조는 〈그림 – 2〉에서 보는 바와 같이 5개의 분과위원회와 지원단, 본위원회로 구성되어 있다.

그림-2_ 민주화보상심의위원회의 운영구조

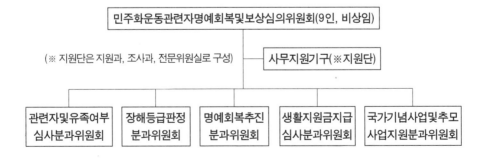

민주화보상법이 정한 신청접수 기간에 신청인들이 거주지 시·도 자치행정과에 신청접수하면, 신청사건은 해당 시·도 담당공무원의 사실조사를 거쳐 위원회로 이첩된다. 위원회 조사과의 사실조사 후 전문위원실에서 사건의 성격을 규명하고, 그 중 명예회복(유죄판결, 해직, 학사징계) 신청사건의 경우 관련자및유족여부심사분과위원회의 심의를 거쳐 본위원회에서 결정한다. 보상(사망, 상이, 행방불명) 신청사건의 경우도 동일하지만, 본위원회 심의 전후 장해등급판정분과위원회에 회부되는 점에서 차이가 있다. 보상사건의 경우 관련자 인정 후에는 외부검진기관의 검진을 통하여 장해등급을 판정한 후 장해등급판정분과위원회에서 이를 확정한다. 최종적으로 본위원회에서 민주화운동 관련자로 인정된 경우 생활지원금 지급 신청요건에 맞추어 생활지원금지급심사분과위원회에서 심의 후 본위원회에서 지급결정을 한다. 명예회복추진분과위원회에서는 복직권고, 전과기록 말소 등 명예회복 후속조치 권고 업무 등을 담당한다. 국가기념사업및추모사업지원분과위원회에서는 기념공원 등 기념사업과 관련한 결정을 하여 본위원회에 해당 안건을 회부한다.

2. 명예회복 후속조치 현황

위원회는 민주화운동 관련자로 인정된 명예회복 대상자에 대해 민주화보상법 제5조의 3.~5.에 근거하여 다음의 〈표-25〉부터 〈표-26〉에서 보듯이, 「유죄판결자 전과기록 삭제」, 「학사징계자 징계기록 말소」, 「해직자 중 복직희망자 복직권고」 등의 후속조치를 시행하고 있으나, 법률적 강제력이 없는 '권고' 사항이기 때문에 실질적 성과는 미미한 상황이다.

표-25_ 전과기록 삭제 권고 현황

(2009. 11. 현재, 단위 : 명)

조 치 결 과					
말 소 요 청		처 리 완 료		미 처 리	
인 원	건 수	인 원	건 수	인 원	건 수
3,784	4,810	0	0	3,784	4,810

표-26_ 학사징계 말소 권고 현황

(2009. 11. 현재, 단위 : 명)

구 분	희망자(명)	처 리 결 과(건)			
		권고(건)	수용	불수용	미회보 등
계	384	504	405	29	70
학사징계기록 말소		316	263	6	47
복 학		36	26	4	6
명예졸업장 수여		152	116	19	17

(※ 학사징계기록 말소, 복학, 명예졸업장 수여의 중복 희망자가 있어 희망자수와 권고건수 상이)

표-27_ 복직희망자 복직 권고 현황

(2009. 11. 현재, 단위 : 명)

복직권고 희망자	수 용	불수용	폐 업	복직유예 등 기타	미회신	회신기한 미 도 래
398	30	160	70	28	84	26

앞선 〈표 - 25〉의 전과기록 말소 권고 요청 건수와 〈표 - 24〉 유죄판결 관련 인정건수(6,019건)와의 차이는 민주화보상심의위원회가 지난 2004년 9월 21일 법무부에 3,784명(4,810건)에 대한 전과기록 말소를 요청할 당시의 통계에서 한 단계도 진척을 보지 못했기 때문이다. 법무부의 답변(2005년 6월 20일)은 위원회의 삭제·폐기요청이 '형의실효등에관한법률' 제8조 소정의 전과기록 삭제·폐기사유에 해당되지 않아, 즉 법률적 근거가 없음으로 불가하다는 것이다. 광주민주화운동의 경우 형의실효등에관한법률의 시행령 부칙[19]에 명기함으로써 전과기록 등을 삭제한 바 있어, 민주화운동의 경우 민주화보상법 자체에 규정하는 것으로 해결책을 찾을 수 있을 것으로 보았으나, 2007년 법 개정시 이 조항이 신설되지 못하였다. 현재로서는 '형의실효에관한법률시행령' 개정 또는 민주화보상법의 개정 또는 특별법 제정 없이는 전과기록의 삭제가 불가능한 상황이다.

명예회복 후속조치 중 학사징계 말소 권고가 그나마 성과를 보이고 있다. 위원회가 관련자들의 희망 여부를 조사하여 총 504건(384명)을 해당 학교에 권고하여 405건이 수용되었고, 29건이 미수용(70건 미회보)되었다. 구체적으로는 학사징계

---

[19] 형의실효등에관한법률 시행령 부칙(제13973호, 1993. 9. 4) ②(경과조치)는 "수형인명부 및 수사자료표의 관리청은 이 영 시행과 동시에 광주민주화운동과 관련되어 작성된 수형인명부와 수사자료표의 해당란을 지워 없애야 한다"고 규정하고 있다.

기록 말소가 263건, 복학이 26건, 명예졸업장 수여가 116건 수용되었다. 이러한 배경에는 교육부가 2004년 12월 23일 각급 학교에 이에 대한 시행지침을 시달한 것이 유효하게 작용하였다. 교육민주화운동과 관련한 명예회복 작업에 대한 평가는 후술하고 있다.

4 민주화보상법의 한계

1. 명예회복의 현실

민주화보상법의 제정은 정치·사회적 민주주의의 확산과 아래로부터의 요구로 가능했다. 민주화보상법의 제정 목적은 "이 법은 민주화운동과 관련하여 희생된 자와 그 유족에 대하여 국가가 명예회복 및 보상을 행함으로써 이들의 생활안정과 복지향상을 도모하고 민주주의 발전과 국민화합에 기여함을 목적(제1조)"으로 한다. 다시 말해 민주화보상법은 첫째, 민주화운동의 피해에 대한 명예회복 및 보상, 둘째 민주주의 발전과 국민화합에 기여하기 위하여 제정되었다.

그러나 민주화보상법 제정 10년이 지난 오늘날 이 두 가지 목적은 모두 소기의 성과를 거두지 못하고 있다. 그 이유는 민주화보상법 자체의 한계에서 야기되는 구조적 차원과 위원회 활동의 소극성에서 비롯되는 주체적 차원에서 찾을 수 있다. 민주화보상법의 한계에 대해서는 '2. 내재적 한계'에서 살펴보고, 이 절에서는 위원회 활동의 소극성에서 비롯된 문제점들을 짚어보고자 한다.

위원회의 민주화운동 관련자 인정결정의 의미는 무엇인가? 이는 위원회의 인

해직교사 명예회복 촉구대회

정결정으로 종결되는 문제가 아니라 민주주의 발전과 국민화합을 위한 적극적 조치를 취함으로써 가능해질 수 있다. 대국민 홍보, 권위주의 통치 당시의 왜곡된 보도에 대한 수정, 사법적 판단에 대한 반성 촉구, 국가적 성찰의 계기 마련 등 위원회의 실질적 역할은 명예회복 인정결정 이후가 더 중요하다. 한국의 민주화 이행이 권위주의 통치 세력이 온존하는 방식의 협약적 이행이었고, 과거 군사정권의 반공이데올로기의 강력한 작동에 따른 부작용을 감안해본다면 위원회의 적극적인 현대사 교정 노력은 중요한 의무이다.

이러한 차원에서 볼 때, 과거사 정리를 통한 '명예회복'은 단순한 인정결정을 넘어 보다 포괄적으로 재정의 될 필요가 있다. 그 수준과 관련하여 폭도, 빨갱이 오명 벗기와 같은 소극적 차원으로부터 민주화 유공, 국가 유공이라는 적극적 차원까지 구분해볼 수 있고, 형태와 관련해서는 법적, 정치적, 사회적, 역사적 명예회복 등으로 구분해볼 수 있다. 방법적 측면에서는 경제적 보상, 헌법 또는 역사서, 교과서 등의 교정에 따른 제도적 조치, 공식적 기억의 조치 등으로 구분해볼 수 있다. 그러나 민주화운동 관련자에 대한 명예회복은 소극적 차원의 명예회복부터 막혀 있고, 법적·정치적·사회적·역사적 명예회복의 측면에서는 관련 학계나 시민사회가 평가할 수 있는 내용이 거의 없다. 위원회는 10년여 기간 동안 내부의 결정 내용을 공개하거나, 소식지, 자료집, 보고서 등의 형태로 국민과 소통하려는 노력을 하지 않았다. 2005년 12월 발간한 「민주화운동백서」가 유일하다.[20]

전교조 인정결정 직후 언론의 보도 내용은 사회적 파장을 촉구(?)하는 내용이 주를 이루었다. "전교조 활동에 대해 민주화운동이 인정됨에 따라 당시 해직됐던 교사 1139명은 명예회복은 물론 현재 국회에 제출된 보상금 지급에 관한 법 개정안이 통과되는 대로 피해보상을 받을 수 있게 됐다. 전교조 해직교사들에 대해 민주화운동 관련자 인정 및 보상이 확정됨에 따라 정부가 불법단체로 규정한 전국공무원노동조합(전공노)의 활동 등에도 큰 영향을 미쳐 향후 큰 파장이 예상되고 있다. 공무원인 교사들의 교권과 교육방침을 둘러싼 운동에 대한 민주화운동

---

[20] 정부는 훈령으로 '과거청산후속조치 기획단'을 설치하였으나 그 성과는 예상보다 훨씬 저조했다. 과거사 관련 위원회들의 후속조치와 관련한 주요 권고 내용을 살펴보면 다음과 같다. 국가사과 권고에 대한 각 기관의 평균이행률은 29.0%, 법령정비 권고에 대해 36.4%, 손해배상 피해구제 권고 등에 대해 8.7%, 위령지원사업 권고에 39.9%에 불과하였다(한성훈. 2010. 123쪽).

을 인정함에 따라 보수성향의 단체 등의 반발 등 사회적으로 큰 파장이 일 것으로 전망된다."(2002. 4. 27. 문화일보)

언론의 주요 보도 내용은 위원회 결정의 의미와 주요 논거에 대한 설명이 아니라, 전교조 인정결정과 보상문제를 직결시키고, 사회적 파장을 예견하는 것이었다. 이는 주요 사건에 대한 심의 후 위원회의 최소한의 역할인 언론 대응의 소극성이 작용한 결과이기도 하다. 이러한 소극성은 사회적 논란을 가중시켰고, 최근 국가정체성위원회 등의 민주화운동 시비를 불러오는 빌미가 되었다. 당시 동아일보의 사설은 위원회의 심의 무용론까지 제기하고 있다.

이런 '민주화 심의' 왜 하나

민주화보상심의위원회의 활동에 논란과 반발, 물의가 거듭되는 것은 우리 사회가 오랜 세월 지향해왔던 민주화 가치에 대한 인식 혼란을 가져온다는 점에서 매우 유감스러운 일이다. 자칫 '민주화가 도대체 뭐란 말이냐' 식의 냉소와 반감이 확산된다면 그것은 민주화운동 보상심의의 본래 취지와는 전혀 다른 부정적 결과를 초래할 것이다. 민주화운동에 대한 보상은 민주화가 사회공동체의 발전을 가져왔다는 국민적 공감대에서 가능하다. 민주화의 혜택을 공유한다고 인정한다면 민주화를 위해 헌신하고 희생한 사람들에게 그에 합당한 보상을 하는 것은 사회적 의무이기도 하다. 문제는 다수 국민이 공감할 수 없는 기준에서 민주화운동 여부가 결정될 때 민주화는 왜곡되고 보상은 '진정한 민주화유공자에 대한 모독'으로 전락할 수 있다는 것이다.

지금의 민주화운동 심의가 안고 있는 가장 큰 문제점은 심의위원회가 여론을 수렴하고 국민적 공감을 검증할 수 있는 아무런 법적 기준이나 제도적 장치를 갖추지 못하고 있다는 것이다. 9명 심의위원들의 개인적 주관과 가치관에 따라 민주화운동이냐 아니냐, 가부(可否)를 논하는 것은 위험하기 짝이 없다. 더구나 견해가 첨예하게 맞서는 사안을 다수결로 결정하는 것은 '역사에 대한 오만'이라고 하지 않을 수 없다. 최근 전교조 활동과 동의대 사건을 민주화운동이라고 표결로 결정한 뒤 3명의 심의위원이 잇따라 사퇴한 것은 더 이상 지금의 체제로 위원회가 계속되기 어렵다는 것을 증명한다.

교직단체와 경찰 측의 반발이 아니더라도 전교조와 동의대 사건에 대한 민주화운동 결정은 일단 철회되어야 한다. 그리고 시간이 걸리더라도 어디까지를 민주화운동으로 인정할 수 있는지 국민 여론을 수렴해 그 기준을 마련해야 한다. 민주화운동 심의가 반드시 현정권 임기 내에 결정되어야 하는 것은 아니지 않은가.

(동아일보 2002. 5. 2. 2면 5판 사설 전문)

위원회는 이러한 언론의 보도에 대해 위원회 결정의 논거나 기준을 설명하는 역할을 적극적으로 전개하지 않았다. 당시 전교조 결성 관련 해직사건에 대한 인정결정 후 언론 보도뿐만 아니라 위원회 게시판에서도 뜨거운 논쟁이 전개되었으나 위원회는 이에 대해 침묵하였다. 당시 민주화보상심의위원회 홈페이지에서 논란이 되었던 내용의 일부를 소개하면 다음과 같다.

건의사항

"욕설이나 특정인의 비방등 불건전한 내용은" 삭제됩니다.
작성자는 실명을 입력해 주시고, 실명이 아닌 내용은 관리자 임의로 삭제 됩니다."

제 목	작성자	©	등 록 일	조회수
문의 드립니다	caseyking		2002-04-27	74
전교조가 민주화 운동단체인가?	임경묵		2002-04-27	139
전교조 민주화운동 고뇌에 찬 인정 환영	한사랑		2002-04-27	127
한계.	제동		2002-04-27	141
심의위에 불만있다.	불만		2002-04-26	123
퍼온글	퍼온글		2002-04-26	114
간디 와는 다른가?	아직도?		2002-04-26	108
전교조 교사님들	사람		2002-04-25	136
전교조는 민주화 운동입니다.	양준호		2002-04-25	114
전교조조합원, 그 이성과 욕심	학교		2002-04-25	153

[First] [Prev] [110][111][112][113][114][115][116][117][118][119] [Next] [Last]

글제목 [ ] 검색

건의사항

"욕설이나 특정인의 비방등 불건전한 내용은" 삭제됩니다.
작성자는 실명을 입력해 주시고, 실명이 아닌 내용은 관리자 임의로 삭제 됩니다."

제 목	작성자	©	등 록 일	조회수
전교조, 정신좀 차려라. 이성을 잃은 것같아.	장학사		2002-04-15	109
김동렬씨께	민주화인사		2002-04-15	103
민주화운동이라고 부르기 위해서는……	교사		2002-04-15	115
당시 전교조교사는 빨갱이 취급받았지요.	오희진		2002-04-15	115
그때,89년에 전교조가 월급 올려달라고 했습니 …	시민		2002-04-15	122
교육민주화운동을 욕보이지 말라!!!	김동렬		2002-04-15	108
전교조의 민주화 운동은 당연한 결과	한사랑		2002-04-15	51
한 시대의 아픔을 치유하자는데...	박세창		2002-04-15	57
"89년 전교조 = 민족, 민주, 인간화 교육	음승균		2002-04-15	52
해직교사들의 아픔	김효문		2002-04-15	70

[First] [Prev] [120][121][122][123][124][125][126][127][128][129] [Next] [Last]

글제목 [ ] 검색

이러한 위원회의 소극적 활동의 결과는 관련 학계나 사회적 공론화를 동반하지 못하는 결정적 이유가 되었고, 종국에는 위원회의 활동에 대한 불신과 보수진영의 역공세로 나타나고 있다. 민주화운동 관련자로 인정된 당사자들은 과연 무엇이 명예회복되었는지 의아해 하고 있을 정도이다. 충격적인 점은 민주화보상위원회의 활동이 '반국가행위'로까지 매도되고 있다는 사실이다. 소위 '국가정체성위원회'[21]를 위시한 보수단체들의 주장이 그것이다.

이들의 주장에 따르면, 민주화보상위원회는 범죄조직이다. 민주화보상위원회의 활동은 "북한 공산집단의 시각에 재조명하여, 친북반국가 행위들을 민주화운동으로 미화하고, 대한민국을 지켜온 대공수사 요원들과 애국인사들을 반민주세력으로 몰아 능멸하는 작태"(국정추 위원장 고영주의 인사말, 자료집 8쪽)[22]이고, "남북 대치상황에서 북한의 사주를 받는 등 빈발해온 각종 공산주의 활동을 국가적 명예회복 및 보상대상으로 판정함으로써 대한민국의 정통성과 이념적 정체성을 뿌리부터 파괴하는 반국가적 행위"(위 자료집, 10쪽)이다. 또한, "민보상위의 결정은 초헌법적인 반국가적 행위로 대한민국에 대한 반역이며 폭거"(발표문, 35쪽)이고, "민보상위는 대한민국 헌법질서 속에서 결코 존재해서는 안 되는 반합법적, 반국가적, 반민주적, 반인륜적 반역집단(발표문, 62쪽)"이다. "국무총리 소속의 민보상위는 위의 사례 이외에도 대한민국의 자유민주적 기본질서를 위협하고, 민주화운동과는 무관한 많은 사건 관련자들을 '민주화운동 관련자'로 인정하는 안하무인의 반민주적 초법적(45쪽)" 활동을 하는 위원회라고 평가하였다.

이와 같은 결정을 한 민보상 위원들은 직권을 남용하여 국가 또는 담당공무원으로 하여금 의무 없는 일을 하게 하였다는 점에서 형법상 직권남용죄를 구성함과 동시에 국가보안법 위반자들에게 없는 사실을 알면서도 금품 등 재산상의 이익을 제공했다는 점에서 국가보안법상 편의제공죄에도 해당하는 범죄행위를 자

---

[21] 국가정체성위원회는 위원장 고영주(전 서울남부지검), 고문 안응모(전 내무부장관), 이동복(전 국회의원), 정기승(전 대법관), 최대원(서울대법대교수), 자문위원 강경근(숭실대 법대교수), 김언환(전 안기부 수사단장), 박광작(성균관대 교수), 양동안(한국학 중앙연구원 교수), 이주영(전 건국대 교수), 이필우(전 서울경찰청장), 이기묵(전 서울경찰청장), 류석춘(연세대 교수), 정창인(전 육사교수), 한광덕(전 국방대학원장), 위원 김광동, 김석욱, 권혁철, 이동호, 이주천, 유광호, 조영기, 함귀용 등으로 구성되어 있는 조직이다(위 자료집 87쪽). 이들은 2009년 11월 25일 '친북인명사전'을 만들겠다고 사회적 파문을 일으킨 당사자들이기도 하다.

[22] 여기서 자료집과 발표문은 지난 2009년 10월 19일 "민보상위 반국가활동 진상규명발표회"라는 주제로 국가정체성위원회와 전여옥 의원실이 공동주최한 국회정책토론회 자료집에서 인용하고 있다.

행(위 인사말, 10쪽)했다는 것이다. 이러한 심각한 상황에서도 역사적 과거청산 업무를 담당하고 있다는 민주화보상심의위원회는 함구하였다.

이들은 민주화운동 관련자들에 대한 비난도 서슴지 않았다. "인정사례를 보면, 반국가단체사건 관련자, 이적단체사건 관련자, 각종 불법폭력시위, 점거농성 관련자, 파업 등 불법 노동운동사건 관련자, 이른바 학내 민주화운동사건 관련자, 반미운동사건 관련자, 전교조 관련자 등으로 유죄판결자, 해직자, 학사경고자, 상이자, 사망자 등이 망라. 이들은 민보상법에서 규정하고 있는 '민주화운동'과는 무관한 반헌법적 반국가적 활동자이거나 범법활동자일 뿐"(발표문 기록, 25쪽)이라고 평가하고 있다.

위와 같은 국가정체성위원회 및 극우단체들의 주장의 근거는 크게 두 가지이다. 첫째, 사법부의 확정판결을 일개 위원회가 뒤집을 수 없다는 것이다. 둘째, 위원회가 민주화운동을 잘못 해석하고 있다는 것이다.[23] 먼저, 사법부의 확정판결을 뒤집고 있다는 주장을 살펴보자.

'민주화보상법' 제2조 제2호 라목이 정한 민주화운동 관련자 요건을 보면, '유죄판결, 해직 또는 학사징계를 받은 자'로 규정되어 있다. '기소유예', '기소중지', '훈방', '불법구금', '수배' 등은 대상에서 제외되었다.[24] 사법부의 확정판결을 받은 경우만 민주화운동 관련자 요건을 충족시킨다. 민주화운동을 하는 과정에서 다양한 피해의 유형이 존재한다. 특히, '수배'의 경우 민주화운동의 주도적 인물들이 당국의 표적이 된 채 권위주의 정권에 저항하기 위하여 인간적 삶을 포기하고 수년간 피폐한 생활을 한 경우가 대부분이다. '불법구금'의 경우 민주화운동 경력자들이 주요 국면마다 공안당국에 의해 인권을 유린당한 경우들이다. '기소유예'도 당사자는 물론 가족들의 충격이 컸다. 이렇듯 민주화운동 과정에서 발생한 다양한 피해의 정도를 고려하지 못한 관련자 요건의 행정편의성을 문제 삼지

[23] "공안사건의 진상규명이라는 미명아래 사법부의 확정판결을 번복하는 자의적(恣意的), 임의적(任意的), 혁명적(革命的) 행태는 三權分立 원칙을 부정하는 反헌법적 작태일 뿐 아니라…"(국가정체성위원회 토론회 자료집, 10쪽), "민보상위가 편향적 이념성향의 위원들을 임명하고, 반국가활동을 민주화운동으로 인정할 수 있었던 근거는 민보상법의 모호하고, 추상적인 법 규정들에 있다. 과거 노무현, 김대중 정권은 민보상법과 시행령의 위원 자격 조항의 불명확성과 위헌성을 악용하여 편향적 이념성향의 위원들을 임명했고, 이들 위원들 역시 동법과 시행령의 민주화운동 정의 조항의 불명확성과 위헌성을 악용하여 민주화운동의 외피를 걸친 반국가활동을 명예회복 및 보상해왔다"(김성욱 외, 2009, "「민주화운동관련자명예회복및보상심의위원회」 국가정체성 훼손 사례연구"(재향군인회, 「鄕軍硏究論文」), 14쪽).

[24] 이 내용은 민주화보상법의 2차례 개정과정에서 계승연대가 추가할 것을 주장하였으나 관철되지 못하였다.

는 못할망정 유죄판결자를 인정하는 것이 문제라는 것은 민주화보상법의 도입취지를 모르는 무지의 소치라고밖에 볼 수 없다. 민주화보상법이 법률로 정한 관련자 요건이 유죄판결자로 한정되어 있기 때문에 현실적 피해의 광범위성을 빤히 알면서도 '울며 겨자 먹기'로 유죄판결자에 한해서만 민주화운동 관련성 정도를 판단하는 것이다. 게다가, 앞서 살펴본 바와 같이 민주화운동 관련자 인정에도 불구하고 사법부의 판결은 아무런 변동 없이 그 효력을 유지하고 있다.

여기서 우리는 왜 민주화보상법이 유죄판결자를 관련자 요건으로 정했는가? 하는 점을 돌아볼 필요가 있다. 그 배경에는 권위주의적 통치 하에서 사법부가 민주주의의 보루로서 역할하지 못했다는 반성이 전제되어 있는 것이다. 제대로 과거사를 정리하기 위해서는 당시 재판부의 판결까지 문제 삼을 수 있어야 하고, 해당 재판관 역시 어떠한 형태로든지 그 사회적 책임을 감당해야 한다. 법을 가지고 권위주의 통치의 나팔수 역할을 톡톡히 담당한 당시 재판부도 가해자들이다. 그러나 그 당사자들은 버젓이 사법부의 요직을 튼튼히 지키고 있다. 사법부는 한 번도 과거에 대한 통렬한 반성이 진행된 바 없는 무소불위의 영역이다.[25]

최근의 몇몇 사건에 있어서는 이러한 사법부조차도 자신들의 손으로 고해성사를 할 수밖에 없는 상황이 곳곳에서 목격된다. 진실을 앞에 두고는 차마 이전 판결의 효력을 유지할 수 없었기 때문이다. 이 역시 부족하나마 과거청산 작업이 진행되었기에 가능한 일이었다.

"피고인에게 무죄를 선고합니다. 장기간에 걸친 수형생활로 정신적 육체적으로 고통이 심했을 것으로 생각합니다. 본 법원의 무죄판결로 그동안 가졌던 심적 고통에 자그마한 위로라도 되었으면 좋겠습니다."(납북어부 서창덕 간첩조작 의혹사건, '08. 10. 31. 전주지법 군사지원).

"법원에서 진실이 밝혀지겠지 하는 기대감이 무너졌을 때 느꼈을 좌절감과 사법부에 대한 원망, 억울한 옥살이로 인한 심적 고통에 대해 많은 고민을 했다. 그동안의 고통에 대해 법원을 대신해 머리 숙여 사죄드린다. 이 사건을 계기로 재판부는 좌로도, 우

---

[25] 지난 2008년 9월 26일 '대한민국 사법 60주년' 기념식에서 이용훈 대법관의 "과거 우리 사법부가 헌법상 책무를 충실히 완수하지 못함으로써 국민에게 실망과 고통을 드린 데 대해 죄송하다"는 립-서비스 후에도 속시원한 사법부의 개혁은 진행된 바 없다.

로도 흐르지 않는 보편적 정의를 추구하고 정치권력이나 이익단체로부터도 간섭받지 않고 내부적으로도 관료화되지 않도록 노력하는 법관이 되겠다."(오송회 사건, '08. 11. 25. 광주고법).

"이 사건 재심대상 재판 당시 법관들은 그 호소를 외면한 채 진실을 밝히고 지켜내지 못함으로써 사법부 본연의 역할을 다하지 못했다. 오늘 그 시대 오욕의 역사가 남긴 뼈아픈 교훈을 본 재판부의 법관들은 가슴깊이 되새겨 법관으로서의 자세를 다시금 가다듬으면서, 선배 법관들을 대신하여 억울하게 고초를 겪으며 힘든 세월을 견디어 온 피고인들과 그 가족들에게 심심한 사과와 위로의 뜻을 밝힌다. 이제 피고인 망 이재권은 하늘나라에서 편안하게 쉬고, 나머지 피고인들은 이 땅에서의 여생이 평화롭고 행복하기를 진심으로 바란다."(아람회 사건, '09. 5. 21. 서울고법)

오히려 문제는 권위주의 통치 시기 사법부의 판결까지 고스란히 유지하며 민주화운동 관련자라고 인정하도록 정한 민주화보상법의 불철저함이다. 특히 이들이 문제 삼고 있는 다수의 국가보안법 관련자들은 간첩이니, 빨갱이니 하며 가족들까지 사회적으로 말할 수 없는 고통을 겪어온 분들이다. 여전히 사회적 조명이 제대로 이루어지지 않은 사건들의 명예회복 작업은 그 후속조치의 실효성은 둘째 치고, 할 수 있는 범위 내에서 가장 시급하고, 중요하게 다루어져야 하는 것이다. 그것이 국민적 화합이고, '화해'의 출발이다.

위원회의 적극적 역할은 우리 민주적 헌정질서 확립을 위해서도 필요한 일이다. 민주화보상법의 존립 근거가 대한민국 헌법이라면, 더욱 그 역할은 중요해진다. 민주화보상법 제2조에는 '헌법이 지향하는 이념과 가치' 및 '민주헌정질서'가 중요한 정의 기준으로 제시되어 있다. 사회 일각에서는 여전히 민주헌정질서를 '반공 – 시장주의'로 이해하는 견해가 있다. 이러한 여건 하에서는 당연히 민주화운동에 대한 국민적 합의가 제대로 이루어질 수 없다. 오히려 국민적 분열이라는 부정적 결과를 야기할 것이다.

우리 헌법의 지향과 민주헌정질서는 제2조 제1호 전단의 '자유민주적 기본질서'보다는 폭이 넓은 것으로 해석하는 것이 타당하다. "민주헌정질서는 자유민주적 기본질서 외에 다른 민주질서, 즉 사회민주적 기본질서도 포함하는 헌법에 근거하는 정치질서라고 이해하여야 할 것이다. 우리 헌법에서도 자유민주적 기본질서가 아닌 민주적 기본질서가 존재할 수 있음을 명시적으로 인정하고 있음을 찾아볼 수 있다. 따라서, 이론적으로는 민주화운동에 자유민주적 기본질서의 확립을 위하여 저항한 운동뿐만 아니라 사회민주적 기본질서의 확립을 위하여 저항한 운동도 포함되어야 한다"(이희성, 2009: 19).

'자유민주주의'라는 것이 무엇인가? 권위주의 정권에 의해 자유민주주의는 한때 '반공주의'와 유사하게 활용되기도 하였다. 유명한 예이츠 사건(Yates v. United States, 354 U.S. 298(1957))을 보자. "설사 그 사상과 조직이 급진적이라 하더라도 그 위험성에 대한 판단은 '경향성'이 아니라 '실제적 위험성'에 따라 판단되어야 한다. 이러한 원칙은 모든 '자유민주주의' 국가에서 확인할 수 있다. 예컨대 1957년 미국 연방최고법원은 폭력적 사회주의혁명 노선을 내용으로 하는 강령을 가진 미국공산당을 조직한 공산당 간부들에 대한 상고심 '예이츠 사건'에서, '불법한 행동과 직결되는 선동'(advocacy directed at promoting unlawful action)과 '추상적인 원리의 선동'(advocacy of abstract doctrine)은 구별해야 한다고 설시하면서, 상고인들은 폭력적 정부전복이라는 원리를 주장하였을 뿐, 그것을 위한 행동을 선동한 것은 아니라고 하여 무죄를 판시하여 그 이전의 만연했던 '매카시즘'적 분위기를 전환시킨 바 있다. 이는 이후 미국 연방최고법원의 공산주의, 사회주의 지향의 단체에 대한 일관된 방침으로 자리 잡았다. 그리고 일본의 경우도 마찬가지이다. 일본 공산당 유인물 배포 관련 판결에서 '명백하고 현존하는 위험의 원칙'(clear and present danger)에 입각하여 피고인에게 무죄를 판시한 바 있다"(조국, 2001).

국가존립·안전 및 자유민주적 기본질서를 위태롭게 하였는지에 대한 판단은 구체적이고 실질적 위험의 존재 여부에 따라 '명백하고 현존하는 위험'의 원칙이 반영되어야 한다. 국가보안법을 적용하여 무차별 탄압을 할 때는 고사하고, 민주화운동 관련자에 대한 판단에 있어서도 여전히 반공주의의 서슬은 시퍼렇게 살아 있는 것이다. 그 당시의 엄혹한 정세로 인하여 민주화운동을 인정받은 대다수 사건은 합법정당인 민주노동당의 10여 년 전 강령[26]보다 급진적이지 않다. 극

---

[26] 이미 10여 년 전인 1997년 대통령선거에서 제출된 민주노동당의 강령 내용을 보면 '자본주의체제를 넘어 모든 인간이 인간답게 살 수 있는 평등과 해방의 새 세상으로 전진해 나갈 것', '자본주의의 질곡을 극복하고, 노동자와 민중 중심의 민주적 사회경제체제를 건설', '이윤을 목적으로 하는 사적 소유권을 제한하고 생산수단을 사회화함으로써 삶에 필수적인 재화와 서비스는 공공의 목적에 따라 생산되도록 한다' 등 자본주의체제와 시장경제를

우 – 반공주의적 견해들은 여전히 70~80년대의 낡은 관념에 사로잡혀 있는 중이다. 이러한 사회적 현실이기 때문에 민주화보상법의 제정 목적에 부합하는 위원회의 적극적 활동이 한층 더 요구되는 것이다.

2. 내재적 한계

민주화보상법은 몇 가지 핵심적 전제에서 1990년 민자당이 날치기로 통과시킨 광주보상법보다 명예회복 및 보상에 있어 취약한 한계를 가지고 있다. 민주화보상법은 과거사 정리가 아니라 봉합에 가깝다. '진상규명' 및 '가해자 처벌'과 민주화운동에 대한 국가적 '시혜' 조치를 맞바꾸고 있는 억지 '화해' 방식이다. '누가', '언제', 가해자들에게 면죄부를 준 적이 있는가? 가해자에 대해선 일체의 제제나 권고조치조차 없는 것이 민주화보상법이다. 그렇다면, 명예회복 조치의 구체성, 실효성에서나마 성과를 보여야 함에도 그렇지 못한 실정이다.

첫째, 명예회복 조치의 성과를 정확히 평가해보자. 유죄판결과 관련한 명예회복 조치인 전과기록 삭제 권고는 〈표 – 25〉에서 확인되듯이 4,810건 권고에 전무한 실적을 보이고 있다. 그나마 이해관계가 얽히지 않은 학사징계 말소만 504건 권고에 405건이 수용되었다. 명예회복 조치의 실효성과 관련하여 사용자와의 이해관계가 얽혀 있는 복직 권고의 경우는 학사징계 말소 권고와 극명하게 대비된다. 위원회는 2004년 8월 3일부터 민주화운동 관련 해직자들에게 복직 희망 여부를 조사하여 398명으로부터 복직 희망 의사를 확인하고, 2009년 11월 현재까지 복직 권고를 추진하였으나 30명의 복직이 수용되었을 뿐이다. 그것도 사학민주화 과정에서 해직된 해직교사 18명의 '특별채용'[27]이 거의 대부분이다.

이러한 현실적 한계는 이미 예견된 것이었다. 민주화보상법은 2차례의 큰 폭의 개정을 하였다. 제1차 개정에서는 실효성 있는 명예회복 조치의 한계에 직면하여 유죄판결자에 대하여 구금일수를 산정(30일 이상)하여 생활지원금 지급을 결정하

극복할 것을 선언한 바 있다. 현대 민주국가를 자처하는 대부분의 국가들은 이미 경제적 불평등의 문제를 완화할 수 있는 사회민주적 개혁을 단행한 바 있다.

[27] '특별채용'은 신규채용의 형식을 취하기 때문에 호봉, 경력 등이 산정되지 않는 채용형태이다. 따라서, 엄밀한 의미의 '복직'이라 할 수 없다.

였다. 제2차 개정에서는 해직자의 해직 기간(별도의 산정표)에 대하여 생활지원금 지급을 결정하였다. 가해자에 대한 제재 조치와 명예회복 조치를 맞바꾸고, 결국 실효성 있는 명예회복 조치와 다시 생활지원금 지급을 맞바꾼 것이다.

더 심각한 것은 생활지원금의 성격이 전혀 명예회복 조치와 어울리지 않는다는 데 있다. 생활지원금은 '생활이 곤란한 자에게 국가가 시혜를 베푸는 것' 이상도 이하도 아니다.[28] 이는 사법부의 국가배상 판결은 고사하고 광주보상에서도 적용 용된 사례가 없는 기준이다.[29] 민주화보상법상 생활지원금은 민주화운동에 대한 예우가 아니라 적법한 국가공권력의 행사에서 불가피하게 발생한 민주적(?) '빈곤층'을 고려한다는 차원의 조치로 보는 것이 합당할 것이다.

표-28_ 과거사 피해보상과 국가배상의 비교(이영재, 2010)

	광주보상법	민주화보상법	국가배상
가 해 주 체	전두환, 노태우 등 신군부	권위주의적 통치	불법적 국가 공권력
배(보)상 대상자	당사자(사망, 행불, 상이, 기타자) 또는 유족	당사자(사망, 행불, 상이자) 또는 유족	당사자+배우자, 자녀, 형제자매, 부모 포괄
배(보)상의 범위	월수입액×호프만계수×생활비공제×이자×관련성	좌 동	재산상 손해 + 위자료 (사회적 냉대, 신분적 불이익, 정신적 고통, 가족의 피해 등)
항 거 행 위	무관(일방적 피해 포함)	항거행위만 포함	무관(일방적 피해 포함)
입 증 책 임	신청인(피해자 및 유족)	신청인(피해자 및 유족)	국가 및 신청인

[28] 생활지원금은 5천만원을 상한선으로 하여 ① 유죄판결을 받은 자 중 30일 이상 구금된 자의 경우 : 구금일수 × 44,220원(4인가구 1일 최저생계비 : '09년 기준), ② 상이자 중 장해등급 「등외」 판정자 : 1인당 480만원 일괄 지급, ③ 재직기간 1년 이상인 해직자(별도의 지급기준표)에게 지급한다. 단, 2006년도 가구당 소득이 아래의 금액을 초과하는 경우 지급대상에서 제외된다. 이 기준은 도시근로자 가구원 수별 가구당 월평균 가계지출비의 연간 합계액으로 하고 있다. 또한 이 기준에 해당되더라도 5급 이상의 공무원(계약직 포함) 등에 1년 이상 재직하는 경우는 제외 대상이다.(http://www.monjoo.go.kr)

(단위 : 천원)

가구원	2인 이하	3인	4인	5인	6인 이상
가구당소득액	24,537	30,815	36,084	37,971	40,019

[29] 1995년 제정된 '5·18특별법'(12월 21일 제정) 제6조에서는 '광주보상법에 의한 보상은 배상으로 본다'고 규정 함으로써 국가의 위법행위를 전제하고 있다. '민주화보상법'에서의 '보상'은 '배상'적 성격을 갖지 않는다. 또한 광주보상법은 관련자로 인정된 경우 소득기준이나 경력에 따른 보상금 지급 제한 규정을 별도로 두고 있지 않다. 그러나 민주화보상법 제6조(보상원칙)는 "관련자와 그 유족에 대하여는 관련자의 희생의 정도에 따라 보상하되, 그 생활정도를 고려하여 보상의 정도를 달리할 수 있다"고 규정함으로써 시혜조치적 성격을 강화하였다.

금전보상 평균액	· 사망자 : 207백만원* · 상이자 : 54백만원**	· 사망자 : 140백만원 · 상이자 : 24백만원	피해자와 가족의 1인 평균 약 8억 추정***
화 해 방 식	배상+명예회복+기념사업	보상+명예회복+기념사업	배상+국가의 반성/사과
배(보)상의 제한	없음	일정소득, 경력자 제외	없음
배(보)상의 성격	보상 ⇒ 배상	보상(+시혜적 생활지원금)	배상
국가적 예우	유공자법 제정	관련자 인정	사법적 효력

* 5·18보상법에 따른 사망자 지급액은 1인 평균 116백만원에 생활지원금 70백만원, 위로금 21백만원을 합한 금액이다.

** 상이자의 경우에도 생활지원금과 위로금이 지급되었으나 기준에 따라 차등지급하였기에 보상금만 산정한 금액이다. 보상금보다 실지급액은 다소 높다.

*** 이는 2009. 10. 26. 기준 조선일보의 통계를 제시한 것이며, 최종 선고가 아닌 당시 시점의 배상결정이기 때문에 검찰의 항소 등 재판과정의 종결 후에는 1인 평균액이 조정될 수 있어 유동적이다.

광주보상법과 민주화보상법에 의한 피해보상보다 국가배상이 비단 금전보상액의 차이뿐만 아니라 피해에 대한 위무에 있어 훨씬 구체적이고 폭이 넓다. 국가배상은 배상의 대상자에 있어 피해자 및 배우자, 자녀, 형제자매, 부모 등을 포괄하고 있으며, 배상의 범위에 있어서도 재산상 손해와 더불어 사회적 냉대, 신분적 불이익, 정신적 고통, 후유증, 가족의 고통 등을 고려하여 위자료를 산정한다. 입증책임에 있어서도 신청주의에 입각한 과거사 관련 법률에 비해 재심의 피고가 되는 국가에 상당부분 입증책임이 부과됨으로써 오랜 기간 피해자 측의 노력으로 확인할 수 없었던 내용들이 재심과정에서 확인되었다. 또한 재심과정에서 담당 재판부가 설시하고 있는 국가적 책임과 반성[30]이 사법적 판례로 축적됨으로

---

30 '오송회' 사건에 대한 재심판결에서 담당 재판부는 기존 사법부의 관례에서 벗어나 국가 차원의 반성과 사과를 판결문을 통하여 남겨두었다. "판결이 확정된 후 복역하게 됨으로써 받았던 기나긴 세월의 쓰라린 고통과 인권보장의 최후 보루인 사법부에 걸었던 기대감의 상실, 그리고 수십 성상 동안 가슴속 깊이 새겨왔던 사법부에 대한 거대한 원망을 우리 재판부는 머릿속 깊이 새기게 되었다 … 경위가 어떻든 결과적으로 당시의 재판부가 이 사건 공소사실에 대한 피고인들의 수사기관에서의 자백이 갖은 폭행·협박·고문에 의하여 얻어진 허위 자백이란 사실을 밝혀내려는 의지가 부족했다는 점에 커다란 아쉬움이 있고 이러한 점이 우리 재판부로 하여금 다시 한번 새삼스럽게 '법관의 자세'를 가다듬게 하는 계기가 되었다 … 자유민주적 기본질서 내의 보편적 정의를 실현해야 할 책무가 있다는 평범한 진리를 되새기면서 우리 재판부 구성원은 '그 누구도, 그 무엇도 두려워 마라. 법대 위에서, 법관은 오로지 헌법과 법률 그리고 양심에 따라 정의를 실현하라'는 문구를 가슴에 묻었다. 마지막으로 피고인들이 무고하게 이 사건으로 유죄판결을 받고 복역하였고, 그로 인하여 피고인들과 그 가족들이 우리 사회에서 감내할 수 없는 처절한 고통을 받았던 점에 대하여 우리 재판부는 피고인들과 그 가족들에게 깊은 사과의 말씀을

민주화보상심의위원회 폐지법안 철회 기자회견

써 오히려 형식적 화해조치를 규정하고 있는 광주보상법이나 민주화보상법에 비해 사회 공동체 구성원 전체가 책임을 공유하는 배상적 정의 실현에 보다 근접해 있다고 할 수 있다.

민주화보상법은 광주보상법을 모태로 하고 있으면서도 오히려 배상적 성격을 법적으로나마 명문화하는 데도 실패하였을 뿐만 아니라 생활지원금의 지급에 있어서도 엄밀한 의미의 보상금 성격이 아닌 국가적 시혜조치 차원으로 전락시키고 말았다. 여기에 더해 광주보상법에서 보상금 적용시 활용했던 호프만식 산정방식은 일정 시점에 있었던 광주보상의 산정법으로는 적절할지 모르나, 피해의 시점이 약 40년까지 차이가 나는 민주화보상법에서는 심각한 불균형성으로 나타나고 있다. 민주화운동의 헌신과 공헌에 대한 사회적 존경과 운동진영의 경외심이 있었다면, 민주화보상위의 보상작업 후에는 보상액수를 중심으로 헌신과 공헌이 재평가되는 웃지 못할 부작용도 발생하고 있다.

'과거사 공화국'이라는 비아냥을 들을 만큼 다수의 위원회들이 활동을 종료했거나 마무리 단계에 있는 지금 과거청산 작업은 역설적이게도 마무리를 고민하는 것이 아닌 새로운 출발을 준비해야 할지도 모르는 기로에 서 있다. 가장 낮은 수준의 과거청산이라고 할 수 있는 '제도적 인정' 투쟁조차 해당 위원회의 불철

드립니다"(광주고등법원 제1형사부 판결 2007재노2).

저함, 정치구조적 한계, 극우보수세력의 훼방 등으로 한계에 봉착하고 있다. 현재 진행 중인 위원회의 활동은 이명박 정부의 등장과 함께 경제의 발목을 잡는 사회적 천덕꾸러기 신세를 면하지 못하고 있거나, 해당 위원회의 외피는 그대로 유지한 채 과거청산을 눈엣가시처럼 여기던 인사들로 속속 채워져 많은 문제를 야기하고 있다.[31]

당초 민주화보상법은 '민주화유공자법'으로 출발하였으나 법 제정 과정에서 우여곡절 끝에 민주화보상법으로 제정된 것이다. 최근 계승연대를 중심으로 민주유공자법 제정이 추진되고 있으나 국가보훈처의 소극적 태도로 인해 별다른 성과가 없는 실정이다. 국가보훈처는 보수세력들이 표적으로 삼은 몇몇 사건(부산 동의대 사건, 남민전 사건 등)을 주된 사례로 들며, 유공자법 제정시 국가유공에 대한 별도의 심사절차(또는 기구)가 필요하다는 등의 입장을 취하고 있다. 이러한 국가보훈처의 입장은 국가보훈의 영역을 '원호' → '보훈' → '유공'으로 전환해가고 있는 시점에 민주화 유공의 영역[32]까지 보수적 관점과 태도로 제단하겠다는 것에 다름 아니다. 국가보훈처의 이러한 인식과 태도는 그나마 여러 가지 정치사회적 제약으로 협소하게 진행된 민주화보상심의위원회의 결정을 확대하는 것이 아니라 오히려 무력화하고자 하는 시도로 보인다.

---

[31] 2010년 11월 5일 진실화해를 위한 과거사 정리위원회 이영조 위원장은 미국 세인트루이스 힐튼 호텔에서 열린 국제학술회의에 참가하여 '한국 과거사 정리의 성과와 의의'(Transitional Justice and Beyond in South Korean)라는 주제로 제2차 국제심포지움을 개최했다. 이 자리에 제출된 진실화해위 자료는 '제주 4·3'을 공산주의 세력이 주도한 폭동으로, '광주 5·18'을 민중반란으로 규정하였다. 이미 정부차원의 위원회를 통하여 대통령의 사과까지 이루어진 제주 4·3항쟁과 특별재심을 통하여 무죄로 인정받고, 국가유공자로 인정된 5·18에 대해 가장 포괄적인 과거사 정리기구의 수장이 국가 차원에서 이루어진 과거사 바로잡기의 성과를 정면으로 부정한 것이다(오마이뉴스, 2010. 11. 19).

[32] 이미, 4·19 혁명과 5월 광주민주화운동은 국가유공자의 반열에 올라 있다.

VII | 교육민주화운동의
명예회복 평가

1 교육부의 특별채용 자료 모음

　다음에 소개하는 자료들은 교육부의 특별채용과 관련한 자료들이다. 1988년 2월 「時局關聯 解職敎師 現況 및 對策」 자료를 통해서 전교조 결성 이전 주요 시국 사건과 관련한 해직교사들의 특별채용 현황 및 내용들을 파악할 수 있다. 1994년 특별채용 지침을 확보하지 못하여 전국교육감회의자료인 「解職敎師採用關聯後續措置및敎織安定化對策」을 대신 수록하였다. 이 자료는 전교조 결성 관련 해직교사 특별채용의 주요 추진방향 등을 확인할 수 있는 내용이 포함되어 있다. 특이한 점은 자료에서도 확인되지만 해직교사들의 특별채용을 추진하는 과정에서 시 · 도 교육청별로 지속적인 견제와 동향 파악 등을 진행하도록 지침 등이 제시되어 있다는 점이다. 1998년 특별채용 자료는 자료를 확보하지 못하여 소개하지 못하였다. 그 뒤에는 1999년 「시국사건관련 교원임용제외자 특별채용」, 2000년 「해직교사 특별채용 추진 계획」, 2001년 「시국사건관련 교원임용제외자 특별채용」 관련 자료들을 차례로 소개하고 있다. 이 자료들은 사립학교교육민주화 관련 해직교사, 국립사범대학 교원임용제외 교사들의 특별채용 내용을 담고 있다.

1. 1988년 특별채용 자료

● [時局關聯 解職敎師 現況 및 對策](1988. 2.), 敎職局

1. 時局關聯 解職敎師 및 赦免 · 復權 現況

2. 時局關聯 解職敎師 處理에 對한 旣示達事項

3. 向後對策 및 問題點

※ 參考事項

가. 市 · 道別 解職敎師 現況

나. 市 · 道別 赦免復權 對象者 및 赦免實施 現況

다. 事案別 解職教師 現況

라. 懲戒罷免教員中 赦免이 되지 않은 者

마. 解職教師現況 比較

1. 時局關聯 解職教師 및 赦免 · 復權 現況

區分	初等	中等			計	赦免實施與否	法令上 任用可能者	備考
	公立	公立	私立	小計				
刑의宣告		6	3	9	9	刑의 사면(복권) : 9	9	
刑의宣告 및 懲戒罷免	2	1	8	9	11	刑의 사면(복권) : 9 징계사면 : 0(除外11)	10 (불가1)	
懲戒罷免	2	8	3	11	13	징계사면 : 9(除外 4)	11(불가2)	
懲戒解任	1	11	7	18	19	징계사면 : 19	19	
依願免職 等	3	4	18	22	25	─	25	
計	8	30	39	69	77	刑의 사면(복권) : 18 징계사면 : 28	74 (불가3)	

※ 1) 解職教師 總81名 中 旣任用者 3名, 死亡者 1名 除外

　 2) 解職教職員 중 總赦免 實施者는 大學 2名(專任講師 1)을 포함하여 30名임(징계사면)

　 3) 刑의 赦免 未實施者 : 2名(裁判 進行中인 者 : 2名, 期間 經過者(?) : 1名)

　 4) 懲戒罷免에 대한 赦免未實施者는 15名(刑의 宣告를 받은 사실이 있거나 裁判 進行中인 者)이나
　　 任用制限期間(罷免 5年)을 지난 者가 12名으로 法令上 任用不可者는 3名임

• 懲戒處分中 停職 · 減俸 · 譴責에 대한 赦免復權實施現況

懲戒解任者			懲戒를 받고 在職중인 者					계
감봉	견책	소계	정직	감봉 · 견책	감봉	견책	소계	
1	1	2	7	1	18	9	35	37

※ 1) 懲戒赦免 對象者는 37명이나 懲戒赦免件數는 38件임

　 2) 懲戒赦免 對象者중 減俸 1만 赦免에서 除外됨.

2. 時局關聯 解職教師 處理에 대한 旣示達事項

• 市道教育監의 責任 아래 自律的으로 任用與否를 決定하되, 教育的 次元에
　 서 諸般狀況을 充分히 참작하여 愼重히 處理('87. 7. 11. 公文示達)

• 改悛의 情이 없는 者는 任用不許('87. 9. 9. 教育監 會議時)

3. 向後對策

• 指針勸 · 豫定

— 指針(案) —

任用權者(公立：敎育監, 私立：財團理事長)의 責任 아래 敎育的 次元에서 任用與否를 自律的으로 決定

※ 參考資料

가. 市道別 解職敎師 現況

區分 市道	초등 公立	중등 公立	私立	小計	計	法令上 任用不可者
서 울	6	18	8	26	32	中等公立 2 中等私立 1 計 3名
부 산	2	3	5	8	10	
대 구			3	3	3	
인 천		1		1	1	
경 기		2		2	2	
충 남		2		8	8	
전 북		1	11	12	12	
전 남			3	3	3	
경 북		2	1	3	3	
경 남		1	2	3	3	
계	8	30	39	69	77	3

※ 1) 總 解職敎師 81名 中 死亡者 1名(충남중등공립), 任用者 3名(경북초등 1, 전남초등 1, 경남중등 1) 計 4名 除外

2) 法令上 任用不可者 : 懲戒罷免에 대한 赦免 未實施로 罷免 後 5年이 經過되지 않은 者(성동고 (공립) : 유상덕, 윤재철 2名, 양정고(사립) : 김진경 1名 計 3名)

나. 市道別 赦免復權 對象者 및 赦免實施現況

區分	刑의 宣告	刑의宣告및 懲戒罷免	罷免	解任	停職	減俸	譴責	計
서 울	5	3(형2, 징3)	7(2)	7	2	3	3	30(형2, 징5)
부 산	2		3(2)	3	1	5	1	15(2)
대 구				1	3		1	5

인 천	1							1
광 주						2	2	4
경 기				1		1		2
강 원							1	1
충 남	1		1					2
전 북		8(징8)		1	1	1		11(징8)
전 남				2		6		8
경 북			2	1		1		4
경 남				3				3
대 학				1	1	(1)	1	3(1)
계	9	11(형2, 징11)	14(4)	20	7	19(1)	9	89(형2, 징16)

※ 1) ( )는 赦免未實施現況

   2) 赦免對象者는 89名이나 赦免總對象件數는 104件임(2가지 사면대상자 : 15名)

   · 刑의 赦免 : 18/20

   · 懲戒의 赦免 : 68/84(파면 10/25, 해임 20/20, 정직 7/7, 감봉 20/21, 견책 11/11)

2. 1994년 특별채용 관련 자료 모음

【전국교육감 회의자료】

解職敎師採用關聯後續措置및敎織安定化對策

敎 育 部

1. 신청자 현황

대상자수	신청자수	국 · 공립	사 립	초 등	중 등
1,490	1,419	789	630	128	1,291

※ 시 · 도별 채용신청 현황

시 · 도	신청자수	국 · 공립	사 립	초 등	중 등
서 울	508	398	110	42	466
부 산	69	40	29	16	53
대 구	56	12	44	2	54
인 천	40	13	27	8	32
광 주	121	8	113	2	119
대 전	10	2	8	-	10
경 기	82	31	51	12	70
강 원	42	41	1	3	39
충 북	21	20	1	5	16
충 남	53	47	6	1	52
전 북	63	34	29	10	53
전 남	173	57	116	4	169
경 북	97	37	60	3	94
경 남	69	38	31	16	53
제 주	15	11	4	4	11
계	1,419	789	630	128	1,291

※ 미신청자 현황

사 망	복 직	전 직	승 소	잔 류	미 상	계
7	5	7	3	14	35	71

2. 채용절차 및 추진일정(기준)

채용신청서 검토	➡	사학 측과 협의	➡	사학교원신청서 사학에 이관
(11.1~11.20)		(11.15~11.30)		(11.20~11.30)

➡ 사면 · 복권 ➡ 상담 ➡ 임용결격자 검토 ➡ 면접시험

(12.3~12.18)　(12.20~12.31)　(1.10~1.18)
· 법정결격사유자　· 교육경력 3년
· 채용제외대상자　 미만자

➡ 인사위원회 등 심의 ➡ 인사발령 작업 ➡ 교원정원배정

(1.17~1.22)　(1.17~2.22)　(2.20까지)

➡ 교과별 연수 ➡ 임 용

(1994.2.28까지)　(3.1)
· 시 · 도 교육청 주관

3. 후속 조치사항

가. 자질상 교직부적격자로 판단되는 자에 대한 처리

- 판단기준은 각 시 · 도 교육청의 사정에 따라 하되, 해직기간 동안 파렴치한 행위나 반윤리적, 반교육적 행위 등을 기준으로 구체적이며, 객관적 증거에 의거 판단하여야 함.
- ※ 임용제외자에 대하여는 사후 본인의 이의 제기 또는 공공적 판단이 뒤따를 것이므로 충분한 사유와 타당성을 확보하고 있을 필요가 있음.

나. 사립학교 교원에 대한 사학채용 협의

- 사학에서 해직된 교사는 당해 사립학교에서 채용토록 적극 협의
- 원적교 채용상 문제가 있는 경우에는 사학 측 간의 협의에 따라 상호교류방식의 채용도 추진

다. 임용결격자에 대한 조치

- 대상 : 징계벌 또는 형사벌을 받은 자 중 결격사유 해당자
- 조치계획
  - 현재, 관계기관에서 해당자 개인별 자료조사 중
  - 적절한 시기에 별도의 은전 조치 강구

라. 소요정원 배정

- 현재, 1,419명에 대한 소요정원 협의 중
- 시 · 도별 소용정원은 확정 후 배정계획
- 시 · 도별 사정에 따라 '93. 2학기 중 발령하는 경우에도 소요정원은 추후 배정할 것임

마. 교육경력 3년 미만자에 대한 면접고사 실시

- 공립학교 특채자와 사립학교 해직자 중 공립학교 특채가 불가피한 해당자의 경우, 3년 미만 교육경력자는 면접고사를 실시, 채용토록 함.

바. 교육위원 또는 광역 · 기초단위 지방의회 의원에 대한 처리

- 채용신청자 중 본인이 의원직 등을 포기한 경우에는 기존방침에 따라 처리하되,
- 채용신청자 중, 당해직의 임기만료 후 채용을 원할 경우에는 본인의 의사에 따라 임기만료 후 채용해 줌.
  ※ 시 · 도 재량에 따라 이번 2학기 채용도 무방

4. 사회안정을 위한 대처방안

전교조 동향의 개관

- 전교조의 국제교원단체총연맹(EI) 가입을 계기로 교육현장과 연대하여 합법화와 교육개혁의 주체로서의 존재로 부각시키려고 할 것임.
- 교육현장의 부조리를 들추어내는 활동을 통해 교육행정 또는 학교운영상의 지도력에 타격을 주려고 할 것임.
- 전교조의 실질적인 지부장 및 지회장 등을 현직교사가 맡도록 하여 현직교단과 연계활동을 도모할 것으로 보임.
- 참교육을 빙자하여 학생들에 대한 의식화 교육을 추진할 우려도 있음.
- 교단복귀자를 중심으로 학교별 · 지역별 소규모 모임을 통한 조직의 결속력 강화를 기할 것임.
- 전교조의 현안 주장내용
  - 사학민주화 등 관련 해직교사 240여명을 복직대상에 포함
  - '94년 3월 선별 없는 동시발령과 해직기간의 경력인정 및 호봉산정
  - 파면, 형사처벌자에 대한 사면 · 복권

가. 현직교단의 전교조에 대한 부정적 시각을 해소해 나가면서 해직교사 포용과 교직 사회의 화합분위기 조성을 위하여 꾸준히 노력해 나감.

- 해직교사 문제의 해결은 국민화합이라는 사회적 요구와 장기적으로는 교직사회에 평화를 정착시켜나가야 되겠다는 역사의식에서 비롯되었음을 이해하여야 함.
- 지역별, 학교급별 교장회의 등을 통하여 대승적 입장에서 교직사회의 결속을 다져나가도록 학교장의 지도력 발휘
  - 학교경영에 교사들의 의견을 적극 수렴하여 교원들의 불만해소
  - 인사자문위원회 및 예 · 결산 자문위원회의 활성화로 가급적 학교경영의 공개화, 공정성 제고
  - 학교 내 잔존부조리에 대한 척결

- 학교 내 자체연수 또는 동호인 모임 등을 통한 현직교사와의 화합분위기 조성
- 학교장은 열린 마음으로 교단복귀 교사가 현장적응을 원만히 해나갈 수 있도록 적극적인 대화 기회 마련

나. 채용전 상담을 통한 개인별 고충 또는 교직자세에 대한 판단

- 개인적 고충에 대하여는 가급적 해결해주는 방향으로 수용(근무희망지 등)
- 상담결과를 기초로 인사 또는 장학지도 등의 자료로 활용

다. 연수를 통한 교직적응기회 부여

- 주 관 : 각 시 · 도별로 연수추진
- 내 용 : 교과연수 및 대화를 통한 교직안정 도모
- 방 법
  - 임용전 · 후를 통하여 시 · 도별 실정에 따라 해직교사들만으로 또는 일반교원과 함께 연수실시
  - 필요한 경우, 수시연수 계획 수립 · 실시하도록 함

라. 교원복무규정 제정 추진

- 목 적
  - 학교경영상의 법규적 제도 정비
  - 교직원들의 복무질서 확립
- 방 법 : 현존 국가공무원에 준하도록 규정되어 있는 것을 통합하여 단일법령화 할 계획
- ※ 시 · 도별 개별사항 등 세부사항은 시 · 도 규칙으로 정할 수 있도록 함

마. 전교조 문제에 대한 공동협의회 구성운영

- 전교조 문제에 대한 공동대책협의 및 시·도간 정보교환
- 중등장학과장 또는 중등교직과장

바. 교직사회의 안정을 저해하는 행위에 대한 조치

- 합법적이고, 교육적인 활동이나 건의사항에 대하여는 이를 지원하고, 적극적으로 수용해나가되,
- 교직사회의 안정을 저해할 수 있는 행위에 대하여는 이해와 설득을 통하여 지도해나가면서, 이를 주동하거나 배후에서 조종하는 등 교직질서를 문란시키는 행위를 한 자의 경우에는 엄중 대처해 나감.

※ 경우에 따라 사법처리방안도 강구

5. 협의사항

가. 1차 채용신청 기간 중 채용신청을 한 자(88명)에 대하여는 임용과정에서 우선적으로 배려함.

나. 사학민주화 등 관련 해직자 채용문제

- 전교조 결성, 활동과 직접 관련이 없는 사학민주화 등과 관련 해직된 자를 채용 요구(국회, 교육위원회 질문)
- 인 원 : 240여명

3. 1998년 이후 특별채용 자료

시국사건관련 교원임용 제외자

특 별 채 용 계 획

1999. 9. 16.

교 육 부

(교 원 정 책 과)

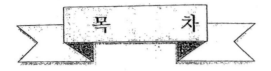

1. 목 적

○ "국민화합의 실현"이라는 국정지표에 입각하여 교직 사회가 함께 참
여하는 교육공동체를 새롭게 구성하고자 하는 노력의 일환으로

○ 국립 사범대학 졸업자 중 시국사건 등에 참여하였다는 이유로 임용
에서 제외된 자를 특별채용함으로써

○ 교단의 안정을 도모하고 참여와 협조를 통한 새학교문화 창조의 기
반을 조성하고자 함.

2. 기본방침

○ 교사의 임용권자이며 당시 사안에 대하여 가장 잘 알고 있는 시·도
교육감에게 기본원칙을 제시하고 임용절차를 밟도록 함

○ '99. 9.14.현재 파악된 명단 96명(당초 파악된 명단 75명) 이외에도 특별법·령
에서 정한 요건에 해당하는 자에 대하여는 전원 특별채용토록 함.

3. 추진경과

○ 특별법 제정 추진
  "시국사건관련교원임용제외자채용에관한특별법"
  - 경 위
   · '99. 8.10. : 국회 교육위원회에서 법안 의결
   · '99. 8.12. : 국회 법사위원회에서 법안 의결
   · '99. 8.12. : 국회 본회의에서 법안 의결
   · '99. 8.19. : 법안 정부 이송
   · '99. 8.24. : 국무회의 의결
   · '99. 9. 2. : 공포·시행

○ 특별법시행령 제정 추진
- 특별법 제정에 따라 법에서 위임한 사항과 시행에 필요한 사항을 규
  정하기 위하여 시행령 제정 필요
- 경 위
  · '99. 8.24. : 관계기관 협의기간 및 입법예고기간 단축 협의 및 확인
    (법제처)
  · '99. 8.24. : 관계기관 협의(국가정보원, 법무부, 행정자치부)
  · '99. 8.25. : 입법예고 요청(관보게재 요청)
  · '99. 8.28. : 입법예고(관보 게재)
  · '99. 8.31. : 법제 심사 의뢰
  · '99. 9.14. : 국무회의 의결
  · '99. 9.   . : 공포

4. 주요 추진 계획

○ 기본 원칙
- '89. 7.25.부터 '90.10. 7.까지의 기간중 시·도교육위원회별로 작성한
  교사임용후보자명부에 등재되어 임용이 예정되어 있던 자로서 시국사
  건 등에 관련되어 임용에서 제외된 사실이 입증된 경우에는 시·도별
  명단 첨부자 96명을 포함한 대상자 전원 특별채용

○ 세부 처리 방침
- 교육부장관 명의로 중앙 일간지에 임용신청토록 하는 공고를 하여 해
  당자에게 고지('99. 9.17.자 한겨레신문, 세계일보 참조)
- 임용신청 기한 : '99. 10. 2.까지(법 제4조 제2항의 규정)
- 시국사건에 관련된 사실은 임용제외자가 관련 자료로 입증하여야 함.
  ※ 시국사건의 종류 및 내용 요약 : 별첨
- 임용권자는 임용제외자의 임용제외의 주된 사유가 시국사건 이외의
  사항임을 입증할 수 없을 때에는 시국사건으로 임용에서 제외된 것으
  로 보아 특별채용 하여야 함.

- 교원임용제외자특별채용심의위원회는 임용신청 마감일인 10. 2.까지 구성하여 특별채용 절차 이행에 차질이 없도록 하여야 함.
- 임용제외자가 시국사건 관련 사실을 입증하기 위한 객관적인 증빙자료 제출에 상당한 시일이 소요된다고 판단할 경우 우선적으로 채용신청서를 접수한 후 보완토록 함.
- 시국사건 관련으로 임용에서 제외되었다 함은 다음의 기준을 적용하여 "교원제외자특별채용심의위원회"에서 심의·판단함.
  ① 보안심사위원회 또는 인사위원회에서 임용 보류 또는 부결 처분을 받은 경우 또는 받을 우려가 있는 경우
  ② 기타 교원임용제외자특별채용심의위원회에서 정한 판단 기준
- 임용제외자의 특별채용시 시국사건 관련 이외의 다른 임용결격사유가 있을 경우에는 관계 법령에 따라 처리

○ 시·도별 특별 채용 절차
  - 신규교사 채용 관련 규정 및 절차에 따라 처리하되 시험 면제

5. 행정사항

○ 특별채용자에 대한 적절한 적응/복직 연수 기회 부여
  - 우선적으로 전공 교과에 대한 연수 기회를 부여하여 교육현장 및 교육내용에 대한 적응력 제고 및 부족 부분 보완
  - 교육정책 등에 대해서도 시·도별 실정에 맞게 연수 계획 수립 시행

○ 특별채용 신청 및 특별채용 결과 보고
  - 특별채용 신청 보고
    시국사건 관련 임용제외자들로부터 채용신청을 받은 결과를 다음 양식에 의하여 '99.10. 7.(목)까지 보고하시기 바람.

임용제외자 특별채용 신청 결과 보고

연번	성 명	출신대학 및 학과		입학 및 졸업		특별채용
		대학명	학 과	입학년도	졸업년도	신 청 일

- 특별채용 결과 보고

시국사건 관련 임용제외자 특별채용 결과를 '99.11.20.(토)까지 다음 양식에 의하여 보고하시기 바람.

임용제외자 특별채용 결과 보고

연번	성 명	출신대학 및 학과		특별채용 내용		
		대학명	학과	채용(예정)일	학교명	담당과목

6. 추진 일정

○ 시국사건관련교원임용제외자채용에관한특별법 제정   : '99. 9. 2.
○ 시국사건관련교원임용제외자채용에관한특별법시행령 제정 : '99. 9.
○ 임용제외자 특별채용 계획(안) 마련   : '99. 9.15.
○ 시·도 부교육감 회의   : '99. 9.16.
○ 임용제외자 특별채용 신청 공고   : '99. 9.17.
○ 시·도 교육청별 특별채용 추진   : '99. 9.17.~

첨부 : 1. 임용제외자 특별채용 대상자 명단 1부.
     2. 시국사건 종류 및 내용 요약   1부.
     3. 공고(안)   1부.

<별첨 2>

시국사건 종류 및 내용 요약

1. 반정부 집회 및 시위, 유인물 배포, 단체결성 및 가입

① **유신반대 시위와 관련된 사건**

　70년대 재야인사, 대학생, 시민 등이 박정희 유신정부에 반대하며 시위하다
　가 대통령 긴급조치를 위반한 사건

② **광주민주화운동 진상규명을 위한 집회 및 시위에 관련된 사건**

　80년 이후 대학생, 재야인사, 시민 등이 80년 광주민주화운동의 진상 규명
　을 요구하며 일으킨 집회 및 시위와 관련된 사건

③ **80년 계엄포고령 위반 사건**

　80년 5월 재야인사, 시민, 대학생 등이 광주사태 직전에 민주화 요구를 탄
　압하고 전두환 정부를 수립할 목적으로 내려진 군사계엄령을 위반한 사건

④ **구국학생연맹 기관지 제작 배포 관련 사건**

　86년 대학생들이 반정부 조직인 구국학생연맹 기관지 「해방선언」을 제작
　배포한 사건

⑤ **반정부 유인물 제작·소지·배포 관련 사건**

　70~80년대 대학생들이 반정부 유인물을 제작·소지·배포한 사건

⑥ **호헌 철폐·직선제 개헌 쟁취투쟁 관련 사건**

　85년~87년 야당, 대학생, 재야, 시민 등이 전두환 정부의 간선제를 통한
　장기집권 음모를 저지하고 직선제를 실시하기 위하여 일으킨 사건

⑦ **군사정권 반대 시위 관련 사건**

　80년대 대학생, 재야, 시민 등이 전두환, 노태우 정부에 반대하여 일으킨
　집회 및 시위에 관련된 사건

⑧ **'86년 건국대 사건**

　86년 10월 건국대에서 전국 대학생들이 애국학생투쟁연맹이라는 반정부 대
　학생 단체를 결성하자 전두환 정부가 헬기까지 동원하여 대대적으로 진압
　한 사건

⑨ 민정당연수원 점거 농성 사건

85년 11월 서울시내 대학생들이 전두환정부의 장기집권을 저지하기 위하여 민정당연수원을 점거한 사건

⑩ **전방 입소 거부 투쟁 관련 사건**
84년~88년 대학생들이 대학생 통제 목적의 군사훈련인 전방 입소를 반대하고 거부하며 일으킨 사건

⑪ **5.3 인천 사태**
86년 5월 3일 인천에서 야당, 재야, 학생, 노동자, 시민 등이 연합하여 호헌철폐, 직선제 실시를 요구하며 대규모 집회를 하고 시위한 사건

⑫ **구국학생연명 결성 · 가입 사건**
80년대 대학생들이 민족 자주화를 요구하며 반정부단체를 결성 · 입ㅎ 하여 검거된 사건

⑬ **구학련 청년동맹 가입사건**
86년 12월 대학생들이 구국학생연맹의 후신인 반정부 대학생단체를 결성 · 가입하여 검거된 사건

⑭ **ML당 사건**
86년 10월 학생운동 출신자 등이 노동운동을 지원하기 위한 단체를 결성하였는데, 이 단체에 대하여 마르크스레닌당을 결성하였다고 조작된 사건

2. 노동운동 관련 사건

① **위장취업 사건**
70년~80년대 노동자 권익 보호를 위하여 대학출신자들이 공장노동자로 취업하기 위해 다른 사람의 신분으로 취업한 사건(당시에는 대학출신 신분으로는 공장노동자로 취업하는 것을 수상하게 여겼음)

② **노학연대투쟁 관련 사건**
80년대 대학생들이 노동자들의 투쟁을 지원하기 위해 연대한 투쟁과 관련된 사건

③ **인천지역 민주노동자회 사건**
88년 인천지역에서 활동하던 노동 운동가들이 노동운동 조직을 결성 하고 가입하여 검거된 사건

④ **노동현장파업사건**
80년대 대학생들이 공장노동자로 취업하여 노동조건을 개선하고 노동자 권

익 실현을 위해 공장에서 파업을 일으킨 사건

⑤ **전교조 활동 관련 사건**

89~90년 교원 임용후보자들이 전교협(전국교사협의회, 전교조 전신) 또는
전교조 간사로 상근 활동을 하였다는 이유로 임용에서 탈락한 사건

⑥ **임용면접시 전교조 지지 발언 관련 사건**

89년~90년 교원임용 면접시 임용후보자들이 전교조를 지지하는 발언하여
임용에서 탈락된 사건

3. 학원민주화운동 관련 집회 및 시위

① **학원안정법 반대 집회 및 시위**

85년 정부에서 학원민주화 운동을 규제할 목적으로 만든 학원안정법에 반
대하여 대학생들이 일으킨 집회 및 시위에 관련된 사건

② **졸업정원제 반대 집회 및 시위**

81년 졸업정원제(졸업인원을 제한하고 상대평가제를 도입한 제도)를 반대
하여 대학생들이 집회 및 시위를 일으킨 사건

③ **학내 민주화 운동 관련 사건**

70년~80년대 대학 내에서 대학생들이 어용, 무능 교수 퇴진, 동아리 활동
보장, 학생회 활동 보장 등을 요구하며 일으킨 집회 및 시위에 관련된 사
건

<발첨 3>

시국사건관련 교원임용제외자 채용신청에 대한 공고

　교육부는 "국민화합의 실현"이라는 국정지표에 입각하여 교직사회가 함께 참여하는 교육공동체를 새롭게 구성하고자 하는 노력의 일환으로 시국사건과 관련되어 교원임용에서 제외된 자들을 특별채용하기 위하여 다음과 같이 공고합니다.

1. 신 청 자 : 1989년 7월 25일부터 1990년 10월 7일 사이에 교원임용후보자명부에 등재되어 임용이 예정되어 있던 자로써, 시국사건 등에 관련되어 임용에서 제외된 사실이 있는 자

2. 신청기한 : 1999년 10월 2일까지

3. 접 수 처 : 임용후보자명부에 등재된 당해 시·도교육청(중등교육과)

4. 신청서류 :
　가. 성명, 주민등록번호, 주소, 연락처 등이 명기된 채용신청서 1부
　나. 민간인 신원진술서 3부
　다. 시국사건 관련임을 증명할 수 있는 자료 또는 서류(예 : 판결문 등)

5. 참고사항
　가. 시국사건의 범위
　　1) 정부정책에 반대하는 집회·시위, 유인물 배포 및 단체결성 및 가입 관련사건
　　2) 교원노동조합 기타 노동운동 관련사건
　　3) 학원민주화운동 관련사건
　나. 신청기한의 준수
　　신청자는 반드시 신청기일을 준수하여야 함. 신청기일이 지나서 신청하는 경우 "시국사건관련교원임용제외자채용에관한특별법" 제4조 제2항의 규정에 의하여 신청할 수 없음.

1999년 9월 17일

교　육　부　장　관

해직교사 특별채용 추진계획

2000. 1. 28.

교　육　부

목   차

1. 목   적

○ 교단의 안정을 도모하고 참여와 협조를 통한 새학교 문화 창조의 기반 조성을 위하여 시국사건 연루 등으로 해직된 교사를 특별채용 하였으나,

○ 특별채용 과정에서 정보 부재 등으로 누락된 해직교사가 다수 발견되어 추가로 특별채용 하고자 함.

※ 1차 해직교사 특별채용 추진 실적

구 분	신청접수 인원	특별채용 인원	미채용 인원	채용기간
전교조 관련	23	22	1	'99. 9. 1.~
시국사건 관련	28	28		'99. 9. 1.~
사학민주화	73	69	4	'99. 9. 1.~
임용제외자	122	106	16	'99.11. 1.~
계	246	225	21	

2. 기본방침

○ 2000년 3월 특별채용 목표로 추진

○ 금번 해직교사 특별채용 기준은 1999. 7.30. "해직교사 특별채용 계획"을 동일하게 적용

○ 특별채용은 교사의 임용권자이며 당시 사안에 대하여 가장 잘 알고 있는 해직 당시의 재직학교를 관할하는 시·도 교육감이 특별채용 등 임용절차를 밟도록 함

○ 임용 후 시국사건과 관련하여 발령(임용)취소된 경우에도 해직교 사로 보아 특별채용

○ 금번 특별채용 대상자중 중등학교 교원에 대하여는 별도 정원 배정

3. 신청 접수 현황

○ 설립별, 직급별, 교육경력

구 분	설립별			직급별				교육경력		계
	공립	사립	기타	교사	임시교사	강사	기타	3년이상	3년미만	
전교조	2	5		4	2	1		5	2	7
시국	6	1	2	7			2	3	6	9
사학		61		57	4			48	13	61
기타	3	2	1	5	1			4	2	6
계	11	69	3	73	7	1	2	60	23	83

○ 지역별

구 분	서울	부산	인천	광주	대전	경기	강원	전북	전남	경북	경남	제주	기타	계
전교조	2			1			1		1	2				7
시국	2							1		3	1		2	9
사학	24	10	1	1	9	4		1	4	4	2	1		61
기타	2	1							2	1				6
계	30	11	1	2	9	4	1	2	7	10	3	1	2	83

○ 해직사유별

구 분	징계		직권면직	과원면직	재임용제외	발령취소	기타	의원면직	계
	파면	해임							
전교조		3		2				2	7
시국	3	1				1	2	2	9
사학	1	6	9	5			2	38	61
기타			2				2	2	6
계	4	10	11	5	2	1	6	44	83

4. 사안별 조치계획

○ 기본 원칙

- 전교조 해직자(7명)
  · 전교조 관련 활동으로 해직된 자는 복직조치

- 시국사건 관련자(9명)
  · 시국사건의 범위
  국가보안법, 반공법, 대통령긴급조치위반, 유신찬반 집회, 남민전사
  건 등의 정치적인 시국사건, 노동운동, 위장취업 등 노동관련 운동
  · 관계부처 협의 결과를 토대로 별도의 임용 결격사유가 없는 경우
  전원 복직 조치(신원조사 등)

- 사학 민주화 관련자(57명)
  · 다음 각 호의 1에 해당하는 경우로서 개별사실이 자료로 입증되는
  경우에는 복직 조치

  · 재단의 재정비리, 교권 및 학습권 침해 등에 맞서 개별 또는 집단적인 행동을
  한 경우
  · 감사결과, 언론 보도, 기타 자료를 통하여 재단의 비리를 시정하거나 교단의 민
  주화 등에 기여한 사실이 입증되는 경우
  · 재단의 권력에 맞서기 위한 일련의 행동(집단행동 포함)이 징계사유가 되고,
  별도의 중대한 징계사유가 없는 경우
  · 기타 사학민주화와 관련하여 해직된 교원으로써 특별채용 함에 있어 임용 결격
  사유가 없는 경우
  (※ 징계효력 만료기간 미도래자에 대하여는 별도의 사면조치가 필요하나,
  　　- 현재 대법원에 민사소송이 계류 중인 3명은 사면·복권 조치가 불가능하므
  　　　로 소송이 종료(취하, 종결)되거나 징계효력기간이 만료(2000. 9. 1. 이후)된
  　　　후 임용

○ 세부 처리 방침

① 경력 3년 미만자에 대한 특별 채용
- 해직교사 채용 추진계획(1993. 8.13.)에 준하여 처리

※ 현행법 내에서 가능한 방법으로 채용하되

· 국·공립학교 해직자
  ▲ 교육경력 3년이상자 : 특별채용(교육공무원법 제12조 제1항 제2호)
  ▲ 교육경력 3년미만자 : 면접시험에 의한 신규채용 또는 사립학교 채용
    후 공립 특채

· 사립학교 해직자
  ▲ 당해 사립학교에서 채용하는 것을 원칙으로 함.
  ▲ 단, 당해 사립학교 교원정원상 과원이 발생되는 경우, 이에 상당한
    교원수 만큼 사학의 기존 교원을 공립에 특별채용 하도록 하되,
    다른 부득이 한 사정이 있는 경우에는 이를 공립학교에서 특채하는
    방법을 강구함.
  ▲ 해직 후 폐교 또는 폐과로 채용할 수 없는 경우에는 공립에서 채용

· 국·공립학교 해직자
  ▲ 교육경력 3년이상자 : 특별채용(교육공무원법 제12조 제1항 제2호)
  ▲ 교육경력 3년미만자 : 면접시험에 의한 신규채용 또는 사립학교 채용
    후 공립 특채

② 교육경력 3년 이내의 **임시교사나 강사**에 대한 특별 채용
- 기간제 교사로 채용한 후 3년 경력이 인정되는 시점에서 정규 교사
  로 특별 채용(우선권 부여)

③ 미사면·복권으로 인한 임용결격 사유자는 임용 결격사유 해소 후
  특별채용
  - 현재 대법원에 민사소송이 계류 중인 3명은 사면·복권이 불가능
    하므로, 소송이 종료(종결, 취하)되거나, 징계효력기간이 **만료된**
    후에 특별채용(2000년 9월 1일 이후)

④ 전교조, 시국사건, 사학민주화 사건 등이 사직의 직접적인 원인이 되었다고 판단되는 의원면직자도 해직교사 특별채용 계획의 취지를 감안하여 광의의 해직자로 보아 '99. 7.30. 해직교사 특별채용 계획과 동일하게 처리

○ 시·도별 특별 채용 절차
 - '99년 해직교사 특별채용지침을 준용하여 처리

5. 시·도별 특별채용 대상자 현황

구분	서울	부산	인천	광주	대전	울산	경기	강원	전북	전남	경북	경남	제주	계
초등											2			**2**
중등	28	9	1	2	9	1	3	1	2	5	8	1	1	**71**
계	28	9	1	2	9	1	3	1	2	5	10	1	1	73

6. 행정사항

○ 특별채용 결과 보고
 - 해직교사 특별채용 결과를 2000. 3.31.(금)까지 아래 양식에 의하여 보고하여 주시기 바람.

해직교사 특별채용 결과 보고

○○ 교육감(직인)

연번	성 명	해 직 당 시			특 별 채 용			특별채용 일 자
		직 위	재직학교	설립별	직 위	재직학교	설립별	

※ 1. A4용지 세로로 작성
 2. 특별채용자가 10명을 초과할 때에는 면당 10명씩 기재

○ 특별채용자의 적절한 적용 연수기회 부여
  - 우선적으로 전공 교과에 대한 연수 기회를 부여하여 장기간 교육현
    장 이탈에 따른 부족 부분 보완
  - 교육정책 등에 대해서도 시·도별 실정에 맞게 연수계획 수립 시행

첨부 : 1. 해직교사 특별채용 대상자 명단 1부. 끝.

時局事件關聯 教員 任用除外者 및 未任用者

特 別 採 用 計 劃

2001. 4.

教育人的資源部

(教 員 政 策 課)

1. 目 的

o "국민대화합의 실현" 국정지표에 입각하여 교직사회가 함께 참여하는
  교육공동체로 새롭게 태어나기 위해

o 국립 사범대학 졸업자중 시국사건 등에 참여하였다는 이유로 임용에
  서 제외된 자, 임용절차를 이행하던 중 시국사건과 관련하여 임용되
  지 못한 자 및 시국사건과 관련하여 졸업이 늦어짐으로써 임용후보
  자명부에 등재되지 못한 자를 특별채용 함으로써

o 참여와 협조를 통한 국민대화합을 실현하며, 교단의 안정을 도모하
  고자 함.

2. 推進根據

o 시국사건관련교원임용제외자채용에관한특별법 개정 (2001. 3. 28. 공포)

개 정 주 요 내 용

o 임용제외자의 범위 추가(법 제2조 제1항)
 - 시국사건과 관련하여 졸업지연 등의 사유로 1990년 10월 7일까지
   임용후보자명부에 등재되지 아니한 자
 - 1989년 7월 24일 이전에 임용후보자명부에 등재되어 임용절차를
   이행하던 중 시국사건과 관련하여 임용되지 못한 자

o 시국사건의 범위를 법에서 규정(법 제2조 제2항)
 - 당초에는 동법시행령 제2조에 규정하고 있었음

o 교원임용제외자특별채용심의위원회 관할 추가(법 제3조 제1항)
 - 졸업지연 등으로 임용후보자명부에 등재되지 아니한 경우에는 임
   용제외자의 주소지를 관할하는 시·도교육감 소속하에 둠

o 임용신청 기한 연장(법 제4조 제2항)
 - 임용신청기한을 당초 30일에서 3월로 연장

---

3. 推進經過

- ○ 1999. 9. 2. : 시국사건관련교원임용제외자채용에관한특별법 제정
- ○ 1999. 9. 16. : 시국사건관련 교원임용제외자 특별채용계획 수립
- ○ 1999. 9. 17. : 시국사건관련 교원임용제외자 채용신청 공고
- ○ 1999. 9. 29. : 시국사건관련교원임용제외자채용에관한특별법시행령 제정
- ○ ~1999.10. 2. : 특별채용 신청 마감(122명)
- ○ ~2000. 3. 1. : 특별채용(106명) 완료
- ○ 2001. 3. 28. : 시국사건관련교원임용제외자채용에관한특별법 개정

4. 基本方針

- ○ 교사의 임용권자이며, 당시 사안에 대하여 가장 잘 알고 있는 시·도 교육감에게 기본원칙을 제시하고 임용심사 및 절차를 밟도록 함.
- ○ 2001. 3. 28. 개정된 **시국사건관련교원임용제외자채용에관한특별법**(법률제6435호)에서 **정한 요건에 해당하는** 자에 대하여는 **전원 특별채용** 하도록 함.

5. 特別採用 推進計劃

○ 특별채용 신청 대상

- 국립 사범대학을 졸업한 자중

- 1989년 7월 25일부터 1990년 10월 7일까지의 기간중 시·도교육위원회별 교사임용후보자명부에 등재되어 임용이 예정되어 있던 자로서 시국사건과 관련하여 임용에서 제외된 자
- 1989년 7월 25일부터 1990년 10월 7일까지의 기간중 시국사건과 관련하여 졸업 지연 등의 사유로 교사임용후보자명부에 등재되지 아니한 자

- 1989년 7월 24일 이전에 교사임용후보자명부에 등재되어 임용절차를 이행하던 중 시국사건과 관련하여 임용되지 못한 자

o **특별채용 심의 관할**

- **교사임용후보자명부에 등재된 신청자**에 대하여는 교사임용후보자명부를 관할하는 **시·도교육감 소속 하에 둔 교원임용제외자특별채용심의위원회**

- 졸업지연 등으로 인하여 **교사임용후보자명부에 등재되지 아니한 신청자**에 대하여는 **신청자의 주소지를 관할하는 시·도교육감 소속 하에 둔 교원임용제외자특별채용심의위원회**

o **세부 처리 방침**

- 임용신청 기한 : 2001년 6월 28일
  ※ 법 제4조제2항의 규정에 의하여 이 법 시행일인 2001년 3월 28일부터 3개월까지이며, 민법 제157조의 규정에 의하여 초일을 산입하지 아니함.

- 시국사건에 관련되었던 사실은 임용제외자 또는 미임용자가 관련 자료로 입증하여야 함.
  ※ 시국사건의 종류 및 내용 요약 : 별첨(법 제2조제2항 구체화)

- 임용권자는 임용제외자의 임용제외 사유 또는 미임용자의 졸업 지연의 주된 사유가 시국사건 이외의 사항으로 인한 것임을 입증하였을 때에는 특별채용하지 아니함.
  ※ 특별채용 신청자의 신청 내용을 심의할 때에는 신청인이 제출한 소명자료 외에 필요하다고 인정할 경우에는 출신 대학에 관련 자료를 요청하는 등 심사의 정확성을 기하시기 바람.

- 교원임용제외자특별채용심의위원회는 임용신청 마감일인 2001년 6월 28일까지 구성하여 특별채용 절차 이행에 차질이 없도록 함.

- "시국사건 관련으로 임용에서 제외"되었다 함은 다음의 기준을 적용하여 "교원임용제외자특별채용심의위원회"에서 심의·판단함.

  ① 보안심사위원회 또는 인사위원회에서 임용 보류 또는 부결 처분

을 받은 경우 또는 받을 우려가 있는 경우

② 기타 교원임용제외자특별채용심의위원회에서 정한 판단 기준
.
- "시국사건과 관련하여 졸업 지연 등의 사유로 교사임용후보자명부에 등재되지 아니한 자"는 다음의 기준을 적용하여 "교원임용제외자특별채용심의위원회"에서 심의·판단함.

① 국립사범대학 졸업자의 우선임용의 위헌결정(1990년 10월 8일)을 받기 전에 정상적으로 졸업이 가능한 1986년 3월 이전 입학생

② 시국사건 관련으로 학사징계, 구속 등 실질적으로 학업을 계속할 수가 없어 1990년 10월 7일 이전에 졸업할 수 없었던 사유가 증명되는 경우

③ 기타 교원임용제외자특별채용심의위원회에서 정한 판단 기준

※ 졸업지연 등으로 인한 미임용자의 주소지는 이 법 시행일인 2001년 3월 28일 현재의 주소지를 기준으로 함.(미임용자의 경우에는 주민등록 등본 별도 징구)

- "1989년 7월 24일 이전에 교사임용후보자명부에 등재되어 임용절차를 이행하던 중 시국사건과 관련하여 임용되지 못한 자"는 다음의 기준을 적용하여 "교원임용제외자특별채용심의위원회"에서 심의·판단함.

① 임용 절차를 이행하려고 하였으나, 시국사건 관련으로 구속, 수배 등의 사유로 인하여 임용대상자에게 동 의사가 전달되지 못하여 임용할 수 없었던 경우

② 기타 교원임용제외자특별채용심의위원회에서 정한 판단 기준

- 임용제외자의 특별채용시 시국사건 관련 이외의 다른 임용결격사유가 있을 경우에는 특별채용할 수 없음.

(예 : 국가공무원법 제33조의 규정에 의한 결격사유에 해당하는 경우)

ㅇ 시·도별 특별채용 절차

- 신규교사 채용관련 규정 및 절차에 따라 처리하되, 시험 면제

5. 行政事項

ㅇ 특별채용자에 대한 적절한 적응 연수 기회 부여

- 우선적으로 전공 교과에 대한 연수기회를 부여하여 교육현장 및 교육내용에 대한 적응력 제고 및 부족 부분 보완

- 교육정책 등에 대해서도 시·도별 실정에 맞게 연수계획을 수립하여 시행

ㅇ 특별채용 신청 현황 및 특별채용 결과 보고

- 특별채용 신청 현황 보고

• 시국사건 관련 교원임용제외자 및 미임용자의 특별채용 신청을 받은 결과를 다음 〈양식 1〉에 의하여 2001년 7월 7일(토)까지 보고하시기 바람.

〈양식 1〉

교원 임용제외자 및 미임용자 특별채용 신청 형황 보고

OO 교육감 직인

연번	성 명	출신대학 및 학과		입학 및 졸업		특별채용 신 청 일
		대학명	학 과	입학년도	졸업년도	

- 특별채용 결과 보고

• 시국사건 관련 교원임용제외자 및 미임용자의 특별채용 결과를 2001년 8월 31일(금)까지 다음 〈양식 2〉에 의하여 보고하시기 바람.

〈양식 2〉

교원임용제외자 및 임용자 특별채용 결과 보고

OO 교육감 직인

연번	성 명	출신대학 및 학과		특별채용 내용		
		대 학 명	학과	채용(예정)일	학교명	담당과목

6. 推進日程

ㅇ 2001. 4. 13. (금) : 임용제외자 및 미임용자 특별채용계획(안) 마련

ㅇ 2001. 4. 16. (월) : 특별채용 공고(일간지, 관보, 홈페이지 등)

ㅇ 2001. 6. 28. (목) : 특별채용 신청 마감

ㅇ 2001. 6. 29. (금) : 시·도 교육청별 특별채용 추진 절차 이행

ㅇ 2001. 7. 7. (토) : 특별채용 신청 현황 보고

ㅇ 2001. 8. 31. (금) : 특별채용 결과 보고

첨부 : 1. 시국사건관련교원임용제외자채용에관한특별법   1부.

2. 시국사건관련교원임용제외자채용에관한특별법시행령 1부.

3. 시국사건의 종류 및 내용 요약   1부.

4. 특별채용 신청 공고(안)   1부. 끝.

〈별첨 1〉

시국사건관련교원임용제외자채용에관한특별법

제1조 (목적) 이 법은 국립의 사범대학(한국교원대학교·교육대학·공업교육대학 및 국립대학에 설치한 교육과를 포함한다. 이하 같다)을 **졸업한** 자중 임용제외자의 특별채용에 관한 사항을 규정함을 목적으로 한다.

제2조 (임용제외자의 범위) ①이 법에서 "임용제외자"라 함은 국립의 사범대학을 졸업한 자로서 다음 각호의 1에 해당하는 자를 말한다.

1. 1989년 7월 25일부터 1990년 10월 7일까지의 기간중 시·도교육위원회별 교사임용후보자명부에 등재되어 임용이 예정되어 있던 자로서 시국사건과 관련하여 임용에서 제외된 자

2. 제1호의 기간중 시국사건과 관련하여 졸업지연 등의 사유로 임용후보자명부에 등재되지 아니한 자

3. 1989년 7월24일 이전에 교사임용후보자명부에 등재되어 임용절차를 이행하던 중 시국사건과 관련하여 임용되지 못한 자

②제1항 각호에서 "시국사건"이라 함은 다음 각호의 1에 해당하는 사건을 말한다.

1. 정부정책에 반대하는 집회·시위, 유인물 배포 및 단체결성·가입 관련사건

2. 교원노동운동 기타 노동운동 관련사건

3. 학원민주화운동 관련사건

제3조 (교원임용제외자특별채용심의위원회) ①임용제외자에 대한 특별채용 등에 관한 사항을 심의하기 위하여 교원의 임용권자(교사임용후보자명부에 등재된 경우에는 임용제외자를 임용하지 않은 해당 시·도교육감을 말하며, 교사임용후보자명부에 등재되지 아니한 경우에는 임용제외자의 주소지를 관할하는 시·도교육감을 말한다. 이하 같다) 소속하에 교원임용제외자특별채용심의위원회(이하 "위원회"라 한다)를 둔다.

②위원회의 기능은 다음 각호와 같다.

1. 임용제외자의 특별채용 방법 및 기준의 설정

2. 임용제외자의 특별채용에 필요한 사실조사

3. 임용제외자 해당여부 및 임용적격여부에 대한 심의

4. 기타 임용제외자의 특별채용에 필요한 사항에 대한 심의

③위원회는 위원장 1인을 포함한 9인이내의 위원으로 구성하되 위원장은 교원의 임용권자가 되고 위원은 학식과 교육경험이 풍부한 자와 관계공무원중에서 위원장이 위촉 또는 임명한다.

④위원회의 조직 및 운영 등에 관하여 필요한 사항은 대통령령으로 정한다.

제4조 (임용신청) ①임용제외자는 대통령령이 정하는 바에 따라 교원의 임용권자에게 그 임용을 신청하여야 한다.

②제1항의 규정에 의한 임용신청은 이 법 시행일부터 **3월**이내에 하여야 한다.

제5조 (특별채용) 교원의 임용권자는 위원회의 심의결과 교원으로 특별채용하기로 결정된 자에 대하여는 교육공무원법 제12조의 규정에 불구하고 그 결정된 날부터 6월 이내에 특별채용하여야 한다.

부   칙

이 법은 공포한 날부터 시행한다.

※ **궁체**는 개정된 내용임.

〈별첨 2〉

시국사건관련교원임용제외자채용에관한특별법시행령

제1조 (목적) 이 영은 시국사건관련교원임용제외자채용에관한특별법에서 위임된 사항과 그 시행에 관하여 필요한 사항을 규정함을 목적으로 한다.

제2조 (시국사건의 범위) 시국사건관련교원임용제외자채용에관한특별법 (이하 "법"이라 한다) 제2조에서 "대통령령으로 정하는 시국사건"이라 함은 다음 각 호의 1에 해당하는 사건을 말한다.

1. 정부정책에 반대하는 집회·시위, 유인물 배포 및 단체결성·가입 관련사건
2. 교원노동조합 기타 노동운동 관련사건
3. 학원민주화운동 관련사건

제3조 (교원임용제외자특별채용심의위원회) ①법 제3조의 규정에 의한 교원임용제외자특별채용심의위원회 (이하 "위원회"라 한다)의 위원장은 교육감이 되고, 부위원장은 위원중에서 위원장이 지명하는 자가 된다.

②위원장은 위원회를 대표하고, 위원회의 사무를 총괄한다.

③부위원장은 위원장을 보좌하며, 위원장이 부득이한 사유로 직무를 수행할 수 없는 때에는 그 직무를 대행한다.

④위원장은 위원회의 회의를 소집하며, 그 의장이 된다.

⑤위원회의 회의는 재적위원 과반수의 출석으로 개의하고, 출석위원 과반수의 찬성으로 의결한다.

⑥이 영에 규정한 것외에 위원회의 운영에 관하여 필요한 사항은 위원회의 의결을 거쳐 위원장이 정한다.

제4조 (임용신청서류) ①법 제4조제1항의 규정에 의하여 임용제외자는 다음 각호의 사항을 기재한 채용신청서를 임용권자에게 제출하여야 한다.

1. 성명 및 주민등록번호
2. 주소
3. 전화번호 및 연락처

②제1항의 규정에 의한 채용신청서에는 다음 각호의 서류를 첨부하여야 한다.

1. 신원진술서 3부.
2. 시국사건 관련자임을 증명할 수 있는 서류 또는 자료

부   칙

이 영은·공포한 날부터 시행한다.

※ 당초 시국사건의 범위를 시행령 제2조에서 규정하고 있었으나, 동법을 개정
  하면서 법 제2조제2항에 동 내용을 규정함으로써 중복되고 있음.
  (법제처와 협의한 결과 법률상 효력의 다툼이나 내용의 변화가 없으므로 시
  행령에서 삭제하지 않아도 무방하다고 함)

〈별첨 3〉

시국사건의 종류 및 내용 요약

1. 정부정책에 반대하는 집회·시위, 유인물 배포 및 단체결성·가입 관련사건

① 유신반대 시위와 관련된 사건

70년대 재야인사, 대학생, 시민 등이 박정희 유신정부에 반대하며 시위하다가 대통령 긴급조치를 위반한 사건

② 광주민주화운동 진상규명을 위한 집회 및 시위에 관련된 사건

80년 이후 대학생, 재야인사, 시민 등이 80년 광주민주화운동의 진상규명을 요구하며 일으킨 집회 및 시위와 관련된 사건

③ 80년 계엄포고령 위반 사건

80년 5월 재야인사, 시민, 대학생 등이 광주사태 직전에 민주화 요구를 탄압하고 전두환 정부를 수립할 목적으로 내려진 군사계엄령을 위반한 사건

④ 구국학생연맹 기관지 제작 배포 관련 사건

86년 대학생들이 반정부 조직인 구국학생연맹 기관지 「해방전선」을 제작 배포한 사건

⑤ 반정부 유인물 제작·소지·배포 관련 사건

70년~80년대 대학생들이 반정부 유인물을 제작·소지·배포한 사건

⑥ 호헌 철폐·직선제 개헌 쟁취 투쟁 관련 사건

85년~87년 야당, 대학생, 재야, 시민 등이 전두환 정부의 간선제를 통한 장기집권 음모를 저지하고 직선제를 실시하기 위하여 일으킨 사건

⑦ 군사정권 반대 시위 관련 사건

80년대 대학생, 재야, 시민 등이 전두환, 노태우 정부에 반대하여 일으킨 집회 및 시위에 관련된 사건

⑧ 1986년 건국대 사건

1986년 10월 건국대학교에서 전국 대학생들이 애국학생투쟁연맹이라는 반정부 대학생 단체를 결성하자 전두환 정부가 헬기까지 동원하여 대대적으로 진압한 사건

⑨ 민정당연수원 점거 농성 사건

1985년 11월 서울시내 대학생들이 전두환 정부의 장기집권을 저지하기 위하여 민정당연수원을 점거한 사건

⑩ 전방 입소 거부 투쟁 관련 사건

1984년~1988년 대학생들이 대학생 통제 목적의 군사훈련인 전방 입소를 반대하고 거부하며 일으킨 사건

⑪ 5.3 인천 사태

1986년 5월 3일 인천에서 야당, 재야, 학생, 노동자, 시민 등이 연합하여 호헌 철폐, 직선제 실시를 요구하며 대규모 집회를 하고 시위한 사건

⑫ 구국학생연맹 결성ㆍ가입 사건

1980년대 대학생들이 민족 자주화를 요구하며 반정부단체를 결성ㆍ입회하여 검거된 사건

⑬ 구학련 청년동맹 가입사건

1986년 12월 대학생들이 구국학생연맹의 후신인 반정부 대학생 단체를 결성ㆍ가입하여 검거된 사건

⑭ ML당 사건

1986년 10월 학생운동 출신자 등이 노동운동을 지원하기 위한 단체를 결성하였는데, 이 단체에 대하여 마르크스레닌당을 결성하였다고 조작된 사건

2. 교원노동조합 기타 노동운동 관련사건

① 위장취업 사건

1970년~1980년 노동자 권익 보호를 위하여 대학 출신자들이 공장노동자로 취업하기 위해 다른 사람의 신분으로 취업한 사건(당시에는 대학 출신 신분으로는 공장노동자로 취업하는 것을 수상하게 여겼음)

② 노학연대투쟁 관련사건

1980년대 대학생들이 노동자들의 투쟁을 지원하기 위해 연대한 투쟁과 관련된 사건

③ 인천지역 민주노동자회 사건

1986년 인천지역에서 활동하던 노동 운동가들이 노동운동 조직을 결성하고 가입하여 검거된 사건

④ 노동현장 파업사건

1980년대 대학생들이 공장노동자로 취업하여 노동조건을 개선하고 노동자 권익 실현을 위해 공장에서 파업을 일으킨 사건

⑤ 전교조 활동 사건

1989년~1990년 교원임용 면접시 임용후보자들이 전교협(전국교사협의회. 전교조 전신) 또는 전교조 간사로 상근활동을 하였다는 이유로 임용에서 탈락한 사건

⑥ 임용면접시 전교조 지지 발언 관련사건

1989년~1990년 교원임용 면접시 임용후보자들이 전교조를 지지하는 발언을 하여 임용에서 탈락한 사건

3. 학원민주화운동 관련사건

① 학원안정법 반대 집회 및 시위

1985년 정부에서 학원민주화 운동을 규제할 목적으로 만든 학원안정법에 반대하여 대학생들이 일으킨 집회 및 시위에 관련된 사건

② 졸업정원제 반대 집회 및 시위

1981년 졸업정원제(졸업인원을 제한하고 상대평가제를 도입한 제도)를 반대하여 대학생들이 집회 및 시위를 일으킨 사건

③ 학내 민주화 운동 관련사건

1970년~1980년대 대학 내에서 대학생들이 어용, 무능 교수 퇴진, 동아리 활동 보장, 학생회 활동 보장 등을 요구하며 일으킨 집회 및 시위에 관련된 사건

〈별첨 4〉

시국사건관련 교원임용제외자 및 미임용자 채용에 대한 공고

교육인적자원부는 "국민대화합의 실현" 국정지표에 입각하여 교직사회가 함께 참여하는 교육공동체로 새롭게 태어나기 위해 시국사건과 관련되어 교원임용에서 제외된 자 또는 미임용자들을 심의한 후 특별채용하기 위하여 다음과 같이 공고합니다.

1. 신청대상자 : 국립 사법대학을 졸업한 자중 다음 각호의 1에 해당하는 자
   가. 1989년 7월 25일부터 1990년 10월 7일까지의 기간중 시·도교육위원회별 교사임용후보자명부에 등재되어 임용이 예정되어 있던 자로서 시국사건과 관련하여 임용에서 제외된 자
   나. 가호의 기간중 시국사건과 관련하여 졸업지연 등의 사유로 임용후보자명부에 등재되지 아니한 자
   다. 1989년 7월24일 이전에 교사임용후보자명부에 등재되어 임용절차를 이행하던 중 시국사건과 관련하여 임용되지 못한 자

2. 신청기한 : 2001년 6월 28일까지

3. 접수처
   가. 신청대상자중 가 및 다호 해당자는 임용후보자명부에 등재된 당해 시·도교육청
   나. 신청대상자중 나호 해당자는 2001년 3월 28일 현재 주민등록등본에 기재된 주소지를 관할하는 시·도교육청

4. 신청서류
   가. 성명, 주민등록번호, 주소, 연락처 등이 명기된 채용신청서 1부.
   나. 민간인 신원진술서 3부.   다. 주민등록등본(신청대상자중 나호 해당자에 한함)
   라. 본인 소명서   마. 시국사건 관련임을 증명할 수 있는 자료 또는 서류
                          (예 : 판결문 등)

5. 참고사항
   가. 시국사건의 범위
   1) 정부정책에 반대하는 집회·시위, 유인물 배포 및 단체결성 및 가입 관련사건
   2) 교원노동조합 기타 노동운동 관련사건
   3) 학원민주화운동 관련사건
   나. 신청기한의 준수
   신청자는 반드시 신청기일을 준수하여야 함. 신청기일이 경과한 경우에는 "시국사건관련교원임용제외자채용에관한특별법" 제4조제2항의 규정에 의하여 신청할 수 없음.

2001년 4월 25일

부총리 겸 교육인적자원부장관

2 명예회복의 사각지대

1. 원상회복을 위한 노력

교육민주화운동 관련 해직교사들은 앞서 살펴본 바와 같이 전교조 결성 이전 시국사건 관련 해직교사, 전교조 결성 관련 해직교사, 사립학교 교육민주화운동 관련 해직교사, 교원임용제외 교사 등 약 2,000여명의 해직교사들이 조직적으로 민주화운동 관련 명예회복 신청을 하였고, 교육부의 수차례 특별채용을 경험한 바 있기에 민주화보상심의위원회의 결정을 통한 원상회복에 대한 기대가 컸다. 전교조는 2000년부터 '민주화운동해직교사원상회복추진위원회'(이하 원회추)를 중심으로 시행령 개정 작업부터 결합하여 활동해왔다. 전교조 원회추의 원상회복을 위한 활동은 크게 네 가지 국면으로 나누어볼 수 있다.

1) 심의촉구 및 원상회복 요구(2001-2002)

이 시기에는 계승연대 활동에 관여하던 이병주 교사를 비롯하여 원회추의 신우영, 이을재, 조호원, 이협우 교사 등이 주요 역할을 담당하였다. 2001년부터 민주

민주화보상심의위원회 앞에서 1인 시위를 전개하는 이협우 교사

화보상심의위원회 심의가 본격적으로 진행되면서 전교조 원회추는 개인이 확보하기 어려운 관련 기록을 추가로 입수하여 전문위원실에 자료를 제공하고, 학원분야 전문위원들과 간담회를 갖는 등 교육민주화운동 관련 신청 사안에 대해 적극적인 대응을 하기 시작하였다. 2001년 4월 17일 전교조 원회추는 위원회를 4번째 공식 방문하는 자리에서 위원회의 조속한 심의와 완전한 명예회복을 촉구하는 「민주화운동보상심의위원회 방문자료」를 제출하였다. 그 주요 내용은 다음과 같다.

민주화운동에 앞장선 2000여 해직교사와 임용제외교사에 대한 조속한 심의·판정과 명예회복 후속조치를 촉구한다.

- 보상심의위원회는 무엇 때문에 해직교사의 민주화운동 인정을 주저하는가? -

1. 「민주화운동관련자명예회복및보상등에관한법률」이 시행되어 1차 접수가 시작된 지이미 8개월이 경과되었다. 전교조는 명예회복 신청 대상자 2,000여명 중 1,600여명이 접수를 마친 상태로 그 결과를 기다려오고 있으나 8개월이 지났음에도 아무런 결정이 되지 않고 있다. 전교조 원회추는 2000년 10월 4일, 12월 8일, 2001년 3월 17일 공식 방문을 통해 조속한 심의를 촉구한 바 있으며, 보상심의위원회의 상황을 듣고 겸허하게 결정을 기다려왔다. 그러나 작금의 상황은 보상심의위원회가 제대로 활동하고 있는지, 직무를 유기하고 있는지 의심을 할 수밖에 없는 지경에 이르렀다.

   이제 보상심의위원회는 민주화운동 관련 해직교사의 건을 더 이상 미루거나 눈치보지 말고 조속히 심의·결정할 것을 촉구하며, 3개월 시한을 넘기고 심의·결정을 지연시키는 이유에 대하여 명백하게 밝히기 바란다. 특히 전교조 사건의 경우 일부 수구세력들의 방해 공작과 보상지원단 관료들의 눈치보기로 지연되고 있다는 의혹이 강하게 제기되고 있는 실정이다. 이는 역사적인 책무를 갖고 임하고 있는 보상심의위원회의 다수의 의견에 반하는 행동이며, 역사의 흐름에 거스르는 행동일 따름이다. 한 점 의혹없이 명쾌하게 심의·결정해야 한다. 전교조 사건을 비롯하여 사학민주화 사건, 시국사건 등 민주화운동 해직교사에 대한 심의·결정을 조속히 할 것을 강력히 요청한다.

2. 해직교사와 임용제외 교사의 명예회복 후속조치에 대하여 보상심의위원회는 원칙적이고 완전한 내용이 포함된 형태가 되도록 결정하여야 한다.

○ 해직교사의 해직기간에 대한 경력 및 호봉인정, 임금보상, 연금 및 퇴직금 불이익 해소는 민주화운동 해직교사의 명예회복을 위하여 최소한의 요구이며, 반드시 원칙적인 해결이 제시되어야 한다. 아직도 이 법의 기본 취지를 왜곡, 축소하려는 교육부 등 일부 관료와 반민주세력의 기도를 경계하며 완전한 원상회복안이 제시되어야 한다.

   일부만을 인정하고 축소하려는 기도는 민주화운동을 기만하는 명백한 반역사적인 행위임을 경고하는 바이며, 보상심의위원회는 원칙적이고 완전한 명예회복 후속조치안을 결정하여야 한다. 예산의 소요, 시기, 형평성 등을 이유로 민주화운동 관런자에 대한 명예회복 후속조치가 졸속으로 결정되거나 일부 생활지원금으로 대체하려는 시도는 민주화운동에 대한 모독이며 문제의 해결을 미봉으로 남기는 것이다.

○ 해직교사의 경우 대부분 국가공무원 신분으로 학교현장에 복직되어 근무하고 있다. 그런데 해직기간에 대한 보상은커녕 매우 큰 불이익을 받고 있다. 민주화운동으로 해직되었다가 20년 만에 복직한 50대 교사가 20대 교사의 임금을 받고 있는 실정에서 누가 민주화운동에 대한 희망을 가질 수 있는가?

　따라서 해직기간에 대한 경력 및 호봉인정, 연금 및 퇴직금 불이익 해소는 국가공무원의 신분에서 우선적으로 해결되어야 한다. 이 문제는 보상심의위원회에서 명예회복 후속조치로 특별법 제정을 결정하고, 대통령에게 건의하여 특별법이 조속히 제정되도록 하여야 한다. 해직기간에 대한 임금보상은 원칙적으로 국가배상 수준으로 결정되도록 해야 할 것이다.

　교육부를 비롯한 현정부가 의지가 있다면 특별법 제정 이전이라도 교원자격검정령, 공무원보수규정, 연금법시행령 개정을 통해 민주화운동 해직교사에 대한 원상회복 문제를 즉각 해결하여야 한다.

○ 따라서, 보상심의위원회는 민주화운동 해직교사에 대한 심의·결정을 조속히 하여 교육민주화에 공헌한 이들이 2001년 하반기부터 학교현장에서 당당하게 설 수 있도록 해야 한다. 명예회복 후속조치에 대한 명확한 입장을 갖고 심의·결정하여야 하며 완전한 명예회복을 담은 특별법 제정과 임금보상문제 해결에 적극 앞장서야 한다. 민주화운동 해직교사 명예회복 후속조치에 대한 보상심의위원회의 명확한 입장을 밝혀주기 바란다.

2000여 민주화운동 해직교사의 원상회복을 위한 요청사항

1. 보상심의위원회는 전교조·시국·사학민주화 관련 해직교사 및 임용제외교사의 민주화운동에 대하여, 4월 23일 관련자및유족여부심사분과위원회 제22차 회의에서 심의·결정되고 5월 2일 민주화운동관련자명예회복및보상심의위원회 제18차 회의에서 심의·결정되도록 하여야 한다.
1. 보상심의위원회는 민주화운동 해직교사의 심의를 지연시키고 방해하는 세력의 실체를 공개하고, 실제 의지가 있는지 명확히 밝혀야 한다.
1. 보상심의위원회는 민주화운동 해직교사의 명예회복을 위한 후속조치 방안에 대한 명확한 입장과, 기만적인 해결책을 제시하고 있는 교육부 등에 대한 대응 방침은 무

엇인지 밝혀야 한다.
1. 해직교사의 해직기간에 대한 경력 및 호봉인정과 연금 및 퇴직금 불이익 해소의 내용을 담은 특별법 제정과 보상 수준의 임금보상의 해결방안에 대한 명확한 입장을 밝혀야 한다.

이와 같이 전교조 원회추의 초기 대응은 심의지연 및 이념공세에 대한 대응과 원상회복을 촉구하는 것이었다. 2002년 4월 27일 전교조 결성 관련 해직교사가 민주화운동 관련자로 인정되기 이전까지 원회추는 지속적으로 위원회를 견제하고, 교육민주화 관련 주요 자료를 제공하는 등 조직적 대응을 효과적으로 전개하였다.

2) 사안별 심의 대응(2003-2004)

전교조 결성 관련 해직 사안에 대한 인정결정 후에도 사안별로는 '시국사건 관련 해직', '사립학교 교육민주화운동 관련 해직', '시국사건 관련 교원임용제외' 사건 등이 남아 있었기 때문에 원회추의 대응은 위원회 심의에 대한 대응이 주를 이루었다. 시국사건과 관련해서는 권위주의적 통치에 대한 판단이 상대적으로 명확한 군사정권 시기 사안이 다수여서 조직사건별 검토를 지원단의 일정에 맞추어 진행하도록 하는 정도였다. 반면, 남민전 관련 사안이나 국가보안법 조직사건 등 일부 사건의 경우 교사가 포함되어 있었으나 시국사건 자체에 대한 판단에 있어 신중을 요할 필요가 있어 심의가 지연되기도 하였다. 사립학교 교육민주화운동 관련 사안이나 교원임용제외 사안과 같이 교육민주화가 주된 내용이고, 쟁점이 첨예하게 대두된 사안에 있어 원회추의 적극적 역할이 주요했다. 사립학교 교육민주화운동의 경우 원회추의 이협우 교사가 해당 학교별 교사들과 연계 속에서 관련 자료의 확보 및 위원회 대응 등을 전개하였다. 교원임용제외 사안의 경우 1999년 특별채용 교사들과 2001년 특별채용 교사들 모임을 중심으로 이원화된 대응을 하였다. 중앙에서 김재영, 강창호, 이광석 교사 등이 각 지역별 모임과 연계를 맺으며 지역 상황을 종합하고, 필요한 자료를 취합하는 역할을 담당하였다.

3) 원상회복 촉구투쟁(2005)

2005년에 접어들면서 이미 교육민주화 관련 해직교사들이 상당수 민주화운동 관련자로 인정받았으나 원상회복과 관련하여 교육부나 지원단 측에서 아무런 대안을 마련하지 못하여 원상회복을 촉구하는 목소리가 높았다. 특히, 2004년 민주화보상법의 개정과 2005년 시행령 개정이 이루어짐으로써 이 시기는 한층 원상회복에 대한 기대가 커지는 시기였다. 전교조 중앙과 원회추가 계승연대와 민주화운동 해직자 단체 등과 연대하여 교육부와 지원단을 대상으로 원상회복을 촉구하는 일련의 활동들을 전개하였다. 2006년에 접어들면서 각 지역 전교조 지부를 중심으로 원상회복을 촉구하는 기자회견 및 항의방문 등이 본격화된다.

2005년 3월 8일 계승연대가 주최하고 '전교조', '80해직언론인협의회', '동아투위', '80민노회', '민주노총' 주관으로 안국동의 느티나무 카페에서 「민주화운동 명예회복법에 의한 민주화운동 해직인정자 복직촉구 기자회견」을 하였다. 이 기자회견에서 "노무현 정부는 민주화운동 관련 해직 언론인, 해고노동자, 해직교사에 대한 복직조치를 즉각 실현하라!"는 주장이 제기되었다.

3월 29일 계승연대는 교육민주화운동 관련 해직교사인 양성우 교사에 대한 위원회의 복직 권고를 수용하지 않은 학교법인 죽호학원에 대해 복직 권고 수용을 촉구하는 성명서[1]를 발표하였다. 당시 죽호학원 이사회는 양성우 교사에 대한 징계 관련 근거 자

해직인정자 복직촉구 기자회견

료가 오래되어 폐기되었기 때문에 수용할 수 없다는 결정을 한 바 있다.

2005년 4월 4일 민주화보상법 시행령 개정안이 국무회의를 통과하자 해직 교사들의 원상회복 기대는 한층 커졌다. 2005년 4월 11일자 전교조 게시판에 당시

---

1 「성명서」의 요구사항은 "1. 학교법인 죽호학원은 부당하게 파면된 양성우 교사에 대한 원직 복직 조치를 즉각 시행하라!, 1. 교육부는 민주화운동 관련자로 인정된 해직교사에 대한 복직조치와 인사상 불이익 해소를 위한 방침을 즉각 수립하여 시행하라!, 1. 정부는 민주화운동 관련자들에 대하여 과거 국가권력에 의해 자행된 민주화운동 탄압에 대하여 즉각 사죄하라! 1. 정부는 민주화운동 관련자 해직 언론인, 해고 노동자, 해직 교사에 대한 원직 복직, 징계기록 말소, 불이익 해소 등 명예회복 후속조치와 관련한 종합적인 대책을 수립하여 즉각 시행하라!"는 내용이었다.

정부청사 후문 계승연대 주최 민주화보상법 시행령 개정 요구 현장

원회추 위원장(이을재)이 올린 글에도 이러한 기대가 반영되어 있다. "민주화법 시행령 개정안이 2005년 4월 4일 국무회의에서 통과됨에 따라, 민주화법 개정 1년여 만에 시행령 개정이 이루어지게 되었습니다. 그 주요 내용은 민주화운동으로 인한 사망, 상이자에 대한 실질적 보상, 해직자의 복직 권고, 불이익 행위 금지 등입니다. 이에 따라 전교조 등 민주화운동 관련 해직교사의 원상회복을 실현하기 위한 실질적 진전이 이루어지게 되었습니다."(전교조 홈페이지 소식/보도자료 글번호 2306)

전교조와 계승연대 주최로 2005년 6월 13일 정부중앙청사 후문에서 "민주화운동 해직교사 원상회복 결의대회"가 있었다. 2005년 7월 12일에는 계승연대가 정부중앙청사 후문에서 "민주화운동 해직자 원상회복 촉구" 기자회견 및 "민주화운동 관련 해직인정자 복직 권고 이행 및 불이익행위 근절 촉구대회"를 진행하였다. 주요 내용은 "노무현 정부는 민주화운동 관련 해직언론인, 해고 노동자, 해직교사, 해직 공무원에 대한 복직조치와 불이익 행위 금지를 위한 종합대책을 수립하고 즉각 시행하라!"는 것이었다. 집회 후 청와대, 국무총리실 등에 항의서한을 전달하고 면담을 진행하였다. 2005년 7월 19일에는 계승연대(정종열, 이병주, 조광철), 전교조(이을재), 원풍모방(박순희), 동일방직(정명자) 등이 민주화보상심의위

원회 위원장을 면담하기도 하였다. 2005년 7월 25일 계승연대와 전교조 해직교사 등이 참여하여 "민주화 관련자 명예회복 촉구 집회"를 개최하였다. 집회를 취재한 「민중의 소리」보도에 따르면, "이들은 노무현 정부가 민주화운동에 대한 제대로 된 입장을 가지고 있다면 관련규정 등의 개정을 통해 특별채용하거나 인사상의 불이익을 해소할 수 있다며 필요시 정부 입법으로 관련법 개정에 적극 나서야 한다고 밝혔다. 또한 이들은 정부는 정부부처 내에 민주화운동 해직자 명예회복 대책위원회를 조속히 구성해 종합대책을 수립하여 관련자의 복직과 불이익 해소 방안을 즉각 제시해야 한다고 밝혔다."(2005. 7. 25. 민중의 소리)

2005년 8월에는 투쟁의 수위를 높여 전교조 원회추와 계승연대 공동 주관으로 8월 8일부터 12일까지 5일간 해직언론인, 민주노총 등이 주축이 되어 출퇴근 시간 1인 시위, 중식시간 집회, 야간 노숙농성 등을 진행하였다. 8월 16일부터 18일까지는 전교조 원회추가 주관하여 원상회복을 촉구하는 집회를 진행하였다. 2005년 8월 11일 전교조의 해직교사 원상회복을 촉구하는 성명서가 발표되었다. 성명서의 주요 내용은 다음과 같다.

노무현 정부는 과거 정권에 의해 저질러진 민주화운동 탄압에 대하여 정중히 사과하고, 민주화운동 해직언론인, 노동자, 교사, 해직공무원에 대한 복직조치와 불이익 행위 금지를 위한 종합 대책을 수립하고 즉각 시행하라!

우리들은 왜 거리로 나섰는가? "민주화운동 해직자 원상회복"

군사독재 치하에서 수많은 민주화운동가들이 구속되거나 해고되었습니다. 교사들 역시, 70년대 유신독재에 항거하다가, 혹은 80년대 교육민주화와 사학민주화를 위해 싸우다가, 그리고 교원노동조합에 참여하였다는 이유 하나로 구속되거나 해고되고 혹은 아예 교원임용에서 부당하게 제외되었습니다.

민주화운동 해직교사들은 1994년, 1998년, 1999년 3회에 걸쳐 복직되었으나, 해직 기간의 경력, 보수 등은 인정되지 않은 채 신규채용 형식으로 되어 이후 10여 년간 불이익이 지속되고 있습니다.

김대중 대통령 당선 이후 1998~1999 약 400일간 민주화운동유가족협의회 등 민주단체와 시민들이 민주화운동명예회복법률의 제정을 촉구하는 국회 앞 농성 등 법제정 투쟁으로 2000. 1. 12. 민주화운동명예회복및보상에 관한 법률(이하 '민주화법')이 제정 공포되었습니다.

　2000년, 2002년 교육부는 전교조와 단체협약을 체결하여, 해직교사의 원상회복을 위해 노력하기로 합의하였습니다. 2000년 민주화법 제정 이후 2000여 해직교사 포함 약 3000여명의 해직자들이 민주화운동 관련자로 인정되었습니다.

　일반 교사들과 국민들은 민주화법에 의해 민주화운동 해직자들의 복직과 불이익 해소가 모두 이미 이루어진 것으로 알고 있으나, 2000년 법제정, 2004년 법개정, 2005년 법시행령 개정에도 불구하고 해직자들의 복직 및 원상회복은 전혀 이루어지지 않고 있습니다.

　2005. 3/17 동아일보 민주화운동 해직언론인 원상복직 촉구대회가 열렸습니다. 3/24에는 1978년 똥물세례를 받았던 동일방직 해고노동자들이 동일방직 회사에 찾아가 원상복직을 촉구하였습니다. 4/14에는 80년 군사정부 치하에서 불법적으로 감금, 해고했던 원풍모방 해고노동자들이 청주에 있는 원풍모방 회사 앞에서 원상복직 촉구대회를 열었습니다. 6/13에는 민주화운동 해직교사들이 정부종합청사 앞에서 해직교사들의 원상회복을 촉구하였습니다.

　그러나, 정부 당국자들은 해직자들의 원상회복을 위한 법 집행을 방기하고 있습니다. 심지어 민주화운동이 보상을 바라고 한 것은 아니지 않는가라고 반문하면서, 민주화투쟁 동지들을 조롱하고 있습니다.

우리들이 요구하는 것은 무엇인가?

　군사독재정부의 청산과 그에 이은 민주화법의 제정은 민주화운동 관련자들의 명예를 회복시키는 데 그치는 것이 아니고, 그에 합당한 조치를 취함으로써 이 땅의 민주정신을 드높이려는 데 더 큰 뜻이 있는 것입니다.

　민주화운동 해직언론인, 해고노동자, 해직교사들은 모두 복직되고, 원상회복되어야 합니다. 단순히 민주화운동 해직자 개개인의 보상을 요구하는 것이 아닙니다. 민주화운동 관련자들의 잃어버린 권리 회복이 바로 진정한 민주화를 입증하는 것입니다. 특히, 민주화운동 해직교사의 고통과 불이익은 이미 10여 년 이상 계속되어 왔습니다. 일반 교사와 국민들은 민주화법 제정으로 해직교사들의 실질적 명예회복이 당연히 이미 이루어진 것으로 잘못 알고 있습니다. 그만큼 해직교사의 명예회복은 정당하고 당연한 것입니다.

　정부는 과거 군사독재정부 등 부당한 권력, 통치 체제 하에서 민주화운동을 하다가 부당하게 해직된 노동자들의 권리를 법에 따라 즉각 원상회복 조치를 취해야 합니다.

= 우리의 요구 =

1. 노무현 대통령은 정부를 대표하여 과거 권위주의 정권에서 행해졌던 민주화운동 탄압 행위를 민주화운동 관련자에게 담화문 등을 통해 정중히 사과하라!

1. 노무현 대통령은 민주화운동 관련 해직자에 대한 원상 복직, 불이익 해소, 징계기록 말소 등 정부가 취하여야 할 조치에 대한 방침을 즉각 제시하고, 정부 내에 민주화운동 관련자 명예회복대책위를 즉각 구성하라!

1. 정부는 언론 통제를 목적으로 독재 권력이 직접 관여하여 대량 해직시킨 동아일보 해직언론인, 80년 해직언론인에 대한 즉각적인 복직 조치 실현 방안을 제시하고, 해당 언론사는 당사자에게 사과와 함께 즉각 복직 조치를 시행하라!

1. 국무총리실과 노동부는 해고 노동자에 대한 원상 복직 실현을 위한 방안을 제시하고, 해당 사업장은 당사자에게 사과와 함께 즉각 원상 복직 조치를 실현하라!

1. 국무총리실과 행정자치부, 교육인적자원부는 해직공무원과 해직교사의 복직과 2,000여명의 특별채용 해직교사에 대한 해직기간의 인사상의 불이익(경력, 승진, 호봉, 보수, 연금) 해소 조치를 즉각 시행하라!

1. 국회와 정부는 민주화운동명예회복법 2차 개정안을 정상적으로 개정하고, 민주유공자법을 조속히 제정하여 민주화 관련자들에 대한 실질적인 명예회복과 배상을 실시하라!

2005년 8월 11일
전국교직원노동조합

4) 호봉정정투쟁(2006~2010)

2005년 시행령 개정 후에도 원상회복의 진전이 없자 지역별로 해직교사들의 원상회복 요구가 진행되었다. 교육부의 특별채용은 있었으나 해직기간 동안의 급여 보전은 말할 것도 없고 호봉, 경력조차 연계되지 않았기 때문에 원상회복의 필요성이 절실했다. 호봉, 경력의 인정문제는 1989년 전교조 결성 당시 해직된 교사들의 정년퇴임과 관련하여 또 다른 2중의 피해를 만들게 되었다. 2006년 2월 14일 경남에서 정년이 임박한 김용택 교사 등 20여명이 열린우리당 경남도당 회의실에서 해직교사의 명예회복 후속조치를 촉구하는 기자회견을 하였다. 김 교사의 경우 4년 8개월의 해직 기간 후 특별채용되어 총 36년간 교단에 있었지만, 정년퇴임시 공무원 연금을 받지 못한다. 공무원 연금은 20년간 연속해서 근무를 해야 하는데 교육부의 특별채용이 신규채용 형태로 이루어져서 김 교사의 경우만 16년 근무여서 공무원 연금을 받지 못하는 것이다. 약 20여명의 해직교사들은 기자회견 후 성명서를 열린우리당 경남도당에 전달하고 창원민중연대 사무실에서 1박 2일간의 철야농성을 전개하였다(2006. 2. 15. 경남도민일보).

2008년 4월 10일에서 11일에 걸쳐 전교조 각 지역별 지부는 해당 교육청에 "민주화운동 해직교사의 호봉경력을 인정하라"는 취지로 호봉정정신청서를 제출하였다. 교육청에서는 별도의 조치를 취하지 않고 관련 교사들이 제기한 소송의 결과를 보고 판단하겠다는 입장이었다. 그러나 그 이듬해인 2009년 법원은 전교조 해직기간을 호봉으로 인정할 수 없다고 결정하였다. 법원은 민주화보상법의 인사상 불이익 금지 조항은 권고사항일 뿐이라고 해석하였다.

민주화운동 관련자 인정된 전교조 해직교사들이 교단을 떠나 있던 기간을 호봉 산정에 반영해 달라는 소송을 냈다가 패소했다. 서울행정법원 행정4부(이경구 부장판사)는 전교조 해직교사 출신인 정아무개씨 등 전·현직 교사 91명이 낸 교원호봉확인 소송에서 원고 패소 판결했다고 지난 8일 밝혔다. 정씨 등은 1989~1992년 전교조에 가입해 활동했다는 이유로 해임됐다가 1994년~2006년 다시 교원으로 임용됐다. 1999년 전교조가 합법화되고 이듬해 민주화보상법이 제정됨에 따라 이들을 포함한 전교조 관련 해직교사 1천 500여명은 민주화운동 관련자로 인정받았다. 정씨 등은 이후 해직기간을 포함해 호봉을 올려달라는 소송을 냈다. 이에 대해 재판부는 "해임 당시 전교조의 가입 및 활동은 국가공무원법상 금지된 행위였던 점을 감안하면 해임 처분에 명백한 불법성이 없어 무효라고 볼 수 없다"고 밝혔다. 재판부는 이어 '민주화운동 관련자 명예회복 및 보상심의위'가 사용자에게 복직을 권고한 경우 복직 대상자에게 호봉 등 인사상 불이익을 주지 않는다는 민주화보상법 규정이 있지만 이는 권고의 수준이지 이행의무가 따르는 것은 아니라고 밝혔다. 재판부는 따라서 해임기간을 호봉 산정에 반영하지 않은 것이 민주화보상법이 금지하는 차별 또는 불이익 행위라고 볼 수도 없다고 판시했다(2009. 5. 11. 매일노동뉴스).

2. 명예회복 후속조치의 한계

앞서 살펴본 바와 같이 민주화보상법의 개정 과정에서 실질적인 명예회복 후속조치를 이루기 위한 많은 노력들이 있어 왔다. 그러나 Ⅵ장의 3 민주화보상심의위원회 주요 현황, 2. 명예회복 후속조치 현황의 〈표-27〉 '복직희망자 복직 권고 현황'(367쪽)에서 보았듯이 명예회복 후속조치의 실효성은 8%의 수용율에도 미치지 못하고 있다. 위원회는 2004년 8월 3일부터 민주화운동 관련 해직자들에게 복직희망 여부를 조사하여 398명으로부터 복직희망 의사를 확인하고, 2009년 11월 현재까지 복직 권고를 추진하였으나 30명의 복직이 수용되었을 뿐이다. 그것도 사학민주화 과정에서 해직된 해직교사 18명의 '특별채용'[2]이 대부분을 차지하였다.

특별채용은 민주화보상법에 의거하지 않더라도 앞선 자료에서 보듯이 이미 정부 차원에서 훨씬 대규모로 수차례에 걸쳐 진행한 바 있는 해결방식이다. 교육부는 1994년 3월 전교조 결성 관련 해직교사 1,300여명을 특별채용하였고, 1998년 9월에도 전교조 결성 관련 해직교사 100여명을 추가로 특별채용하였다. 또한 1999년 9월 시국사건 관련·사립학교민주화 관련 해직교사 200여명을 특별채용하였고, 1999년 11월 시국사건 관련 임용제외교사 130여명을 특별채용하고, 2000년 3월 교육부의 공시에 의해 72명을 특별채용한 바 있다.

민주화보상법을 제정하여 교육민주화운동을 이유로 해직의 피해를 입은 교사들에게 명예회복 조치를 취함에 있어 18명의 특별채용은 정부의 기존 특별채용조치에 비해서도 초라한 성적표이다. 과연 민주화운동 과정에서 피해를 입은 사실에 대해 국가가 나서서 명예회복과 피해보상을 해주겠다는 취지로 만든 민주화보상법 제정 이후 해결된 문제가 무엇인지 한심하기까지 하다. 교육민주화 관

---

[2] 특별채용은 위 김용택 교사의 사례에서 볼 수 있듯이 특별채용 이전의 경력과 연계도 차단하는 신규채용의 형태로 이루어졌다. 어떠한 형태로든 경력과 호봉의 연계가 이루어지지 못할 경우 김용택 교사와 같은 교육민주화 관련 해직교사들이 겪어야 할 2중의 피해는 계속될 것이다.

1998년 10년만에 교단으로 돌아가는 교사들(망월동)

련 해직교사들의 원상회복은 아직도 요원한 상태에 있다. 그 원인은 민주화보상법의 권한 부족으로 인한 것이다. 그러나 보다 근원적인 문제는 민주화보상심의위원회의 결정에 정치사회적으로 의미를 부여하고, 정부의 의지만 충분하다면 위원회의 '권고'만으로도 실효성 있는 대책을 마련할 수 있었다는 점이 지적되어야 한다. 원상회복의 해결 주체는 정부 당국이다.

먼저 민주화보상법상 명예회복 후속조치의 효력을 구체적으로 살펴보자. 명예회복 후속조치와 관련한 민주화보상법의 주요 조항은 다음과 같다. 이 중 교육민주화운동 관련 해직교사들의 원상회복과 직결된 쟁점은 ① 인사상 불이익 금지, ② 불이익 행위 금지라고 할 수 있다.

〈법 제4조 제2항 제4호〉
• 위원회는 「관련자 및 그 유족의 명예회복을 위하여 필요한 사항」을 심의·결정하며,
〈법 제5조의3〉
• 위원회는 「대통령에게 민주화운동과 관련하여 유죄판결을 받은 자와 이로 인하여 법령이 정한 바에 따라 자격이 상실 또는 정지된 자에 대해서 특별사면과 복권을 건의할 수」 있으며, 「민주화운동과 관련하여 작성·관리되고 있는 관련자의 전과기록을 삭제 또는 폐기할 것을 요청할 수」 있음.

〈법 제5조의4〉

• 위원회는「국가 · 지방자치단체 또는 사용자에게 관련자가 희망하는 경우 해직된 관련자의 복직을 권고할 수」있는데, 사용자에게 복직을 권고하는 경우에는 시행령 제5조의3에 의해「관련자가 해직으로 인하여 호봉 · 보수 · 승진 · 경력 · 연금 등 인사상의 불이익을 받아서는 아니된다는 내용을 포함하여야」하고(제1항) 사용자가 없는 때에는「정부 또는 정부산하기관에 관련자를 채용 또는 취업알선 하도록 대통령에게 건의할 수」있음(제2항).

〈법 제5조의5〉

• 위원회는「해당 학교에 관련자의 민주화운동과 관련된 학사징계기록 말소와 복학 및 명예졸업장 수여를 권고할 수」있음.

〈법 제5조의6〉

• 관련자는「국가 · 지방자치단체 또는 사용자 등으로부터 민주화운동을 하였다는 이유로 어떠한 차별대우 및 불이익을 받지 아니」하며, 여기에서 "차별대우 및 불이익"이라 함은 시행령 제5조의4에 의해「취업제한, 여권발급 거부, 수형상 차별대우 및 인사상의 불이익 등」을 말함.

〈시행령 제5조 제2항〉

•「명예회복의 구체적 조치에 관한 심의 · 결정결과를 대통령에게 건의하고 그 조치결과를 관보 및 2 이상의 일간신문에 공표」하여야 함.

〈시행령 제5조의3(복직의 권고 절차)〉

① 법 제5조의4의 규정에 의하여 위원회가 사용자에게 복직을 권고하는 경우에는 관련자가 해직으로 인하여 호봉 · 보수 · 승진 · 경력 · 연금 등 인사상의 불이익을 받아서는 아니된다는 내용을 포함하여야 한다.

1) '인사상 불이익 금지' 조항의 성격

〈법 제5조의4(복직의 권고)〉와 〈시행령 제5조의3(복직의 권고 절차)〉가 인사상 불이익 금지를 규정하는 핵심 조항들이다. 위원회가 '국가 등'에 대해 권고할 수 있는「복직」이란 사전적 정의와 같이 과거에 입은 피해(해직)의 원상회복을 의미한다. 따라서 '복직 권고'는 해직의 피해로 인해 발생된 인사상의 불이익을 제거하는 것을 말한다. 특히 위 〈시행령 5조의3〉은 국가나 지방자치단체에 대해서는 물론 사용자에게 복직을 권고하는 경우에도 해직으로 인한 호봉 · 보수 · 승진 · 경력 · 연금 등에 있어서의 인사상 불이익 금지를 확인하고 있기 때문에 해직기간의 호봉 산입을 포함한 규정으로 볼 수 있고, 이는 과거 해직의 결과 기 발생한 인사상 불이익을 소급적으로 해소시키는 성격을 갖는다. 따라서 이 규정은 소급 효력을 갖는다.

전교조는 〈법 제5조의4〉에 의거하여 복직을 권고하는 경우 해직기간 동안의 경력과 호봉을 원상회복하는 것이 본 법의 복직 권고 취지에 부합하는지 여부에 대해 위원회의 해석을 의뢰한 바 있다. 위원회의 당시 답변 내용도 이러한 소급 효력을 전제하고 있다. "민주화운동 관련자에 대하여는 동법 제5조의4에 의거 위 원회는 국가, 지방자치단체 또는 사용자에게 해직된 관련자의 복직을 권고할 수 있으며, 동법 시행령 제5조의3에 의거 복직을 권고하는 경우에는 관련자가 해직 으로 인하여 호봉, 보수, 승진, 경력, 연금 등 인사상의 불이익을 받아서는 아니 된다는 내용을 포함하여야 한다고 규정하고 있는바, 해직기간 동안의 경력과 호 봉을 원상회복 하는 것이 본 법의 복직권고 취지에 부합된다 할 것입니다."(2005. 12. 13. 민주화보상지원단 – 5152)

다만, 동 조항의 소급효력은 복직의 권고에 한하여만 해당되는 규정이라는 점 에서 한계가 있다. 권고를 수용하는 과정에서 복직이 아닌 다른 형태를 취할 경우 이 조항은 효력을 상실한다. 동 시행령 동 조 제2항에 의하면 사용자가 없는 때에 는 정부 또는 정부산하기관에 '채용 또는 취업알선'하도록 대통령에게 건의할 수 있는데, 이 경우는 '복직'이 아닌 '채용'의 형식이므로 위 소급적 성격의 '인사상 불이익 금지' 조항의 효력이 영향을 미치지 못하게 된다. 실제 교육부는 '복직' 권 고를 한 번도 수용한 바 없고, '특별채용'의 형태로 권고를 이행하였다.[3] 게다가 동 조항은 강행규정이 아닌 '권고' 행위이기 때문에 소급효력을 전제하는 조항임 에도 '복직'을 강제할 수 없는 임의적, 선언적 규정에 머물고 있는 실정이다.

2) '불이익 행위 금지' 조항의 성격

〈법 제5조의6(불이익 행위 금지)〉과 〈시행령 제5조의4(차별대우 및 불이익 행위의 예시)〉가 불이익 행위 금지를 규정하고 있다. 동 규정은 '해직으로 인한 인사상

---

[3] 위원회의 복직 권고 요청에 대하여 교육인적자원부에서는 "복직은 파면(해임) 처분 등에 대한 무효 확인 판결이 선결되어야 하므로 처리 불가능"하다는 입장을 제시하였고, 권고 대상자 중 적격자를 판정하여 '특별채용'(교육공 무원법 제12조에 의거)한 바 있다.

불이익'이 아닌 '민주화운동을 하였다는 이유로 받는 차별대우 및 불이익'에 관하여 「취업제한, 여권발급 거부, 수형상 차별대우 및 인사상의 불이익 등」을 특정하고 있다. 이 조항의 해석은 민주화운동 인정결정 후를 기점으로 할 것인지, 아니면 원인이 발생한, 즉 해직의 시점을 기점으로 할 것인지에 따라 다르게 해석된다. 이미 인사상의 불이익은 해직시점에서부터 발생해 존재하고 있는데, 민주화운동 인정결정 이후를 기점으로 한다면, 호봉, 경력 등의 불인정으로부터 오는 불이익을 해소할 수 없다는 결론에 이르게 된다. 민주화운동 인정결정 이후 발생하는 인사상의 불이익을 대상으로 하기 때문이다. 위원회는 명예회복 후속조치의 임의규정이라는 한계에 갇혀 이 조항을 적극적으로 해석하려고 하지 않았다. 위원회는 "불이익의 예로서 열거한 사항은 그 행위에 대한 금지조치가 추급적 성격을 가지는 불이익 행위로 동 규정은 과거의 피해를 원상회복하는 명예회복 조치이기보다는 회복된 명예의 향후 지속을 보장하기 위한 성격을 갖는다"고 해석해왔다.

그러나, 민주화운동을 이유로 '해직'의 피해를 입은 자에 대하여 명예회복 조치를 취하고자 하는 것이 민주화보상법의 취지임을 감안하여 본다면, 인사상의 불이익 금지는 위원회가 명예회복 대상으로 인정한 '해직의 피해'로부터 관철되는 것으로 보는 것이 타당할 것이다. 설사 이러한 위원회의 해석을 따르더라도 ① '인사상 불이익 금지'의 소급효력과 ② '불이익 행위 금지'의 추급효력은 따로 떨어져 독립하여 존재하는 것이 아니라 상호보완적 관계에 있음을 부정하기 어렵다. 다음에 제시한 전교조가 위원회와 교육부에 보낸 질의와 답변 내용은 주목할 필요가 있다.

보상심의위가 교육부와 전교조에 보낸 공문

민주화운동관련자명예회복및보상심의위원회

수신자 교육인적자원부장관

(경유)

제목 해직된 민주화운동관련자 복직 관련 업무협조

1. 귀 기관의 무궁한 발전을 기원합니다.

2. 우리 위원회에서는 2004. 12. 27. 민주화운동관련자명예회복및보상등에관한법률 제5조의 4의 규정에 따라 해직된 민주화운동관련자들이 복직을 원하는 경우 해직 당시의 근무처에 복직을 권고하기로 의결하여, 같은 달 28. 관련자가 해직 당시에 근무하였던 기관의 장에게 관련자의 복직을 권고하였습니다.

3. 그러나 관련자 및 관련 단체에서는 권고를 받은 해당기관에서 관련자들이 권위주의 정치에 항거하다가 정부의 지침 등 부당한 공권력에 의해 해직되었음에도 상급기관의 지침이 없었다거나 정년초과 등의 이유를 내세워 소극적으로 대처하고 있다는 의견을 제시하고 있는 바, 귀 부에서는 위와 같은 의견들을 감안하여 불입 대상자들이 조속히 복직(정년초과자의 경우 그에 상응하는 조치)할 수 있는 필요한 조치를 취해주실 것을 요청합니다.

4. 아울러, 법 제5조의 6의 규정에 따르면 "관련자는 사용자들로부터 민주화운동을 하였다는 이유로 어떠한 차별대우 및 불이익을 받지 아니한다" 라고 규정되어 있으므로 복직권고 대상자들과 이미 복직하였거나 등의 형태로 복직한 관련자들이 해직으로 인한 인사상의 불이익(예 : 호봉, 보수, 승진, 경력, 연금 등)을 받지 않도록 제도개선 등 필요한 조치를 취해 주실 것을 당부드립니다.

붙임 : 1. 권고 문서(민주화운동 관련 해직자 복직 관련 업무협조) 사본 1부

2. 민주화운동관련자 복직권고대상자 명단 1부.끝.

민주화운동관련자명예회복및보상심의위원회

수신처 : 교육인적자원부장관

담당자 최형동 명예회복담당 안순석   지원과장 이영란   담 장박현근   위원장 변 정

협조자

시행 민주화보상지원단-343 (2005. 1. 31) 접수

우 110-140   종로구 수송동 85-1 연합뉴스빌딩 12층   / www.ninjoo.go.kr/

전화 (02)3703-5815   전송 (02)3703-5826   / hhoh1919 @ hanmail.net   / 공개

" 학교를 희망의 교육공동체로 "

전국교직원노동조합

수신 민주화보상심의위원회 위원장(지원단장/지원과장)

(경유

제목 민주화운동 관련 복직교사 명예회복 조치 이행 관련 질의

---

　　1. 민주화운동에 대한 역사적 평가와 명예회복을 위해 헌신하고 계시는 위원장 이하 관계자 여러분의 노고에 감사드립니다.

　　2. 2000년 제정된 민주화운동관련자명예회복및보상에관한법률(이하 '민주화법')에 의해 민주화운동 관련자로 인정된 자들 중에서, 1994년, 1998년, 1999년 등 수차례에 걸쳐 복직된 교사들의 명예회복에 관한 질의입니다.

　　3. 민주화운동 관련 복직교사의 실질적 명예회복 조치의 원만한 이행을 위해, 복직교사의 명예회복에 대한 귀 위원회의 의견을 구하여 다음과 같이 질의하오니, 협조 바랍니다.

- 다　　음 -

　　1) 교육부는 2005년 11월 25일자 시행 공문에서 "민주화운동으로 인정된 복직교사의 경력과 호봉 회복 문제는 관련부처와 협의하여 2006년 3월부터 적용할 수 있도록 추진"할 방침임을 밝히고 있습니다.

　　2) 민주화운동 관련 복직교사들이 특별채용 방식으로 복직되어 그동안 해직기간의 경력과 호봉이 인정되지 않았으나, 이후 복직 이전의 해직 사실이 2000년 제정된 민주화법에 의해 민주화운동으로 명예회복된 만큼, 민주화운동 관련 해직기간의 경력과 호봉이 회복되는 것이 민주화운동 복직교사들의 실질적 명예회복 조치라고 생각합니다. 이에 대한 귀 위원회의 의견을 구하고자 합니다.

붙임 : 1. 민주화운동 복직교사 경력·호봉 회복 추진 교육부 공문(11/25) 1부　　끝.

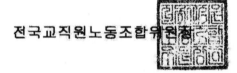

전국교직원노동조합위원장

수신자

12/12

원회:추위원장 이을재　　기획관리실장　　김복희　　사무처장　　구신서　　위원장권하대책　　박강희
협조자

시행 사무0512-335(2005. 12. 12.)　　　　　　접수　　　　　(　　　　)

우 150-982 서울시 영등포구 영등포동2가 139번지 대영빌딩 4층　　/http://eduhope.net/

전화 (02)2670-9300 전송 (02)2670-9305 /　chambb@ktu.or.kr　　　　/ 공개

생동한 학교, 창조하는 사회, 미래를 열어가는 교육인적자원부

교육인적자원부

수신자   전국교직원노동조합 위원장

(경유)

제목   질의회신(전국교직원노동조합)

1. 관련 : 정책0511-324(2005.11.25.)

2. 위 호로 질의하신 내용에 대하여 아래와 같이 답변합니다.

가. 질의 1에 대하여

2005년 11월 25일자 보도한 바 있는 초빙교장·공모제는 일정한 교육경력을 갖춘 교육공무원 등을 대상으로 하므로 평교사의 경우도 일정 범위 내에서는 응모자격을 부여하는 것이며, 임기가 끝나면 원직으로 돌아가는 것을 의미하는 것입니다. 아울러 교사의 예우수준은 현재 7급에서 6급으로 상향 조정하는 방안도 추진할 것입니다.

나. 질의 2에 대하여

부적격교원 대책은 묵벌형의회의 실무지원단에서 합의하였던 사항을 적극 반영하여 정신적·신체적 질환교원의 경우는 비리·범법교원과 분리하여 별도의 대책으로 추진할 것입니다.

다. 질의 3에 대하여

민주화 운동으로 인정된 복직교사의 경력과 호봉 회복 문제는 관련부처와 협의하여 2006년 3월부터 적용할 수 있도록 추진할 것입니다. 끝.

교육인적자원부장

★교육연총서무관 유희숙   교원장책제장   전결 11/25
                                                강정길

협조자

시행   교원장책과-1360   (2005.11.25.) 접수   (   )

우 110-760 서울특별시 종로구 세종로 77-6 정부중앙청사   / http://www.moe.go.kr

전화 02)2100-6310   /전송 02)2100-6319   / youlearn@moe.go.kr   / 공개

위 자료에 따르면, 위원회는 관계기관(교육부)에 "복직 권고 대상자들과 이미 특별채용 등의 형태로 복직한 관련자들이 해직으로 인한 인사상의 불이익(예 : 호봉, 보수, 승진, 경력, 연금 등)을 받지 않도록 제도개선 등 필요한 조치를 취할 것을 당부"하고 있다. 문제의 핵심은 법률해석의 논란에 있는 것이 아니라 그 중요 전제, 즉 위원회의 '권고'행위의 성격에 있는 것이다. '필요한 조치'를 취하지 않을 경우 어떻게 제재한다는 것이 아니라 '당부'하는 것이 위원회의 역할이다.

민주화보상법상 명예회복의 구체적인 조치와 관련된 위원회의 권한은 일관되게 '건의 · 요청 · 권고'를 "할 수 있다"는 형식으로 규정되어 있다. 민주화보상법은 위원회의 행정행위의 법적 구속력과 관련하여 "하여야 한다"가 아닌 "할 수 있다"는 가능규정의 형식을 취하고 있으므로 명예회복의 구체적 조치에 관한 위원회의 행정행위는 '기속행위'가 아닌 '재량행위'에 해당한다.

또한, 행정행위의 효력과 관련하여 민주화보상법은 위원회의 권한을 '권고'로 정하고 있다. '국가 등' 사용자가 이를 이행하지 않을 경우 위원회의 강제력이 작동하지 못한다는 데 결정적 한계가 있는 것이다. 따라서, 본 법 제5조의4. '복직 권고'와 관련한 소급효는 비록 그 성격에 있어 소급효력을 전제하지만 위원회의 '권고'를 받은 '국가 등' 사용자의 권고 이행시에 그 효력이 발생하는 것이기 때문에 위원회가 이 조항들을 근거로 복직을 관철시킬 수 있는 여지는 수용기관의 태도 여하에 달려 있는 것이다. 법률의 개정 과정에서 이를 강제규정으로 개정하기 위한 노력이 있었으나 개정 법률에서 정하고 있는 바는 '권고'를 조금 더 명료화하는 선에서 머물고 말았다.[4] 위원회의 권고 수용 기관인 교육부가 수용 여부를 판단하기 위하여 법제처에 유권해석(민주화보상법 제5조의6 및 시행령 제5조의4)을 의뢰한 결과는 다음과 같다.

> ─"민주화보상법 제5조의6 및 동법 시행령 제5조의4의 규정에 따른 민주화운동관련자들에 대한 차별대우금지의 대상은 취업제한, 여권발급 거부 및 수형상 차별대우 등에 대한 것이고, 불이익금지의 대상은 인사상의 불이익 등에 대한 것인바, 동 규정은

---

[4] 2007년 1월 26일 개정된 민주화보상법에 따르면, 제5조의4. ② 제1항의 규정에 따라 권고를 받은 기관의 장은 그 권고 사항을 존중하고 이행하기 위하여 노력하여야 한다. ③ 제1항의 규정에 따라 권고를 받은 기관의 장은 그 권고 내용의 이행 여부를 3개월 이내에 위원회에 문서로 설명하여야 한다. 이 경우 권고내용을 이행하지 아니한 때에는 그 이유를 기재하여야 한다고 정하고 있다.

소극적으로 민주화운동관련자들에 대하여 다른 사람들과 차별대우를 하거나 불이익을 주어서는 아니된다는 것이지 민주화운동관련자들에게 해직기간을 교육경력 등으로 인정해주는 특별한 효력을 부여하는 근거규정이라고 볼 수 없습니다.

– 즉 민주화보상법에 의한 '차별대우 및 불이익 행위'란 해직을 이유로 해직 전의 근무경력을 인정하지 아니하거나 복직 후의 근무에 있어서의 차별대우를 하는 것 등을 말하는 것에 그치고, 적극적으로 민주화운동관련자로 인정된 해직교사의 해직기간을 호봉경력이나 연금경력 등에 산입할 것을 규정하고 있지는 아니하며, 「초·중등교육법」 제21조 및 「교원자격검정령」 제8조 등에 의한 교육경력과 「공무원보수규정」 제9조 및 제15조 등에 의한 호봉경력 및 「공무원연금법」 제23조에 의한 연금경력의 산정을 위한 재직기간의 계산은 각 개별 법령에 따라 실제 근무한 경력을 기준으로 하고 있습니다.

이상과 같이 민주화보상법상 명예회복 후속조치와 관련한 내용을 검토해보았다. 전교조에서는 '인사상의 불이익금지' 조항을 강행규정으로 해석하여 위원회를 상대로 많은 압박을 가했지만, 앞서 살펴본 바와 같이 위원회가 독자적으로 해직교사의 원상회복을 추진할 수 있는 권한이 없었기에 힘겨운 평행선을 달려왔다. 다만, 아쉬운 점은 위원회가 주어진 역할 범위 내에서라도 적극적으로 권고 이행을 촉구하고 정부를 설득하려는 의지가 부족했다는 점이다. 물론 정부 차원의 전반적 인식 자체가 그러했기에 위원회에 전적인 책임을 전가할 수는 없는 일이다. 일련의 원상회복 노력 속에서 확인할 수 있었던 사실은 위원회의 권고를 이행할 정부 차원의 의지가 가장 중요한 관건이었다는 점이다. 위원회 결정의 정치적 의미를 어떻게 만들어가느냐에 따라 권고의 이행 수위가 정해질 수 있다. 이는 정부의 몫이다. 다음 절의 내용은 전교조와 정부 사이에서 추진되었던 원상회복을 위한 일련의 과정을 정리한 것이다.

3. 실패한 원상회복과 과제

전교조에서는 민주화보상법 제정 이전부터 해직교사의 원상회복을 위한 노력을 해왔다. 이 문제는 2000년 전교조와 교육부의 단체협약에서 공론화되었다. 단체협약시 교육부는 호봉 특별승급을 위한 특별법 제정과 기타 불이익 해소 등을 위해 노력하기로 전교조와 합의한 바 있다. 2000년 12월 민주화보상법이 제정됨에 따라 심의결과도 중요한 관건으로 대두되었고, 전교조 차원에서는 민주화운동으로 인정 결정되면 원상회복은 어렵지 않게 이루어질 것으로 보았다. 2002년 2월 28일 해직교사 등 명예회복 특별법 제정 시도가 제227회 임시국회에서 있었으나 민주화보상법과 중복적용, 법체계상 혼란, 관련자간 형평성 문제 등을 이유로 부의되지 못한 바 있다. 따라서 관심은 민주화보상심의위원회의 결정으로 모아지게 되었다. 2002년 4월 전교조 결성 관련 해직자에 대한 민주화운동 관련자 결정이 있었고, 2002년 단체협약에서 교육부는 후속조치 노력을 약속하였다. 2004년 단체교섭 실무협의회에서는 원상회복과 관련한 적극적 노력을 재차 확인한 바 있다.

위원회의 결정이 있은 후 원상회복의 기대가 점차 고조되었으나 실질적 성과가 없자 앞서 살펴본 바와 같이 전교조는 계승연대 및 시민단체 등과 함께 2005년을 기점으로 집회와 성명서 발표 등을 지속적으로 전개하면서 원상회복의 요구를 이어갔다. 그 결과 정부차원에서는 2007년 9월 28일 청와대 사회정책수석실 주관으로 "민주화운동교사 해직경력 호봉인정 등"에 관한 관계부처 차관회의를 개최한 바 있다. 이 자리에서 민주화보상법 시행령을 개정하여 원상회복을 실질적으로 보장하는 안이 검토되었다. 이에 따라 교육부가 2007년 10월 4일 민주화보상법 시행령 개정안을 위원회로 요구하였다.

당시 시행령 개정의 주요 내용은 시행령 제5조의3에 관한 것이었다. 제안된 내용은 "① 법 제5조의4의 규정에 의하여 위원회가 사용자에게 복직 또는 특별채용을 권고하는 경우에는 관련자가 해직으로 인하여 호봉·보수·승진·경력·연금 등 인사상의 불이익을 받아서는 아니된다는 내용 및 해직기간을 호봉·보수에 반영되는 경력으로 인정할 것을 포함하여야 한다"는 것이다. 이것만으로 위원회의 복직 권고가 강제력을 가질 수 있는지 여부도 미지수이지만, 위원회는 다른 해법을 제시하였다. 위원회의 의견은 소관부처인 교육부가 「교육공무원 관계법령」을 개정하는 것이 더 효과적이라는 것이었다. 권고의 이행 주체인 교육부의 수용의지가 중요한 관건이었기 때문에 교육공무원 관계법령을 개정하는 것이 실효성 있다는 위원회의 의견은 타당성이 있다. 이렇게 본다면, 위 관계부처 차관회의가 실제 해직교사들의 원상회복을 해결하고자 하는 의지가 충만했는지가 의심스러워지기도 한다. 정부와 교육부, 민주화보상심의위원회 어느 단위이고 적극적으로 원상회복 문제를 해결하기 위한 대책마련에는 소극적이었기 때문이다.

이러한 일련의 노력들이 좌초된 이후 민주화운동 관련 해직교사들에 대한 실질적 후속조치는 해직교사들을 사각지대로 내몰고 말았다. 교육부의 특별채용 이후 실질적으로 진전된 내용이 없다. 제2차 법개정 과정에서 해직자의 생활지원금 지급이 결정되었으나 해직교사들은 대부분 '도시근로자 가구원 수별 가구당 월평균 가계지출비의 연간 합계액을 초과'하여 생활지원금 지급 대상에서 제외되는 실정이다. 2006년 소득을 기준으로 하고 있기 때문에 2007년 이후 정년퇴임을 한 교사들의 경우 공무원연금의 수혜에서도 제외되고, 생활지원금 지급의 지급 대상에서도 제외되어 있다. 이러한 문제는 대부분의 교육민주화운동 관련 해직교사들이 공통적으로 겪는 문제이다. 이로써 한국 사회 민주화 과정에서 교육민주화의 주역이었던 수많은 해직교사들에게 우리 사회가 갚아야 할 사회적 책임이 더 커졌을 뿐이다. 해직교사들은 지금도 명예회복 후속조치의 사각지대에 놓여 있다.

VIII 교육민주화운동 관련자 명단

자유, 희망, 진보를 향한
교 육 민 주 화

이 명단은 민주보상심의위원회 제300차 심의까지의 인정결정자 중 교사들의 명단을 '가나다' 순으로 배열한 것이다. 전교조 원회추의 기존 해직교사(시국사건 관련, 전교조 결성, 사립학교) 명단과 교원임용제외 교사들의 명단을 취합하여, 위원회 홈페이지(www.minjoo.go.kr)에 게재되는 차수별 인정자 명단과 대조, 정리한 자료이다. 유죄판결과 해직의 경우는 '명예'로 표시하였고, 그 외에는 상이, 사망으로 표시하였다. 학교는 민주화운동 피해 당시의 학교명을 통일적으로 적용하였다.

아래 제시된 사건명은 필자가 편의상 선택한 것임을 밝혀둔다. 대부분의 교사들이 대학 재학시절이나 해직 이후에도 지속적인 민주화운동 과정에서 피해를 입은 바 있고 실제 민주화보상심의위원회 심의에서 3-4개 사안에 대한 인정결정을 받은 경우도 다수 있는데 이를 일일이 정리하여 제시하지 못했다는 점을 밝혀둔다. 선생님들의 너그러운 양해를 구한다. 이와 더불어 혹시 발생할 수 있는 누락이나 오류에 대해서는 앞으로 충분히 보완해갈 것을 약속드린다. 민주화보상심의위원회 종료시점에 주요 활동내역까지 정리하여 최종 명단을 계승연대 홈페이지(krdemo.org)에 공개할 예정이다.

강갑례(61.1.29)	명예	1989	전국교직원노동조합 결성 (내성고)
강구용(58.3.9)	명예	1989	전국교직원노동조합 결성 (석관고)
강구원(58.11.3)	명예	1989	전국교직원노동조합 결성 (강경중)
강규석(56.12.15)	명예	1989	전국교직원노동조합 결성 (진주제일여고)
강규희(64.5.22)	명예	1989	전국교직원노동조합 결성 (백운초)
강금향(62.7.10)	명예	1989	전국교직원노동조합 결성 (대림여중)
강덕화(60.12.12)	명예	1989	전국교직원노동조합 결성 (광신중)
강동수(63.5.26)	명예	1986	국립사범대학 교원임용제외 (제주대)
강명불(54.7.27)	명예	1989	전국교직원노동조합 결성 (대진고)
강민자(65.12.5)	명예	1989	전국교직원노동조합 결성 (여수중앙여고)
강범석(54.5.15)	명예	1989	전국교직원노동조합 결성 (배영고)
강병용(63.4.5)	명예	1989	전국교직원노동조합 결성 (대진고)
강병철(57.1.2)	명예	1985	민중교육지 사건 (샌뽈여고)
강봉기(51.10.15)	명예	1976	박정희 정권기 흥정청년회 결성 활동 (진량중)
강분희(60.5.26)	명예	1989	전국교직원노동조합 결성 (광양골약중)
강상기(47.5.15)	명예	1983	오송회 사건 (원광고)
강상윤(58.2.9)	명예	1989	전국교직원노동조합 결성 (동북고)
강석민(62.1.12)	명예	1989	전국교직원노동조합 결성 (대진고)
강석창(63.12.10)	명예	1989	전국교직원노동조합 결성 (북공고)
강 선(56.3.10)	명예	1989	전국교직원노동조합 결성 (영흥고)
강성만(66.6.20)	명예	1989	전국교직원노동조합 결성 (시흥고)
강성민(48.4.22)	명예	1989	전국교직원노동조합 결성 (대동고)
강성수(61.12.11)	명예	1989	전국교직원노동조합 결성 (부산진여고)
강성진(57.6.21)	명예	1989	전국교직원노동조합 결성 (여수충덕중)
강성호(62.8.23)	명예	1990	전교조 활동 및 국가보안법 위반 (제원고)
강순원(61.2.21)	명예	1989	전국교직원노동조합 결성 (평택여중)
강승숙(62.10.19)	명예	1989	전국교직원노동조합 결성 (중앙초)
강승원(56.4.29)	명예	1989	전국교직원노동조합 결성 (창평고)
강승희(64.9.17)	명예	1989	전국교직원노동조합 결성 (관악중)
강신오(57.9.27)	명예	1990	사립학교 교육민주화 (명신여고)
강신창(58.7.4)	명예	1989	전국교직원노동조합 결성 (용산중)
강신향(56.8.22)	명예	1989	전국교직원노동조합 결성 (김천여고)
강애경(60.11.26)	명예	1989	전국교직원노동조합 결성 (고척중)
강애라(64.6.13)	명예	1992	사립학교 교육민주화 (청구상업학교)
강영임(65.1.24)	명예	1989	전국교직원노동조합 결성 (동작중)

강인성(68.10.10)	명예	1990	국립사범대학 교원임용제외 (공주교대)
강인원(54.11.29)	명예	1989	전국교직원노동조합 결성 (대성여고)
강정안(30.2.15)	명예	1983	대한교련서면결의무효확인소송 (숭덕초)
강정임(66.12.17)	명예	1986	국립사범대학 교원임용제외 (부산대)
강정화(62.11.20)	명예	1989	전국교직원노동조합 결성 (여중동중)
강지현(61.2.1)	명예	1989	전국교직원노동조합 결성 (여수중앙여고)
강창호(65.3.3)	명예	1984	국립사범대학 교원임용제외 (서울대)
강채원(67.3.6)	명예	1989	전국교직원노동조합 결성 (부평북초)
강한석(51.9.12)	명예	1989	전국교직원노동조합 결성 (배영고)
강현선(62.5.14)	명예	1989	전국교직원노동조합 결성 (선린상고)
강현숙(62.1.17)	명예	1989	전국교직원노동조합 결성 (명일여중)
강형구(59.12.2)	명예	1989	전국교직원노동조합 결성 (장충여중)
강형근(58.12.28)	명예	1980	국립사범대학 교원임용제외 (전북대)
강혜원(59.9.16)	명예	1989	전국교직원노동조합 결성 (금란여중)
강홍길(46.6.12)	명예	1989	전국교직원노동조합 결성 (금호고)
강화숙(59.10.21)	명예	1989	전국교직원노동조합 결성 (성동고)
강흥숙(38.8.10)	명예	1973	박정희 정권기 유신헌법 비판(하동북천중)
경주현(57.3.11)	명예	1989	전국교직원노동조합 결성 (한광여고)
계득성(65.2.4)	명예	1989	전국교직원노동조합 결성 (성동고)
고광헌(55.5.2)	명예	1985	민중교육지 사건 (선일여고)
고규진(67.10.7)	명예	1988	국립사범대학 교원임용제외 (제주대)
고금수(57.2.7)	명예	1989	전국교직원노동조합 결성 (양정초)
고영목(58.2.1)	명예	1989	전국교직원노동조합 결성 (가락중)
고윤혁(63.3.30)	명예	1989	전국교직원노동조합 결성 (목포정명여고)
고은수(54.1.12)	명예	1989	전국교직원노동조합 결성 (상신중)
고익종(60.9.17)	명예	1989	전국교직원노동조합 결성 (광덕고)
고일인(58.12.1)	명예	1989	전국교직원노동조합 결성 (성헌고)
고재만(51.4.1)	명예	1989	전국교직원노동조합 결성 (금호고)
고재명(57.12.15)	명예	1989	전국교직원노동조합 결성 (부산서여자중)
고재성(61.11.28)	명예	1989	전국교직원노동조합 결성 (창평고)
고재순(54.4.12)	명예	1989	전국교직원노동조합 결성 (광천중)
고재호(57.10.18)	명예	1989	전국교직원노동조합 결성 (장훈고)
고준선(60.11.28)	명예	1989	전국교직원노동조합 결성 (여수상고)
고진형(49.5.24)	명예	1989	전국교직원노동조합 결성 (무안종고)
고창연(54.11.12)	명예	1989	전국교직원노동조합 결성 (성동여실고)

고충환(66.5.29)	명예	1989	전국교직원노동조합 결성 (원이중)
고현옥(63.10.8)	명예	1989	전국교직원노동조합 결성 (영선중)
고호석(56.9.12)	명예	1981	부림사건 관련 (부산대동고)
고홍수(46.7.7)	명예	1989	전국교직원노동조합 결성 (동신초)
고흠덕(59.8.19)	명예	1990	사립학교 교육민주화 (명신여고)
고희권(66.11.11)	명예	1987	국립사범대학 교원임용제외 (제주대)
고희숙(58.8.29)	명예	1989	전국교직원노동조합 결성 (담양창평고)
공근식(58.11.13)	명예	1989	전국교직원노동조합 결성 (송남중)
공미영(65.3.17)	명예	1986	국립사범대학 교원임용제외 (부산교대)
곽대순(52.11.7)	명예	1989	전국교직원노동조합 결성 (진광고)
곽동찬(59.8.13)	명예	1989	전국교직원노동조합 결성 (광양중)
구본은(60.8.20)	명예	1989	전국교직원노동조합 결성 (양정고)
구신서(58.10.15)	명예	1989	전국교직원노동조합 결성 (정명여고)
구은우(54.1.4)	명예	1989	전국교직원노동조합 결성 (양강중)
구은회(61.12.6)	명예	1989	전국교직원노동조합 결성 (수유중)
구자숙(58.4.30)	명예	1989	전국교직원노동조합 결성 (한일여중)
구자옥(61.1.28)	명예	1989	전국교직원노동조합 결성 (신원중)
구정환(56.5.18)	명예	1989	전국교직원노동조합 결성 (경일초)
구종숙(64.5.15)	명예	1989	전국교직원노동조합 결성 (문선초병설유치원)
구필수(58.6.12)	명예	1989	전국교직원노동조합 결성 (신라고)
구희현(60.1.14)	명예	1991	노태우 정권기 교육민주화운동 (관인고)
국중화(60.2.8)	명예	1989	전국교직원노동조합 결성 (창평고)
권경복(44.1.21)	명예	1989	전국교직원노동조합 결성 (부산성도고)
권경은(64.3.20)	명예	1989	전국교직원노동조합 결성 (나산중)
권명숙(62.8.29)	명예	1989	전국교직원노동조합 결성 (삼현여고)
권순선(63.8.13)	명예	1986	국립사범대학 교원임용제외 (서울대)
권영국(58.3.8)	명예	1989	전국교직원노동조합 결성 (중원중)
권영주(61.2.1)	명예	1989	전국교직원노동조합 결성 (중리여중)
권오경(65.11.22)	명예	1989	전국교직원노동조합 결성 (구산중)
권오성(66.6.22)	명예	1986	국립사범대학 교원임용제외 (서울대)
권오인(63.12.4)	명예	1989	전국교직원노동조합 결성 (이리상고)
권오준(65.10.20)	명예	1989	전국교직원노동조합 결성 (동북고)
권오현(57.8.25)	명예	1989	전국교직원노동조합 결성 (안강여중고)
권용혜(64.10.10)	명예	1989	전국교직원노동조합 결성 (용문중)
권운익(60.1.16)	명예	1989	전국교직원노동조합 결성 (대동중)

권재명(57.4.7)	명예	1989	전국교직원노동조합 결성 (통영여중)
권재호(61.3.7)	명예	1989	전국교직원노동조합 결성 (서초중)
권정오(65.1.24)	명예	1989	전국교직원노동조합 결성 (제일고)
권정혜(62.1.31)	명예	1989	전국교직원노동조합 결성 (관악중)
권혁남(62.1.6)	명예	1989	전국교직원노동조합 결성 (여주상고)
권혁인(62.10.17)	명예	1989	전국교직원노동조합 결성 (영등포고)
권형민(54.11.13)	명예	1989	전국교직원노동조합 결성 (정동고)
권호연(54.7.14)	명예	1989	전국교직원노동조합 결성 (진흥중)
권희도(56.4.1)	명예	1989	전국교직원노동조합 결성 (오류중)
금현옥(61.3.10)	명예	1989	전국교직원노동조합 결성 (죽변종고)
길옥화(62.8.29)	명예	1989	전국교직원노동조합 결성 (신양중)
길옥화(62.8.29)	사망	1993	전교조 탈퇴 전제 해직교사 복직에 항의 투신 (신양중)
길준용(60.11.2)	명예	1989	전국교직원노동조합 결성 (서산부춘중)
김 민(55.1.6)	명예	1989	전국교직원노동조합 (부천소명여고)
김 철(57.8.4)	명예	1989	전국교직원노동조합 결성 (이리상고)
김강수(55.3.1)	명예	1989	전국교직원노동조합 결성 (여흥고)
김건선(50.3.27)	명예	1989	전국교직원노동조합 결성 (성지여고)
김경나(60.12.14)	명예	1989	전국교직원노동조합 결성 (상명여중)
김경돈(62.3.26)	명예	1989	전국교직원노동조합 결성 (남서울상고)
김경동(60.12.1)	명예	1989	사립학교 교육민주화 (대전혜천여중고)
김경림(49.9.10)	명예	1989	전국교직원노동조합 결성 (강원대)
김경만(57.4.17)	명예	1989	전국교직원노동조합 결성 (김해여중)
김경미(59.9.21)	명예	1989	전국교직원노동조합 결성 (구로중)
김경미(62.12.5)	명예	1989	전국교직원노동조합 결성 (영서중)
김경수(55.5.21)	명예	1989	전국교직원노동조합 결성 (광덕고)
김경수(60.3.29)	명예	1989	전국교직원노동조합 결성 (광덕고)
김경숙(62.7.20)	명예	1989	사립학교 교육민주화 (창녕여종고)
김경순(61.10.8)	명예	1989	전국교직원노동조합 결성 (혜인여고)
김경옥(58.11.3)	명예	1989	전국교직원노동조합 결성 (마산중)
김경윤(57.8.7)	명예	1989	전국교직원노동조합 결성 (여수종고중)
김계원(60.11.12)	명예	1989	전국교직원노동조합 결성 (유성전자공업학교)
김관옥(36.2.15)	명예	1994	전국교직원노동조합활동 지지 (배영종고)
김광철(54.8.28)	명예	1991	노태우 정권기 교육민주화운동 (신시흥초)
김광택(46.4.7)	명예	1989	전국교직원노동조합 결성 (충주충일중)
김귀식(59.7.26)	명예	1989	전국교직원노동조합 결성 (목포마리아회고)

김귀호(57.3.8)	명예	1989	전국교직원노동조합 결성 (송원여상)
김귀화(58.3.20)	명예	1989	전국교직원노동조합 결성 (경복고)
김규중(58.8.11)	명예	1989	전국교직원노동조합 결성 (신엄중)
김규태(56.8.26)	명예	1989	전국교직원노동조합 결성 (잠실여고)
김극미(62.8.20)	명예	1992	사립학교 교육민주화 (청구상업학교)
김근수(57.5.8)	명예	1989	전국교직원노동조합 결성 (동신여중)
김근호(56.4.6)	명예	1990	전국교직원노동조합 결성 (김천여고)
김금자(65.2.2)	명예	1989	국립사범대학 교원임용제외 (공주사대)
김기선(49.2.13)	명예	1989	전국교직원노동조합 결성 (내촌초)
김기숙(57.2.17)	명예	1987	사립학교 교육민주화운동 (신풍종고)
김기열(63.4.5)	명예	1989	전국교직원노동조합 결성 (인성여고)
김기정(62.5.25)	명예	1989	전국교직원노동조합 결성 (영등포고)
김기주(59.11.29)	명예	1989	전국교직원노동조합 결성 (인천외고)
김기준(56.5.12)	명예	1989	전국교직원노동조합 결성 (살레시오고)
김길수(63.2.20)	명예	1989	전국교직원노동조합 결성 (영등포고)
김길혜(64.4.20)	명예	1987	국립사범대학 교원임용제외 (서울대)
김난희(58.12.18)	명예	1989	전국교직원노동조합 결성 (파주여상)
김남선(54.1.25)	명예	1989	전국교직원노동조합 결성 (강남여중)
김대성(52.5.25)	명예	1987	전두환 정권기 비판적 역사의식 강의 (경덕중)
김대열(55.2.10)	명예	1983	전두환 정권기 정권 비판 내용 강의 (대륜고)
김대열(63.2.15)	명예	1989	전국교직원노동조합 결성 (부여여중)
김대중(61.8.13)	명예	1989	전국교직원노동조합 결성 (정명여고)
김대호(59.3.26)	명예	1989	전국교직원노동조합 결성 (성헌고)
김덕문(51.9.1)	명예	1989	전국교직원노동조합 결성 (광주중앙여고)
김덕분(60.8.16)	명예	1989	전국교직원노동조합 결성 (학성중)
김동일(53.2.5)	명예	1989	전국교직원노동조합 결성 (학산여고)
김동호(60.8.15)	명예	1989	전국교직원노동조합 결성 (인천외고)
김두옥(54.2.7)	명예	1989	전국교직원노동조합 결성 (여수종고중)
김래영(66. 2. 12)	명예	1986	국립사범대학 교원임용제외 (부산대)
김만학(56.11.18)	명예	1989	전국교직원노동조합 결성 (장성고)
김맹규(58.4.20)	명예	1989	전국교직원노동조합 결성 (목동중)
김명근(57.12.24)	명예	1989	전국교직원노동조합 결성 (기계공고)
김명근(63.4.30)	명예	1985	국립사범대학 교원임용제외 (서울대)
김명선(65.7.9)	명예	1989	전국교직원노동조합 결성 (한천초)
김명수(65.3.26)	명예	1986	국립사범대학 교원임용제외 (공주사대)

김명숙(55.1.16)	명예	1989	전국교직원노동조합 결성 (정명여고)
김명숙(59.10.23)	명예	1989	전국교직원노동조합 결성 (고척중)
김명순(57.3.3)	명예	1989	전국교직원노동조합 결성 (경상여중)
김명자(54.8.20)	명예	1989	전국교직원노동조합 결성 (성산중)
김명주(66.1.11)	명예	1987	국립사범대학 교원임용제외 (부산대)
김명희(53.12.25)	명예	1989	전국교직원노동조합 결성 (길원여고)
김명희(60.1.2)	명예	1989	전국교직원노동조합 결성 (구리여고)
김명희(61.10.2)	명예	1989	전국교직원노동조합 결성 (인천외고)
김명희(61.2.6)	명예	1989	전국교직원노동조합 결성 (봉황고)
김명희(63.7.4)	명예	1989	전국교직원노동조합 결성 (성희여고)
김명희(66.6.15)	명예	1989	전국교직원노동조합 결성 (인월고)
김　목(51.6.29)	명예	1989	전국교직원노동조합 결성 (나주산포암초)
김무일(60.6.20)	명예	1989	전국교직원노동조합 결성 (청송여중)
김문식(53.7.2)	명예	1989	전국교직원노동조합 결성 (한성중)
김미경(58.5.8)	명예	1989	전국교직원노동조합 결성 (성지여고)
김미경(60.2.27)	명예	1986	국립사범대학 교원임용제외 (서울대)
김미경(63.2.16)	명예	1989	전국교직원노동조합 결성 (함열여고)
김미경(67.4.5)	명예	1989	전국교직원노동조합 결성 (안성중)
김미경희(65.3.10)	명예	1989	전국교직원노동조합 결성 (기성중)
김미나(62.11.4)	명예	1989	전국교직원노동조합 결성 (목포정명여고)
김미숙(60.10.28)	명예	1989	전국교직원노동조합 결성 (여주상고)
김미숙(66.1.11)	명예	1989	전국교직원노동조합 결성 (순천선혜학교)
김미순(64.2.12)	명예	1989	전국교직원노동조합 결성 (안산서초)
김미양(64.6.15)	명예	1990	사립학교 교육민주화 (명신여고)
김미자(64.9.19)	명예	1989	전국교직원노동조합 결성 (고한중)
김미향(65.8.18)	명예	1989	국립사범대학 교원임용제외 (부산대)
김미희(66.2.25)	명예	1989	국립사범대학 교원임용제외 (경북대)
김민곤(53.12.15)	명예	1989	전국교직원노동조합 결성 (서울대부고)
김민섭(54.10.15)	명예	1989	전국교직원노동조합 결성 (월계중)
김민수(60.11.24)	명예	1989	전국교직원노동조합 결성 (광장중)
김민순(58.8.1)	명예	1989	전국교직원노동조합 결성 (옥천고)
김방식(45.1.10)	명예	1990	사립학교 교육민주화 (명신여고)
김범열(57.5.1)	명예	1990	사립학교 교육민주화 (명신여고)
김병구(62.1.7)	명예	1989	사립학교 교육민주화 (창녕여종고)
김병우(57.8.4)	명예	1989	전국교직원노동조합 활동 (증평여중)

김병주(60.6.6)	명예	1989	전국교직원노동조합 결성 (서강중)
김병찬(64.2.21)	명예	1989	전국교직원노동조합 결성 (산곡초)
김병태(57.1.5)	명예	1989	전국교직원노동조합 결성 (제천농고)
김병한(52.7.29)	명예	1989	전국교직원노동조합 결성 (금호고)
김보식(59.5.24)	명예	1989	전국교직원노동조합 결성 (면목고)
김복남(64.10.13)	명예	1989	전국교직원노동조합 결성 (함평나산고)
김복희(54.7.16)	명예	1989	사립학교 교육민주화 (대전혜천여중고)
김부환(49.11.18)	명예	1989	전국교직원노동조합 결성 (여주상고)
김상규(60.12.12)	명예	1989	전국교직원노동조합 결성 (송도고)
김상기(53.2.5)	명예	1989	전국교직원노동조합 결성 (대성여고)
김상문(52.2.25)	명예	1989	전국교직원노동조합 결성 (창원상남초)
김상애(60.12.27)	명예	1990	전국교직원노동조합 결성 (진해여중)
김상완(50.10.24)	명예	1989	전국교직원노동조합 결성 (영남고)
김상욱(61.7.20)	명예	1989	전국교직원노동조합 결성 (대방여중)
김상철(52.5.29)	명예	1989	전국교직원노동조합 결성 (수석공고)
김상표(51.10.10)	명예	1989	전국교직원노동조합 결성 (광주중앙여고)
김상필(63.5.16)	명예	1989	사립학교 교육민주화 (대경여상)
김상훈(55.7.10)	명예	1989	전국교직원노동조합 결성 (학산여고)
김석규(67.1.16)	명예	1986	국립사범대학 교원임용제외 (서울대)
김석근(57.10.23)	명예	1989	전국교직원노동조합 결성 (남서울중)
김선명(63.8.17)	명예	1985	국립사범대학 교원임용제외 (공주사대)
김선숙(64.2.10)	명예	1986	국립사범대학 교원임용제외 (서울대)
김선옥(60.11.18)	명예	1989	전국교직원노동조합 결성 (나산고)
김선옥(60.6.16)	명예	1989	전국교직원노동조합 결성 (동아여고)
김선정(67.5.6)	명예	1994	전국교직원노동조합 활동 (양촌초병설유치원)
김선창(61.4.10)	명예	1989	전국교직원노동조합 결성 (신월중)
김선흥(56.6.4)	명예	1989	전국교직원노동조합 결성 (살레시오고)
김성권(54.7.25)	명예	1989	전국교직원노동조합 결성 (숭실고)
김성근(60.1.17)	명예	1989	전국교직원노동조합 결성 (영동중)
김성길(61.3.4)	명예	1989	전국교직원노동조합 결성 (일신여상)
김성수(62.4.2)	명예	1989	전국교직원노동조합 결성 (대천고)
김성식(58.2.13)	명예	1989	전국교직원노동조합 결성 (양정고)
김성식(62.5.27)	명예	1989	전국교직원노동조합 결성 (계성중)
김성운(61.8.20)	명예	1989	전국교직원노동조합 결성 (운암고)
김성중(61.5.5)	명예	1989	전국교직원노동조합 결성 (금호고)

김성진(57.3.13)	명예	1989	전국교직원노동조합 결성 (영흥고)
김성채(48.9.17)	명예	1989	전국교직원노동조합 결성 (송원중)
김성태(61.1.1)	명예	1989	전국교직원노동조합 결성 (부산남중)
김성화(64.9.17)	명예	1989	전국교직원노동조합 결성 (상도여중)
김소영(62.4.26)	명예	1989	전국교직원노동조합 결성 (여수종고)
김수열(57.8.16)	명예	1989	전국교직원노동조합 결성 (매포중)
김수열(59.9.10)	명예	1989	전국교직원노동조합 결성 (제일고)
김수일(53.8.7)	명예	1989	전국교직원노동조합 결성 (김해여중)
김수환(63.6.15)	명예	1986	국립사범대학 교원임용제외 (서울대)
김숙자(61.9.20)	명예	1989	전국교직원노동조합 결성 (여수상고)
김순녕(59.2.23)	명예	1986	전국교직원노동조합 결성 (경일여중)
김순래(57.11.29)	명예	1989	전국교직원노동조합 결성 (성현고)
김순봉(56.7.21)	명예	1989	전국교직원노동조합 결성 (동해중)
김승규(57.12.1)	명예	1989	전국교직원노동조합 결성 (청담중)
김승만(51.9.11)	명예	1989	전국교직원노동조합 결성 (구로고)
김승민(61.9.27)	명예	1989	전국교직원노동조합 결성 (효천고)
김승태(51.10.27)	명예	1989	전국교직원노동조합 결성 (여흥고)
김시동(63.9.6)	명예	1989	전국교직원노동조합 결성 (여주상고)
김신호(57.11.13)	명예	1989	전국교직원노동조합 결성 (잠실여고)
김애란(65.11.4)	명예	1990	전국교직원노동조합 결성 (부안고)
김애량(63.1.21)	명예	1989	전국교직원노동조합 결성 (신원중)
김양숙(64.12.6)	명예	1989	전국교직원노동조합 결성 (오류중)
김양행(52.12.21)	명예	1989	전국교직원노동조합 결성 (진흥고)
김양희(59.4.24)	명예	1989	전국교직원노동조합 결성 (혜인여고)
김억만(64.1.16)	명예	1989	전국교직원노동조합 결성 (설천중)
김억환(60.11.20)	명예	1989	전국교직원노동조합 결성 (홍주고)
김연중(59.11.1)	명예	1989	전국교직원노동조합 결성 (영서중)
김연진(59.1.7)	명예	1989	전국교직원노동조합 결성 (청담종고)
김연화(63.5.12)	명예	1989	전국교직원노동조합 결성 (신천중)
김영갑(68.11.2)	명예	1990	국립사범대학 교원임용제외 (공주교대)
김영국(55.1.18)	명예	1989	전국교직원노동조합 결성 (성심여고)
김영만(45.12.19)	명예	1989	전국교직원노동조합 결성 (경남공동대책위)
김영모(51.9.14)	명예	1989	전국교직원노동조합 결성 (문창고)
김영미(60.9.29)	명예	1984	국립사범대학 교원임용제외 (서울교대)
김영미(63.2.15)	명예	1989	전국교직원노동조합 결성 (신양중)

김영미(63.6.17)	명예	1989	사립학교 교육민주화 (대전혜천여중고)
김영미(66.2.28)	명예	1989	전국교직원노동조합 결성 (강서중)
김영숙(57.2.15)	명예	1989	전국교직원노동조합 결성 (옥동초)
김영숙(57.2.7)	명예	1989	전국교직원노동조합 결성 (경화여고)
김영숙(67.12.1)	명예	1989	전국교직원노동조합 결성 (광천중)
김영애(65.6.15)	명예	1986	국립사범대학 교원임용제외 (부산교대)
김영웅(61.2.15)	명예	1989	전국교직원노동조합 결성 (구리초)
김영인(60.1.29)	명예	1989	전국교직원노동조합 결성 (청량고)
김영일(56.3.19)	명예	1989	전국교직원노동조합 결성 (문성고)
김영자(59.1.29)	명예	1989	전국교직원노동조합 결성 (합덕농고)
김영주(61.11.18)	명예	1989	전국교직원노동조합 결성 (서운중)
김영준(58.4.27)	명예	1989	전국교직원노동조합 결성 (재송중)
김영춘(57.11.8)	명예	1989	전국교직원노동조합 결성 (부안여고)
김영호(57.1.14)	명예	1989	전국교직원노동조합 결성 (제천수산고)
김영효(53.9.25)	명예	1989	전국교직원노동조합 결성 (청계중)
김영훈(59.1.20)	명예	1989	전국교직원노동조합 결성 (영등포여중)
김영희(62.7.26)	명예	1989	전국교직원노동조합 결성 (동아여중)
김영희(63.1.15)	명예	1989	전국교직원노동조합 결성 (나산중)
김영희(63.8.31)	명예	1989	전국교직원노동조합 결성 (대정중)
김영희(64.3.20)	명예	1989	전국교직원노동조합 결성 (청송여종고)
김영희(64.3.5)	명예	1989	사립학교 교육민주화 (부산경희여상)
김옥경(62.9.5)	명예	1989	전국교직원노동조합 결성 (시흥고)
김옥영(65.5.6)	명예	1989	전국교직원노동조합 결성 (성동초)
김옥태(56.7.5)	명예	1989	전국교직원노동조합 결성 (해룡고)
김옥희(59.5.1)	명예	1989	전국교직원노동조합 결성 (예천여고)
김용국(59.7.5)	명예	1989	전국교직원노동조합 결성 (구룡포여종고)
김용남(54.7.25)	명예	1989	전국교직원노동조합 결성 (영생여상)
김용미(64.7.6)	명예	1989	전국교직원노동조합 결성 (천안여중)
김용상(54.12.26)	명예	1989	전국교직원노동조합 결성 (산청덕산초)
김용선(57.2.11)	명예	1989	전국교직원노동조합 결성 (옥과고)
김용수(51.10.30)	명예	1989	전국교직원노동조합 결성 (배영고)
김용준(55.1.21)	명예	1989	전국교직원노동조합 결성 (일신여상)
김용철(33.1.19)	명예	1975	박정희 정권기 정권 비판 발언 (임실초)
김용태(64.2.17)	명예	1984	국립사범대학 교원임용제외 (전남사범대)
김용택(45.1.10)	명예	1989	전국교직원노동조합 결성 (마산여상)

김용흥(61.1.26)	명예	1989	전국교직원노동조합 결성 (나산중)
김우성(53.6.20)	명예	1989	전국교직원노동조합 결성 (모분고)
김우한(55.8.29)	명예	1989	전국교직원노동조합 결성 (잠실여고)
김원배(52.2.16)	명예	1989	전국교직원노동조합 결성 (서석고)
김원수(59.4.22)	명예	1989	전국교직원노동조합 결성 (여주상고)
김원주(63.9.2)	명예	1989	전국교직원노동조합 결성 (고척중)
김유순(61.8.26)	명예	1989	전국교직원노동조합 결성 (정선여고)
김육훈(62.1.23)	명예	1989	전국교직원노동조합 결성 (명일여중)
김윤근(44.11.27)	명예	1989	전국교직원노동조합 결성 (내남중)
김윤수(53.6.9)	명예	1989	전국교직원노동조합 결성 (순창고)
김윤수(64.2.9)	명예	1988	사립학교 교육민주화 (대경여상)
김윤한(60.12.3)	명예	1989	전국교직원노동조합 결성 (경상고)
김융희(57.12.12)	명예	1989	전국교직원노동조합 결성 (영등포고)
김은미(61.7.17)	명예	1989	전국교직원노동조합 결성 (강남초)
김은숙(62.6.13)	명예	1989	전국교직원노동조합 결성 (연신중)
김은자(61.7.26)	명예	1985	국립사범대학 교원임용제외 (부산대)
김은주(64.8.18)	명예	1989	전국교직원노동조합 결성 (나산중)
김은형(57.9.4)	명예	1989	전국교직원노동조합 결성 (개봉중)
김을용(61.11.22)	명예	1989	전국교직원노동조합 결성(김화중)
김응석(62.7.24)	명예	1989	전국교직원노동조합 결성 (양정고)
김익중(56.8.27)	명예	1979	박정희정권 반대활동 (중원중)
김인곤(62.1.26)	명예	1989	전국교직원노동조합 결성 (산동공고)
김인규(62.5.14)	명예	1989	전국교직원노동조합 결성 (해미고)
김인봉(54.11.22)	명예	1989	전국교직원노동조합 결성 (진안여고)
김인수(59.11.12)	명예	1989	전국교직원노동조합 결성 (옥천여상)
김인영(60.5.25)	명예	1989	전국교직원노동조합 결성 (구로중)
김인주(55.2.2)	명예	1989	전국교직원노동조합 결성 (중앙여고)
김인태(60.1.20)	명예	1989	전국교직원노동조합 결성 (여주동중)
김인환(61.8.15)	명예	1989	전국교직원노동조합 결성 (영등포고)
김인희(58.11.17)	명예	1989	전국교직원노동조합 결성 (치악중)
김일수(41.12.28)	명예	1989	전국교직원노동조합 결성 (서석고)
김장만(51.7.25)	명예	1989	전국교직원노동조합 결성 (서석고)
김장호(64.5.17)	명예	1986	국립사범대학 교원임용제외 (서울대)
김재근(65.3.22)	명예	1989	전국교직원노동조합 결성 (중앙여고)
김재선(59.6.7)	명예	1989	전국교직원노동조합 결성 (청송여중)

김재영(65.3.3)	명예	1984	국립사범대학 교원임용제외 (서울대)
김재일(55.3.31)	명예	1989	전국교직원노동조합 결성 (영흥고)
김재현(56.10.18)	명예	1989	전국교직원노동조합 결성 (홍일중)
김재호(58.6.14)	명예	1989	전국교직원노동조합 결성 (서귀농고)
김정규(53.2.22)	명예	1989	전국교직원노동조합 결성 (서문여고)
김정란(54.1.24)	명예	1989	전국교직원노동조합 결성 (신령중)
김정미(65.5.1)	명예	1989	전국교직원노동조합 결성 (송중초)
김정섭(66.8.29)	명예	1986	국립사범대학 교원임용제외 (전남사범대)
김정숙(62.3.11)	명예	1989	전국교직원노동조합 결성 (연평중)
김정오(62.9.9)	명예	1989	전국교직원노동조합 결성 (대구여중)
김정원(63.6.2)	명예	1989	전국교직원노동조합 결성 (재송중)
김정윤(36.9.18)	명예	1976	박정희 정권기 수업중 비판발언 (안성중)
김정자(53.5.26)	명예	1979	남민전 산하 민투 활동 (서울사대부속여중)
김정진(56.1.3)	명예	1989	전국교직원노동조합 결성 (신목중)
김정희(56.1.17)	명예	1989	전국교직원노동조합 결성 (진례중)
김정희(64.5.22)	명예	1989	전국교직원노동조합 결성 (괴정초)
김제영(61.4.14)	명예	1989	전국교직원노동조합 결성 (창평고)
김제자(60.3.13)	명예	1989	전국교직원노동조합 결성 (신림중)
김종갑(54.4.29)	명예	1989	전국교직원노동조합 결성 (문성중)
김종구(63.1.16)	명예	1989	전국교직원노동조합 결성 (가산중)
김종근(54.9.8)	명예	1989	전국교직원노동조합 결성 (살레시오고)
김종대(56.10.17)	명예	1989	전국교직원노동조합 결성 (영흥고)
김종대(56.2.2)	명예	1989	사립학교 교육민주화 (부산덕원공고)
김종두(63.3.5)	명예	1989	사립학교 교육민주화 (창녕여종고)
김종린(55.9.21)	명예	1989	전국교직원노동조합 결성 (전남여수고)
김종만(57.8.17)	명예	1989	전국교직원노동조합 결성 (배영초)
김종문(56.2.21)	명예	1992	전국교직원노동조합 활동 (칠성중)
김종상(55.8.7)	명예	1989	전국교직원노동조합 결성 (여주상고)
김종연(54.4.6)	명예	1992	전국교직원노동조합 활동 (전농중)
김종옥(65.5.5)	명예	1989	전국교직원노동조합 결성 (목포정명여고)
김종은(62.2.20)	명예	1989	전국교직원노동조합 결성 (잠실중)
김종인(55.8.20)	명예	1989	전국교직원노동조합 결성 (김천여고)
김종찬(61.3.29)	명예	1989	전국교직원노동조합 결성 (성희여고)
김종채(59.7.24)	명예	1989	전국교직원노동조합 결성 (여천중)
김종철(56.2.10)	명예	1989	전국교직원노동조합 결성 (대동중)

김종환(65.1.5)	명예	1985	국립사범대학 교원임용제외 (서울대)
김종훈(63.12.22)	명예	1989	전국교직원노동조합 결성 (청량고)
김종훈(63.3.30)	명예	1989	전국교직원노동조합 결성 (점암중앙중)
김주경(60.1.21)	명예	1989	전국교직원노동조합 결성 (봉화중)
김주리(64.6.6)	명예	1989	전국교직원노동조합 결성 (창서초)
김주용(63.8.15)	명예	1989	전국교직원노동조합 결성 (여주동중)
김주환(64.9.15)	명예	1989	전국교직원노동조합 결성 (용곡중)
김준용(62.3.23)	명예	1989	전국교직원노동조합 결성 (낙동여자중)
김중견(61.9.1)	명예	1989	전국교직원노동조합 결성 (서강고)
김중석(62.3.13)	명예	1989	전국교직원노동조합 결성 (청담중)
김지숙(64.8.14)	명예	1989	전국교직원노동조합 결성 (정선여중)
김지숙(66.5.25)	명예	1989	전국교직원노동조합 결성 (성수여중)
김지순(52.11.14)	명예	1989	전국교직원노동조합 결성 (전남여수공고)
김지예(60.9.12)	명예	1989	전국교직원노동조합 결성 (남서울고)
김지철(51.10.10)	명예	1989	전국교직원노동조합 결성 (천안중앙고)
김지탁(60.7.25)	명예	1989	전국교직원노동조합 결성 (오남중)
김지희(65.5.6)	명예	1989	전국교직원노동조합 결성 (안강여중)
김진경(53.4.9)	명예	1985	민중교육지 사건 (양정고)
김진국(61.9.20)	명예	1989	사립학교 교육민주화 (창녕여종고)
김진규(62.5.29)	명예	1989	전국교직원노동조합 결성 (사북중)
김진덕(57.8.9)	명예	1989	전국교직원노동조합 결성 (부산가락중)
김진수(56.4.4)	명예	1989	전국교직원노동조합 결성 (순천금당고)
김진수(60.9.15)	명예	1989	전국교직원노동조합 결성 (구로중)
김진수(64.11.21)	명예	1989	전국교직원노동조합 결성 (동평여중)
김진술(55.10.11)	명예	1989	전국교직원노동조합 결성 (김제북중)
김진욱(61.3.25)	명예	1989	전국교직원노동조합 결성 (동북고)
김창태(58.6.15)	명예	1989	전국교직원노동조합 결성 (목천고)
김창환(50.7.13)	명예	1990	전국교직원노동조합 결성 (예천여고)
김창후(53.7.13)	명예	1989	전국교직원노동조합 결성 (오현고)
김춘여(66.4.11)	명예	1989	전국교직원노동조합 결성 (화전초)
김춘자(64.1.25)	명예	1989	전국교직원노동조합 결성 (화천중)
김칠선(57.4.20)	명예	1989	전국교직원노동조합 결성 (중앙여중)
김태동(44.7.19)	명예	1989	전국교직원노동조합 결성 (온양고)
김태선(57.1.13)	명예	1989	전국교직원노동조합 결성 (덕수중)
김태환(63.10.4)	명예	1989	전국교직원노동조합 결성 (남서울중)

김택중(54.10.26)	명예	1989	전국교직원노동조합 결성 (광덕고)
김판철(59.7.26)	명예	1989	전국교직원노동조합 결성 (광덕고)
김학주(60.11.29)	명예	1989	전국교직원노동조합 결성 (유성전자공고)
김학한(66.6.22)	명예	1989	전국교직원노동조합 결성 (은평중)
김한수(56.9.1)	명예	1989	전국교직원노동조합 결성 (광신상고)
김해근(60.6.8)	명예	1990	전국교직원노동조합 활동 (연무여고)
김행순(67.4.8)	명예	1988	국립사범대학 교원임용제외 (전남대)
김향숙(63.3.2)	명예	1989	전국교직원노동조합 결성 (세명고)
김현구(60.6.25)	명예	1989	전국교직원노동조합 결성 (정선여중)
김현숙(61.1.2)	명예	1989	전국교직원노동조합 결성 (여량중)
김현숙(64.5.5)	명예	1992	사립학교 교육민주화 (청구상업학교)
김현숙(65.7.23)	명예	1986	국립사범대학 교원임용제외 (부산대)
김현순(65.11.20)	명예	1989	전국교직원노동조합 결성 (월곡초)
김현실(64.7.28)	명예	1986	국립사범대학 교원임용제외 (제주대)
김현옥(66.12.16)	명예	1987	국립사범대학 교원임용제외 (전남대)
김현주(60.11.2)	명예	1989	전국교직원노동조합 결성 (장계고)
김현주(62.4.26)	명예	1989	전국교직원노동조합 결성 (안강여고)
김현준(55.10.18)	명예	1989	전국교직원노동조합 결성 (반포고)
김 형(48.7.22)	명예	1989	전국교직원노동조합 결성 (서석고)
김형권(55.1.18)	명예	1989	전국교직원노동조합 결성 (여주상고)
김형남(61.9.9)	명예	1989	전국교직원노동조합 결성 (매산고)
김형섭(56.7.22)	명예	1989	전국교직원노동조합 결성 (협성고)
김형수(62.3.19)	명예	1989	전국교직원노동조합 결성 (나산고)
김형주(62.11.16)	명예	1989	전국교직원노동조합 결성 (공항고)
김형철(64.11.8)	명예	1986	국립사범대학 교원임용제외 (전북대)
김혜선(58.4.24)	명예	1989	전국교직원노동조합 결성 (김제농고)
김혜숙(64.10.12)	명예	1989	전국교직원노동조합 결성 (고척중)
김혜숙(65.2.27)	명예	1989	전국교직원노동조합 결성 (진주제일여고)
김호섭(60.9.15)	명예	1989	전국교직원노동조합 결성 (이사벨여고)
김호정(57.6.8)	명예	1989	전국교직원노동조합 결성 (동의초)
김호훈(67.1.19)	명예	1989	전국교직원노동조합 결성 (무창초)
김홍식(54.1.16)	명예	1989	전국교직원노동조합 결성 (풍문여고)
김홍열(63.7.29)	명예	1989	전국교직원노동조합 결성 (자양고)
김화진(58.9.15)	명예	1989	전국교직원노동조합 결성 (봉선중)
김황수(62.12.26)	명예	1987	국립사범대학 교원임용제외 (부산대)

김황제(64.4.24)	명예	1984	국립사범대학 교원임용제외 (전남대)
김회경(57.7.5)	명예	1989	전국교직원노동조합 결성 (성서중)
김효곤(56.3.19)	명예	1989	전국교직원노동조합 결성 (명지고)
김효문(56.9.3)	명예	1989	전국교직원노동조합 결성 (서석중)
김효영(63.6.3)	명예	1989	전국교직원노동조합 결성 (성남여중)
김홍영(57.6.15)	명예	1989	전국교직원노동조합 결성 (난곡중)
김홍자(67. 7. 25)	명예	1989	국립사범대학 교원임용제외 (전남대)
김희경(65.7.15)	명예	1989	사립학교 교육민주화 (대전혜천여중고)
김희년(60.2.11)	명예	1989	전국교직원노동조합 결성 (광진중)
김희욱(49.10.14)	명예	1981	박정희 정권기 사회민주화 활동 (대연여중)
김희윤(60.12.27)	명예	1989	전국교직원노동조합 결성 (사상중)
김희정(62.6.24)	명예	1989	전국교직원노동조합 결성 (홍동중)
김희철(59.9.22)	명예	1989	전국교직원노동조합 결성 (유성전자공고)
나기웅(57.8.22)	명예	1989	전국교직원노동조합 결성 (대진고)
나승렬(58.3.1)	명예	1989	전국교직원노동조합 결성 (동아여고)
나승인(58.1.10)	명예	1989	전국교직원노동조합 결성 (대원고)
나용환(57.4.29)	명예	1989	전국교직원노동조합 결성 (부강중)
나정숙(63.7.16)	명예	1989	전국교직원노동조합 결성 (여수상고)
남경자(62.10.5)	명예	1989	전국교직원노동조합 결성 (영암여중)
남광우(53.7.16)	명예	1989	전국교직원노동조합 결성 (성동고)
남광우(63.4.20)	명예	1989	국립사범대학 교원임용제외 (부산대)
남궁경(65.2.21)	명예	1989	전국교직원노동조합 결성 (금곡초)
남궁효(57.3.14)	명예	1989	전국교직원노동조합 결성 (명지고)
남기범(50.7.1)	명예	1989	전국교직원노동조합 결성 (계성여중)
남기정(59.10.20)	명예	1989	전국교직원노동조합 결성 (휘경여중)
남상근(61.2.15)	명예	1989	전국교직원노동조합 결성 (안성중)
남정숙(51.11.2)	명예	1989	전국교직원노동조합 결성 (신림중)
남현희(63.4.13)	명예	1989	전국교직원노동조합 결성 (대인초등병설유치원)
남호영(62.12.17)	명예	1989	전국교직원노동조합 결성 (청운중)
노미숙(65.4.8)	명예	1989	전국교직원노동조합 결성 (나산중)
노미화(59.1.19)	명예	1989	전국교직원노동조합 결성 (석정초)
노범섭(62.4.17)	명예	1981	국립사범대학 교원임용제외 (공주사대)
노세영(63.11.29)	명예	1989	전국교직원노동조합 결성 (문창초)
노승률(61.9.13)	명예	1989	전국교직원노동조합 결성 (영등포고)
노영민(57.3.7)	명예	1989	전국교직원노동조합 결성 (동인고)

노영필(61.12.27)	명예	1989	전국교직원노동조합 결성 (옥천여상)
노옥희(58.5.15)	명예	1986	YMCA 중등교육자협의회 활동 (현대공고)
노웅희(56.3.22)	명예	1989	전국교직원 노동조합결성 (공항고)
노은숙(64.11.16)	명예	1989	전국교직원노동조합 (묵호여중)
노은엽(59.11.18)	명예	1989	전국교직원노동조합 결성 (목동중)
노은희(60.11.22)	명예	1989	전국교직원노동조합 결성 (신남중)
노 혁(60.3.14)	명예	1989	전국교직원노동조합 결성 (구리여고)
노현설(58.12.19)	명예	1986	전두환 정권시 교육민주화운동 (양화중)
도성훈(60.12.10)	명예	1989	전국교직원노동조합 결성 (성헌고)
도장식(58.12.26)	명예	1989	전국교직원노동조합 결성 (동북고)
도종환(55.9.27)	명예	1989	전국교직원노동조합 결성 (청주중앙중)
류경열(56.5.16)	명예	1989	전국교직원노동조합 결성 (진주제일여고)
류근성(59.5.7)	명예	1989	전국교직원노동조합 결성 (여수중앙여고)
류금남(40.11.9)	명예	1989	전국교직원노동조합 결성 (여수상고)
류기덕(54.1.20)	명예	1989	전국교직원노동조합 결성 (여주동중)
류승호(63.1.2)	명예	1989	전국교직원노동조합 결성 (성서중)
류시정(55.2.1)	명예	1989	전국교직원노동조합 결성 (금호여고)
류웅주(67. 3.10)	명예	1987	국립사범대학 교원임용제외 (공주사대)
류은숙(65.6.1)	명예	1985	국립사범대학 교원임용제외 (전남대)
류자영(62.5.19)	명예	1989	전국교직원노동조합 결성 (진흥중)
류정미(59.6.5)	명예	1989	전국교직원노동조합 결성 (안천중)
류정임(60.12.10)	명예	1989	전국교직원노동조합 결성 (목포마리아회고)
류종섭(50.1.23)	명예	1991	사립학교 교육민주화 (서울여상)
류지훈(55.4.22)	명예	1989	전국교직원노동조합 결성 (목일중)
류호선(54.5.22)	명예	1989	전국교직원노동조합 결성 (살레시오고)
마경만(68.7.4)	명예	1990	국립사범대학 교원임용제외 (전주교대)
마경오(62.1.21)	명예	1992	사립학교 교육민주화 (목포예술학교)
맹관호(60.1.6)	명예	1989	전국교직원노동조합 결성 (성헌고)
문무병(50.6.29)	명예	1989	전국교직원노동조합 결성 (제주중)
문병태(55.7.7)	명예	1989	전국교직원노동조합 결성 (혜인여고)
문상봉(62.2.9)	명예	1989	전국교직원노동조합 결성 (김제상고)
문성호(56.4.10)	명예	1992	전국교직원노동조합 활동 (대전 용운중)
문수정(64.2.7)	명예	1989	전국교직원노동조합 결성 (덕수초)
문영진(56.3.21)	명예	1989	전국교직원노동조합 결성 (인헌고)
문용권(61.5.13)	명예	1989	전국교직원노동조합 결성 (유성전자공고)

문용주(61.9.21)	명예	1989	전국교직원노동조합 결성 (동인고)
문재동(49.5.14)	명예	1978	박정희정권기 수업 중 시국발언 (벌교제일고등공민교)
문채병(58.10.17)	명예	1989	전국교직원노동조합 결성 (동신여상)
문태수(60.6.23)	명예	1989	전국교직원노동조합 결성 (청송여종고)
문형채(58.7.9)	명예	1989	전국교직원노동조합 결성 (혜인여고)
문희경(59.6.7)	명예	1989	전국교직원노동조합 결성 (법성상고)
민경란(63.5.14)	명예	1989	전국교직원노동조합 결성 (부천오정초)
민경미(60.6.29)	명예	1989	전국교직원노동조합 결성 (여수종중)
민경선(45.9.1)	명예	1989	전국교직원노동조합 결성 (동면중)
민병성(60.12.5)	명예	1989	전국교직원노동조합 결성 (홍동중)
민병창(58.8.29)	명예	1989	전국교직원노동조합 결성 (학산여고)
민병희(53.6.28)	명예	1989	전국교직원노동조합 결성 (춘천여고)
민태수(53.4.5)	명예	1989	전국교직원노동조합 결성 (여주상고)
민현주(65.2.1)	명예	1989	사립학교 교육민주화 (부산경희여상)
민혜경(57.5.6)	명예	1989	전국교직원노동조합 결성 (송지종고)
박경숙(54.10.26)	명예	1989	전국교직원노동조합 결성 (정명여고)
박경숙(62.2.5)	명예	1989	사립학교 교육민주화 (부산경희여상)
박경열(60.4.22)	명예	1989	전국교직원노동조합 결성 (울산중)
박경이(58.8.5)	명예	1989	전국교직원노동조합 결성 (당진여고)
박경익(63.1.23)	명예	1989	전국교직원노동조합 결성 (노화종고)
박경희(62.6.3)	명예	1985	국립사범대학 교원임용제외 (서울대)
박계선(64.2.17)	명예	1987	국립사범대학 교원임용제외 (전남대)
박관주(66.10.25.)	명예	1984	국립사범대학 교원임용제외 (전남대)
박광배(57.2.7)	명예	1989	전국교직원노동조합 결성 (운암고)
박광수(58.7.14)	명예	1989	전국교직원노동조합 결성 (수도여고)
박광숙(50.7.21)	명예	1980	남민전 산하 민투 활동 (명성여고)
박광호(55.5.4)	명예	1989	전국교직원노동조합 결성 (계성여상)
박규상(60.3.23)	명예	1989	전국교직원노동조합 결성 (잠실여고)
박근호(61.11.11)	명예	1989	사립학교 교육민주화 (창녕여종고)
박길우(55.8.19)	명예	1989	전국교직원노동조합 결성 (광주여상)
박덕수(60.4.1)	명예	1989	전국교직원노동조합 결성 (동래여고)
박동근(62.6.14)	명예	1989	전국교직원노동조합 결성 (경기기계공고)
박동수(62.1.28)	명예	1989	전국교직원노동조합 결성 (풍생고)
박동익(59.4.15)	명예	1989	전국교직원노동조합 결성 (잠실중)
박두규(54.2.9)	명예	1989	전국교직원노동조합 결성 (광양고)

박래광(63.1.2)	명예	1989	전국교직원노동조합 결성 (신림중)
박명섭(61.11.22)	명예	1989	전국교직원노동조합 결성 (보성문덕중)
박명숙(64.3.18)	명예	1989	사립학교 교육민주화 (부산경희여상)
박명순(63.5.8)	명예	1989	전국교직원노동조합 결성 (태릉고)
박명신(65.3.28)	명예	1989	전국교직원노동조합 결성 (가산중)
박명천(69.3.18)		1989	국립사범대학 교원임용제외 (전주교대)
박문주(63.2.28)	명예	1989	전국교직원노동조합 결성 (고척중)
박미경(63.4.25)	명예	1989	전국교직원노동조합 결성 (죽변종고)
박미라(60.7.28)	명예	1990	전국교직원노동조합 결성 (서신초)
박미란(67.3.22)	명예	1989	전국교직원노동조합 결성 (신구로초)
박미선(66.9.14)	명예	1989	전국교직원노동조합 결성 (세지북초병설유치원)
박미자(60.12.6)	명예	1989	전국교직원노동조합 결성 (공항중)
박미자(65.3.1)	명예	1989	전국교직원노동조합 결성 (나산중)
박미정(59.1.14)	명예	1987	전국교직원노동조합 결성 (오류중)
박병배(58.4.5)	명예	1989	전국교직원노동조합 결성 (양동중)
박병석(55.7.15)	명예	1989	전국교직원노동조합 결성 (신목고)
박병섭(57.2.2)	명예	1989	전국교직원노동조합 결성 (포두중)
박병창(60.3.14)	명예	1989	전국교직원노동조합 결성 (동아여고)
박병훈(54.1.26)	명예	1989	전국교직원노동조합 결성 (배영중)
박복선(62.1.20)	명예	1989	전국교직원노동조합 결성 (영등포고)
박상대(60.3.1)	명예	1989	전국교직원노동조합 결성 (영남중)
박상란(64.3.6)	명예	1989	전국교직원노동조합 결성 (화진초)
박상범(58.6.15)	명예	1989	전국교직원노동조합 결성 (옥천여상)
박상복(67.8.29)	명예	1989	국립사범대학 교원임용제외 (전남대)
박석균(63.9.26)	명예	1989	전국교직원노동조합 결성 (파주여종고)
박석준(58.2.12)	명예	1989	전국교직원노동조합 결성 (영흥고)
박성구(59.9.16)	명예	1989	전국교직원노동조합 결성 (영등포고)
박성규(54.4.9)	명예	1989	전국교직원노동조합 결성 (연신중)
박성식(62.12.31)	명예	1989	전국교직원노동조합 결성 (삼성고)
박세원(54.3.30)	명예	1989	전국교직원노동조합 결성 (영생고)
박세창(56.6.9)	명예	1989	전국교직원노동조합 결성 (효성여중)
박수경(62.4.10)	명예	1989	전국교직원노동조합 결성 (일신여상)
박수경(64.7.11)	명예	1990	전국교직원노동조합 결성 (묵호여중)
박수원(53.1.23)	명예	1989	전국교직원노동조합 결성 (둔촌중)
박숙자(61.8.24)	명예	1989	전국교직원노동조합 결성 (낙동중)

박순기(65.8.27)	명예	1989	국립사범대학 교원임용제외 (부산교대)
박순남(59.5.9)	명예	1989	전국교직원노동조합 결성 (갑천중)
박순보(43.12.15)	명예	1989	전국교직원노동조합 결성 (성동여실고)
박승덕(54.1.5)	명예	1989	전국교직원노동조합 결성 (잠실고)
박승렬(57.9.7)	명예	1989	전국교직원노동조합 결성 (송원여상)
박승제(53.12.6)	명예	1989	전국교직원노동조합 결성 (성산중)
박승호(57.10.15)	명예	1989	전국교직원노동조합 결성 (선린상고)
박양수(55.8.11)	명예	1989	전국교직원노동조합 결성 (무안종고)
박연실(64.2.20)	명예	1986	국립사범대학 교원임용제외 (전남대)
박영규(61.5.1)	명예	1989	전국교직원노동조합 활동 (강일중)
박영미(62.3.8)	명예	1989	사립학교 교육민주화 (대전혜천여중고)
박영석(57.11.20)	명예	1989	전국교직원노동조합 결성 (여수여고)
박영신(56.11.15)	명예	1989	전국교직원노동조합 결성 (자양고)
박영아(61.1.6)	명예	1985	국립사범대학 교원임용제외 (경북대)
박영임(59.12.4)	명예	1989	전국교직원노동조합 결성 (여주상고)
박영철(58.2.14)	명예	1989	사립학교 교육민주화 (경남실고)
박영희(60.12.20)	명예	1989	전국교직원노동조합 결성 (순천외서중)
박오철(61.8.16)	명예	1989	전국교직원노동조합 결성 (영암여고)
박용규(60.7.20)	명예	1991	전국교직원노동조합 활동 (마산상고)
박용규(62.10.25)	명예	1989	전국교직원노동조합 결성 (마산상고)
박용성(58.5.25)	명예	1989	전국교직원노동조합 결성 (진남여중)
박용정(56.6.15)	명예	1989	전국교직원노동조합 결성 (서석고)
박우자(62.6.30)	명예	1989	전국교직원노동조합 결성 (삼릉초)
박유경(61.10.26)	명예	1989	전국교직원노동조합 결성 (혜인여고)
박유순(59.1.7)	명예	1991	박정희 정권기 정부비판활동을 이유로 해직 (부산금사여중)
박은심(59.4.1)	명예	1989	전국교직원노동조합 결성 (봉천중)
박은영(62.12.17)	명예	1989	전국교직원노동조합 결성 (수도여고)
박은영(62.3.1)	명예	1989	전국교직원노동조합 결성 (여수상고)
박은영(66.10.15)	명예	1989	전국교직원노동조합 결성 (용연초병설유치원)
박은희(62.3.5)	명예	1989	전국교직원노동조합 결성 (여수상고)
박익환(55.3.13)	명예	1991	사립학교 교육민주화 (서울여상)
박인구(60.2.3)	명예	1988	전국교직원노동조합 결성 (우신고)
박인상(61.4.9)	명예	1989	사립학교 교육민주화 (대전혜천여중고)
박인숙(53.8.26)	명예	1989	전국교직원노동조합 결성 (무안종고)
박인숙(67.1.24)	명예	1989	전국교직원노동조합 결성 (당산중)

박일관(62.9.21)	명예	1989	전국교직원노동조합 결성 (원광여중)
박일범(58.10.17)	명예	1989	전국교직원노동조합 결성 (전주중앙중)
박일환(61.1.18)	명예	1989	전국교직원노동조합 결성 (장훈초)
박재성(56.3.11)	명예	1989	전국교직원노동조합 결성 (대동고)
박재천(68.10.11)	명예	1989	국립사범대학 교원임용제외 (전남대)
박정규(53.3.1)	명예	1989	전국교직원노동조합 결성 (마산여상)
박정근(61.6.3)	명예	1989	전국교직원노동조합 결성 (수성고)
박정남(54.11.30)	명예	1989	전국교직원노동조합 결성 (전남여상)
박정석(45.12.16)	명예	1982	오송회 사건 (군산제일고)
박정희(61.10.6)	명예	1989	전국교직원노동조합 결성 (충전실고)
박제일(57.12.18)	명예	1989	전국교직원노동조합 결성 (강신중)
박종곤(60.3.30)	명예	1989	전국교직원노동조합 결성 (남한중)
박종기(54.3.30)	명예	1989	전국교직원노동조합 결성 (해운대고)
박종렬(58.12.5)	명예	1989	전국교직원노동조합 결성 (경원고)
박종배(62.12.17)	명예	1989	전국교직원노동조합 결성 (신양중)
박종배(62.12.17)	명예	1989	전국교직원노동조합 결성 (신양중)
박종순(61.9.12)	명예	1992	사립학교 교육민주화 (목포예술학교)
박종애(62.9.1)	명예	1989	전국교직원노동조합 결성 (난우중)
박종택(49.12.10)	명예	1989	전국교직원노동조합 결성 (충덕중)
박종헌(53.11.8)	명예	1989	전국교직원노동조합 결성 (고성고)
박종현(55.4.9)	명예	1989	전국교직원노동조합 결성 (김해농업고)
박종호(64.11.20)	명예	1989	전국교직원노동조합 결성 (경복고)
박중신(49.1.16)	명예	1989	전국교직원노동조합 결성 (성은여고)
박중언(63.8.23)	명예	1989	전국교직원노동조합 결성 (광진중)
박증식(62.10.29)	명예	1989	전국교직원노동조합 결성 (경화여중)
박지극(50.10.1)	명예	1989	전국교직원노동조합 결성 (정동고)
박지미(67.2.28)	명예	1989	전국교직원노동조합 결성 (제천금성초)
박지희(65.6.9)	명예	1989	전국교직원노동조합 결성 (숭인초)
박 진(46.11.1)	명예	1988	사립학교 교육민주화 (청구상업학교)
박찬규(62.3.13)	명예	1989	전국교직원노동조합 결성 (청량고)
박찬용(60.11.1)	명예	1989	전국교직원노동조합 결성 (혜인여고)
박찬준(58.10.11)	명예	1989	전국교직원노동조합 결성 (송원여고)
박창규(56.6.7)	명예	1989	전국교직원노동조합 결성 (안양영화예고)
박창균(62.4.8)	명예	1989	전국교직원노동조합 결성 (동아여고)
박천석(52.10.20)	명예	1989	전국교직원노동조합 결성 (서석고)

박철우(55.6.28)	명예	1989	전국교직원노동조합 결성 (수북중)
박철운(55.7.5)	명예	1989	전국교직원노동조합 결성 (대동고)
박철호(63.6.30)	명예	1989	전국교직원노동조합 결성 (낙동여자중)
박춘애(65.2.10)	명예	1989	전국교직원노동조합 결성 (동아여고)
박태규(62.11.18)	명예	1989	전국교직원노동조합 결성 (금오중)
박태숙(67.2.8)	명예	1989	전국교직원노동조합 결성 (봉화중)
박택호(59.7.11)	명예	1989	전국교직원노동조합 결성 (구룡포여중)
박해영(58.6.4)	명예	1989	전국교직원노동조합 결성 (나산고)
박행삼(37.7.5)	명예	1989	전국교직원노동조합 결성 (남도예고)
박 현(58.8.16)	명예	1989	전국교직원노동조합 결성 (중앙여중)
박현석(58.9.16)	명예	1989	전국교직원노동조합 결성 (서강고)
박현선(62.6.18)	명예	1989	전국교직원노동조합 결성 (신관중)
박현수(54.11.19)	명예	1989	전국교직원노동조합 결성 (하양여고)
박현애(64.11.5)	명예	1986	국립사범대학 교원임용제외 (서울대)
박현옥(56.6.25)	명예	1989	전국교직원노동조합 결성 (대성여고)
박현우(58.1.20)	명예	1989	전국교직원노동조합 결성 (구례농고)
박현자(66.5.15)	명예	1989	전국교직원노동조합 결성 (제천한수중)
박현주(62.7.29)	명예	1989	전국교직원노동조합 결성 (신천초)
박형오(67.2.26)	명예	1986	국립사범대학 교원임용제외 (서울대)
박혜련(61.4.12)	명예	1989	전국교직원노동조합 결성 (홍일고)
박혜성(63.3.5)	명예	1989	전국교직원노동조합 결성 (상도여중)
박호근(61.1.19)	명예	1989	전국교직원노동조합 결성 (영등포여중)
박호석(57.9.13)	명예	1988	전국교직원노동조합 결성 (성광중)
박호순(61.8.21)	명예	1989	전국교직원노동조합 결성 (영서중)
박홍국(59.3.23)	명예	1989	전국교직원노동조합 결성 (미성중)
박화문(64.1.16)	명예	1988	국립사범대학 교원임용제외 (전남대)
박희숙(65.8.20)	명예	1989	전국교직원노동조합 결성 (영등포여중)
박희숙(65.9.15)	명예	1986	국립사범대학 교원임용제외 (강원대)
박희순(63.8.21)	명예	1989	전국교직원노동조합 결성 (동남초)
박희승(65.7.17)	명예	1989	국립사범대학 교원임용제외 (서울대)
박희영(65.1.1)	명예	1989	전국교직원노동조합 결성 (동명중)
반상호(61.2.5)	명예	1989	전국교직원노동조합 결성 (동촌중)
반숙희(60.4.5)	명예	1989	전국교직원노동조합 결성 (진흥중)
방의순(64.2.23)	명예	1989	전국교직원노동조합 결성 (승주중)
배규임(59.7.13)	명예	1989	전국교직원노동조합 결성 (중앙여중)

배영규(55.5.22)	명예	1989	사립학교 교육민주화 (부산경희여상)
배영현(63.12.3)	명예	1989	전국교직원노동조합 결성 (강경중)
배용한(52.6.16)	명예	1989	전국교직원노동조합 결성 (안동공고)
배은미(59.7.28)	명예	1989	전국교직원노동조합 결성 (삼천포여종고)
배정우(59.2.5)	명예	1989	전국교직원노동조합 결성 (고척중)
배정찬(57.7.20)	명예	1989	전국교직원노동조합 결성 (금호고)
배주영(63.7.27)	명예	1989	전국교직원노동조합 결성 (진보고)
배창환(56.3.11)	명예	1989	전국교직원노동조합 결성 (경화여중)
배춘일(42.4.28)	명예	1987	사립학교 교육민주화 (전주상산고)
배태효(59.8.27)	명예	1989	전국교직원노동조합 결성 (금오여고)
배현준(58.12.17)	명예	1992	전국교직원노동조합 활동 (대천수산고)
백국현(51.2.21)	명예	1989	전국교직원노동조합 결성 (경화여중)
백귀복(57.7.1)	명예	1989	사립학교 교육민주화 (부산경희여상)
백병옥(64.5.25)	명예	1989	사립학교 교육민주화 (대전혜천여중고)
백복성(61.4.14)	명예	1992	사립학교 교육민주화 (청구상업학교)
백용선(55.9.13)	명예	1989	전국교직원노동조합 결성 (여주상고)
백원규(60.3.20)	명예	1989	전국교직원노동조합 결성 (홍성고)
백은숙(63.4.5)	명예	1987	국립사범대학 교원임용제외 (서울대)
백점단(67.3.1)	명예	1989	전국교직원노동조합 결성 (명동초)
백정규(56.6.24)	명예	1989	전국교직원노동조합 결성 (군산제일고)
백종상(58.10.10)	명예	1989	전국교직원노동조합 결성 (선정고)
백태동(58.3.1)	명예	1991	사립학교 교육민주화 (서울여상)
백현국(49.1.15)	명예	1976	박정희 정권기 사회민주화운동 (진량고)
백현기(60.3.28)	명예	1989	전국교직원노동조합 결성 (망우초)
백화현(59.5.14)	명예	1989	전국교직원노동조합 결성 (미성중)
변량근(62.7.30)	명예	1989	전국교직원노동조합 결성 (진주제일여고)
변창수(60.5.14)	명예	1989	전국교직원노동조합 결성 (창문여고)
변태석(63.1.30)	명예	1989	전국교직원노동조합 결성 (경상고)
복기용(54.9.2)	명예	1989	전국교직원노동조합 결성 (성화여중)
복영선(64.9.26)	명예	1989	전국교직원노동조합 결성 (도림초)
서기화(59.3.7)	명예	1989	전국교직원노동조합 결성 (살레시오고)
서미금(64.1.26)	명예	1988	국립사범대학 교원임용제외 (서울대)
서미숙(58.9.22)	명예	1989	전국교직원노동조합 결성 (광주여상)
서미연(60.9.1)	명예	1980	금강회 활동 관련 (공주대)
서민수(52.3.1)	명예	1989	전국교직원노동조합 결성 (영남고)

서선근(60.3.23)	명예	1989	전국교직원노동조합 결성 (해운대고)
서수경(58.4.3)	명예	1989	사립학교 교육민주화 (창녕여종고)
서순원(66.8.1)	명예	1989	전국교직원노동조합 결성 (덕수상고)
서영목(54.10.23)	명예	1989	전국교직원노동조합 결성 (함안중)
서영학(58.8.14)	명예	1989	전국교직원노동조합 결성 (원광여중)
서옥용(59.3.20)	명예	1989	전국교직원노동조합 결성 (봉화여고)
서은영(64.10.18)	명예	1989	전국교직원노동조합 결성 (중화초)
서은희(55.12.7)	명예	1989	전국교직원노동조합 결성 (인천외고)
서인주(55.11.13)	명예	1989	전국교직원노동조합 결성 (세명고)
서재관(58.1.13)	명예	1989	전국교직원노동조합 결성 (용궁중)
서재준(60.11.28)	명예	1989	전국교직원노동조합 결성 (효천고)
서창현(67.3.1)	명예	1989	전국교직원노동조합 결성 (관악고)
서철심(62.6.4)	명예	1989	전국교직원노동조합 결성 (김제서중)
서향아(55.12.10)	명예	1989	전국교직원노동조합 결성 (효천고)
서현숙(56.10.3)	명예	1989	전국교직원노동조합 결성 (잠실여고)
서홍수(59.6.11)	명예	1989	사립학교 교육민주화 (창녕여종고)
선신영(64.10.19)	명예	1990	전국교직원노동조합 결성 (운봉중)
선혜란(63.12.25)	명예	1989	전국교직원노동조합 결성 (여주상고)
설경혜(59.3.30)	명예	1982	전두환 정권기 시국토론 참여 등 (간전초)
설미련(64.12.20)	명예	1989	전국교직원노동조합 결성 (안강여고)
설봉주(56.10.1)	명예	1989	전국교직원노동조합 결성 (파주여종고)
성갑식(54.12.8)	명예	1989	사립학교 교육민주화 (창녕여종고)
성기득(61.11.14)	명예	1989	국립사범대학 교원임용제외 (순천사범대)
성낙주(54.2.9)	명예	1989	전국교직원노동조합 결성 (중화중)
성명순(60.5.15)	명예	1989	전국교직원노동조합 결성 (대영중)
성미경(64.1.28)	명예	1987	국립사범대학 교원임용제외 (부산대)
성방헌(66.5.9)	명예	1988	국립사범대학 교원임용제외 (전주교대)
성순철(64.5.2)	명예	1989	전국교직원노동조합 결성 (당곡초)
성충호(62.9.9)	명예	1989	전국교직원노동조합 결성 (남창고)
성하성(62.3.12)	명예	1989	전국교직원노동조합 결성 (장위중)
소재섭(56.8.4)	명예	1989	전국교직원노동조합 결성 (인천외고)
소춘례(62.2.28)	명예	1994	사립학교 교육민주화 (동일여상)
손경욱(53.1.8)	명예	1989	전국교직원노동조합 결성 (서석고)
손국석(57.7.19)	명예	1989	전국교직원노동조합 결성 (마산여상)
손동연(55.2.25)	명예	1989	전국교직원노동조합 결성 (대성여고)

손민옥(59.5.10)	명예	1989	전국교직원노동조합 결성 (덕수중)
손병흠(61.12.31)	명예	1983	국립사범대학 교원임용제외 (서울대)
손원선(55.2.20)	명예	1989	전국교직원노동조합 결성 (영주여중)
손정옥(56.5.13)	명예	1989	전국교직원노동조합 결성 (부산여상)
손혜련(56.11.10)	명예	1989	전국교직원노동조합 결성 (금호중)
송갑석(64.3.10)	명예	1989	전국교직원노동조합 결성 (관악고)
송경현(58.3.21)	명예	1989	전국교직원노동조합 결성 (덕수상고)
송기원(47.12.8)	명예	1985	민중교육지 사건 (실천문학사)
송기태(56.3.11)	명예	1989	전국교직원노동조합 결성 (영등포여고)
송대헌(59.10.19)	명예	1989	전국교직원노동조합 결성 (영주중)
송동한(54.2.10)	명예	1991	전국교직원노동조합 활동 (이리남중)
송명섭(51.9.18)	명예	1989	전국교직원노동조합 결성 (송원여상)
송명숙(57.1.7)	명예	1989	전국교직원노동조합 결성 (고아초)
송문재(43.3.15)	명예	1989	전국교직원노동조합 결성 (중앙여고)
송미혜(64.4.29)	명예	1989	사립학교 교육민주화 (창녕여종고)
송봉기(58.8.7)	명예	1989	전국교직원노동조합 결성 (인헌고)
송선경(65.4.29)	명예	1989	전국교직원노동조합 결성 (상계여중)
송성훈(56.11.11)	명예	1989	전국교직원노동조합 결성 (전의중)
송시열(59.4.12)	명예	1989	전국교직원노동조합 결성 (무주초)
송시우(64.8.5)	명예	1989	국립사범대학 교원임용제외 (제주대)
송영길(53.7.19)	명예	1989	전국교직원노동조합 결성 (영등포고)
송영주(61.11.23)	명예	1989	전국교직원노동조합 결성 (성환중)
송용운(56.2.21)	명예	1989	전국교직원노동조합 결성 (서울당중초)
송원재(57.11.25)	명예	1989	전국교직원노동조합 결성 (당곡고)
송유정(66.7.28)	명예	1989	전국교직원노동조합 결성 (강신중)
송은미(62.7.15)	명예	1989	전국교직원노동조합 결성 (여수중앙여중)
송인갑(49.2.20)	명예	1990	사립학교 교육민주화운동 (창신고)
송인석(57.1.14)	명예	1989	전국교직원노동조합 결성 (구로고)
송인하(58.10.1)	명예	1989	전국교직원노동조합 결성 (대진고)
송준업(53.1.12)	명예	1989	전국교직원노동조합 결성 (배영고)
송 철(57.9.29)	명예	1989	전국교직원노동조합 결성 (서문여고)
송철식(60.10.12)	명예	1989	전국교직원노동조합 결성 (해성중)
송춘길(62.6.1)	명예	1989	전국교직원노동조합 결성 (평해여종고)
송춘섭(56.9.23)	명예	1989	전국교직원노동조합 결성 (용마초)
송현숙(62.12.20)	명예	1989	전국교직원노동조합 결성 (가산중)

송형호(60.4.27)	명예	1989	전국교직원노동조합 결성 (동북고)
송혜숙(62.6.16)	명예	1989	전국교직원노동조합 결성 (난우중)
송홍근(57.6.20)	명예	1989	전국교직원노동조합 결성 (서석고)
송희애(63.8.17)	명예	1989	전국교직원노동조합 결성 (나산고)
신근홍(56.1.9)	명예	1989	전국교직원노동조합 결성 (효천고)
신긍식(56.12.17)	명예	1989	전국교직원노동조합 결성 (서원중)
신만석(59.12.13)	명예	1989	전국교직원노동조합 결성 (동촌중)
신말순(61.7.4)	명예	1990	전국교직원노동조합 결성 (묵호여중)
신맹순(42.5.14)	명예	1989	전국교직원노동조합 결성 (제물포고)
신명진(62.7.25)	명예	1989	전국교직원노동조합 결성 (신흥여중)
신미순(65.3.3)	명예	1985	국립사범대학 교원임용제외 (서울대)
신병철(57.3.30)	명예	1989	전국교직원노동조합 결성 (성동기계공고)
신보선(65.12.7)	명예	1989	전국교직원노동조합 결성 (금신초)
신성화(57.6.9)	명예	1989	전국교직원노동조합 결성 (화곡여중)
신숙녀(65.6.10)	명예	1989	전국교직원노동조합 결성 (고제초)
신연식(55.5.17)	명예	1989	전국교직원노동조합 결성 (일신여중)
신영미(64.1.28)	명예	1989	전국교직원노동조합 결성 (백제여상)
신용길(57.5.7)	명예	1989	전국교직원노동조합 결성 (구덕고)
신용길(57.5.7)	사망	1991	교육민주화운동 (구덕고)
신용숙(64.3.2)	명예	1989	전국교직원노동조합 결성 (신원중)
신우영(47.7.23)	명예	1979	남민전 산하 민투 활동 (우신중)
신인수(58.3.18)	명예	1989	전국교직원노동조합 결성 (옥천여상)
신인수(60.10.13)	명예	1989	전국교직원노동조합 결성 (창문여고)
신인식(59.11.14)	명예	1989	전국교직원노동조합 결성 (경상고)
신재록(62.6.28)	명예	1989	전국교직원노동조합 결성 (대동고)
신재용(61.3.10)	명예	1989	전국교직원노동조합 결성 (영흥고)
신정길(53.10.17)	명예	1989	전국교직원노동조합 결성 (한광중)
신정호(63.10.11)	명예	1989	전국교직원노동조합 결성 (북공고)
신필순(59.10.3)	명예	1989	전국교직원노동조합 결성 (성동여실고)
신헌경(56.4.20)	명예	1989	전국교직원노동조합 결성 (주암중)
신현수(59.7.4)	명예	1989	전국교직원노동조합 결성 (대천고)
신현숙(61.1.30)	명예	1989	전국교직원노동조합 결성 (서원중)
심경섭(52.12.6)	명예	1989	전국교직원노동조합 결성 (여수중앙여중)
심미순(62.10.2)	명예	1989	사립학교 교육민주화 (대전혜천여중고)
심성보(53.6.10)	명예	1985	민중교육지 사건 (보성중)

심영일(51.7.10)	명예	1989	사립학교 교육민주화 (진해여상)
심영철(54.11.2)	명예	1989	전국교직원노동조합 결성 (동인고)
심용섭(59.3.1)	명예	1989	전국교직원노동조합 결성 (영신중)
심인영(65.7.25)	명예	1989	전국교직원노동조합 결성 (상하중)
심임섭(60.1.19)	명예	1989	전국교직원노동조합 결성 (월계중)
심재호(57.10.10)	명예	1989	전국교직원노동조합 결성 (군남종고)
심태산(54.11.20)	명예	1989	전국교직원노동조합 결성 (화천종고)
안경수(61.3.5)	명예	1990	사립학교 교육민주화 (명신여고)
안광준(58.1.14)	명예	1989	전국교직원노동조합 결성 (유성정자공업학교)
안규심(65.3.25)	명예	1987	국립사범대학 교원임용제외 (전북대)
안남희(66.9.19)	명예	1989	전국교직원노동조합 결성 (오류중)
안도현(62.12.15)	명예	1989	전국교직원노동조합 결성 (이리중)
안명희(61.1.2)	명예	1989	전국교직원노동조합 결성 (박달초)
안병국(63.3.22)	명예	1989	전국교직원노동조합 결성 (광양중)
안병대(64.4.14)	명예	1989	전국교직원노동조합 결성 (초월초)
안병덕(56.12.4)	명예	1989	전국교직원노동조합 결성 (경화여중)
안병주(64.11.15)	명예	1989	전국교직원노동조합 결성 (모라여자중)
안삼일(57.3.1)	명예	1989	전국교직원노동조합 결성 (사례지오고)
안상은(57.7.21)	명예	1989	전국교직원노동조합 결성 (미동초)
안석순(57.4.10)	명예	1989	전국교직원노동조합 결성 (영복여중)
안선덕(60.5.20)	명예	1989	전국교직원노동조합 결성 (신일여상)
안선미(66.5.8)	명예	1985	국립사범대학 교원임용제외 (부산대)
안선회(63.3.2)	명예	1989	전국교직원노동조합 결성 (광동중)
안수정(64.5.16)	명예	1989	전국교직원노동조합 결성 (청풍중)
안승문(60.9.12)	명예	1989	전국교직원노동조합 결성 (성서중)
안영숙(61.1.5)	명예	1989	전국교직원노동조합 결성 (금사여자중)
안영숙(65.1.21)	명예	1989	전국교직원노동조합 결성 (인천도림초)
안영자(64.10.10)	명예	1989	전국교직원노동조합 결성 (봉천여중)
안오순(67.7.12)	명예	1990	국립사범대학 교원임용제외 (전주교대)
안용주(59.12.10)	명예	1989	전국교직원노동조합 결성 (영흥고)
안용현(65.11.21)	명예	1989	전국교직원노동조합 결성 (하계중)
안은해(58.5.11)	명예	1989	전국교직원노동조합 결성 (당산중)
안정애(58.12.5)	명예	1989	전국교직원노동조합 결성 (고척중)
안종복(51.9.8)	명예	1989	전국교직원노동조합 결성 (마산상고)
안종복(51.9.8)	보상	1990	노태우 정권기 교육민주화운동 수감 중 상이 (마산상고)

안주옥(57.10.9)	명예	1989	전국교직원노동조합 결성 (고려고)
안지영(65.6.24)	명예	1989	전국교직원노동조합 결성 (대저초)
안출호(51.12.20)	명예	1989	전국교직원노동조합 결성 (협성중)
안혜경(66.9.1)	명예	1989	전국교직원노동조합 결성 (오류중)
양경자(66.9.11)	명예	1989	국립사범대학 교원임용제외 (전북대)
양기석(60.8.24)	명예	1989	전국교직원노동조합 결성 (청담중)
양달섭(57.7.30)	명예	1989	전국교직원노동조합 결성 (구로고)
양미경(64.8.24)	명예	1992	사립학교 교육민주화 (청구상업학교)
양미라(67.8.10)	명예	1989	전국교직원노동조합 결성 (영림중)
양성우(43.11.1)	명예	1975	구국기도회 겨울공화국 낭송 (광주중앙여고)
양성철(62.1.7)	명예	1980	금강회 활동 관련 (공주대)
양수연(65.11.28)	명예	1989	전국교직원노동조합 결성 (태화여상)
양승호(60.3.13)	명예	1989	전국교직원노동조합 결성 (안성중)
양승희(55.6.4)	명예	1989	전국교직원노동조합 결성 (목포정명여고)
양운신(57.12.20)	명예	1990	전국교직원노동조합 결성 (소명여고)
양일순(60.10.14)	명예	1989	전국교직원노동조합 결성 (장위초)
양재철(62.1.17)	명예	1989	전국교직원노동조합 결성 (성수여중)
양정임(59.3.20)	명예	1983	신군부 반대시위주도를 이유로 해직 (예일여상)
양정현(61.2.23)	명예	1989	전국교직원노동조합 결성 (신림중)
양지모(53.1.17)	명예	1989	전국교직원노동조합 결성 (문성중)
양태인(62.7.22)	명예	1989	사립학교 교육민주화 (창녕여종고)
양한권(60.10.13)	명예	1989	전국교직원노동조합 결성 (구로중)
양해경(61.3.15)	명예	1989	전국교직원노동조합 결성 (신월중)
양현숙(60.3.24)	명예	1981	국립사범대학 교원임용제외 (공주사대)
양회길(59.5.15)	명예	1989	전국교직원노동조합 결성 (대동고)
양희옥(54.3.27)	명예	1989	전국교직원노동조합 결성 (금호고)
어 용(62.5.8)	명예	1989	전국교직원노동조합 결성 (신도림초)
엄강희(66.3.15)	명예	1989	전국교직원노동조합 결성 (수영초)
엄영재(58.9.18)	명예	1989	전국교직원노동조합 결성 (양정고)
엄용태(59.12.5)	명예	1989	전국교직원노동조합 결성 (낙동여중)
엄의호(61.7.20)	명예	1989	전국교직원노동조합 결성 (홍성여중)
엄익돈(60.8.10)	명예	1992	노태우 정권기 교육민주화 활동 (구봉중)
엄주강(64.05.25)	명예	1985	국립사범대학 교원임용제외 (부산대)
엄태홍(47.10.23)	명예	1985	전두환 정권기 교육민주화운동 (환일고)
엄택수(52.5.22)	명예	1982	오송회 사건 (군산제일고)

여운모(56.5.24)	명예	1989	전국교직원노동조합 결성 (고척중)
여은경(63.3.26)	명예	1989	전국교직원노동조합 결성 (대산중)
여태열(67.9.28)	명예	1990	국립사범대학 교원임용제외 (경상대)
여필구(63.3.9)	명예	1989	전국교직원노동조합 결성 (효천고)
여한구(56.11.21)	명예	1989	전국교직원노동조합 결성 (염창중)
연성식(56.3.1)	명예	1989	전국교직원노동조합 결성 (옥천고)
연재흠(59.10.28)	명예	1989	전국교직원노동조합 결성 (홍성여중)
연제열(61.5.1)	명예	1990	사립학교 교육민주화 (명신여고)
염명자(65.11.11)	명예	1986	국립사범대학 교원임용제외 (전남대)
염명호(59.11.23)	명예	1989	전국교직원노동조합 결성 (운암고)
오갑석(65.5.18)	명예	1988	국립사범대학 교원임용제외 (공주사대)
오동범(57.11.27)	명예	1989	전국교직원노동조합 결성 (정릉여상)
오문호(52.3.25)	명예	1989	전국교직원노동조합 결성 (송원고)
오병석(58.3.28)	명예	1989	전국교직원노동조합 결성 (정명여고)
오병진(58.3.20)	명예	1989	전국교직원노동조합 결성 (목포덕인중)
오성환(64.11.5)	명예	1989	전국교직원노동조합 결성 (잠실고)
오연숙(64.3.3)	명예	1989	전국교직원노동조합 결성 (영등포여고)
오영석(48.10.29)	명예	1989	전국교직원노동조합 결성 (목포여상)
오영오(63.12.10)	명예	1989	사립학교 교육민주화 (부산경희여상)
오용탁(58.11.11)	명예	1989	전국교직원노동조합 결성 (영파여중)
오인태(62.4.28)	명예	1989	전국교직원노동조합 결성 (가산초)
오정훈(60.5.12)	명예	1989	전국교직원노동조합 결성 (정릉여상)
오정희(63.9.1)	명예	1989	전국교직원노동조합 결성 (서울고일초)
오종렬(38.11.28)	명예	1989	전국교직원노동조합 결성 (전남여고)
오종한(54.8.27)	명예	1989	전국교직원노동조합 결성 (금호고)
오중현(59.4.29)	명예	1989	전국교직원노동조합 결성 (묵호중)
오진숙(66.8.13)	명예	1986	국립사범대학 교원임용제외 (서울대)
오창민(65.5.18)	명예	1988	국립사범대학 교원임용제외(전남대)
오창훈(51.11.10)	명예	1989	전국교직원노동조합 결성 (광덕중)
오태희(64.4.10)	명예	1989	전국교직원노동조합 결성 (고령중)
오현대(46.3.15)	명예	1989	사립학교 교육민주화 (부산덕원공고)
오현록(66.8.15)	명예	1989	전국교직원노동조합 결성 (숭인여중)
오현숙(65. 1. 4)	명예	1989	국립사범대학 교원임용제외 (전남대)
오혜순(58.7.30)	명예	1989	전국교직원노동조합 결성 (봉천고)
오희진(55.2.23)	명예	1989	전국교직원노동조합 결성 (서명중)

오희진(60.10.13)	명예	1992	사립학교 교육민주화 (청구상업학교)
옥정란(64.12.23)	명예	1989	전국교직원노동조합 결성 (괴정초)
우덕희(57.6.12)	명예	1989	전국교직원노동조합 결성 (여수상고)
우동욱(64.9.25)	명예	1989	전국교직원노동조합 결성 (안양고)
우상숙(63.5.15.)	명예	1986	국립사범대학 교원임용제외 (안동대)
우선주(64.9.5)	명예	1989	전국교직원노동조합 결성 (전농중)
우장식(61.8.5)	명예	1989	전국교직원노동조합 결성 (대천고)
우종심(56.12.14)	명예	1989	전국교직원노동조합 결성 (양정여중)
우종하(50.8.3)	명예	1989	전국교직원노동조합 결성 (대동중)
원병희(57.11.2)	명예	1989	전국교직원노동조합 결성 (신도림초)
원영만(54.3.16)	명예	1989	전국교직원노동조합 결성 (학성중)
원옥철(61.8.18)	명예	1989	전국교직원노동조합 결성 (통영여중)
원윤희(60.7.5)	명예	1989	전국교직원노동조합 결성 (무학여고)
원종수(65.6.14)	명예	1986	국립사범대학 교원임용제외 (공주사대)
원종찬(59.9.2)	명예	1989	전국교직원노동조합 결성 (세일고)
위양자(64.2.4)	명예	1986	국립사범대학 교원임용제외 (공주사범대)
위양자(64.2.4)	보상	1986	학원민주화 활동 (공주사대)
유경순(61.3.31)	명예	1989	전국교직원노동조합 결성 (창동중)
유경예(63.12.27)	명예	1985	국립사범대학 교원임용제외 (서울교대)
유기창(54.11.15)	명예	1989	전국교직원노동조합 결성 (자양고)
유기홍(51.9.14)	명예	1987	사립학교 교육민주화 (나주세지중)
유만영(58.12.12)	명예	1989	전국교직원노동조합 결성 (혜화학교)
유명자(54.9.21)	명예	1992	전교조 활동 및 남북통일에 관한 강의 (송현초)
유명환(59.2.13)	명예	1989	전국교직원노동조합 결성 (인천외국어학교)
유병귀(53.1.22)	명예	1989	전국교직원노동조합 결성 (충주중)
유상덕(49.9.1)	명예	1985	민중교육지 사건 (성동고)
유수용(58.3.5)	명예	1989	전국교직원노동조합 결성 (석관중)
유숙희(66.10.15)	명예	1989	전국교직원노동조합 결성 (삼광초병설유치원)
유승준(57.9.7)	명예	1989	전국교직원노동조합 결성 (창문여고)
유시춘(50.5.12)	명예	1985	전두환 정권기 민가협 초대 총무활동 (장훈고)
유양식(59.5.18)	명예	1989	전국교직원노동조합 결성 (진흥중)
유영진(55.11.7)	명예	1989	전국교직원노동조합 결성 (삼례중)
유용재(64.2.15)	명예	1986	국립사범대학 교원임용제외 (서울대)
유용태(57.2.25)	명예	1989	전국교직원노동조합 결성 (태릉고)
유윤식(64.3.17)	명예	1984	국립사범대학 교원임용제외 (공주사대)

유윤식(64.3.17)	보상	1986	학원민주화주장 시위주도 (공주대)
유은숙(65.6.1)	명예	1988	국립사범대학 교원임용제외 (전남대)
유재욱(59.12.22)	명예	1989	전국교직원노동조합 결성 (성보고)
유재정(53.10.9)	명예	1989	전국교직원노동조합 결성 (중앙여중)
유정희(64.11.23)	명예	1989	전국교직원노동조합 결성 (매향여중)
유제두(59.4.12)	명예	1992	사립학교 교육민주화 (청구상업학교)
유창하(61.12.18)	명예	1989	전국교직원노동조합 결성 (봉천여중)
유형우(62.8.15)	명예	1989	전국교직원노동조합 결성 (양정고)
유혜경(66.11.7)	명예	1989	전국교직원노동조합 결성 (영서중)
윤갑상(55.6.22)	명예	1989	전국교직원노동조합 결성 (홍주고)
윤 경(65.2.16)	명예	1989	전국교직원노동조합 결성 (경북성남여중)
윤광장(42.6.15)	명예	1989	전국교직원노동조합 결성 (광주농고)
윤미애(65.1.15)	명예	1989	국립사범대학 교원임용제외 (부산대)
윤병선(59.2.16)	명예	1985	YMCA 중등교육자 협의회 활동 (서울고)
윤병식(51.10.24)	명예	1988	사립학교 교육민주화 (청구상업학교)
윤보현(52.3.5)	명예	1989	전국교직원노동조합 결성 (영흥고)
윤봉근(57.9.15)	명예	1989	전국교직원노동조합 결성 (동아여중)
윤부한(54.3.5)	명예	1989	전국교직원노동조합 결성 (남성여중)
윤상태(63.5.20)	명예	1989	전국교직원노동조합 결성 (석관고)
윤석룡(59.11.18)	명예	1989	전국교직원노동조합 결성 (구로고)
윤석원(46.6.23)	명예	1989	전국교직원노동조합 결성 (명석고)
윤성옥(61.7.23)	명예	1989	사립학교 교육민주화 (대전혜천여중고)
윤성중(52.1.28)	명예	1990	전국교직원노동조합 활동 (동아공고)
윤성채(58.10.20)	명예	1989	전국교직원노동조합 결성 (목포정명여고)
윤소영(61.11.28)	명예	1983	국립사범대학 교원임용제외 (서울대)
윤순심(63.9.9)	명예	1989	전국교직원노동조합 결성 (나산중)
윤양금(58.11.3)	명예	1989	전국교직원노동조합 결성 (금구중)
윤양덕(54.10.27)	명예	1989	전국교직원노동조합 결성 (여수상고)
윤여강(59.2.18)	명예	1989	전국교직원노동조합 결성 (목동중)
윤여붕(58.12.26)	명예	1989	전국교직원노동조합 결성 (정릉여상)
윤여선(56.1.28)	명예	1989	전국교직원노동조합 결성 (만경여자종합고)
윤연순(64.6.23)	명예	1989	전국교직원노동조합 결성 (난우중)
윤연희(60.5.6)	명예	1981	부림사건 관련 (모라여중)
윤영규(36.10.10)	명예	1989	전국교직원노동조합 결성 (전남체고)
윤영림(60.1.8)	명예	1989	전국교직원노동조합 결성 (성수여중)

윤영조(58.6.24)	명예	1989	전국교직원노동조합 결성 (광주중앙여고)
윤오식(62.6.18)	명예	1989	전국교직원노동조합 결성 (중앙여중)
윤욱준(57.5.19)	명예	1989	전국교직원노동조합 결성 (잠실여고)
윤웅섭(59.3.28)	명예	1989	전국교직원노동조합 결성 (신천중)
윤원중(57.1.1)	명예	1989	전국교직원노동조합 결성 (광덕고)
윤원희(64.7.5)	명예	1989	전국교직원노동조합 결성 (목포정명여고)
윤은정(62.11.15)	명예	1989	전국교직원노동조합 결성 (진흥중)
윤은희(59.8.15)	명예	1989	전국교직원노동조합 결성 (오류중)
윤인발(61.3.23)	명예	1989	전국교직원노동조합 결성 (미성중)
윤인숙(61.3.20)	명예	1989	전국교직원노동조합 결성 (남성여중)
윤재철(53.2.25)	명예	1985	민중교육지 사건 (성동고)
윤재화(64.6.30)	명예	1989	전국교직원노동조합 결성 (적성초)
윤정수(53.10.23)	명예	1989	전국교직원노동조합 결성 (배영고)
윤종진(61.11.13)	명예	1989	전국교직원노동조합 결성 (온양중)
윤준서(65.5.25)	명예	1987	국립사범대학 교원임용제외 (전남대)
윤지형(57.8.13)	명예	1989	전국교직원노동조합 결성 (부산진여고)
윤진구(55.2.18)	명예	1989	전국교직원노동조합 결성 (거창종고)
윤창원(60.2.28)	명예	1989	사립학교 교육민주화 (부산경희여상)
윤춘식(55.8.4)	명예	1989	전국교직원노동조합 결성 (진흥고)
윤태웅(66.1.1)	명예	1989	전국교직원노동조합 결성 (대성고)
윤한조(38.10.14)	명예	1989	전국교직원노동조합 결성 (동아여중)
윤현희(66.9.1)	명예	1989	전국교직원노동조합 결성 (상도중)
은지숙(64.3.4)	명예	1989	전국교직원노동조합 결성 (용산중)
은진희(55.3.19)	명예	1989	전국교직원노동조합 결성 (여수공고)
음승균(56.10.2)	명예	1989	전국교직원노동조합 결성 (배영고)
이강기(60.5.1)	명예	1989	전국교직원노동조합 결성 (동두천중)
이강산(53.9.9)	명예	1989	전국교직원노동조합 결성 (신죽초)
이경숙(65.9.24)	명예	1989	전국교직원노동조합 결성 (송생초)
이경옥(63.12.21)	명예	1989	전국교직원노동조합 결성 (상계중)
이경진(61.7.3)	명예	1989	전국교직원노동조합 결성 (영등포중)
이경행(57.7.27)	명예	1989	전국교직원노동조합 결성 (문성고)
이경호(61.7.15)	명예	1989	전국교직원노동조합 결성 (구월중)
이경희(54.8.15)	명예	1989	전국교직원노동조합 결성 (공항고)
이계림(60.6.21)	명예	1989	전국교직원노동조합 결성 (태릉고)
이계준(62.10.8)	명예	1989	전국교직원노동조합 결성 (옥과고)

이 곤(58.8.20)	명예	1989	전국교직원노동조합 결성 (봉일천중)
이곤섭(54.1.10)	명예	1989	전국교직원노동조합 결성 (창신고)
이광교(60.6.12)	명예	1989	전국교직원노동조합 결성 (오남중)
이광석(64.3.30)	명예	1986	국립사범대학 교원임용제외 (서울대)
이광숙(57.2.5)	명예	1989	전국교직원노동조합 결성 (시흥고)
이광연(59.11.25)	명예	1989	전국교직원노동조합 결성 (종암여중)
이광영(58.10.17)	명예	1989	전국교직원노동조합 결성 (신흥중)
이광웅(40.8.21)	명예	1989	전국교직원노동조합 결성 (서흥중)
이광현(60.3.14)	명예	1989	전국교직원노동조합 결성 (연안상고)
이광호(53.8.19)	명예	1989	전국교직원노동조합 결성 (금성중)
이권춘(61.1.27)	명예	1989	전국교직원노동조합 결성 (신일여상)
이규봉(42.3.22)	명예	1975	박정희정권기 수업 중 시국발언 (인창고)
이규삼(32.12.9)	명예	1989	전국교직원노동조합 결성 (숭신초)
이근택(59.7.15)	명예	1989	전국교직원노동조합 결성 (대동고)
이근화(64.8.30)	명예	1989	전국교직원노동조합 결성 (미성중)
이금남(63.10.12)	명예	1989	전국교직원노동조합 결성 (청송여중)
이금숙(62.1.16)	명예	1989	전국교직원노동조합 결성 (신서중)
이금자(63.3.23)	명예	1989	전국교직원노동조합 결성 (신암중)
이기남(58.1.21)	명예	1987	사립학교 교육민주화 (세지중)
이기영(63.1.5)	명예	1989	전국교직원노동조합 결성 (괴정초)
이기정(65.4.22)	명예	1985	국립사범대학 교원임용제외 (서울대)
이기채(50.7.12)	명예	1989	전국교직원노동조합 결성 (영생고)
이난숙(63.3.15)	명예	1985	국립사범대학 교원임용제외 (전북대)
이남근(58.10.14)	명예	1989	전국교직원노동조합 결성 (죽변종고)
이남재(60.5.20)	명예	1989	전국교직원노동조합 결성 (가산중)
이덕재(60.1.19)	명예	1989	전국교직원노동조합 결성 (일신여상)
이덕주(57.3.27)	명예	1989	전국교직원노동조합 결성 (대방여중)
이도걸(48.2.16)	명예	1989	전국교직원노동조합 결성 (죽정중)
이돈규(59.12.1)	명예	1989	전국교직원노동조합 결성 (장성고)
이돈집(63.8.6)	명예	1989	전국교직원노동조합 결성 (성서중)
이동기(60.7.3)	명예	1989	전국교직원노동조합 결성 (여수공고)
이동길(54.10.11)	명예	1989	전국교직원노동조합 결성 (문성중)
이만호(41.2.3)	명예	1989	전국교직원노동조합 결성 (영남고)
이말선(65.3.7)	명예	1988	국립사범대학 교원임용제외 (부산대)
이명심(60.5.6)	명예	1989	전국교직원노동조합 결성 (함평중)

이문복(52.11.30)	명예	1989	전국교직원노동조합 결성 (홍남초)
이문헌(53.2.6)	명예	1989	전국교직원노동조합 결성 (광덕고)
이미라(64.2.20)	명예	1986	국립사범대학 교원임용제외 (서울대)
이미령(56.10.17)	명예	1989	전국교직원노동조합 결성 (나산고)
이미례(63.5.25)	명예	1989	전국교직원노동조합 결성 (혜인여고)
이미숙(58.12.15)	명예	1989	전국교직원노동조합 결성 (영등포여중)
이미숙(66.3.25)	명예	1989	전국교직원노동조합 결성 (영남중)
이미영(60.1.2)	명예	1989	전국교직원노동조합 결성 (임실서고)
이미자(62.7.2)	명예	1989	전국교직원노동조합 결성 (법전중)
이미현(63.9.16)	명예	1989	전국교직원노동조합 결성 (영남중)
이미형(65.10.2)	명예	1989	전국교직원노동조합 결성 (명덕초)
이민우(58.5.5)	명예	1981	전두환 정권기 사회민주화 활동 (인성여고)
이민재(60.12.25)	명예	1989	전국교직원노동조합 결성 (삼천포여중)
이범석(55.9.22)	명예	1989	사립학교 교육민주화 (상문고)
이병덕(55.1.22)	명예	1989	전국교직원노동조합 결성 (명덕초)
이병인(62.4.17)	명예	1989	전국교직원노동조합 결성 (전농여중)
이병주(61.5.5)	명예	1989	전국교직원노동조합 결성 (천호중)
이병준(65.1.27)	명예	1989	전국교직원노동조합 결성 (신림중)
이병희(58.12.6)	명예	1989	전국교직원노동조합 결성 (협성중)
이보경(65.5.25)	명예	1986	국립사범대학 교원임용제외 (서울대)
이복순(59.11.15)	명예	1989	전국교직원노동조합 결성 (서전주여중)
이봉호(58.12.7)	명예	1989	전국교직원노동조합 결성 (인헌고)
이봉환(60.1.3)	명예	1989	전국교직원노동조합 결성 (여수상고)
이부영(46.11.22)	명예	1989	전국교직원노동조합 결성 (송곡여고)
이부현(59.12.12)	명예	1989	전국교직원노동조합 결성 (오류중)
이상감(58.12.1)	명예	1989	전국교직원노동조합 결성 (대동중)
이상균(62.8.16)	명예	1989	전국교직원노동조합 결성 (학산여중)
이상길(58.6.24)	명예	1989	전국교직원노동조합 결성 (청룡초)
이상대(58.12.27)	명예	1987	전두환 정권기 교육운동 관련 원고 작성 (당산중)
이상대(59.10.27)	명예	1989	전국교직원노동조합 결성 (개봉중)
이상석(53.1.15)	명예	1989	전국교직원노동조합 결성 (성모여고)
이상수(63.10.23)	명예	1985	국립사범대학 교원임용제외 (공주사대)
이상열(58.8.20)	명예	1989	전국교직원노동조합 결성 (충전실고)
이상철(62.6.13)	명예	1988	국립사범대학 교원임용제외 (경북대)
이상택(66.8.19)	명예	1986	국립사범대학 교원임용제외 (전남대)

이상헌(59.9.8)	명예	1980	전두환정권 반대시위주도 (공주사대)
이상헌(63.10.5)	명예	1989	전국교직원노동조합 결성 (살레시오고)
이상훈(57.3.29)	명예	1989	전국교직원노동조합 결성 (상주여상)
이서복(61.2.6)	명예	1989	전국교직원노동조합 결성 (구로고)
이석문(59.1.14)	명예	1989	전국교직원노동조합 결성 (오현고)
이석범(55.9.29)	명예	1988	제주교사협의회 활동 (신성여고)
이석욱(55.3.20)	명예	1989	전국교직원노동조합 결성 (양정중)
이석천(55.1.1)	명예	1988	사립학교 교육민주화 (정화여고)
이석호(39.5.7)	명예	1971	박정희 정권기 부정선거유혹 거부 (남원송북초)
이석환(53.5.13)	명예	1982	전두환 정권기 정권퇴진 요구 성명서 낭독 (이일여고)
이선숙(66.9.25)	명예	1988	국립사범대학 교원임용제외 (전북대)
이선엽(64.6.13)	명예	1989	전국교직원노동조합 결성 (목동중)
이선영(67.9.26)	명예	1987	국립사범대학 교원임용제외 (부산대)
이선옥(64.12.10)	명예	1989	전국교직원노동조합 결성 (신도림중)
이선우(60.12.25)	명예	1989	전국교직원노동조합 결성 (명성여중)
이선주(60.1.10)	명예	1989	전국교직원노동조합 결성 (부산대교초)
이선주(60.1.10)	상이	1989	전교조 탄압시 심리적 압박. 후유증(뇌경색) (부산대교초)
이선희(59.9.19)	명예	1982	전두환 정권기 사회민주화 활동 (강화여중)
이성대(60.7.10)	명예	1989	전국교직원노동조합 결성 (봉천중)
이성림(60.6.17)	명예	1989	전국교직원노동조합 결성 (동삼초)
이성식(61.12.9)	명예	1989	전국교직원노동조합 결성 (금호고)
이성심(63.11.5)	명예	1989	전국교직원노동조합 결성 (녹번초)
이성열(55.5.10)	명예	1989	전국교직원노동조합 결성 (부안여고)
이성옥(60.9.9)	명예	1989	전국교직원노동조합 결성 (혜성여상)
이성우(58.2.2)	명예	1989	전국교직원노동조합 결성 (혜인여고)
이성인(58.2.4)	명예	1989	전국교직원노동조합 결성 (부천북초)
이성임(61.9.28)	명예	1989	전국교직원노동조합 결성 (신구로초)
이성재(47.9.13)	명예	1989	전국교직원노동조합 결성 (서울기계공고)
이세백(61.1.19)	명예	1989	전국교직원노동조합 결성 (서운중)
이세숙(64.10.31)	명예	1989	전국교직원노동조합 결성 (인천여상)
이세천(55.4.19)	명예	1986	전국교직원노동조합 결성 (문성고)
이세천(55.4.19)	명예	1989	전국교직원노동조합 결성 (문성고)
이세백(61.5.28)	명예	1989	전국교직원노동조합 결성 (창문여고)
이소영(63.2.2)	명예	1989	전국교직원노동조합 결성 (세명고)
이수경(65.4.29)	명예	1989	전국교직원노동조합 결성 (중평초)

이수일(53.4.10)	명예	1979	남민전 활동 (정신여중)
이수호(49.4.16)	명예	1989	전국교직원노동조합 결성 (신일고)
이순열(61.3.17)	명예	1989	전국교직원노동조합 결성 (연무초)
이순용(56.8.5)	명예	1989	전국교직원노동조합 결성 (양정여종고)
이순일(55.6.9)	명예	1989	전국교직원노동조합 활동 (함안중)
이순일(55.6.9)	명예	1989	전국교직원노동조합 결성 (함안중)
이순일(55.6.9)	보상	1992	전국교직원노동조합 활동 (경남지부)
이순정(64.7.16)	명예	1989	전국교직원노동조합 결성 (무주초)
이순철(60.3.14)	명예	1989	전국교직원노동조합 결성 (개봉중)
이승미(65.11.30)	명예	1986	국립사범대학 교원임용제외 (경북대)
이승완(63.2.28)	명예	1982	국립사범대학 교원임용제외 (전남대)
이승진(64.3.22)	명예	1989	전국교직원노동조합 결성 (여수중앙여중)
이승철(57.2.20)	명예	1992	사립학교 교육민주화 (목포예술학교)
이승한(56.3.23)	명예	1989	전국교직원노동조합 결성 (대동고)
이아숙(65.10.15)	명예	1985	국립사범대학 교원임용제외 (부산대)
이애숙(55.4.8)	명예	1989	전국교직원노동조합 결성 (태안여중)
이애자(65.10.25)	명예	1989	전국교직원노동조합 결성 (춘양고)
이언기(52.10.8)	명예	1989	전국교직원노동조합 결성 (인천외고)
이언빈(57.6.19)	명예	1989	전국교직원노동조합 결성 (강릉고)
이연실(65.3.1)	명예	1989	전국교직원노동조합 결성 (공항중)
이열호(56.10.28)	명예	1989	전국교직원노동조합 결성 (묵호고)
이영국(57.4.18)	명예	1989	전국교직원노동조합 결성 (휘문고)
이영길(43.4.5)	명예	1989	전국교직원노동조합 결성 (신성여고)
이영란(59.11.9)	명예	1992	사립학교 교육민주화 (서울여상)
이영란(61.11.3)	명예	1982	국립사범대학 교원임용제외 (전북대)
이영래(55.3.15)	명예	1989	전국교직원노동조합 결성 (논산여고)
이영미(59.12.18)	명예	1989	전국교직원노동조합 결성 (동북고)
이영복(60.12.25)	명예	1979	박정희 정권기 학원민주화 (공주사대)
이영생(55.1.25)	명예	1990	사립학교 교육민주화 (정화여고)
이영선(60.7.17)	명예	1989	전국교직원노동조합 결성 (남한중)
이영선(63.1.28)	명예	1992	사립학교 교육민주화 (청구상업학교)
이영선(65.3.11)	명예	1989	전국교직원노동조합 결성 (영림중)
이영숙(61.12.25)	명예	1989	사립학교 교육민주화 (대전혜천여중고)
이영주(54.3.1)	명예	1989	전국교직원노동조합 결성(서포중)
이영호(57.8.6)	명예	1989	전국교직원노동조합 결성 (청송여종고)

이영희(43.1.13)	명예	1989	전국교직원노동조합 결성 (현풍고)
이옥렬(54.2.4)	명예	1982	오송회 사건 (군산제일고)
이완우(55.9.2)	명예	1989	전국교직원노동조합 결성 (우석여고)
이용관(56.7.11)	명예	1989	전국교직원노동조합 결성 (전농여중)
이용애(66.11.8)	명예	1989	전국교직원노동조합 결성 (신탄중앙중)
이용우(58.8.8)	명예	1989	전국교직원노동조합 결성 (합덕중)
이용우(60.12.10)	명예	1989	전국교직원노동조합 결성 (역곡중)
이용준(56.3.11)	명예	1989	전국교직원노동조합 결성 (양정고)
이용중(57.12.11)	명예	1989	전국교직원노동조합 결성 (제주중앙초).
이용환(59.7.27)	명예	1989	전국교직원노동조합 결성 (청량초)
이우경(61.11.3)	명예	1989	전국교직원노동조합 결성 (음암중)
이우길(59.4.10)	명예	1989	전국교직원노동조합 결성 (구로중)
이우범(63.1.4)	명예	1989	전국교직원노동조합 결성 (영남중)
이우송(48.9.16)	명예	1989	전국교직원노동조합 결성 (영생고)
이욱희(62.4.11)	명예	1989	전국교직원노동조합 결성 (등촌중)
이운호(52.5.5)	명예	1989	전국교직원노동조합 결성 (신모고)
이원구(58.2.19)	명예	1989	전국교직원노동조합 결성 (혜인여고)
이원영(58.6.17)	명예	1989	전국교직원노동조합 결성 (농소중)
이원장(57.3.20)	명예	1989	전국교직원노동조합 결성 (서문여고)
이유식(55.7.2)	명예	1989	전국교직원노동조합 결성 (경화여고)
이윤석(61.8.11)	명예	1987	학생운동 전력으로 강제퇴직 (영암시종중)
이윤수(55.10.28)	명예	1989	전국교직원노동조합 결성 (동아여고)
이윤희(63.5.26)	명예	1989	전국교직원노동조합 결성 (운암고)
이은생(63.1.25)	명예	1989	전국교직원노동조합 결성 (감삼초)
이은순(62.4.14)	명예	1989	전국교직원노동조합 결성 (여주상고)
이은심(50.8.19)	명예	1989	사립학교 교육민주화 (대전혜천여중고)
이은옥(62.4.17)	명예	1989	사립학교 교육민주화 (경남실고)
이은진(62.10.5)	명예	1987	사립학교 교육민주화 (파주여종고)
이은희(62.2.8)	명예	1989	전국교직원노동조합 결성 (부산남중)
이을재(59.3.26)	명예	1989	전국교직원노동조합결성 (면목여중)
이인곤(54.2.24)	명예	1989	전국교직원노동조합 결성 (구로고)
이인숙(63.12.28)	명예	1989	전국교직원노동조합 결성 (목포정명여고)
이인식(53.2.2)	명예	1989	전국교직원노동조합 결성 (마산제일여중)
이인호(57.10.14)	명예	1989	전국교직원노동조합 결성 (당진상고)
이인호(62.11.21)	명예	1989	전국교직원노동조합 결성 (당곡초)

이일권(64.11.27)	명예	1989	전국교직원노동조합 결성 (당산중)
이일섭(61.6.24)	명예	1989	전국교직원노동조합 결성 (가원중)
이장복(58.1.6)	명예	1989	전국교직원노동조합 결성 (신라고)
이장원(60.3.6)	명예	1989	전국교직원노동조합 결성 (아주중)
이재권(52.11.27)	명예	1989	전국교직원노동조합 결성 (전광고)
이재권(60.1.5)	명예	1989	전국교직원노동조합 결성 (순창농림고)
이재복(63.8.24)	명예	1989	전국교직원노동조합 결성 (양동중)
이재상(59.12.20)	명예	1992	전국교직원노동조합 활동 (잠실여고)
이재영(58.2.18)	명예	1989	전국교직원노동조합 결성 (청송여중)
이재우(57.6.10)	명예	1989	전국교직원노동조합 결성 (양평중)
이재일(51.8.15)	명예	1989	전국교직원노동조합 결성 (경화여중)
이재춘(60.7.4)	명예	1989	전국교직원노동조합 결성 (인천외고)
이정미(61.12.6)	명예	1989	전국교직원노동조합 결성 (영림중)
이정아(60.2.17)	명예	1989	전국교직원노동조합 결성 (여주상고)
이정연(60.8.1)	명예	1989	전국교직원노동조합 결성 (청송여종고)
이정헌(57.6.8)	명예	1989	전국교직원노동조합 결성 (영등포고)
이정희(62.1.5)	명예	1989	사립학교 교육민주화 (경남실고)
이종묵(57.1.4)	명예	1989	전국교직원노동조합 결성 (염광여고)
이종선(68.4.8)	명예	1989	전국교직원노동조합 결성 (대림여중)
이종성(58.3.10)	명예	1989	전국교직원노동조합 결성 (유성전자고)
이종순(60.4.15)	명예	1989	전국교직원노동조합 결성 (충전실고)
이종영(61.1.26)	명예	1989	전국교직원노동조합 결성 (노화중)
이종용(58.2.9)	명예	1989	전국교직원노동조합 결성 (동북고)
이종진(47.8.26)	명예	1989	전국교직원노동조합 결성 (광주여상)
이종천(58.6.20)	명예	1989	전국교직원노동조합 결성 (전곡고)
이종철(62.7.27)	명예	1987	국립사범대학 교원임용제외 (부산대)
이종태(62.1.26)	명예	1989	전국교직원노동조합 결성 (인천남중)
이종희(66.9.7)	명예	1989	전국교직원노동조합 결성 (대서중)
이주동(57.12.11)	명예	1989	전국교직원노동조합 결성 (경상고)
이주연(63.6.29)	명예	1989	전국교직원노동조합 결성 (청송여종고)
이주영(55.3.1)	명예	1989	전국교직원노동조합 결성 (장충초)
이주현(63.1.15)	명예	1985	국립사범대학 교원임용제외 (공주사대)
이주현(63.1.15)	명예	1985	국립사범대학 교원임용제외 (공주사대)
이주형(59.12.12)	명예	1986	국립사범대학 교원임용제외 (충북대)
이준연(54.1.2)	명예	1989	전국교직원노동조합 결성 (춘천고)

이중현(56.5.5)	명예	1989	전국교직원노동조합 결성 (미금초)
이지호(59.2.12)	명예	1989	전국교직원노동조합 결성 (중앙여고)
이진백(60.6.21)	명예	1989	전국교직원노동조합 결성 (잠실여고)
이진섭(60.8.1)	명예	1989	전국교직원노동조합 결성 (의령여고)
이진자(65.7.13)	명예	1989	전국교직원노동조합 결성 (예천동부초)
이진철(60.12.7)	명예	1989	전국교직원노동조합 결성 (미림여고)
이진형(64.10.19)	명예	1990	전국교직원노동조합 활동 (양촌고)
이창영(60.2.15)	명예	1989	전국교직원노동조합 결성 (여주상고)
이철국(54.4.24)	명예	1989	전국교직원노동조합 결성 (자양고)
이철배(60.4.13)	명예	1989	전국교직원노동조합 결성 (영흥고)
이철희(50.3.17)	명예	1989	전국교직원노동조합 결성 (배영고)
이청연(54.5.25)	명예	1989	전국교직원노동조합 결성 (신현초)
이춘규(60.10.15)	명예	1989	전국교직원노동조합 결성 (오류중)
이춘성(58.5.19)	명예	1989	전국교직원노동조합 결성 (경상고)
이충근(55.7.2)	명예	1981	전두환 정권기 사회민주화 활동 (정의여고)
이충기(63.9.9)	명예	1989	전국교직원노동조합 결성 (잠실여고)
이치석(54.9.19)	명예	1984	전두환 정권기 교육민주화운동 (녹번초)
이태만(64.11.17)	명예	1990	국립사범대학 교원임용제외 (서울대)
이태봉(66.8.1)	명예	1989	전국교직원노동조합 결성 (가산중)
이태영(55.12.1)	명예	1982	박정희 정권 비판 발언 (통영고)
이필재(37.7.26)	명예	1982	전두환 정권기 비판 발언 (영동여종고)
이학섭(63.8.14)	명예	1989	전국교직원노동조합 결성 (서울기계공업고)
이한옥(46.1.1)	명예	1978	박정희 정권기 비판 발언 (화동중)
이한철(54.5.7)	명예	1991	사립학교 교육민주화 (예일여고)
이항근(57.11.10)	명예	1989	전국교직원노동조합 결성 (군산남중)
이행섭(66.5.19)	명예	1989	전국교직원노동조합 결성 (경기기계공고)
이행숙(64.1.20)	명예	1986	국립사범대학 교원임용제외 (전남대)
이 향(62.6.12)	명예	1989	전국교직원노동조합 결성 (정선여중)
이향주(61.7.9)	명예	1989	전국교직원노동조합 활동 (양백여상)
이헌용(61.10.19)	명예	1989	전국교직원노동조합 결성 (부산진여고)
이혁종(55.12.13)	명예	1989	전국교직원노동조합 결성 (명덕초)
이현권(59.12.28)	명예	1989	전국교직원노동조합 결성 (진주제일여고)
이현덕(56.11.16)	명예	1988	전국교직원노동조합 결성 (파주여종고)
이협우(62.9.22)	명예	1992	사립학교 교육민주화 (청구상업학교)
이형용(51.3.19)	명예	1989	전국교직원노동조합 결성 (송원중)

이혜경(64.5.5)	명예	1986	국립사범대학 교원임용제외 (서울대)
이호연(65.4.7)	명예	1989	사립학교 교육민주화 (부산경희여상)
이호진(53.8.26)	명예	1989	전국교직원노동조합 결성 (진주상고)
이호태(58.12.7)	명예	1992	전국교직원노동조합활동 (충주여중)
이홍구(53.3.19)	명예	1986	전국교직원노동조합 결성 (거성중)
이홍자(63.12.8)	명예	1989	전국교직원노동조합 결성 (영등포중)
이화연(58.11.19)	명예	1989	전국교직원노동조합 결성 (신남중)
이화채(54.2.3)	명예	1989	사립학교 교육민주화 (창녕여종고)
이효영(42.4.7)	명예	1989	전국교직원노동조합 결성 (광주여상)
이흥구(56.6.17)	명예	1989	전국교직원노동조합 결성 (고척중)
이희숙(62.12.29)	명예	1989	전국교직원노동조합 결성 (안강여고)
이희연(63.8.13)	명예	1989	전국교직원노동조합 결성 (상계중)
이희완(62.10.10)	명예	1989	사립학교 교육민주화 (대전혜천여중고)
임경한(60.10.10)	명예	1989	전국교직원노동조합 결성 (매산고)
임광호(64.5.1)	명예	1989	전국교직원노동조합 결성 (진흥중)
임규성(51.5.29)	명예	1989	전국교직원노동조합 결성 (대동고)
임규영(53.10.4)	명예	1979	남민전 및 민투 활동 (경북대)
임동성(50.6.16)	명예	1989	전국교직원노동조합 결성 (여수공고)
임명숙(62.11.30)	명예	1989	전국교직원노동조합 결성 (인헌고)
임명애(62.4.5)	명예	1989	전국교직원노동조합 결성 (여강종고)
임명희(64.4.12)	명예	1985	국립사범대학 교원임용제외 (경북대)
임병구(64.10.2)	명예	1990	사립학교 교육민주화 (명신여고)
임병조(63.4.25)	명예	1989	전국교직원노동조합 결성 (노성중)
임수빈(61.4.8)	명예	1989	전국교직원노동조합 결성 (창평고)
임숙영(58.10.13)	명예	1989	전국교직원노동조합 결성 (광주중앙여중)
임영성(65.2.10)	명예	1987	국립사범대학 교원임용제외 (부산교대)
임영철(50.4.18)	명예	1989	전국교직원노동조합 결성 (서석고)
임일택(52.5.6)	명예	1989	전국교직원노동조합 결성 (옥산중)
임재영(58.9.5)	명예	1989	전국교직원노동조합 결성 (대동고)
임재원(60.12.5)	명예	1989	전국교직원노동조합 결성 (부석중)
임정철(62.10.3)	명예	1989	전국교직원노동조합 결성 (일산종고)
임종헌(54.2.9)	명예	1989	전국교직원노동조합 결성 (신명여고)
임종헌(56.9.23)	명예	1990	전국교직원노동조합 활동 (충북산척중)
임추섭(43.10.31)	명예	1982	전국교직원노동조합 결성 (중앙여고)
임춘근(61.5.22)	명예	1989	전국교직원노동조합 결성 (홍동중)

임충재(55.2.3)	명예	1989	전국교직원노동조합 결성 (중대부고)
임태형(59.5.9)	명예	1989	전국교직원노동조합 결성 (신천중)
임태훈(61.9.2)	명예	1989	전국교직원노동조합 결성 (면목고)
임항식(51.3.14)	명예	1989	전국교직원노동조합 결성 (서석고)
임향수(67.7.30)	명예	1989	전국교직원노동조합 결성 (울진종고)
임향진(57.11.21)	명예	1989	전국교직원노동조합 결성 (무안북중)
임현택(56.11.12)	명예	1989	전국교직원노동조합 결성 (여주동중)
임혜자(63.8.3)	명예	1989	전국교직원노동조합 결성 (중앙여고)
임희진(60.9.12)	명예	1989	전국교직원노동조합 결성 (신암중)
장경덕(60.8.7)	명예	1989	전국교직원노동조합 결성 (옥구중)
장경진(60.2.8)	명예	1989	전국교직원노동조합 결성 (창문여고)
장관호(67.11.17)	명예	1988	국립사범대학 교원임용제외 (전남대)
장권호(56.6.24)	명예	1989	전국교직원노동조합 결성 (금호고)
장나영(67.8.9)	명예	1985	국립사범대학 교원임용제외 (전남대)
장남길(55.6.3)	명예	1989	전국교직원노동조합 결성 (순심고)
장두기(64.9.1)	명예	1989	전국교직원노동조합 결성 (중곡초)
장명재(54.2.1)	명예	1989	전국교직원노동조합 결성 (덕원고)
장미경(56.3.27)	명예	1979	남민전 산하 민투 활동 (행당여중)
장미경(65.8.2)	명예	1989	전국교직원노동조합 결성 (혜인여고)
장병공(52.9.26)	명예	1989	전국교직원노동조합 결성 (통영상고)
장병직(60.1.2)	명예	1992	전국교직원노동조합 활동 (안동중앙고)
장봉숙(60.4.1)	명예	1990	전국교직원노동조합 결성 (김천여고)
장상기(49.7.7)	명예	1989	전국교직원노동조합 결성 (배영고)
장석웅(55.3.23)	명예	1986	전국교직원노동조합 결성 (한대중)
장선규(59.3.15)	명예	1989	수업시간 중 군부독재 비판 시 낭송 (낙동고)
장선미(65.4.1)	명예	1989	전국교직원노동조합 결성 (목일중)
장성녕(55.9.20)	명예	1989	전국교직원노동조합 결성 (성광중)
장세근(49.12.29)	명예	1991	전국교직원노동조합 활동(마산공고)
장승완(53.1.17)	명예	1989	전국교직원노동조합 결성 (신남중)
장연주(58.10.22)	명예	1989	전국교직원노동조합 결성 (목포정명여고)
장영권(60.12.29)	명예	1986	전국교사신문 활동 (계원예고)
장영호(58.2.27)	명예	1989	전국교직원노동조합 결성 (여수고)
장용달(62.1.20)	명예	1989	전국교직원노동조합 결성 (원촌중)
장용수(62.6.15)	명예	1989	전국교직원노동조합 결성 (월계중)
장원창(59.8.19)	명예	1989	전국교직원노동조합 결성 (살레시오고)

장인권(60.12.5)	명예	1989	전국교직원노동조합 결성 (학성중)
장재성(62.4.23)	명예	1989	전국교직원노동조합 결성 (신포중)
장재술(56.12.16)	명예	1989	전국교직원노동조합 결성 (무안청계중)
장재을(61.1.10)	명예	1980	국립사범대학 교원임용제외 (공주사대)
장정숙(59.5.26)	명예	1989	전국교직원노동조합 결성 (난우중)
장정임(48.11.29)	명예	1989	전국교직원노동조합 결성 (김해여고)
장주선(57.7.1)	명예	1989	전국교직원노동조합 결성 (해룡고)
장주섭(60.2.14)	명예	1989	전국교직원노동조합 결성 (백제여상)
장지병(52.2.25)	명예	1989	전국교직원노동조합 결성 (계광중)
장지환(39.10.28)	명예	1989	전국교직원노동조합 결성 (송원여중)
장진원(59.5.1)	명예	1989	전국교직원노동조합 결성 (광천중)
장춘옥(61.9.16)	명예	1989	전국교직원노동조합 결성 (창동중)
장태복(57.2.11)	명예	1989	전국교직원노동조합 결성 (한남여고)
장형선(62.2.4)	명예	1989	사립학교 교육민주화 (창녕여종고)
장혜옥(54.10.15)	명예	1989	전국교직원노동조합 결성 (경안고)
장호철(56.9.11)	명예	1989	전국교직원노동조합 결성 (순심고)
장휘국(50.8.2)	명예	1989	전국교직원노동조합 결성 (전남과학고)
전경남(61.6.21)	명예	1989	전국교직원노동조합 결성 (춘천기계공고)
전기진(60.8.20)	명예	1991	교사시국선언문 서명 및 기자회견 참여 (은주중)
전기택(62.7.19)	명예	1988	전국교직원노동조합 결성 (서울체고)
전무용(56.12.12)	명예	1985	민중교육지 사건 (외산중)
전미숙(63.11.2)	명예	1989	전국교직원노동조합 결성 (전북안성중)
전복길(56.6.12)	명예	1989	전국교직원노동조합 결성 (살레시오고)
전서연(65.7.20)	명예	1989	전국교직원노동조합 결성 (군동중)
전성원(55.1.12)	명예	1982	오송회 사건 (군산제일고)
전수환(55.5.16)	명예	1989	전국교직원노동조합 결성 (이리중앙초)
전순림(64.2.25)	명예	1989	전국교직원노동조합 결성 (석촌중)
전애경(62.8.13)	명예	1989	전국교직원노동조합 결성 (여주상고)
전애란(61.5.25)	명예	1989	전국교직원노동조합 결성 (목포마리아회고)
전옥련(62.11.1)	명예	1989	전국교직원노동조합 결성 (성남여중)
전운기(56.9.1)	명예	1989	전국교직원노동조합 결성 (여수진남여중)
전인순(55.12.5)	명예	1985	민중교육지 사건 (팔봉중)
전인영(66.12.9)	명예	1987	국립사범대학 교원임용제외 (부산대)
전인호(57.4.1)	명예	1989	전국교직원노동조합 결성 (철암고)
전주경(63.5.5)	명예	1989	전국교직원노동조합 결성 (공릉중)

전해성(61.12.16)	명예	1989	전국교직원노동조합 결성 (금호고)
전현철(55.8.3)	명예	1989	전국교직원노동조합 결성 (송림고)
전혜숙(63.7.28)	명예	1989	전국교직원노동조합 결성 (난곡중)
전효순(61.10.10)	명예	1989	전국교직원노동조합 결성 (인천외고)
전효심(64.10.23)	명예	1989	전국교직원노동조합 결성 (남원보절중)
전효준(57.12.5)	명예	1989	전국교직원노동조합 결성 (영흥고)
전희경(66.2.26)	명예	1986	국립사범대학 교원임용제외 (서울대)
정갑상(62.2.6)	명예	1989	전국교직원노동조합 결성 (청송여종고)
정경아(65.10.25)	명예	1986	국립사범대학 교원임용제외 (서울대)
정경옥(66.9.8)	명예	1989	전국교직원노동조합 결성 (죽변종고)
정경자(58.11.3)	명예	1978	국립사범대학 교원임용제외 (전남대)
정관(62.11.16)	명예	1989	전국교직원노동조합 결성 (포항중앙고)
정광수(61.3.17)	명예	1989	전국교직원노동조합 결성 (영림중)
정규옥(62.11.18)	명예	1985	국립사범대학 교원임용제외 (서울대)
정금례(56.8.31)	명예	1989	전국교직원노동조합 결성 (나주동강중)
정남균(54.6.15)	명예	1989	전국교직원노동조합 결성 (매산고)
정남희(59.5.18)	명예	1984	국립사범대학 교원임용제외 (전북대)
정도원(54.9.21)	명예	1989	전국교직원노동조합 결성 (송현여고)
정란(65.10.17)	명예	1989	전국교직원노동조합 결성 (산곡중)
정만진(55.10.3)	명예	1989	전국교직원노동조합 결성 (영신고)
정맹자(66.5.30)	명예	1989	전국교직원노동조합 결성 (나산중)
정무현(41.12.29)	명예	1976	박정희 정권기 수업 중 시국발언 (정화여중)
정미숙(61.12.15)	명예	1989	전국교직원노동조합 결성 (영림중)
정미자(66.5.5)	명예	1989	전국교직원노동조합 결성 (태릉중)
정병관(48.3.15)	명예	1989	전국교직원노동조합 활동 (영광군남중)
정병관(59.6.20)	명예	1989	전국교직원노동조합 결성 (고양중)
정병표(51.11.27)	명예	1989	전국교직원노동조합 결성 (송원중)
정보안(61.4.28)	명예	1989	전국교직원노동조합 결성 (성남여중)
정봉숙(57.4.18)	명예	1986	전국교직원노동조합 결성 (오수서초)
정선원(60.12.9)	명예	1980	전두환 정권기 금강회 활동 등 (공주사대)
정숙자(66.1.15)	명예	1989	전국교직원노동조합 결성 (삼락초)
정순동(52.7.21)	명예	1989	사립학교 교육민주화 (부산덕원공고)
정승윤(54.12.8)	명예	1989	전국교직원노동조합 결성 (송원여고)
정승희(63.7.18)	명예	1989	전국교직원노동조합 결성 (신양중)
정애순(65.12.21)	명예	1989	전국교직원노동조합 결성 (망우초)

정양주(60.8.10)	명예	1989	전국교직원노동조합 결성 (효성고)
정양희(59.1.12)	명예	1989	전국교직원노동조합 결성 (석성중)
정연국(54.12.10)	명예	1989	전국교직원노동조합 결성 (나주중)
정연수(58.10.2)	명예	1989	전국교직원노동조합 결성 (하동종고)
정연심(59.12.5)	명예	1989	전국교직원노동조합 결성 (황지여상)
정영란(61.10.17)	명예	1994	전국교직원노동조합 활동 (백석초병설유치원)
정영부(45.5.18)	명예	1989	전국교직원노동조합 결성 (대동기계공고)
정영상(56.2.12)	명예	1989	전국교직원노동조합 결성(복주여중)
정영채(56.12.20)	명예	1989	전국교직원노동조합 결성 (충렬고)
정영훈(60.11.16)	명예	1984	전국교직원노동조합 결성 (서울대)
정오삼(54.11.16)	명예	1989	전국교직원노동조합 결성 (중앙여중)
정완모(62.7.1)	명예	1989	전국교직원노동조합 결성 (옥과고)
정우성(65.8.21)	명예	1990	국립사범대학 교원임용제외 (전남대)
정 원(61.2.27)	명예	1989	전국교직원노동조합 결성 (인천외국어고)
정은교(54.8.28)	명예	1989	전국교직원노동조합 결성 (개웅중)
정은숙(60.1.22)	명예	1989	전국교직원노동조합 결성 (진안용평초)
정은숙(62.10.24)	명예	1989	사립학교 교육민주화 (대전혜천여중고)
정의연(56.6.2)	명예	1989	전국교직원노동조합 결성 (서울여상)
정이환(57.6.26)	명예	1989	전국교직원노동조합 결성 (문성고)
정익화(59.3.19)	명예	1989	전국교직원노동조합 결성 (상북종고)
정인숙(58.5.15)	명예	1989	전국교직원노동조합 결성 (여주상고)
정장수(57.5.27)	명예	1989	전국교직원노동조합 결성 (구봉중)
정재욱(54.5.2)	명예	1992	전국교직원노동조합 결성 (고한고)
정정태(61.12.8)	명예	1989	전국교직원노동조합 결성 (난곡중)
정정환(55.7.7)	명예	1989	전국교직원노동조합 결성 (정주여자종고)
정종열(52.3.28)	명예	1989	전국교직원노동조합 결성 (화천종고)
정준모(61.7.20)	명예	1989	전국교직원노동조합 결성 (용궁중)
정중규(50.3.9)	명예	1989	전국교직원노동조합 결성 (마산여상)
정진규(63.12.26)	명예	1989	전국교직원노동조합 결성 (살레시오고)
정진문(58.7.13)	명예	1989	전국교직원노동조합 결성 (경동고)
정진송(59.8.21)	명예	1989	전국교직원노동조합 결성 (영등포여중)
정진화(60.12.22)	명예	1989	전국교직원노동조합 결성 (당산중)
정진후(57.11.6)	명예	1989	전국교직원노동조합 결성 (안양영화예고)
정찬모(53.5.3)	명예	1989	전국교직원노동조합 결성 (언양초)
정찬홍(60.11.14)	명예	1990	전국교직원노동조합 결성 (김제고)

정철문(52.11.24)	명예	1989	전국교직원노동조합 결성 (학산여고)
정충일(57.4.19)	명예	1989	전국교직원노동조합 결성 (중대부고)
정태옥(47.5.15)	명예	1989	전국교직원노동조합 결성 (형석중)
정태진(58.1.23)	명예	1989	전국교직원노동조합 결성 (봉덕초)
정태화(66.2.12)	명예	1986	국립사범대학 교원임용제외 (서울대)
정한기(57.5.9)	명예	1989	전국교직원노동조합 결성 (옥과고)
정해숙(36.7.13)	명예	1989	전국교직원노동조합 결성 (효광여중)
정해직(51.4.24)	명예	1989	전국교직원노동조합 결성 (광주효덕초)
정현애(52.1.26)	명예	1989	전국교직원노동조합 결성 (운암중)
정현진(64.7.24)	명예	1989	전국교직원노동조합 결성 (신암중)
정형철(58.11.30)	명예	1989	전국교직원노동조합 결성 (나주고)
정혜진(67.2.20)	명예	1989	전국교직원노동조합 결성 (개명초)
정호영(55.11.16)	명예	1989	전국교직원노동조합 결성 (덕원고)
정회숙(61.2.5)	명예	1989	전국교직원노동조합 결성 (나산중)
정희곤(52.8.25)	명예	1989	전국교직원노동조합 결성 (서강고)
정희창(52.11.5)	명예	1989	사립학교 교육민주화 (대전혜천여중고)
정희철(56.10.10)	명예	1989	전국교직원노동조합 결성 (동국고)
제민경(63.4.22)	명예	1989	사립학교 교육민주화 (경남실고)
조경오(54.9.19)	명예	1989	전국교직원노동조합 결성 (강릉여고)
조기태(59.11.2)	명예	1981	국립사범대학 교원임용제외 (전남대)
조능제(60.6.14)	명예	1989	사립학교 교육민주화 (경남실고)
조명준(46.2.9)	명예	1989	전국교직원노동조합 결성 (목포여중)
조병웅(58.3.23)	명예	1989	전국교직원노동조합 결성 (장승중)
조상희(61.12.30)	명예	1989	전국교직원노동조합 결성 (부산서중)
조선미(65.2.15)	명예	1989	전국교직원노동조합 결성 (단산중)
조성국(53.9.22)	명예	1989	전국교직원노동조합 결성 (대진고)
조성덕(55.2.16)	명예	1992	전국교직원노동조합 활동 (남여자상고)
조성운(60.10.7)	명예	1989	전국교직원노동조합 결성 (금호고)
조성자(57.2.9)	명예	1989	전국교직원노동조합 결성 (다시중)
조성진(67.12.25)	명예	1989	전국교직원노동조합 결성 (신림중)
조소영(61.5.6)	명예	1989	전국교직원노동조합 결성 (상계중)
조소영(61.5.6)	명예	1989	전국교직원노동조합 결성 (상계중)
조순련(62.6.20)	명예	1989	전국교직원노동조합 결성 (대구농고)
조영순(59.8.29)	명예	1989	전국교직원노동조합 결성 (안락여자중)
조영옥(53.9.21)	명예	1989	전국교직원노동조합 결성 (영주여중)

조영옥(59.9.21)	명예	1989	전국교직원노동조합 결성 (하계중)
조영윤(55.3.18)	명예	1989	전국교직원노동조합 결성 (대동고)
조용명(53.4.12)	명예	1989	전국교직원노동조합 결성 (박문여고)
조용진(58.8.25)	명예	1986	전두환 정권기 교육민주화 활동 (신원중)
조원천(64.12.30)	명예	1989	전국교직원노동조합 결성 (장성고)
조은미(59.12.15)	명예	1989	전국교직원노동조합 결성 (영등포중)
조재도(57.8.2)	명예	1989	전국교직원노동조합 결성 (온양여중)
조재우(59.5.28)	명예	1989	전국교직원노동조합 결성 (생림중)
조정묵(60.12.5)	명예	1989	전국교직원노동조합 결성 (남서울상고)
조준승(55.10.5)	명예	1989	전국교직원노동조합 결성 (무안청계중)
조중연(65.9.2)	명예	1986	국립사범대학 교원임용제외 (공주사대)
조중현(60.1.6)	명예	1989	전국교직원노동조합 결성 (공항중)
조진숙(60.9.20)	명예	1989	전국교직원노동조합 결성 (무안종고)
조진호(58.4.17)	명예	1989	전국교직원노동조합 결성 (마산여상)
조창래(54.4.27)	명예	1989	전국교직원노동조합 결성 (삼현여고)
조창래(55.9.27)	명예	1989	전국교직원노동조합 결성 (청담중)
조창익(59.2.19)	명예	1989	전국교직원노동조합 결성 (청계중)
조창환(56.3.10)	명예	1989	전국교직원노동조합 결성(관악고)
조춘익(60.8.6)	명예	1989	전국교직원노동조합 결성 (면목고)
조태훈(56.10.17)	명예	1989	전국교직원노동조합 (인덕고)
조함용(59.1.21)	명예	1989	전국교직원노동조합 결성 (여수고)
조현설(62.11.17)	명예	1989	전국교직원노동조합 결성 (서문여고)
조현우(62.5.12)	명예	1989	전국교직원노동조합 결성 (관악고)
조현주(64.7.12)	명예	1986	국립사범대학 교원임용제외 (충북대)
조형제(65.2.28)	명예	1989	전국교직원노동조합 결성 (가산중)
조호규(60.9.1)	명예	1989	전국교직원노동조합 결성 (성보고)
조호원(57.1.20)	명예	1986	YMCA 중등교육자 협의회 활동(시흥고)
조훈제(61.1.28)	명예	1989	전국교직원노동조합 결성 (배정고)
조희수(59.4.1)	명예	1989	전국교직원노동조합 결성 (현대고)
조희영(64.7.29)	명예	1989	전국교직원노동조합 결성 (진흥중)
조희주(52.7.1)	명예	1989	전국교직원노동조합 결성 (도곡초)
주명일(62.8.13)	명예	1989	전국교직원노동조합 결성 (동명여고)
주세영(55.4.20)	명예	1985	전두환 정권기 광주실상 강의 (환일고)
주중일(68.3.3)	명예	1990	국립사범대학 교원임용제외 (전주교대)
주진평(62.8.20)	명예	1989	전국교직원노동조합 결성 (여천중)

주태진(60.6.14)	명예	1979	국립사범대학 교원임용제외 (서울대)
주현숙(63.11.26)	명예	1989	전국교직원노동조합 결성 (여주상고)
주현신(62.11.20)	명예	1989	전국교직원노동조합 결성 (구로중)
주혜숙(58.1.23)	명예	1989	전국교직원노동조합 결성 (영등포고)
지미미(57.3.5)	명예	1989	전국교직원노동조합 결성 (경화여고)
지송월(64.10.3)	명예	1989	전국교직원노동조합 결성 (청송여종고)
지정은(65.11.12)	명예	1989	전국교직원노동조합 결성 (서초중)
지홍락(55.11.18)	명예	1989	전국교직원노동조합 결성 (학산여중)
진 철(61.5.5)	명예	1981	국립사범대학 교원임용제외 (공주사대)
진경환(58.6.10)	명예	1987	사립학교 교육민주화 (정화여상)
진기춘(61.7.6)	명예	1989	전국교직원노동조합 결성 (동명여고)
진선식(60.7.2)	명예	1989	전국교직원노동조합 결성 (상남초)
진영옥(65.8.22)	명예	1989	전국교직원노동조합 결성 (성산수산고)
진영효(59.8.10)	명예	1981	국립사범대학 교원임용제외 (서울대)
진진수(63.2.16)	명예	1989	전국교직원노동조합 결성 (안강여고)
차금자(63.1.24)	명예	1989	전국교직원노동조합 결성 (목포혜인여고)
차봉숙(59. 4. 2)	명예	1989	전국교직원노동조합 결성 (서대문중)
차상철(55.9.27)	명예	1989	전국교직원노동조합 결성 (고산고)
차신애(52.1.2)	명예	1980	전두환 정권기 비판 유인물 지원 활동 (중동중)
차영길(66. 4. 5)	명예	1989	국립사범대학 교원임용제외 (부산대)
차용택(58.8.12)	명예	1989	전국교직원노동조합 결성 (성동고)
차재원(64.10.11)	명예	1989	전국교직원노동조합 결성 (거창고제초)
차정명(63.8.15)	명예	1989	전국교직원노동조합 결성 (양정고)
차창훈(61.4.26)	명예	1989	사립학교 교육민주화 (대경여상)
차효숙(58.10.30)	명예	1989	전국교직원노동조합 결성 (청송여중)
채규구(52.12.13)	명예	1982	오송회 사건 (군산제일고)
채규근(60.10.29)	명예	1989	전국교직원노동조합 결성 (영암여중)
채규율(61.7.20)	명예	1989	전국교직원노동조합 결성 (동원고)
채미자(62.8.8)	명예	1989	전국교직원노동조합 결성 (성산수고)
채종민(62.10.5)	명예	1989	전국교직원노동조합 결성 (영주고)
채희성(62.2.16)	명예	1989	전국교직원노동조합 결성 (신라고)
천기철(56.7.16)	명예	1988	사립학교 교육민주화 (부산동평여상)
천보선(64.8.1)	명예	1989	전국교직원노동조합 결성 (고척고)
천수경(66.7.13)	명예	1989	전국교직원노동조합 결성 (시흥고)
천승령(59.10.6)	명예	1989	전국교직원노동조합 결성 (태릉고)

천은아(61.10.11)	명예	1989	전국교직원노동조합 결성 (춘성여중)
천재곤(62.10.22)	명예	1989	전국교직원노동조합 결성 (경상고)
천창수(58.11.20)	명예	1982	국립사범대학 교원임용제외 (서울대)
천희완(57.1.31)	명예	1989	전국교직원노동조합 결성 (수도여고)
최갑목(49.7.10)	명예	1976	박정희 정권기 3선개헌 및 유신반대 (이동중)
최갑진(55.12.27)	명예	1989	전국교직원노동조합 결성 (계성여상)
최강록(63.8.3)	명예	1989	전국교직원노동조합 결성 (장성고)
최경화(63.5.8)	명예	1989	전국교직원노동조합 결성 (여수중앙여고)
최광희(63.7.12)	명예	1987	국립사범대학 교원임용제외 (서울대)
최교진(53.11.24)	명예	1989	전국교직원노동조합 결성 (강경여중)
최국서(60.8.19)	명예	1989	전국교직원노동조합 결성 (난곡중)
최귀엽(54.1.17)	명예	1989	사립학교 교육민주화 (창녕여종고)
최균성(59.12.13)	명예	1989	전국교직원노동조합 결성 (동북중)
최근식(61.5.23)	명예	1989	전국교직원노동조합 결성 (여주동중)
최금기(48.3.12)	명예	1989	전국교직원노동조합 결성 (화정초)
최금숙(57.2.18)	명예	1989	전국교직원노동조합 결성 (선일여중)
최금희(65.7.20)	명예	1989	전국교직원노동조합 결성 (무주무풍초)
최기식(63.9.7)	명예	1989	전국교직원노동조합 결성 (안강여중)
최기영(58.9.13)	명예	1989	전국교직원노동조합 결성 (성헌고)
최기종(56.7.6)	명예	1989	전국교직원노동조합 결성 (목포청호중)
최길순(55.8.21)	명예	1989	전국교직원노동조합 결성 (신도림초)
최납실(49.5.23)	명예	1989	전국교직원노동조합 결성 (서문여고)
최대길(52.7.11)	명예	1974	국립사범대학 교원임용제외 (신목고)
최덕현(59.7.20)	명예	1989	전국교직원노동조합 결성 (북원여고)
최말인(64.9.1)	명예	1989	전국교직원노동조합 결성 (신월중)
최명우(54.10.9)	명예	1989	전국교직원노동조합 결성 (보절중)
최명진(58.10.10)	명예	1989	전국교직원노동조합 결성 (둔촌중)
최미숙(63.9.3)	명예	1989	전국교직원노동조합 결성 (성남서중)
최미순(65.2.25)	명예	1989	전국교직원노동조합 결성 (울주두남초)
최미정(64.2.8)	명예	1989	전국교직원노동조합 결성 (신양중)
최미향(61.12.29)	명예	1989	전국교직원노동조합 결성 (경화여고)
최미희(56.12.19)	명예	1989	전국교직원노동조합 결성 (동아여고)
최미희(61.8.13)	명예	1990	사립학교 교육민주화 (명신여고)
최병우(58.3.16)	명예	1989	전국교직원노동조합 결성 (오류여중)
최병학(57.3.13)	명예	1989	전국교직원노동조합 결성 (서석고)

최병흔(65.3.1)	명예	1989	전국교직원노동조합 결성 (삼원중)
최봉남(58.3.23)	명예	1989	전국교직원노동조합 결성 (도신초)
최봉례(55.1.5)	명예	1989	전국교직원노동조합 결성 (강서중)
최봉임(57.5.19)	명예	1989	전국교직원노동조합 결성 (상계중)
최상준(60.11.6)	명예	1989	전국교직원노동조합 결성 (경산고)
최상호(52.6.12)	명예	1989	전국교직원노동조합 결성 (광덕고)
최상환(57.3.3)	명예	1989	전국교직원노동조합 결성 (청송여종고)
최선숙(57.3.3)	명예	1989	전국교직원노동조합 결성 (둔촌중)
최선희(64.12.27)	명예	1990	국립사범대학 교원임용제외 (공주사대)
최성수(59.10.26)	명예	1989	전국교직원노동조합 결성 (대신고)
최성영(59.5.25)	명예	1989	전국교직원노동조합 결성 (유성전자공업학교)
최성호(61.8.2)	명예	1989	전국교직원노동조합 결성 (청량고)
최승권(61.3.25)	명예	1989	전국교직원노동조합 결성 (진흥고)
최승기(63.7.30)	명예	1989	전국교직원노동조합 결성 (인주중)
최승아(66.2.18)	명예	1989	전국교직원노동조합 결성 (영서중)
최연규(55.11.20)	명예	1989	전국교직원노동조합 결성 (나주고)
최연진(59.8.15)	명예	1980	국립사범대학 교원임용제외 (공주사대)
최연택(46.12.13)	명예	1989	전국교직원노동조합 결성 (순천매산고)
최연호(46.12.25)	명예	1989	전국교직원노동조합 결성 (신인중)
최영화(61.12.16)	명예	1989	전국교직원노동조합 결성 (부산진여고)
최영환(65.10.16)	명예	1989	전국교직원노동조합 결성 (면목고)
최영희(65.9.15)	명예	1987	국립사범대학 교원임용제외 (공주사대)
최영희(58.8.6)	명예	1989	전국교직원노동조합 결성 (봉천여중)
최우암(60.1.4)	명예	1989	전국교직원노동조합 결성 (양강중)
최원호(56.7.10)	명예	1989	전국교직원노동조합 결성 (영등포여고)
최윤철(67.10.7)	명예	1990	국립사범대학 교원임용제외 (부산교대)
최윤화(67.4.3)	명예	1989	전국교직원노동조합 결성 (왕미초)
최은엽(60.12.28)	명예	1989	전국교직원노동조합 결성 (양광중)
최은주(68.6.10)	명예	1990	국립사범대학 교원임용제외 (전북대)
최은혁(64.12.2)	명예	1989	전국교직원노동조합 결성 (응암중)
최은희(61.5.19)	명예	1990	전국교직원노동조합 결성 (소명여고)
최인섭(55.7.22)	명예	1989	전국교직원 노동조합결성 (전곡초)
최재원(57.2.15)	명예	1989	전국교직원노동조합 결성 (송원여고)
최재현(63.9.28)	명예	1989	전국교직원노동조합 결성 (동대문여중)
최점호(65.12.5)	명예	1989	전국교직원노동조합 결성 (신림중)

최정숙(63.4.5)	명예	1989	전국교직원노동조합 결성 (적성초)
최정순(66.8.30)	명예	1989	전국교직원노동조합 결성 (금옥여중)
최정자(54.3.10)	명예	1989	전국교직원노동조합 결성 (관악중)
최종민(61.3.10)	명예	1989	전국교직원노동조합 결성 (양정고)
최종순(57.3.8)	명예	1986	전국교직원노동조합 결성 (신방학초)
최종희(60.6.18)	명예	1989	전국교직원노동조합 결성 (진흥중)
최주영(58.2.9)	명예	1989	전국교직원노동조합 결성 (난우중)
최지숙(61.9.15)	명예	1989	전국교직원노동조합 결성 (영서중)
최진아(60.6.13)	명예	1989	전국교직원노동조합 결성 (서면중)
최진열(58.12.2)	명예	1989	전국교직원노동조합 결성 (경화여고)
최창식(66.4.21)	명예	1986	국립사범대학 교원임용제외 (공주사범대)
최창의(61.11.2)	명예	1989	전국교직원노동조합 결성 (능곡초)
최철호(61.3.15)	명예	1989	전국교직원노동조합 결성 (고척중)
최해수(59.1.10)	명예	1989	전국교직원노동조합 결성 (대진고)
최혁진(60.9.7)	명예	1989	전국교직원노동조합 결성 (울산여중)
최현숙(59.4.20)	명예	1989	전국교직원노동조합 결성 (청송여중)
최홍식(56.4.20)	명예	1989	전국교직원노동조합 결성 (살레시오고)
최희민(61.7.16)	명예	1989	전국교직원노동조합 결성 (충전실고)
추장희(52.7.26)	명예	1989	전국교직원노동조합 결성 (여수중앙여고)
하동협(64.2.17)	명예	1985	국립사범대학 교원임용제외 (서울대)
하만조(57.3.18)	명예	1989	전국교직원노동조합 결성 (진양고)
하성환(60.1.2)	명예	1989	전국교직원노동조합 결성 (구로고)
하인호(54.4.12)	명예	1992	전국교직원노동조합 활동 (경인여고)
하재선(59.1.4)	명예	1989	전국교직원노동조합 결성 (상주여고)
하창완(63.7.26)	명예	1989	전국교직원노동조합 결성 (부산진여고)
하헌종(60.4.17)	명예	1989	전국교직원노동조합 결성 (수도여고)
하희영(66.2.5)	명예	1985	국립사범대학 교원임용제외 (공주사대)
한강범(58.6.1)	명예	1989	전국교직원노동조합 결성 (삼호중)
한경희(55.3.22)	명예	1989	전국교직원노동조합 결성 (광신상고)
한규순(59.10.29)	명예	1989	전국교직원노동조합 결성 (목포혜인여고)
한규태(58.5.7)	명예	1983	전두환 정권기 유인물 배포 (제물포고)
한남희(62.8.13)	명예	1989	전국교직원노동조합 결성 (동암초교)
한명숙(62.5.3)	명예	1989	전국교직원노동조합 결성 (이천농고)
한명신(60.2.15)	명예	1989	전국교직원노동조합 결성 (원주여중)
한병길(49.8.3)	명예	1989	전국교직원노동조합 결성 (남원상고)

한상대(56.4.11)	명예	1989	전국교직원노동조합 결성 (동북고)
한상선(48.9.12)	명예	1989	전국교직원노동조합 결성 (남성고)
한상준(55.10.8)	명예	1989	전국교직원노동조합 결성 (대구중)
한상훈(59.1.6)	명예	1989	전국교직원노동조합 결성 (대림중)
한석희(60.3.30)	명예	1987	사립학교 교육민주화 (정화여상)
한송희(57.12.4)	명예	1989	전국교직원노동조합 결성 (신현중)
한애란(63.4.20)	명예	1989	전국교직원노동조합 결성 (김제서중)
한연숙(60.4.3)	명예	1989	전국교직원노동조합 결성 (장성여중)
한연희(64.1.21)	명예	1987	국립사범대학 교원임용제외 (제주대)
한영순(61.6.27)	명예	1989	전국교직원노동조합 결성 (문창초)
한우섭(55.7.25)	명예	1982	전두환 정권기 시위주동자에게 편의제공 (영등포여상)
한장순(47.7.25)	명예	1989	전국교직원노동조합 결성 (목포정명여고)
한재호(58.5.26)	명예	1989	전국교직원노동조합 결성 (광희중)
한점섭(60.3.12)	명예	1992	사립학교 교육민주화 (서울여상)
한종원(57.6.9)	명예	1989	전국교직원노동조합 결성 (나산고)
한창용(55.11.20)	명예	1989	전국교직원노동조합 결성 (문성고)
한창진(55.9.1)	명예	1989	전국교직원노동조합 결성 (여도초)
한혜숙(63.9.20)	명예	1984	국립사범대학 교원임용제외 (제주대)
함순근(61.2.22)	명예	1986	전두환 정권기 교육민주화운동 (경기상고)
함영기(60.12.15)	명예	1991	전국교직원노동조합 활동 (양동종고)
함영기(62.3.10)	명예	1989	전국교직원노동조합 결성 (강신중)
함종호(64.11.15)	명예	1989	전국교직원노동조합 결성 (인주중)
허 호(62.1.21)	명예	1989	전국교직원노동조합 결성 (신양중)
허경도(57.5.10)	명예	1989	전국교직원노동조합 결성 (진주동중)
허명렬(57.9.11)	명예	1989	전국교직원노동조합 결성 (청송여중)
허미영(62.1.8)	명예	1990	전국교직원노동조합 결성 (소명여고)
허영재(60.9.13)	명예	1989	전국교직원노동조합 결성 (남성중)
허용철(59.1.3)	명예	1989	전국교직원노동조합 결성 (선인고)
허정일(61.11.9)	명예	1989	사립학교 교육민주화 (창녕여종고)
허혜자(65.2.25)	명예	1986	국립사범대학 교원임용제외 (전남대)
현문석(64.3.21)	명예	1989	전국교직원노동조합 결성 (여주상고)
현미열(62.7.14)	명예	1989	전국교직원노동조합 결성 (오류여중)
현숙자(62.12.22)	명예	1989	전국교직원노동조합 결성 (화산초)
현원일(59.9.29)	명예	1989	전국교직원노동조합 결성 (창문여고)
현종갑(59.8.28)	명예	1989	전국교직원노동조합 결성 (강경여고)

현창훈(64.4.7)	명예	1989	전국교직원노동조합 결성 (종암중)
현혜숙(63.9.20)	명예	1986	국립사범대학 교원임용제외 (제주대)
호정진(62.5.5)	명예	1989	전국교직원노동조합 결성 (학성중)
홍경남(58.5.18)	명예	1989	전국교직원노동조합 결성 (부천동여중)
홍경숙(62.12.25)	명예	1989	전국교직원노동조합 결성 (성일고)
홍경전(54.9.16)	명예	1989	전국교직원노동조합 결성 (용전중)
홍광석(51.4.20)	명예	1989	전국교직원노동조합 결성 (곡성종고)
홍광수(59.4.12)	명예	1989	전국교직원노동조합 결성 (신도림중)
홍명신(59.1.4)	명예	1986	YMCA 중등교육자협의회 활동 (군산영광여중)
홍산희(58.1.24)	명예	1989	전국교직원노동조합 결성 (고척고)
홍석미(62.8.23)	명예	1989	전국교직원노동조합 결성 (광장중)
홍선웅(52.2.6)	명예	1985	민중교육지 사건 (미림여고)
홍성국(53.1.26)	명예	1989	전국교직원노동조합 결성 (신포남초)
홍성봉(60.1.20)	명예	1989	전국교직원노동조합 결성 (창평고)
홍성희(59.8.9)	명예	1989	전국교직원노동조합 결성 (대산중)
홍순일(55.8.1)	명예	1989	전국교직원노동조합 결성 (기민중)
홍승찬(59.2.7)	명예	1989	전국교직원노동조합 결성 (유성전자공고)
홍운기(60.8.17)	명예	1989	전국교직원노동조합 결성 (점곡중)
홍인성(58.9.21)	명예	1989	전국교직원노동조합 결성 (목포홍일고)
홍정수(60.1.27)	명예	1989	전국교직원노동조합 결성 (북평종고)
홍제남(65.4.26)	명예	1986	국립사범대학 교원임용제외 (서울대)
홍종언(58.10.20)	명예	1978	국립사범대학 교원임용제외 (서울대)
홍황기(59.4.5)	명예	1990	전국교직원노동조합 결성 (소명여고)
황규완(61.11.4)	명예	1989	전국교직원노동조합 결성 (서산고북중)
황금성(55.11.20)	명예	1989	전국교직원노동조합 결성 (은산중)
황금순(55.12.22)	명예	1987	사립학교 교육민주화 (신풍종고)
황기면(61.6.6)	명예	1989	전국교직원노동조합 결성 (화천여중)
황보승(61.12.26)	명예	1989	전국교직원노동조합 결성 (경상고)
황석길(60.5.16)	명예	1989	전국교직원노동조합 결성 (강신중)
황선진(52.9.17)	명예	1983	박정희 정권기 학생운동을 이유로 해직 (경문고)
황선희(56.3.11)	명예	1989	전국교직원노동조합 결성 (성북초)
황성선(58.4.5)	명예	1989	전국교직원노동조합 결성 (온양여고)
황시백(51.1.3)	명예	1989	전국교직원노동조합 결성 (고성고)
황영진(62.1.15)	명예	1989	전국교직원노동조합 결성 (농림고)
황용훈(63.11.21)	명예	1989	전국교직원노동조합 결성 (구포여중)

황윤태(52.8.15)	명예	1982	오송회 사건 (군산제일고)
황은수(65.9.14)	명예	1989	전국교직원노동조합 결성 (서초중)
황의완(64.2.23)	명예	1986	국립사범대학 교원임용제외 (부산대)
황재숙(57.3.2)	명예	1989	전국교직원노동조합 결성 (청량초)
황재학(56.9.6)	명예	1985	민중교육지 사건 (기민중)
황점순(63.6.4)	명예	1989	전국교직원노동조합 결성 (삼광초)
황정숙(55.11.28)	명예	1989	전국교직원노동조합 결성 (월봉초)
황진도(52.3.8)	명예	1989	전국교직원노동조합 결성 (인화여고)
황춘희(61.8.28)	명예	1989	전국교직원노동조합 결성 (대림여중)
황혜련(57.1.4)	명예	1989	전국교직원노동조합 결성 (신월중)
황호영(57.1.22)	명예	1989	전국교직원노동조합 결성 (신상중)
황화용(61.8.22)	명예	1989	전국교직원노동조합 결성 (만경여중)
황희경(65.11.21)	명예	1989	전국교직원노동조합 결성 (부원초)
황희숙(58.5.27)	명예	1989	전국교직원노동조합 결성 (송원여중)

참·고·문·헌

강경선. 2003. "민주화보상법과 과거청산". 민주주의법학연구회. 『민주법학』(제24호) 관악사.

교육부. 1990. 4. 「사립학교법 제55조 및 제58조 제1항 제4호의 합헌성」.

교육인적자원부. 『교육 50년사』.

교육인적자원부. 2002. "주요업무보고" 제234회 국회교육위원회 보고자료.

국가정체성위원회·전여옥의원실. 2009. "민보상위의 반국가활동 진상규명발표회" 자료집.

국정원 과거사위. 2007. 『과거와의 대화. 미래의 성찰』.

국회교육위원회. 2000. "시국사건관련교원임용제외자에관한특별법중개정법률안 검토보고".

국회교육위원회. 2002. "국립사범대학졸업자중교원미임용자채용에관한특별법안 검토보고".

국회교육위원회. 2003. "국립사대졸업 교원미임용자채용에관한특별법안에 대한 공청회" 회의
　　　록.

김성욱 외. 2009. "민보상위원회 활동과 국가정체성 : 민주화운동관련자명예회복 및 보상심의
　　　위원회 국가정체성훼손사례 연구." 재향군인회 안보문제연구소 향군 호국·안보 세미
　　　나(2009. 2. 18.)자료집/「鄕軍研究論文」.

김영수. 2008. 『과거사 청산. '민주화'를 넘어 '사회화'로』. 메이데이.

김인석. 1995. "나치의 유대인 학살자 재판과 5·18 특별법 제정의 역사적 의미". 박은정·한
　　　인섭 엮음. 『5·18 법적 책임과 역사적 책임』. 이화여대출판부. 202-222.

대전광역시 교육청. 1999. 「사립학교법 징계업무 처리 요령-사립학교법. 대법원판례·결정
　　　례·질의회신 등을 중심으로」

문교부. 1990. 12. 「교원노조관련자료집」.

문교부. 1989. 「통계연보」.

미발추. 2003. "미발추의 역사". "미발추의 이해"

민병로. 2009. "5·18민주유공자 보훈제도의 개선방안". 5·18연구소. 「5·18민주유공자의
　　　보훈현황과 과제 자료집」.

민주화교육실천협의회. 1987. 7. 11. 『교육과 실천』 제6호.

민주화운동관련자명예회복및보상심의위원회. 2005. 『민주화운동백서』(1권).

민주화운동정신계승국민연대. 2007. 「민주화운동 관련자 및 사망자 유족 후유증(정신과적 장
　　　애) 실태조사」(행자부 공익지원사업).

박원순. 1995. "배상의 측면에서 본 광주항쟁". 박은정·한인섭 엮음. 『5·18 법적 책임과 역
　　　사적 책임」. 이화여대출판부.

──. 2001. "5 · 18특별법의 제정과 법적 청산". 「5 · 18민중항쟁사」. 광주광역시 5 · 18사료 편찬위원회.

박은정. 1995. "법 · 힘 · 저항 : 5 · 18 어떻게 해석할 것인가". 「5 · 18 법적 책임과 역사적 책임」. 이화여대출판부.

박홍규. 1999. "인권과 법의 시각에서 본 5 · 18민중항쟁". 「5 · 18은 끝났는가」(학술단체협의회편). 푸른숲.

사립학교정상화를위한 시민. 사회. 종교단체공동대책위. 1999. 「사립학교 교육민주화운동」 자료집.

성공회대학교 인권평화센터. 「2005년도 청와대 비서실 연구용역사업 보고서」.

송충기. 2009. "해외 배 · 보상 사례와 시사점". 진실 · 화해를위한과거사정리위원회 「과거사정리 후속조치를 위한 심포지움I」 자료집.

신인령. 1989. "교원의 노동삼권" 「이화여대 사회과학논집」.

──. 1990. "노동기본권과 교원". 「민주법학」 제4권.

신일섭. 2005. "광주민주화보상법의 정치 · 사회적 의미". 「민주주의와 인권」 제5권 2호.

──. 2009. "광주민주화운동 보상의 현황과 과제". 5 · 18기념재단. 「광주문제 해결을 위한 5원칙의 현황과 과제」 토론회 결과보고서.

실천문학사. 1985. 「민중교육」. 창간호.

안종철. 2000. "광주시 대책". 「치유되지 않은 5월」. 도서출판 다해.

우리교육. 1990. 5. 「우리교육」 제3호.

우리교육. 1990. 11. 「우리교육」 제9호.

유광종. 1999. "5 · 18광주민주화운동 피해보상에 관한 연구". 전남대학교 석사학위논문.

윤석진. 2006. "사회보장을 받을 권리의 법적 성격". 「중앙법학」 제8집 제2호.

윤형섭. 1991. 「한국교총이 나아갈 길」. 「우리교육」(1991. 1월호)

이 완. 1990. 「사학분규의 현장. 명신사태를 파헤친다」. 「우리교육」(1990. 5월호).

이성진. 2000. 「초 · 중등사학의 부패유형과 방지방안 연구」. 「제5회 교육정책연구대회 자료집」. 참교육연구소.

이영재. 2004. "과거청산과 민주주의". 「민주주의와 인권」(5 · 18연구소) 제4권 제2호.

──. 2005. "민주화보상법 운용의 현황과 과제". 「공법연구」 제34집 1호.

──. 2005. "민주화운동 명예회복 및 보상의 현황과 과제 : 민족민주열사. 희생자를 중심으로". 추모연대 · 유가협 · 민노총. 「끝내 살리라」(열사자료집).

──. 2009. "정치권력의 헌정질서 유보 및 파괴에 관한 연구". 「기억과 전망」 제20호. 민주화운동기념사업회연구소.

──. 2010. "광주5원칙에서 피해보상의 의미와 과제". 5 · 18기념재단. 「5 · 18민중항쟁 30주년 기념 국제학술대회 자료집」.

이재승. 2003. "과거청산과 인권". 민주주의법학연구회. 「민주법학」(제24호). 관악사.

──. 2009. "국가범죄에 대한 배 · 보상 방안." 진실 · 화해를위한과거사정리위원회 「과거사정리 후속조치를 위한 심포지움I」 자료집.

이종만. 2001. 「사립학교법 – 그 제정 · 개정의 과정 및 현황과 과제」. 교육과학사.

이헌환. 1992. 「사립학교 교원노조 금지규정 합헌결정(1991. 7. 22. 89헌가106)」. 법과사회이론연구회 편. 『법과 사회』(제5호). 창작과 비평사.

이희성. 2009. "5 · 18민주유공자 보상법의 현황과 과제". 5 · 18연구소. 「5 · 18민주유공자의 보훈현황과 과제 자료집」.

임상혁. 2009. "국내 배 · 보상 사례와 시사점". 진실 · 화해를위한과거사정리위원회 「과거사정리 후속조치를 위한 심포지움I」 자료집.

전광석. 2009. "국가유공자보상의 범위결정 및 보상의 원칙". 5 · 18연구소. 「5 · 18민주유공자의 보훈현황과 과제 자료집」.

전교조 임용제외교사모임. 2000. 「시국사건관련 임용제외교사의 원상회복을 위하여」.

전국교직원노동조합 원상회복추진위원회. 「원상회복」 자료집.

전국교직원노동조합. 1990. 『한국교육운동백서』(1978-1990). 풀빛.

전남대학교 심리연구소. 2006. 「심리적 피해현황 조사보고서」(진실과화해를위한과거사정리위원회 용역결과물).

전미추. 2000. 「민주화운동관련 교원임용제외자에 대한 올바른 성격규명과 원상회복을 위한 의견」.

정병준. 2005. "한국의 과거사 유산과 진상규명 작업의 역사적 의미". 「21세기 민주주의와 한국정치」 5 · 18 25주년 기념학술대회 및 한국정치학회 2005년 춘계학술회의 공동자료집.

정연철. 2004. 『사회적 기본권 분석』. 도서출판 금정.

정진환 · 이영희. 2001. 「교원의 권리행사 실태 분석」. 『한국교원교육학회 학회지』(제18권 제3호).

정해구. 김혜진. 정상호. 2004. 『6월 항쟁과 한국의 민주주의』. 민주화운동기념사업회 연구총서.

정호기. 2006. "국가폭력과 피해자 보상". 『민주주의와 인권』 제6권 1호.

──. 2010. "5 · 18주체와 성격에 관한 담론의 변화". 『황해문화』. 2010. 여름.

제철웅. 2001. 「학교재산 출연자의 권리와 법적 보호」. 『사학』(통권 96호). 대한사립중고등학교장회.

조 국. 2001. 『양심과 사상의 자유를 위하여』. 책세상.

진실화해를 위한 과거사정리위원회. 2009. "세계과거청산의 흐름과 한국의 과거사 정리 후속조치 방안모색". 심포지움 자료집.

진실화해를 위한 과거사정리위원회. 2009. 〈진실화해〉(2009. 11-12월호).

최용기. 1999. 『법과 인권』. 대명출판사.

친북반국가행위진상규명위원회. 2006. 「국가정체성과 좌익공안사건 재조명」. 출범기념세미나 자료집.

한국개발연구원. 1986. 「사학운영의 과제와 개선방안」.

한국교육문제연구회. 1989. 「제6공화국의 교육에 대한 지배정책」. 『1980년대 한국 사회와 지배구조』. 풀빛.

한국사학법인연합회. 2000. 「사립학교법 개악 움직임에 대한 우리의 반론 ─ 소위 사립학교법 개정과 부패 사학척결을 위한 운동본부의 주장을 중심으로」.

한나라당 주최 2002. 4. 「공교육 교육민주화심포지움」(제철웅. 안기성 교수 발표문).

한성훈. 2010. "과거청산과 민주주의 실현". 「역사비평」. 2010. 겨울호.

한인섭. 2002. "국가폭력에 대한 법적 책임 및 피해회복 : 5·18민주화운동의 법적 해결을 중심으로". 「서울대학교 法學」 제43권 제2호.

한준상. 1992. 「한국교육의 민주화」. 연세대 출판부.

허 종. 2008. 「반민특위의 조직과 활동 : 친일파 청산 그 좌절의 역사」. 도서출판 선인.

허종렬. 1998. 「사립학교법. 그 운용 현실과 문제점. 개선방안」. 「황해문화」(19호).

헌법재판소. 1990. 「헌법재판소 판례집」 제2권.

현원일. 1990. 「사립학교 법정정원 확보 시급하다」. 「우리교육」(1990. 11월호).

Cohen. J. & Arato. A. 1992. *Civil Society and Political Theory*. MIT press.

Habermas. J·rgen. 1996. translated by William Rehg. *Between Facts and Norms: Contribution to a Discourse Theory of Law and Democracy*. MIT press.

Hayner. P. B. 2001. *Unspeakable Truths*. Routledge.

ILO-UNESCO합동위원회 「합동조사보고서」. 1988년판

O'Donnell. G. A. 1992. "Transitions. Continuities. and Paradoxes." in S. Mainwarning. G. A. O'Donnell. J. S. Valenzuela(eds). 1992. *Issues in Democratic Consolidation*. Norte Dame Univ. Press.

Parsons. Talcott. 1971. *The System of Modern Societies*. Prentice-Hall. Inc.. Englewood Cliffs. New Jersey.

Pasquino. Pasquale. 1988. 김효전 편역. 2000. "임마누엘 시에예스와 칼 슈미트에서의 헌법제정권력론." 「칼 슈미트연구」. 세종출판사.

| 신문기사 및 유인물 |

〈민중의 소리〉(2005. 7. 25). (2004. 7. 16).

〈연합뉴스〉(1993. 8. 23). (1994. 3. 1).

〈오마이뉴스〉(2004. 11. 1). (2010. 11. 19).

「경남도민일보」(2006. 2. 15).

「경향신문」(2002. 12. 10).

「광주일보」(1989. 2. 17).

「동아일보」(2002. 5. 2).

「매일노동뉴스」(2009. 5. 11).

「문화일보」(2002. 4. 27).

「부산일보」(1989. 1. 18).

「세계일보」(2001. 6. 17)

「전교조신문」(2001. 6. 6).

「전교조신문」(89. 10. 11.). (1996. 5. 15).

「전교조인천지부 ; 명신여고 투쟁속보 1-9」(1990. 3. 18.-1990. 5. 7).

「전국교사신문」 제15호.

「조선일보」(2009. 10. 26).

「한겨레신문」(1988. 12. 25). (1989. 4. 30). (1993. 6. 17). (2005. 9. 5). (2005. 9. 6). (2005. 9. 7). (2002. 12. 10).

「항도일보」(1989. 3. 28). (1989. 5. 2).

| 공문 및 주요문서 |

「ILO/UNESCO의 '교원지위에 관한 권고안」(Recommendation Concerning the Status of Teachers).

「1989 국회의원요구자료」(경희여상 관련) .

「국민연금관리공단의 사용관계종료 확인서」(경희여상 관련) .

「문교부. 1987. 신규교원임용에 대한 문교부 지침」.

「문교부 : 교원노조향후대책(학무 25320-3657)」.

「문교부업무보고시 대통령지시사항(1989. 4. 25.)」.

「지방순시중 대통령지시사항 : 12-07-49」.

「진해시교육청 : 교원노조 재가입 및 활동에 대한 예비지도(학무 01100-3292)」.

대전혜천여자중학교 교사협의회 창립선언문, 결의문.

대전혜천여자중학교 해직교사 (박영미) 명예회복 신청 서류 사본.

법무법인 부산종합법률사무소(문재인 변호사)의 「의견서」.

법무법인 「한결」(박성민. 백승헌. 안 식 변호사)의 '취업거부를 당한 자'에 대한 법률적 검토.

경희여상 교육민주화관련 「소명자료 모음」.

부산경희여상의 「내용증명」.

부산덕원공고 평교사협의회 창립선언문, 결성 서명서, 발기취지문, 성명서, 결의문 등 관련자료.

부산서부경찰서의 「사건송치기록」(1989. 4. 10).

인천명신여고 교사협의회 창립선언문 등 관련자료.

제127회 국회 문교공보위원회 회의록(1985. 8. 28.)

| 법령 |

〈5 · 18민주화운동등에관한특별법〉.

〈광주민주화운동관련자보상등에관한법률.

〈교원지위향상을위한특별법〉.

〈대한민국 헌법〉.

〈민주화운동관련자명예회복보상등에관한법률〉.

〈교사임용후보자명부작성규칙(1987)〉.

〈교육공무원법〉.

〈교육기본법〉.

〈사립학교법〉.

〈사회교육법〉.

〈시국사건관련교원임용제외자채용에관한특별법〉.

〈초·중등교육법〉.

〈형의실효등에관한법률〉.

| 판결기록 |

광주고등법원 판결. 2007재노2.

대법원 판결. 96도3376.

대법원 판결. 92다15710.

대법원 판결. 90다8916.

대법원 판결. 90도1356.

대법원 판결. 90다8893.

대법원 판결. 90도2310.

대법원 판결. 91누11308.

대법원 판결. 91누11780.

대법원 판결. 97더366.

부산고등법원 판결. 89구2714.

부산지방법원 판결. 89고단6859.

서울고등법원 판결. 2005나27906.

서울고등법원 판결. 2009나103518.

서울고등법원 판결. 93나42827.

서울고등법원 판결. 69구39.

서울중앙지방법원 판결. 2007가합96633.

서울중앙지방법원 판결. 2006가합92412.

서울중앙지방법원 판결 .2007가합31728.

인천지방법원 판결. 90고단1625. 1978.(병합)

인천지방법원 판결. 90고단4402. 91고단1132.(병합)

인천지방법원 판결. 91노690.

전주지방법원 군산지원 판결. 2009가합350.

헌법재판소 판결. 89헌가106.

헌법재판소 판결. 90헌바27. 34. 36내지 42. 44내지 46. 92헌바15(병합).

민주화운동정신계승국민연대

121-805 서울 마포구 공덕2동 385-233 2층 전화 02-3272-6440 전송 02-706-7066 홈페이지 www.krdemo.org

단체 소개

민주화운동정신계승국민연대(이하 계승연대)는 권위주의적 통치에 항거하는 민주화운동과 관련하여 희생당한 의문사 사건의 진상을 규명하고, 민주화운동의 역사적 명예회복 및 정신을 계승하기 위해 2000년 4월 6일에 발족하였으며, 2006년 5월 11일에 사단법인으로의 조직전환 총회를 거쳐 2006년 8월 24일에 법인설립 허가를 받고, 현재 48개 단체 및 개인이 참여하고 있는 조직입니다.

설립취지 및 연혁

1. 발족하기까지의 경과

- 1998. 4. 24~10. 30   유가협/추모단체연대회의 등이 '민족민주열사 명예회복과 의문의 죽음 진상규명을 위한 대국민 캠페인'을 전개함.
- 1998. 11. 4~   유가협, '민족민주열사 명예회복과 의문의 죽음 진상규명을 위한 국회앞 천막농성 돌입
- 1999. 12. 28   '민주화운동관련자명예회복및보상등에관한법률', '의문사진상규명을위한특별법'이 국회 본회의를 통과
- 2000. 1. 12   대통령, 법률 서명, 공포
- 2000. 3. 2   '민주화운동관련자명예회복및보상등에관한법률, 의문사진상규명을위한특별법'의 올바른 시행을 위한 제단체 대표 및 집행책임자회의'를 한우리교회에서 갖고 '(가칭)민주열사명예회복 의문사진상규명 민간위원회' 건설에 합의하고, 구체적인 준비를 위한 소위원회를 구성함.
- 2000. 3. 21   제 단체 집행책임자회의를 갖고 '(가칭)민주화운동정신계승국민연대' 결성에 합의하고, 4월 6일 발족하기로 함.
- 2000. 3. 30   기독교회관 2층 강당에서 1차 대표자회의를 갖고 조직 구성안과 사업계획, 시행령안 등에 대해서 논의함. 회의 이후 시행령안에 대한 공청회를 갖고 의견을 수렴함.
- 2000. 4. 6   2차 대표자회의, 발족 기자회견을 가짐.
- 2006. 5. 11   사단법인 설립 발기인 총회
- 2006. 8. 24   행정자치부 법인설립허가
- 2007. 2. 26   행정자치부 비영리민간단체 등록

목적 및 주요사업

1. 목적

민주화운동정신계승국민연대는 민주화운동의 정신이 역사적으로 올바로 자리 매김할 수 있도록 민주주의 투쟁에 헌신한 민족민주 열사에 대한 추모기념 사업과 민주화운동정신을 계승하기 위한 사업을 수행함으로써 민주주의의 발전과 인권의 신장에 이바지함을 목적으로 한다.

2. 주요사업

1) 민주화운동의 올바른 역사정립과 민족민주열사 추모사업, 민주화운동 관련자의 명예회복과 유공확립을 위한 사업
2) 민족민주열사공원 및 민주화운동계승사업관(이하 '민주공원' 이라 한다)의 조성 및 운영에 관한 사업
3) 반민주·반인권 국가폭력 사건 등의 진상규명 및 재발방지, 명예회복을 위한 사업
4) 민주화운동·과거청산 관련 연구 및 조사, 자료의 발간
5) 민주화운동의 기념과 계승을 위한 사업 및 행사
6) 민주발전과 인권신장을 위한 지원과 연대사업
7) 본회 사업에 관한 홍보와 이에 관한 각종 간행물의 제작 및 배포
8) 본회의 운영을 위한 재정사업
9) 제 1호 내지 제 9호에 부대되는 사업

조직구성

- 고　　문 : 권오헌, 남상헌, 박중기, 오종렬, 임기란, 정광훈
- 공동대표 : 강민조, 조순덕, 정동익, 송무호, 신미자
- 이　　사 : 강민조, 고승우, 김영훈, 김준희, 노수희, 박석률, 배기영, 송무호, 신미자, 안재환, 이덕우, 이병주, 이은경, 정동익, 정종열, 정태상, 조순덕, 진관
- 감　　사 : 이을재, 권영국, 이단아
- 사 무 처 : 집행위원장 이병주, 인권사업국장 임영순, 명예회복사업국장 조광철, 정책위원 이영재

자유, 희망, 진보를 향한
교육민주화
교육민주화운동의 평가와 쟁점(1979년~2002년)

2011년 1월 3일 초판 1쇄 인쇄
2011년 1월 7일 초판 1쇄 발행

기   획 | 민주화운동정신계승국민연대 교육민주화운동편찬위원회
지은이 | 이영재
펴낸이 | 김영호
펴낸곳 | 도서출판 동연
등   록 | 제1-1383호(1992. 6. 12)
주   소 | 서울시 마포구 망원동 2동 472-11 2층
전   화 | 관리/(02)335-2630
전   송 | (02)335-2640
이메일 | ymedia@paran.com
홈페이지 www.y-media.co.kr

ISBN 978-89-6447-131-9 93200

Copyright ⓒ 이영재, 2011

이 책은 저작권법에 따라 보호받는 저작물이므로 무단 전재와 복제를 금합니다.
잘못된 책은 바꾸어드립니다.
책값은 뒤표지에 있습니다.